"十四五"普通高等教育本科部委级规划教材

河南省"十四五"普通高等教育规划教材

U0734420

财务管理

主　编◎贾会远

副主编◎刘　琦　杜艳丽

中国纺织出版社有限公司

内 容 提 要

本书为高等院校"十四五"部委级规划教材及河南省"十四五"普通高等教育规划教材。本书共有四篇十二章，内容涉及基础篇、筹资篇、投资篇和分配篇。为了方便教学，《财务管理》每章章前均设置有【学习目标】板块，对学习本章内容提出学习目的和要求。每章后又设置了本章小结、基本训练和案例分析。通过案例分析，可增强综合应用财务管理理论和方法的能力，以利于读者对本章内容知识的消化和理解。本书旨在为读者学习财务管理课程提供一套模块清晰、内容清楚易学、习题配置齐全的理论教材，本书可作为高等院校会计学专业及其他经济、管理类专业开设财务管理课程的教材用书，也可供会计工作者、经济管理人员在职学习或作为参考用书。

图书在版编目（CIP）数据

财务管理 / 贾会远主编；刘琦，杜艳丽副主编 . --
北京：中国纺织出版社有限公司，2022. 4
"十四五"普通高等教育本科部委级规划教材 河南
省"十四五"普通高等教育规划教材
ISBN 978-7-5180-9476-9

Ⅰ . ①财… Ⅱ . ①贾… ②刘… ③杜… Ⅲ . ①财务
管理－高等学校－教材 Ⅳ . ① F275

中国版本图书馆 CIP 数据核字（2022）第 058271 号

策划编辑：史 岩 责任编辑：段子君
责任校对：寇晨晨 责任印制：储志伟

中国纺织出版社有限公司出版发行
地址：北京市朝阳区百子湾东里A407号楼 邮政编码：100124
销售电话：010—67004422 传真：010—87155801
http://www.c-textilep.com
中国纺织出版社天猫旗舰店
官方微博 http://weibo.com/2119887771
三河市宏盛印务有限公司印刷 各地新华书店经销
2022年4月第1版第1次印刷
开本：787×1092 1/16 印张：33.5
字数：750千字 定价：68.00元

高等院校"十四五"部委级规划教材

经济管理类委员会

前 言

　　本书为高等院校"十四五"部委级规划教材及河南省"十四五"普通高等教育规划教材。教材是实现教学要求的重要保证。国内目前出版的财务管理类教材较多，这些教材根据编者的了解大体可分为以下三种情况：其一，英文原版（汉语翻译）财务管理教材，由于这些教材都以西方国家为背景，内容及难易程度均与我国情况格格不入，难以适用。其二，本科院校使用较多的《财务管理学》《财务管理理论与实务》《高级财务管理》教材虽然内容丰富，但内容编写难以做到通俗易懂，对于非会计专业的经济管理类学生来说，难度过大，学生掌握起来比较困难。其三，针对我国高职高专院校的财务管理类教材，虽然体系完整，注重案例教材和实验教材的建设，并且能够做到及时更新版本，但对于本科院校经济管理类学生而言，无论理论还是案例都过简、过泛。因此，目前市场上的财务管理教材数量虽多，但其适用性、针对性均不强。结合编者日常教学的实际情况，为了做到教材内容浅、易、生动、实用相结合，形成自己的特色，我们组织了中原工学院校内外部分高校教师进行了深入的讨论和研究，编写了《财务管理》一书。

　　本书共有四篇十二章，内容涉及基础篇、筹资篇、投资篇和分配篇。包含财务管理基础、筹资管理、投资管理、营运资本管理、股利政策管理几大部分内容。为了方便教学，《财务管理》每章章前均设置有【学习目标】板块，对学习本章内容提出学习目的和要求。每章后又设置了本章小结、基本训练和案例分析，通过基本训练便于读者掌握财务管理基本概念和理论、加强读者财务决策方法应用方面的训练。通过案例分析，可增强综合应用财务管理理论和方法的能力，以利于读者对本章内容知识的消化和理解。纵观全书，本书是在介绍财务管理的价值观念基础上，重在解决企业财务管理实务中的"钱"从哪里来，投到哪里去，企业的"钱"如何不断流，以及企业的"钱"怎样分配的问题。

　　本书作为经济管理类专业本科教材，具有以下五个方面的特点：

　　第一，体系完整。系统地介绍企业财务管理的基本理论。书中整体内容设置模块化，各章既相互联系，又各自独立，注意各章知识的融合和贯通，既便于根据实际需要组织教学，又可以帮助读者理解书中内容，易于学生把握财务管理的总体框架，使读者通过本书得到完整的财务管理知识。

第二，注重应用。注重财务管理理论的实际应用。求"实"与求"新"是本书的基本特征，将现代企业财务管理理念与我国企业财务管理实际情况相结合，与企业理财新情况相结合，尽量为读者提供一种财务管理的思路或导向，使其掌握财务理论与应用技术。

第三，强调实践。注重财务管理技能的基本训练。本书各章所选案例具有较强的代表性，书中每章末尾专设"基本训练""案例分析"部分提供给教师和学生，学生在完成各章基本训练后，能够以价值为主线将各章联系起来，完成公司价值评估报告。

第四，难易适度。考虑到本书属经济管理类专业通用教材，不能太过深入，也不能"面面俱到"。因此，本书只介绍一般财务管理原理及实务，而不涉及财务管理的特殊问题和较深层次的财务专题。

第五，教材立体。注重立体化教材的建设，除主教材外，本书提供了一整套多媒体教学资源包。这些教学资源对于读者学习与自我测试、尽快掌握财务管理技能具有较好的辅助作用。

本书旨在为读者学习财务管理课程提供一套模块清晰、内容清楚易学、习题配置齐全的理论教材，力求使学生通过学习，掌握财务管理的基础知识和基本理论，熟悉财务管理的基本流程和基本方法，本书可作为高等院校会计学专业及其他经济、管理类专业开设财务管理课程的教材用书，也可供会计工作者、经济管理人员在职学习或作为参考用书。

本书由主编贾会远及另外两名参编者刘琦、杜艳丽承担教材编写的全部工作。本书的具体分工如下：第一、第二、第三、第八章由贾会远编写；第四～第七章由刘琦编写；第九～第十二章由杜艳丽编写，贾会远负责全书的框架设计、拟定、编写提纲、统纂和定稿工作。

本书在编写过程中参考、借鉴了国内外众多专家学者的专著和教材。难免会有雷同之处，在此我们表示衷心的感谢。

由于编写时间仓促及编者水平所限，书中疏漏和不妥之处在所难免，敬请专家、读者和各位使用者批评指正。

贾会远

2022 年 1 月 16 日

目　录

基础篇

筹资篇

投资篇

分配篇

基础篇

第一章　财务管理导论

【学习目标】

1. 理解财务管理的概念，了解财务管理的特点。
2. 描述财务管理工作的基本内容和财务管理的发展历程。
3. 熟悉财务管理目标的主要观点及优缺点，增强合理选择财务管理目标和协调利益冲突的能力。
4. 熟悉财务管理原则的种类及其内容，了解财务管理的工作环节。
5. 理解财务管理的基本观念，了解财务管理的法规制度、管理体制和功能。
6. 熟悉财务管理的框架体系，了解财务管理与其他相关学科的关系。

第一节　财务管理的基本概念

一、财务管理的概念

财务管理是企业管理中的一个重要分支，企业一经创办，马上会面临各种财务问题。企业的经营与运作各环节都离不开资金的支持，那么创办企业时，应该投入多少资金？又应该用何种方式，从哪些渠道筹集资金？公司正式开始运营后，又需要考虑如何管理好各项资产？应收账款何时收回？大批量供货时可以给客户多大的销售折扣？在公司经营获利后，还需要考虑将多大比例的利润分配给股东？多大比例的利润留存公司用于再生产？

上述问题有一个相同点，就是都与企业的资金有关，因此它们同属于公司财务管理的范畴。公司的财务管理是针对资金所进行的一种管理活动，是企业财务活动及其所体现的经济利益关系即财务关系的总称，它的基本构成要素是投入和运用于企业的资金，是基于企业再生产过程中客观存在的资金运动及其所体现的经济利益关系而产生的。简单地说，企业财务管理是企业管理的一个重要组成部分，它是根据企业财务法律制度，按照企业财务管理原则，有效组织财务活动，正确处理财务关系的一项经济管理工作。

正确地理解财务管理的概念应当注意以下几个方面。

第一，指出了财务管理在企业管理中的重要地位。财务管理是企业管理中的一项重要组成内容。财务管理、人事管理、生产管理、销售管理、存货管理均是企业管理包含的内容，财务管理是企业管理中的一项重要组成部分。

第二，财务管理是对资金的管理。企业的生产运作离不开资金的运动，财务管理的对象是资金，具体是指企业生产运营过程中的资金运动及其所体现的价值关系。这是财务管理区别于企业其他管理活动的主要特点。

第三，明确了财务管理是有效组织企业财务活动，正确处理财务关系的中心内容。财务管理的内容主要包括财务活动和财务关系两个方面。企业的资金运动，构成企业生产经营活动的一个重要内容，有着其自身的规律，这就是企业的财务活动。财务管理工作的另一项重要内容就是处理财务关系。企业的资金活动中表现出来的是钱和物的增减变动，这些都离不开人与人之间的财务关系。

第四，指出了财务管理应依据企业财务法规制度及原则进行。

综上所述，财务管理是指企业在生产经营过程中客观存在的资金运动及其所体现的经济利益关系。前者称为财务活动，表明了企业财务管理的内容和形式特征，后者称为财务关系，揭示了企业财务管理的实质。企业财务管理是按照国家法律法规和企业经营要求，遵循资本营运规律，对企业财务活动进行组织、预测、决策、计划、控制、分析和监督等一系列管理工作的总称。其基本特征是价值管理，管理的客体是企业的财务活动，管理的核心是企业财务活动所体现的各种财务关系。因此，企业财务管理是利用价值形式对企业财务活动及其体现的财务关系进行的综合性管理工作。

二、财务管理的特点

财务管理作为企业管理的一个重要组成部分，其特点有如下几个方面。

（一）财务管理是一项综合性的管理工作

如前所述生产管理、技术管理、人力资源管理、设备管理、销售管理等管理活动大多侧重于公司管理中某一方面的内容，只有财务管理是通过价值形式，将企业一切资源以及经营过程和结果都合理地加以规划和控制。把整个企业的各种物质状况、经营流程和经营活动都合理化地进行计划与控制，借助于资金、成本、收入及利润等价值指标，来帮助企业价值的有效形成、实现及其分配，同时还需要正确处理价值运动过程中的各种经济联系。因此，财务管理的本质就是一种价值观管理，既是整个企业管理的一个独立方面，又是整个企业管理的基础，财务管理工作具有综合性。

（二）财务管理与企业内外各部门具有广泛联系

在企业内部，一切涉及资金活动的事项都是财务管理的内容。企业的所有经济活动都是围绕其经济目标，按照财务部门的指导来安排资金的收支。财务活动是财务管理的直接对象。企业内部一切涉及资金活动的事项，无论是购、产、销各部门业务活动的进行，还是各部门为提高资金利用效率而做出的决策，都与企业财务管理密不可分，因此，财务管理的范围涵盖企业生产经营的各个角落。与此同时，企业财务管理工作也不可能是封闭的，总是要与财政、税务、银行、市场监督等部门和其他单位及个人建立工作联系，所以，财务管理的内容也涉及外部的方方面面，财务管理工作具有广泛性。

（三）财务管理能快速反映企业生产经营状况

在企业管理中，决策是否得当、经营是否合理、技术是否先进、产销是否顺畅，都可迅速地在企业财务指标中得到反映，从而能更好地为改善经营管理、提高经济效益服务。财务部门通过自己的工作，把有关财务指标及时通报反映给领导以及有关部门，对于实现企业财务管理的目标，也具有重要作用。

三、财务管理的发展历程

（一）西方财务管理的发展历程

现代财务管理虽然只有近 100 多年的发展历程，但在其发展过程中，财务管理经历了内容和职能的巨大变化，逐渐上升到企业管理战略性的核心地位。纵观西方财务管理的发展历程，大致经历了以下几个阶段。

1. 财务管理的萌芽阶段

一般认为，财务管理萌芽于 15 世纪末 16 世纪初。当时西方社会正处于资本主义萌芽时期，地中海沿岸的城市商业得到了迅猛发展，意大利的不少城市发展为欧洲与近东之间的贸易中心。在这些城市中出现了社会公众入股的城市商业组织，入股的股东有商人、王公大臣和市民等。商业股份经济的发展，涉及资金筹集、股息分派和股权回收管理等财务管理活动。但这些活动仅仅属于商业经营管理，当时的商业组织中尚未正式形成财务管理部门或机构，因此也就没有形成独立的财务管理工作。虽然如此，相关财务活动的重要性却已在企业管理中得以显现。

2. 筹资财务管理阶段

19 世纪末 20 世纪初，西方国家的工业革命促使生产技术产生了重大改进，企业规模不断扩大，股份公司迅速发展起来。股份公司的发展不仅引起了资本需求量的扩大，而且也使筹资渠道和方式发生了重大变化，如何筹集资本扩大经营，成为很多企业关注的重点。因此，许多企业成立了独立的财务管理部门，财务管理开始从企业管理中分离出来，成为一种独立的管理工作。这个时期，财务管理的重点就是研究资金需求以及筹资渠道等问题，侧重于对金融市场、金融机构和金融工具的描述和讨论。因此这一时期被称为"筹资财务管理阶段"。

3. 法规描述财务管理阶段

1929 年西方国家爆发的经济危机，造成了众多企业破产，投资者遭受了严重的损失。为保护投资者的利益，西方各国政府加强了证券市场的立法管理工作。如美国先后于 1933 年和 1934 年出台了《联邦证券法》和《证券交易法》对公司证券融资做出了严格的法律规定。此时，财务管理面临的突出问题是金融市场制度与相关法律规定等问题。财务管理首先研究和解释各种法律法规，指导企业按照法律规定的要求组建和合并公司，发行证券以筹集资本。20 世纪 30 年代至 20 世纪 50 年代初，财务管理的研究重点开始从扩张性的外部融资转移到破产清算、债务重组、资产评估、保持偿债能力及政府对证券市场的管理上来。因此，西方财务学家也将这一时期称为"法规描述时期"或"守法财务管理时期"。

4. 内部决策财务管理阶段

从 20 世纪 50 年代开始，资金的时间价值引起财务经理的广泛关注。面对激烈的市场竞争，财务经理普遍认识到，单纯靠扩大融资规模、增加产品产量已无法适应新的形势及发展需要。财务经理的主要任务应是解决资金利用效率问题。公司内部的财务决策上升为最重要的问题。在此期间，以固定资产投资决策为研究对象的资本预算方法日益成熟，财务管理的重心由重视外部融资转向注重资金在公司内部的合理配置，使公司财务管理发生了质的飞跃。这一时期，财务管理理论的另一显著发展表现在对公司整体价值的重视和研究上。实践中，投资者和债权人往往根据公司的盈利能力、资本结构、股利政策、经营风险等一系列因素来决定公司股票和债券的价值。由此，资本结构和股利政策的研究受到高度重视。西方财务学家将这一时期称为"内部决策时期"。

5. 投资财务管理阶段

1945 年 9 月后，随着科学技术的迅速发展，产品更新速度加快，金融市场进一步繁荣，跨国公司逐渐增多，外部投资环境更加复杂，投资风险加剧，从而迫使企业更加注重投资效益，规避投资风险。在 20 世纪 60 年代中期以后，财务管理的研究重点转移到投资问题上，在此时期，现代管理方法使投资管理理论日趋成熟。主要表现在：建立了合理的投资决策程序，形成了完整的投资决策指标体系，建立了科学的风险投资决策方法。20 世纪 70 年代后，金融工具的推陈出新使公司与金融市场的联系日益加强。认股权证、金融期货等广泛应用于公司筹资与对外投资活动，推动财务管理理论日益发展和完善。因此，这一时期被称为"投资财务管理时期"。

6. 通货膨胀财务管理阶段

20世纪70年代末至80年代初期，西方国家遭遇了旷日持久的通货膨胀。持续的大规模通货膨胀导致货币资金不断贬值。企业资金需求不断膨胀，资金占用量上升，资金成本不断提高，证券贬值，企业筹资更加困难。严重的通货膨胀给财务管理带来了一系列前所未有的挑战，通货膨胀财务管理成为焦点，因此这一时期被称为"通货膨胀财务管理阶段"。在此阶段，西方财务学者提出了许多应对通货膨胀的方法，在筹资决策、投资决策、资金日常运营决策和股利分配决策方面根据通货膨胀的情况，进行了相应地调整。

7. 国际财务管理阶段

20世纪80年代中后期，伴随现代通信技术和交通工具的迅速发展，世界各国经济交往日益密切，公司不断朝着国际化和集团化的方向发展，国际贸易和跨国经营空前活跃。以国际市场为导向的跨国公司的发展，相应产生了跨国融资、外汇风险管理、国际转移价格、跨国资本预算、国际投资环境的分析等问题。在新的经济形势下，跨国公司财务管理成为财务管理研究的新热点。因此产生了一门新的财务学分支——国际财务管理。20世纪90年代中期之后，计算机技术、电子通信技术和网络技术发展迅猛。网络财务管理成为21世纪企业财务管理新的发展方向。

（二）我国财务管理的发展历程

我国财务管理理论与实践同样也有一个逐步演变的过程。中华人民共和国成立后，企业财务管理的发展大致经历了以下三个阶段。

1. 统收统支阶段

从20世纪50年代初到70年代后期。这一时期国家对企业实行统收统支的财务体制，企业财务管理明显具有很强的政府干预色彩。由于受财务体制限制，财务管理的职能没有得到应有的发挥。

2. 初级阶段

从20世纪70年代末到90年代初期。这一时期企业的所有权与经营权已实现适当分离，但并没有实现真正的自主经营、自负盈亏，资金的筹集和使用不能由企业自主决定，加之企业产权关系不明晰、分配关系还没有完全理顺，企业财务管理仍处于初级阶段。

3. 迅速发展阶段

从20世纪90年代到现在。随着我国市场经济和资本市场的不断发展和日益完善，财务管理在企业管理中的地位越来越重要，必将引起财务管理思想、管理理论和管理方法的重大变革。这些变革为财务管理注入新的思想和活力，不断拓展和延伸财务管理的职能，使财务管理朝着现代化方向迈进。

四、财务管理的内容

财务管理是组织企业财务活动、处理财务关系的一项经济管理工作。因此，财务管理的内容就包括财务活动和财务关系两方面。所谓财务活动包括筹资活动、投资活动、资金营运活动及分配活动。即财务活动是资金的筹集、使用、收回及分配等一系列行为。而财务关系则是指企业在组织财务活动的过程中与政府、投资者、债权人、债务人及企业职工等有关各方发生的经济利益关系。

（一）财务活动

企业财务活动是以现金收支为主的企业资金收支活动的总称。在市场经济体制下，一切物质都具有一定量的价值，它体现着消耗于物质中的社会必要劳动量。社会再生产过程中物质价值的货币表现，就是资金。在社会主义市场经济条件下，拥有一定量的资金，是进行生产经营活动的必要条件。企业的生产经营过程，一方面表现为物质的不断购进和售出；另一方面表现为资金的支出和收回。企业的经营活动不断进行，也就会不断产生资金的收入和支出。企业的资金收支，构成了企业经营活动的一个独立方面，这就是企业的财务活动。由此可见，资金运动过程的各阶段总是与一定的财务活动相对应的，或者说，资金运动形式是通过一定的财务活动内容来实现的。

1. 资金运动

企业财务活动包括资金的筹集、投放、使用、收入和分配等一系列过程。在这个过程中，资金总是处在运动之中，我们把处在不断运动之中的资金称为资金运动。

在资金运动过程中，劳动者将生产中所消耗的生产资料的价值转移到产品中去，并且创造出新的价值，再通过实物商品的出售，使转移价值和新创造价值得以实现。由此可见，企业资金运动的实质是在生产经营过程中运动着的价值。

（1）资金运动形态

在企业生产经营过程中，实物商品不断地运动，其价值形态也不断地发生变化，由一种形态转化为另一种形态，周而复始，不断循环往复，形成了资金不同形态的运动。企业在生产经营过程中，一方面，从实物形态来看表现为物资运动，如原材料转化成在产品，在产品转化成产成品；另一方面，从价值形态来看表现为资金运动，如原材料转化成在产品，使储备资金形态转变成了生产资金形态，在产品转化成产成品，使生产资金形态转化为产成品资金形态等。

（2）资金运动规律

随着企业再生产过程的不断进行，企业资金总是处于不断的运动之中。在工业企业再生产过程中，企业资金从货币形态开始，依次通过供、产、销三个阶段，分别表现为固定资金、生产储备资金、再产品资金、成品资金等各种不同形态，然后又回到货币资金形态。企业资金这种有规律的运动过程表现为资金循环和资金周转。

我们把在企业中这种从货币资金形态开始，经过一系列过程，又回到货币资金形态的运动过程称为资金循环。企业资金周而复始不断往复的循环过程，称为资金周转。资金的循环和周转体现着资金形态的变化，是企业正常生产经营的基本规律。从生产经营企业看，资金运动包括资金的筹集、投放、耗费、收入和利润分配等经济内容。

2. 财务活动的内容

财务活动是指资金的筹集、投放、运用、回收及收入分配等活动。从整体上讲，财务活动包括以下四个方面。

（1）筹资活动

筹资活动是指企业根据其一定时期内资金投放和资金运用的需要，运用各种筹资方式，从金融市场和其他来源渠道筹措、集中所需资金的活动。

企业无论是新建、扩建，还是组织正常的生产经营活动，都必须以占有和能够支配一定数量的资金为前提。企业以各种筹资方式从各种筹资渠道筹集资金，是资金运动的首要环节。在筹资过程中，企业一方面要按照适当的资金需要量确定筹资规模；另一方面要在充分考虑筹资的成本和风险的基础上，通过筹资渠道、筹资方式和工具的选择，确定合理的筹资结构。

企业通过筹资可以形成两种不同性质的资金来源：一是权益资金，也叫自有资金，它是企业通过吸收直接投资、发行股票、内部留存收益等方式从国家、法人、个人等投资者那里取得而形成的自有资金，包括实收资本（或股本）、资本公积、盈余公积和未分配利润。权益资金不需要归还，筹资风险小但其期望的报酬率高。二是债务资金，也叫借入资金，企业通过银行借款、发行债券、利用商业信用和租赁等方式，从金融机构、其他企业、个人等各种债权人那里取得而形成的借入资金，包括流动负债和长期负债。债务资金需要按期归还，有一定的风险，但其要求的报酬率比权益资金低。

一般来说，完全通过权益资金筹资是不明智的，不能得到负债经营的好处；但负债比例大则风险也大，企业随时可能陷入财务危机。因此，如何进行取舍是一个重要问题。

企业筹措的资金按期限长短分为长期资金和短期资金。长期资金是指企业可长期使用的资金，包括权益资金和长期负债。权益资金不需要归还、企业可长期使用属于长期资金。此外，长期借款也属于长期资金。有时习惯上把 1 年以上至 5 年以内的借款称为中期资金，而把 5 年以上的借款称为长期资金。短期资金一般是指 1 年内要归还的短期借款。一般来说，短期资金的筹集应主要解决临时性的资金需要。例如，在生产经营旺季需要的资金比较多，可借入短期借款，旺季过后则归还。长期资金和短期资金的筹资速度、筹资成本、筹资风险及借款时企业所受的限制均有所不同。如何安排长期筹资和短期筹资的相对比重，是筹资决策要解决的另一个重要问题。

企业的资金筹集表现为企业资金的流入；企业偿还债务本息、支付股利及为筹资而付出的其他形式的代价等，则表现为企业资金的流出。这种由于筹资活动而产生的资金收支，是企业财务管理的主要内容之一。

企业筹资活动的结果，一方面表现为取得所需要的货币形态和非货币形态的资金；另一方面表现为形成了一定的资本结构。

所谓资本结构，主要是指资金总额中权益资金和借入资金的比例关系。在筹资过程中，一方面，企业要根据发展要求确定相应的筹资规模，以保证投资所需的资金；另一方面，要通过筹资渠道、筹资方式或筹资工具的选择，合理确定资本结构，以降低筹资成本和风险，提高企业价值。筹资决策的一个重要内容就是确定最佳的资本结构。

（2）投资活动

投资活动的目的是使用资金。在企业取得资金后，必须将货币资金投入使用，以谋取最大的经济利益。否则，筹资就失去了目的和意义。

投资可分为广义的投资和狭义的投资。广义的投资是指企业将筹集的资金投入使用的过程。包括企业将资金投入购置流动资产、固定资产、无形资产等企业内部使用的过程和投资购买其他企业的股票、债券或与其他企业联营等对外投放资金的过程；而狭义的投资仅指对外投资。

企业的投资决策也可分为项目投资和证券投资两种类型。项目投资是指把资金直接投放于生产经营性资产，以便获取营业利润的投资。例如，购置设备、建造厂房等。证券投资是指把资金投放于金融性资产以便获取股利或者利息收入的投资。例如，购买政府公债、购买公司债券和公司股票等。

从期限角度考虑，投资还可分为长期投资和短期投资。长期投资是指影响所及超过一年的投资，长期投资有时专指固定资产投资。例如，购买设备、建造厂房等。长期投资又称资本性投资。用于股票和债券的长期投资，在必要时可以出售变现，而较难变现的是生产经营性的固定资产投资。短期投资是指影响所及不超过一年的投资，如对应收账款、存货、短期有价证券的投资。短期投资又称流动资产投资或营运资产投资。长期投资和短期投资的决策方法有所区别。由于长期投资涉及的时间长、风险大，决策分析时更重视货币时间价值和投资风险价值的计量。

无论企业购买内部所需资产，还是购买各种有价证券，都会表现为企业资金的流出。而当企业变卖其对内投资的各种资产或回收其对外投资时，则会产生企业资金的流入。这种因企业投资活动而产生的资金的收付，便是由投资而引起的财务活动。

企业投资活动的结果是形成各种具体形态的资产及一定的资产结构。所谓的资产结构是指资产内部流动资产与长期资产之间的比例关系。企业在投资过程中，必须考虑投资规模，以提高投资效益和降低投资风险为原则，选择合理的投资方向和投资方式。所有这些投资活动的过程和结果都是财务管理的内容。

（3）资金营运活动

企业生产经营过程中需要大量营运资金。企业的营运资金，主要是为了满足企业日常经营活动的需要而垫支的资金。营运资金的周转与生产经营周期具有一致性。

企业在正常的生产经营过程中，会发生一系列的资金收付。首先，企业要采购材料或商品，以便从事生产和销售活动，同时为保证正常的生产经营而支付工资和其他的营业费用；其次，当企业把产品或商品售出后，便可取得收入，收回资金；最后，如果企业现有资金不能满足企业经营的需要，则还要采取短期借款的方式来筹集所得资金。上述各方面都会产生资金的流入和流出，这种因企业日常生产经营引起的资金收付活动而产生的财务活动，称为资金营运活动。

（4）收益分配活动

企业通过投资活动和资金营运活动会取得一定的收入，并相应实现了资金的增值。由于企业收益分配活动体现了企业、企业职工、债权人和投资者之间的不同利益格局，企业必须依据现行法律和法规对企业取得的各项收入进行分配。

收益分配广义来讲，是指对各项收入进行分割和分派的过程。狭义来说收益分配仅指净利润的分配过程，即广义分配的最后一个层次。

值得说明的是，企业筹集的资金归结为权益资金（所有者权益）和借入资金（负债资金）两大类，在对这两类资金分配报酬时，前者是通过利润分配的形式进行的，属于税后利润分配；后者是通过将利息等计入成本费用的形式进行分配的，属于税前利润的分配。

此外，需要注意的是，股利决策受多种因素的影响，包括税法对股利和出售股票收益的不同处理、未来公司的投资机会、各种资金来源及其成本、股东对当期收入和未来收入的相对偏好等。因此，公司根据具体情况确定最佳的股利政策，是财务决策的一项重要内容。

筹资活动、投资活动、资金营运活动和资金分配活动共同构成了财务活动的主要内容。同时这些财务活动之间不是孤立的，而是相互联系、相互依存的。正是上述互相联系又有一定区别的各个方面，构成了完整的企业财务活动。具体而言，筹资活动是投资活动的前提与基础，而投资规模又受到筹资规模的影响；资金营运活动与投资活动都涉及资金的投放与回收，但资金营运活动的结果和归宿，利润分配的多少决定了留存收益的高低，这又属于内部筹资问题。因此，企业必须将这四个方面的财务活动综合地加以分析考虑，统筹安排，合理调度，才能取得良好的财务效果。

3. 资金运动和财务活动的关系

由于企业资金运动过程的起点和终点都是货币资金，所以企业财务活动的规律也是资金筹集、资金投放、资金消耗、资金收入到资金分配的过程。

工业企业资金运动过程和财务活动的关系如图 1-1 所示。

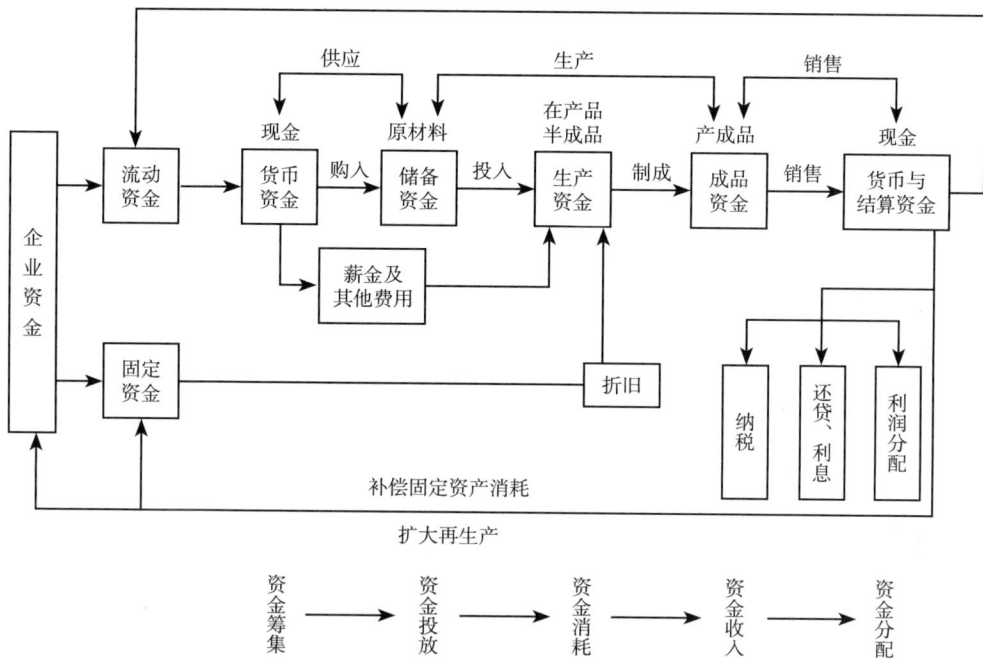

图1-1　工业企业资金运动过程和财务活动关系图

虽然从管理的角度看，企业的资金在不同时期具有不同的状态，但它们并不是分割的，而是相互密切关联的，我们称其为"在空间上并存，在时间上继起"。即企业一定时期的资金并不是只存在一种状态，而是多种状态并存的。同时，随着企业经营活动的发展和延续，这些资金又是以顺序的形态发展和变化，最初是以货币资金形态开始，最终也必然以货币形态结束，并投入新一轮的资金运动过程。

在市场经济条件下，拥有一定数额的资金是企业从事经营活动的基本条件，并能通过有效的经营管理达到价值增值的目的。所以企业的经营活动，表面上表现为物资的流动过程，实质上是一种资金的流动过程，也就是企业的财务活动。企业经营活动不断进行和延续，就会形成企业资金收支和流转活动。这种资金的不断收支和流转活动构成了企业经营活动的一个独立方面，并形成了一系列相对独立的管理方法，从而使企业的财务活动及其管理不仅具有综合性，也具有独立性的特点。

（二）财务关系

财务关系是指企业在进行各项财务活动过程中与各种相关利益主体所发生的经济利益关系，主要包括以下七个方面的内容。

1. 企业与国家行政机关管理部门之间的财务关系

国家作为社会管理者，担负着维护社会正常秩序、保卫国家安全、组织和管理社会活动等任务。

企业与国家行政管理部门之间的经济利益关系指政府行使其行政管理职能，为企业生产经营活动提供公平竞争的经营环境和公共设施等条件。政府在行使其社会行政管理职能时，为维护社会正常秩序、保卫国家安全、组织和管理社会活动等任务而付出了一定的代价，为此所发生的"社会费用"须由受益企业承担。

企业承担这些费用的主要形式是向国家缴纳税金。依法纳税是企业必须承担的经济责任和义务，以确保国家财政收入的实现，包括所得税、流转税、资源税、财产税和行为税等，从而形成了企业与国家行政管理部门之间强制与无偿的经济利益关系。

2. 企业与所有者之间的财务关系

企业与所有者之间的财务关系是指企业的投资者向企业投入资本金，企业向其投资者分配投资收益所形成的经济利益关系。

企业的投资者即所有权人，包括国家、法人和个人等。投资者作为财产所有者代表，履行出资义务。他除了拥有参与企业经营管理，参与企业剩余收益分配，对剩余财产享有分配权等权利外，还承担着一定的风险。作为接受投资的企业，对投资者有承担资本保值增值的责任。企业利用资本进行运营，实现利润后按照投资者的出资比例或合同、章程的规定，向其所有者支付报酬。两者之间的财务关系体现着所有权的性质及所有者在企业中的利益。

3. 企业与债权人之间的财务关系

企业除利用投资者投入的资本进行经营活动外，还要借入一定数量的资金，以扩大经营规模，降低资金成本。企业的债权人是指借款给企业的金融机构、公司债券的持有人、商业信用提供者、其他出借资金给企业的单位和个人。与投资者的地位不同，债权人获得的是固定的利息收益，不能像投资者那样参与企业的经营管理和享有剩余收益再分配的权利。但是，债权人有按预约期限收回借款本金和取得借款利息等报酬的权利。在企业破产清算时拥有与其地位相对应的优先求偿权。企业作为债务人，有按期归还所借款项本金和利息的义务。企业与债权人之间的财务关系是指企业向债权人借入资金，并按借款合同的规定按时支付利息和归还本金所形成的经济利益关系。在性质上属于建立在契约之上的债务债权关系。

4. 企业与被投资单位之间的财务关系

企业与被投资单位之间的财务关系是指企业以购买股票或直接投资的形式向其他企业投资所形成的经济利益关系。通常企业作为投资者要按照投资合同、协议、章程的约定履行出资义务，以便及时形成被投资企业的资本金。被投资单位利用资本进行运营，实现利润后应按照出资比例或合同、章程的规定向投资者分配投资收益。随着市场经济的不断深入发展，企业经营规模和经营范围的不断扩大，企业向其他单位投资的这种关系将越来越广泛。企业与被投资单位之间的财务关系是体现所有权性质的投资与受资的关系。

5. 企业与债务人之间的财务关系

企业与债务人之间的财务关系是指企业将其资金以购买债权、提供贷款或商业信用等形式出借给其他单位所形成的经济利益关系。企业将资金出借后，有权要求其债务人按约定的条件支付利息和归还本金。企业同其债务人之间的财务关系体现的是一种债权债务关系。

6. 企业内部各单位的财务关系

企业内部各单位的财务关系主要是指企业内部各单位之间在生产经营的各环节中相互提供产品或劳务所形成的经济关系。企业内部各职能部门与生产单位既分工又合作，共同形成一个企业系统。

企业内部各单位既是执行特定经营、生产和管理等不同职能的组织，又是以权、责、利相结合原则为基础的企业内部经济责任单位。企业内部各经济责任主体既分工又合作，共同形成一个企业系统。只有这些子系统功能的协调，才能实现企业预期的经济效益。企业内部各经济责任主体之间的经济往来及企业内部各经济责任单位相互之间的经济往来，不但要求进行企业内的经济核算，而且要分清经济责任，进行绩效考核与评价，落实约束与激励措施。企业内部各经济责任单位之间的财务关系体现了企业内部各经济责任单位之间的利益关系。

7. 企业与其职工之间的财务关系

企业与其职工之间的财务关系主要是指企业向职工支付劳动报酬过程中所形成的经济关系。

企业与职工之间的财务关系是以权、责、劳、绩为依据的收益分配关系。企业职工是企业的经营管理者和劳动者，他们以自身提供的劳动作为参与企业收益分配的依据。企业根据职工的职务、能力和经营业绩的优劣，用其收益向职工支付劳动报酬、津贴和奖金，并提供必要的福利和保险待遇等。这种企业与职工之间的劳动关系体现了职工个人和集体在劳动成果上的分配关系。

企业财务关系体现了企业财务的本质，如何处理和协调好各种财务关系是现代财务管理人员必须遵循的一项理财原则。

企业的财务关系如图1-2所示。

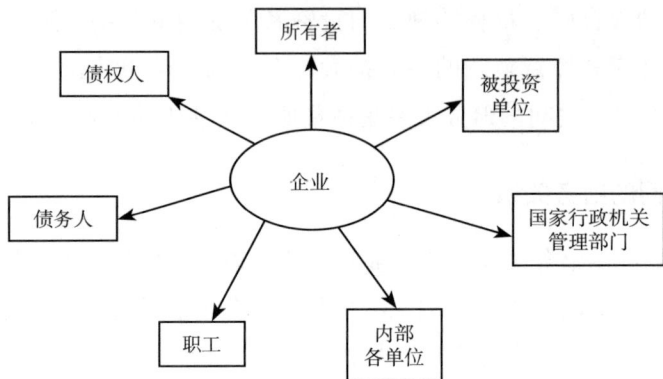

图1-2　企业财务关系示意图

综上所述，财务管理是企业管理中涉及面最宽泛的一个独立方面。从其特点来看，则是一项组织企业价值的形成、实现和分配的综合性管理工作。所以，财务管理在企业管理中具有核心和龙头的地位。也正因为这个原因，财务管理才从企业管理中分离出来作为一门独立的学科。

五、财务管理的环节

财务管理的环节是指企业财务管理的工作步骤与一般工作程序。一般而言，企业财务管理由计划与预算、决策与控制、分析与考核等环节构成。

（一）计划与预算

1. 财务预测

财务预测是根据企业财务活动的历史资料，考虑现实的要求和条件，对企业未来的财务活动做出较为具体的预计和测算的过程。财务预测可以测算各项生产经营方案的经济效益，为决策提供可靠的依据；可以预测财务收支的发展变化情况，以确定经营目标；可以测算各项定额和标准，为编制计划、分解计划指标服务。

财务预测的内容涉及企业资本运作的全过程。一般包括流动资产需要量的预测、固定资产需要量的预测、成本费用预测、销售收入预测、利润总额与分配预测，以及有关长短期投资预测等。

财务预测的程序是：明确预测目标、收集整理资料、建立预测模型、论证预测结果。

财务预测的方法主要有定性预测和定量预测两类。定性预测法主要是利用直观材料，依据个人的主观判断和综合分析能力，对事物未来的状况和趋势做出预测的一种方法；定量预测法主要是根据变量之间存在的数量关系建立数学模型来进行预测的方法。

2. 财务计划

财务计划是结合财务预测的结果，根据企业整体战略目标和规划，对财务活动进行规划。并以指标形式落实到每一计划期间的过程。

财务计划主要通过指标和表格，以货币形式反映一定计划期内企业生产经营活动所需要的资金及其来源、财务收入和支出、财务成果及其分配的情况。

确定财务计划指标的方法一般有平衡法、因素法、比例法和定额法等。

3. 财务预算

财务预算是指企业根据各种预测信息和各项财务决策确立的预算指标和编制的财务计划，是一系列专门反映企业未来一定预算期内预计财务状况和经营成果，以及现金收支等价值指标的各种预算的总称。它是财务战略的具体化，是财务计划的分解和落实。

财务预算具体包括现金预算、预计利润表、预计资产负债表和预计现金流量表等内容。财务预算是根据财务战略、财务计划和各种预测信息，确定预算期内各种预算指标的过程。财务预算一般包括以下环节：分析财务环境，确定预算指标，协调财务能力，组织综合平衡，选择预算方法，编制财务预算。

财务预算的方法通常包括固定预算与弹性预算、增量预算与定基预算、定期预算和滚动预算等。

（二）决策与控制

1. 财务决策

财务决策是对财务方案、财务政策进行选择和决定的过程，又称短期财务决策，是利用专门的方法对各种备选方案进行比较和分析，从中选出最佳方案的过程。所以，财务决策的目的在于确定最为令人满意的财务方案。只有确定了效果好并切实可行的方案，财务活动才能取得好的效益，完成企业价值最大化的财务管理目标。因此，财务决策是整个财务管理的核心。

财务预测是财务决策的基础与前提，财务决策则是对财务预测结果的分析与选择。财务决策是一种多标准的综合决策。决定方案取舍的既有货币化、可计量的经济标准，又有非货币化、不可计量的非经济标准。因此决策方案往往是多种因素综合平衡的结果。财务决策的成功与否直接关系到企业的兴衰成败。

财务决策的方法主要有两类：一类是经验判断法。是根据决策者的经验来判断选择，常用的方法有淘汰法、排队法、归类法等；另一类是定量分析方法。常用的方法有优选对比法、数学微分法、线性规划法、概率决策法等。

2. 财务控制

财务控制是指利用有关信息和特定手段，对企业的财务活动加以影响或调节，以便实现计划所规定的财务目标的过程。财务控制的目的是确保企业目标以及为达到此目标所制定的财务计划得以实现。

财务控制总体目标是在确保法律法规和规章制度贯彻执行的基础上，优化企业整体资源综合配置效益，厘定资本保值和增值的委托责任目标与其他各项绩效考核标准来制定财务控制目标，是企业理财活动的关键环节，也是确保实现理财目标的根本保证，所以财务控制将服务于企业的理财目标。

财务控制是企业内部控制和风险管理的一个重要方面，依据内部控制和风险管理的基本原理，财务控制包括控制环境、目标设定、事项识别、风险评估、风险应对、控制活动、信息沟通及监控八个基本要素。

财务控制可按不同的标志分类，按其内容可分为一般控制和应用控制；按其功能可分为预防性控制、侦察性控制、纠正性控制、指导性控制和补偿性控制；按其时序可分为事先控制、事中控制和事后控制；按其依据可分为预算控制和制度控制。

财务控制的程序是确定控制目标，建立控制系统，信息传递与反馈，纠正实际偏差。在控制过程中，由于企业各个部门的运作及预算的执行都会最终以价值的形式体现出来，都会对企业的资金运动产生影响，这就需要协调企业各部门的关系，发动和激励企业全体员工参与全面预算的落实和执行，以使得企业的经营能高效运转，实现价值增值。此外，还要协调好与企业外部各方面的关系，并充分利用各方面的资源，为企业谋取更大的利益。另外，为保证对各部门财务预算的执行情况进行有效的监督和控制，需要设计适当合理的财务控制，更为重要的是，要对财务活动的各个环节进行风险控制和管理，以保证目标和预算的执行。风险控制和管理就是要预测风险发生的可能性，尽可能地提出预警方案，确定和甄别风险，采取有效措施规避、化解风险或减少风险所带来的危害等。

（三）分析与考核

1. 财务分析

财务分析是指根据企业财务报表等信息资料，采用专门方法，系统分析和评价企业财务状况、经营成果以及未来趋势的过程。财务分析采用一系列专门的分析技术和方法，对企业等经济组织过去和现在有关筹资活动、投资活动、经营活动、分配活动的盈利能力、营运能力、偿债能力和增长能力状况等进行分析与评价的经济管理活动。它是为企业的投资者、债权人、经营者及其他关心企业的组织或个人了解企业过去、评价企业现状、预测企业未来做出正确决策提供准确的信息或依据的经济应用学科。

财务分析的内容主要包括：分析偿债能力，分析营运能力，分析盈利能力，分析综合财务能力。财务分析主要包括以下步骤：占有资料，掌握信息，指标对比，解决矛盾，分析原因，改进工作。

财务分析的方法通常有比较分析、比率分析、趋势分析法和综合分析等。

2. 财务考核

财务考核将报告期财务指标实际完成数与规定的考核指标进行对比，确定有关责任单位和个人完成任务的过程。财务考核与奖惩紧密联系，是贯彻责任制原则的要求，也是构建激励与约束机制的关键环节。

财务考核主要在企业内部进行，国家财务部门对国资企业经营者的考核属于宏观财务考核。财务考核指标，应是责任单位或个人应承担完成责任的可控制性指标，一般根据所分管的财务责任招标进行考核，使财务指标的完成有强有力的制约手段与激励措施。因此，财务考核是促使企业全面完成财务计划，监督有关单位与个人遵守财务制度，落实企业内部经济核算制的手段。通过财务考核，可以正确贯彻按劳分配原则，克服平均主义，促使企业加强基础管理工作，提高企业素质。

财务考核的形式多种多样，可以用绝对指标、相对指标、完成百分比考核，也可采用多种财务指标进行综合评价考核。

六、财务管理的基本观念

财务管理观念是财务人员从事财务管理应具备的价值取向和理念。企业财务管理观念在一定程度上决定了企业的财务管理方法。主要的财务管理观念具体如下所示。

（一）货币时间价值观念

货币时间价值观念是财务决策人员常用的一种价值判断观念，也称资金时间价值观念。

所谓货币的时间价值，是指资金经历一定时间的投资和再投资所增加的价值。一定数量的资金在不同时点上具有不同价值，年初的 1 元运用到年末，其价值量会高于年初的 1 元；反之，年末的 1 元，从价值衡量角度看比年初的 1 元价值要小。这是因为当资金使用者把资金投入生产经营后，借助于生产出来的产品及新创造的价值，实现了价值增值。这种不同时点的不等价的价值差量是由于时间推移而引起的。资金在使用过程中，占用的时间越长，所获利润越多，其价值增量也越大，货币时间价值大小可以用绝对数表示，也可以用相对数即以利息额或利息率来表示。

（二）风险收益均衡观念

市场经济是风险经济。企业的生产经营活动都存在风险，财务活动也不例外。财务上所讲的风险，是指由于从事某项活动而产生的收益或损失的不确定性。例如，某项投资，可能会达到预期收益，但也可能无法实现，甚至出现亏损，这种收益或亏损出现的不确定性即表现为投资风险。

既然风险表现为收益和损失的不确定性，那么风险越大的项目要求的收益应越高或损失应越小，反之亦然。

所谓风险价值，即为超出正常时间价值的那部分额外收益或额外的损失减少。它是对人们可能遇到的风险的一种价值补偿。

风险与收益是一种对称关系，即要求等量风险带来等量收益。这一观念贯穿于筹资、投资等财务活动的整个过程中，要求在财务活动中必须考虑收益即报酬与风险价值的对称。

（三）机会成本观念

财务活动过程是在多种可能方案中作出最优选择的过程，当选择某一种方案作为最优方案时，就必须放弃其他方案。当然，其他被放弃的方案若被采用也会提供收益或者减少损失。在财务活动中，树立机会成本的观念，要求我们在确定任何一个项目的收益时，都不能只考虑采用方案所带来的总收益，还要考虑扣除机会成本后的相对收益水平，即考虑机会成本对其收益水平的影响。

（四）弹性观念

财务上所讲的弹性是指企业适应市场变化的能力。弹性观念要求企业在进行各项生产经营和财务活动中，必须考虑市场变动的可能性，留有调整余地，例如，为了降低筹资成本和减少筹资风险，就要求企业的筹资结构能够被调整成具有弹性；为了提高投资收益和减少投资风险，就要求企业的投资结构能够被调整或具有弹性等。只有持有弹性观念，才能自觉地使各项财务活动适应市场的变化，使财务管理处于主动状态。

（五）信息观念

现代市场经济充满变化，并通过这种变化不断引导企业的生产经营和财务活动，以实现市场供求平衡。市场的变化是通过市场信息引导的，这些信息包括价格、利率、汇率和证券指数等的变化。因此，信息成为市场经济活动中的重要媒介。这就要求现代财务管理必须树立信息观念，要全面、准确、迅速地收集、分离信息，并在合理、客观的预期的基础上，作出正确的财务决策。

七、财务管理的法规制度

企业以及企业内部的财务管理体制，是通过有关的财务法规制度加以规定的。财务法规制度是根据国家相关经济政策的要求，为适应财务活动的实际需要，合理安排企业同各方面的财务关系，确定各有关部门的财务管理职责和权限。它是人们组织财务活动，处理财务关系的规范。我国目前企业财务法规制度，由企业财务通则、行业财务制度、其他经济法律规范、企业内部财务管理办法四个层次构成。

（一）企业财务通则

《企业财务通则》是为了加强企业财务管理、规范企业财务行为、保护企业及其利益相关方的合法权益，推进现代企业制度而制定的，共十二章四十六条，1992 年 11 月 30 日财政部令第 4 号颁布，1993 年 7 月 1 日实施。它对建立资本金制度、固定资产的折旧、成本的开支范围、利润分配做出了规定。2006 年 12 月 4 日，财政部对原有财务通则做了修订，以财政部令第 41 号颁布了新的《企业财务通则》，2007 年 1 月 1 日实施，全文共分 10 章、78 条，分别为：总则、企业财务管理体制、资金筹集、资产营运、成本控制、收益分配、重组清算、信息管理、财务监督和附则。新财务通则适用于在中华人民共和国境内依法设立的具备法人资格的国有及国有控股企业。

《企业财务通则》是各类企业进行财务活动、实施财务管理必须遵循的基本规范，对其他财务法规起统率作用。其结构框架既反映了资金筹集、投放、消耗、收入、分配等整个资金运动过程，又体现了资产、负债、所有者权益、收入、费用、利润六项会计要素，兼顾了我国的财务实践。

（二）行业财务制度

行业财务制度是根据《企业财务通则》的规定，为适应不同行业的特点和管理要求，由财政部制定的行业规范。

按照《企业财务通则》规定，我国制定了分行业的企业财务制度，以适应不同行业的特点和管理要求。我国目前制定的行业财务制度有工业企业、交通运输业、商品流通业、邮电通信业、金融保险业、农业、旅游及饮食服务业、施工及房地产开发业、电影和新闻出版业及对外经济合作等行业的财务制度。

企业财务制度分为广义财务制度和狭义财务制度两种。广义财务制度，是指用来规范企业与各相关方面经济关系的法律、法规、准则及办法的总和。

企业财务制度包括三项内容：财务管理职权、财务管理组织和财务管理制度。财务管理职权主要是指国家与企业之间、不同财务管理岗位之间、上级与下级之间的财务管理权限的划分。财务管理组织是指企业设置财务管理部门或岗位的具体形式。我国企业一般都采取财务与会计合并的财务管理组织形式。财务管理制度就是管理各项财务活动的规章制度。

（三）其他经济法律规范

除了遵守《企业财务通则》和行业财务制度的规定外，与企业财务管理有关的其他经济法律规范还有《中华人民共和国公司法》《中华人民共和国证券法》《中华人民共和国票据法》《中华人民共和国支付结算办法》《中华人民共和国企业破产法》《中华人民共和国合同法》等。企业财务管理人员要熟悉这些法律、法规，在守法的前提下，利用财务管理的职能，实现企业的财务目标。

（四）企业内部财务管理办法

企业有权按照《企业财务通则》和行业财务制度，根据企业内部管理的要求，制定内部财务管理办法，以便建立企业财务管理的秩序，增加经济效益，避免损失浪费，增强企业活力。这种企业内部财务制度（办法），可称为狭义财务制度，是用来规范企业内部财务行为、处理企业内部财务关系的具体规章制度。广义财务制度是狭义财务制度实施的外部环境，狭义财务制度是广义财务制度在企业内部的具体体现及延伸。

八、财务管理体制

企业财务管理在有效组织企业财务活动，正确处理财务关系的过程中，应依据企业财务管理体制和财务法规制度进行。我国自改革开放以来，已逐步建立和完善了企业财务管理体制。

（一）财务管理体制的界定

企业财务管理体制，是指规范企业财务行为、协调企业同各方面财务关系的制度。企业财务管理体制改革是整个经济体制改革的重要组成部分。财务管理体制又是划分企业财务管理责权利关系的一种制度，是财务关系的具体表现形式。一般来说，财务管理体制分为企业投资者与经营者之间的财务管理体制和企业内部的财务管理体制。企业财务管理体制是明确企业内部各财务层级的财务权限、责任和利益的制度，其核心问题是如何配置财务管理权限、财务责任和财务利益。

我国企业在流动资金供应、固定资产折旧、成本开支范围、利润分配制度等方面已先后进行了一系列改革，受到了人们广泛的重视。研究和改革企业财务管理体制，不仅对加强财务管理、提高经济效益有重要作用，而且对促进和配合财税、金融、投资、计划等体制的改革也有重要意义。

（二）财务管理体制的基本类型

1. 集权型财务管理体制

集权型财务管理体制是指企业对各所属单位的所有财务管理决策进行集中统一管理，各所属单位没有财务决策权，企业总部财务部门不但参与决策和执行决策，而且在特定条件下还直接参与各所属单位的执行过程。

2. 分权型财务管理体制

分权型财务管理体制是企业总部将财务决策与管理权全部下放到各所属单位，各所属单位只需对一些决策结果报请企业总部备案即可。

从实践来看，财务管理需要建立"分权分层"的财务治理结构。所谓"分权"，是对于同一个理财主体来说，在所有权和经营权分离的条件下，所有者和经营者对企业财务管理具有不同的权限，也就是分权管理。所谓"分层"，是指对于同一个理财主体来说，所有者财务管理和经营者财务管理，应按照企业的组织结构，分别由股东大会、董事会、经理层（包括财务经理）来实施，并进行财务管理。

"分权分层"企业财务治理结构见图1-3。

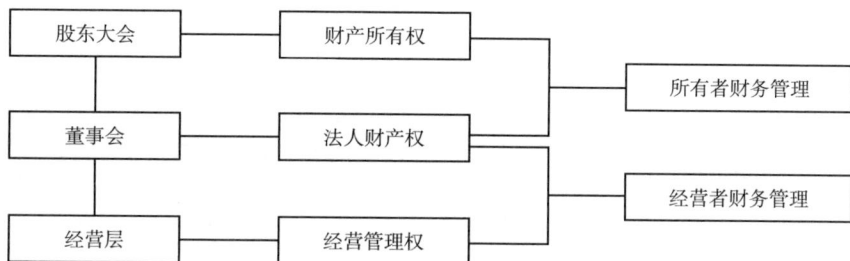

图1-3 企业财务治理结构示意图

在"分权分层"的财务管理框架下，所有者财务管理的对象，是所有者投入企业的资本；而经营者管理的对象则是企业的法人财产。造成这两者在管理对象上的差别是两权分离的结果，它表明出资者只对投入的资本及权益行使产权管理，而经营者则对构成企业法人的全部财产行使产权管理，对出资者承担资本保值增值的责任。即股东大会着眼于企业的长远发展和主要目标，实施重大的财务战略，进行重大的财务决策；董事会着眼于企业的中、长期发展，实施具体财务战略，进行财务决策；经理层对董事会负责，着眼于企业短期经营行为，执行财务战略，进行财务控制。另外，在企业中设立财务总监，财务总监代表所有者对企业经理层的财务活动进行财务监督，这也成为我国企业财务治理结构的一个重要组成部分。

3. 集权与分权结合型财务管理体制

集权与分权结合型财务管理体制其实质就是集权下的分权。即企业对各所属单位在所有重大问题的决策与执行上实行高度集权，各所属单位对一切具体的经济活动具有较大的自主权。

九、财务管理的功能

财务管理在企业管理中发挥着重要作用。在大型企业中所设的首席财务官（CFO），是公司的高级管理人员，具有很高的地位。集团公司往往向下级子公司派驻财务总监，代表母公司对子公司的财务管理活动进行监督和指导。可以说，财务管理对公司与利益相关者关系的协调、企业管理目标的实现、企业价值的增值都起着重要作用。在现代企业中，比较典型的组织结构如图1-4所示。

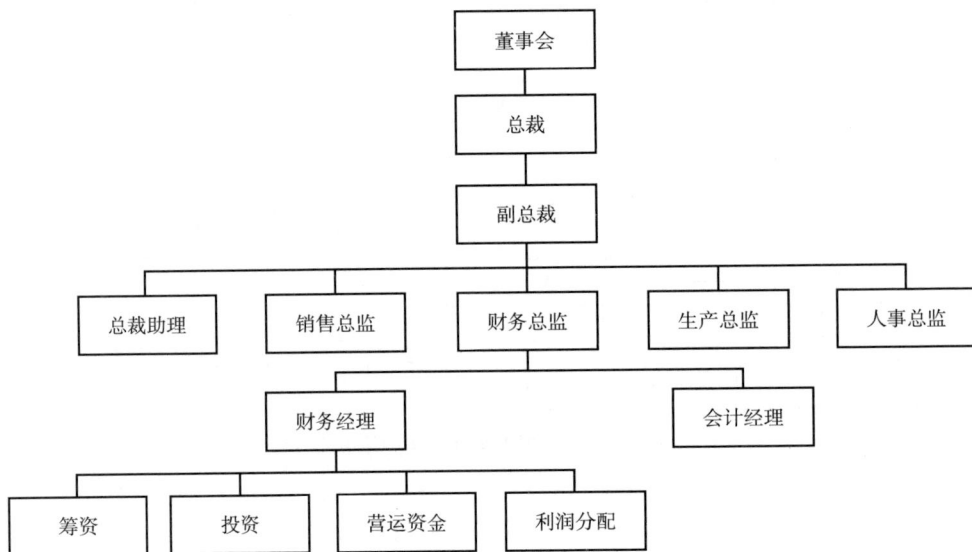

图1-4 企业组织结构图

财务总监在总裁的领导下开展工作。公司总裁在工作过程中，不仅有关投资、筹资、财务预算、财务决算等财务问题需要财务总监解决，就连生产、营销、研发等方面的决策也需要财务总监的协助和参与。也就是说，财务总监可能参与全环节的公司高层的管理决策会议，这使得公司财务管理部门在企业管理中处于核心地位，财务总监的这种阅历也往往容易使其日后成为公司的总裁。

财务治理对公司管理的一个重要贡献，就是协调处理好公司与股东、公司与债权人、公司与内部职工、公司与政府部门等利益相关者的多种财务关系，通过财务部门与公司利益相关者的协调，平衡债权人的利益，使公司员工对公司感到满意，政府部门对公司有良好的印象等，从而为公司树立良好的形象奠定坚实基础。可以说，如果没有财务部门与利益相关者之间财务关系的协调，公司的运转很难顺利进行。例如，如果财务部门没有处理好与银行等金融机构的关系，那么作为债权人的银行可能就会提高贷款利率，缩短贷款期限，增加抵押贷款的担保物价值等，这不仅会增加融资成本，给公司造成巨大损失，甚至可能使公司无法从银行获得贷款，导致资金链断裂，影响公司的正常生产经营。

十、财务管理的框架体系

上面讨论了财务管理的各个方面，而对财务管理的研究可用图 1-5 表示。

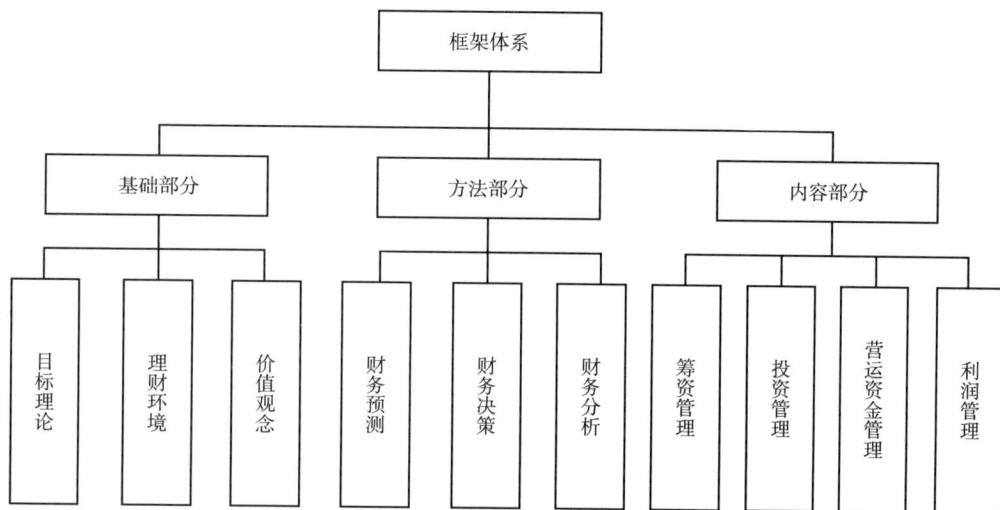

```
                          框架体系
              ┌──────────────┼──────────────┐
           基础部分         方法部分         内容部分
        ┌────┼────┐    ┌────┼────┐    ┌────┬────┬────┐
      目标 理财 价值  财务 财务 财务  筹资 投资 营运 利润
      理论 环境 观念  预测 决策 分析  管理 管理 资金 管理
                                          管理
```

图1-5　财务管理框架体系示意图

该框架体系图反映了对财务管理的综合性探讨是从财务管理概念、目标理论和财务管理的价值观念出发，采用财务管理的预测、决策、控制、分析等方法，用价值形式去研究财务管理中的筹资、投资、资金营运和利润分配等内容。基于篇幅所限，本书主要对于财务管理的基础部分、内容部分和财务分析部分作以阐述。

第二节　财务管理的目标

一、财务管理目标的概念

财务管理是在一定的整体目标下，对于资产的购置（投资）、资本的融通（筹资）、经营中现金流量（营运资金）以及利润分配的管理。

财务管理目标是指企业进行财务活动所要达到的根本目的。财务管理目标按其涉及的范围大小，可分为总体目标和具体目标。

总体目标是指整个企业财务管理所要达到的目标，它决定着整个财务管理过程的发展方向，是企业财务活动的出发点和归宿。

具体目标是指在总体目标的制约下，从事某一部分财务活动所要达到的目标。总体目标是各个具体目标的集中表现，具体目标是总体目标的明细化。财务管理的总体目标对财务管理的具体目标起着主导作用、支配作用，因而又称财务管理的基本目标。

财务管理的具体目标按其涉及的财务管理对象不同，可分为单项理财活动目标和单项财务指标目标。单项理财活动目标按财务管理内容分为筹资管理目标、投资管理目标、成本管理目标、收益分配目标等。按资产项目分为应收账款管理目标、存货管理目标等。单项财务指标目标包括利润目标（目标利润）、成本目标（目标成本）、资本结构目标（目标资本结构）等。

二、财务管理目标的特征

财务管理目标具有以下特征。

（一）相对稳定性

财务管理目标是在一定环境下即一定的内外环境和经营战略下提出来的理财目标。随着内外环境和经营战略的变化，以及人们认识的发展和深化，财务管理目标也在发生变化。例如，我国在计划经济体制下的财务管理实际追求的是"产值最大化"；在社会主义市场经济的初级阶段，财务管理基本上是围绕利润的增长进行的；而现阶段则强调企业价值最大化。可见，随着人们的认识达到一个新的高度，就会有一个取得共识、普遍接受的时期。因此，财务管理目标作为人们对客观规律性的一种概括，总的来说是相对稳定的。

（二）可操作性

财务管理目标的实施若要起到组织动员的作用，并据以制定经济指标且进行分解，实现员工自我控制，进行科学的绩效考评，就必须具有可操作性。

财务管理目标具有可操作性主要有以下三方面的要求。

第一，可计量性。财务管理目标不仅要有定性的要求，而且应能据以测定出量化的标准，才便于付诸实行。财务管理既然是一种价值管理，其目标要能用各种量化指标来表现，这样才能计量损益，进行有效决策和管理。

第二，可追溯性。财务管理目标可以根据责权利相统一的原则追溯到有关部门和人员，只有这样才能落实指标，检查责任履行情况，制定整改措施。

第三，可控性。企业的财务管理目标以及分解落实到各部门、各单位的具体目标，应该是各企业和各部门、各单位管得住、控制得了的。凡是在它们控制范围之外的，不应由它们负责。

（三）层次性

财务管理目标是企业财务管理系统顺利运行的前提条件，财务管理目标之所以有层次性，是由企业财务管理内容和方法的多样性以及它们相互关系上的层次性决定的。

（四）多元性

根据前文所述，财务管理目标并非单一的，仅就总体目标而言，可分为利润最大化目标、股东财富最大化目标、企业价值最大化目标等。每种目标都有优缺点，因此一般企业的财务目标都不是单一的，要综合考虑多个目标。这就是所谓的财务管理目标的多元性。

三、财务管理目标的种类

任何管理都是有目的的行为，财务管理也不例外。财务管理目标是企业财务管理工作尤其是财务决策所依据的最高准则，是企业财务活动在一定环境和条件下达到的根本目的，决定着企业财务管理的根本方向，是企业财务的出发点和归宿。

（一）财务管理的总体目标

企业财务管理的总体目标既要与企业目标相一致，又要能够反映财务管理的基本特征。企业财务管理的总体目标应是提高经济效益，实现企业价值增值的最大化。从实践看，财务管理理论界和实务界探讨了多种财务管理目标，提出了不同的观点，企业财务管理的目标大致有如下五种具有代表性的理论。

1. 利润最大化

这一目标是从 19 世纪初形成和发展起来的，其渊源是亚当·斯密的企业利润最大化理论。这种观点认为，利润代表了企业新创造的财富，利润越多则说明企业的财富增加越多，越接近企业的目标。

利润是指企业将一段时间内的收入减去相应的支出后的剩余部分。人类从事生产经营活动的目的是创造更多的剩余产品，在市场经济条件下，剩余产品的多少可用利润这个指标来衡量，在自由竞争的资本市场中，资本的使用权最终属于获利最多的企业，只有每个企业都最大限度地创造利润，整个社会的财富才可能实现最大化，从而带来社会的进步和发展。基于以上的原因，企业将利润最大化作为企业财务管理的目标。这种理论就是假定企业财务管理主要是以实现利润最大化为目标。

利润最大化财务管理目标一般指税后利润总额的最大化。在市场经济体制中，企业必然关心市场，关心利润，并且企业职工的经济利益同企业利润的多少直接挂钩，从而使利润成为企业财务运行的主要目标。

但是以利润最大化作为财务管理目标也有其优缺点。

（1）优点

①利润总额直观、明确，容易计算，便于分解落实，广大员工都能理解。

②反映了当期经营活动中投入与产出对比的结果。利润额是企业在一段时期的经营收入和经营费用的差额，反映了当期经营活动中投入与产出对比的结果，在一定程度上体现了企业经济效益的高低。企业追求利润最大化，就必须加强管理，改进技术，提高劳动生产率，降低产品成本，这都有利于资源的合理配量和使用。

③利润最大化的联动效应明显。利润是增加业主投资收益，提高职工劳动报酬的来源。也是企业补充资本积累，扩大经营规模的源泉。利润最大化直接关系着投资者投资收益、职工劳动报酬、企业资本积累来源，甚至能够体现企业对国家的贡献。因此，利润最大化不仅对投资者、职工、企业运营有利，甚至对国家财政收入也有不可忽视的贡献。

④符合企业以盈利为基本目的的要求。在一定程度上体现了企业经济效益的高低，体现出实现了的价值，比产值更有效地反映了企业对社会需求的满足。利润的多少不但体现了企业对国家的贡献，而且与企业的利益相关，体现了企业的本质。

由此可见，以利润最大化作为财务管理目标有其合理性。一方面，利润是企业积累的源泉，利润最大化使企业经营资本有了可靠的来源；另一方面，利润最大化在满足企业业主增加私人财富的同时，也使社会财富达到最大化。

（2）缺点

随着商品经济的发展，企业的组织形式和经营管理方式发生了深刻的变化，业主经营逐渐被职业经理人经营代替，企业利益主体呈现多元化，在这种情况下，利润最大化作为企业财务管理目标的缺点就逐渐显现出来。以利润最大化作为财务管理目标存在以下主要缺点。

①没有考虑资金的时间价值。这里的利润是指企业一定时期实现的利润总额，它没有考虑资金的时间价值。例如，今年100万元的利润和1年以后100万元的利润其价值是不一样的，由于存在资金的时间价值，1年间还会有时间价值的增加，而且这一数值会随着折现率的不同而变化，而利润并没有考虑到这一点。

②没有考虑投资的风险问题。同样是获得100万元的利润，而利润的表现形式是多种多样的。100万元的应收账款和100万元的现金收益存在不同的风险，显然，100万元的现金收益比100万元的应收账款的风险要小，因为只要存在应收账款，就存在款项收不回来的可能性。

③没有能够反映创造的利润与投入资本之间的关系。同样是获利100万元，A企业投入的资本是100万元，而B企业投入的资本是1000万元。而且，A企业的投资回报率高于B企业。

④可能导致企业财务管理的短期行为。可能导致企业财务管理的短期行为，从而影响

企业的长远发展。由于利润指标通常按年计算，因此，企业决策也往往会服务于年度招标的完成或实现。如果企业过分强调利润最大化，则管理者有可能追求短期的利益，从而做出有损企业长远发展的决策。

2.每股收益最大化

每股收益也称每股盈余，是指企业在一定时期的净利润与发行在外的普通股股数的比值，表示投资者每股股本的盈利能力，该指标主要适应于上市公司。非上市公司可采用权益资本净利率（权益资本利润率），即指企业在一定时期的净利润与权益资本总额的比值，与每股收益具有类似的含义。

计算公式如下：

$$权益资本利润率 = \frac{净利润}{全年平均权益资本额}$$

$$每股收益 = \frac{净利润}{普通股在外发行的股数}$$

该观点认为，应当把利润与企业的权益资本投入联系起来，每股收益或权益资本净利率最大化是企业财务管理的目标。

（1）优点

因每股收益最大化指标也是以净利润作为基础，所以其优点与利润最大化基本相同，除此之外，其优点还表现在以下三个方面。

①反映了投入与产出的关系。每股收益最大化指标采用相对数来反映企业的盈利能力，反映了权益资本与净利润的关系。权益资本利润率全面地反映了企业营业收入、营业费用和投入资本投入产出的关系，能较好地考核企业的盈利水平。权益资本利润率是企业综合性最强的一个经济指标，它也是杜邦分析法中所采用的综合性指标。能清晰地揭示出投资与收益的报酬率水平，也就是反映了投入与产出的关系。

②容易理解，便于操作。该观点更好地反映了企业财务管理的本质，有利于把指标分解落实到各部门、各单位。也便于各部门、各单位据以控制各项生产经营活动，对于财务分析、财务预测也有重要的作用。

③有利于企业间财务指标的纵横向对比分析。每股收益最大化有利于企业的财务分析、预测和不同资本规模的企业或企业不同时期间的对比。

（2）缺点

正因为每股收益和权益资本净利率都是以净利润为基础计算的，所以也存在与利润最大化为目标相似的部分缺陷，每股收益（权益资本净利率）最大化也有很多不完善之处，主要表现在以下三个方面。

①每股收益最大化同样没有考虑资金时间价值。该观点没有考虑净利润的取得时间，不同年度的权益资本利润率可能相同，但是由于存在于不同的年度，因此仍然无法客观比较企业经营业绩。尽管可将年初所有者权益折算为终值，但是还需要考虑非经营性因素而导致的所有者权益的增加及物价变动因素等。

②没有有效地考虑风险因素。相同的企业净利润，可能在不同的风险下取得。同样，相同的风险下，也可能取得不同的利润。所以，权益资本利润率和每股利润的大小，并不能反映风险的高低。

提高企业每股收益或权益资本净利率，最简单的方法是扩大企业的负债比例，减少权益资本，同时最大限度地实现利润，承担最大的税收成本。但过度的负债，会使企业的经营风险和财务风险大大提高。不惜冒更大的风险去追求每股盈余的最大化，很可能对企业的长远发展产生伤害。

③带有短期行为倾向。每股收益最大化同样会使财务决策带有短期行为倾向。

3. 股东财富最大化

股东财富最大化是指通过财务上的合理运营，为股东创造最多的财富。在股份制公司中，股东财富由股票市场价格和所拥有的股票数量的乘积来决定。在股票数量一定的情况下，股价越高，股东财富越大，当股份达到最高时，股东财富也达到最大。所以，股东财富最大化又演变为股票价格最大化。股东财富的表现形式是在未来获取更多的净现金流量，股票价格也是股东未来所获取现金股利和出售股票获取销售收入的现值，所以，股票价格一方面取决于企业未来获取现金流量的能力，另一方面取决于现金流入的时间和风险。

（1）优点

①容易量化。股东财富最大化目标对上市公司来说是一个比较容易获得的指标。对上市公司而言，股东财富最大化目标比较容易量化，便于考核和奖惩。

②考虑了现金流量的时间价值和风险因素。股东财富最大化目标考虑了现金流量的时间价值和风险因素，它们都体现在未来现金流量的折现因素之中。企业未来现金流量越多，则企业的价值越大，而折现率的高低主要由风险的大小来决定。

③反映了资本与收益之间的关系。股东财富最大化目标反映了资本与收益之间的关系。因为股票的价格是对每股股份的一个标价，反映的是单位投入资本的市场价格。

④一定程度上克服了企业追求利润的短期行为。股东财富最大化目标在一定程度上克服了企业追求利润的短期行为。因为股票的价格很大程度上取决于企业未来获取现金流量的能力。

股票市场价格的高低体现了投资大众对公司价值的客观评价。股价受到多方面因素影响，一方面是企业利润水平的高低，另一方面是企业未来的发展前景，如果股东对企业未来的经营状况和经营成果抱有良好的预期，则股价会上涨。因此，该观点注重企业利益的长远性。

（2）缺点

①只适用于上市公司，对非上市公司难以适用。该财务管理目标只适用于上市公司，而无论是在我国还是在西方国家，上市公司在全部企业中只占极少部分比重，大量的非上市企业不可能采用这一目标。因此，在实际操作中很难普遍采用。尤其对我国来说，上市公司数量有限，大量公司为非上市公司，适应面较窄。

②过于强调股东的利益，对其他关系人利益重视不够。主张股东财富最大化并非不考虑其他利益相关者的利益。各国《公司法》都规定，股东权益是剩余权益，只有满足了其他方面的利益之后才会有股东的利益。企业必须给顾客提供它们满意的产品和服务、给职工发放工资、交税等之后才能获得税后收益。因此，其他利益相关者的要求先于股东被满足，但这样做必须是有限度的。因为，如果不加限制地满足其他利益相关者的要求，股东就不会有"剩余"了，这也是对其他关系人利益重视不够的原因。

③股价受多种因素影响。股票价格受多种因素的影响，股票价格的波动直接导致股东财富的波动。股票价格往往不能准确地体现股东财富。在我国这种弱势有效的资本市场上，股票价格并不是总能反映企业的经营业绩，价格波动也并非与公司财务状况的实际变动相一致。况且股票市价常受到多种因素包括非经济因素的影响，甚至存在某些企业为了提升股价而人为地财务舞弊行为，因此股价难以准确地反映企业股东的现实财富，这对公司实际经营业绩的衡量也带来了一定的困难。

4. 企业价值最大化

拥有这种观点的学者认为，企业价值最大化是企业财务管理的总体目标。该观点在当前学术界得到普遍认可。支持这种观点的人认为，现代企业是多边契约关系的集合，不能只考虑股东的利益，而应体现企业整体的利益。企业的价值就在于它能给企业的所有者和其他利益相关者带来未来的报酬。企业价值最大化更能体现企业主体的特征和利益相关者的利益，较股东财富最大化更为合理。

这种观点认为，企业价值最大化是指企业通过合理的生产经营，采用最佳的财务决策，在考虑货币时间价值和风险价值的条件下，使企业价值达到最大。投资者建立企业，其目的在于创造尽可能多的财富。这种财富首先表现为企业价值。企业价值是其未来现金流量的现值，在资本市场上表现为交换价格。通俗来说是指企业本身的价值。企业财富的多少不是仅凭某一时期利润的大小来衡量，而是要把企业整体看作一种商品，通过市场评价来确定企业值多少钱，这就是企业价值。在对企业进行评价时，看重的不是企业获得的利润水平，而是企业潜在的获利能力。对于上市公司而言，衡量指标是权益市场价值（或企业预计未来现金流量的现值）和债务市场价值。

$$企业价值\ V = 权益市场价值 + 债务市场价值$$
$$= 股票市场价格 + 债务市场价值（上市公司）$$

对于上市公司而言，企业价值可通过资产未来报酬的贴现值来计量，公式表示如下：

$$V = \sum_{t=1}^{n} NCF_t(P/F,i,t)$$

式中：V——表示企业价值；

　　　　NCF_t——表示企业第 t 年的现金净流量；

　　　　n——表示预计企业持续年限；

　　　　i——表示折现率；

　　　　t——表示取得现金净流量的具体年数。

下面，我们将着重分析一下企业价值最大化作为财务管理目标的优缺点。

（1）优点

①考虑了资金的时间价值和风险机制。考虑了时间价值和风险因素。投资者在评价企业价值时，是计算未来现金流入量的现值之和。将未来现金流入按预期投资时间的同一口径进行折现，考虑了资金的时间价值；未来收入的多少按可能实现的概率进行计算，考虑了风险因素。有利于统筹安排长短期规划、合理选择投资方案、有效筹措资金、合理制定股利政策等。

②反映了对企业资产保值增值的要求。从某种意义上说，股东财富越多，企业市场价值就越大，追求企业价值最大化的结果可促使企业资产保值或增值。

③有利于克服管理上的片面性和短期行为。企业价值最大化避免了管理上的片面性和短期行为，企业价值不仅受制于目前的利润水平，更受制于企业未来的利润预期。因此，为了提升企业价值，企业必须长此以往地保持良好的发展态势，保持足够的现金流量。

④有利于社会资源合理配置。企业价值最大化有利于引导社会资源流向企业价值最大化的企业或行业，有利于实现社会效益最大化。

⑤兼顾了股东以外的其他利益相关者的利益。企业价值最大化不仅考虑了股东的利益而且考虑了债权人、经理层、一般职工的利益。

（2）缺点

①计量方法的缺陷。在企业价值的计算公式中，两个基本要素——未来各年的现金流量（NCF_t）及与企业风险相适应的贴现率（i）是很难预计的，预计中可能出现较大的误差，因而很难作为对各部门要求的目标和考核的依据。

②企业的价值过于理论化，不易操作。尽管对于股票上市企业，股票价格的变动在一定程度上揭示了企业价值的变化，但股价是多种因素影响的结果，特别是在资本市场效率低下的情况下，股票价格很难反映企业所有者权益的价值。

③对非上市公司难以客观评估价值。对于非股票上市企业，只有对企业进行专门的评估才能真正确定其价值。而在评估企业的资产时，由于受评估标准和评估方式的影响，这种估价不易做到客观和准确，这也导致企业价值确定上的困难。

④环形持股对股票市价的敏感降低。为了控股或稳定购销关系，现代企业不少采用环

形持股的方式，相互持股。法人股东对股票市价的敏感程度远不及个人股东，对股票价值的增加没有足够的兴趣。

5. 相关者利益最大化

在市场经济中，财务管理主体更加细化和多元化。现代企业是多边契约关系的总和，要确立科学的财务管理目标，首先就要考虑哪些利益关系会对企业发展产生影响。

相关者利益最大化观点认为，企业财务管理不仅是关注股东的利益，更要关注债权人、经理层及职工等利益相关者的利益，使与企业利益相关者的利益达到最大化，企业财务管理的目标应该是相关者利益最大化。因为在市场经济中，企业的财务管理主体更加细化和多元化，股东作为企业所有者，在企业中承担着最大的权力、义务、风险和报酬，但是债权人、员工、企业经营者、客户、供应商和政府也为企业承担着风险，相关者利益最大化是企业财务管理最理想的目标。在确定企业财务管理目标时，不能忽视这些相关利益群体的利益。

（1）优点

①有利于企业长期稳定发展。相关者利益最大化促使企业在发展过程中注重考虑并满足各利益相关者的利益要求，可避免只站在股东的角度进行投资可能导致的一系列问题。

②体现了合作共赢的价值理念。相关者利益最大化有利于实现企业经济效益和社会效益的统一。提出了平等保护各产权主体利益的要求，强调各种专用资源结合在一起才能产生生产力，才能给企业带来持久收益，促进企业的可持续发展。

③兼顾了各利益主体的利益。相关者利益最大化本身是一个多元化、多层次的目标体系，较好地均衡和协调了利益分配关系，较好地兼顾了各利益主体的利益，考虑了与企业利益相关者的利益并要求其最大化。

（2）缺点

①利益相关性难以计量，不易操作。在实际应用中，利益相关者的价值的确定没有明确的计算模式。且相关者利益本身具有相互竞争性而难以实现利益最大化。

②利益相关者的利益博弈源于股东投资。除非股东确信投资会带来满意的回报，否则股东不会出资，利益相关者的要求也就无法实现。而利益相关者的利益大小完全取决于契约的安排、各利益相关方在契约签订过程中的博弈，而这又取决于各方对企业价值贡献的大小。

综合上述，在财务管理理论发展的几十年里，人们对企业财务活动提出了多种财务管理目标，其中比较有代表性的是利润最大化、每股收益最大化、股东财富最大化、企业价值最大化、相关者利益最大化。各种观点各有利弊，由于企业的情况各不相同，财务管理的目标也因企业的不同而有所不同。但是其中有一个共同点，即财务管理的总体目标都注重企业的长期利益，企业的可持续增长与企业目标相一致。

以上我们对财务管理总体目标进行了全面综合的描述，下面我们用表格的形式加以比较分析，具体如表1-1所示。

表1-1　财务管理目标比较

财务管理目标	衡量指标	优点	缺点
利润最大化	利润	①利润总额直观、明确； ②反映了当期经营活动中投入与产出对比的结果； ③利润最大化的联动效应明显； ④符合企业以盈利为基本目的要求	①没有考虑资金时间价值； ②没有考虑风险因素； ③没有考虑利润和投入资本额的关系； ④可能导致企业财务管理的短期行为
每股收益最大化	每股收益	①反映了投入与产出的关系； ②容易理解，便于操作； ③有利于企业间财务指标的纵横向对比分析	①没有考虑资金时间价值； ②没有考虑风险因素； ③带有短期行为倾向
股东财富最大化	股东财富	①容易量化； ②考虑了现金流量的时间价值和风险因素； ③反映了资本与收益之间的关系； ④一定程度上克服了企业追求利润的短期行为	①通常只适用于上市公司； ②强调股东利益，而对其他相关者的利益重视不够； ③股价受多种因素影响
企业价值最大化	企业价值	①考虑了资金的时间价值和风险机制； ②反映了对企业资产保值增值的要求； ③有利于克服管理上的片面性和短期行为； ④有利于社会资源合理配置； ⑤兼顾了股东以外的其他利益相关者的利益	①计量方法的缺陷； ②企业的价值过于理论化，不易操作； ③对非上市公司难以客观评估价值； ④环形持股对股票市价的敏感降低
相关者利益最大化	相关者利益	①有利于企业长期稳定发展； ②体现了合作共赢的价值理念； ③兼顾了各利益主体的利益	①利益相关性难以计量，不易操作； ②利益相关者的利益博弈源于股东投资

（二）具体目标

财务管理的具体目标是指具体到各个环节的目标，包括筹资管理目标、投资管理目标、收入管理目标、费用管理目标、营运资金管理目标、收益分配管理目标六项。

1. 筹资管理目标

筹资对于财务管理来说是最基础的一个环节。企业运作离不开资金，筹资的基础地位不可动摇。对于筹资环节来说，最重要的目标就是以较低的成本筹集稳定的资金，这包含两个目标：低成本筹资、低风险筹资。

（1）降低筹资成本

企业为了满足生产经营的需要，必须具有一定数量的资金。企业筹资中的成本支出包括利息、股利或利润等向出资人支付的报酬，也包括各种筹资费用，如手续费、印刷费等。企业的资金可以从多种渠道、用多种方式来筹集，其筹资成本也各不相同。这就要求企业选择最佳的筹资方案，用较低的筹资成本的付出获取同样多的资金。降低企业筹资成本，增加企业的总体价值。

（2）降低财务风险

企业筹资中的财务风险，即企业到期不能偿债的风险。因此，企业在选择筹资方案时，还必须考虑财务风险，以较小的财务风险获取同样多的资金。企业降低财务风险，可以使企业的损失减少或收益增加。

2. 投资管理目标

企业筹集资金以后必须有效利用资金，进行一系列投资活动。对于投资活动来说，最重要的目标是如何在风险一定的前提下实现投资收益最大化。同时投资管理也与筹资管理目标相似，也是要求低风险投资，并且强调投资收益性。

（1）提高投资收益

投资收益是指单位投资的收益，即资本利润率。提高投资收益一方面会直接增加企业资产价值或者增加企业净资产；另一方面表明企业整体获利能力提高，以致提升企业的市场价值。

（2）降低投资风险

企业投资中的风险是指投资不能收回的风险，企业降低这种风险，可以使内含于企业价值中的风险价值相对增加，即能使企业投资收益增加或投资损失减少。

3. 收入管理目标

收入是企业利润的源头，要达到目标利润必须"开源节流"。从收入和费用两方面进行控制。因此，收入管理的目标就是树立良好的企业形象、良好的销售网络，尽可能扩大收入，提高市场占有率。

4. 费用管理目标

如前文所述，企业利润目标要求企业"开源节流"，节流就是控制成本费用，费用管理目标就是在合理的范围内控制费用，尽可能地减少费用开支，做到少花钱多办事。

5. 营运资金管理目标

该具体目标是合理使用资金，加速资金周转，不断提高资金利用效率。

6. 收益分配管理目标

企业获得的收益要在积累和分配间达到平衡。因为对于投资者来说，股利分配政策是其作出投资选择的一个重要参考因素，长期低股利对公司股价乃至长期发展都有不利影响，因此，企业的收益不能过于偏向积累，也不能过于偏向分配，因为适当的积累是企业可持续发展的基础，适度的分配也是鼓励投资者认购公司股票从而推动股价上涨的诱因。

企业价值最大化在分配活动中所要实现的具体目标是，企业要合理确定利润的留分比例及分配形式，以提高企业潜在的收益能力，从而提高企业的总价值。分配就是将企业取得的收入和利润在企业与相关利益关系人之间进行分割。企业的分配政策，不仅涉及各利益主体的经济利益的多少，而且也会涉及企业价值的变动。如果企业把大部分利润分配给企业的出资者，相应地会提高企业即期市场评价，但会使企业缺乏发展的积累资金，从而影响企业未来的收入及未来的市场价值。如果企业对出资者分配的利润很少，则会影响投资者的收益及企业再筹资的能力，从而会影响企业即期市场评价。

因此，通过分配选择适当的分配标准和分配形式，既能提高企业的即期市场价值，保持财务的稳定性，又能使企业未来的收益不断提高，从而使企业总价值不断提高。这是企业价值最大化在分配活动中的具体体现。

四、财务管理目标的背离与协调

（一）所有者与经营者目标的背离与协调

1. 经营者对所有者目标的背离

在所有权和经营权分离以后，所有者总是要求经营者尽最大努力去实现股东财富的最大化目标。而执行日常管理职能的经营者主要追求物质报酬和非物质报酬的提高、劳动时间的减少、劳动强度的降低、避免工作中的风险等，因此，经营者宁可实现较低的企业收益，也不愿为企业争取更高的收益而自己付出较多的代价。从某种意义上说，经营者所得到的利益，正是所有者所放弃的利益，西方把这种由所有者转移给经营者的利益称为支付给经营者的享受成本。经营者期望在提高权益资本利润率、增加股东财富的同时，能更多地增加享受成本，而所有者则期望支付较少的享受成本，而实现较高的权益资本利润率。

在处理这种矛盾时，如果所有者过分强调自身的利益，则难以调动经营者的积极性，甚至抑制了他们的聪明才智；而经营者如果不顾大局，也会背离所有者的利益。这种背离主要有两种情况。

（1）道德危机

经营者为了自己的利益，不尽最大的努力去提高企业经济效益，争取可能到手的企业利益。他们认为，为提高权益资本利润率而冒风险是不值得的。企业利润率提高了，好处将归于所有者，但若遭受亏损，则自己在名誉上和经济上都将发生损失。经营者这样做，只是道德问题，并不构成法律责任、行政责任，所有者也很难追究他们的直接责任。

（2）逆向选择

经营者为了自己的利益，不惜损害所有者的利益。例如，装修豪华的办公室，购置高档汽车、办公用具，借口工作需要请客送礼，有的甚至故意压低本公司股票价格，以自己的名义借款购回公司股票，导致股东财富受损，自己从中渔利。

2. 协调经营者与所有者财务目标的基本方法

为了解决所有者与经营者在实现财务管理目标上存在的矛盾，应当建立激励和约束这两种机制。

（1）建立激励机制

随着企业规模的扩大，竞争愈加激烈，经营者对于企业的谋划作用日益重要，所有者对这种人力资源的价值应该予以充分的重视，在待遇上给予足够的回报。因而要利用激励机制消除经营者地位上的不安全感和利益上的不平衡感，促使经营者自觉采取提高企业经济效益的措施，并吸引和留住有成效的人才。通常可采用以下激励方式。

①适当延长经营者任期。对于称职的经营者，应按公司章程规定用满每届聘任期，优秀者可以连任，有的还可成为"终身员工"，促使经营者为企业的长远利益而奋斗。

②实行年薪制。真正贯彻"按劳分配"的原则，使企业经理人员的年薪同企业的绩效直接挂钩。

③实行"绩效股"。在股份制企业中，可用权益资本利润率、每股利润等指标来评价经营的业绩，视业绩大小给予经营者适当数量的股票作为报酬。如果企业的绩效未能达到规定的目标，经营者就要部分甚至全部丧失原先持有的"绩效股"。也可以采取"股票选择权"的形式。

（2）建立约束机制

经营者背离所有者的理财目标，其条件是双方获取的信息不一致，经营者了解的信息比所有者既多且早，因而容易出现"内部人控制"的现象。为了解决这一矛盾，就要加强对经营者的监督，并采取必要的制约措施，具体如下。

①经营状况公开。利用财务报告、厂报、快报等多种形式，及时向所有者和员工通报企业经营情况，将企业的重大经济活动置于所有者和员工监督之下。

②对经理定期审计。实行对经理定期审计制度，揭示企业投资方案、筹贷方案、经营计划、财务预算的执行情况，利润分配情况，管理费用开支情况，会计信息提供的真实性等。如发现经营者行为损害企业的利益，要立即予以纠正。

③严格奖惩。当发现经理人员不认真履行职责，给企业造成经济损失时，股东大会和监事会应采取制裁措施，如降低浮动工资、降低年薪标准、处以罚款、降级使用、解聘等。

所有者与经营者目标的背离与协调如表1-2所示。

表1-2　所有者与经营者的矛盾协调

相关关系人	矛盾的表现	协调方式
所有者与经营者	经营者希望在提高企业价值和股东财富的同时，能更多地增加享受成本；而所有者和股东则希望以较小的享受成本带来更高的企业价值或股东财富。 主要表现： ①道德危机； ②逆向选择	①建立激励机制。适当延长经营者任期、实行年薪制、将经营者的报酬与绩效挂钩。有"股票选择权""绩效股"两种形式； ②建立约束机制。经营状况公开、对经理定期审计、严格奖惩甚至解聘

（二）所有者与债权人目标的背离与协调

1. 所有者对债权人目标的背离

股东财富最大化或企业价值最大化的目标不一定符合债权人的利益。债权人的资金借给企业所有者的基本目的是获取利息收入并到期收回本金，而所有者为实现其财务目标可能会通过经营者实施违背债权人意愿的行为。

所有者有可能要求经营者改变举债资金的原定用途，将其用于风险更高的项目。这会增大偿债的风险。若成功，额外的利润就会被所有者独享，若失败，债权人与所有者共同负担由此造成的损失。所有者也可能未征得现有债权人同意，而要求经营者发行新债券或举借新债，致使原有债券的价值降低。

2. 协调所有者与债权人财务目标的基本方法

（1）限制性借债

在借款合同中加入某些限制性条款，如规定借款的用途、借款的担保条款和借款的信用条件等。

（2）收回借款或停止借款

当债权人发现企业有侵蚀其债权价值的意图时，可以收回债权或不给予企业增加放款。

所有者与债权人目标的背离与协调如表1-3所示。

表1-3　债权人与所有者的矛盾协调

相关关系人	矛盾的表现	协调方式
所有者与债权人	①所有者未经债权人同意，要求经营者投资于比债权人预计风险要高的项目； ②未经现有债权人同意，要求经营者发行新债券或举借新债，导致旧债券或老债的价值降低	①限制性借债； ②收回借款或停止借款

（三）企业目标与社会责任目标的背离与协调

1. 企业目标与社会责任目标的背离

企业的目标和社会的目标在许多方面是一致的。企业在追求自身目标时，自然会使社会受益。

例如，企业为了生存，必须生产出符合顾客需要的产品满足社会的需求；企业为了发展，必须不断引进与开发新技术，并扩大经营规模，这样就会增加就业机会，提供更多的税收；企业为了获利必须提高劳动生产率，改进产品质量，改善服务，从而提高社会生产效率和公众的生活质量；企业通过实现企业价值的最大化，从而实现社会财富的最大化。

但是，企业的目标和社会的目标也有不一致的地方。例如，企业为了获利可能生产伪劣产品、可能不顾工人的健康和利益、可能造成环境污染、可能损害其他企业利益等。

2. 协调企业目标与社会责任目标的基本方法

股东只是社会的一部分人群，他们在谋求自己利益的时候，不应当损害他人的利益。为此，国家颁布了一系列保护公众利益的法律来调节股东与社会公众的利益。

企业目标与社会责任目标间的差异，主要通过以下手段来进行协调。

（1）运用法律手段

运用法律手段主要是通过制定各种法律、法规来加以规范，如制定《中华人民共和国反不正当竞争法》《中华人民共和国环境保护法》《中华人民共和国消费者权益保护法》《中华人民共和国破产法》《中华人民共和国合同法》和有关产品质量的法规等协调二者的矛盾。

（2）通过行政和经济杠杆调节

通过行政和经济杠杆调节和约束企业行为。

（3）依靠社会公众的舆论进行监督

依靠社会公众的舆论进行监督，以促进企业履行社会责任，构建和谐社会。

我们可以通过表1-4了解企业目标与社会责任的背离与协调。

表1-4　企业目标与社会责任的矛盾协调

相关关系人	矛盾的表现	协调方式
企业与社会	企业为了获利可能生产伪劣产品、可能不顾工人的健康和利益、可能造成环境污染、可能损害其他企业利益等	①运用法律手段；②通过行政和经济杠杆调节；③依靠社会公众的舆论进行监督

需要特别说明的是，财务管理目标的背离与协调除存在于上述各利益关系人中，还存在于大股东与中小股东的利益冲突之中。

企业的股东众多，如果每个股东均希望自己的意愿在企业得以实现，则企业的运作秩序将会陷于紊乱。因此股东们需要遵循一定的股东会表决制度将意愿合法地表示出来。当前股东会有"资本多数决"及"多重表决"两种制度。

资本多数决制度是指在股东大会上，股东按照其所持股份或者出资比例对企业重大事项行使表决权，经代表多数表决权的股东通过方能形成决议。此种情况下，企业股本结构按同股同权的原则设计，股东持有的股份越多，出资比例越大，所享有的表决权就越大。多重表决制度是指一股享有多个表决权的股份，它是建立在双重股权结构基础之上的。双重股权结构是指上市公司股本可以同股不同权，通常是一般股东一股一票，但公司少数高管可以一股数票。是否允许多重表决权股，各国规定颇不一致，日本一般不允许多重表决权股，美国则允许公司章程规定多重表决权股。2018年修订的《公司法》第四十二条规定股东会会议由股东按照出资比例行使表决权，但是，公司章程另有规定的除外。

在实行资本多数决制度的企业，大股东在股东大会上对企业的重大决策及在选举董事上实质上都拥有绝对的控制权。若大股东控制并积极行使控制权来管理企业，中小股东可以用相对较低的成本获取收益，得到"搭便车"的好处；但是若大股东利用其垄断性的控制地位做出对自己有利而有损于中小股东利益的行为，则大股东与中小股东之间即产生利益冲突。

五、影响财务管理目标实现的因素

财务管理的目标是企业的价值最大化即股东财富增加值的最大化，股票价格代表了股东财富，公司股价受外部环境和内部管理决策两方面因素的影响。从公司管理当局可控制的因素看，股价的高低取决于企业的报酬率和风险。而企业的报酬率和风险，又是由企业的投资项目、资本结构和股利政策决定的。因此，这五个因素影响着企业的价值。财务管理正是通过投资决策、筹资决策和股利决策来提高报酬率、降低风险，实现其目标的。

（一）投资报酬率

公司的盈利总额不能反映企业所有者财富的大小。例如，A公司有1万股普通股，税后净利2万元，每股盈余为2元。假设B持有A公司1 000股股票，就会分享到2 000元利润。如果A公司为增加利润拟扩大规模，再发行1万股普通股，预计增加盈利1万元。对此项财务决策B会赞成吗？A公司的财富会增加吗？由于A公司的总股数增加到2万股，利润增加到3万元，每股盈余反而降低到1.5元，因而，B分享的利润将减少到1 500元。由此可见，股东财富的大小关键要看投资报酬率，而不是盈利总额。

（二）风险

任何决策都是面向未来的，并且都会有或多或少的风险。决策时需要权衡风险和报酬才能获得较好的结果。

因此，要实现财务管理目标，不能仅仅考虑每股盈余，不考虑风险。例如，A公司有两个投资方案，第一个方案可使每股盈余增加1元，其投资风险极低，几乎可以忽略不计。第二个方案可使每股盈余增加2元，但是有一定风险，若方案失败，则每股盈余不会增加。B作为投资者应该赞成哪一个方案呢？回答是要看第二个方案的风险有多大，如果成功的概率大于50%，则它是可取的，反之则不可取。由此可见，实现财务管理目标不能不考虑风险，风险与渴望冒险得到的额外报酬相称时，方案才是可取的。

（三）投资项目

投资项目是决定企业报酬率和风险的首要因素。一般说来，被企业采纳的投资项目，都会增加企业的报酬，否则企业就没有必要为它投资。与此同时，任何项目都有风险，区别只在于风险的大小不同。因此，企业的投资计划会改变其报酬率和风险，并影响股票的价格，进而影响财务管理目标的实现。

（四）资本结构

资本结构会影响企业的报酬率和风险。资本结构是指权益资本与债务资本的结构和比例关系。一般情况下，企业借债的利息率低于其投资的预期报酬率，可通过借债提高公司的预期每股盈余，但同时也会扩大预期每股盈余的风险。因为一旦情况发生变化，如销售萎缩等，实际的报酬率低于利率，则负债不但没有提高每股盈余，反而使每股盈余减少，企业甚至可能因不能按期支付本息而破产。资本结构选择不当是公司破产的一个重要原因，从而成为影响财务管理目标实现的因素。

（五）股利政策

股利政策是指公司赚得的盈余中，有多少作为股利发放给股东，有多少保留下来准备再投资使用，以便使未来的盈余源泉可继续下去。股东既希望分红，又希望每股盈余在未来不断增长。两者有矛盾，前者是当前利益，后者是长远利益。加大保留盈余，会提高未来的报酬率，但再投资的风险比立即分红要大。因此，股利政策会影响公司的报酬率和风险，进而影响财务管理目标的实现。

第三节　财务管理的一般原则

财务管理的原则，也称理财原则，是指人们对财务活动的共同的、理性的认识。财务管理原则是企业组织财务活动、处理财务关系的基本准则，它是从企业财务管理的实践经验中概括出来的、体现理财活动规律性的行为规范，是对财务管理的基本要求。财务管理原则是财务管理理论和实务的结合部分，是连接企业财务管理理论与企业财务管理实践的桥梁。

一、资金合理配置原则

资金合理配置是指要通过资金活动的组织和调节，来保证各项物质资源具有最优化的结构比例关系。企业财务管理是对企业全部资金的管理，而资金运用的结果则形成企业各种各样的物质资源。各种物质资源总是要有一定的比例关系的，企业物质资源的配置情况是资金运用的结果，同时它又是通过资金结构表现出来的。

从一定时点的静态角度来看，企业有各种各样的资金结构。在资金占用方面，有对外投资和对内投资的构成比例，有固定资产和流动资产的构成比例，有有形资产和无形资产的构成比例，有货币性资金和非货币性资金的构成比例，有材料、在产品、产成品的构成比例等；在资金来源方面，有负债资金和权益资金的构成比例，有长期负债和短期负债的构成比例等。

在此，企业所用的各项资金的主要功能是给企业带来效益，但并不是意味着只要企业拥有资金就一定会取得效益，更不意味着会取得最佳效益。资金所带来的效益高低在很大程度上要取决于资金配置的合理与否。资金配置合理，从而资源构成比例适当，就能保证生产经营活动顺畅运行，并由此取得最佳的经济效益；否则就会危及购买、生产、销售活动的协调，甚至影响企业的兴衰。因此，资金合理配置是企业持续、高效经营的必不可少的条件。

各种资金形态的并存性和继起性，是企业资金运动的一项重要规律。只有把企业的资金按合理的比例配置在生产经营的各个阶段上，才能保证资金活动的继起和各种形态资金占用的适度，才能保证生产经营活动的顺畅运行。如果企业库存产品长期积压、应收账款不能收回，而又未能采取有力的调节措施，则生产经营必然发生困难；如果企业不优先保证内部业务的资金需要，而把资金大量用于对外长期投资，则企业主营业务的开拓和发展必然受到影响。通过合理运用资金实现企业资源的优化配置，从财务管理来看就是合理安排企业各种资金结构问题。企业进行资本结构决策、投资组合决策、存货管理决策、收益分配比例决策等都必须贯彻这一原则。

资源合理配置原则在财务管理中的体现是要求企业的各相关财务项目必须在数额和结构上相互配套与协调，从而保证企业能够获得较为满意的效益。

二、收支平衡原则

收支平衡是指要求资金收支不仅在一定期间的总量上求得平衡，而且在每个时点上协调平衡。资金收支在每个时点上的平衡性，是资金循环过程得以周而复始进行的条件。在财务管理中，不仅要保持各种资金存量的协调平衡，而且要经常关注资金流量的动态协调平衡。

收支平衡归根到底取决于购买、生产、销售活动的平衡。企业既要搞好生产过程的组织管理工作，又要抓好生产资料的采购和产品的销售，要购产销一起抓，克服任何一种片面性。只有坚持生产和流通的统一，使企业的购、产、销三个环节互相衔接，保持平衡，企业资金的周转才能正常进行，并取得应有的经济效益。

收支平衡要采用积极的办法解决收支中存在的矛盾。要做到收支平衡，首先，要开源节流，增收节支。节支是要节约那些应该压缩、可以压缩的费用；增收是要增加那些能带来较高经济效益的营业收入，摒弃那些拼设备、拼人力、不惜工本、不顾质量而一味追求高收入的做法。其次，在发达的金融市场条件下，应通过短期筹资和投资来调剂资金的余缺。一定时期内资金入不敷出时，应及时采取办理借款、发行短期债券等方式融通资金；而当资金收入比较充裕时，则可适时归还债务，进行短期证券投资。总之，在资金收支平衡问题上，既要量入为出，根据现有的财力来安排各项开支；又要量出为入，对于关键性的生产经营支出要开辟财源，积极予以支持。只有这样，才能取得理想的经济效益。

收支平衡原则不仅适用于现金收支计划的编制，而且对证券投资决策、筹资决策等也都具有指导意义。

三、成本效益原则

成本效益原则，就是要对经济活动中的所费与所得进行分析比较，对经济行为的得失进行衡量，使成本与收益形成最优的结合以获取最多的盈利。成本与效益是一对既对立又统一的矛盾体。成本效益原则的核心是要求耗用一定的成本，取得尽可能大的效益；或是在一定的效益下尽可能地降低成本。因此从长期来看，成本必须呈现下降的趋势，效益必须呈现上升的趋势。在市场经济条件下，成本效益原则是企业财务管理的首要原则。

在企业财务管理中，既要关心资金的存量和流量，也要关心资金的增量。企业资金的增量即资金的增值额，是由营业利润或投资收益形成的。因此，对于形成资金增量的成本与收益这两方面的因素必须认真进行分析和权衡。

讲求经济效益就是要以尽可能少的劳动消耗，创造出尽可能多和尽可能好的劳动成果，以满足社会不断增长的物质和文化生活需要。在社会主义市场经济条件下，这种劳动占用、劳动消耗和劳动成果的计算与比较，是通过以货币表现的财务指标来进行的。从总体上来说，劳动占用和劳动消耗的货币表现是资金占用和成本费用，劳动成果的货币表现是营业收入和利润。所以实行成本效益原则，能够提高企业经济效益，使投资者权益最大化，这是由企业的理财目标决定的。

企业在筹资活动中，有资金成本率和息税前资金利润率的对比分析问题；在投资决策中，有投资额与各期投资收益额的对比分析问题；在日常经营活动中，有营业成本与营业收入的对比分析问题；其他如劳务供应、设备修理、材料采购、人员培训等，无不存在经济得失的对比分析问题。企业的一切成本、费用的发生，最终都是为了取得收益，都可以联系相应的收益进行比较。

进行各方面的财务决策时都应当按成本效益原则做出周密的分析。成本效益原则作为一种价值判断原则，在财务管理中具有广泛的应用价值。

四、风险收益均衡原则

风险收益均衡原则是指企业对每一项财务活动，要全面分析其收益性和安全性，按照收益和风险适当均衡的要求来决定采取何种行动方案，在实践中趋利避害，提高收益。

取得收益是任何社会经济形态下企业经营的基本出发点，而风险则是与之相伴的一种客观经济现象，是由未来情况的不确定性和不可预测性所引起的。在市场经济的激烈竞争中，进行财务活动不可避免地要遇到风险。财务活动中的风险是指获得预期财务成果的不确定性。企业想获得收益，就不能回避风险。在市场经济条件下，由于竞争的日趋加剧，使得未来的预期收益的获取伴随着更大的风险。

在财务活动中，低风险只能获得低收益，高风险则往往可获得高收益。例如，在流动资产管理方面，持有较多的现金，可以提高企业偿债能力，减少债务风险，但是银行存款的利息很低，而库存现金则完全没有收益。在筹资方面，发行债券与发行股票相比，由于利息率固定且利息可在成本费用中列支，对企业留用利润影响较小，可以提高自有资金的利润率。但是企业要按期还本付息，需承担较大的风险。无论是对投资者还是对受资者来说都要求收益与风险相适应，风险越大，则要求的收益越高。只是不同的经营者对风险的态度有所不同，有人宁愿收益少一点而不愿冒较大的风险，有人却甘愿冒较大的风险以谋求超额利润。

风险收益均衡原则要求对风险和收益做出全面的分析和权衡，以便选择更有利的方案。

特别是要注意把风险大、收益高的项目同风险小、收益低的项目适当地搭配起来，分散风险，使风险与收益平衡，做到既降低风险，又能得到较高的收益。尽可能地回避风险，化风险为机遇，在危机中找对策，以提高企业的经济效益。

五、分级分权管理原则

分级分权管理就是在企业总部统一领导的前提下，合理安排各级单位和各职能部门的权责关系，充分调动各级各部门的积极性。统一领导下的分级分权管理，是民主集中制在财务管理中的具体运用。

在规模较大的现代化企业中，对财务活动必须实行分级分权管理。统一领导下的分级分权管理，包含专业管理和群众管理相结合的要求。企业财务部门是专职财务管理部门，而供产销等部门的管理则带有群众管理的性质。

以工业企业为例，企业通常分为厂部、车间、班组三级，厂部和车间设立若干职能机构或职能人员。在财务管理上实行统一领导、分级分权管理，就是要按管理物资同管理资金相结合、使用资金同管理资金相结合、管理责任同管理权限相结合的要求，合理安排企业内部各单位在资金、成本、收入等管理上的权责关系。厂部是企业行政工作的指挥中心，企业财务管理的主要权力集中在厂级。同时，要对车间、班级、仓库、生活福利等单位给予一定的权限，建立财务分级管理责任制。企业的各项财务指标要逐级分解落实到各级单位，各级单位要核算其直接费用、资金占用等财务指标，定期进行考核，对经济效益好的单位给予物质奖励，各项生产经营活动，使用各项资金和物资，发生各项生产耗费，参与创造和实现生产成果。要在加强财务部门集中管理的同时，实行各职能部门的分口管理，按其业务范围规定财务管理的职责和权限，核定指标，定期进行考核。这样，就可以调动各级各部门管理财务活动的积极性。

六、利益关系协调原则

利益关系协调原则是指在财务管理中应当利用经济手段协调国家、投资者、债权人、购销客户、经营者、劳动者、企业内部各部门各单位的经济利益关系，维护有关各方的合法权益。

企业的财务管理要组织财务活动，因而同各方面的经济利益有非常密切的关系。有关各方利益关系的协调，是财务管理目标顺利实现的必不可少的条件。

企业内部和外部经济利益的调整在很大程度上都是通过财务活动来实现的。企业要做到资本保全，并合理安排红利分配与盈余公积的提取，在外部各种投资者之间合理分配红利；对债权人要按期还本付息；企业与企业之间要实行等价交换原则，并且通过折扣和罚金、赔款等形式来促使各方认真履行经济合同，维护各自的物质利益；在企业内部，厂部对于生产经营经济效果好的车间、科室给予必要的物质奖励，并且运用各种结算手段划清各单位的经济责任和经济利益；在职工之间实行按劳分配原则，把职工的收入和劳动成果联系起来，所有这些都要通过财务管理来实现。在财务管理中，应当正确运用价格、股利、利息、奖金、罚款等经济手段，启动激励机制和约束机制，合理补偿，奖优罚劣，处理好各方面的经济利益关系，以保障企业生产经营顺利、高效地运行。处理各种经济利益关系时，要遵守国家法律，认真执行政策，保护有关各方应得的利益，防止搞优质不优价、同股不同利之类的不正当做法。

因此，企业财务管理必须把协调企业内外部利害关系人的利益关系放在重要的位置上。利益关系协调原则的核心是要求企业在收益分配中，包括利息的支付、股利的发生、税金的缴纳、工薪的计算方面，既要保证国家利益，也要保证企业和员工的利益；既要保证投资人的利益，也要保证债权人的利益；既要保证所有者的利益，也要保证经营者的利益。以便使企业的财务状况不断得到改善，财务能力不断增强，为提高效益创造有利条件。

七、投资分散化原则

投资分散化原则是指不要把全部财产投资于一个公司，而要分散投资。投资分散化原则的理论依据是投资组合理论。投资组合理论是由马柯维茨提出的，该理论认为，若干种股票组成的投资组合，其收益是这些股票收益的加权平均数，但其风险要小于这些股票的加权平均风险，所以投资组合能降低风险。

如果一个投资者把他的全部财富投资于一个公司，这个公司破产了，该投资者就失去了全部财富。如果这个投资者投资于10个公司，只有10个公司全部破产，该投资者才会失去全部财富。10个公司全部破产的概率，比一个公司破产的概率要小得多，所以投资分散化可以降低风险。

分散化原则具有普遍意义，不仅仅适用于证券投资，公司各项决策都应注意分散化原则。不应当把公司的全部投资集中于个别项目、个别产品和个别行业；不应当把销售集中于少数客户；不应当使资源供应集中于个别供应商；重要的事情不要依赖一个人完成；重要的决策不要由一个人做出。凡是有风险的事项，都要贯彻分散化原则，以降低风险。

八、净增效益原则

净增效益原则是指财务决策建立在净增效益的基础上，一项决策的价值取决于它和替代方案相比所增加的净收益。一项决策的优劣，是与其他可替代方案（包括维持现状而不采取行动）相比较而言的。如果一个方案的净收益大于替代方案，我们就认为它是一个比替代方案好的决策，其价值是增加的净收益。在财务决策中净收益通常用现金流量计量。

净增效益原则在财务决策中有以下两个重要应用：

一是差额分析法。在分析投资方案时，只分析它们有区别的部分，而省略其相同的部分。例如，在用新设备替换现有可继续使用的旧设备的决策中，只需分析使用新设备比继续使用旧设备增加的收入、成本、利润及其对税金的影响，而无需考虑继续使用旧设备本身的收入、成本、利润及税金。

二是沉没成本概念。沉没成本是指已经发生、不会被以后的决策改变的成本。沉没成本与将要采纳的决策无关，因此，在分析决策方案时应将其排除。

净增效益原则初看似乎很容易理解，但实际贯彻起来需要非常清醒的头脑，需要周密地考察方案对企业现金流量总额的直接影响和间接影响。例如，一项新产品投产的决策引起的现金流量，不仅包括新设备投资，还包括动用企业现有非货币资源对现金流量的影响；不仅包括固定资产投资，还包括需要追加的营运资金，不仅包括新产品的销售收入，还包括对现有产品销售积极或消极的影响，不仅包括产品直接引起的现金流入和流出，还包括对公司税务负担的影响等。

九、货币时间价值原则

货币时间价值原则是指在进行财务计量时要考虑货币时间价值因素。货币的时间价值是指货币在经过一定时间的投资和再投资所增加的价值。货币具有时间价值的依据是货币投入市场后其数额会随着时间的延续而不断增加。这是一种普遍的客观经济现象。要想让投资人把钱拿出来，市场必须给他们一定的报酬。

货币具有时间价值的依据是货币投入市场后其数额会随着时间的延续而不断增加。这是一种普通的客观经济现象。

货币时间价值原则的首要应用是现值概念。由于现在的1元货币比将来的1元货币经济价值大，不同时间的货币价值不能直接加减运算，需要进行折算。通常，要把不同时间的货币价值折算到"现在"时点，然后进行运算或比较。把不同时点的货币折算为"现在"时点的过程，称为"折现"，折现使用的百分率称为"折现率"，折现后的价值称为"现值"。财务估价中，广泛使用现值来计量资产的价值。

货币时间价值的另一个重要应用是"早收晚付"观念。企业对于不附带利息的货币收支，与其晚收不如早收，与其早付不如晚付。企业手持货币可以立即用于消费而不必延期消费，可以投资获利而无损于原来的价值，可以用于预料不到的支付需求，因此对于企业来说，早收、晚付在经济上是有利的，但要遵循市场经济的信用原则。

第四节　财务管理与其他相关学科

格林纳的《公司财务》一书于 1897 年出版以来，财务管理已成为一门独立的学科。财务管理学在其产生与发展过程中与其他相关学科存在着内在联系，因此这些相关学科也是学好财务管理需要掌握和具备的基础知识。和财务管理有着密切的联系学科主要有经济学、管理学、会计学、数学、计算机技术等，下面我们一一说明。

一、财务管理与经济学的关系

经济学是研究人类经济活动的规律即研究价值的创造、转化、实现规律的理论科学。早在公元前即有系统的经济学理论指导人类的经济活动，如色诺芬的《经济论》、柏拉图的社会分工论和亚里士多德关于商品交换与货币的学说等。1776 年亚当·斯密《国富论》的发表成为现代经济学的奠基之作。现代经济学经历了 200 多年的发展，如今已广泛应用于各类领域，指导人类财富积累与创造。

经济学的研究目的是解释社会资源利用和配置的方式对社会经济发展的影响，经济学对于资源问题，长于解释"who"和"why"，因此，经济学是财务管理的理论基础。

财务管理也叫财务经济学，是经济学的一个分支，也是一门十分具有综合经济学属性的学科。财务经济学已经成为现代主流经济学的重要组成部分。从经济学角度来看，财务管理属于微观经济学的范畴。

首先，它主要是以微观经济中的企业为研究对象，以其资本的稀缺程度作为基础，研究微观经济中的企业资本配置与价值创造的问题。其次，财务管理的基本理论中引入了经济学的价值、边际收益、边际成本、机会成本、市场均衡、交易成本、沉没成本等基本概念；采用了经济学中的经济人假设、有限理性假设、市场竞争假设、个人风险偏好假设、自身利益最大化假设和交易成本假设等；还采用了经济学中的边际分析、供求分析、均衡分析、不确定性分析以及实证分析等定量分析方法，为财务分析和财务决策提供了方法论基础。因此，财务管理理论是建立在经济学理论的基础上的。最后，现代财务管理主要是将相关于经济学的基本价值观用来作为一种理财概念，例如，时间价值观、机会成本观、风险和报酬对等观、收益和成本比较观以及资本市场效率观等。在经济学领域中的这些基本价值观已经成为财务管理的原则和其思想基础。

综上所述，财务管理学是以经济学为基础，随着现代经济学理论的发展，慢慢地发展成为现代财务管理学。因此，要想真正理解并掌握财务管理的相关内容，必须具备较好的现代经济学基础知识。

二、财务管理与管理学的关系

管理学是应现代社会化大生产的需要而产生的，系统研究管理活动的基本规律和一般方法的科学。管理学研究的目的在于如何在现有的条件下通过合理的组织配置人、财、物等因素，提高生产力水平。虽然经济学与管理学的研究都涉及资源问题，但是管理学则长于指导"how"，是提供实现组织目标的组织资源最优使用原理和方法的管理科学。

管理学是研究经济组织管理活动及其基本规律的一门学科，而财务管理是管理学的一个重要分支，它利用价值形态反映、控制和协调其他各方面的管理活动，与公司的各项管理活动都有关联。作为管理学的一个分支，财务管理也具有管理学的相关属性，是独立于管理学的一门单独学科。

首先，对于任何一个组织来说，管理的核心内容，其实就是效能和激励的问题。企业财务管理作为一种管理行为，不仅涉及企业对社会资金或资本进行管理，还包括对管理人员的监督、经营业绩的评价、激励机制的设计等。财务管理是企业对于资金或者是资本的管理和对于人的管理相结合统一，其中最核心的是如何进行激励与提高效率。其次，财务管理的目标和战略必须以实现企业的整体目标和总体战略要求为依据，并始终服务于整个企业。也可以说，财务管理的目标与战略就是一个企业整体的目标与战略。

因此，财务管理人员要想真正做好管理工作，不仅要掌握良好的财务管理知识，还必须要学好管理学，学会与人的沟通、协调，最大程度上提高其激励的效果和企业的管理效率。

三、财务管理与会计学的关系

财务管理与会计学的关系十分密切，以至于往往有人把两者混为一体。其实两者是有区别的。

会计是按规范程序、法定会计准则对公司发生过的经济业务进行连续地反映、监督并编制财务报表的一种信息管理工作。财务管理是运用管理知识、技能、方法对会计提供的数据和其他外部信息进行分析，以便于合理安排企业资金的筹集、使用以及分配等财务活动过程。

会计学原理以及会计处理信息和分析资料的技术为财务管理提供了研究方法和途径。会计核算和会计信息是财务管理的基础，会计和会计系统提供的财务信息，是财务管理所需信息的最重要组成部分，是财务管理人员和投资者研究企业现金流和财务状况的重要依据。企业无论是进行投资决策和筹资决策，还是进行营运资本管理决策，财务管理都离不开会计系统提供的真实的财务信息。财务管理只有在拥有充分、及时、真实可靠的会计信息的情况下，才能做出正确的决策，才能提高资本运营效率、优化资源配置，为企业创造价值。

财务管理人员必须学会使用和甄别财务会计信息，理解会计指标的含义、计算公式、计算口径、度量标准等，并在此基础上利用会计信息进行财务预测、财务计划、财务分析和财务决策等工作。因此，会计学是为财务管理学提供信息支持的学科。

四、财务管理与金融学

金融学，顾名思义，有财务、金融、财政等许多的含义，而且财务与金融实际上是难以区别的。不过它们研究的侧重点不同，金融学专业主要关注的是货币、利率和金融市场；财务管理学侧重于组织的投资与筹资。财务管理和金融学两者之间的关系主要体现在以下几个方面。

金融市场是企业进行财务筹资最重要的渠道，是企业筹资最重要也是最常见的场所，也是企业投资的一个重要领域。

金融市场所提供的关于企业的各种信息，是投资者对企业进行业绩评价、价值评估、资产评估、发行定价的重要因素或变量。因为在有效的金融市场上，企业的一切重要信息都会反映到股票价格中去，并在金融市场上公开。

在开放的金融市场中，企业的财务活动会受到资本市场、外汇市场等诸多因素变化的影响。货币政策的变化、货币供给和需求的变化都会对利率、汇率以及资本市场乃至国民经济增长产生重要影响，而利率和汇率的变化对企业的投资收益、融资成本、资本结构、股票价值、公司价值等都有重要影响，进而影响企业的投资和筹资决策。

财务管理建立了企业与金融市场的联系。财务决策是面对整个金融市场的，而不仅是面对企业内部。金融市场的存在使企业财务管理从企业内部延伸到企业外部甚至整个经济领域。同时，作为金融市场的重要参与元素，企业的财务管理活动也会对金融市场产生一定的影响。

因此，财务管理人员要学好财务管理，一个重要前提就是必须要学好金融学基础知识，熟悉金融市场的运作机制和交易规则，知道金融市场的功能、要素、作用及其影响，了解货币政策及其效应和传导机制，了解宏观经济政策变化对金融市场和企业财务管理决策产生的影响。

五、财务管理与统计学

无论是从经营者进行财务管理工作的整个过程中还是各个环节上来看，企业的财务分析、财务预测、财务计划和财务决策等都离不开统计分析方法，这主要表现在以下两个方面。

一方面，财务管理除了从各个环节中获得所需的资料以及从大量的会计报表中分析资料外，还需要对海量的数据进行统计和分析，这些资料的收集、整理、分类、汇总和识别都需要用统计方法来处理和完成。

另一方面，企业在进行各种财务预测、财务分析和财务决策时，难免需要使用到统计推断这种更复杂的统计分析方法，很多统计分析方法也已被大量地应用于企业财务管理领域的各种实证研究中。例如，相关分析法、回归分析法、因子分析法、主成分分析法、聚类分析法、假设检验、时间序列等，并且都得出了具有重要意义的研究结论，这在很大程度上丰富和发展了现代财务管理的基础性理论。

所以，财务管理人员要想真正地做好企业的财务分析与财务决策，必须要掌握并且能够熟练地应用统计学中的一些相关知识。如果需要对财务领域的某一问题进行实证研究，学好和掌握现代统计方法就显得更为重要。

六、财务管理学与数学、计算机技术应用的关系

随着数学的不断发展，许多计量技术方法及各种模拟技术被广泛地应用于财务管理之中，财务管理的核心工作是财务决策，目前，财务决策已成为现代财务管理学的发展趋势，财务决策的数量化技术中就涉及大量的数学公式与计算，因此数学已成为财务管理的有力工具。

20世纪90年代，计算机和通信技术不断发展，先进技术的应用使得做出财务决策的方法也随之改进，目前，企业已普遍建立计算机网络，特别是国际互联网，使企业与客户、供应商之间的交易联系更为容易和便捷，财务经理能获得更多的信息和有关数据。同时，计算机及计算机技术的普遍应用也使得财务分析更为方便快捷。财务管理与其他学科的关系，具体如图1-6所示。

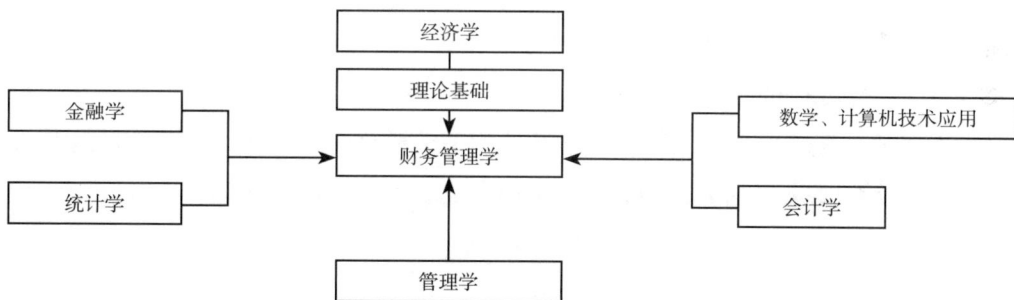

图1-6　财务管理学与相关学科的关系图

本章小结

本章主要介绍了财务管理的基础理论，主要内容包括：财务管理的基本概念、财务管理的目标、财务管理的一般原则、财务管理与其他相关学科。着重讲解财务管理的内容、目标及原则。

财务管理是组织财务活动和处理财务关系的一项综合性经济管理工作。是企业在生产

经营过程中客观存在的资金运动及其所体现的经济利益关系。是基于企业全生产过程中客观存在的资金运动及其所体现的经济利益关系而产生的，是企业利用价值形式对企业生产经营过程进行的管理。

财务管理包含财务活动和财务关系两方面内容。财务管理工作主要是通过筹资、投资、资金分配和营运资金管理为企业创造价值。

企业财务活动又称企业的理财活动，是指企业为生产经营需要而进行的筹资、投资、运营、分配等一系列活动。财务活动具体包括筹资活动、投资活动、资金营运活动和资金分配活动。

企业财务关系是企业在筹资、投资、营运、分配等财务活动过程中与各方发生的经济利益关系。主要包括：企业与国家行政管理部门之间的财务关系；企业与投资者之间的财务关系；企业与债权人之间的财务关系；企业与被投资单位之间的财务关系；企业与债务人之间的财务关系；企业内部各单位之间的财务关系；企业与职工之间的财务关系。

企业财务管理环节，是指财务管理工作的工作步骤和一般程序，包括财务管理的各种业务手段。企业财务管理的基本环节包括：财务预测、财务决策、财务预算、财务控制、财务分析等。其中财务决策是企业财务管理的核心，直接关系到企业的兴衰成败。

财务管理目标，是企业财务管理活动所希望实现的结果。目前，财务管理总体目标主要观点是利润最大化、每股盈余最大化、股东财富最大化、企业价值最大化和相关者利益最大化，其中企业价值最大化是企业选择的最优目标。

财务管理的原则是企业组织财务活动、处理财务关系的基本准则，是连接企业财务管理理论与企业财务管理实践的桥梁。具体包括：资金合理配置原则、收支平衡原则、成本效益原则、风险收益均衡原则、分级分权管理原则、利益关系协调原则、投资分散化原则、净增效益原则、货币时间价值原则。

财务管理学在其产生与发展过程中与其他相关学科存在着内在联系，因此这些相关学科也是学好财务管理需要掌握和具备的基础知识。

基本训练

1. 什么是财务管理？
2. 财务管理包括哪些内容？
3. 财务管理总体目标有哪些？
4. 现代企业应选择什么样的财务管理目标模式？为什么？
5. 财务管理的具体目标体现在哪些方面？
6. 试述如何协调所有者与债权人之间在财务目标上的矛盾？
7. 财务管理学和会计学有哪些方面的差别？
8. 财务管理有哪些基本原则？

案例分析

假设甲公司面临着 A、B 两个投资项目需做出选择，两个项目的投资额相等，各项目预期报酬和时间分布如表 1-5 所示。

表1-5　甲公司项目回报表

单位：元

投资年限	A 项目预期报酬	B 项目预期报酬
1	0	700 000
2	200 000	500 000
3	400 000	300 000
4	600 000	200 000
5	800 000	100 000
合计	2 000 000	1 800 000

单纯从利润最大化的角度应该选择 A 项目，因其总预期报酬比 B 投资项目总预期报酬高出 200 000 元。但如果考虑这两个投资项目在报酬上的时间分布，假设投资报酬率为 10%，B 投资项目获利较早，用其获利部分再投资，可带来额外的报酬，最终其投资报酬应大于 A 项目。

根据以上资料，结合教材内容回答：以利润最大化作为企业财务目标的缺点有哪些？

第二章　财务管理环境

【学习目标】

　　1. 了解企业财务管理环境。

　　2. 熟悉不同企业组织形式的财务管理特点。

　　3. 熟悉财务管理的经济环境、法律环境和金融环境。

第一节　财务管理环境概述

　　任何财务管理活动都是在一定的环境之下开展的，所以，财务管理首先要分析财务管理环境的现状、变化及其趋势。通过环境分析，提高企业财务行为对环境的适应能力、应变能力和利用能力，以便更好地实现企业财务管理目标。

一、财务管理环境的概念

　　企业的财务管理环境又称理财环境，是指对企业财务活动和财务管理产生影响作用的企业内外部的各种条件。任何事物总是与一定的环境相联系而存在和发展的，财务管理也不例外。财务管理环境就是指对企业财务活动、财务关系产生影响作用的一切因素的总和。了解企业的财务管理环境，可以提高企业财务行为对环境的适应能力、应变能力和利用能力，有助于企业顺利实现财务管理目标。

二、财务管理环境的分类

　　通过财务管理环境的概念可知，财务管理环境是一个多层次、多方位的复杂系统，它纵横交错，相互制约，对企业财务管理有着重要影响。为了能对财务管理的环境做更加深入细致的研究，下面对企业财务管理环境进行简单分类。

（一）按财务管理环境的性质分类

　　按企业财务管理环境的性质不同，可分为政治环境、经济环境、法律环境、文化环境、自然与社会环境等。

政治环境是指一个国家的政治制度，包括国体、政体、政党、政府政策、机构设置、宏观管理水平等。经济环境是指在一定时期内企业所面临的宏观及微观经济状况，包括一个国家或地区的经济体制、经济结构、经济形势、经济发展、经济增长、物价水平、经济周期、经济政策等，也包括企业的组织形式、企业制度、生产技术条件等。法律环境是指对企业财务管理活动产生影响、制约和提供利益保护的各种法律、法规及制度。文化环境是指企业内外所有与企业经营活动有关的人或群体的文化水平、价值观念、文化传统、生活习惯等。自然与社会环境是指一个国家或地区的地理位置、气候特征、人口状况、社会制度、社会结构和社会阶层等。

（二）按对企业财务活动产生影响的范围分类

财务管理环境按其包括的范围，可分为宏观财务管理环境和微观财务管理环境，宏观财务管理环境和微观财务管理环境也称宏观理财环境和微观理财环境。

宏观财务管理环境是对财务管理有重要影响的各种宏观方面的因素。其内容包括经济、政治、社会、自然条件等各种因素。从经济角度来看，主要包括国家经济发展的水平、产业政策、金融市场状况等。宏观财务管理环境的变化，一般对各类企业的财务管理均产生影响。

微观财务管理环境是对财务管理有重要影响的各种微观方面的因素。如企业的组织结构、生产经营活动、产品的市场销售状况等。微观环境的变化一般只对特定企业的财务管理产生影响。

（三）按与企业的关系分类

财务管理环境按其与企业的关系划分，可分为内部财务管理环境和外部财务管理环境。

企业内部财务管理环境是指企业内部的影响财务管理的各种因素，如企业的生产状况、技术状况、经营规模、资产结构、生产经营周期等。内部环境较简单，具有能比较容易把握和加以利用的特点。

企业外部财务管理环境是指企业外部的影响财务管理的各种因素，如国家政治、经济形势、法律制度、企业所面临的市场状况以及国际财务管理环境等。外部环境构成比较复杂，需要认真调查，搜集资料，以便分析研究，全面认识。

相对而言，内部环境比较简单，企业容易把握，而对于外部环境企业则难以控制和改变，更多的是适应和因势利导。

（四）按财务管理环境的稳定性分类

财务管理环境按稳定性划分，可分为静态财务管理环境和动态财务管理环境。

静态财务管理环境是指那些处于相对稳定状态的影响财务管理的各种因素，它对财务管理的影响程度相对平衡，起伏不大。因此，对这些环境无须经常予以调整、研究，而是作为已知条件来对待。财务管理环境中的地理环境、法律制度等，属于静态财务管理环境。

动态财务管理环境是指那些处于不断变化状态的、影响财务管理的各种因素。例如，在市场经济体制下，商品市场上的销售量及销售价格，资金市场的资金供求状况及利息率的高低，都是不断变化的，属于动态财务管理环境。

在财务管理中，要重点研究、分析动态财务管理环境，并及时采取相应对策，提高对财务管理环境的适应能力和应变能力。

（五）按财务管理环境是否可控分类

按财务管理环境是否可控来划分，可分为可控制的环境和不可控制的环境。对于企业来说，有些因素是无法控制的，只能适应或受到约束，如政治环境、宏观经济环境、法律环境、市场环境、传统文化与价值观等。而有些因素在企业内部通过努力则是可以控制的，如产品销售价格、生产成本、管理水平、产品质量等。

三、财务管理环境的变化及其对财务管理的挑战

21世纪财务管理的环境发生了巨大的变化，从宏观环境看，主要表现在：经济全球化浪潮势不可当；知识经济方兴未艾；信息技术、通信技术与电子商务的蓬勃发展等。从微观环境看主要表现为：公司内部机构重组，公司之间的购并与重组，虚拟公司的兴起等方面，每一方面的变化对财务管理都提出了挑战。

（一）经济全球化浪潮

近20年来，在技术进步与各国开放政策的推动下，经济全球化进程逐步加快，成为世界经济发展的主流。以国际互联网为代表的信息技术在生产、流通、消费等领域得到了广泛应用。主要表现为：一是网络经济的发展带动电信、银行、保险、运输等全球服务业市场迅速扩张，形成时间上相互连续、价格上联动的国际金融交易网络；二是跨国公司的规模和市场份额不断扩大，促使生产、销售、消费日益具有全球性特征；三是多边组织，国际政策协调集团，非政府组织的国际网络和区域性经济组织，通过全球范围或区域内贸易和投资自由化安排，将在推动经济全球化进程中发挥越来越重要的作用。

在经济全球化浪潮中，对财务管理有直接影响的是金融全球化。金融全球化对企业来说是一柄双刃剑。它使企业筹资、投资有更多的选择机会，客观上提升了企业的价值。但在金融全球化的背后，是极大的风险。在金融工具和衍生金融工具不断创新的今天，如何寻求机遇，规避风险，是财务管理当前和今后一段时间所面临的最重要课题。

（二）知识经济的兴起

知识经济是建立在知识和经验的生产、分配和使用上的经济，知识经济的兴起标志着一个崭新时代的到来。主要表现在：一是知识对传统产业的高度渗透，全面提高传统企业

的技术含量，促进产业不断升级；二是高新技术产业的迅速发展，带动了传统产业的换代，从而建立了一种良性循环的经济发展格局。

对财务管理来说，知识经济改变了企业资源配置结构，使传统的以厂房、机器、资本为主要内容的资源配置结构转变为以知识为基础的、知识资本为主的资源配置结构。

（三）电子商务蓬勃发展

电子商务是计算机技术与通信技术两者结合的成果。随着电子商务的发展，传统的财务管理也演化到网络财务时代。其显著的特点是实时报告，企业可以进行在线管理。网络财务的前景是诱人的，但它引起的网络、通信及信息安全问题同样让人担忧。

（四）企业重构

企业重构自 20 世纪 80 年代从美国兴起以来，越演越烈，到了 20 世纪 90 年代后期开始出现虚拟企业。虚拟企业是一种网络组织，由于信息技术和通信技术高度发达，企业之间的合作关系已突破传统的长期固定的合作关系，如合资企业、跨国公司等。通过网络、应用信息技术和通信技术进行分散的互利的合作，一旦合作的目的达到，这种合作关系便宣告解除。因此，这是一种暂时的、空间跨度很大的合作形式。

企业重构对企业本身，甚至对社会都产生了巨大的冲击，也对财务管理提出了严峻的挑战。如公司内部重构时如何进行资产剥离？公司之间的购并如何进行资本运作？跨国购并时如何进行国际财务管理？而虚拟的财务管理更是无章可循，目前仍处于摸索阶段。

四、影响企业财务管理环境的主要因素

由于内部财务管理环境存在于企业内部，是企业可以从总体上采取一定的措施加以控制和改变的因素。而外部财务管理环境，由于存在于企业外部，它们对企业财务行为的影响无论是有形的硬环境，还是无形的软环境，企业都难以控制和改变，更多的是适应和因势利导。因此本章介绍的财务管理环境，主要是影响企业外部财务管理环境的各种因素，其中最主要的有宏观经济环境、微观经济环境、法律与监管环境和金融市场环境等因素。

第二节　宏观经济环境

一、宏观经济环境的界定

财务活动是经济活动的组成部分，宏观经济环境是财务管理的重要外部环境。企业的

理财活动必须融于宏观经济运行中，微观财务管理主体的投入产出效益和宏观经济环境是密切相连的。宏观经济环境也是一个十分宽泛的概念，大的方面包括世界经济环境、国际经济环境、国家或地区的经济环境，小的方面包括行业经济环境、产品的市场经济环境等方面。无论哪一方面，对其做出正确的分析、评估，是企业采取适应性财务行为，规避风险的基本条件。

二、宏观经济环境的类别

宏观经济环境一般包括经济体制、经济周期、经济发展状况、宏观调控政策、通货膨胀、市场竞争和技术环境等各个方面。

（一）经济体制

经济体制是指在一定区域内（通常为一个国家）制定并执行经济决策的各种机制的总和。通常是一国国民经济的管理制度及运行方式，是一定经济制度下国家组织生产、流通和分配的具体形式或者说就是一个国家经济制度的具体形式。

经济体制按照资源配置方式可分为计划经济体制和市场经济体制。

在计划经济体制下，国家统筹企业资本，统一投资，统负盈亏，企业利润统一上缴，亏损全部由国家补贴，企业无独立的财务管理权利，因此财务管理活动的内容比较单一，财务管理方法比较简单。

在市场经济体制下，企业成为"自主经营、自负盈亏"的经济实体，拥有独立的理财权。企业可以从其自身需要出发，合理确定资本需要量，然后到市场上筹集资本，再把筹集到的资本投放到高效益的项目上获取更大的收益，最后将收益根据需要和可能进行分配。因此，财务管理活动的内容比较丰富，方法也复杂多样。

（二）经济周期

经济周期是指总体经济活动的扩张和收缩交替反复出现的过程，也称经济波动。每一个经济周期都可以分为上升和下降两个阶段。上升阶段也称繁荣，最高点称为顶峰。顶峰也是经济由盛转衰的转折点，此后经济就进入下降阶段即衰退。衰退严重则经济进入萧条，衰退的最低点称为谷底。当然，谷底也是经济由衰转盛的一个转折点，此后经济进入上升阶段。经济从一个顶峰到另一个顶峰，或者从一个谷底到另一个谷底，就是一次完整的经济周期。现代经济学关于经济周期的定义，建立在经济增长率变化的基础之上，指的是增长率上升和下降的交替过程。对于企业来说，对经济运行周期阶段的识别与评判是评价经济发展现状、预测经济发展趋势的重要前提，也是企业正确规划财务发展战略、选择财务政策的基本前提。

经济周期的各个阶段都具有一些典型特征，大致如下。

1. 繁荣阶段

该阶段的经济活动水平高于趋势水平，经济活动较为活跃，需求不断增加，产品销售通畅，投资持续增加，产量不断上升，就业不断扩大，产出水平逐渐达到高水平，经济持续扩张。不过，繁荣阶段一般持续时间不长，当需求扩张开始减速时会诱发投资减速，经济就会从峰顶开始滑落。通常当国内生产总值连续两个季度下降时可以认为经济已经走向衰退。

2. 衰退阶段

该阶段经济活动水平开始下降，消费需求也开始萎缩，闲置生产能力开始增加，企业投资开始以更大的幅度下滑，产出增长势头受到抑制，GDP 水平和需求水平进一步下降，最终将使经济走向萧条阶段。

经济的衰退既有破坏作用，又有"自动调节"作用。在经济衰退中，一部分企业破产，退出商海；另一部分企业亏损，陷入困境，寻求新的出路；再一部分企业顶住恶劣的气候，在逆境中站稳了脚跟，并求得新的生存与发展。这就是市场经济下"优胜劣汰"的企业生存法则。

3. 萧条阶段

此时经济处于收缩较为严重的时期，逐渐降低到低水平，即低于长期趋势值，就业减少，失业水平提高。企业投资降至低谷，一般物价水平也在持续下跌。当萧条持续一段时间后，闲置生产能力因投资在前些阶段减少逐渐耗尽，投资开始出现缓慢回升，需求水平开始出现增长，经济逐渐走向复苏阶段。

4. 复苏阶段

此时经济活动走向上升通道，经济活动开始趋于活跃，投资开始加速增长，需求水平也开始逐渐高涨，就业水平提高，失业水平下降。产出水平不断增加。随着经济活动不断恢复，整个经济走向下一个周期的繁荣阶段。

经济周期波动的扩张阶段，是宏观经济环境和市场环境日益活跃的季节。这时市场需求旺盛，订货量增多，商品畅销，生产飞速上涨，资金周转灵便。企业的供、产、销和人、财、物都比较好安排，企业处于较为宽松有利的外部环境中。

经济周期波动的收缩阶段，是宏观经济环境和市场环境日趋紧缩的季节。这时，市场需求疲软，订货不足，商品滞销，生产下降，资金周转不畅。企业在供、产、销和人、财、物方面部会遇到很多困难。企业处于较恶劣的外部环境中。

在市场经济条件下，企业家越来越多地关心经济形势，也就是"经济大气候"的变化。一个企业生产经营状况的好坏，既受内部条件的影响，又受外部宏观经济环境和市场环境的影响。一个企业无力决定它的外部环境，但可以通过内部条件的改善来积极适应外部环境的变化，充分利用外部环境，并在一定范围内，改变自己的小环境，以增强自身活力，扩大市场占有率。因此，作为企业家对经济周期波动必须了解、把握，并能制订相应的对策来适应周期的波动，否则将在波动中丧失生机。

（三）经济发展状况

经济发展状况是指宏观经济的短期运行特征。国家统计部门会定期公布经济发展状况的各种经济指标，如经济增长速度、失业率、物价指数、进出口贸易额增长率、税收收入以及各个行业的经济发展状况指标等。

对各种经济发展状况指标的跟踪观察有利于企业正确把握宏观经济运行的态势，及时调整财务管理策略。

任何国家的经济发展都不可能呈长期的快速增长之势，而总是表现为"波浪式前进，螺旋式上升"的状态。

当经济发展处于繁荣时期，经济发展速度较快，市场需求旺盛，销售额大幅度上升。企业为了扩大生产，需要增加投资，与此相适应，则需要筹集大量的资金以满足投资扩张的需要。

当经济发展处于衰退时期经济发展速度缓慢，甚至出现负增长，企业的产量和销售量下降，投资锐减，资金时而紧缺，时而闲置，财务运作出现较大困难。

（四）宏观调控政策

宏观经济调控政策是财务管理环境的重要组成部分。这些政策的实施和变动，直接影响着企业财务管理活动。

宏观调控政策是政府对宏观经济进行干预的重要手段，主要包括经济发展与产业政策、财税政策、货币政策等。

1. 经济发展与产业政策

国民经济发展规划、国家的产业政策、经济体制的改革等对企业的生产经营和财务活动都有着极为重要的影响，企业需要根据不同时期的宏观经济政策环境做出相应的财务决策。

在经济繁荣时期，企业主要是进行扩张性筹资和扩张性投资；在经济紧缩时期，大多数企业要考虑如何维持现有经营规模和经济效益，在稳定中求得发展。在不同的发展时期，国民经济发展规划和国家产业政策有所不同，企业所属行业会受到鼓励或制约发展的影响，这就要求企业自觉适应国民经济发展规划和国家产业政策，及时调整经营战略，改变产品品种结构，变被动为主动，在经济发展与产业政策变动中立于不败之地。

2. 财税政策

财税政策主要包括政府实行的税收制度和财政预算政策。

（1）税收制度

税收是国家财政收入的重要来源。同时，国家各种税种的设置、税率的调整，具有调节企业经营活动的作用。企业财务决策必须适应税收政策的导向，合理安排企业生产经营活动，以追求最佳经济效益。企业财务管理人员熟悉和掌握国家税法规定，一方面应按税法规定缴纳税款；另一方面根据税制、税种的调节职能，在企业财务管理活动中自觉地加以运用，提高财务管理的决策能力和水平。

（2）财政预算政策

财政预算作为一种控制财政收支及其差额的机制，它可以通过收支变化调节总需求，系统地反映政府财政政策的意图。

预算收支差额包括三种情况：一是收大于支，形成预算结余，对总需求产生收缩性影响；二是支大于收，形成财政赤字，对总需求产生扩张性影响；三是收支平衡，对总需求的影响仍是扩张性的。

国家财政实行扩张和紧缩政策，是通过财政预算政策体现的。而这种扩张和紧缩的结果，直接影响着货币购买力的流向，调节消费支出和投资支出，进而影响企业的财务活动。

3. 货币政策

货币政策指的是中央银行为实现既定的经济目标而运用各种工具调节货币供应和利率，进而影响宏观经济的方针和措施。就目前来看，我国货币政策工具主要以贷款计划为主，同时采用存款准备金制度和利率政策等工具。通常政府宏观调控政策会有一定导向性，在一定时间内倾向于某些地区、某些行业，或者在一定时间内限制某些地区和某些行业的发展，例如我国"科教兴国"的国策表明我国对高科技产业和教育产业是具有偏向性的。因此，企业应当认真研究政府政策，预测下一阶段政府政策导向，趋利避害。

货币政策对于企业财务管理活动，特别是企业筹资活动影响甚大。企业筹资从其来源性质可能分为权益资金和借入资金，企业借入资金主要来源于银行借款。进入20世纪90年代以来，企业负债总额急剧上升，资产负债率逐年增高。因此，一旦货币政策实施紧缩，将会直接影响企业的资金需求。同时，由于借款比例较高，相应利息支出就大，利息支出过大已成为企业的重大负担。

货币政策有其自身的实现目标，企业不能改变货币政策，但在货币政策面前并非无能为力。企业可以通过改善资金结构，增加权益资金比重，摆脱对银行资金的依赖，就可以在实行紧缩货币政策时期处于有利地位。同时，资金短缺是每个企业都面临的共同性问题。企业通过科学有效地组织财务管理活动，加速资金周转，提高资金效益，节约资金使用，降低资金成本率，增强筹资能力。

政府通过宏观经济政策的调整引导微观财务主体的经济行为，达到调控宏观经济的目的。这些宏观经济调控政策对企业财务管理的影响是直接的。企业必须按国家政策办事，否则将寸步难行。国家采取收缩性调控政策时，会导致企业的现金流入减少，现金流出增加、资金紧张、投资压缩。反之，当国家采取扩张的调控政策时，企业财务管理则会出现与之相反的情形。所以，作为微观的市场竞争主体，企业必须关注宏观经济政策的取向及其对企业经济行为的影响；并根据宏观经济政策的变化及时调整自身的行为，以规避政策性风险对企业财务运行的影响。

（五）通货膨胀

通货膨胀是指在纸币流通条件下，因货币供给大于货币实际需求，也即现实购买力大于产出供给，导致货币贬值而引起的一定时期内物价持续而普遍地上涨的现象。其实质是社会总需求大于社会总供给。

通货膨胀不仅降低了消费者的购买力，对消费者不利，而且也给企业理财带来了很大的困难，对企业财务活动的影响更为严重。通货膨胀对企业财务活动的影响主要表现在以下四个方面：

第一，大规模的通货膨胀会引起资本占用的迅速增加。从而增加企业的资金需求，导致企业的资金筹集困难。

第二，利润虚增效应。通货膨胀会引起企业利润的虚增，造成企业的资本流失。

第三，利率效应，即通货膨胀会引起利率的上升，增加企业筹资成本，加大企业的资本成本。

第四，引起有价证券的价格下降。通货膨胀时期有价证券价格的不断下降，会给投资带来较大的困难。

企业对通货膨胀本身无能为力，只有政府才能控制通货膨胀的速度。为减轻通货膨胀对企业造成的不利影响，财务人员应采取措施来应对。

在通货膨胀初期，货币面临着贬值的风险，这时企业进行投资可以避免风险，实现资本保值，应与客户签订长期购货合同，以减少物价上涨造成的损失；取得长期负债，保持资本成本的稳定。

在通货膨胀持续期，企业可以采用比较严格的信用条件，减少企业的债权；调整财务政策，防止和减少企业资本流失等。企业财务人员还需要分析通货膨胀对资金成本的影响以及对投资报酬率的影响。为了实现预期的报酬率，企业应该调整收入和成本。同时，使用套期保值等方法尽量减少损失，如购进现货，卖出期货或相反的办法等。

（六）市场竞争和行业竞争状况

企业的一切生产经营活动都发生在一定的市场环境中，财务管理行为的选择在很大程度上取决于企业的市场环境。不了解企业所处的市场环境，就不可能深入地了解企业的运行状态，也就很难做出科学的财务决策。竞争广泛存在于市场经济之中，除完全垄断性行业与企业外，其他行业与企业都无法回避。

企业所处的市场环境通常包括：完全垄断市场、完全竞争市场、不完全竞争市场和寡头垄断市场。不同的市场环境对财务管理有不同的影响。处于完全垄断市场的企业，销售一般不成问题，价格波动不大，利润稳中有升，经营风险较小，企业可运用较多的债务资本。处于完全竞争市场的企业，销售价格完全由市场来决定，企业利润随价格波动而波动，企业不宜过多地采用负债方式去筹集资本。处于不完全竞争市场和寡头垄断市场的企业，关键是要使企业的产品具有优势、特色、品牌效应，这就要求在研究与开发上投入大量资本，研制出新的优势产品，做好售后服务，并给予优惠的信用条件。

竞争也广泛存在于行业之中，一个企业所在行业的竞争状况往往是变化的，有时十分残酷，有时又相对缓和。企业应该洞悉行业竞争状况变化的规律，抓住时机，将企业的财务资源投入到下一轮竞争的关键点，获取并保持竞争优势。

企业之间的竞争名义上是产品与市场的竞争，实际上是企业的综合实力，包括设备、技术、人才、营销、管理乃至文化等各个方面的比拼。竞争对企业来说，既是机会，也是挑战。它能促使企业采用先进的技术，生产更好的产品，以获取稳定的收入和高额的利润，同时竞争会导致产品价格的下降，从而减少企业的利润空间，过分的竞争会导致企业亏损，甚至全行业亏损。

（七）技术环境

财务管理的技术环境，是指财务管理得以实现的技术手段和技术条件，它决定着财务管理的效率和效果。目前，我国进行财务管理依据的会计信息是通过会计系统提供的。在企业内部，会计信息主要是提供给管理层决策使用；而在企业外部，会计信息则主要是为企业的投资者、债权人等提供服务。

目前，我国正全力推进会计信息化工作，力争建立健全会计信息化法规体系和会计信息化标准，全力打造会计信息化人才队伍，基本实现大型企事业单位会计信息化与经营管理信息化的融合，进一步提升企事业单位的管理水平和风险防范能力。做到数出一门、资源共享，便于不同信息使用者获取、分析和利用，进行投资和相关决策。基本实现大型会计师事务所采用信息化手段对客户的财务报告和内部控制进行审计，进一步提升社会审计质量和效率，基本实现政府会计管理和会计监督的信息化，进一步提升会计管理水平和监管效能。通过全面推进会计信息化工作，使我国的会计信息化达到或接近世界先进水平。

我国企业会计信息化的全面推进，必将促使企业财务管理的技术环境进一步完善和优化。

第三节 微观经济环境

财务管理的微观经济环境是指直接影响一个企业财务经营活动发展的各类内部条件和因素，主要有企业内部管理和信息化水平、企业组织形式、企业组织结构、企业内部的供产销环境、企业财务管理基础工作等几个方面。

企业财务管理的微观经济环境由企业自身而发，但又影响企业在宏观环境中的竞争力，也是体现企业管理水平和经营能力的重要因素。

一、企业内部管理和信息化水平

公司内部各项管理制度的制定和执行程度决定了企业内部管理水平。就企业财务管理而言，如果企业内部制定科学合理的管理制度并能认真落实，这就给企业财务管理营造了良好的基础。按照规章制度办事，为企业财务的规范化提供保证，可以实现企业财务管理目标。相反，如果企业内部缺乏管理制度，或者管理制度难以有效执行，就会给企业财务管理埋下隐患。

财务管理决策信息系统作为分析企业财务管理信息工作的重要组成部分，主要提供了企业财务管理决策所需的各种必要信息和统计数据。所以，财务决策信息能否及时、详细和可靠获得与企业信息化程度密切相关。企业要结合自身实际，加强财务信息和经营管理信息的有机结合，为其进行财务决策提供有力的信息支撑。企业的信息化水平关系着企业财务管理水平的高低。同时，提升企业的信息化水平，能够越来越好地促进企业的财务管理发展与改进。

二、企业组织形式

企业组织形式是财务管理的基础。企业存在不同的组织形式，决定了企业的所有权结构和经营管理权限。

企业组织形式的不同类型决定着企业的财务结构、财务关系、财务风险和所采用财务管理方式的差异，而企业财务管理必须立足于企业的组织形式。

企业组织形式主要有独资企业、合伙企业和公司制企业三种。

（一）独资企业

1. 独资企业的界定

独资企业是指依法设立，由一个自然人投资，财产为投资人个人所有，投资人以其个人财产对公司债务承担无限责任的经营实体。独资企业是最简单的企业组织形式。企业不具有独立法人资格，依附于企业业主存在。

2. 独资企业的特点

独资企业的特点主要是：

①独资企业创办容易，开办费用低廉，受政府的法规管束较少。

②独资企业的资金来源主要是企业业主个人储蓄、各类借款，不允许以企业名义发行股票、债券筹资。

③出资人对企业债务承担无限责任。如果独资企业因投资或营运的需要向银行或其他金融机构借款，当独资企业无法清偿债务时，企业业主必须承担所有的债务。

④独资企业不作为企业所得税的纳税主体。其收益纳入所有者的其他收益一并计算交纳个人所得税。

⑤独资企业依附于业主个人而存在，当个体业主无法履行经营职责时，企业也就终止经营，不复存在。

在我国，个人独资企业是目前数量庞大的群体。个体工商户规模较小，在抵挡面对经济衰退和经营失误所造成的损失能力较弱，生存周期短。在此，需要特别注意的是我国的国有独资公司，其名称中虽有"独资"二字，但国有独资公司不属于本类企业，而是按有限责任公司对待。

3. 独资企业的财务优势

由于企业业主个人对企业的债务承担无限责任，法律对这类企业的管理就比较宽松，设立企业的条件不高，程序简单、方便。

企业所有权和经营权是一致的。所有者与经营者合为一体，经营方式灵活，一切财务管理决策直接为企业业主服务。

另外，独资企业的财务优势还在于维持企业的固定成本较低。

4. 独资企业的财务劣势

①筹资较困难，独资企业规模小，企业业主个人由于财力有限，并由于受到还债能力的限制，对债权人缺少吸引力，它取得贷款的能力也比较差，因而，难以投资经营一些资金密集、适合于规模生产经营的行业。

②企业存续期短，一旦企业业主死亡、丧失民事行为能力或不愿意继续经营，企业的生产经营活动就只能中止。

③企业所有权不容易转让。

④企业抵御财务经营风险的能力低下。由于受到独资企业业主数量、人员素质、资金规模的影响，企业抵御财务经营风险的能力低下。

（二）合伙企业

1. 合伙企业的界定

合伙企业是依法设立，由各合伙人订立合伙协议，共同出资，合伙经营，共享收益，共担风险，并对合伙企业债务承担无限连带责任的营利组织。

2. 合伙企业的法律特征

①有两个以上合伙人，并且都是具有完全民事行为能力，依法承担无限责任的人。

②有书面合伙协议，合伙人依照合伙协议享有权利，承担责任。

③有各合伙人实际缴付的出资，合伙人可以用货币、实物、土地使用权、知识产权或者其他属于合伙人的合法财产及财产权利出资，经全体合伙人协商一致。合伙人也可以用劳务出资，其评估作价由全体合伙人协商确定。

④有关合伙企业改变名称、向企业登记机关申请办理变更登记手续、处分不动产或财产权利、为他人提供担保、聘任企业经营管理人员等重要事务，均须经全体合伙人一致同意。

⑤合伙企业的利润分配、亏损分担，按照合伙协议的约定办理，合伙协议未约定或者约定不明确的，由合伙人协商决定，协商不成的，由合伙人按照实缴出资比例分配、分担。无法确定出资比例的，由合伙人平均分配、分担，合伙协议不得约定将全部利润分配给部分合伙人或者由部分合伙人承担全部亏损。

⑥各合伙人对合伙企业债务承担无限连带责任。

3. 合伙企业的特点

①合伙企业创办较容易，开办费用低廉。相对公司制企业而言，政府管理较松。

②合伙企业融资与独资企业相似，企业开办的资金来源主要是合伙人的个人储蓄、各类借款。合伙企业不能通过出售证券来筹资，筹资渠道较少。

③普通合伙企业由普通合伙人组成，合伙人对合伙企业债务承担无限连带责任。有限合伙企业由普通合伙人和有限合伙人组成，普通合伙人对合伙企业债务承担无限连带责任，有限合伙人以其认缴的出资额为限对合伙企业债务承担责任。

④合伙企业的收入按照合伙人征收个人所得税。

⑤当普通合伙人死亡或撤出时，普通合伙企业随之终结。而对于有限合伙企业来说，有限合伙人可以出售他们在企业中的利益，选择退出合伙。

许多律师事务所、会计师事务所或联合诊所都是合伙企业。

4. 合伙企业的财务优势

与独资企业相比较，合伙企业的主要财务优势是：

①由于每个合伙人既是合伙企业的所有者，又是合伙企业的经营者，这就可以发挥每个合伙人的专长，提高合伙企业的决策水平和管理水平。

②由于可以由众多的人共同筹措资金、提高了筹资能力和扩大了企业规模，同时，也由于各合伙人共同负责偿还债务，这就降低了向合伙企业提供贷款的机构风险。

③由于合伙人对合伙企业的债务承担无限连带责任，因而有助于增强合伙人的责任心，提高合伙企业的信誉。

5. 合伙企业的财务劣势

①合伙企业财务不稳定性比较大。由于合伙企业以人身相互信任为基础，合伙企业中任何一个合伙人发生变化，例如，原合伙人丧失民事行为能力、死亡、退出合伙或者新合伙人加入等都将改变原合伙关系，建立新的合伙企业。因而，合伙企业的存续期限是很不稳定的。

②合伙企业投资风险大。由于各合伙人对合伙企业债务负连带责任，因此，合伙人承担的经营风险极大，使合伙企业难以发展壮大。

③合伙企业由于在重大财务决策问题上必须要经过全体合伙人一致同意后才能行动，因此，合伙企业的财务管理机制就不能适应快速多变的社会要求。

（三）公司制企业

1. 公司制企业的界定

公司制企业是依照公司法登记设立，以其全部法人财产，依法自主经营、自负盈亏的企业法人。公司这一组织形式，已经成为西方大企业所采用的普遍形式，也是我国建立现代企业制度过程中选择的企业组织形式之一。本书所讲的财务管理，主要是指针对公司制企业的财务管理。

2. 公司制企业的特征

①公司设立手续较为复杂。公司的组成必须有公司组织章程，规定企业成立的目的、可发行的股数、董事会的组成等，并且组织章程必须符合公司法以及其他相关法律规范。

②由于公司是独立法人，公司有自己的名称、地址、拥有自己独立的财产。因此，公

司可以以自己的名义向金融机构借款或发行公司债券，也可以发行股票筹资。

③公司实行有限责任制，即股东对公司的债务只负有限责任。在公司破产时，股东所承受的损失以其在该公司的出资额为限。

④代表公司所有权的股权转让方便。公司股权以股票形式被等额划分为若干份，从而方便股东在证券市场的自由交易。

⑤公司经营活动实行两权分离，即所有权和经营权的分离。

⑥政府对公司制企业的管制严于独资企业和合伙企业，且征收双重税收，即公司的收益先要交纳公司所得税，税后收益以现金股利分配给股东后，股东还要交纳个人所得税。

3. 公司制企业的类型

我国公司法所称公司指有限责任公司和股份有限公司。

（1）有限责任公司

有限责任公司是指每个股东以其所认缴的出资额为限对公司承担有限责任，公司以其全部资产对其债务承担责任的企业法人。有限责任公司一般简称为有限公司。

有限责任公司具有下列特征：

①它的设立程序要比股份有限公司简便得多。在我国，设立股份有限公司要经过国务院授权的部门或省级人民政府批准，而设立有限责任公司，除法律、法规另有规定外，不需要任何政府部门的批准，可以直接向公司登记机关申请登记。有限责任公司不必发布公告，也不必公开其账目，尤其是公司的资产负债表一般不予公开。

②有限责任公司不公开发行股票。有限责任公司的股东虽然也有各自的份额以及股份的权利证书，但它只是一种证券证明，而不像股票那样属于有价证券。而且，各股东的股份由股东协商确定，并不要求等额，可以有多有少。

③有限责任公司的股东人数有限额。大多数国家的公司法都对有限公司的股东人数有上限规定。即最多不得超过多少人。《中华人民共和国公司法》（以下简称《公司法》）规定，有限责任公司由 50 个以下股东出资设立。

④有限责任公司的股份不能上市自由买卖。由于有限公司股东持有的股权证书不是可上市的股票，所以这种股权证书只能在股东之间相互转让。股东向股东以外的人转让股权，应当经其他股东过半数同意。经股东同意转让的股权，在同等条件下，其他股东有优先购买权。

⑤有限责任公司的内部管理机构设置灵活。股东人数较少和规模较小的有限责任公司，可以不设立董事会，只设 1 名执行董事，执行董事可以兼任公司经理。而且，这类公司也可以不设立监事会，只设 1 ～ 2 名监事，执行监督的权利。但董事、高级管理人员不得兼任监事。

由于有限责任公司具有上述特点，许多中小规模的企业往往采取这种公司形式。这样，既可享受政府对法人组织给予的税收优惠和法人制度带来的其他好处，又能保持少数出资人的封闭经营，所以在一些西方国家中有限责任公司的数目大大超过股份有限公司。不过，在资本总额上，有限责任公司通常大大小于股份有限公司，因而经济地位相对较弱。

（2）股份有限公司

股份有限公司是指全部注册资本由等额股份构成并通过发行股票筹集资本的企业法人。股份有限公司一般简称为股份公司。

股份有限公司主要具有下列五个特征：

①股份有限公司是最典型的合资公司。在股份有限公司中股东仅是股票的持有者，他的所有权利都体现在股票上并随股票的转移而转移，持有股票的人便是股东。股份有限公司必须预先确定资本总额，然后着手募集资本。任何愿意出资的人都可以成为股东，没有资格限制。

②股份有限公司将其资本总额分为等额股份。每股金额相等，同股同权、同股同价是股份有限公司的一个突出特点。

③股份有限公司的股东人数有上下限要求。《公司法》规定，设立股份有限公司，应当有2人以上200人以下为发起人，其中须有半数以上的发起人在中国境内有住所。

④股份有限公司设立程序复杂，法律要求严格。《公司法》规定，股份公司的设立要经过国务院授权的部门或者省级人民政府批准，不得自行设立。股份有限公司的重要文件，如公司章程、股东名录、股东大会会议记录和财务会计报告必须公开，以供股东和债权人查询。股份公司每年还必须公布公司的财务报表。

⑤股份有限公司要设董事会，其成员为5～19人。股份有限公司要设监事会，其成员不得少于3人。董事、高级管理人员不得兼任监事。

股份有限公司的主要财务优势是：

①易于筹资。就筹集资本的角度而言，股份有限公司是最有效的企业组织形式。因其永续存在以及举债和增股的空间大，股份有限公司具有更大的筹资能力和弹性。

②易于转让。由于股票可以在市场上自由流动，所以股东流动性极大。因此，在企业经营不善、面临亏损或破产危险时，股东可以迅速出售股票，转而投资到有利的企业中去。同时，这也能对企业经理人员形成压力，迫使其提高经营管理水平。

③有限责任。股东对股份有限公司的债务承担有限责任，倘若公司破产清算，股东的损失以其对公司的投资额为限。而对独资企业和合伙企业，其所有者可能损失更多，甚至个人的全部财产。

股份有限公司的主要财务劣势是：

①股东的流动性太大，股东对于公司缺乏责任感。因为股东购买股票的目的就是取得红利或为在股市上获得资本利得收益，而不是为了企业的长远利益，往往公司经营业绩一旦有变，股东就转让、出售股票。

②股份有限公司的财务管理是最有挑战性的，几乎所有的公司财务管理理论都是源于股份公司财务管理的需求。

综上所述，企业组织形式的差异导致财务管理组织形式的差异，对企业理财有重要影响。

在独资企业和合伙制企业组织形式下，企业的所有权和经营权合二为一，企业的所有者同时也是企业的经营者，他们享有财务管理的所有权利，并与其所享有的财务管理权利相适应，这两种企业的所有者必须承担一切财务风险或责任。其中，合伙企业的资金来源、信用能力比独资企业有所增加，收益分配也更加复杂，因此，合伙企业的财务管理比独资企业复杂得多。

企业采取公司制组织形式，其所有权主体和经营权主体就发生分离，这时，所有者不像独资和合伙企业那样承担无限责任，他们只以自己的出资额为限承担有限责任，即只要他们对公司缴足了注册资本的份额，对公司或公司的债权人就不需再更多地支付。相较于独资企业和合伙企业，公司制企业引起的财务问题最多，企业不仅要争取获得最大利润，而且要争取使企业价值增加；公司的资金来源有多种多样，筹资方式也很多，需要进行认真地分析和选择；盈余分配也不像独资企业和合伙企业那样简单，要考虑企业内部和外部的许多因素。

由以上内容可知，企业的三种组织形式有着不同的特征，下面我们具体作以比较，如表2-1所示。

表2-1 三种组织形式特征比较表

比较项目	个人独资企业	合伙企业	公司制企业
投资人	一个自然人	两个或两个以上的自然人，有时也包括法人或其他组织	多样化
承担的责任	无限债务责任	每个合伙人对企业债务须承担无限连带责任	有限债务责任
企业寿命	随着业主的死亡而自动消亡	合伙人卖出所持有的份额或死亡	无限存续
权益转让	比较困难	合伙人转让其所有权时需要取得其他合伙人的同意	容易转让所有权无需经过其他股东同意
筹集资金的难易程度	难以从外部获得大量资金用于经营资金	较难从外部获得大量资金用于经营资金	融资渠道较多，更容易筹措所需资金
纳税	个人所得税	个人所得税	企业所得税和个人所得税
代理问题	—	—	存在代理问题

三、企业组织结构

根据企业的组织架构不同，对于企业的财务组织机构的设置及其财务管理制度的影响也是千差万别。新时代制度主义经济学家奥利弗·威廉姆森将企业内部管理组织形态划分为三个基本类型：U 型、H 型和 M 型，即一元结构、控股结构、多元结构。

U 型结构即一元结构，源于现代企业发展初期，是现代企业最基础的组织结构，它多出现在产品简单、规模小的企业中。集中控制为其特点，具体表现为直线制、职能制和直线职能制。U 型结构管理的特点是，在企业内部建立了独立会计部门，将会计工作与财务工作合并，由会计部门统一管理企业的会计与财务管理。

H 型结构即控股公司结构，其本质是企业集团的组织形式，子公司具有独立的法人资格，分支机构是相对独立的利润中心。

M 型结构即多元结构，由三个相互联系的层次构成。一层是总部，由董事会和管理者组成，是企业的最高决策层，其主要职能是战略把控和平衡公司关系。二层包括功能、支撑、服务三个部分。三层是企业的主导或核心业务，是相互依存、相互独立的关系，每个所属单位又是一个 U 型结构。在国际上，它是大型企业管理系统的主流形式。其具体形式有事业部、矩阵制等。

显而易见，H 型结构和 M 型结构的企业集团，在企业内部的每个层次，都单独成立会计或财务部门。考虑实际工作的复杂性和数量性因素，也可以同时设立两个部门，分别负责会计和财务管理。在财务管理体制方面，H 型和 M 型结构可以选择集权式、分权式或集权与分权相结合式，而对于集团公司资金的统筹安排，多数企业集团选择了集权式财务管理体制。

四、企业购产销环境

采购环境是指与购入物资的价格和数量相关的情况。采购环境作用于企业财务管理。根据物资供应量，采购环境有稳定和波动两种状态。前一种原料资源较充足，运输条件较正常，满足企业生产经营的需求，使企业降低物资积存数量和库存资金的占用。波动性较大的采购环境导致物资运输比较紧张，有时无法按时供货，企业为此必须建立储备存货，增加了库存资金的占用。企业必须谨慎地分析所处的采购环境，并且采取合理的措施来有效地降低库存成本。

制造环境是指制造条件和制造周期。不同的制造商生产和服务于公司的生产经营环境会存在很大的差异，因此制造商生产经营环境也可能引起整个企业财务管理的变化。按生产条件，企业可分为劳动密集型、技术密集型和资源开发型三类。劳动密集型企业需要付出大量工资，长期资金占用较少，对短期资金的利用较多；技术密集型企业的机器设备和人力投入较多，企业经常需要筹集较多的长期资金；而资源开发型企业的机械设备和人力投入较多，对产品寿命周期要求高，无论对整个企业还是单个产品，在不同寿命周期内，其收入的多少、成本的高低、效益的大小、周转速度的长短，都有较大的差别。公司的财务决策既要针对产品所处的阶段采取适当的措施，又要有远见，有预见性地进行投资，使企业的生产经营不断更新，经常保持旺盛的生命力。

公司的市场环境对公司的财务管理有很大的影响。在完全垄断的市场中，企业独占产品，在国家宏观政策的指导下，决定商品的数量和价格。这样，这种企业就没有什么卖不出去的产品，价格波动也不会很大，企业利润稳定，不会有太大波动，所以风险较小，可以用更多的债务来筹集资金。在完全竞争市场中，企业生产者和消费者众多，个别企业不能决定商品价格，而完全由市场决定，产品售价和数量不能保持稳定，易出现波动，风险较大，因此，负债资金的使用应谨慎。处在不完全竞争市场和寡头垄断市场中的企业，由于同一种商品有多个厂商生产，但型号、规格、质量等有很大差别，或者商品受少数厂商控制。在产品开发、销售和售后服务上要加大投入，尽快创名牌，做大做强特色产品。

五、企业财务管理基础工作

企业财务管理基础工作，就是指企业的财务管理规章制度是否健全与完善，基础管理工作是否规范，有无严格的财务计划和成本控制措施，是否实行严格的监督、稽核及内部控制制度，是否有严格的内部审计，有无信息化管理技术及设备等。财务管理基础工作是现代企业财务管理所必需的，标志着企业财务管理的水平。如果没有一套严格、完善的财务管理制度，没有现代的信息化管理手段，企业的财务管理就不可避免地陷入混乱，极大地影响企业的理财活动，可能使企业的经营陷入困境，企业的财务管理目标也就无法实现，也对企业的财务管理活动及其水平产生重要影响。

第四节 法律与监管环境

一、法律与监管环境的界定

法律与监管环境是企业与外界发生经济关系时所必须遵守的法律、法规和规章制度。企业的所有经营活动都应当在合法的前提下进行，企业财务活动所须遵守的法律监管规范有《中华人民共和国公司法》《中华人民共和国证券法》《中华人民共和国金融法》《中华人民共和国经济合同法》《中华人民共和国税法》《公司财务通则》及行业财务制度等。

二、法律与监管环境的分类

对法律与监管环境进行分类有多种标准，在此我们重点介绍按照法律法规对企业不同经济活动的分类监管。

（一）企业组织法律规范

企业组织的设立，主要依照《中华人民共和国公司登记管理条例》。对于不同性质的企业而言，分别依照《中华人民共和国外资企业法》《中华人民共和国合资经营企业法》《中华人民共和国中外合作企业法》《中华人民共和国独资企业法》《中华人民共和国合伙企业法》《中华人民共和国公司法》等。对于企业的证券投资活动，主要依照《中华人民共和国证券法》。这一类法规详细地规定了不同类型的企业组织设立的条件、设立的程序、组织机构、组织变更及终止的条件和程序等基本事项，属于企业组织法，也称企业行为法。企业日常活动须依照此类法律行事。

（二）税务法规

税法是国家制定的用以调节国家与纳税人之间在纳税方面的权利与义务关系的法律规范的总称。它是由国家制定、认可或解释的，由国家强制力保证实施的。确认和保护国家税收利益和纳税人权益的最基本的法律形式。税法详细规定了征税人、纳税义务、征税对象、税目、税率、纳税环节、计税依据、纳税期限、纳税地点、税务减免、法律责任等内容，是企业和个人纳税活动能够正常进行的保证。

国家税种的设置、税率的高低、征收范围、减免规定、优惠政策等都会影响公司的财务活动。企业相关的主要税种主要包括以下几个方面的内容：对流转额课税的税法，对所得额课税的税法，对自然资源课税的税法，对财产课税的税法以及对行为课税的税法。下面我们具体说明。

1. 所得税类

该税种是以纳税人的所得额为征税对象的一种税收。我国现行对所得额的课税主要有企业所得税、个人所得税等。企业所得税是指国家对境内企业生产、经营所得依法征收的一种税。在中华人民共和国境内企业和其他取得收入的组织为企业所得税的纳税人。企业分为居民企业和非居民企业。居民企业是指依法在中国境内成立，或者依照外国（地区）法律成立但实际管理机构在中国境内的企业。非居民企业是指依照外国（地区）法律成立且实际管理机构不在中国境内，但在中国境内设立机构、场所的，或者在中国境内未设立机构、场所，但有来源于中国境内所得的企业。企业所得税的税率为 25%。非居民企业适用税率为 20%。符合条件的小型微利企业，减按 20% 的税率征收企业所得税。国家需要重点扶持的高新技术企业，减按 15% 的税率征收企业所得税。企业每一纳税年度的收入总额，减除不征税收入、免税收入、各项扣除以及允许弥补的以前年度亏损后的余额，为应纳税所得额。企业的下列支出，可以在计算应纳税所得额时加计扣除，一是开发新技术、新产品、新工艺发生的研究开发费用；二是安置残疾人员及国家鼓励安置的其他就业人员所支付的工资。

2. 流转税类

流转税是对企业的流转额所征收的税金。流转额包括商品流转额和非商品流转额。商品流转额是指商品在流转过程中所发生的货币金额，即销售方的销售收入。非商品流转额就是非商品营业额，一般是指一切不从事商品生产和商品交换活动的单位和个人，因从事其他经营活动所取得的业务或劳务收入的金额，如从事交通运输、金融保险、建筑安装、旅游业、服务业等所取得的业务或劳务收入的金额。

我国现行的流转税主要有增值税、消费税、城市维护建设税和关税等。

3. 资源税类

主要包括资源税、城镇土地使用税和土地增值税。

4. 财产税类

财产税是对纳税人所有的财产征税。主要有房产税、城市房地产税等。

5. 行为税类

行为税是以纳税人的某种特定行为为征税对象的税种。主要包括印花税、车船使用税、契税和屠宰税等。

税法对财务管理的影响主要表现在企业筹资、投资和利润分配几个环节中。企业可以适当调整筹资、投资和利润分配策略，达到合理避税的目的。例如，企业的筹资可分为权益性筹资和债务性筹资。由于我国税法规定负债的利息可以在所得税前扣除，所以债务性筹资可以适当减少纳税支出。因此，财务管理在制订筹资计划时可以适当考虑合理避税的因素。

企业具有依法纳税的义务。对企业而言，都希望在不违反税法的前提下，尽量减少这项支出，这就要求财务人员熟悉并精通税法，在理财活动中精心安排、仔细筹划，运用纳税筹划为财务管理目标服务。

（三）财务法规

财务法规是规范企业财务活动、协调企业财务关系的法规文件。我国目前企业财务管理法规制度有企业财务通则、行业财务制度和企业内部财务制度三个层次。

企业财务通则是企业财务活动必须遵循的基本原则和规范，是制定行业财务制度和企业内部财务制度的依据，通常由国家统一制定。企业财务通则的内容包括企业财务管理主体应当履行的职责、可以享受的权利、财务行为的规范等。

行业财务制度是指不同行业进行财务活动的一般要求，行业财务制度与企业财务通则的区别在于行业财务制度针对具体的行业，因此内容更加详细、更具有行业特征。

企业内部财务制度是指企业管理部门根据国家和政府有关法规的规定、企业自身经营管理的特点和要求制定的，用来规范和优化企业内部财务行为、处理内部财务关系的具体规则，是整个财务制度体系中具有可操作性的基础性财务制度。

（四）证券法规

证券法规是确认和调整在证券管理、发行交易过程中各主体的地位、权利、义务关系的法律规范。证券法规规定了证券上市规则和交易规则，其中涉及许多财务方面的要求。证券法规对企业以证券形式进行的筹资与投资、对上市公司信息的披露具有重要的影响，对企业财务管理的影响主要表现为公司内部财务制度如何具体体现证券法规的要求，来规范自身财务行为。一般来讲，这些证券法规的要求可以作为公司财务制度的内容，以促进公司按上市公司的标准来强化公司的财务管理。

三、法律与监管环境和企业财务活动

（一）法律与监管环境和企业筹资活动

为保证投资者利益，法律与监管法规对企业筹资活动有较为严格的规定。首先，对企业筹资规模有限定，即企业对外筹资是有上限的，不同类型企业自有资金规模要求不同，所有企业都要具备一定的自有资金规模；其次，对企业的筹资渠道和方式有限定。例如，并非所有企业都能够上市公开募集资金，只有少部分企业能够达到上市公开募集资金的标准；最后，对筹资的条件和程序有限定，既保护了筹资者的利益，也保护了投资者的利益。

（二）法律与监管环境和企业投资活动

法律与监管法规既对企业股东入股有严格的规定，也对企业本身的对外投资有严格的规定。对企业股东而言，《公司法》规定股份有限公司的发起人可以用货币资金出资，也可以用实物、工业产权、非专利技术、土地使用权作价出资，投资者投入的各种资产必须经注册会计师检验并出具检验报告；就企业本身而言，法律法规对其投资程序、投资方向、投资期限和违约责任都有严格的规定。

（三）法律与监管环境和企业利润分配活动

为保证国家税收和企业持续发展力，法律与监管法规对企业的利润分配也有规定。包括企业计算成本的范围与标准、企业应缴税收的计算方法、利润分配的程序和比例等。

第五节　金融市场环境

金融市场环境，亦称金融环境，是资金供应者和资金需求者双方通过某种形式融通资金的场所和条件。企业从事投资和经营活动离不开资金，而企业除自有资金外，其他所需资金一般需要通过金融机构或金融市场取得。企业财务管理最重要的环节包括筹资、投资、资金营运、股利分配等，金融市场至少与筹资和投资两个环节具有密不可分的关系，金融市场环境的变化必然影响企业的筹资、投资和资金运营活动。所以，金融市场是否有效对财务管理的影响十分深远，金融市场环境是企业最为主要的环境因素。

影响财务管理的金融市场环境因素主要包括金融政策、金融机构、金融工具、金融市场等。

一、金融政策

金融政策主要是指中央银行为实现宏观经济调控目标而采用各种方式调节货币、利率和汇率水平，进而影响宏观经济的各种方针和措施的总称。

通常金融政策能够反映政府对金融市场的看法和导向，施行紧缩的金融政策意味着前一个时期的金融市场存在过热现象，而紧缩金融政策的持续实行会导致金融市场未来会趋向平稳甚至滑落；而施行宽松的金融政策则会产生相反的金融政策效果。因此，金融政策如同金融市场的风向标，是企业在资金管理过程中必须参考的一个因素。

二、金融机构

我国的金融机构由银行和非银行金融机构组成。

（一）银行

我国银行体系由中央银行、政策性银行和商业银行组成。下面我们具体加以说明。

在我国，中央银行的职能是由中国人民银行履行的，它代表政府管理全国的金融机构和金融活动。其主要职责是制定和实施货币政策，保持货币币值稳定；依法对金融机构进行监督管理，维持金融业的合法、稳健运行；维护支付和清算系统的正常运行；持有、管理、经营国家外汇储备和黄金储备；代理国库和其他与政府有关的金融业务；代表政府从事有关的国际金融活动。

我国的政策性银行是由政府设立的，我国目前有三家政策性银行，它们是中国进出银行、中国农业发展银行、国家开发银行。均是以贯彻国家产业政策、区域发展政策为目的的非营利性的金融机构。它不面向公众吸收存款，财政拨款和发行政策性金融债券是其主要的资金来源；其主要服务于对国民经济发展和社会稳定有重要意义并且商业银行出于营利目的不愿涉足的领域；政策性银行的资金投向也要进行严格审查，实行有偿使用，到期还本付息。

商业银行的建立和运行，受《中华人民共和国商业银行法》规范。商业银行是以经营存款、放贷款、办理转账结算为主要业务，以营利为主要经营目标的金融企业。我国的商业银行按其控股形式可分成两类：国有控股商业银行和普通股份制商业银行。国有控股商业银行包括中国银行、中国工商银行、中国农业银行、中国建设银行、中国交通银行、中国邮政储蓄银行。普通股份制商业银行主要分为全国性股份制商业银行和城市股份制商业银行。全国股份制商业银行包括招商银行、中信银行、光大银行、华夏银行、广发银行、深圳发展银行、上海浦发银行、兴业银行、民生银行、恒丰银行、浙商银行等。城市股份制商业银行包括北京银行、上海银行、南京银行、宁波银行、平安银行、徽商银行、江苏银行、吉林银行、长安银行、江苏银行、郑州银行等。

从金融机构的组成不难发现，企业财务管理跟各类金融机构有千丝万缕的联系。如果金融机构的服务效率有所提高，企业财务管理成本将会极大降低。

（二）非银行金融机构

目前，我国主要的非银行金融机构有以下五类。

1. 保险公司

保险公司，主要经营保险业务，包括财产保险、责任保险、保证保险和人身保险。目前我国保险公司的资金运用被严格限制在银行存款、政府债券、金融债券和投资基金范围内。

2. 信托投资公司

信托投资公司主要是以受托人的身份代人理财。其主要业务有经营资金和财产委托、代理资产保管、金融租赁、经济咨询以及投资等业务。

3. 证券机构

证券机构指从事证券业务的机构。具体包括证券公司、证券交易所和登记结算公司等机构。

（1）证券公司

证券公司的主要业务是推销政府债券、企业债券和股票，代理买卖和自营买卖已上市流通的各类有价证券，参与企业收购、兼并，充当企业财务顾问。

（2）证券交易所

证券交易所是指提供证券交易的场所和设施，制定证券交易的业务规则，接受上市申请并安排上市，组织、监督证券交易，对会员和上市公司进行监管的机构。

（3）登记结算公司

登记结算公司主要是办理股票交易中所有权转移时的过户和资金结算业务而专门设立的公司。

4. 财务公司

它类似于投资银行。我国的财务公司往往是由企业集团内部各成员单位入股，向社会募集中长期资金，为企业技术进步服务的金融股份有限公司。它的业务被限定在本集团内，不得从企业集团之外吸收存款，也不得对非集团单位和个人贷款。

5. 金融租赁公司

金融租赁公司是指办理融资租赁业务的公司组织，其主要有动产和不动产的租赁、转租赁、回租租赁等业务。

三、金融工具

（一）金融工具的界定

金融工具是资金融通交易的载体，是金融交易者在金融市场上买卖的对象。金融工具是在信用活动中产生的、能够证明债权债务关系并据以进行货币资金交易的合法凭证，它对于债权债务双方所应承担的义务与享有的权利均具有法律效力。

（二）金融工具的特征

金融工具一般具有流动性、风险性和收益性的基本特征。

1. 流动性

金融工具的流动性是指金融性资产能够在短期内不受损失地变为现金的属性。金融工具具有容易变现和市场价格波动小的特征。

2. 风险性

金融工具的风险性是指某种金融工具不能恢复其原投资价格的可能性。金融工具主要有违约风险和市场风险两类。违约风险是指由于证券的发行人破产而导致永远不能偿还的风险；市场风险是指由于投资的金融性资产的市场价格波动而产生的风险。

3. 收益性

金融工具的收益性是指某项金融工具投资收益率的高低。投资收益率高则收益性强，反之，投资收益率低则收益性弱。

金融工具的上述三种属性相互联系、互相制约。流动性和收益性成反比，收益性和风险性呈正比。现金的流动性最高，但持有现金不能获得收益。股票的收益性好，但风险大；政府债券的收益性不如股票，但其风险小。企业在投资时，期望流动性高、风险小而收益高，但实际上很难找到这种机会。

（三）金融工具的分类

1. 基础金融工具和衍生金融工具

金融工具按其与实际信用的关系可分为基础金融工具和衍生金融工具两类。

基础金融工具又称原生金融工具或非衍生金融工具，是指在实际信用活动中出具的能证明债权债务关系或所有权关系的合法凭证，主要有商业票据、债券等债权债务凭证和股票、基金等所有权凭证。

衍生金融工具又称派生金融工具、金融衍生品等，是由原生金融工具派生出来的，主要有期货、期权、远期、互换合约四种衍生工具以及由此变化、组合、再衍生出来的一些变形体。

基础金融工具是金融市场上最广泛使用的工具，是衍生金融工具赖以生存的基础。

2. 资本市场工具和货币市场工具

金融工具按期限不同，可分为资本市场工具和货币市场工具。

资本市场工具主要是股票和债券。股票包括普通股和优先股，普通股股东持有公司一般的股权，可选择董监事，实际经营企业；优先股股东有较普通股优先分配股息及剩余财产的权利，此外优先股股东通常仅有特定的股息，但无选举董事的权利。

货币市场工具主要有商业票据、国库券和其他短期债券、可转让大额定期存单、商业本票、回购协议等。

为适应社会经济的发展，市场上不断创新出新的金融工具，金融服务范围也一再拓展。这样的变革为企业筹资、投资提供了极大的便利，但同时也派生出利率风险、汇率风险、表外风险等新的风险，使金融风险进一步加大。合理地利用金融工具在适合的金融市场有效地融资并规避风险已成为企业财务管理面临的最重要命题。

四、金融市场

金融市场是资金供求双方通过金融工具融通资金的市场，即实现货币借贷和资金融通，办理各种票据和进行有价证券交易活动的市场。

（一）金融市场的功能

金融市场的主要功能有以下五项：

①转化储蓄为投资，改善社会经济福利。

②提供多种金融工具并加速资金流动。

③使中短期资金凝结为长期资金。

④提高金融体系竞争力和效率。

⑤引导资金流向。

（二）金融市场的组成要素

金融市场由主体、客体、参加者组成。金融市场的主体是银行和非银行金融机构，它们是金融市场的中介机构，是连接筹资人和投资人的桥梁。金融市场的客体是指金融市场上的买卖对象，如商业票据、政府债券、公司股票等各种信用工具。金融市场的参加者是指客体的供给者和需求者，如企业、事业单位、政府部门、个人等。

①市场主体，即参与金融市场交易活动而形成买卖双方的各经济单位。

②金融工具，即借以进行金融交易的工具，一般包括债权债务凭证和所有权凭证。

③交易价格，反映的是在一定时期内转让货币资金使用权的报酬。

④组织方式，即金融市场的交易采用的方式。

（三）金融市场的组织方式

金融市场的组织方式主要有拍卖和柜台两种。

1. 拍卖方式

拍卖方式即以拍卖方式组织的金融市场。这种方式所确定的买卖成交价格是通过公开竞价形式形成的。

2. 柜台方式

柜台方式又称"店头交易"，即通过交易网络组织的金融市场，其中证券交易所是最重要的交易中介。这种方式所确定的买卖成交价格不是通过竞价方式实现的，而是由证券交易所根据市场行情和供求关系自行确定的。

（四）金融市场上资金的转移方式

1. 直接转移

它是需要资金的企业或其他资金不足者直接将股票或债券出售给资金供应者，从而实现资金转移的一种方式。

2. 间接转移

它是需要资金的企业或其他资金不足者通过金融中介机构，将股票或债券出售给资金供应者，或者由他们自身所发行的证券来交换资金供应者手中的资金，再将资金转移到各种股票或债券的发行者即资金需求者手中，从而实现资金转移的一种方式。

（五）金融市场的分类

1. 广义的金融市场和狭义的金融市场

金融市场有广义与狭义之分。广义的金融市场，是指一切资本流动的场所，包括实物资本和货币资本的流动，具体交易对象包括货币借贷、票据承兑和贴现、有价证券的买卖、黄金和外汇买卖、办理国内外保险、生产资料的产权交换等。狭义的金融市场一般是指有价证券市场，即股票和债券的发行买卖市场。

2. 短期资金市场和长期资金市场

金融市场按交易的期限，可划分为短期资金市场和长期资金市场。长期资金市场又称资本市场，主要供应一年以上的中长期资金，如股票与长期债券的发行与流通。长期资金市场的主要功能是实现长期资金融通。其主要特点是，融资期限长。融资期限至少 1 年，最长可达 10 年甚至 10 年以上。融资目的是解决长期投资性资本的需要，用于补充长期资金，扩大生产能力。资本借贷量大。收益较高但风险也较大。长期资金市场主要包括债券市场、股票市场和融资租赁市场等。

短期资金市场又称货币市场，是一年以下的短期资金的融通场所，短期资金市场期限短，一般为 3 ～ 6 个月，最长不超过 1 年。交易目的是解决短期资金周转。其资金来源主要是资金所有者暂时闲置的资金，融通资金的用途一般是弥补短期资金的不足。短期资金市场上的金融工具有较强的"货币性"，具有流动性强、价格平稳、风险较小等特性。短期资金市场主要有拆借市场、票据市场、大额定期存单市场和短期债券市场等。拆借市场是指银行之间及非银行金融机构同业之间短期性资本的借贷活动。这种交易一般没有固定的场所，主要通过电信手段成交，期限按日计算，一般不超过 1 个月。票据市场包括票据承兑市场和票据贴现市场。票据承兑市场是票据流通转让的基础。票据贴现市场是对未到期票据进行贴现，为客户提供短期资本融通，包括贴现、再贴现和转贴现。大额定期存单市场是一种买卖银行发行的可转让大额定期存单的市场。短期债券的转让可以通过贴现或买卖的方式进行，短期债券市场主要买卖1年期以内的短期企业债券、政府债券，尤其是国债。

3. 现货市场和期货市场

金融市场按交割的时间，可划分为现货市场和期货市场。在金融现货市场中，融资活动成交后立即付款交割。在金融期货市场中，融资活动成交后按合约规定在指定日期付款交割。按照上述内在联系对金融市场进行科学、系统的划分，是对金融市场进行有效管理的基础。

4. 发行市场和流通市场

金融市场按交易的性质，以功能为标准，金融市场可划分为发行市场和流通市场。发行市场，也称一级市场，主要处理金融工具的发行与最初购买者之间的交易，是新证券发行的市场。流通市场也称二级市场，是已经发行、处在流通中的证券的买卖市场，主要处理现有金融工具转让和变现的交易。

5. 国际金融市场和国内金融市场

金融市场按地理范围划分为国际金融市场和国内金融市场。国际金融市场由经营国际货币业务的金融机构组成，其经营内容包括资金借贷、外汇买卖、证券买卖、资金交易等。国内金融市场，由国内金融机构组成，办理各种货币、证券等金融业务活动。它又分为城市金融市场和农村金融市场，或者分为全国性、区域性、地方性的金融市场。

6. 有形金融市场和无形金融市场

金融市场按经营场所划分为有形金融市场和无形金融市场。有形金融市场是指有固定场所和操作设施的金融市场。无形金融市场是指以营运网络形式存在的市场，通过电子、电信手段达成交易。

7. 资本市场、外汇市场和黄金市场

金融市场以融资对象为标准，可分为资本市场、外汇市场和黄金市场，资本市场以货币和资本为交易对象；外汇市场以各种外汇金融工具为交易对象；黄金市场则是集中进行黄金买卖和金币兑换的交易市场。

8. 基础性金融市场和金融衍生品市场

金融市场按所交易金融工具的属性，可分为基础性金融市场与金融衍生品市场。基础

性金融市场是指以基础性金融产品为交易对象的金融市场，如商业票据、企业债券、企业股票的交易市场；金融衍生品交易市场是指以金融衍生产品为交易对象的金融市场，如远期、期货、掉期、期权的交易市场以及有远期、期货、掉期、期权中一种或多种特征的结构化金融工具的交易市场。

当然，金融市场还可以按照其他的标准进行不同的分类。例如，按交易对象划分为：拆借市场、贴现市场、大额定期存单市场、证券市场、外汇市场、黄金市场、保险市场等。按交易标的物划分为：货币市场、资本市场、金融衍生品市场、外汇市场、保险市场、黄金及其他投资品市场等。按具体的交易工具类型划分为：债券市场、票据市场、外汇市场、股票市场、黄金市场、保险市场等。

从企业财务管理角度来看，金融市场作为资金融通的场所，是企业向社会筹集资金必不可少的条件。财务管理人员必须熟悉金融市场的各种类型和管理规则，有效地利用金融市场来组织资金的筹措和进行资本投资等活动。

（六）金融市场对企业财务管理的影响

金融市场对企业财务管理有着重要的影响，主要表现在以下四个方面。

1. 金融市场是企业投资和筹资的场所

当企业需要资金时，可以到金融市场上选择适合自身需要的方式进行筹资。当企业有了剩余资金，也可以灵活的投资方式，在金融市场上为其资金寻找出路。

2. 推动企业资金的转换

企业通过金融市场可自由地实现长、短期资金的互相转化。如企业可将持有的长期股票和债券投资，在金融市场上随时变现，成为短期资金；可将远期票据通过贴现，变为现金。与此相反，企业的短期资金也可以在必要时，通过金融市场转变为股票、债券等长期资产。

3. 引导企业资金的流向

金融市场通过利率的变化，调节人们的投资预期收益率，进而调节企业的资金流向，使资本在不同企业、不同地区、不同部门之间充分、合理流动，引导企业资金流向，提高资本利用效率，继而实现社会资源的优化配置。

4. 金融市场可为企业财务管理提供决策信息

企业在进行投资、筹资决策时，可充分利用金融市场中的各种信息，如股市行情、市场利率、宏观经济政策、行业景气情况、物价水平、市场需求、企业经营状况、盈利水平、成长性与发展前景等信息，这些信息对企业的投融资决策具有重要价值。企业通过观察金融市场的利率变动，了解资金的供求状况；通过了解有价证券市场的行情，反映投资人对企业的经营状况和盈利水平的评价等，企业可以通过金融市场提供的有意义的信息，为自身的投融资及财务决策提供依据。

本章小结

　　财务管理环境，又称企业的理财环境。是指对企业财务活动及其财务关系的处理产生影响的各种内外部条件的统称。环境的变化会对财务管理活动产生影响，良好的理财环境有助于企业财务管理活动的顺利进行。

　　企业的财务管理环境涉及范围很广，主要包括内部环境和外部环境两大类，其中外部环境主要包括宏观经济环境、法律监管环境和金融市场环境。其中，金融环境最为直接和重要；内部环境主要是存在于某一特定范围内的对财务活动产生重要影响的微观经济环境。

　　宏观经济环境是企业生存和发展的重要条件，包括经济体制、经济周期、经济政策、通货膨胀和市场竞争等各个方面。

　　微观经济环境是存在于某一特定范围内的对财务活动产生重要影响的各种条件和因素，包括企业内部管理和信息化水平、企业组织形式、企业组织结构、企业内部的供产销环境、企业财务管理基础工作几个方面。

　　影响企业财务管理的法律和监管环境，涉及企业经营管理的各个方面。可大致分为：企业组织法律规范、税务法规、财务法规、证券法规等规范企业各种财务管理行为的法律法规。

　　金融市场环境为企业筹资和投资提供场所，它涉及企业融资的难易和融资成本的大小；金融市场环境对企业财务管理的影响主要体现在：提供企业筹资和投资的场所；促进企业资本灵活转换，保持企业的流动性；引导企业资金流向，提高资本利用效率；为企业财务管理提供有用的决策信息。

基本训练

　　1. 企业的组织形式包括哪些？
　　2. 个人独资企业有哪些财务优势和劣势？
　　3. 金融市场有哪些分类？
　　4. 简述一级市场和二级市场。
　　5. 简述资本市场和货币市场的不同点。
　　6. 简述金融市场对财务管理的影响。

案例分析

　　王某大学毕业后准备开办一家软件公司，因资金不足，王某找其堂哥和表妹帮助，于是，其在一家咨询公司上班的堂哥和在工商银行做信贷员的表妹分别出资12万元和6万元，堂哥和表妹与王某商量，不如一家人一起办公司，由于王某的堂哥和表妹上班没时间管理公司，所以由王某负责经营管理，王某的堂哥和表妹负责介绍客户，软件公司以王某的名义注册登记，三个人按照出资比例进行利润分成，王某采纳了其堂哥和表妹的建议，为了避免日后发生矛盾，影响彼此之间的感情，三人特就投资与利润分成事项订立书面协议。随后，王某又向大学同学张某、刘某分别借了8万元钱，准备工作就绪。王某以个人名义向工商行政管理机关申请设立登记，领取营业执照后，软件公司开业。由于王某经营得当，其堂哥和表妹也经常介绍客户为软件公司招揽业务，公司发展顺利。年终盈利10万元，三人按照出资比例进行了分配。

　　王某向张某的借款到期后，张某向王某索要，王某称无力偿还，要求张某再宽限一年，一年后利息加倍偿还，张某不同意。王某又提出请张某入伙该软件公司，以张某借给王某的8万元作为出资，按照出资比例分享盈利，张某认为该公司生意红火，随即同意。张某入伙一个月后，刘某要求王某还钱，王某推脱不还，于是刘某将王某诉讼至法院。

　　问题：

　　1. 该软件公司应属于个人独资企业还是合伙企业，为什么？

　　2. 出资人身份是否合法，请说明理由。

　　3. 王某的表妹如果贷款买房，王某是否有权决定以软件公司的房产做抵押担保？为什么？

　　4. 张某的入伙能否发生？请说明理由。

　　5. 刘某的借款应如何偿还？如果一年后刘某向公司借了8万元现金没有偿还，能够要求与其抵消吗？为什么？

第三章　资金时间价值与价值评估

【学习目标】

1. 理解资金时间价值的概念。
2. 掌握年金的含义和种类。
3. 掌握单利、复利、年金终值与现值的计算方法及实际应用。
4. 理解利息率的构成，掌握利息率的计算。
5. 掌握债券、股票、基金投资的收益估价及收益率的计算。

第一节　资金时间价值

一、资金时间价值的相关概念

资金时间价值观念是现代财务管理的基础观念之一，它揭示了不同时点上资金之间的换算关系，是财务决策的基本依据。为此，必须了解资金时间价值的概念和计算方法。

（一）资金时间价值的概念

资金时间价值也称货币时间价值，是一定量的资金在不同时点上的价值量的差额。关于资金时间价值，西方传统观念认为，在没有风险和通货膨胀的条件下，今天的 1 元的价值大于一年以后的 1 元的价值，因为投资 1 元，就失去了当时使用或消费这 1 元的效用，则应对投资者推迟消费的耐心给予补偿，并且这种补偿的量应与推迟消费的时间成正比。这种观点似乎认为"时间、耐心"能创造价值，实质并不科学，其说明了时间价值的表现，并没有说明时间价值的本质。试想，若资金所有者把钱埋入地下保存能否得到补偿呢？当然不能。事实上，货币本身不能带来价值，只有投入生产领域转化为劳动资料、劳动对象，再和一定的劳动相结合才能产生价值，这些价值最终还需在流通中才能实现。

资金时间价值的本质是资金周转使用而产生的增值额，是劳动者创造的剩余价值的一部分。此外，通货膨胀也会影响货币的实际购买力，资金的供应者在通货膨胀的情况下，必须要求索取更高的报酬以补偿其购买力损失，这部分补偿称为通货膨胀贴水。可见货币在生产经营过程中产生的报酬还包括货币资金提供者要求的风险报酬和通货膨胀贴水。

资金时间价值有相对数和绝对数两种表达形式。相对数形式即时间价值率，是扣除风险报酬和通货膨胀贴水后的社会平均利润率。绝对数形式即时间价值额，是资金与时间价值率的乘积。资金时间价值虽然有两种表示方法，但在实际工作中并不进行严格区分。只是两种表示方法中，用相对数表达的情况较多一些。

有关资金时间价值的计算方法同有关利息的计算方法相同，而时间价值与利率容易被混为一谈。实际上，财务管理活动总是或多或少地存在风险，而通货膨胀也是市场经济中客观存在的经济现象。因此，利率不仅包含时间价值，而且包含风险价值和通货膨胀的因素。只有在购买国库券等政府债券时几乎没有风险，如果通货膨胀率很低的话，政府债券利率可视同资金时间价值。

同理，银行存款利率、贷款利率、股利率等各种投资报酬率与资金时间价值在形式上没有区别，但实质上，这些投资报酬率只有在没有风险和通货膨胀的情况下才与资金时间价值相等。一般来说，一个政治、经济稳定的国家的国债利率可以近似地认为是没有风险的投资报酬率。为了分层次、由简到难地研究问题，在论述资金时间价值时采用抽象分析法，一般假定没有风险、没有通货膨胀情况下的利率代表资金时间价值率。

商品经济的高度发展和借贷关系的普遍存在是资金时间价值产生的前提和存在的基础，而我国不仅有资金时间价值存在的客观基础，而且有充分运用它的迫切要求。把资金时间价值引入财务管理，在资金筹集、运用和分配等各有关方面考虑这一因素，是提高财务管理水平，搞好筹资、投资、分配决策的有效保证。由于资金在不同时点上具有不同的价值，不同时点上的资金就不能直接比较，必须换算到相同的时点上才能比较，因此，掌握资金时间价值的计算显得尤为重要。

（二）现值与终值

资金时间价值的计算是将不同时点发生的现金流量进行时间基础的转换。通常会借助现金流量时间轴来计算。时间价值分析中最为重要的工具之一便是时间线，也称时间轴，而资金时间价值分析的第一步便是画出时间线。时间线有助于各具体问题形象化，直观、便捷地反映资金运动发生的时间和方向。典型的现金流量时间轴如图3-1所示。

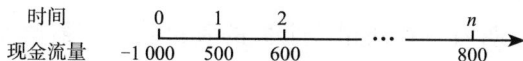

时间　　　0　　1　　2　　　　　　　n
现金流量　-1 000　500　600　…　　800

图3-1　现金流量时间轴

现金流量时间轴是计算资金时间价值的一个重要工具，它可以直接、便捷地反映资金运动发生的时间和方向。图中横轴为时间轴，箭头所指的方向表示时间的增加，横轴上的坐标代表各个时点，时间点0表示现在，时间点1、2…、n分别表示从现在开始的第1期期末、第2期期末，依此类推。每期所隔时间可以是年、月、日，甚至是小时等。现金流为正数，表示有现金流入；现金流为负数，表示有现金流出。时间点 0 时的价值，通常被称为现值（Present Value），是指未来时点收到或支付的现金在当前的价值，又称本金。时间 n 点的价值通常被称为终值（Future Value），是指当前的某一笔资金在若干期后所具有的价值。

现金流量的时间线对于更好地理解和计算资金时间价值很有帮助，本书在后面章节多次运用这一工具来解决许多复杂的问题。

在不考虑风险及通货膨胀因素的情况下，一笔资金的终值与现值之间的差额即为资金的时间价值（Interest，I）。其具体关系如图 3-2 所示。

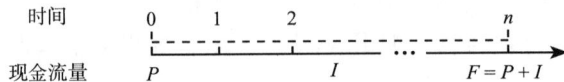

图3-2 现值与终值关系图

从图 3-2 中可看出，终值等于现值加上资金时间价值，因此终值又被称为本利和。已知现值求终值的过程为计息，已知终值求现值的过程为贴现或折现，其具体关系如图 3-3 所示。

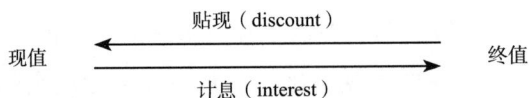

图3-3 现值与终值关系图

资金时间价值的计算包括一次性收付款项和非一次性收付款项的终值、现值的计算。终值与现值的计算涉及利息计算方式的选择。目前有两种利息计算方式即单利和复利。单利计息方式下，每期都按初始本金计算利息，当期利息不计入下期本金，计息基础不变。复利计息方式下，以当期期末本利和为计息基础计算下期利息，即"利上滚利"。现代财务管理中一般采用复利计息方式计算终值与现值，因此，也有人称一次性收付款的现值和终值为复利现值和复利终值。非一次性收付款项的终值与现值往往是指在一定时期内分次、等额的系列收付款项，即年金的终值与现值。

（三）年金

所谓年金是指一定时期内一系列相等金额的收付款项。最典型的是等额分期付款的贷款或购买行为。我国储蓄存款中的零存整取存款、折旧、利息、租金、保险费等都表现为年金的形式。

年金具有连续性和等额性特点，连续性要求在一定时间内间隔相等时间就要发生一次收支业务，中间不得中断，必须形成系列。等额性要求每期收、付款项的金额必须相等。即年金的特点为：连续的收付款项的时间间隔相等；连续的收付款项的金额相等。

年金按收付款时间点的不同，可分为：

①普通年金（后付年金）：指发生在每期期末的等额收付款项。

②即付年金（先付年金）：指发生在每期期初的等额收付款项。

③递延年金：指最初若干期没有收付款项，后面若干期有等额的系列收付款项的年金。

④永续年金：指无限期定额支付的年金。

四种年金支付形式如图 3-4 所示。

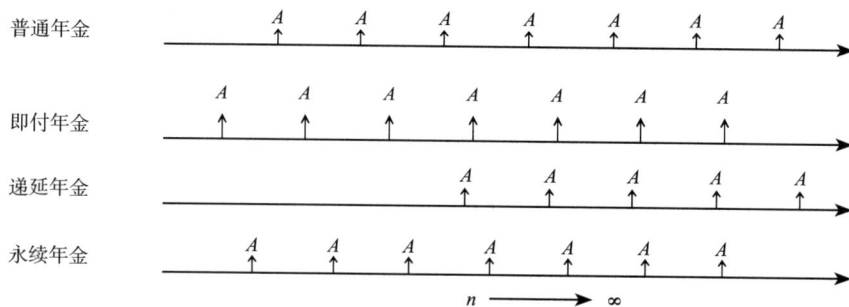

图3-4　四种年金支付形式图

（四）现金流模式

企业中常见的现金流模式类型一般包括三种：一次性款项、年金及不规则现金流。

一次性款项通常指某段时间内特定时点上发生的某项一次性付款或收款业务，经过一段时间后发生与此相关的一次性收款或付款业务。例如，A 企业现在存入银行 100 万元，三年期满后 A 企业一次性收回本金及利息。

年金则是指某段时间内每间隔相等时间段就发生的相同金额的多次付款或收款业务。例如，A 企业现有一个项目需投资，投资期为三年，A 企业今后三年中每年进行 500 万元的投资。

不规则现金流是指某段时间内发生多次不同金额的付款或收款业务。例如，A 企业现投资一个项目，投资期为三年，第一年投资 100 万元，第二年投资 200 万元，第三年投资 300 万元。

（五）计息方法

在计息和贴现两种计算中，根据利息的计算方法不同分为单利法和复利法，单利法是指只就本金计算利息，本金产生的利息在以后时期不再计算利息。复利法是指不仅就本金计算利息，本金产生的利息在以后时期也要作为下一期的本金计算利息，俗称"利滚利"。

单利法计算简单，操作容易，也便于理解，银行存款的计息和到期一次还本付息的国债都采取单利计息的方式。但是对于投资者而言，每一期收到的利息都是会进行再投资的，不会有人把利息收入原封不动地存在钱包里，至少存入银行也是会得到活期存款收益的。因此复利法是更为科学的计算投资收益的方法。现代企业财务管理中，均是采用复利法进行投资决策的，本书若非特别说明，凡是涉及资金时间价值的计算均是采用复利法进行计算。

二、资金时间价值产生的条件

资金时间价值产生的前提条件是，由于商品经济的商业发展和借贷关系的普遍存在，出现了资金使用权与所有权的分离，资金的所有者把资金使用权转让给资金使用者，资金使用者必须把资金增值的一部分支付给资金的所有者作为报酬，资金占用的金额越大，使用的时间超长，资金所有者要求的报酬就越高。而资金在周转过程中的价值增值，是资金时间价值产生的根本源泉。

三、资金时间价值的计算

资金时间价值是现代财务管理的重要价值基础。它不仅要求合理节约资金，不断加速资金周转，实现更多的价值增值，而且在进行财务决策时，只有将资金时间价值作为决策的一项重要因素加以考虑，才有可能选择出最优方案。利用资金时间价值的计算方法，能够将不同时点的货币统一在同一时点上进行比较，排除了由于时间不同所产生的不可比性。因此，这些方法在融资决策中得到了广泛的应用。

在对相关基本概念熟练掌握的基础上，下面将对货币时间价值的计算进行详细阐述。

这里为计算方便，通常用 P 表示现值，F 表示终值，i 表示利率（贴现率、折现率），n 表示计算利息的期数，I 表示利息。

$$I = P \times i \times n$$

在此，除非特别指明，在计算利息时，给出的利率均为年利率，对于不足一年的利息通常用 360 天来折算。

（一）单利终值与现值的计算

在单利计息方式下，每期利息的计算以原始本金为基础，利息不滚入本金再生利息。即只有本金产生利息，利息不产生利息。单利计息方式如图 3-5 所示。

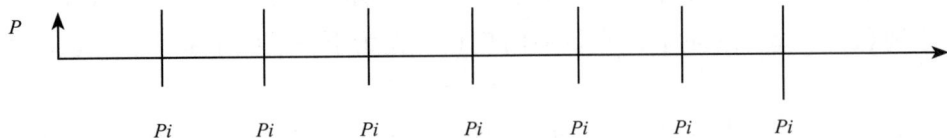

图3-5　单利计息方式图

下面我们介绍单利终值与现值的有关计算：

1. 单利终值的计算

单利终值是指现在一定量的资金按照单利计算在未来某一时点上的价值。

单利终值的一般计算公式为：

$$F = P + I$$
$$= P + P \times i \times n$$
$$= P \times (1 + i \times n)$$

式中：P——现值；

　　　F——未来价值（终值）；

　　　i——折现率；

　　　n——期数。

单利终值的公式中，$(1 + i \times n)$ 称为单利终值系数。

【例 3-1】A 公司现将 100 万元存入银行，假设利率为 10%，期限为 3 年，则单利计息方式下各期终值为：

第一年：$F_1 = P \times (1 + i \times n) = 100 \times (1 + 10\%) = 110$（万元）

第二年：$F_2 = P \times (1 + i \times n) = 100 \times (1 + 10\% \times 2) = 120$（万元）

第三年：$F_3 = P \times (1 + i \times n) = 100 \times (1 + 10\% \times 3) = 130$（万元）

2. 单利现值的计算

在现实经济生活中，有时需要根据终值来确定其现在的价值，这就是现值。例如，在使用未到期的期票向银行融通资金时，银行按一定利率从票据的到期值中扣除自借款日至票据到期日的应计利息，将余额付给持票人，该票据则转归银行所有，这种融通资金的办法称贴息即贴息取现，简称"贴现"。贴现时使用的利率称贴现率，计算出来的利息称贴现息，扣除贴现息后的余额称为现值。

单利现值的计算同单利终值的计算是互逆的。由终值计算现值称为折现，也可称为贴现值的计算，贴现使用的利率称为贴现率。

将单利终值计算公式变形，即得单利现值的计算公式为：

$$P = F / (1 + i \times n)$$
$$= F \times 1 / (1 + i \times n)$$

单利现值的计算公式中，$1 / (1 + i \times n)$ 为单利现值系数。

【例 3-2】假设年利率为 8%，从第 1 年到第 3 年，A 公司各年年末的 100 万元，其现值分别是多少？

1年后的单利现值 $P=100/(1+8\%\times1)=92.59$（万元）

2年后的单利现值 $P=100/(1+8\%\times2)=86.21$（万元）

3年后的单利现值 $P=100/(1+8\%\times3)=80.65$（万元）

（二）复利终值与现值的计算

在单利计算中，利率是按照债务期限的时间单位来考虑的，利息在债务期终了时一次支付，而每年没有支付的利息本身不产生利息。在单利借贷关系中，没有支付的利息本身不产生利息，也就是不产生时间价值，在贷款人看来，这是很不合理的。为使借贷关系中所有的货币资金均以同样的标准产生时间价值，则一切尚未支付的利息必须乘以同样的利率再产生利息，这就是复利。按照这种方法，每经过一个计息期，要将所生利息加入本金再计利息，逐期滚算，这便是复利，俗称"利滚利"，如图3-6所示。

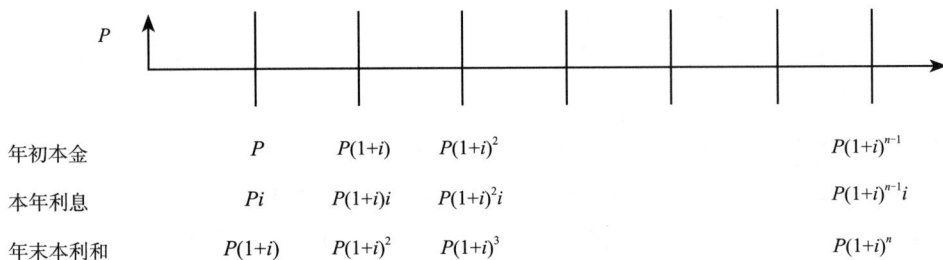

年初本金	P	$P(1+i)$	$P(1+i)^2$		$P(1+i)^{n-1}$
本年利息	Pi	$P(1+i)i$	$P(1+i)^2 i$		$P(1+i)^{n-1}i$
年末本利和	$P(1+i)$	$P(1+i)^2$	$P(1+i)^3$		$P(1+i)^n$

图3-6 复利计息方式图

资金的时间价值通常是按照复利计算的，这种计算法相对较为科学。因为在扩大再生产条件下，企业运作资金所取得的收益往往会再投入生产经营周转中去，即使这部分收益自己不使用，至少也会存入银行，参加社会的资金周转，不使其闲置。这一过程与复利法的计算原理是一致的。另外，按照复利法计算和评价企业资金时间价值比使用单利法更为准确一些。在西方各国家及国际惯例中，也是按照复利法计算资金时间价值的，用来反映资金不断运动、不断增值的规律。因此，本教材除非特殊指明是单利计算外，都按照复利计算方法计算资金时间价值。

1. 复利的终值

复利终值是指一定量的本金按复利计算若干期后的本利和，复利终值是指现在一定量的资金按照复利计算的在未来某一时点上的价值。即已知现值 P，求终值 F。

第1年的复利终值：$F=P\times(1+i)$

第2年的复利终值：$F=P\times(1+i)\times(1+i)=P\times(1+i)^2$

第3年的复利终值：$F=P\times(1+i)^2\times(1+i)=P\times(1+i)^3$

......

以此类推，第 n 期的复利终值：$F=P\times(1+i)^n$

式中，$(1+i)^n$ 通常称作"一次性收付款项终值系数"，简称"复利终值系数"，用符号 $(F/P,i,n)$ 表示。

即：

$$F = P\times(1+i)^n$$
$$= P\times(F/P,i,n)$$

在实际运用中，这个复利终值系数不需要计算，可以通过查"复利终值系数表"（见附录一）得到。如 $(F/P,10\%,3)$ 表示利率为 10%，期限为 3 年的复利终值的系数。

由计算公式可知，终值系数与利率及计息期数有关。利率越高，终值越大。在利率为正的情况下，计息期越长，终值越大。图 3-7 显示了不同利率水平下、终值系数随着时间的增长而增长的情况。

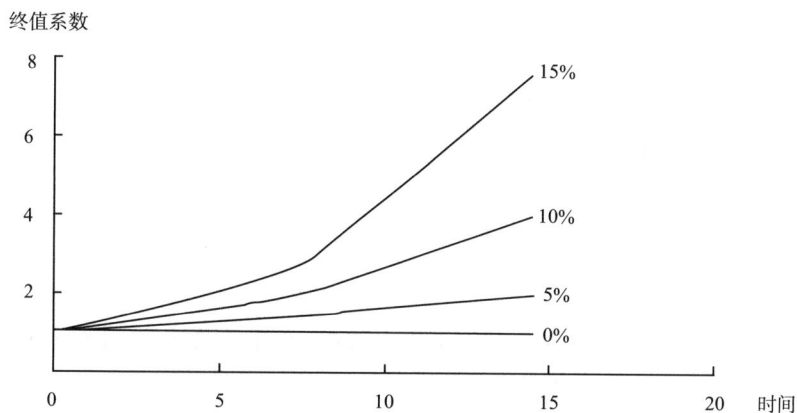

图3-7　终值系数、利率和时间的关系图

终值系数代表以年利率 i 存入 1 元，n 期以后可以得到的价值。由于终值系数只与 i 和 n 有关，因此对于典型的整数 i 与 n 值，其数值可通过查阅"1 元复利终值表"（见附录一）得到。

例如，我们可以从"1 元复利终值表"（见附录一）的横行中找到利息 10%，从纵列中找到期数 3 年，纵横相交处可查到 $(F/P,10\%,3)=1.3310$，该系数表明，在年利率为 10% 的条件下，现在的 1 元与 3 年后的 1.3310 元相等。

【例 3-3】A 公司拟购买厂房，现有两种方案可供选择。方案一：现在一次性支付 80 万元；方案二：5 年后付 100 万元。假设目前的银行贷款利率为 7%，问：A 公司应该选择哪种方案？

解：现在一次性支付 80 万元，若按复利计算，5 年后的终值为：

$$F = P\cdot(1+i)^5 = p\times(F/P,i,n)$$

$$= 80 \times (F/P, 7\%, 5)$$
$$= 80 \times 1.4026$$
$$= 112.208 （万元）$$

分析：由于方案一的终值 112.208 万元，大于方案二的终值 100 万元。故 A 公司应选择方案二。

注：事实上通过 1 元的复利终值系数表，只要知道复利终值、时间、利率中的任意两个量，都可以得到与之对应的第三个量。

【例 3-4】A 公司现有闲置资金 1200 万元，拟投入报酬率为 8% 的投资项目，问：经过多少年才可使现有资金增加 1 倍？

解：$F = 1200 \times 2 = 2400$

$F = 1200 \times (1 + 8\%)^{n}$

$(1 + 8\%)^{n} = 2$

$(F/P, 8\%, n) = 2$

查"复利终值系数表"，在 $i = 8\%$ 的项下寻找 2，最接近的值为：

$(F/P, 8\%, 9) = 1.999$

所以：$n = 9$

即 9 年后可使现有货币增加 1 倍。

【例 3-5】A 公司现有闲置资金 1200 万元，欲在 19 年后使其达到原来的 3 倍，选择投资机会时最低可接受的报酬率为多少？

解：$F = 1200 \times 3 = 3600$

$F = 1200 \times (1 + i)^{19}$

$3600 = 1200 \times (1 + i)^{19}$

$(1 + i)^{19} = 3$

$(F/P, i, 19) = 3$

查"复利终值系数表"，在 $n = 19$ 的行中寻找 3，对应的 i 值为 6%，即：

$(F/P, 6\%, 19) = 3$

所以 $i = 6\%$，投资机会的最低报酬率为 6%，才可使现有货币在 19 年后达到 3 倍。

2. 复利的现值

复利现值是指在将来某一特定时间取得或支出一定数额的资金，按复利折算到现在的价值，是把将来的资金按一定利率折算到现在的价值，或者说为取得将来一定本利和现在所需要的本金。这一折算过程称为折现，折现时所采用的利率一般称为折现率。

关于折现计算，要指出的是：

①折现计算与本利和计算是分析和研究资金时间价值的两项最重要的换算关系。企业财务表现为一个现金流，这一现金流具有多种多样的表达方式，各种不同的现金流就产生了各种不同的折现及本利和计算方法，这些不同的折现方法实质上都是折现计算与本利和计算，因此，现值和终值（本利和）计算是现金流分析中最重要的和最基本的关系式。

②随着折现期的延长，折现值将降低，也即折现系数减小。换句话说，同样一笔钱，距今越远，价值越低。

③随着折现率的提高，折现值将降低，或者说折现系数即同一年代同一笔钱在不同利率下，利率越高则折现值越低。

由以上的分析可知，复利现值是已知终值 F，求现值 P。复利现值是复利终值的逆运算，由以上公式可知，复利现值系数与复利终值系数互为倒数。

复利现值的计算公式为：

$$P = \frac{F}{(1+i)^n} = F \times (1+i)^{-n}$$

式中，$(1+i)^{-n}$ 通常称为"一次性收付款项现值系数"，简称"复利现值系数"，用符号 $(P/F, i, n)$ 表示，这个系数也只与 i 和 n 有关。图 3-8 显示了复利现值系数与利率和时间的关系。

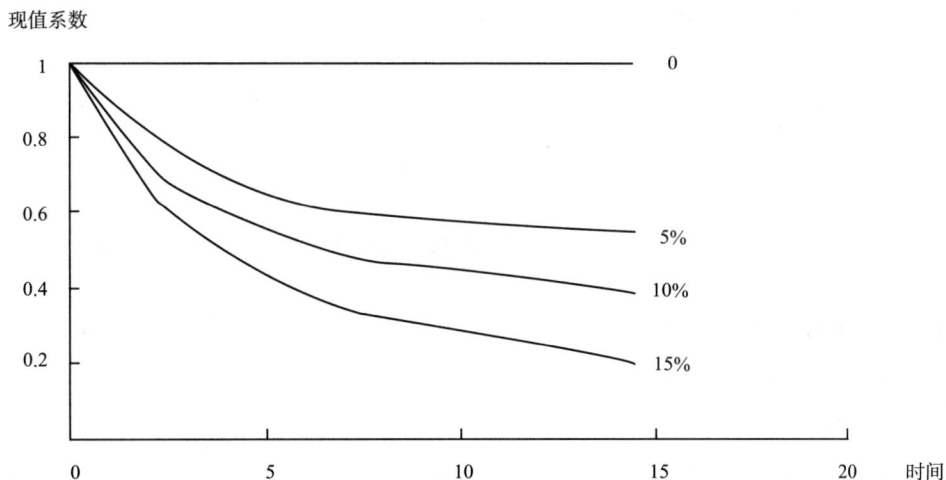

图3-8 现值系数、利率和时间的关系图

因此，

$$P = F \times (1+i)^{-n}$$
$$= F \times (P/F, i, n)$$

对于 i 与 n 也已有复利现值系数表可供查用，其数值可通过查阅"1元复利现值表"（见附录二）得到。

【例3-6】A公司欲投资某项目，预计5年后可获得100万元的收益，假定年利率（折现率）为10%，计算：A公司该笔收益的现值。

根据题意，作图3-9如下所示。

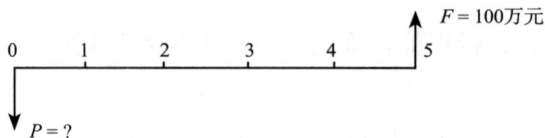

图3-9　A公司现金流量图

$$P = F \times (1+i)^{-n}$$
$$= F \times (P/F, i, n)$$
$$= 100 \times (P/F, 10\%, 5)$$
$$= 100 \times 0.6209$$
$$= 62.09（万元）$$

【例3-7】接上例，A公司现有资本100万元，拟投资报酬率为6%的投资项目，经过多少年投资后才可能使现有资本增加1倍？

根据题意，作图3-10如下所示。

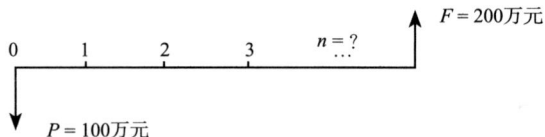

图3-10　A公司现金流量图

已知：$P = 100$ 万元，$i=6\%$

则：$F = 2 \times 100 = 200$（万元）

$F = P \times (1+i)^n$

$200 = 100 \times (1+6\%)^n$

$(1+6\%)^n = 2$

即：$(F/P, 6\%, n) = 2$

查表得：$n=11$　　　1.8983

　　　　　$n=?$　　　2

　　　　　$n=12$　　　2.0122

根据内插法原理：

$$\frac{n-11}{12-11}=\frac{2-1.8983}{2.0122-1.8983}$$

$n = 11.89$（年）

因此，在 11.89 年以后可使现有资本增加 1 倍。

经过以上对于复利终值与现值的详细阐述，相信大家对于他们都有了很好的理解与掌握，为了加深大家的印象，下面我们对它们加以总结。具体如表 3-1 所示。

表3-1　复利终值与现值计算公式表

复利终值与现值	计算公式	系数公式	系数符号	要点
复利终值	$F=P\times(1+i)^n$	$(1+i)^n$	$(F/P,i,n)$	一次性款项，未来值
复利现值	$P=F\times(1+i)^{-n}$	$(1+i)^{-n}$	$(P/F,i,n)$	一次性款项，当前值

（三）年金终值与现值的计算

在现实经济生活中，除了一次性收付款项外，还存在一定时期内多次收付的款项，即系列收付款项，如果每次收付的金额相等，则这样的系列收付款项便称为年金。简单地说，年金是指一定时期内，每间隔相同的时间，每次等额收付的系列款项，通常记作 A。

年金的形式多种多样，如保险费、折旧费、租金、等额分期收款、等额分期付款以及零存整取或整存零取储蓄等，其实质都是年金。

值得注意的是，在财务管理中，讲到年金，一般是指普通年金。

1. 普通年金终值与现值的计算

普通年金，又称后付年金，是指一定时期内每期期末等额收付的系列款项。普通年金的收付形式如图 3-11 所示。

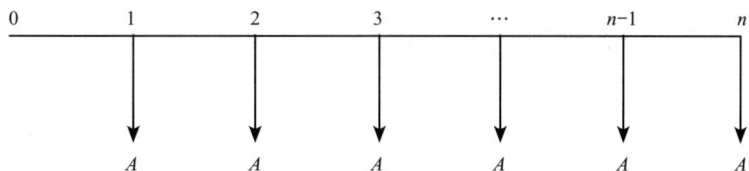

图3-11　普通年金收付方式

（1）普通年金终值的计算

普通年金终值犹如零存整取的本利和，它是一定时期内每期期末收付款项的复利终值之和。即已知年金 A，求年金终值 F，其计算如图 3-12 所示。

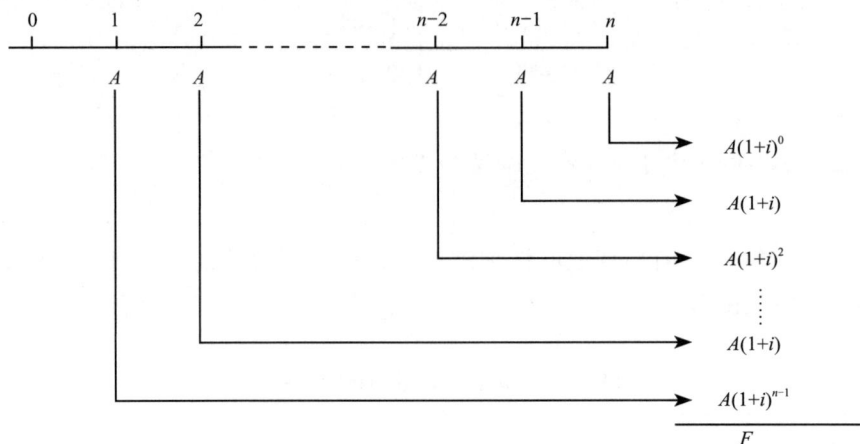

图3-12　普通年金终值

第一年收付款项 A 折算到最后一年的终值为 $A \times (1+i)^{n-1}$；

第二年收付款项 A 折算到最后一年的终值为 $A \times (1+i)^{n-2}$；

……

第 n 年收付款项 A 折算到最后一年的终值为 $A \times (1+i)^{0}$。

因此 n 年的年金终值为：

$$F = A \times (1+i)^{0} + A \times (1+i)^{1} + A \times (1+i)^{2} + \cdots + A \times (1+i)^{n-2} + A \times (1+i)^{n-1} \quad (1)$$

将上式即式（1）两边同乘（$1+i$），得式（2）：

$$F \times (1+i)^{0} = A \times (1+i)^{1} + A \times (1+i)^{2} + \cdots + A \times (1+i)^{n-1} + A \times (1+i)^{n} \quad (2)$$

将式（2）再减去式（1），得：

$$F \times i = A \times (1+i)^{n} - A$$

$$F = A \times \frac{(1+i)^{n} - 1}{i}$$

式中，$\dfrac{(1+i)^{n} - 1}{i}$ 称作"年金终值系数"，记作（$F/A, i, n$），其数值可通过查阅"1元

年金终值表"（见附录三）得到。因此，普通年金终值 F 的计算公式也可写作：

$$F = A \times \frac{(1+i)^{n} - 1}{i}$$

$$F = A \times (F/A, i, n)$$

【例3-8】A公司是一家热心于公益事业的企业，自2012年12月底开始，他每年都要向失学儿童捐款1000万元，以帮助这些儿童从小学一年级读完九年义务教育。假设每年定期存款利率为2%，则A公司9年的捐款在2021年年底相当于多少元？

$$F = A \times \frac{(1+i)^n - 1}{i}$$

$$F = A \times (F/A, i, n)$$

$$F = 1000 \times \frac{(1+2\%)^n - 1}{2\%}$$

$$F = 1000 \times (F/A, 2\%, 9)$$

$$= 1000 \times 9.7546$$

$$= 9754.6 （万元）$$

（2）偿债基金的计算

偿债基金是指为了在约定的未来某一时点清偿某笔债务或积聚一定数额的资金而必须分次等额提取的存款准备金。由于每次提取的等额准备金类似年金存款，因而同样可以获得按复利计算的利息，所以债务实际上等于年金终值，每年提取的偿债基金等于年金 A，即已知年金终值 F，求年金 A。也就是说，偿债基金的计算实际上是年金终值的逆运算。其计算公式为：

$$A = F \times \frac{i}{(1+i)^n - 1}$$

式中，$\frac{i}{(1+i)^n - 1}$ 称作"偿债基金系数"，记作 $(A/F, i, n)$，其数值可通过查阅"偿债基金系数表"得到，或者通过年金终值系数的倒数推算出来。

上式也可写作：

$$A = F \times (A/F, i, n)$$

或：

$$A = F \times [1/(F/A, i, n)]$$

通过以上对普通年金终值与偿债基金的分析，可以得出以下结论：

①普通年金终值和偿债基金互为逆运算。

②普通年金终值系数 $\frac{(1+i)^n - 1}{i}$ 和偿债基金系数 $\frac{i}{(1+i)^n - 1}$ 互为倒数。

【例3-9】A 企业5年后有一笔100万元的债务需要偿还，为此设置偿债基金，从现在起每年等额存入银行一笔款项，假设银行存款利率为10%，复利计算。企业每年年末需要存入银行多少钱，才能到期用本利和偿清债务？

$$A = F \times \frac{i}{(1+i)^n - 1}$$

$$A = F \times [1/(F/A, i, n)]$$

$$A = 100 \times \frac{10\%}{(1+10\%)^5 - 1}$$

$$A = 100 \times [1/(F/A, 10\%, 5)]$$

$$A = 100 \times 1/6.1051$$

$$A = 100 \times 0.1638$$

$$\approx 16.38（万元）$$

（3）普通年金现值的计算

普通年金现值是指一定时期内每期期末收付款项的复利现值之和，实际上就是指为了在每期期末取得或支出相等金额的款项，现在需要一次投入或借入多少金额。即已知年金 A，求年金现值 P。

其计算如图 3-13 所示。

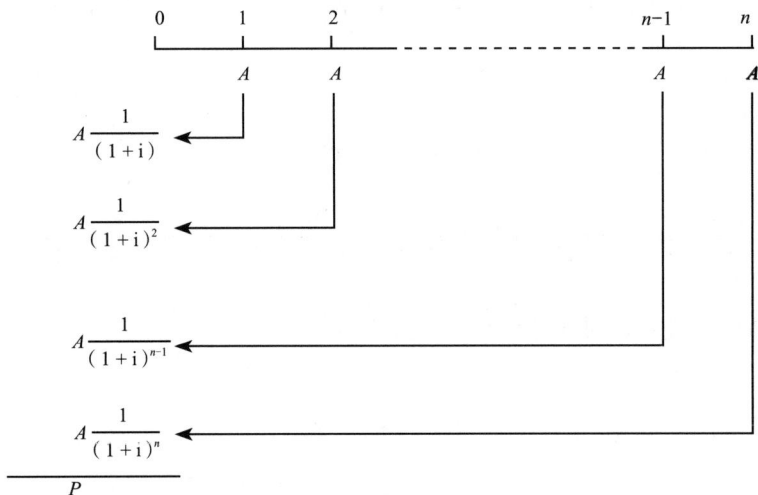

图3-13　普通年金现值

第一年收付款项 A 的现值为 $A \times (1+i)^{-1}$；

第二年收付款项 A 的现值为 $A \times (1+i)^{-2}$；

……

第 n 年收付款项 A 的现值为 $A \times (1+i)^{-n}$。

由于年金现值是一定时期内每期期末等额收付款项的复利现值之和。因此，n 年的年金现值的计算公式为：

$$P = A \times (1+i)^{-1} + A \times (1+i)^{-2} + A \times (1+i)^{-3} + \cdots + A \times (1+i)^{-(n-1)} + A \times (1+i)^{-n} \quad （1）$$

将上式即式（1）两边同乘（1+i），得式（2）：

$$P \times (1+i) = A \times (1+i)^{-1} + A \times (1+i)^{-2} + \cdots + A \times (1+i)^{-(n-2)} + A \times (1+i)^{-(n-1)} \quad （2）$$

式（2）再减去式（1），得：

$$P \times i = A - A \times (1+i)^{-1}$$

$$P = A \times \frac{1-(1+i)^{-n}}{i}$$

式中，$\dfrac{1-(1+i)^{-n}}{i}$ 称作"年金现值系数"，记作 $(P/A, i, n)$，其数值可通过查阅"1元年金现值表"（见附录四）得到。

上式也可以写作：

$$P = A \times (P/A, i, n)$$

【例 3-10】A 公司的某一投资项目于 2010 年年初动工，当年投产，从投产之日起每年可得收益 40000 万元。如果按年利率 6% 计算，计算：预期未来 10 年收益的现值。

$$P = A \times \frac{1-(1+i)^{-n}}{i}$$
$$P = A \times (P/A, i, n)$$
$$= 40000 \times (P/A, 6\%, 10)$$
$$= 40000 \times 7.3601$$
$$= 294404 \ (万元)$$

（4）年资本回收额的计算

资本回收额是指在给定的年限内等额回收或清偿初始投入资本或所欠债务的价值指标，即已知年金现值 P，求年金 A。所以年资本回收额的计算是年金现值的逆运算。其计算公式为：

$$A = P \times \frac{i}{1-(1+i)^{-n}}$$

式中，$\dfrac{i}{1-(1+i)^{-n}}$ 称为"资本回收系数"，记作 $(A/P, i, n)$，其数值可通过查询"资本回收系数表"或利用"年金现值系数"的倒数计算求得。它与普通年金现值系数互为逆运算。

因此，上式也可写作：

$$A = P \times (A/P, i, n)$$

或：

$$A = P \times \frac{1}{(A/P, i, n)}$$

【例 3-11】A 公司现在以 8% 的借款利率借款 1000 万元，投资于一个使用寿命为 5 年的项目，问：每年至少收回多少现金该项目才可行？

解：根据题意，已知 $P = 1000$ 万元，$i = 8\%$，$n = 5$ 年，则：

$$A = P \times \frac{i}{1 - (1 + i)^{-n}}$$

$$A = 1000 \times \frac{8\%}{1 - (1 + 8\%)^5}$$

$$= 1000 \times 0.2505$$

$$= 250.5 \ (\text{万元})$$

或：

$$A = P \times [1/(P/A, i, n)]$$

$$= 1000 \times 1/3.9927$$

$$= 250.5 \ (\text{万元})$$

2. 即付年金

即付年金，又称先付年金或预付年金，是指一定时期内每期期初等额收付的系列款项。即付年金与普通年金的区别仅在于收付款时间的不同，普通年金在每期的期末收付款项，而即付年金在每期的期初收付款项。

即付年金的收付形式如图 3-14 所示。

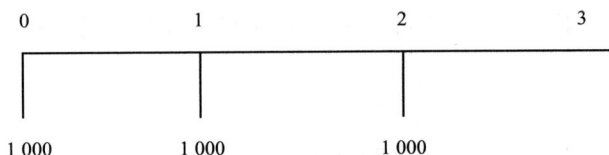

图3-14　预付年金收付形式

（1）即付年金终值的计算

即付年金又称先付年金是指在每期期初收付的年金。后付年金与即付年金的区别仅在于付款时点不同。由于后付年金是最常用的，因此，年金终值和现值系数表是按后付年金编制的。在计算即付年金时，为了利用后付年金现值和终值系数，须将先付年金转换为后付年金形式。

即付年金的终值是其最后一期期末时的本利和，是各期收付款项的复利终值之和。n 期即付年金终值与 n 期普通年金终值之间的关系可以用图 3-15 加以说明。

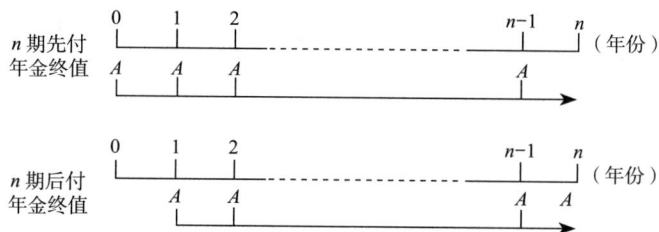

图3-15　先付年金终值与后付年金终值之间的关系

从图 3-15 可以看出，n 期即付年金与 n 期普通年金的收付款次数相同，但由于其付款时间不同，n 期即付年金终值比 n 期普通年金的终值多计算一期利息。因此，在 n 期普通年金终值的基础上乘上（$1+i$）就是 n 期即付年金的终值。其计算公式如下：

$$F = A \times (F/A, i, n) \times (1+i)$$

或：

$$F = A \times \frac{(1+i)^n - 1}{i} \times (1+i)$$
$$= A \times \left[\frac{(1+i)^{n+1} - 1}{i} - 1 \right]$$

式中，$\left[\frac{(1+i)^{n+1} - 1}{i} - 1 \right]$ 称为"即付年金终值系数"，它是在普通年金终值系数的基础上，期数加 1、系数减 1 所得到的结果。通常记作 [（$F/A, i, n+1$）-1]。这样，通过查阅"1 元年金终值系数表"得到（$n+1$）期的值，然后减去 1 便可得到对应的即付年金终值系数的值。这时可用如下公式：

$$F = A \times [(F/A, i, n+1) - 1]$$

或：

$$F = A \times (F/A, i, n)(1+i)$$

【例 3-12】A 公司决定连续 5 年于每年年初存入银行 50 万元，假设银行存款利率为 10%，则该公司在第 5 年年末能一次取出的本利和是多少？

已知：$A = 50$，$i = 10\%$，$n = 5$

根据题意，作图 3-16 如下。

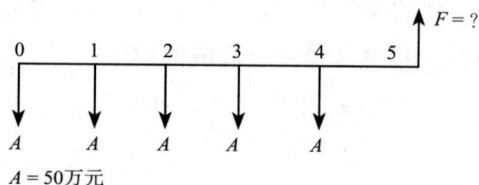

图3-16　A公司现金流量图

$$F = A \times [(F / A, i, n+1) -1]$$
$$F = 50 \times [(F / A, 10\%, 5+1) -1]$$
$$= 50 \times 6.7156$$
$$\approx 336 （万元）$$

（2）即付年金现值的计算

n 期先付年金现值与 n 期后付年金现值之间的关系可用图 3-17 表示。

从图 3-17 可以看出，n 期即付年金现值与 n 期普通年金现值的收付款次数相同，但由于其收付款时间不同，n 期即付年金现值比 n 期普通年金现值少折现一期。因此，在 n 期普通年金现值的基础上乘上（$1 + i$），便可求出 n 期即付年金的现值。

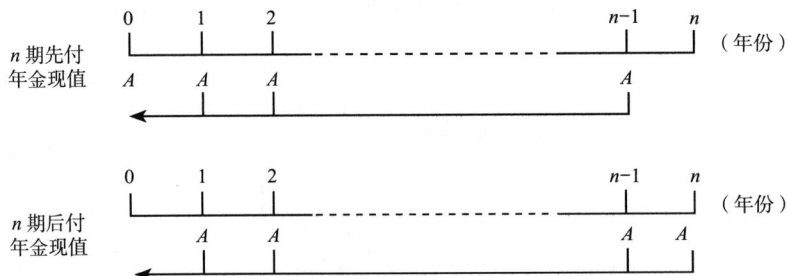

图3-17　先付年金现值与后付年金现值之间的关系

其计算公式如下：

$$P_{先} = A \times (P / A, i, n) \times (1 + i)$$

或：

$$P = A \times \left[\frac{1 - (1+i)^{-n}}{i} \right] \times (1+i)$$
$$= A \times \left[\frac{1 - (1+i)^{-(n-1)}}{i} + 1 \right]$$

式中，$\left[\dfrac{1 - (1+i)^{-(n-1)}}{i} + 1 \right]$ 称为"即付年金现值系数"，它是在普通年金现值系数的基础上期数减 1、系数加 1 所得到的结果。通常记作 $[(P / A, i, n-1) + 1]$。这样，通过查阅"1 元年金现值表"得（$n-1$）期的现值系数值，然后加上 1，便可得出对应的即付年金现值系数的数值。这时可用如下公式计算即付年金现值的数值：

$$P = A \times [(P / A, i, n-1) +1]$$

或：

$$P = A \times (P / A, i, n) (1 + i)$$

【例3-13】A公司计划购买一台设备，设备价款为100万元。若该公司采用分6年分期付款方式支付款项，每年年初支付20万元，若银行利率为10%，问：A公司该种付款方式是否划算？

已知：$A=20$，$i=10\%$，$n=6$

根据题意，作图3-18如下。

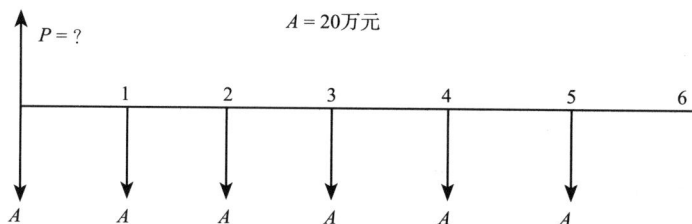

图3-18　A公司现金流量图

$$P=A\times[(P/A,i,n-1)+1]$$
$$=20\times[(P/A,10\%,6-1)+1]$$
$$=95.816（万元）$$

因为95.816（万元）＜100万元，所以，A公司这种付款方式是划算的。

3. 递延年金终值与现值的计算

递延年金是指第一次收付款在第二期或者第二期之后的年金。即不是第一期就发生的年金都是递延年金。递延年金是指若干期（假设 $m\geqslant1$ 期）以后才开始发生的系列等额收付款项。它是普通年金的特殊形式，凡不是从第一期开始的年金都是递延年金。

递延年金如图3-19所示。

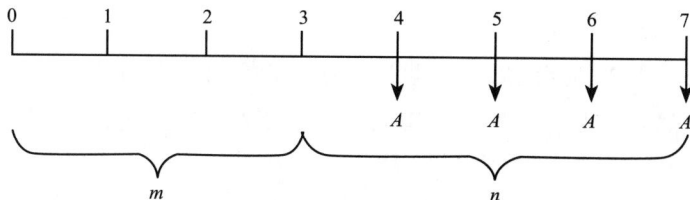

图3-19　递延年金

从图3-19中可以看出，第一期、第二期和第三期都没有发生收付款项，即没有年金发生，没有年金发生的时期称为递延期，用 m 表示，如图3-19所示，$m=3$。从第四期开始连续发生等额收付款项，这里的时期用 n 表示，如图3-19所示，$n=4$。

递延年金是指在最初若干期没有收付款项的情况下，后面若干期等额的系列收付款项。假设最初有 m 期没有收付款项，后面 n 期有等额的收付款项，则递延年金可以用图 3-20 表示。

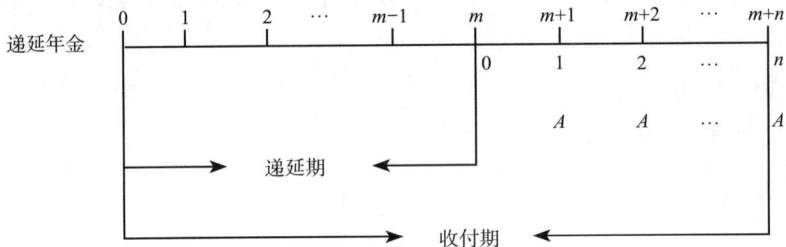

图3-20　递延年金

（1）递延年金终值的计算

从递延年金的特征可以看出：递延年金终值的计算与递延期无关，因此，递延年金终值的大小，与递延期无关，只与年金支付期有关，它的计算方法与普通年金终值的计算方法相同。

假设递延期为 m，年金发生期为 n，递延年金终值的计算公式如下：

$$F = A \times (F/A, i, n)$$

【例 3-14】A 公司计划 3 年后连续 4 年于每年年末存入 10000 万元，假设银行存款利率为 10%，问：A 公司存入的款项 7 年后的终值是多少？

根据题意，可知：$m = 3$，$n = 4$。

$$F = A \times (F/A, i, n)$$
$$F = 10000 \times (F/A, 10\%, 4)$$
$$F = 10000 \times 4.6410$$
$$= 46410（万元）$$

（2）递延年金现值的计算

递延年金现值是指递延期以后，每期等额发生的系列收支的现值之和。

假设递延年金的第一期支付发生在第 $m+1$ 期期末。连续支付 n 次，m 表示递延期数，如图 3-21 所示。

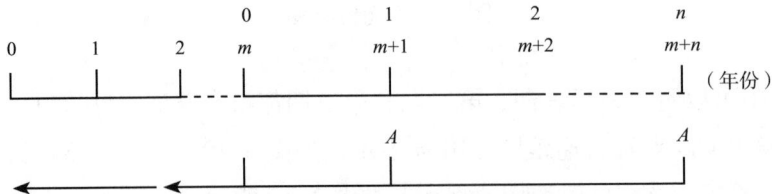

图3-21　延期年金现值的计算

则递延年金现值的计算方法有三种。下面就分别介绍这三种常用的递延年金现值计算方法。

第一种方法：先将递延年金视为 n 期普通年金，计算递延期末（m）的现值，然后将此现值计算调整到第一期期初。即先求出递延年金在 n 期期初（第 m 期期末）的现值，再将它作为终值贴现至 m 期的第一期期初，就可以求得递延年金的现值。

$$P_m = A \times (P/A, i, n)$$
$$P = P_m \times (P/F, i, m)$$

即：
$$P = A \times (P/A, i, n) \times (P/F, i, m)$$

第二种方法：先假设在连续的 $m+n$ 期内，每期有等额 A 的收付，求出 $m+n$ 期普通年金现值，然后减去没有付款的前 m 期普通年金现值，两者之差便是递延 m 期的 n 期普通年金现值。即先将递延年金视为 $m+n$ 期普通年金，计算 $m+n$ 期普通年金的现值，然后扣除实际并未发生支付的递延期（m）的年金现值，可求出递延年金的现值。

$$P = A \times [(P/A, i, m+n) - (P/A, i, m)]$$

第三种方法：先求出递延年金的终值，再换算为期初现值。即先计算 n 期普通年金终值，然后将 n 期期末的值复利折现到 $m+n$ 期初。其计算公式为：

$$P = A \times (F/A, i, n) \times (P/F, i, m+n)$$

【例 3-15】A 公司 20×× 年初存入银行一笔资金，从第 4 年年末起每年取出 10 000 元，至第 10 年年末取完，假设银行存款年利率为 6%。求：A 公司最初一次存入多少钱？

根据题意可知，$m=3$，$n=7$

第一种方法：
$$P = A \times (P/A, i, n) \times (P/F, i, m)$$
$$P = 10\,000 \times (P/A, 6\%, 7) \times (P/F, 6\%, 3)$$
$$P = 10\,000 \times 5.5824 \times 0.8396$$
$$= 46\,869.83 （元）$$

第二种方法：
$$P = A \times [(P/A, i, m+n) - (P/A, i, m)]$$
$$P = 10\,000 \times [(P/A, 6\%, 10) - (P/A, 6\%, 3)]$$
$$P = 10\,000 \times (7.3601 - 2.6730)$$
$$= 46\,871 （元）$$

第三种方法：
$$P = A \times (F/A, i, n) \times (P/F, i, m+n)$$
$$P = A \times (F/A, 6\%, 7) \times (P/F, 6\%, 10)$$
$$P = 10\,000 \times 8.3938 \times 0.5584$$
$$= 46\,870.98 （元）$$

4. 永续年金终值与现值的计算

永续年金是指无限期等额收付款的特种年金，可视为普通年金的特殊形式。即期限趋于无穷的普通年金。在现实生活中，永续年金的例子也不少，比如西方国家有些债券为无限期债券，这些债券的利息可视为永续年金。又比如优先股有固定的股利而无到期日，所以优先股股利有时可以看作永续年金。此外，一些长期的存本取息项目，即存入本金后只取利息永远不取本金也是永续年金。当然，也可将利率较高、持续期限较长的年金视同永续年金计算。

永续年金是指无限期等额收付款项的年金，即期限趋于无穷大的普通年金。永续年金如图 3-22 所示。

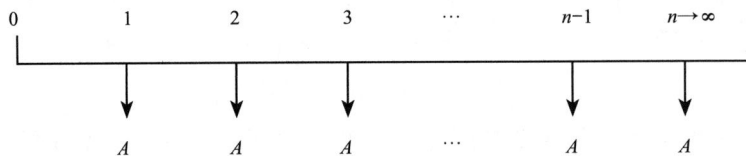

图3-22 永续年金

从图 3-22 中可以看出，永续年金没有结束期限，没有终止的时间，因此没有办法计算这种年金的终值，也就是说，永续年金没有终值，但可以计算出现值。

通过普通年金现值计算公式可推导出水续年金现值的计算公式，其计算公式如下：

$$P = A \times \sum_{n=1}^{\infty} \frac{1}{(1+i)^n}$$

当 $n \to \infty$ 时，$(1+i)^{-n} \to 0$，所以，

$$P = \frac{A}{i}$$

【例 3-16】A 公司欲在当地一高校建立一项永久性的奖学金，每年计划颁发 20 000 元的奖学金，若银行存款利率为 10%。计算：A 公司现在应存入多少资金以满足需要？

$$P = \frac{A}{i}$$

$$P = \frac{20\,000}{10\%}$$

$$= 200\,000（元）$$

因此 A 公司现在应存入 20 000 元以满足需要。

以上分别详细地介绍了年金的种类和计算，对于不同种类年金的具体计算我们作以归

纳总结，具体如表3-2所示。

表3-2　年金终值与现值

项目	公式	要点
普通年金终值	$F = A \times \dfrac{(1+i)^n - 1}{i}$ $= A \times (F/A, i, n)$	①款项发生在每期期末； ②年金终值等于若干复利终值之和
普通年金现值	$P = A \times \dfrac{1 - (1+i)^{-n}}{i}$ $= A \times (P/A, i, n)$	①款项发生在每期期末； ②年金现值等于若干复利现值之和
先付年金终值	$F = A \times (F/A, i, n) \times (1+i)$ $= A \times [(F/A, i, n+1) - 1]$	①款项发生在每期期初； ②期数加1，系数减1
先付年金现值	$P = A \times (P/A, i, n) \times (1+i)$ $= A \times [(P/A, i, n-1) + 1]$	①款项发生在每期期初； ②期数减1，系数加1
递延年金现值	$F = A \times (F/A, i, n)$ $P = A \times (P/A, i, n) \times (P/F, i, m)$ $= A \times [(P/A, i, m+n) - (P/A, i, m)]$ $= A \times (F/A, i, n) \times (P/F, i, m+n)$	①前几年无年金； ②递延期不影响终值，只影响现值
永续年金现值	$P = A/i$	①计息期趋于无穷； ②永续年金终值无意义

四、资金时间价值计算中的几个特殊问量

上述介绍的都是时间价值计算的基本原理，现对时间价值计算中的几个特殊情况加以说明。

（一）不等额现金流量现值的计算

在企业理财管理中，经常要计算每次流出、流入款项不相等的现金流出或流入的现值。

假设：A_0——第 0 年年末的付款，

A_1——第 1 年年末的付款，

A_2——第 2 年年末的付款，

……

A_n——第 n 年年末的付款。

则其现值计算过程可用图 3-23 表示。

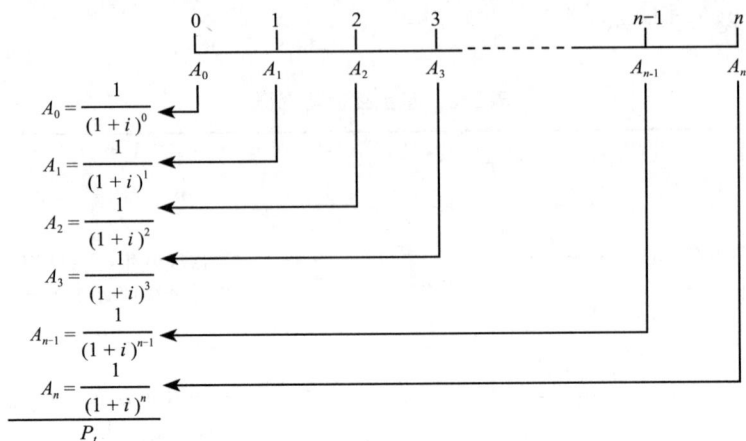

图3-23　不等额现金流量现值的计算

由图 3-23 可得：

$$P = A_0 \frac{1}{(1+i)^0} + A_1 \frac{1}{(1+i)^1} + A_2 \frac{1}{(1+i)^2} + \cdots + A_{n-1} \frac{1}{(1+i)^{n-1}} + A_n \frac{1}{(1+i)^n}$$

$$= \sum_{t=1}^{n} A_t \frac{1}{(1+i)^t}$$

【例 3-17】A 公司有一笔现金流量如表 3-3 所示，若贴现率为 6%，试求 A 公司这笔不等额现金流量的现值。

表3-3　现金流量

单位：元

年数	0	1	2	3	4
现金流量	2 000	3 000	800	5 000	7 000

$$P = A_0 \cdot \frac{1}{(1+i)^0} + A_1 \cdot \frac{1}{(1+i)^1} + A_2 \cdot \frac{1}{(1+i)^2} + A_3 \cdot \frac{1}{(1+i)^3} + A_4 \cdot \frac{1}{(1+i)^4}$$

$$= 2\,000 \times (P/F, 6\%, 0) + 3\,000 \times (P/F, 6\%, 1) + 800 \times (P/F, 6\%, 2) + 5\,000 \times$$

$$(P/F, 6\%, 3) + 7\,000 \times (P/F, 6\%, 4)$$

$$= 2\,000 \times 1.0000 + 3\,000 \times 0.9434 + 800 \times 0.8900 + 5\,000 \times 0.8396 + 7\,000 \times 0.7921$$

$$= 15\,284.9 （元）$$

（二）不规则现金流的资金时间价值计算

不规则现金流是指每期的现金流量并不全部相等。不规则现金流的资金时间价值计算是指年金和不等额现金流量混合情况下的现值的计算。年金的金额每期是相等的，但在财务管理实践中其现金流大多表现为不规则现金流。

在年金和不等额现金流量混合情况下，能用年金公式计算现值使用年金公式，不能用年金计算的部分用复利公式计算，然后加总，得出年金和不等额现金流量混合情况下的现值。

【例 3-18】A 公司投资了一项新项目，新项目投产后每年年末获得的现金流入量分别为 1000 万元、2000 万元、2000 万元、2000 万元、3000 万元、3000 万元、3500 万元，假设当时的资金市场利率为 8%，求：A 公司这一系列现金流入量的现值。

我们可以将 A 公司现金流入量作图显示，如图 3-24 所示。

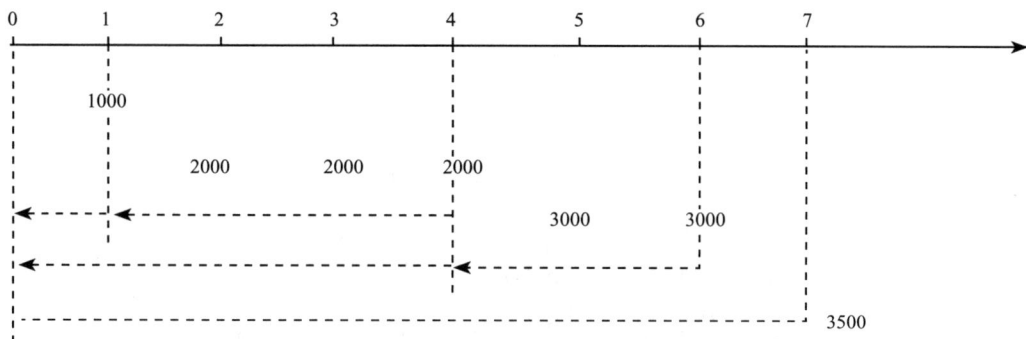

图3-24　不规则现金流现值计算示意图

我们可将这 7 年的现金流看作一个组合：第 2～4 年年末的现金流看作是一个延期 1 期的递延年金，第 5～6 年年末的现金流看作是一个延期 4 期的递延年金，将第 1 年的现金流及第 7 年的现金流看作一次性收付款项。则：

$$P = 1\,000 \times (P/F, 8\%, 1) + 2\,000 \times (P/A, 8\%, 3) \cdot (P/F, 8\%, 1) +$$
$$3\,000 \times (P/A, 8\%, 2) \cdot (P/F, 8\%, 4) + 3\,500 \times (P/F, 8\%, 7)$$
$$= 1\,000 \times 0.926 + 2\,000 \times 2.577 \times 0.926 + 3\,000 \times 1.783 \times 0.735 + 3\,500 \times 0.583$$
$$\approx 11\,670.62\,(万元)$$

（三）计算利率和计息期

前面计算现值和终值时，都假定利率和计息期是已知的，但在财务管理中，经常会遇到已知现值、终值、利率求计息期或已知现值、终值、计息期求利率的问题。这类计算应计算出相应的系数，然后查有关的系数表，从表上直接查到相应的利率或计息期，若查表不能求得，可采用插值法求得。

1. 计算利率

【例 3-19】A 公司现在向银行存入 500000 万元，试问：年利率为多少时才能在以后的

10 年内，每年年末从银行取出 75000 万元？

$$500000 = 75000 \times (P/A, i, 10)$$

$$(P/A, i, 10) = \frac{500000}{75000} \approx 6.667$$

在年金现值系数表上，不能直接查到期数为 10 时，有相应的利率的年金现值系数为 6.667，只能采用插值法。

插值法需要先查到两个期数为 10，但年金现值系数分别大于 6.667 和小于 6.667 的利率。如 8%、9%。

查表可知：

$$(P/A, 8\%, 10) = 6.710$$

$$(P/A, 9\%, 10) = 6.418$$

则列式如下：

利率　　　　　　年金现值系数

8%
? ⎱ X% ⎱ 1%　　6.710
9% ⎰ 　　⎰　　　6.667 ⎱ 0.043 ⎱ 0.292
　　　　　　　　6.418 ⎰　　　⎰

$$\frac{X}{1} = \frac{0.043}{0.292} \quad X \approx 0.147 \quad i = 8\% + 0.147\% \approx 8.147\%$$

2. 计算计息期

【例 3-20】A 公司预投资 B 债券，其购买价格为 50 元。假设 B 债券提供每年 10% 的收益率，A 公司想进行这项投资，并一直持有这份债券直到其价值为 100 元为止，问：这项投资增长到 100 元需要多长时间呢？

$$100 = 50 \times (F/P, 10\%, n)$$

$$(F/P, 10\%, n) = \frac{100}{50} = 2$$

在复利终值系数表上，不能直接查到利率为 10% 时，有相应的期数的复利终值系数为 2，只能采用插值法。

插值法要先查到两个利率为 10%，但复利终值系数分别大于 2 和小于 2 的期数，如 7 期和 8 期。

查表可知：

$$(F/P, 10\%, 7) = 1.949$$

$$(F/P, 10\%, 8) = 2.144$$

则列式如下：

$$\left.\begin{matrix} 8 \\ ? \\ 7 \end{matrix}\right\}X\left.\right\}1 \qquad \begin{matrix} 利率 \end{matrix} \qquad \begin{matrix} 年金现值系数 \end{matrix}$$

利率　　　　　年金现值系数

$$\left.\begin{matrix} 8 \\ ? \\ 7 \end{matrix}\right\}X\left.\right\}1 \qquad \left.\begin{matrix} 2.144 \\ 2 \\ 1.949 \end{matrix}\right\}0.144\left.\right\}0.195$$

$$\frac{X}{1}=\frac{0.144}{0.195} \quad X\approx 0.738 \quad n=8-0.738\approx 7.262$$

（四）计息期短于一年的时间价值的计算

利息每年计息一次的，这种利息称为年复利。在现实生活中，还会有按半年、季度、月份甚至按日计息的情况。当计息期短于一年，而利率又是年利率时，计算期和计息利率应按下式进行换算：

$$R=\frac{i}{m}$$

$$t=m\cdot n$$

式中：R——期利率；

　　　i——年利率；

　　　m——每年的复利计息次数；

　　　n——年数；

　　　t——换算后的计算期数。

【例 3-21】A 公司购买了 10 000 元票面年利率为 10%，期限为三年期的企业债券，每半年计息一次，问：A 公司到期能收回多少金额呢？

如果每半年计息一次，即：

$$n=3 \quad m=2$$

$$R=\frac{i}{m}=\frac{10\%}{2}=5\%$$

$$t=m\cdot n=3\times 2=6$$

$$F=10\,000\times（F/P,5\%,6）=10\,000\times 1.340=13\,400（元）$$

若上例中是每年计息一次，结果又如何呢？如果每年计息一次，则：

$$F=10\,000\times（F/P,10\%,3）=10\,000\times 1.331=13\,310（元）$$

这意味着在年利率相同的情况下，计息次数越多，利息会越高。每年计息一次的利率通常被称为单利收益率或名义年利率；每年计息多次，按计息期复利折算后的利率被称为复利收益率或实际年利率。投资决策时最终应该依据实际年利率进行决策。

第二节 利息率和通货膨胀

一、利息率

（一）利息率及其功能

利息率即利用资金所需付出的利息成本与本金的比率，利息率简称利率。影响利息率的最重要的因素是资金供求，除此之外，经济周期、通货膨胀、国家经济政策、利率管制及国际因素都可能对利息率造成影响。

资金是一种特殊的商品，而利息率就是它的价格，价格具有调节市场供求的作用，所以利息率可以调节资金的市场供求状况。通常利息率较高，筹资成本增加，资金需求降低，而资金供给增加，资金供大于求，利率会下降；当利率较低的时候，筹资成本降低，资金需求增加，资金供给减少，资金供不应求，利率会上升。因此，市场利率是调节资本市场的一个重要工具。关注市场利率的变化及其趋势对企业筹资和投资等活动有重要意义。

（二）利息率的决定因素

1. 利率制定要以社会平均利润率为最高界限

利息来源于企业纯收入，是企业利润的一部分。这就决定了利息的最高界限只能是利润本身，利息达到了这个最高界限，企业利润即为零。因此，利率的高低受制于平均利润率。利率的变化范围一般在零与平均利润率之间。

2. 利率制定要考虑资金的供求关系

资金市场供求关系与商品市场一样，也遵守一般的经济规律。当资金供不应求时，利率上升，资金供过于求时利率下降。供求关系影响价格。相反，利率也反作用于资金供求关系。利率提高，会减少对资金的需求；利率降低，会刺激资金需求增加。因此，资金供求关系是确定利率水平的一个基本因素。

3. 制定利率要考虑物价水平变化

稳定物价、促进经济增长、实现充分就业和平衡国际收支是中央银行既定的经济目标。稳定物价不等于物价水平固定不变。从长期来看，物价总水平是稳中有升的。在物价上涨时，要提高利息率，减少货币供应，抑制企业对贷款的需求，发挥储蓄的保值作用。保证实际利率大于零，避免出现负利率。

4. 制定利率要考虑银行存贷款利差的合理要求

银行收入的主要来源是存贷款利差。一般来说，银行的贷款利率应高于存款利率，这个差额称利差。利差水平必须适当，不能过大或过小，应该兼顾存款人、借款人和银行三方面的利益来制定适当的存贷利差。

除此之外，影响利率制定的因素多种多样。如：经济周期、货币政策、财政政策、金融市场的利率、国际经济政治关系等。对利率变动均有不同程度影响，在此就不一一列举了。

（三）利息率的分类

利息率有多种分类方式，具体包括以下几种。

1. 基准利率和套算利率

按利率之间的变动关系，可分为基准利率和套算利率。基准利率，又称基本利率，是指在多种利率并存的条件下起决定作用的利率。基准利率变动，其他利率也相应变动。基准利率在西方通常是中央银行的再贴现率。在我国，中国人民银行对商业银行贷款的利率为基准利率。套算利率，是指基准利率给定后，各金融机构根据基准利率和借贷款项的特点而换算出的利率。商业银行对个人和公司的贷款利率是套算利率。例如，A 银行规定，拥有 AAA 级、AA 级、A 级信用等级企业的贷款利率，应分别在基准利率基础上加 0.5%、1%、1.5%，这种加总计算所得到的利率便是套算利率。

2. 固定利率和浮动利率

根据利率是否随着资金供求关系而变化，可分为固定利率和浮动利率。固定利率，是指借贷期内固定不变的利息率。这种利率对借贷双方确定成本和收益十分方便，但由于近年来世界各国都存在着不同程度的通货膨胀，继续实行固定利率会使债权人的利益受到损害，因此，固定利率只适用于短期借贷。目前使用较为广泛的是浮动利率。浮动利率，是指在借贷期内可以调整的利率。根据借贷双方的协定，由一方在规定的时间依据某种市场利率进行调整。如我国大部分的中长期借贷合同都约定，借款利率实行一年一次的调整机制。使用浮动利率一方面可以使债权人减少损失；另一方面也符合实行利率市场化的目标。

3. 市场利率和法定利率

根据利率变动与市场的关系，可分为市场利率和法定利率。市场利率，是指由资金的供求关系决定的利率，随市场供求规律自由变动，其水平高低由市场供求的均衡点决定。法定利率，是指由政府金融管理部门或中央银行确定的利率，又称为公定利率。法定利率是国家进行宏观调整的一种手段。我国利率属于法定利率，由国务院统一制定，中国人民银行统一管理。在发达的市场经济国家，以市场利率为主，同时有法定利率，但一般法定利率与市场利率无明显脱节现象。

4. 名义利率和实际利率

按债权人获得的报酬情况，利率可分为名义利率和实际利率。理论上讲名义利率是指不考虑通货膨胀影响，资金供应者收到的投资回报。而实际利率是指保持货币购买力相同条件下的利率。常用的名义利率和实际利率是从计息换算角度进行的。

如果以"年"作为基本计息期，每年计算一次复利，这种情况下的年利率是名义利率。但实际上，复利的计息期不一定总是一年，有可能是季度、月份和日。如果按照短于一年的计息期计算复利，并将全年利息额除以年初的本金，此时得到的利率是实际利率。例如，半年复利一次的债券，每月计息一次的抵押贷款，每天计息一次的银行之间的拆借资金等。由于年利率与计息周期的不同，必将带来名义利率与实际利率的不同。

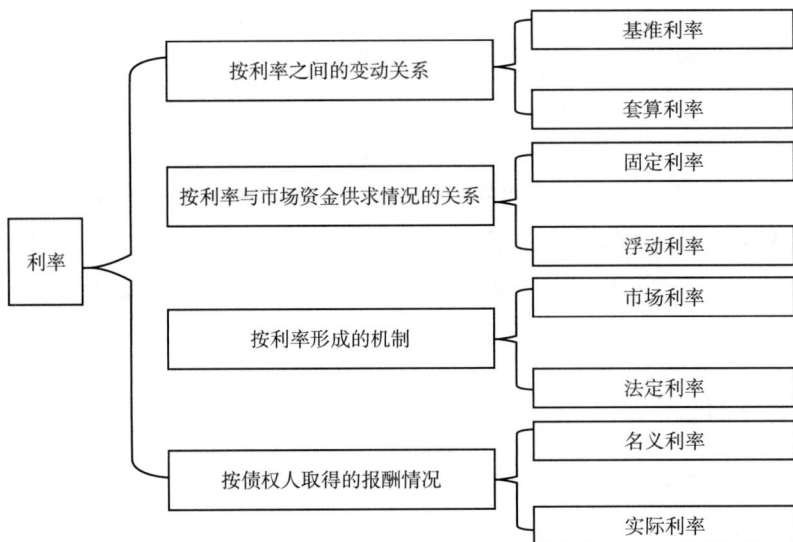

图3-25 利率的种类

（四）利息率的构成

利率由多种影响因素构成，分析预测利率对企业财务管理也有很大帮助。企业作为筹资方，可以仔细分析研究利率的结构，得出降低利率的办法，从而降低企业融资成本；企业作为投资方，也可以仔细研究利率的结构，制定适当的投资政策。理解利率的构成对分析预测利率有很大帮助。比如，预计未来通货膨胀率升高，则利率偏高；资金借入方信用评级较高，则利率偏低；证券流动性好，则利率偏低等。

具体的利率构成如下：

利率＝纯利率＋通货膨胀补偿率＋违约风险补偿率＋流动性风险补偿率＋到期风险补偿率

式中：纯利率——通货膨胀为零时无风险证券的社会平均利率；

　　　通货膨胀补偿率——补偿通货膨胀所导致的货币购买力下降的补偿率；

　　　违约风险补偿率——补偿投资者所面临的违约风险而设置的补偿率；

　　　流动性风险补偿率——补偿投资者持有证券与持有现金间的流动性差别而设置的补偿率；

　　　到期风险补偿率——因到期时间长短不同而设置的补偿率。

1. 纯利率

纯利率是指无通货膨胀、无风险情况下的社会平均利率。在没有通货膨胀时，国库券的利率可视为纯利率。纯利率的高低受社会平均利润率、资金供求关系和国家调节的影响。

2. 通货膨胀补偿率

通货膨胀使货币贬值，债权人的真实报酬下降。因此债权人在把资金交给借款人时，会在纯粹利息率的水平上加上通货膨胀补偿率，以弥补通货膨胀造成的购买力损失。

3. 违约风险补偿率

违约风险是指借款人可能不能按时支付利息或不能如期偿还贷款本金的风险。违约风险补贴率是指为了弥补因债务人无法按时还本付息而带来的风险，由债权人或投资人要求的更高的利率。信用等级越低，违约风险越大，债权人或投资人要求的利率就越高。

4. 流动性风险补偿率

流动性风险补偿率又称变现力风险补贴率，是指为了弥补因债务人资产变现力不好而带来的风险，由债权人或投资人要求提高的利率。各种有价证券的变现力是不同的，政府债券和大公司的股票容易被人接受，债权人和投资人随时可以出售以收回投资，变现力很强。与此相反，一些小公司的债券鲜为人知，不易变现，债权人或投资人会要求提高利率作为补偿。

5. 到期风险补偿率

到期风险补偿率是指为了弥补因偿债期长而带来的风险，由债权人或投资人要求提高的利率。例如，五年期国库券比三年期国库券利率高，两者的变现力和违约风险相同，差别在于到期时间不同。由于市场利率可能变动，到期时间越长，债权人或投资人可能遭受损失的风险越大。到期风险补贴率，是对债权人或投资者承担利率变动风险的一种补偿。

以上五项中，纯利率和通货膨胀补偿率两项构成基础利率，违约风险补偿率、流动性风险补偿率和到期风险补偿率三项构成风险补偿率。

（五）利息率（折现率）的推算

1. 一次性收付款项利息率（折现率）的推算

对于一次性收付款项，根据其复利终值或现值的计算公式可得折现率的计算公式为：

$$i = \left(\frac{F}{P} \right)^{\frac{1}{n}} - 1$$

因此，若已知 F, P, n，不用查表便可直接计算出一次性收付款项的折现率（利息率）i。

对于一次性收付款项利息率（折现率）的推算，若应用查表法求 i，可先计算出 F/P 的值，设其为 α，然后查复利终值系数表，或先计算出 P/F 的值，设其为 α。然后查复利现值系数表。

2. 永续年金利息率（折现率）的推算

永续年金折现率（利息率）的计算也很方便。若 P、A 已知，根据公式：

$$P = \frac{A}{i}$$

变形即得 i 的计算公式为：

$$i = \frac{A}{P}$$

3. 普通年金利息率（折现率）的推算

普通年金利息率（折现率）的推算比较复杂，无法直接套用公式，而必须利用有关的系数表，有时还会涉及内插法的运用。下面着重对此加以介绍。

普通年金终值 F、现值 P 的计算公式分别为：

$$F = A \times (F/A, i, n) \tag{1}$$
$$P = A \times (P/A, i, n) \tag{2}$$

将以上（1）、（2）两式变形得相应的（3）、（4）两式，

$$F/A = (F/A, i, n) \tag{3}$$
$$P/A = (P/A, i, n) \tag{4}$$

从（3）、（4）两式可看出，两式右边分别为普通年金终值系数和普通年金现值系数。若 F, A, n 已知，则可利用式（3），查普通年金终值系数表，找出系数值为 F/A 的对应的 i 即可；若 P, A, n 已知，可利用式（4），查普通年金现值系数表，找出系数值为 P/A 的对应的 i 即可。若找不到完全对应的 i，则可运用内插法求得。

可见，利用式（3）或式（4）求 i 的基本原理和步骤是一致的，现以式（4）为例，即

已知 P、A、n，说明求 i 的基本方法和步骤。

P、A、n 已知，可用以下步骤推算 i：

第一，计算出 P/A 的值，假设 $P/A=\alpha$。

第二，查普通年金现值系数表。沿着已知 n 所在的行横向查找，若恰好能找到某一系数值等于 α，则该系数值所在的列相对应的利率便为所求的 i 值。

第三，若无法找到恰好等于 α 的系数值，就应在表中 n 行上找出最接近的两个上下临界系数值，设为 β_1、β_2，取 $\beta_1<\alpha<\beta_2$，或 $\beta_2<\alpha<\beta_1$，读出 β_1、β_2 所对应的临界利率，然后进一步运用内插法。

第四，在内插法下，假定利率 i 同相关的系数在较小范围内线性相关，因而可根据临界系数 β_1、β_2 和临界利率 i_1、i_2 计算出 i，其公式为：

$$i=i_1+\frac{\beta_1-\alpha}{\beta_1-\beta_2}(i_2-i_1)$$

【例3-22】A公司于第一年年初借款20000万元，每年年末还本付息额均为4000万元，连续9年还清。问：A公司借款利率为多少？

根据题意，已知 $P=20000$，$A=4000$，$n=9$，则：

$$P=A\times(P/A,i,n)$$
$$(P/A,i,9)=P/A=\alpha$$
$$\alpha=20000/4000$$
$$\alpha=5$$

即：

$$\alpha=5=(P/A,i,9)$$

查 $n=9$ 的普通年金现值系数表，在 $n=9$ 一行上无法找到恰好为 α。$\alpha=5$ 的系数值，于是找大于和小于5的临界系数值，分别为：$\beta_1=5.3282>5$，$\beta_2=4.9464<5$，对应的临界利率为 $i_1=12\%$，$i_2=14\%$，则：

$$i=i_1+\frac{\beta_1-\alpha}{\beta_1-\beta_2}(i_2-i_1)$$
$$i=12\%+\frac{5.3282-5}{5.3282-4.9464}(14\%-12\%)\approx13.72\%$$

按照上述方法，若利用式（3）计算出 F/A 的值，设 $F/A=\alpha$。然后查普通年金终值系数表也可以求得 i。

4. 即付年金利息率（折现率）的推算

对于即付年金利息率 i 的推算，同样可遵照上述方法。先求出 F/A 的值，令 $\alpha=F/A+1$，然后沿 $(n+1)$ 所在的行横向在普通年金终值系数表中查找，若恰好找到等于 α，则该系数值所在列所对应的利率便为所求的 i，否则便查找临界系数值和对应的临界利率，应用内插法求出利率 i。

（六）利息期间的推算

利息期间 n 的推算，其原理和步骤同折现率（利息率）的推算是一样的。

现以普通年金为例，说明在 P、A 和 i 已知情况下推算期间 n 的基本步骆。

①计算出 P/A，设其为 α。

②查普通年金现值系数表，沿着已知 i 所在列纵向查找，若能找到恰好等于 α 的系数值，其对应的 n 即为所求的期间值。

③若找不到恰好为 α 的系数值，则查找最接近 α 值的左右临界系数值 β_1 和 β_2 以及对应的临界期间 n_1、n_2，之后应用内插法求 n，公式为：

$$n = n_1 + \frac{\beta_1 - \alpha}{\beta_1 - \beta_2}(n_2 - n_1)$$

【例 3-23】A 企业拟购买一台柴油机，更新目前的汽油机。柴油机价格较汽油机价格高出 2 000 元，但每年可节约燃料费用 500 元。若利率为 10%，则柴油机应至少使用多少年对 A 企业而言才有利？

依题意，已知 $P = 2\,000$，$A = 500$，$i = 10\%$，则：

$$(P/A, 10\%, n) = P/A = \alpha$$
$$\alpha = 2\,000 / 500$$
$$\alpha = 4$$

即：

$$(P/A, 10\%, n) = \alpha = 4$$

查普通年金现值系数表，在 $i = 10\%$ 的列上纵向查找，无法找到恰好为 α，$\alpha = 4$ 的系数值，于是查找大于和小于 4 的临界系数值，分别为：$\beta_1 = 4.3553 > 4$，$\beta_2 = 3.7908 < 4$，对应的临界期间为 $n_1 = 6$，$n_2 = 5$，则：

$$n = n_1 + \frac{\beta_1 - \alpha}{\beta_1 - \beta_2}(n_2 - n_1)$$
$$= 6 + \frac{4.3553 - 4}{4.3553 - 3.7908} \times (5-6)$$
$$\approx 5.4 \text{（年）}$$

（七）名义利率与实际利率的换算

上面讨论的有关计算均假定利率为年利率，每年复利一次。但实际上，复利的计息不一定是一年，有可能是季度、月份或日。比如，某些债券半年计息一次；有的抵押贷款每月计息一次；银行之间拆借资金均为每天计息一次。当每年复利次数超过一次时，这样的年利率称为名义利率。而每年只复利一次的利率才是实际利率。

对于一年内多次复利的情况，可采取两种方法计算资金时间价值。第一种方法是按照公式将名义利率调整为实际利率，然后按实际利率计算资金时间价值。

下面我们举例说明名义利率与实际利率的换算公式：

【例 3-24】A 公司向银行借款 1000 万元，假设借款利率为 10%。

问题：

（1）如果每年计息一次，1 年后本息和为多少？

（2）如果半年计息一次，1 年后本息和为多少？

（3）如果每季度计息一次，1 年后本息和为多少？

解：

（1）如果每年计息一次：

1 年后本息和 =1000×（1 + 10%）=1100（万元）

实际利率 =（1100 −1000）/ 1000=10%

（2）如果半年计息一次：

1 年后本息和 =1000×（1 + 5%）^{2} ≈ 1103（万元）

实际利率 =（1103−1000）/ 1000=10.3%

（3）如果每季度计息一次：

1 年后本息和 =1000×（1 + 2.5%）^{4} ≈ 1104（万元）

实际利率 =（1104−1000）/ 1000=10.4%

由此可得出，名义利率与实际利率的换算公式如下：

$$i = \left(1 + \frac{r}{m}\right)^m - 1$$

式中：i——实际利率；

r——名义利率；

m——每年复利次数。

【例 3-25】A 公司欲将本金 100 万元存于建设银行，假设存款年利率为 8%。在一年内计息期分别为一年（$m=1$）、半年（$m=2$）、一季（$m=4$）、一个月（$m=12$）、一日（$m=365$）、$m=\infty$ 时，试计算其实际利率。

解：把 m 和 r 的数据代入上面的式子，就可以得到各种不同计息周期下的 i，如表 3-4 所示。

表3-4　不同计算周期下实际利率和名义利率表

本金	计息期	第1年年末的终值	实际年利率（i）
100	1年	108	8.000%
100	半年	108.160	8.160%
100	1个季度	108.243	8.243%
100	1个月	109.300	9.300%
100	365天	109.328	9.328%
100	永续计息	109.329	9.329%

从表3-4中可以看出，随着一年内计息次数的增加，实际年利率的增加并不是均匀变化的，当计息期间为1个月，即一年内计息次数为12次时，实际利率的增加最为明显，也就是说当计息周期为一个月时，货币的时间价值效用最为明显，这也是民间高利贷的计息周期一般以一个月计息一次的原因所在。

下面我们再举例说明名义利率与实际利率是如何换算的。

【例3-26】A公司于年初存入10万元，假设年利率为10%、半年复利一次的情况下，到第10年年末，A公司能得到多少本利和？

依题意：$P=10$，$r=10\%$，$m=2$，$n=10$，则：

$$i=\left(1+\frac{r}{m}\right)^{m}-1$$
$$=\left(1+\frac{10\%}{2}\right)^{2}-1$$
$$=10.25\%$$

$$F=P\times(1+i)^{n}$$
$$=10\times(1+10.25\%)^{10}$$
$$=26.53（万元）$$

因此，A公司于第10年年末可得本利和26.53万元。

这种方法的缺点是调整后的实际利率往往带有小数点，不利于查表。

第二种方法是不计算实际利率，而是相应调整有关指标，即利率变为 r/m，期数相应变为 $m\times n$。

【例3-27】利用【例3-26】的有关数据，用第二种方法计算本利和。

$$F = P \times \left(1 + \frac{r}{m}\right)^{m \times n}$$
$$= 10 \times \left(1 + \frac{10\%}{2}\right)^{2 \times 10}$$
$$= 10 \times (F/P, 5\%, 20)$$
$$= 26.53 \ (\text{万元})$$

（八）利息率在财务管理中的重要意义

利息率在财务管理筹资决策、投资决策及分配决策中有着非常重要的作用，具体表现在以下几方面。

1. 利息率是判断筹资合理性的主要因素

企业筹资决策，首先要考虑的问题是利息率水平，利息率决定了所筹资金的成本水平、筹资方式和筹资的期限安排等。

2. 利息率是企业财务投资决策的重要杠杆

一般来说，企业在市场利率下降时，投资规模扩大，在市场利率上升时，投资规模缩小。企业在评价投资项目的可行性时，往往也选择市场利率作为衡量评价标准。

3. 利息率水平是决策当局确定股利分配方案时的重要参数

企业在利润分配时，一般都会考虑市场利率水平。一般而言，企业给予投资者的回报不应低于市场平均无风险报酬率，即国债利率。

二、通货膨胀

（一）通货膨胀的概念

通货膨胀是指一定时期内由于物价上涨带来的货币购买力下降，相同数量的货币只能购买较少的商品。货币购买力的计量是通过统计部门提供的物价指数指标。物价指数是商品价格变动的动态指标，它能够反映不同时期商品价格变动的趋势和幅度。按照计算物价指数时包括商品的范围不同，分为个别物价指数、类别物价指数和物价总指数三种。而考察物价水平变动是以全部商品为对象的，通常用消费品价格指数表示，即社会零售品物价总指数。

在我国通货膨胀起因主要有投资膨胀导致的财政收支不平衡带来的货币发行量增加，造成流通中的货币量增加，币值下降。此外，还有产业结构不合理等原因。

（二）通货膨胀对财务管理的影响

通货膨胀对财务管理的影响主要表现在以下三个方面。

1. 通货膨胀对财务管理信息的影响

其一，通货膨胀必然带来物价变动，但会计核算是按历史成本计价原则，导致资产负债表中所反映的资产价值低估，不能反映企业的真实财务状况。

其二，由于资产低估，造成产品成本中原材料、折旧等低估，而收入又按现实价格计算，带来企业收益信息不真实。

其三，由于资产低估，造成固定资产折旧提取不足，实物资产和生产能力都有减损。

其四，由于收入高估、成本费用低估。必将带来利润虚高、税负增加、资本流失；再加上资产不实，使投资者很难确定资本保全情况。

2. 通货膨胀对企业成本的影响

其一，通货膨胀必然会使利率提高，企业使用资金的成本也将提高。

其二，通货膨胀带来物价全面上涨，通货膨胀加剧，会使物价水平全面提高，购置同样物资的资金需要量增加。另外，价格上涨，材料成本和工资费用增加，购买相同数量资产的资金数量增加，成本增加，同样会使购买力下降。

其三，通货膨胀会使预测、决策及预算不实，使财务控制失去意义。如果企业持有债券，则债券价格将随通货膨胀、市场利率的提高而下降，使企业遭受损失。

3. 通货膨胀对财务决策的影响

其一，通货膨胀使财务预测、决策和预算环节不实，使财务控制环节失去意义。

其二，企业持有债券，则债券的价格将随着通货膨胀、市场利率的提高而下降，使企业遭受损失。

（三）通货膨胀与资金时间价值

通货膨胀与资金时间价值都随着时间的推移而显示出各自的影响，其中资金时间价值随着时间的推移使货币增值，一般用利率（贴现率）按复利形式进行计量。

通货膨胀则随着时间的推移使货币贬值，一般用物价指数的增长百分比来计量。假设用物价指数增长百分比来表示通货膨胀率（f），如果物价指数每年增长10%，则5年内物价水平变动及其相对应的币值变动如表3-5所示。

在表3-5中，物价水平每年增长10%，与其相对应的货币则会不断贬值，可以用资金时间价值中的现值形式来表示，这种形式的币值是消除了通货膨胀因素影响后货币的真正实际价值，它相当于 $f=0$ 时的价值，即实际购买力。由于物价指数每年增长 10%，第一年年末的 1 元仅相当于第一年年初的 0.909 元，即 $1/(1+10\%)$ 的购买力或实际价值；同理，第五年年末的 1 元仅相当于第一年年初的 0.621 元，即 $1/(1+10\%)^5$ 的购买力和实际价值。因此，我们完全可以依据通货膨胀率，借用资金时间价值现值的计算方法，确定不同时期货币的实际价值，以剔除通货膨胀的影响。

表3-5　物价水平与币值对应变动表

年序	0	1	2	3	4	5
物价水平（元）	1	$(1+10\%)$	$(1+10\%)^2$	$(1+10\%)^3$	$(1+10\%)^4$	$(1+10\%)^5$
币值（元）	1	$1/(1+10\%)$	$1/(1+10\%)^2$	$1/(1+10\%)^3$	$1/(1+10\%)^4$	$1/(1+10\%)^5$

（四）通货膨胀率与投资报酬率（贴现率）的关系

在通货膨胀情况下，没有剔除通货膨胀因素计算出来的投资项目的报酬率是名义上的报酬率。名义投资报酬率包含通货膨胀率和实际投资报酬率两个部分，它们之间的关系如下：

$$(1+i) = (1+f) \times (1+r)$$

式中：i——名义投资报酬率；

　　　f——通货膨胀率；

　　　r——实际投资报酬率。

显然，也可以将 i 理解为包含通货膨胀率的贴现率，f 仍为通货膨胀率，r 为剔除通货膨胀率的投资报酬率（贴现率）和反映真实资金时间价值的贴现率。在通货膨胀情况下就有下面的等式：

$$\frac{1}{(1+i)^n} = \frac{1}{(1+f)^n} \times \frac{1}{(1+r)^n}$$

即 $(1+i) = (1+f) \times (1+r)$，当 $f=0$ 时，$i=r$，这说明当通货膨胀率为零时，名义投资报酬率等于实际投资报酬率，或者等于只反映资金时间价值的贴现率。

第三节　价值评估

证券的价值评估是财务管理中一个十分重要的基本理论问题。

一、价值评估的原理

（一）价值评估的假设

价值评估基于一定的基本假设：

第一，大部分资产的价值是可以得到合理评估的，而且相同的基本原理可适用于不同类型资产的评估，包括实体资产、金融资产和智力资产。

第二，不同资产价值评估难易程度、内容及可靠性会有所不同，但是核心原理是一样的。

第三，价值评估所依据的是理性价格理论，投资者所支付的投资标的价格等于资产内在价值。

（二）价值评估的作用

在公司内部，价值评估要考察特定项目将如何影响公司价值。在公司外部，证券分析师通过价值评估提出买或卖的建议，而潜在的收购者通常在投资银行家的帮助下，估计目标公司的价值及其可能带来的协同效应，进而做出收购或放弃的决策。

为了对首次公司公开募股定价，向有关各方通报与持续经营相关的销售收入、不动产处置和财产分配，价值评估也是必需的。对于那些不需要对公司价值做出明确估价的信贷分析师而言，至少也是需要考虑公司股东权益价值的"缓冲作用"，公司股权价值越大，其债权受到保护的程度也越大。

证券是商品经济和社会化大生产发展的产物，其含义非常广泛，从法律意义上说，证券是指各类记载并代表一定权利的法律凭证的统称。它代表了一定量的财产权利、证明证券持有人有权按期取得一定的利息或股息等收入并可自由转让和买卖的所有权或债权凭证。包括股票、债券及其衍生品等。本节主要介绍债券、股票与基金的价值评估。

二、债券的价值评估

债券是发行者为筹集资金，按法定程序向债权人发行的，在约定时间支付一定比率的利息，并在到期时偿还本金的一种有价证券。发行者必须在债券上载明债券面值、债券利率、付息日及到期日。目前我国发行的债券有到期一次还本付息债券，分期付息、到期还本债券，贴现发行的债券三种形式。本节仅对债券估价模型与收益率予以介绍，其余相关知识将在后续章节予以阐述。

（一）债券的价值评估

债券的价值是发行者按照合同规定从现在至债券到期日所支付的款项的现值。影响债券价值的因素主要有债券的面值、期限、票面利率和所采取的折现率等因素。计算现值时使用的折现率取决于当前的市场利率和现金流量的风险水平。

债券投资的现金流出是其购买价格，现金流入是利息和本金的归还，或出售时得到的现金。债券的内在价值，是指债券未来现金流入按投资者要求的必要投资收益率进行贴现的现值，即债券各期利息收入的现值加上债券到期偿还本金的现值之和。债券的内在价值是投资者为取得未来的现金流入目前愿意投入的资金。只有债券的内在价值大于市场价格才值得购买，才能获取投资收益。因此，债券投资决策就是在估算债券内在价值、并比较内在价值和市场价格的基础上做出的。当内在价值大于市场价格，就进行投资，否则就放弃，相等时则意味着投资获得等同于市场利率的预期投资收益率。当市场利率变化时，债券的价值也会发生相应的变化。

下面介绍几种最常见的债券的估价模型。

1. 分期付息、到期还本的债券估价模型

分期付息、到期还本的债券估价模型是债券价值评估的基本模型。对于分期付息、到期还本的债券，投资者会收到两种方式的收益，一是在剩余 n 期内收到的每期的利息 I_1，$I_2 \cdots I_n$，二是在第 n 期时支付的本金 M。第 n 期被定义为债券的到期日，也是债券清偿时必须归还本金的时间。

分期付息、到期还本的债券估价模型的一般计算公式为：

债券价值＝未来收取的利息和收回本金的现值合计

＝每期利息×年金现值系数＋债券面值×复利现值系数

即：

$$V = \sum_{t=1}^{n} \frac{I_t}{(1+k)^t} + \frac{M}{(1+k)^n}$$
$$= I \times (P/A, k, n) + M \times (P/F, k, n)$$

式中：I——每期利息；

M——债券面值或到期本金；

k——市场利率或投资者要求的最低报酬率；

n——付息期数。

【例 3-28】A 公司 2020 年 1 月 1 日，购买面值为 1 000 元的债券，其票面利率为 6%，期限为 5 年，每年付息一次。当时的市场利率为 8%，债券的市价为 910 元。问：

①A公司是否应该投资于此债券？

②如果A公司要求的期望报酬率为10%，那么此债券是否是A公司投资的理想对象呢？

（1）此时只需要计算一下该债券5年收回的本息是否大于投资价格即可。

$$V = \sum_{t=1}^{n} \frac{I_t}{(1+k)^t} + \frac{M}{(1+k)^n}$$
$$= I \times (P/A, k, n) + M \times (P/F, k, n)$$

$$V = \sum_{t=1}^{n} \frac{1\,000 \times 6\%}{(1+8\%)^5} + \frac{1\,000}{(1+8\%)^5}$$
$$= 60 \times (P/A, 8\%, 5) + 1\,000 \times (P/F, 8\%, 5)$$
$$= 60 \times 3.993 + 1\,000 \times 0.681$$
$$= 920.58 (元)$$

因为：920.58 ＞ 910，所以，此债券的价值大于现行市价，该债券可以使企业获取略大于8%的市场平均利率水平的收益。如果不考虑其他风险，则可以投资于该债券。

（2）按公式计算如下：

$$V = \sum_{t=1}^{n} \frac{1\,000 \times 6\%}{(1+10\%)^5} + \frac{1\,000}{(1+10\%)^5}$$
$$= 60 \times (P/A, 10\%, 5) + 1\,000 \times (P/F, 10\%, 5)$$
$$= 60 \times 3.791 + 1\,000 \times 0.621$$
$$= 848.46 (元)$$

由计算可知，848.46 ＜ 910，该债券的价值则明显低于现行市价。因此，如A公司期望报酬率为10%，这种债券便没有投资价值，应寻找其他投资方向。

2. 到期一次还本付息且不计复利的债券估价模型

我国有一部分债券属于到期一次还本付息且不计复利的债券，其估价计算公式为：

债券价值=债券到期本利和×复利现值系数

$$V = (M + M \times i \times n) \times (P/F, k, n)$$

公式中的 i 为债券的票面利率，其他符号含义同前式。

【例3-29】A公司拟购买B公司发行的利随本清的公司债券，该债券面值为100元，期限为5年，票面利率为12%，不计复利，当前市场利率为10%，问：该债券的价格为多少时，A公司才能购买？

$$V = (M + M \times i \times n) \times (P/F, k, n)$$

$$V = (100 + 100 \times 12\% \times 5) \times (P/F, 10\%, 5)$$
$$= 160 \times 0.621$$
$$= 99.36（元）$$

由计算可知，该债券的价格为 99.36 元时，A 公司才能购买。

3. 贴现发行债券的估价模型

债券以贴现方式发行，没有票面利率，到期按面值偿还，这种债券也称零票面利率债券。这种债券以贴现方式发行，也即以低于面值的价格发行，到期按面值偿还。

其价值评估模型为：

$$V = \frac{M}{(1+k)^n} = M \times (P/F, k, n)$$

公式中的符号含义同前式。

【例 3-30】A 公司 2020 年 1 月 1 日，购买面值为 1 000 元的债券，期限为 5 年，期内不计息，到期按面值偿还。当时的市场利率为 8%，债券的发行价格为 800 元。问：A 公司是否应该投资于此债券？

$$V = \frac{M}{(1+k)^n} = M \times (P/F, k, n)$$

$$V = \frac{1000}{(1+8\%)^5}$$
$$= 1000 \times (P/F, 8\%, 5)$$
$$= 1000 \times 0.681$$
$$= 681（元）$$

4. 永久债券的估价模型

永久债券是指没有到期日，永不停止定期支付利息的债券。英国和美国都发行过这类公债。对于永久公债，通常政府都保留了回购债券的权利。优先股实际上就是一种永久债券，如果公司的股利支付没有问题，将会持续地支付固定的优先股股息。

永久公债价值计算方法如下：

$$P = \frac{I}{k}$$

【例 3-31】A 公司发行优先股，承诺每年支付优先股股息 4 000 元，假设折现率为 10%，则优先股的价值为多少？

$$P = \frac{4\,000}{10\%} = 40\,000 \text{（元）}$$

（二）债券的收益率

债券的收益水平通常用到期收益率来衡量。到期收益率是指以特定价格购买债券并持有至到期日所能获得的收益率。它是使未来现金流量现值等于债券购入价格的折现率，相当于投资者按照当前市场价格购买并且一直持有到满期时可以获得的年平均收益率。

一般的债券到期都按面值偿还本金，所以，随着到期日的临近，债券的市场价格会越来越接近面值。

1. 短期债券到期收益率

对处于最后付息周期的附息债券、贴现债券和剩余流通期限在一年以内（含一年）的到期一次还本付息债券，被称为短期债券。

短期债券由于投资者持有期限较短，一般不用考虑货币时间价值因素，只需考虑债券价差及利息收入，将收益额与投资额相比，即可求得债券收益率。

短期债券到期收益率的计算公式为：

$$\text{到期收益率} = \frac{（\text{债券出售价}-\text{债券买入价}）+\text{债券持有期间利息}}{\text{债券买入价}} \times 100\%$$

$$k = \frac{(P_1 - P_0) + I}{P_0} \times 100\%$$

【例 3-32】A 公司于 2020 年 6 月 1 日以 900 元购进面值为 1 000 元的债券 500 张，债券票面利率为 5%，规定每年分期付息。A 公司在取得第一期利息后于 2021 年 7 月 1 日以 980 元的市价出售此债券。试问：A 公司投资该债券的投资收益率是多少？

依题意，$P_1 = 980$ 元，$P_0 = 900$ 元，$I = 1\,000 \times 5\% = 50$（元）

$$k = \frac{(P_1 - P_0) + I}{P_0} \times 100\%$$

$$k = \frac{(980 - 900) + 50}{900} \times 100\%$$

$$= 14.44\%$$

2. 长期债券到期收益率

（1）到期一次还本单利付息债券到期收益率

剩余流通期限在一年以上的到期一次还本付息债券的到期收益率采取单利计算。

计算公式为：

$$P = (M + M \times i \times n) \times (P / F, \ k, \ t)$$

式中：k——到期收益率；

      P——债券买入价；

      i——债券票面年利率；

      n——债券有效年限；

      M——债券面值；

      t——债券的剩余年限。

【例3-33】A公司2020年1月1日以1 020元购买一张面值为1 000元，票面利率为10%，单利计算的债券，该债券期限为5年，到期一次还本付息。要求：计算其到期收益率。

根据公式，将已知条件代入公式得：

$$1020 = \frac{1000 + 1000 \times 10\% \times 5}{(1 + k)^5}$$

$$1020 = (100 \times 5 + 1000) \times (P / F, k, 5)$$

于是可得 $k = 8\%$ 时，等式左右两边相等，该债券的收益率为8%。

如果此时查表无法直接求得收益率，则可用内插法计算。

（2）按年付息债券

不处于最后付息期的固定利率附息债券的到期收益率可用下面的公式计算。

$$P = M \times i \times (P / A, k, t) + M \times (P / F, k, t)$$

各字母代表的含义同上式。

【例3-34】A公司2021年2月1日平价购买一张面值为1 000元的债券，其票面利率为8%，每年2月1日计算并支付一次利息，并于5年后的1月31日到期，试计算：

（1）该债券的到期收益率。

（2）如果购买债券的价格为1 105元，即溢价购买，请计算该债券的到期收益率。

（1）计算如下：

$$P = M \times i \times (P / A, k, t) + M \times (P / F, k, t)$$

$$1000 = 1000 \times 8\% \times (P / A, k, 5) + 1000 \times (P / F, k, 5)$$

解该类方程用"试误法"。

用 $k = 8\%$ 试算：

$$1000 \times 8\% \times (P / A, 8\%, \ 5) + 1000 \times (P / F, 8\%, 5)$$

$$= 80 \times 3.993 + 1000 \times 0.681$$

=1 000.44

≈1 000（元）

可见，平价购买的每年付息一次的债券的到期收益率等于票面利率。

（2）如果购买债券的价格为 1 105 元，则：

$1\,105 = 1000 \times 8\% \times (P/A, i, 5) + 1000 \times (P/F, i, 5)$

根据前面的计算过程，可判断收益率低于 8%，降低贴现率进一步试算。

用 $k = 6\%$ 试算：

$1\,000 \times 8\% \times (P/A, 6\%, 5) + 1\,000 \times (P/F, 6\%, 5)$

$= 80 \times 4.212 + 1\,000 \times 0.747$

$= 1\,083.89$（元）

由于计算结果仍然小于 1 105 元，还应进一步降低贴现率。

用 $k = 4\%$ 试算：

$1\,000 \times 8\% \times (P/A, 4\%, 5) + 1\,000 \times (P/F, 4\%, 5)$

$= 80 \times 4.452 + 1\,000 \times 0.822$

$= 1\,178.16$（元）

计算结果大于 1 105 元，可判断其收益率应该在 4% ～ 6%，用插值法计算债券的收益率：

$$i = 4\% + \frac{1\,178.16 - 1\,105}{1\,178.16 - 1\,083.96} \times (6\% - 4\%) = 5.55\%$$

由此可见，如果以价格为 1105 元溢价购买债券，则计息期和票面利率不变的前提下每年付息一次的债券的到期收益率等于 5.55%。

三、股票的价值评估

股票是股份有限公司为筹措股权资本而发行的有价证券，是公司签发的证明股东持有公司股份的凭证。股票只能由股份有限公司发行，作为一种所有权凭证，代表着对发行公司净资产的所有权。本节仅对股票的价值评估模型与收益率予以介绍，其余相关知识将在后续章节予以阐述。

股票分为普通股和优先股，对于优先股的价值评估，我们可以利用前述债券估价模型来解决，这里不再赘述。下面主要介绍普通股的价值评估问题。普通股的价值评估与债券价值评估本质上都是未来现金流的折现，但是由于普通股的未来现金流不是确定的，依赖于公司的股利政策，因此，普通股的价值评估与债券价值评估存在差异。

（一）股票的估价模型

股票作为一种投资，现金流出是其购买价格，现金流入是股利和出售价格。股票未来现金流入的现值，称为股票的价值或股票的内在价值。股票的价值不同于股票的价格，受社会、政治、经济变化和心理等诸多因素的影响，股票的价格往往背离股票的价值。

下面介绍几种常见的股票价值评估模型：

1. 长期持有、未来准备出售的股票估价模型

一般情况下，投资者投资于股票，不仅希望得到股利收入，更期望在股票价格上涨时出售股票获得资本利得。如果投资者不打算永久地持有该股票，而在一段时间后出售，他的未来现金流入是持有期间的股利和出售时的股价。此时的股票估价模型为：

$$V = \sum_{t=1}^{n} \frac{D_t}{(1+k)^t} + \frac{P_n}{(1+k)^n}$$

式中：V——股票的内在价值；

$\quad D_t$——第 t 期的预期股利；

$\quad P_n$——未来出售时预计的股票价格；

$\quad k$——贴现率，一般采用当时的市场利率或投资人要求的必要收益率；

$\quad n$——预计持有股票的期数。

【例3-35】A公司2020年1月1日发行普通股，预计第一年股利为每股4元，估计年股利增长率为5%。A公司准备购买该股票，并打算两年以后转让出去，估计转让价格为20元。A公司期望的投资收益率为10%。

问：

（1）该普通股票的价值是多少？

（2）该股票价格为多少时才能进行投资？

$$V = \sum_{t=1}^{n} \frac{D_t}{(1+k)^t} + \frac{P_n}{(1+k)^n}$$

$$V = \sum_{t=1}^{n} \frac{4}{(1+10\%)^t} + \frac{4 \times (1+5\%)}{(1+10\%)^2} + \frac{20}{(1+10\%)^2}$$

$$= 4 \times 0.9091 + 4.2 \times 0.8264 + 20 \times 0.8264$$

$$= 23.64 \text{（元）}$$

通过计算，该股票价值23.64元。

A公司想要获得10%的投资收益率，只有当股票价格不高于23.64元时才能进行投资。

2. 永久持有股票的估价模型

股票带给持有者的现金流入包括两部分：股利收入和出售时的售价。股票的内在价值由一系列股利和出售股票时售价的现值所构成。如果股东永远持有股票，他只获得股利，是一个永续的现金流入。若以 D_1、D_2、D_3、$\cdots$、D_n、$\cdots$ 表示各期股利，这个现金流入的现值就是股票的价值：

$$V = \frac{D_1}{(1+k)} + \frac{D_2}{(1+k)^2} + \cdots + \frac{D_n}{(1+k)^n} + \cdots$$

$$= \sum_{t=1}^{n} \frac{D_t}{(1+k)^t}$$

式中：V——股票的内在价值；

D_t——第 t 期的预期股利；

k——贴现率，一般采用当时的市场利率或投资人要求的必要收益率；

t——预计持有时间。

3. 长期持有、股利稳定不变的股票估价模型

当每年股利稳定不变，投资人长期持有的情况下，有 $D_1=D_2=D_3\cdots=D_n\cdots=D$，股票估价可根据基本模型的公式推导出来。

$$V = \sum_{t=1}^{n} \frac{D_t}{(1+k)^t} = D\sum_{t=1}^{n} \frac{1}{(1+k)^t}$$

由于长期持有，当 $t \rightarrow \infty$ 时，$D\sum_{t=1}^{n} \frac{1}{(1+k)^t}$ 可看作永续年金。因此，在每年股利稳定不变，投资人持有期限很长的情况下，由永续年金的现值公式得到股票估价模型，即可在基本模型的基础上简化为：

$$V = \frac{D}{k}$$

式中：V——股票的内在价值；

D——每年固定股利；

k——投资人要求的必要收益率。

【例 3-36】A 公司拟购买 B 公司股票并准备永远持有，预计每年股利为 1 元，A 公司期望投资收益率为 10%。

问：

（1）该普通股票的价值是多少？

（2）该股票价格为多少时 A 公司才能进行投资？

求解过程如下：

（1）

$$V = \frac{D}{k}$$

$$V = \frac{1}{10\%} = 10 \text{（元）}$$

通过计算，该股票价值 10 元。

（2）A 公司要想获得 10% 的投资收益率，只有当股票价格不高于 10 元时才能购买。

4. 长期持有、股利固定增长的股票估价模型

如果一个公司的股票不断增长，投资者的投资期限又非常长，则股票的估价就相对复杂，只能计算近似值。

投资人长期持有某家公司的股票，且该公司股利每年固定增长，设今年股利为 D_0，第 t 年股利为 D_t，每年股利比上年增长率为 g，即固定增长率为 g，则：

$$D_1 = D_0(1+g)$$
$$D_2 = D_1(1+g) = D_0(1+g)^2$$
$$D_3 = D_2(1+g) = D_1(1+g)^2 = D_0(1+g)^3$$
$$\cdots$$
$$D_t = D_0(1+g)^t = D_1(1+g)^{t-1}$$

此时股票的价值通常采用近似公式，进行以下推导：

$$V = \frac{D_1}{(1+k)} + \frac{D_1(1+g)}{(1+k)^2} + \cdots + \frac{D_1(1+g)^{n-1}}{(1+k)^n} + \cdots$$

两边同时乘以（1+k）/（1+g）得到：

$$\frac{V(1+k)}{(1+g)} = \frac{D_1}{(1+g)} + \frac{D_1}{(1+k)} + \cdots + \frac{D_1(1+g)^{n-2}}{(1+k)^{n-1}} + \cdots$$

前式减去后式得到：

$$\frac{V(1+k)}{(1+g)} - V = \frac{D_1}{(1+g)} - \frac{D_1(1+g)^{n-2}}{(1+k)^{n-1}}$$

如果 $k > g$，则 $\lim\limits_{n \to \infty} \dfrac{D_1(1+g)^{n-2}}{(1+R)^{n-1}} \to 0$

于是，得到股票价值评估公式：

$$V = \frac{D_1}{R-g}$$

则：

$$V = \frac{D_0(1+g)}{k-g} = \frac{D_1}{k-g}$$

【例3-37】A公司打算投资B公司的股票，该公司的股票上年每股股利为2元，且预计股利每年以2%的速度增长，投资者要求的收益率为7%。问：该股票的价格为多少时才值得投资？

$$V = \frac{D_0(1+g)}{k-g} = \frac{2\times(1+2\%)}{7\%-2\%} = 40.8（元）$$

该股票的价格低于40.8元时才值得投资。

5. 非固定增长股票的估价

在现实生活中，有的公司股利是不固定的。例如，在一段时间里高速增长，在另一段时间里正常固定增长或固定不变。在这种情况下，就要分段计算才能确定股票的价值。

如果投资者打算长期持有某种股票，且该股票发行公司根据公司在不同的发展阶段采取不同的股利政策，则该类股票价值的计算需要分段进行。具体步骤如下：

①将股利现金流分为开始的非固定增长阶段和其后的永久性固定增长阶段。

②计算非固定增长阶段的股利现值。

③计算股票在非固定增长期末（即固定增长期初）的价值，并计算其现值。

④将以上两部分的现值相加，即为股票的价值。

【例3-38】A公司持有B公司的股票，要求的投资收益率为15%，B公司最近支付的股利为每股2元，预计该公司未来3年的股利高速增长，年增长率为10%，此后转为正常增长，年增长率为3%，试计算A公司股票的价值。

首先，计算高速增长阶段的股利现值，计算结果如表3-6所示。

表3-6 高速增长阶段的股利现值计算表

年限	第t年股利	股利现值 $= D_t \times (P/F, 15\%, t)$
1	$2\times(1+10\%)=2.2$	$2.2\times(P/F,15\%,1)=1.91$

续表

年限	第 t 年股利	股利现值 = $D_t \times (P/F, 15\%, t)$
2	2.2 ×（1+10%）= 2.42	2.42 ×（P/F, 15%, 2）= 1.83
3	2.42 ×（1+10%）= 2.662	2.662 ×（P/F, 15%, 3）= 1.75
合计		5.49

其次，计算第 3 年年末时的股票价值：

$$V_3 = \frac{D_3(1+g)}{k-g} = \frac{2.662 \times (1+3\%)}{15\%-3\%} = 22.85$$

再次，将第 3 年年末的股票价值折成现值：

$$V_3 \times (P/F, 15\%, 3)$$
$$= 22.85 \times 0.658$$
$$= 15.04（元）$$

最后，将上述两部分现值相加，得出 A 公司股票的价值：

$$V = 5.49 + 15.04$$
$$= 20.53（元）$$

（二）股票投资的收益率

股票投资收益是指投资者从购入股票开始到出售股票为止整个持有期间所获得的收益，这种收益由股利收入和股票买卖差价两部分组成。

股票投资收益率是指使得股票未来现金流量的折现值等于目前的购买价格时的折现率，也就是股票投资的内含报酬率（或内部收益率）。

前面主要讨论如何估计股票的价值，以判断某种股票被市场高估或低估。现在，假设股票价格是公平的市场价格，证券市场处于均衡状态，在任意时点证券价格都能完全反映出该公司的任何可获得的公开信息，而且证券价格对新信息能迅速作出反应。在这种假设条件下，股票的期望收益率为股票未来现金流入的现值等于其购买价格时的折现率，其值等于投资者所要求的必要报酬率。

股票投资收益率主要有本期收益率和持有期收益率两种。具体分为短期股票投资（投资期在 1 年以内）收益率和长期股票投资收益率。

1. 短期股票投资收益率

计算短期股票投资收益率不需要考虑货币时间价值。具体包括：

（1）股息收益率（股息率）

股息收益率（股息率）是指每股股息与股票市场价格的比率。计算公式为：

$$股息收益率 = \frac{每股股息}{股票买入价格} \times 100\%$$

$$k = \frac{D}{P_0} \times 100\%$$

（2）持有期收益率

持有期收益率是指投资者持有股票期间的股息收入与买卖差价占股票买入价的比率。计算公式为：

$$持有期收益率（k）= \frac{D + (P_1 - P_0)}{P_0} \times 100\%$$

式中：D——当年派发的现金股息；

P_1——股票卖出价格；

P_0——股票购入价格。

【例3-39】A公司于2020年3月8日购入B公司发行的每股市价为35元的股票。2021年1月A公司每股获得现金股利1.75元，2021年3月10日A公司以每股38元的价格售出。计算：该种股票的投资收益率为多少？

$$k = \frac{D + (P_1 - P_0)}{P_0} \times 100\%$$

$$k = \frac{1.75 + (38 - 35)}{35} \times 100\%$$

$$= 13.57\%$$

（3）持有期回收率

持有期回收率是指持有股票期间现金股利收入与股票卖出价之和占股票买入价的比率。若投资者出现亏损，持有期收益率会出现负数，此时可用这一指标作补充分析。计算公式为：

$$持有期回收率（k）= \frac{D + P_1}{P_0}$$

式中：D——当年派发的现金股息；

P_1——股票卖出价格；

P_0——股票购入价格。

2. 长期股票投资收益率

在计算长期股票投资收益率时需要考虑货币时间价值。它实际上是一种使股票投资未来现金流入量的现值与购买价格相等的折现率。由于股票未来现金流入特征各不相同，应区分以下几种情况：

（1）非固定成长股票的投资收益率

如果企业购买的股票持有期超过一年，其投资收益率的计算须考虑货币时间价值。

根据前述的几种股票估价模型，我们可以推出非固定成长股票的投资收益率计算公式为：

$$P = \sum_{i=1}^{n} \frac{D_t}{(1+k)^t} + \frac{P_n}{(1+k)^n}$$

式中：P ——股票的买入价格；

　　　D_t ——第 n 期的股利；

　　　P_n ——股票的卖出价格；

　　　k ——股票投资收益率；

　　　n ——持有股票的期限。

【例 3-40】A 公司于 2018 年 5 月 1 日投资 600 万元，购买 B 股票 100 万股，之后于 2019 年、2020 年、2021 年的 5 月 1 日分别分得每股现金股利为 0.6 元、0.8 元、0.9 元，并于 2021 年 5 月 1 日以每股 8 元的价格将股票全部出售，要求：计算该股票的投资收益率。

首先，估计一个投资收益率为 20%，则：

$P = 0.6 \times 100 \times (P/F, 20\%, 1) + 0.8 \times 100 \times (P/F, 20\%, 2) + (0.9 \times 100 + 8 \times 100) \times (P/F, 20\%, 3)$

$P = 60 \times 0.8333 + 80 \times 0.6944 + 890 \times 0.5787$

　　$= 620.59$（万元）

因为，计算出的 P 大于购买股票的价格。

所以，应提高投资收益率，假设投资收益率为 24%，

则：

$P = 0.6 \times 100 \times (P/F, 24\%, 1) + 0.8 \times 100 \times (P/F, 24\%, 2) + (0.9 \times 100 + 8 \times 100) \times (P/F, 24\%, 3)$

$P = 60 \times 0.8065 + 80 \times 0.6504 + 890 \times 0.5245$

　　$= 567.23$（万元）

最后，再用插值法计算投资该股票的收益率：

$$\frac{K - 20\%}{620.59 - 600} = \frac{24\% - 20\%}{620.59 - 567.23}$$

$$K = 21.54\%$$

如果假设股票价格是公平的市场价格，证券市场处于均衡状态，在任一时点证券价格都能完全反映有关该公司的任何可获得的公开信息，而且证券价格对新信息能迅速做出反应。在这种假设条件下，股票的期望投资收益率等于其必要收益率。

（2）零成长股票的投资收益率

根据前述的几种股票估价模型，我们可以推出零成长股票的投资收益率计算公式为：

$$k = \frac{D}{P}$$

式中：P——股票的买入价格；

k——股票投资收益率（期望收益率）；

D——每年支付的固定股利。

（3）固定成长股票的投资收益率

固定成长模式下股票的投资收益率（期望收益率）为：

$$k = \frac{D_l}{P_0} + g$$

从上式可以看出，股票投资收益率由两部分构成：一部分是预期股利收益率 D_1 / P_0，它是根据预期现金股利除以当前股价计算出来的；另一部分是股利增长率 g，也就是股价的增长速度，因此 g 可以解释为股利增长率或资本利得收益率。P_0 是股票市场形成的价格，只要能预计出下一期的股利 D_1，就可以估计出股东预期投资收益率，在有效市场中它就是与该股票风险相适应的必要收益率。

【例3-41】A公司以每股20元的价格购入B股票，预计下一期的股利是1元，该股利将以大约10%的速度持续增长。

问：

（1）该只股票的期望收益率是多少？

（2）如果A公司要求的必要报酬率是15%，那么一年后B股票的股价是多少？

求解过程如下：

（1）

$$R = \frac{D_l}{P} + g$$
$$= 1 / 20 + 10\%$$
$$= 15\%$$

（2）如果A公司要求的必要报酬率是15%，则一年后股价为：

$$P_l = \frac{1 \times (1 + 10\%)}{15\% - 10\%} = 22（元）$$

如果A公司现在用20元购买该股票，一年后A公司将收到1元股利，并且得到2（22-20）元的资本利得。

四、基金的价值评估

基金投资的价值评估是对基金的内在价值进行评估，它有利于反映基金经营业绩、有利于投资者对基金投资做出合乎自身需求的正确决定、有利于基金管理公司对基金投资经营管理的有效监督。

（一）基金价值评估所涉及的概念

基金投资的价值评估涉及三个概念：基金价值、基金单位净值、基金报价。

1. 基金价值

基金的价值取决于基金净资产的现在价值。由于基金投资未来收益难以预测，再加上资本利得是基金投资的主要来源，变幻莫测的证券市场使得资本利得的准确预测非常困难。因此基金的价值由基金净资产的现有市场价值决定。

2. 基金单位净值

基金单位净值也叫单位净资产值或单位资产净值，是在某一时点每一基金单位即基金股份所具有的市场价值，是评价基金价值的最基本和最直观的指标。基金单位净值的计算公式为：

基金单位净值=基金净资产价值总额 / 基金单位总份数

式中，基金净资产价值总额等于基金资产总额减去基金负债总额，基金净资产价值主要取决于基金总资产的价值，即资产总额的市场价值；基金负债总额是固定的，包括以基金名义对外的融资借款及应付给投资者的分红、应付给基金管理人的管理费、经理费用等。

【例 3-42】假设 A 基金持有的三种股票的数量分别为 10 万股、50 万股和 100 万股，每股的收盘价分别为 30 元、20 元和 10 元，银行存款为 1 000 万元，该基金负债有两项：对托管人或管理人应付未付的报酬为 500 万元，应付税金为 500 万元，已售出的基金单位为 2000 万。计算：A 基金单位净值。

基金净资产价值总额 = 基金资产总额 − 基金负债总额

= 10 × 30 + 50 × 20 + 100 × 10−500−500

= 1300（万元）

基金单位净值 = 基金净资产价值总额 / 基金单位总份数

=1300 / 2 000

=0.65（元）

3. 基金的报价

理论上基金报价是由基金价值决定的，基金单位净值高，基金的交易价格也高。具体而言，封闭式基金在二级市场场上竞价交易，其交易价格由供求关系和基金业绩决定，围绕基金单位净值上下波动。开放式基金的柜台交易价格则完全以基金单位净值为基础，通常采用两种报价方式：认购价和赎回价。计算公式为：

$$基金认购价（卖出价）=基金单位净值+首次认购费$$

$$基金赎回价（买入价）=基金单位净值-基金赎回费$$

（二）基金投资的收益率

基金投资的收益率或基金回报率用于反映基金增值情况，通过基金净资产的价值变化来衡量。

$$基金投资收益率=\frac{年末持有份数×年末基金单位净值-年初持有份数×年初基金单位净值}{年初持有份数×年初基金单位净值}$$

式中，持有份数是持有的基金单位份数。如果年初、年末持有份数相同，则基金投资的收益率就简化为基金单位净值的年度内变化幅度；如果年初的基金单位净值相当于购买时的基金本金，则基金投资的收益率就相当于一种简便的投资报酬率。

【例 3-43】A 公司是一家基金公司，相关资料如下：

资料一：2020 年 1 月 1 日 A 公司的基金资产总额（市场价值）为 27000 万元，其负债总额（市场价）为 3000 万元，基金份数为 8000 万份。在基金交易中，该公司收取首次认购费和赎回费，认购费率为基金资产净值的 2%，赎回费率为基金资产净值的 1%。

资料二：2020 年 12 月 31 日，A 公司按收盘价计算的资产总额为 26789 万元，而负债总额为 345 万元，已售出 10000 万份基金单位。

资料三：拟定 2020 年 12 月 31 日，B 投资者持有该基金 2 万份，到 2021 年 12 月 31 日，该基金投资者持有的份数不变，预计此时基金单位净值为 3.05 元。

要求：

（1）根据资料一计算 A 公司 2020 年 1 月 1 日的下列指标：基金净资产价值总额；基金单位净值；基金认购价；基金赎回价。

（2）根据资料二计算 2020 年 12 月 31 日 A 公司的基金单位净值。

（3）根据资料三计算 2021 年 B 基金投资者的预计基金收益率。

解题步骤如下：

（1）A 公司 2020 年 1 月 1 日的下列指标分别为：

2020 年 1 月 1 日的基金净资产价值总额 = 27000 −3000 = 24000（万元）

2020 年 1 月 1 日的基金单位净值：24000 / 8000 = 3（元）

2020 年 1 月 1 日的基金认购价 = 3+3×2% = 3.06（元）

2020 年 1 月 1 日的赎回价：3-3×1% = 2.97（元）

（2）2020 年 12 月 31 日 A 公司的基金单位净值为：

（26 789-345）/ 10 000 = 2.64（元）

（3）2021 年 B 基金投资者的预计基金收益率为：

$$基金投资收益率 = \frac{年末持有份数 \times 年末基金单位净值 - 年初持有份数 \times 年初基金单位净值}{年初持有份数 \times 年初基金单位净值}$$

$$基金投资收益率 = \frac{20000 \times 3.05 - 20000 \times 2.64}{20000 \times 2.64} \times 100\%$$

$$= 15.53\%$$

本章小结

本章详细阐述了货币时间价值、主要介绍了利息率、通货膨胀、证券价值评估，尤其是债券和股票价值评估的基本方法。

货币时间价值是客观存在的经济范畴，是指在不考虑风险和通货膨胀条件下，货币经过一定时间的投资与再投资后所形成的价值增值。因此，资金时间价值是资金在周转使用后的增值额，是在没有风险没有通货膨胀条件下的社会平均资金利润率，是资金所有者让渡资金使用权而参与社会财富分配的一种形式。货币时间价值有两种表示方法：时间价值率和时间价值额。

资金时间价值的计算有单利和复利两种计算方法，单利计息仅考虑本金生息，而复利计息是本金和利息一起计息。货币时间价值的基本表现形式有两种：终值和现值，但在实际计算过程中有单利终值与现值的计算、复利终值与现值的计算、年金终值与现值的计算，其中根据收付款项发生的时间点不同，年金又分为普通年金、先付年金、递延年金和永续年金四种形式。

利息率是利用资金所需付出的利息成本与本金的比率，利息率简称利率。资金是一种特殊的商品，而利息率就是它的价格，价格具有调节市场供求的作用，所以以利息率可以调节资金的市场供求状况。关注利率的变化及其趋势对企业筹资和投资等活动有重要意义。

通货膨胀是指一定时期内由于物价上涨带来的货币购买力下降，相同数量的货币只能购买较少的商品。通货膨胀对企业成本、财务管理信息、财务决策等均造成影响，通货膨胀必然会使利率提高，企业使用资金的成本也将提高，使企业遭受损失。同时，通货膨胀带来企业收益信息不真实，使财务预测、决策和预算环节不实，使财务控制环节失去意义。

证券价值评估是财务管理中一个非常重要的基本理论问题。在资本市场上，证券价值评估无论是对投资者还是筹资者来讲，都具有非常重要的意义，它可以有效帮助投资者或筹资者做出正确的投资或筹资决策。证券价值评估主要包括债券、股票和基金的价值评估。对于股票或债券的价值评估，可以利用股票估价模型和债券估价模型来完成。

债券的投资收益包含两方面内容：一是债券的年利息收入；二是资本损益。衡量债券收益水平的尺度为债券收益率。债券的收益率有票面收益率、本期收益率、持有期收益率。债券的估价可分为下列几种：每年末付息，到期还本的债券、单利计息利随本清的债券、折现发行债券的估价等。

股票的价值是指股票持有期内所有未来收益的现值，可以通过对其股利的折现来确定。具体有零增长的股票估价模型、固定增长率的股票估价模型、变动增长率的股票估价模型等不同情况。

投资基金的估价涉及三个概念：基金的价值、基金单位净值、基金报价。基金收益率用以反映基金增值的情况，它通过基金净资产的价值变化来衡量。

基本训练

1. A 公司拟在 5 年后还清 1000 万元的债务，为此，A 公司从现在起每年需要存入银行一笔款项，假设银行利率为 10%，A 公司每年需存入多少资金才能在 5 年后还清 1000 万元的债务？

2. A 公司持有一张带息期票，面值为 12 000 元，票面利率为 4%，出票时间为 2021 年 6 月 15 日，期限 2 个月，8 月 14 日到期。

要求：

（1）计算票据到期的利息。

（2）计算票据到期的终值。

（3）因公司急需用款，于 2021 年 6 月 27 贴现，贴现利息率为 6%，问银行应付给 A 公司多少钱？

3. A 公司拟购置一处房产，房主提出两种付款方案：

a. 从现在起，每年年初支付 20 万元，连续支付 10 次，共 200 万元。

b. 从第 5 年开始，每年年初支付 25 万元，连续支付 10 次，共 250 万元。假设利率为 10%，你认为 A 公司应选择哪个方案？

4. A 公司有一笔 5 年后到期的银行借款 100 万元，年利率为 12%。

试问：

（1）A 公司若每年年末偿还应偿债多少？

（2）A 公司若每年年初偿还应偿债多少？

5. A 公司拟采用融资租赁方式于 2021 年 1 月 1 日从租赁公司租入一台设备，设备价款为 50 000 元，租期为 5 年，到期后设备归 A 公司所有。双方协商，如果采取后付等额租金方式付款，则折现率为 16%；如果采取先付等额租金方式付款，则折现率为 14%，企业的资金成本率为 10%。

要求：

（1）计算后付等额租金方式下的每年等额租金额。

（2）计算后付等额租金方式下的 5 年租金终值。

（3）计算先付等额租金方式下的每年等额租金额。

（4）计算先付等额租金方式下的 5 年租金终值。

（5）比较上述两种租金方式下的终值的大小，说明那种租金支付方式对 A 企业更为有利（以上计算结果均保留整数）。

6. A 公司 2019 年 1 月 1 日发行的一种 3 年期的新债券，该债券的面值为 1 000 元，票面利率为 14%，每年付息一次。

要求：

（1）如果债券的发行价为 1 040 元，计算其收益率是多少？

（2）假定 2020 年 1 月 1 日的市场利率是 12%，债券市价为 1 040 元，是否应购买该债券？

（3）假定 2021 年 1 月 1 日的市场利率是 10%，此时债券的价值是多少？

（4）假定 2021 年 1 月 1 日债券的市价是 950 元，若持有至到期日，则债券收益率为多少？

7. 已知 A 公司发行票面金额为 100 元，票面利率为 8% 的 3 年期债券，该债券每年计息一次，到期归还本金，当时的市场利率为 10%。

要求：

（1）计算该债券的理论价值。

（2）假定 B 投资者以 94 元的市场价格购入该债券，准备一直持有至期满，若不考虑各种税费影响，计算到期收益率。

8. 某投资人持有 A 公司的股票，他的投资报酬率为 15%，预计 A 公司未来 3 年股利将高速增长，增长率为 20%，在此以后转为正常增长，增长率为 12%，公司最近支付的股利是 2 元，试计算该公司股票的内在价值。

案例分析

郑州市 A 超市是普通合伙制企业，以下是其筹资与投资的实际案例，请根据以下各种情况先进行有关计算，再做出相关分析与评价。

1. A 超市于某日存入银行 10 000 元现金，准备在 3 年后支付其某分店店长的奖励，年利率为 5%，问：3 年后到期时，该笔款项的本利和为多少？

2. 假设该超市为了 5 年后能从银行取出 500 000 元用于购买一间店面，在年利率 4% 的情况下，求当前应存入的金额。

3. 该超市从 2018 年 12 月底开始，每年都向一位贫困学生张某捐款。该超市每年捐款 5 000 元，以帮助该贫困学生读完四年大学。假定年利率为 4%，则到 2022 年年底该捐款的金额是多少元？

4. 该超市计划在每年年初从税后利润中提取 30 000 元存入银行，连续提取 3 年，用于 3 年后做一个专项投资。若年利率为 3%，则该超市在第 3 年年末能一次性从银行取出本利和多少金额？

5. 该超市计划在现有店面旁再购买一间铺面，用于扩大规模，铺面总价 600 000 元。有两种付款方式：一是直接支付 600 000 元；二是每年年初支付 150 000 元，4 年付清。该超市计划向银行借款以支付该笔款项，假定借款利率为 9%，复利计息。问：该超市应采用哪种方式付款更有利？

6. 该超市向银行存入一笔钱，计划于今后 5 年内，每年年末提出 50 000 元用于给管理人员发放奖金，在银行存款利率为 3% 的情况下，该超市应一次性向银行存入多少钱？

7. 该超市营业地点搬迁，拟处置原门面一处，购买方提出两种付款方式：一是从现在开始，每年年初支付 100 000 元，连续支付 3 次，共 300 000 元；二是从第 2 年开始，每年年初支付 110 000 元，连续支付 3 次，共 330 000 元。假设最低报酬率为 10%，该超市应选择哪种方案更有利？

第四章　风险与收益

【学习目标】

1. 理解风险与收益的有关概念。

2. 熟悉风险的类别和衡量方法。

3. 投资组合的风险与收益。

4. 了解资本资产定价模型及其运用。

第一节　风险与收益的基本原理

一、风险

（一）风险的概念

风险是指收益的不确定性。虽然风险的存在可能意味着收益的增加，但人们考虑更多的则是损失发生的可能性。企业风险，是指对企业的战略与经营目标实现产生影响的不确定性。从财务管理的角度看，风险是企业在各项财务活动过程中，由于各种难以预料或无法控制的因素作用，使企业的实际收益与预计收益发生背离，从而蒙受经济损失的可能性。

风险具有客观性，即对于特定的投资，风险的大小是客观的、不能更改的；而是否愿意去承担风险，以及承担多大风险则是可以选择的，是由投资者主观决定的。

（二）投资活动的风险

公司的财务决策几乎都是在包含风险和不确定的情况下做出的，离开了风险，就无法正确评价公司投资报酬的高低。风险是客观存在，按投资结果的确定程度，可以把投资活动分为确定型投资和不确定型投资两种类型。

1. 确定型投资

决策者对未来的情况是完全确定的或已知的决策称为确定型投资。例如，投资者将10万元投资于利息率为10%的短期国库券，由于国家实力雄厚，到期得到10%的报酬几乎是肯定的，因此，一般认为这种情况下的决策为无风险投资或确定型投资。

2. 不确定型投资

不确定型投资是指投资的未来结果是不确定的，可能会偏离预期判断，决策者无法事先预知将出现哪一种结果的投资。不确定型投资可进一步分为风险型投资和完全不确定型投资两类。

（1）风险型投资

指决策者对投资的未来情况不能完全确定，但事先可以知道所有可能的结果，并且知道每一种结果出现的概率。例如，掷硬币的结果只有两个——正面和反面，当掷硬币的次数达到一定程度时，两种结果出现的概率各为50%。

（2）完全不确定型投资

指决策者事先不知道决策的所有可能结果，或者虽然知道可能的结果，但却不知道它们出现的概率。如企业进行股票投资的结果有三种——盈利、保本、亏损，但是，这三种结果可能出现的概率是未知的。

从理论上讲，不确定性是无法计量的，但在财务管理中，通常为不确定性规定了一些主观概率，以便进行定量分析。不确定性在被规定了主观概率以后，就与风险十分相似了。因此，在企业财务管理中，对风险与不确定性并不作严格区分，当谈到风险时，可能是风险，更可能是不确定性。

投资者之所以愿意投资风险高的项目，是因为其获得的报酬率足够高，能够补偿其投资风险。很明显，在上述例子中，如果投资高科技公司的期望报酬率与短期国库券一样，那么几乎没有投资者愿意投资。

（三）对风险的态度

投资者对待风险的态度有三种：风险厌恶、风险偏好和风险中性。据此可将投资者分为风险回避者、风险爱好者和风险中立者三类。

1. 风险回避者

风险回避者的效用函数是边际效用递减的。一个收益完全确定的投资，比一个具有相同期望值，但结果不确定的投资给风险回避者带来的效用要高。风险回避者喜欢平稳，不喜欢动荡。为了使他们能够承担风险，必须给予一定的风险报酬。

风险回避者选择投资项目的基本准则是：在期望收益相同时，选择风险较小的项目；在风险状况相同时，选择期望收益较高的项目。例如，有A、B两个投资项目，项目A的可能收益为1 000元和3 000元，发生概率各为50%，期望收益为2 000元。项目B的可能收益为0元和4 000元，发生概率也各为50%，期望收益也为2 000元。尽管两者的期望收益相同，但项目B的投资风险大于A。因此，该类投资者将选择项目A。

2. 风险爱好者

风险爱好者的效用函数是边际效用递增的。他们是冒险精神很强的投资者，喜欢收益的动荡甚于喜欢收益的稳定。他们选择投资项目的基本原则是：当期望收益相同时，选择风险大的项目，因为这将给他们带来更大的效用。如前例所述，同样是 A、B 两个项目，对风险爱好者来说，项目 B 的效用更高，因此他们将选择项目 B，而不是项目 A。

3. 风险中立者

风险中立者的效用函数是线性函数，其边际效用是常数，他们既不回避风险，也不主动追求风险。他们进行投资决策的唯一标准是期望收益的大小，而不管其风险状况如何，因为所有期望收益相同的投资将给他们带来同样的效用。

二、收益

（一）收益的定义

收益指投资所能带来的回报，它可以用收益额或收益率来表示。通常人们选用收益率，其计算公式如下：

$$R = \frac{V_1 - V_0}{V_0} \times 100\%$$

式中：R ——投资于某项资产所获得的收益率；

V_0 ——该项资产的期初价值；

V_1 ——该项资产的期末价值。

（二）无风险收益与风险收益

1. 无风险收益

严格意义上的无风险收益是指货币的时间价值，即货币经历一定时间的投资和再投资所增加的价值，它反映的是没有风险和通货膨胀情况下的投资收益率。在现实中，人们通常将政府发行的短期国库券的收益率视作"无风险收益率"。

2. 风险收益

风险收益也称风险报酬或风险价值，是指投资者由于承担风险进行投资而获得的超过货币时间价值的额外收益。

（三）资产收益的计算

资产的收益是指资产的价值在一定时期的增值。一般情况下，有两种表述资产收益的方式，如表4-1所示。

表4-1　资产收益的方式

表示方式	内容
资产的收益额	通常以资产价值在一定期限内的增值量来表示，该增值量来源于两部分： ①期限内资产的现金净收入（利息、红利或股息收益）； ②期末资产的价值（或市场价格）相对于期初价值（价格）的升值（资本利得）
资产的收益率（报酬率）	是指资产增值量与期初资产价值（价格）的比值，该收益也包括两部分： ①利息（股息）的收益率； ②资本利得的收益率
①以金额表示的收益额与期初资产的价值（价格）相关，不利于不同规模资产之间收益的比较，而以百分数表示的收益率则是一个相对指标。便于不同规模下资产收益的比较和分析。通常情况下，我们都是用收益率的方式来表示资产的收益； ②为了便于比较和分析。对于计算期限短于或长于一年的资产。在计算收益率时一般要将不同期限的收益率转化为年收益率； ③如果不做特殊说明的话，资产的收益指的就是资产的年收益率，又称资产的报酬率	

（四）资产收益率的类型

在实际的财务工作中，由于工作角度和出发点不同，资产收益率有以下不同的类型，如表4-2所示。

表4-2　资产收益率的类型

种类		内容
实际收益率		表示已经实现或者确定可以实现的资产收益率，表述为已实现或确定可以实现的利息（股息）率与资本利得收益率之和。当存在通货膨胀时，还应当扣除通货膨胀率的影响，剩余的才是真实的收益率
预期收益率（期望收益率）		是指在不确定的条件下，预测的某资产未来可能实现的收益率。 一般按照加权平均法计算预期收益率。计算公式如下： $$预期收益率 = \sum_{i=1}^{n}(P_i \times R_i)$$ 式中：R表示情况i可能出现的概率； 　　　R_i表示情况i出现时的收益率
必要收益率（最低报酬率或最低要求的收益率）		表示投资者对某资产合理要求的最低收益率。计算公式如下： 　必要收益率 = 无风险收益率+风险收益率 　　　　　　 =纯粹利率（资金的时间价值）+通货膨胀补偿率+风险收益率
	无风险收益率（无风险利率）	是指无风险资产的收益率，它的大小由纯粹利率（资金的时间价值）和通货膨胀补贴两部分组成。计算公式如下： 无风险收益率=纯粹利率（资金的时间价值）+通货膨胀补偿率 提示：通常用短期国债的利率近似地代替无风险收益率
	风险收益率	是指某资产持有者因承担该资产的风险而要求的超过无风险收益率的额外收益。它的大小取决于以下两个因素： ①风险的大小； ②投资者对风险的偏好

【例 4-1】某企业有A、B 两个投资项目，两个投资项目的收益率及其概率分布情况如表 4-3 所示，试计算两个项目的期望收益率。

表4-3 项目A和项目B投资收益率的概率分布

项目实施情况	该情况出现的概率		投资收益率（％）	
	项目 A	项目 B	项目 A	项目 B
好	0.2	0.3	15	20
一般	0.6	0.4	10	15
差	0.2	0.3	0	−10

根据公式计算项目 A 和项目 B 的期望投资收益率分别为：

项目 A 的期望投资收益率 = 15% × 0.2 + 10% × 0.6 + 0 × 0.2 = 9%

项目 B 的期望投资收益率 = 20% × 0.3 + 15% × 0.4 + (−10%) × 0.3 = 9%

三、风险与收益的关系

风险与收益是一种对称关系，从整个资本市场平均来讲，等量风险会带来等量收益，即风险收益均衡。如前所述，各投资项目风险大小是不同的，在投资报酬率相同的情况下，投资者都会选择风险小的投资。结果，竞争使其风险增加，报酬率下降。最终，高风险的项目必须有高回报，否则就没有人投资；而低报酬的项目必须风险很低，否则也没有人投资。风险与收益的这种均衡关系，是市场竞争的结果。

投资的风险报酬有两种表示方法：风险报酬额和风险报酬率。风险报酬额是指投资者冒着风险投资而获得的超过时间价值的那部分额外报酬，风险报酬率则指投资者冒着风险投资而获得的超过时间价值率的那部分额外报酬率。其中，风险报酬率是一种常用的表现形式。

企业拿投资者的钱去做生意，最终投资者要承担风险，因此要求从企业取得与所承担风险相对应的投资收益率，即财务学中所称的必要投资报酬率。如果不考虑通货膨胀的影响，投资收益率（必要投资报酬率）包括两个组成部分：一部分是货币时间价值，即无风险的投资收益率；另一部分是风险报酬，即风险报酬率。其计算公式为：

必要投资报酬率 = 无风险收益率 + 风险报酬率

风险与收益的关系如图 4-1 所示。

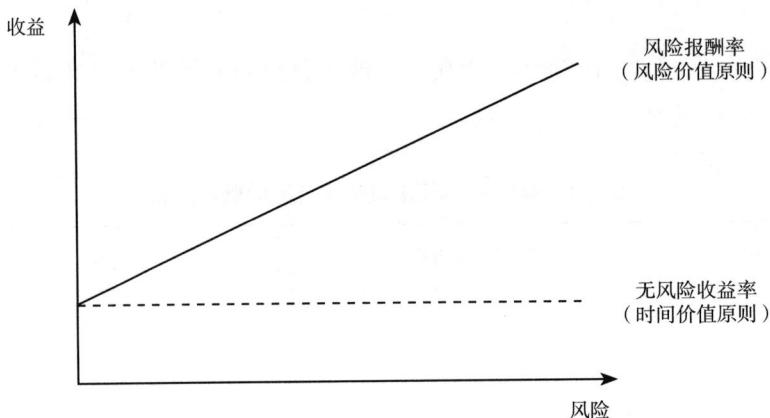

图4-1　风险与收益的关系

第二节　风险衡量和风险报酬

一、风险衡量

衡量风险的指标主要有收益率的方差、标准差和标准差率等。

（一）概率

在经济活动中，某一事件在相同的条件下可能发生也可能不发生，这类事件称为随机事件。概率是用来表示随机事件发生可能性大小的数值。通常，把必然发生的事件的概率定为 1，把不可能发生的事件的概率定为 0，而一般随机事件的概率是介于 0 与 1 之间的一个数。概率越大就表示该事件发生的可能性越大。随机事件所有可能结果出现的概率之和等于 1。

（二）期望值

期望值是一个概率分布中的所有可能结果，以各自相应的概率为权数计算的加权平均值。期望值通常用符号 $\bar{E}$ 表示。计算公式如下：

$$\bar{E} = \sum_{i=1}^{n}\left(X_i \times P_i\right)$$

式中：X_i 表示第 i 种情况可能出现的结果；

P_i 表示第 i 种情况可能出现的概率。

（三）方差、标准差和标准差率

1. 方差

在概率已知的情况下，方差的计算公式为：

$$\sigma^2 = \sum_{i=1}^{n} \left(X_i - \bar{E} \right)^2 \times P_i$$

式中：（ $X_i - \bar{E}$ ）表示第 i 种情况可能出现的结果与期望值的离差；

P_i 表示第 i 种情况可能出现的概率。

方差的计算公式可以表述为：离差的平方的加权平均数。

2. 标准差

标准差也叫标准离差，是方差的平方根。在概率已知的情况下，其计算公式为：

$$\sigma = \sqrt{\sum_{i=1}^{n} \left(X_i - \bar{E} \right)^2 \times P_i}$$

标准差以绝对数衡量决策方案的风险，在期望值相同的情况下，标准差越大，风险越大；反之，标准差越小，则风险越小。

由于无风险资产没有风险，所以，无风险资产的标准差等于零。

【例 4-2】以【例 4-1】中的数据为例，分别计算 A、B 两个项目投资收益率的方差和标准差，并比较 A、B 两个项目的风险大小。

项目 A 投资收益率的方差 =（15%-9%）^{2}×0.2 +（10%-9%）^{2}×0.6 +（0-9%）^{2}×0.2

　　　　　　　　　 = 0.0024

项目 A 投资收益率的标准差 = $\sqrt{0.0024}$ = 0.049

项目 B 投资收益率的方差 =（20%-9%）^{2}×0.3 +（15%-9%）^{2}×0.4 +（-10%-9%）^{2}×0.3

　　　　　　　　　 = 0.0159

项目 B 投资收益率的标准差 = $\sqrt{0.0159}$ = 0.1261

由于项目 A 和项目 B 投资收益率的期望值相同（均为 9%），所以，标准差大的风险大，计算结果表明项目 B 的风险高于项目 A。

3. 标准差率

标准差率是标准差同期望值之比，通常用符号 V 表示，其计算公式为：

$$V = \frac{\sigma}{\bar{E}} \times 100\%$$

标准差率是一个相对指标，它以相对数反映决策方案的风险程度。方差和标准差作为绝对数，只适用于期望值相同的决策方案风险程度的比较。对于期望值不同的决策方案，评价和比较其各自的风险程度只能借助于标准差率这一相对数值。在期望值不同的情况下，标准差率越大，风险越大；反之，标准差率越小，风险越小。

【例 4-3】假设项目 A 和项目 B 的期望投资收益率分别为 10% 和 12%，投资收益率的标准差分别为 6% 和 7%，比较项目 A 和项目 B 的风险大小。

由于项目 A 和项目 B 投资收益率的期望值不相同，所以，不能根据标准差比较风险大小，应该计算各自的标准差率，然后得出结论。

项目 A 投资收益率的标准差率 = 6%/10% × 100% = 60%

项目 B 投资收益率的标准差率 = 7%/12% × 100% = 58.33%

计算结果表明项目 A 的风险高于项目 B。

通过上述方法将决策方案的风险加以量化后，决策者便可据此作出决策。对于多方案择优，决策者的行动准则应是选择低风险、高收益的方案，即选择标准差率最低、期望收益最高的方案。然而，高收益往往伴有高风险，低收益方案其风险程度往往也较低，究竟选择何种方案，不仅要权衡期望收益与风险，还要考虑决策者对风险的态度，综合作出决定。对风险比较反感的人可能会选择期望收益较低同时风险也较低的方案，喜欢冒风险的人则可能选择风险虽高但同时收益也高的方案。一般的投资者和企业管理者都对风险比较反感，在期望收益相同的情况下，选择风险小的方案。

二、风险矩阵

风险矩阵，是指按照风险发生的可能性和风险发生后果的严重程度，将风险绘制在矩阵图中，展示风险及其重要性等级的风险管理工具方法。风险矩阵的基本原理是根据企业风险偏好，判断并度量风险发生可能性和后果严重程度，计算风险值，以此作为主要依据在矩阵中描绘出风险重要性等级。企业应用风险矩阵，应明确应用主体（企业整体、下属企业或部门），确定所要识别到的风险，定义风险发生可能性和后果严重程度的标准，以及定义风险重要性等级及其表示形式。风险矩阵适用于表示企业各类风险重要性等级，也适用于各类风险的分析评价和沟通报告。

企业应用风险矩阵工具方法，一般按照绘制风险矩阵坐标图（包括确定风险矩阵的横纵坐标、制定风险重要性等级标准、分析与评价各项风险、在风险矩阵中描绘出风险点），沟通报告风险信息和持续修订风险矩阵图等程序进行。风险矩阵坐标，是以风险后果严重程度为纵坐标、以风险发生可能性为横坐标的矩阵坐标图。企业可根据风险管理精度的需要，确定定性、半定量或定量指标来描述风险后果严重程度和风险发生可能性。风险后果严重程度的纵坐标等级可定性描述为"极轻微""轻微""普通""严重""非常严重"等（也可采用 1、2、3、4、5 等 M 个半定量分值），风险发生可能性的横坐标等级可定性描述为"几乎不会发生""不太可能发生""可能发生""很可能发生""几乎肯定发生"等（也可采用 1、2、3、4、5 等 N 个半定量分值），从而形成 $M \times N$ 个方格区域的风险矩阵图（见图 4-2），也可以根据需要通过定量指标更精确地描述风险后果严重程度和风险发生可能性。

严重度	可能性				
	几乎不会发生	不太可能发生	可能发生	很可能发生	几乎肯定发生
极轻微	较小风险	较小风险	较小风险	较小风险	一般风险
轻微	较小风险	较小风险	一般风险	一般风险	一般风险
普通	较小风险	一般风险	一般风险	一般风险	严重风险
严重	较小风险	一般风险	一般风险	严重风险	严重风险
非常严重	一般风险	一般风险	严重风险	严重风险	严重风险

图4-2　风险矩阵

风险矩阵的主要优点：为企业确定各项风险重要性等级提供了可视化的工具。风险矩阵的主要缺点：一是需要对风险重要性等级标准、风险发生可能性、后果严重程度等作出主观判断，可能影响使用的准确性；二是应用风险矩阵所确定的风险重要性等级是通过相互比较确定的，因而无法将列示的个别风险重要性等级通过数学运算得到总体风险的重要性等级。

三、风险管理原则

（一）融合性原则

企业风险管理应与企业的战略设定、经营管理与业务流程相结合。

（二）全面性原则

企业风险管理应覆盖企业所有的风险类型、业务流程、操作环节和管理层级与环节。

（三）重要性原则

企业应对风险进行评价，确定需要进行重点管理的风险，并有针对性地实施重点风险监测，及时识别、应对。

（四）平衡性原则

企业应权衡风险与回报、成本与收益之间的关系。

四、风险对策

（一）规避风险

当某项业务或资产所造成的损失不能由该项业务或资产可能获得的收益予以抵消时，应当放弃该项业务或资产，以规避风险。例如，拒绝与不守信用的厂商业务往来；放弃可能明显导致亏损的投资项目；新产品在试制阶段发现诸多问题而果断停止试制。

（二）减少风险

减少风险主要有两方面意思：一是控制风险因素，减少风险的发生；二是控制风险发生的频率和降低风险损害程度。减少风险的常用方法有：进行准确的预测；对决策进行多方案优选和替代；及时与政府部门沟通获取政策信息；在开发新产品前，充分进行市场调研；实行设备预防检修制度以减少设备事故；选择有弹性的、抗风险能力强的技术方案，进行预先的技术模拟试验，采用可靠的保护和安全措施；采用多领域、多地域、多项目、多品种的经营或投资以分散风险。

（三）转移风险

对可能给企业带来灾难性损失的业务或资产，企业应以一定的代价，采取某种方式将风险损失转嫁给他人承担。如向专业性保险公司投保；采取合资、联营、增发新股、发行债券、联合开发等措施实现风险共担；通过技术转让、特许经营、战略联盟、租赁经营和业务外包等实现风险转移。

（四）接受风险

接受风险包括风险自担和风险自保两种。风险自担是指风险损失发生时，直接将损失摊入成本或费用，或冲减利润；风险自保是指企业预留一笔风险金或随着生产经营的进行，有计划地计提资产减值准备等。

第三节　单项资产投资的收益与风险

在进行投资的过程中，风险较大的项目可能会带来较大的损失，也可能会带来较高的报酬。因此，通过选择具有一定风险的项目进行投资来获得的报酬会超过货币的时间价值，称为投资的风险报酬（Risk Return of Investment）。单项投资的风险通常利用概率统计学中标准差（Standard Deviation）、标准离差率等离散指标进行定量的评估。

一、单项资产的期望收益

（一）概率

概率是衡量随机事件发生可能性的一个数学概念，例如掷一次硬币，正面向上的概率为 50%。如果将所有可能的事件或结果都列示出来，并对每个事件都赋予一个概率，则得到事件或结果的概率分布。以掷硬币为例，可以建立如表 4-4 所示的概率分布表。

表4-4　概率分布表

事件结果（1）	概率（2）
正面向上	50%
反面向上	50%
合计	100%

第 1 列列示了可能的事件结果，第 2 列列示了不同事件结果的概率。请注意，概率分布必须符合以下两个要求：出现每种结果的概率都在 0 ～ 1；所有结果的概率之和应等于1。

同样，也可以为投资的可能结果（即报酬）赋予概率。假设有两家企业 A 企业和 B 企业，其股票报酬率的概率分布如表 4-5 所示，从表中可以看出，市场需求旺盛的概率为 30%，此时两家企业的股东都将获得很高的报酬率：市场需求正常的概率为 40%，此时股票报酬率适中；而市场需求低迷的概率为 30%，此时 B 企业的股东只能获得低报酬率，A 企业的股东甚至会遭受损失。

表4-5　A企业与B企业的概率分布图

市场需求类型	各类需求发生概率	各类需求状况下股票报酬率	
		A 企业	B 企业
旺盛	0.3	100%	20%
正常	0.4	15%	15%
低迷	0.3	−70%	10%
合计	1.0	—	—

（二）期望报酬率

期望报酬率是将各种可能结果与其所对应的发生概率相乘，并将乘积相加，则得到各种结果的加权平均数。此处权重系数为各种结果发生的概率，加权平均数则为期望报酬率，如表4-6所示，表中显示 A 企业和 B 企业的期望报酬率均为 15%。

表4-6 期望报酬率的计算

市场需求类型（1）	各类需求发生概率（2）	A 企业		B 企业	
		各类需求的报酬率（3）	乘积（2）×（3）=（4）	各类需求的报酬率（5）	乘积（2）×（5）=（6）
旺盛	0.3	100%	30%	20%	6%
正常	0.4	15%	6%	15%	6%
低迷	0.3	−70%	−21%	10%	3%
合计	1.0	—	—	—	—

期望报酬率的计算过程如下：

$$\bar{E} = P_1 R_1 + P_2 R_2 + \ldots + P_n R_n = \sum_{i=1}^{n} P_i R_i$$

其中，R 表示第 i 种可能结果；P 表示第 i 种结果的概率；n 表示所有可能结果的数目；$\bar{E}$ 表示各种可能结果（即 R 值）的加权平均数，各结果的权重即为其发生的概率。

A 企业的期望报酬率计算过程如下：

$$\bar{E} = 0.3 \times 100\% + 0.4 \times 15\% + 0.3 \times (-70\%) = 15\%$$

B 企业的期望报酬率计算过程如下：

$$\bar{E} = 0.3 \times 20\% + 0.4 \times 15\% + 0.3 \times 10\% = 15\%$$

本例仅假设可能出现三种情况：旺盛、正常、低迷。事实上，需求量可以分布在极度低迷与极度旺盛之间，且有无数种可能。如果时间与精力允许找出每种可能的需求水平对应的概率（概率之和应当等于 1.0），并找到每种需求水平下的股票报酬率。那么同样也可以得到一个类似于表 4-6 的表格，只不过各列将包括更多条目。

概率分布图越集中，那么实际结果接近期望值的可能性越大，其背离期望报酬的可能性则越小。因此，概率分布越集中，股票对应的风险越小。与 A 企业相比，B 企业股票报酬的概率分布相对更为集中，因此其实际报酬率将更接近 15% 的期望报酬率。

二、单项资产的风险

（一）方差与标准差

利用概率分布的概念能够对风险进行衡量，即期望未来报酬的概率分布越集中，则该投资的风险越小。据此定义可知，B 企业的风险比 A 企业更小，因为其实际报酬背离期望报酬的可能性更小。

为了准确度量风险的大小，我们引入方差和标准差，方差和标准差被用来描述各种可能的结果相对于期望值的离散程度。方差通常记作 Var（X）或 σ^2_X，标准差记作 σ_X，标准差是方差的算术平方根。标准差越小，概率分布越集中，同时，相应的风险也就越小。方差公式如下：

$$\text{Var}\left(X\right)=\sigma^2_X=\sum_{i=1}^{n}\left(R_i-\bar{E}\right)^2 P_i$$

标准差为：

$$\sigma_X=\sqrt{\text{Var}\left(X\right)}$$

可见，标准差实际上是偏离期望值的离差的加权平均值，它度量的是实际值偏离期望值的程度。

前例中，A 企业的标准差为

$$\sigma_A=\sqrt{(100\%-15\%)^2\times 0.3+(15\%-15\%)^2\times 0.4+(-70\%-15\%)^2\times 0.3}=65.84\%$$

B 企业的标准差为

$$\sigma_B=\sqrt{(20\%-15\%)^2\times 0.3+(15\%-15\%)^2\times 0.4+(10\%-15\%)^2\times 0.3}=3.87\%$$

A 企业的标准差更大，说明其报酬的离差程度更大，即无法实现期望报酬的可能性更大。由此可以判断，当单独持有时，A 企业的股票比 B 企业的股票风险更大。

（二）变异系数

如果两个项目期望报酬率相同、标准差不同，理性投资者会选择标准差较小，即风险较小的那个，类似地，如果两项目具有相同风险（标准差）、但期望报酬率不同，投资者通常会选择期望报酬率较高的项目。因为投资者都希望冒尽可能小的风险，而获得尽可能高的报酬。

但是，如果投资项目的规模不同，期望收益不同，在比较其风险时，就不能使用方差或标准差来判断了。在比较期望收益不同项目的风险时，应该采用变异系数（Coefficient of Variation）。变异系数也称标准离差率，它表示单位期望收益对应的标准差大小，或单位收益面临的风险大小。变异系数在标准差的基础上除以期望收益，从而调节了投资的规模或范围，其计算公式如下：

$$V=\frac{\sigma_X}{\bar{E}}$$

式中：V——某资产预期收益率的变异系数；

　　　σ_X——该资产期望收益率的标准差；

　　　$\bar{E}$——该资产的期望收益率。

【例 4-4】两个投资方案 A 和 B，其预期收益的正态分布特征如表 4-7 所示。请你判断哪个投资方案的风险较小？

表4-7　A、B投资方案的预期收益特征

项目	A 方案	B 方案
期望收益率	8%	24%
标准差	6%	8%

两个方案的期望收益率不同，因此应计算变异系数来衡量风险的大小：

$$V_A = \frac{\sigma_A}{\overline{E}_A} = \frac{6\%}{8\%} = 0.75$$

$$V_B = \frac{\sigma_B}{\overline{E}_B} = \frac{8\%}{24\%} = 0.33$$

通过以上计算和分析可以得出，虽然方案 A 的标准差（6%）小于方案 B（8%），但两个方案的标准差比较接近；而方案 A 的期望收益只有 8%，方案 B 的期望收益却有 24%，相差很大。因此，当剔除规模的影响，用标准差除以期望收益计算变异系数时，A 的变异系数要远远大于 B，即当期望收益变动同样百分比时，A 的波动程度要远远大于 B。这也就是为什么虽然方案 A 的标准差要比方案 B 小，但其风险却要比方案 B 大的原因。

三、单个投资方案的风险报酬率

标准离差率虽然可以用来评价投资项目的风险程度，但是却无法表达风险报酬之间的关系，需借助于风险报酬系数，将风险程度转换为风险报酬率。

风险报酬率 = 风险报酬系数 × 标准离差率，即 $R_R = \beta \cdot V$

投资报酬率 = 无风险报酬率 + 风险报酬率，即 $K = R_f + R_R = R_f + \beta \cdot V$

其中，风险报酬系数可以根据同类项目的历史数据来确定，或由相关企业内和行业内的专家确定。而无风险报酬率（Risk-free Return Rate）则是指评估基准日相对无风险证券的当期投资收益。在现实经济活动中并不存在无风险的证券，因为所有投资都存在一定的通货膨胀风险和违约风险。在我国，与无风险证券最为接近且普遍公认相对安全的证券是国库券。因此，一般会将国库券报酬率视为无风险报酬率。

【例 4-5】根据【例 4-4】中计算所得数据，又已知 A 和 B 两种投资方案的风险报酬系数分别为 6% 和 8%，当期发行的国库券报酬率为 5%。则 A 和 B 两种投资方案的投资报酬率分别为多少？

解析：A 和 B 两种投资方案的风险报酬率分别为

$$R_{R(A)} = 6\% \times 0.75 = 4.5\%$$
$$R_{R(A)} = 8\% \times 0.33 = 2.6\%$$

A 和 B 两种投资方案的投资报酬率分别为

$$K_A = 5\% + 4.5\% = 9.5\%$$
$$K_B = 5\% + 2.6\% = 7.6\%$$

根据上述结果可知，A 投资方案的风险程度大于 B 投资方案，理论上得出的 A 投资方案的风险报酬率和投资报酬率均高于 B 投资方案。

第四节 资产组合的收益与风险

1981 年诺贝尔经济学奖获得者詹姆士·托宾（James Tobin）曾说过："不要把你所有的鸡蛋都放在同一个篮子里。"在现实经济生活中，投资者通常将不同资产组合在一起进行投资，以减少总投资的风险程度，这种形式被称为投资组合。基于单项投资的风险及报酬分析进而来研究投资组合的风险与收益具有一定的现实意义。

一、两项资产构成的投资组合

投资者通常不会把自己的全部资金投资于一种资产，而是同时投资多种资产，以减少总投资的风险程度。多种资产构成的集合称为投资组合。如果投资组合中的全部资产均为证券，这种投资组合也称为证券资产组合或证券组合。

（一）两项资产组合的期望收益

投资组合的期望收益率是组合中每种资产的收益率的加权平均，权重为投资比例——每种资产的价值占投资组合总价值的比例。

一个由两项资产构成的资产组合的期望收益率为

$$E(R_P) = W_1 R_1 + W_2 R_2$$

式中：W 为个别资产在资产组合中所占的价值比例；

R_1 和 R_2 为个别资产的收益率。

【例 4-6】假设你拥有 100 万元资金，其中 30 万元投资于 A 公司股票，70 万元投资于 B 公司股票。两公司股票的预期收益随宏观经济形势变化的概率分布如表 4-8 所示。请计算该投资组合的期望收益。

表4-8　投资A、B公司股票的预期收益状况

经济状况	概率	收益率	
		A 公司股票	B 公司股票
繁荣	20%	50%	40%
正常	40%	30%	10%
衰退	25%	10%	−10%
萧条	15%	5%	−30%

计算该投资 A、B 的期望收益如下：

$$E(R_A) = 50\% \times 20\% + 30\% \times 40\% + 10\% \times 25\% + 5\% \times 15\% = 25.25\%$$

$$E(R_B) = 40\% \times 20\% + 10\% \times 40\% - 10\% \times 25\% - 30\% \times 15\% = 5\%$$

A、B 股票占整个投资组合的比重分别为：

$$W_A = 30/100 = 30\%$$

$$W_B = 70/100 = 70\%$$

投资组合的期望收益率为

$$E(R_P) = W_A R_A + W_B R_B = 25.25\% \times 30\% + 5\% \times 70\% = 11.075\%$$

（二）两项资产组合的风险

1.方差与协方差

与度量单项资产的风险一样，我们也用方差或标准差来度量投资组合的风险。设资产1 和资产 2 的期望收益为 R_1 和 R_2，标准差为 σ_1 和 σ_2，则由资产 1 和资产 2 构成的投资组合的方差或为：

$$\mathrm{Var}_P = W_1^2 \sigma_1^2 + W_2^2 \sigma_2^2 + 2W_1 W_2 \mathrm{Cov}(R_1, R_2)$$

式中：$\mathrm{Cov}(R_1, R_2)$ 为资产1与资产2收益率的协方差。

协方差的计算公示如下：

$$\mathrm{Cov}(R_1, R_2) = \sigma_{12} = E[R_1 - E(R_1)][R_2 - E(R_2)]$$

协方差是两个随机变量同时移动的倾向性的数理表示，具有正协方差的两个变量同时同向移动，而具有负协方差的两个变量则同时反向移动。在每项资产方差给定的情况下，如果两种资产收益之间的相互关系或协方差为正，即两种资产的收益同时上升或同时下降，整个组合的方差就上升；如果两种资产收益之间的相互关系或协方差为负，即一种资产收益上升的同时另一种资产的收益下降，整个组合的方差就下降，即整个组合的风险降低。

投资组合的标准差为：

$$\sigma_P = \sqrt{\mathrm{Var}_P}$$

2. 相关系数

协方差给出的是两个变量相对运动的绝对值。有时候投资者更需要了解这种运动的相对值，即相关系数（ρ），两个变量间的相关系数，通过协方差除以两变量的标准差之积求得，它的值总是位于 -1 到 1。通过下式可将协方差转化为相关系数 ρ。

$$\rho_{12} = \frac{\mathrm{Cov}(R_1, R_2)}{\sigma_1 \sigma_2}$$

相关系数为 1 时，两种资产收益是完全正相关的，它们同时以相同的比例同向移动；相关系数为 -1 时，两种资产收益是完全负相关的，它们同时以相同的比例反向移动；相关系数为 0 时，这两种资产在同一时期的收益是不相关的，它们之间没有任何关系。

因此，上述投资组合的方差计算公式又可表示为

$$\mathrm{Var}_P = W_1^2 \sigma_1^2 + W_2^2 \sigma_2^2 + 2W_1 W_2 \rho_{12} \sigma_1 \sigma_2$$

【例4-7】假设你拥有 100 万元资金，其中 25 万元投资于 A 股票，75 万元投资于 B 股票。A 股票的期望收益率为 20%，收益率标准差为 40%；B 股票的期望收益率为 12%，收益率标准差为 13.3%；相关系数为 $\rho_{AB} = 1.0$。该投资组合的期望收益率为：

$$E(R_\rho) = 25/100 \times 20\% + 75/100 \times 12\% = 14\%$$

收益率标准差为：

$$\sigma_{AB} = \sqrt{\left(\frac{25}{100}\right)^2 \times (40\%)^2 + \left(\frac{75}{100}\right)^2 \times (13.3\%)^2 + 2 \times \left(\frac{25}{100}\right)\left(\frac{75}{100}\right) \times \rho_{AB} \times 40\% \times 13.3\%}$$
$$= \sqrt{2\% + 2\% \rho_{AB}}$$

从上述计算中可以看出，投资组合的期望收益率与资产收益率之间的相关系数无关。而投资组合的收益率标准差则与不同资产收益率之间的相关系数有关。因此，投资组合的风险大小，不仅与单项资产的风险大小（标准差的大小）有关，而且与资产收益率的相关系数有关。在例4-7中，相关系数 ρ_{AB} 的变化将改变投资组合的风险状况。

若 $\rho_{AB} = 1.0$，即资产 A 与资产 B 完全正相关，投资组合的收益率标准差为：

$$\sigma_{AB} = \sqrt{2\% + 2\% \times 1.0} = 20\%$$

若 $\rho_{AB} = -1.0$，即资产 A 与资产 B 完全负相关，投资组合的标准差为：

$$\sigma_{AB} = \sqrt{2\% + 2\% \times (-1.0)} = 0$$

若 $\rho_{AB} = 0$，即资产 A 与资产 B 不相关，投资组合的标准差为：

$$\sigma_{AB} = \sqrt{2\% + 2\% \times 0} = 14.14\%$$

若 $\rho_{AB} = -0.4$，即资产 A 与资产 B 不完全负相关，投资组合的标准差为：

$$\sigma_{AB} = \sqrt{2\% + 2\% \times (-0.4)} = 11\%$$

图 4-3 描绘 $\rho_{AB} = 1.0$，$\rho_{AB} = -1.0$ 和 $\rho_{AB} = -0.4$ 时，由 A 和 B 构成的各种投资组合的标准差与期望收益率。

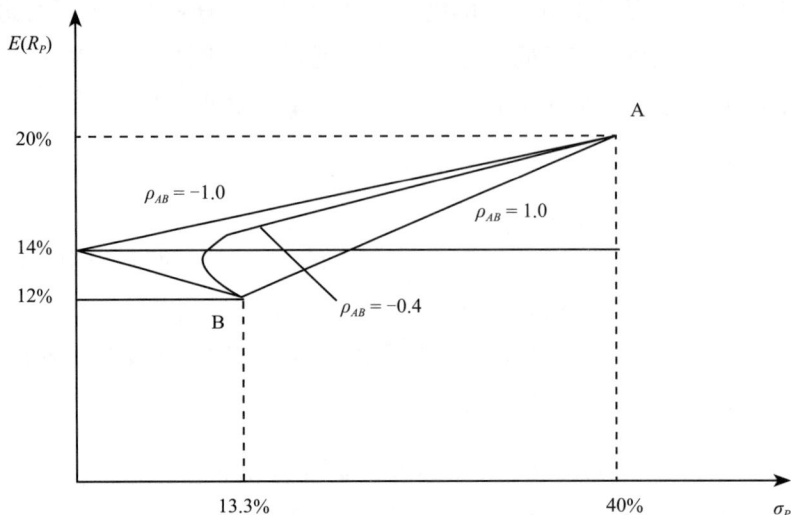

图4-3　相关系数对投资组合风险的影响

图 4-3 表明，在以标准差和收益率为坐标轴的二维平面上，由两项资产 A 和 B 组成的所有投资组合构成一条曲线。当资产 A 和资产 B 的收益率相关系数等于 1 和 -1 时，前述曲线分别退化为一条直线和两条射线构成的折线。

结论是：在投资比例不变的情况下，投资组合的风险（标准差）随相关系数的减小而减小。当时，两项资产收益变化的方向完全相同，因此不能分散掉任何风险。这时投资组合的标准差为 20%。当时，两项资产收益变化的方向正好完全相反，可以把风险完全抵销掉，这时投资组合的标准差为 0。当相关系数介于 1 和 -1 之间时，资产的收益率之间存在着一定的相关关系，可以分散掉部分风险。比如，当投资组合的标准差为 11%，低于完全正相关时的 20%，而此时投资组合的期望收益率始终保持为 14%。这说明，投资者可以通过将不完全正相关的投资组合在一起来降低风险。

（三）两项资产组合的可行集与有效集

1. 两项资产组合的可行集与有效集

下面我们通过一个例子来加以说明。

假设 A 证券的预期报酬率为 10%，标准差是 12%；B 证券的预期报酬率为 18%，标准差是 20%。设定以下六种投资比例的组合，则组合的预期收益率和相关系数为 0.2 时组合的标准差如表 4-9 所示。

表4-9　不同投资比例的组合

组合	对 A 的投资比例	对 B 的投资比例	组合的预期收益率（%）	组合的标准差（%）
1	1	0	10.00	12.00
2	0.8	0.2	11.60	11.11
3	0.6	0.4	13.20	11.78
4	0.4	0.6	14.80	13.79
5	0.2	0.8	16.40	16.65
6	0	1	18.00	20.00

将表 4-9 中组合预期收益率和组合标准差画成图 4-4。

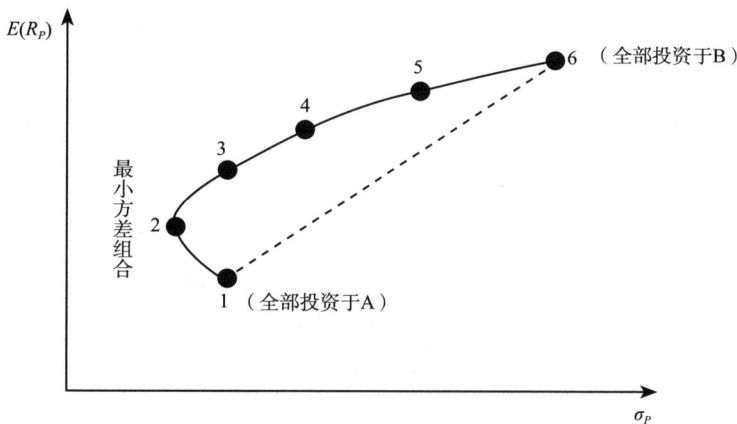

图4-4　两种投资组合的可行集

图 4-4 描绘出随着两种证券投资比例的改变，期望收益率与风险之间的关系。图中黑点与表 4-9 中的六种证券组合一一对应。连接这些黑点形成的曲线称为可行集，它反映投资组合的风险与期望收益率之间的权衡关系。

可行集具有以下几项特征：

①分散化效应。比较曲线和以虚线绘制的直线距离可以判别分散化效应的大小。图中直线由全部投资于 A 和全部投资于 B 所对应的两点连接而成。它是两种证券完全正相关（无分散化效应）时的机会集，曲线则代表相关系数为 0.2 时的机会集。从曲线和直线间的距离可以看出，本例的风险分散效果是相当显著的。投资组合的风险分散效应可以通过曲线 1 ～ 2 的弯曲看出来。从 1 点出发，拿出一部分资金投资于风险较大的 B 证券会比全部

资金投资于风险小的 A 证券的标准差还要小。这种结果与人们的直觉相反，揭示了风险分散化的内在特征。一种证券的某些未预期变化往往会被另一种证券的某些反向未预期变化所抵销。

②最小方差组合。曲线最左端的第 2 点组合被称为最小方差组合，它是组合中的各项资产以不同比例构成的所有组合中标准差最小的一种。在本例中，最小方差组合是 80% 的资金投资于 A 证券、20% 的资金投资于 B 证券。离开此点，无论增加或减少投资于 B 证券的比例，都会导致标准差的小幅上升。必须注意的是，机会集曲线向左弯曲并非必然伴随分散化投资发生，它取决于相关系数的大小。

③投资组合的有效集。在只有两种证券的情况下，投资者的所有投资机会只能出现在机会集曲线上，而不会出现在该曲线上方或下方。改变投资比例只会改变组合在机会集曲线上的位置。最小方差组合以下的组合（曲线上点 1～2 的部分）是无效的。没有人会计划持有期望收益率比最小方差组合预期报酬率还低的投资组合，因为它们与最小方差组合相比不但标准差大（风险大），而且报酬低。因此，机会集曲线 1～2 的弯曲部分是无效的。本例中，有效集是点 2～6 的那段曲线，即从最小方差组合点到最高预期收益率组合点的那段曲线。

2. 相关性对可行集与有效集的影响

图 4-4 中，只列示了相关系数为 0.2 和 1 的机会集曲线，如果增加一条相关系数为 0.5 的机会集曲线，就成为图 4-5。

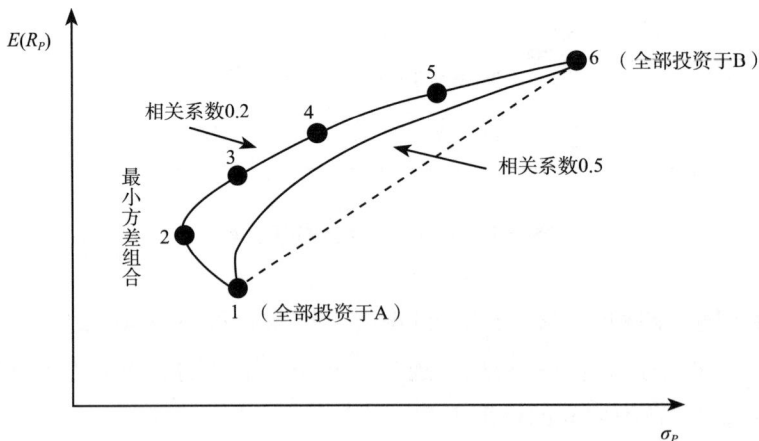

图4-5　相关系数对两种资产组合可行集的影响

从图 4-5 中可以看出：

①相关系数为 0.5 的机会集曲线与完全正相关的直线距离缩小了，并且没有向后弯曲的部分。

②最小方差组合（相关系数为 0.5）是 100% 投资于 A 证券。将任何比例的资金投资于

B 证券，所形成投资组合的方差都会高于将全部资金投资于风险低的 A 证券。因此，新的有效集就是整个机会集。

总之，资产收益率的相关系数越小，机会集曲线就越弯曲，风险分散化效应也就越强。资产收益率之间的相关性越高，风险分散化效应越弱。完全正相关的投资组合，不具有风险分散化效应，其机会集是一条直线。

【例 4-8】已知两项资产 G 和 H 的期望收益率分别为 20% 和 12%，标准差分别为 40% 和 13.3%，假设相关系数，求最小方差组合。

解析：求最小方差组合，就是确定投资组合权重使得投资组合的风险（标准差）最小。由于只有 G、H 两种资产，因此可以将问题写为：

最小化： $\sigma_\rho^2 = W_G^2 \sigma_G^2 + W_H^2 \sigma_H^2 + 2W_G W_H \rho_{GH} \sigma_G \sigma_H$
条件： $W_G + W_H = 1$

将 $\rho_{GH} = 0$ 和 $W_H = 1 - W_G$ 代入 σ_ρ^2 的方程，有：

$$\sigma_\rho^2 = W_G^2 \sigma_G^2 + (1-W_G)^2 \sigma_H^2 = \left(\sigma_G^2 + \sigma_H^2\right) W_G^2 + \left(1 - 2W_G\right)\sigma_H^2$$

代入具体的数值，得到：

$$\sigma_p^2 = 0.0177 - 0.0354 W_G + 0.177 W_G^2$$

求最小方差组合：

$$\frac{\partial \sigma_p}{\partial \sigma_G} = 0.0354 W_G - 0.0354 = 0$$

$$W_G = 0.10 = 10\%$$
$$W_H = 1 - W_G = 1 - 10\% = 90\%$$

因此，最小方差组合为 10% 的资产 G 与 90% 的资产 H 构成的组合。

二、多项资产构成的投资组合

（一）多项资产组合的风险与收益

对一个由 n 项资产组成的投资组合，其期望收益与收益率标准差的计算如下。
期望收益：

$$E(R_P) = \sum_{i=1}^{n} W_i R_i$$

多项资产组合的方差等于组合中任意两项资产协方差的加权平均。其计算公式如下：

$$\text{Var}_P = \sum_{i=1}^{n} W_i^2 \sigma_i^2 + \sum_{i=1}^{n}\sum_{j=1}^{n} W_i W_j \sigma_i \sigma_j \rho_{ij}$$

$$= \sum_{i=1}^{n} W_i^2 \sigma_i^2 + \sum_{i=1}^{n}\sum_{j=1}^{n} W_i W_j \text{Cov}(R_i, R_j)$$

标准差：

$$\sigma_p = \sqrt{\sum_{i=1}^{n} W_i^2 \sigma_i^2 + \sum_{i=1}^{n}\sum_{j=1}^{n} W_i W_j \sigma_i \sigma_j \rho_{ij}}$$

$$= \sqrt{\sum_{i=1}^{n} W_i^2 \sigma_i^2 + \sum_{i=1}^{n}\sum_{j=1}^{n} W_i W_j \sigma_i \sigma_j \text{Cov}(R_i, R_j)}$$

（二）多项资产组合的可行集和有效集

两项资产组合的可行集与有效集，可以通过一条曲线概括出各种可能的组合。而在多项资产组合中，由于资产数量的增多，可行集扩大到了一个平面，如图4-6所示。

图4-6的阴影部分代表了多项资产组合的机会集或可行集，阴影部分中任何一点，都代表一种投资组合。其中，A点在可行集最左端，B点在可行集最右端。无论如何，对于给定的多项资产，所有可能构成的组合都落在这一有限区域内。

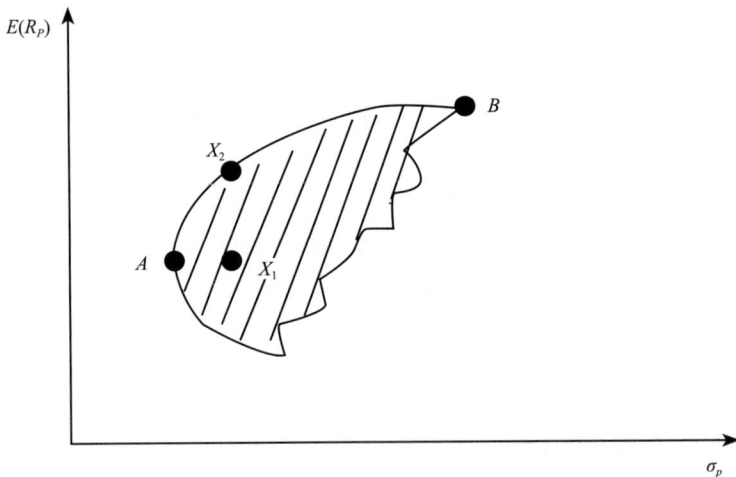

图4-6　多项资产组合的可行集和有效集

更进一步，任何投资者都不可能选择一个期望收益率低于图中加粗曲线的组合。也就是说，任何投资者都只会在阴影区域，上方从A到B这一边界上选择投资组合，即有效边界或有效前沿（Efficient Frontier）。这是因为，任何一个处于该边界下方的点，其期望收益都小于相同风险下落在有效边界上的点。例如，图中有效边界上的点 X_2 和位于其正下方的点 X_1，如果点 X_1 所对应的风险是投资者可以接受的风险，那么投资者应该选择点 X_2 而不是点 X_1，因为两个点对应的标准差相同，即风险相同；而点 X_2 的期望收益率却高于点

X_1 的期望收益，在风险相同的情况下，所有投资者都会选择期望收益高的投资组合。同理，在期望收益相同的情况下，所有投资者都会选择风险小的投资组合。例如，有效边界上的 A 点和位于它正右方的 X_1 点，两个点所代表的投资组合的期望收益相同，而 X_1 点的风险却高于 A 点，因此，投资者都会选择 A 点代表的投资组合，而不会选择 X_1 点所代表的投资组合。

图中的这一有效边界，就是多项资产组合的有效集，也称为 Markowitz 有效边界。所有投资者都会选择 Markowitz 有效边界上的点，而点的具体位置，取决于投资者的风险承受能力。

三、风险资产与无风险资产的组合

前面我们讨论的资产组合均是风险资产组合，现在我们将无风险资产引入进来，构建由无风险资产与风险资产构成的投资组合，并分析对这种组合投资者应如何决策。

（一）无风险资产与一项风险资产的组合

无风险资产（如短期国债投资）与单项风险资产构成的投资组合，其期望收益计算如下：
$$E(R_P) = W_f R_f + W_r R_r$$
式中：W_f 和 W_r 分别表示无风险资产与风险资产的投资比例；

R_f 和 R_r 分别表示无风险资产与风险资产的收益率。

由于无风险资产不存在风险，故投资组合的方差为：
$$Var_p = W_r^2 \sigma_r^2$$
标准差为：
$$\sigma_p = W_r \sigma_r$$

（二）无风险资产与风险资产的组合

1. 资本市场线

图 4-7 中点 R_f 代表无风险资产 F，其期望收益为 R_f，标准差 $\sigma_f = 0$。曲线 AMB 代表由风险资产构成的投资组合集合的有效边界。无风险资产 F 可以与风险资产组合 P、A、M 组成不同的投资组合集合，分别用射线 Ⅰ、Ⅱ 和 Ⅲ 表示，其中射线 Ⅰ 是有效边界过点的切线，M 为切点。在这几个投资组合集合中，射线 Ⅱ 和 Ⅲ 显然是无效率的，因为在同样的风险程度下，投资组合集合射线 Ⅰ 可以提供更高的期望收益。因此，由无风险资产和风险资产组合构成的投资组合的有效集是射线 Ⅰ，通常称作资本市场线（Capital Market Line，CML）。在市场均衡状态下，投资组合 M 是市场上所有风险资产构成的投资组合，被称为市场组合（Market Portfolio）。在实践中，人们常常采用股票市场上具有广泛代表性的指数作为市场组

合的近似替代，例如美国股票市场的标普 500 指数。

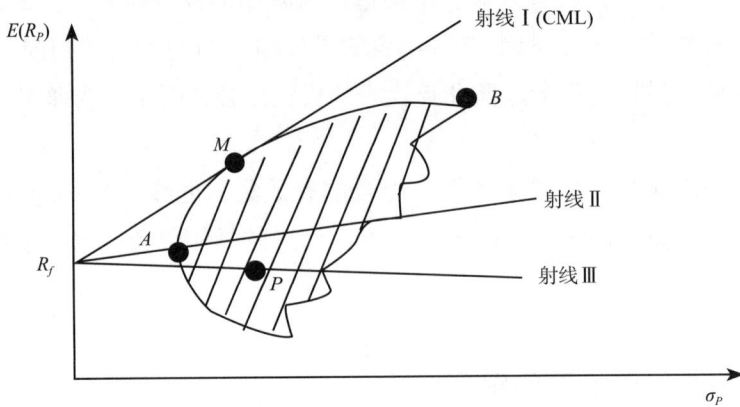

图4-7　资本市场线

资本市场线的方程为：

$$E(R_P) = R_f + \frac{R_M - R_f}{\sigma_M}\sigma_p$$

式中：$E(R_P)$为投资组合的期望收益率；

　　　R_M 为市场组合的收益率；

　　　σ_p 为投资组合的标准差；

　　　σ_M 为市场组合的标准差。

方程推导如下：

设在由无风险资产与风险资产组合（市场组合）构成的投资组合中，风险资产的投资比例为 W_r，则无风险资产投资比例为（$1-W_r$）；风险资产组合的期望收益为 R_M，标准差为 σ_M；无风险资产组合的期望收益为 σ_P，标准差为 0，则：

投资组合的期望收益为：

$$E(R_P) = (1 - W_r)R_f + W_r R_r$$

投资组合的标准差为：

$$\sigma_p = W_r\sigma_M \text{ 则 } W_r = \frac{\sigma_P}{\sigma_M}$$

代入组合期望收益方程，可得：

$$E(R_P) = \left(1 - \frac{\sigma_P}{\sigma_M}\right)R_f + \frac{\sigma_P}{\sigma_M}R_M$$

$$= R_f + \frac{R_M - R_f}{\sigma_M}\sigma_P$$

如图 4-7 所示，资本市场线表明了有效组合的期望收益率和标准差之间存在一种简单的线性关系。

资本市场线决定了证券的价格。因为资本市场线是证券有效组合条件下的风险与收益的均衡，如果脱离了这一均衡，就会在资本市场线之外形成另一种风险与收益的对应关系。这时，要么风险的报酬偏高，这类证券就会成为市场上的抢手货，造成该证券的价格上涨，投资于该证券的报酬最终会降低下来；要么会造成风险的报酬偏低，这类证券在市场上就会成为市场上投资者大量抛售的目标，造成该证券的价格下跌，投资于该证券的报酬最终会提高。经过一段时间后，所有证券的风险和收益最终会落到资本市场线上来，达到均衡状态。

2. 分离定理

分离定理（Separation Theorem）认为，投资者对风险的规避程度与该投资者风险资产组合的最优构成是无关的。即所有的投资者，无论他们的风险规避程度如何不同，都会将切点组合（风险组合）与无风险资产混合起来作为自己的最优资产组合。因此，无需先确知投资者偏好，就可以确定风险资产最优组合。风险厌恶较低的投资者可以多投资风险资产 M，少投资无风险证券 F，反之亦然。

在实践中，分离定理体现为投资者在构建无风险资产与风险资产组合的组合时，会进行相互独立的两步决策。

第一步，确定风险资产组合的构成。依据前面讲到的 Markowitz 投资组合理论，投资者在估计出组合中各种资产的期望收益率、方差以及各资产收益率之间的协方差之后，可以计算出风险资产的有效集，如图 4-7 中的曲线 AMB 随后，投资者从无风险资产收益率，向有效集 AMB 曲线作切线，切点 M 就是投资者所要持有的风险资产的组合。这一步被称为资本配置决策（Capital Allocation Decision）。

第二步，确定风险资产组合（M 点）与无风险资产之间的投资比例。一种选择是投资者将资金部分投资于无风险资产，部分投资于风险资产。在这种情况下，投资者只能选择射线 I 上，到 M 点之间的某一点。另一种选择是，投资者通过以无风险利率借入资金，加上自有资金，增加对 M 点这个风险资产组合的投资。在这种情况下，投资者可以选择直线 I 上超过 M 点的某点，从而获得比第一种选择更高的期望收益。确定投资组合在直线 I 上的位置，是由投资者的个人风险承受能力决定的。这一步被称为资产选择决策（Asset Allocation Decision）。

四、系统风险与非系统风险

资产组合的总风险由系统风险和非系统风险组成。

（一）系统风险

系统风险（Systematic Risk）是指资产风险中无法通过投资组合分散掉的风险，又称不可分散风险（Undiversifiable Risk）或市场风险（Market Risk）。系统风险主要由国家政策、宏观经济状况、国内政治以及国际政治经济等系统风险因素的变化引起，这些因素的变化会影响到绝大多数企业或资产的收益和价值。由于系统风险是由那些对经济全局产生影响的因素构成的，因此不可能通过持有大量资产的办法分散掉。但是，系统风险因素对不同企业、不同资产的影响并不相同。

（二）非系统风险

非系统风险（Unsystematic Risk）是指资产风险中可以通过投资组合分散掉的风险，又称可分散风险（Diversifiable Risk）或个别风险（Unique Risk）。非系统风险因素只影响个别企业或少数企业，由每个企业自身的经营状况和财务状况决定，不会影响其他企业。非系统风险由经营风险和财务风险组成。经营风险是指某个企业或投资项目的经营条件发生变化，从而对企业盈利能力和资产价值产生影响的风险。比如，由于原材料供应地的政治经济情况变动，运输路线改变，原材料价格变动，新材料、新设备的出现等因素带来供应方面的风险；原料的供应和价格、工人和机器的生产率、工人的工资和奖金等不肯定因素会产生生产成本方面的风险；设备故障、产品发生质量问题、新技术的出现等会带来生产技术方面的风险；市场需求、市场价格、企业可能生产的数量等不确定，尤其是竞争使产销不稳定，加大了销售方面的风险等。财务风险是指企业因借入资金而增加股东收益的不确定性。

（三）风险分散化

通过增加组合中资产的个数来减弱和消除资产的个别风险对投资组合收益的影响幅度称为风险分散。风险分散的根本原因在于资产组合的方差项中个别风险的影响在资产数目趋于无穷时趋于零，而风险不可能完全消除（系统风险存在）的根本原因在于资产组合的方差项中的协方差项在资产数目趋于无穷大时不趋于零，从而使得资产组合的方差趋于各资产之间的协方差。

资产组合的风险分散效应，可以从资产组合收益率方差和标准差的计算公式中推导出来。由 n 项资产组成的资产组合的方差公式为：

$$\mathrm{Var}_P = \sum_{i=1}^{n}W_i^2\sigma_i^2 + \sum_{i=1}^{n}\sum_{j=1}^{n}W_iW_j\sigma_i\sigma_j\rho_{ij}$$
$$= \sum_{i=1}^{n}W_i^2\sigma_i^2 + \sum_{i=1}^{n}\sum_{j=1}^{n}W_iW_j\mathrm{Cov}\left(R_i,R_j\right)$$

其中，第一项只与各单项资产的收益率方差有关，反映了单项资产各自的收益率波动状况，为非系统风险；第二项与不同资产的收益率协方差有关，反映了各项资产收益率的相关性和共同运动，为系统风险。设投资者进行等比例投资，即 $W_t = 1/n, i = 1, 2, 3 \cdots n$，则有

$$\mathrm{Var}_P = \sum_{i=1}^{n}\left(\frac{1}{n}\right)^2 \sigma_i^2 + \sum_{i=1}^{n}\sum_{j=1}^{n}\left(\frac{1}{n}\right)^2 \sigma_i \sigma_j \rho_{ij}$$

$$= \left(\frac{1}{n}\right)^2 \sum_{i=1}^{n}\sigma_i^2 + \left(\frac{1}{n}\right)^2 \sum_{i=1}^{n}\sum_{j=1}^{n}\sigma_i \sigma_j \rho_{ij}$$

先考虑第一项，令 $\overline{\sigma}^2 = \frac{1}{n}\sum_{i=1}^{n}\sigma_i^2 t$，$\overline{\sigma}^2$ 代表 n 资产收益率方差的平均值，则：

$$\left(\frac{1}{n}\right)^2 \sum_{i=1}^{n}\sigma_i^2 = \frac{1}{n}\overline{\sigma}^2$$

显然，当 $n \to \infty$ 时，$\frac{1}{n}\overline{\sigma}^2 \to 0$。这表明，当资产组合中的资产数目增多时，组合收益率中的非系统风险将逐渐消失。

第二项为系统风险。用表示所有资产收益率协方差的平均值，则第二项变为

$$\left(\frac{1}{n}\right)^2 \sum_{i=1}^{n}\sum_{j=1}^{n}\sigma_i \sigma_j \rho_{ij} = \frac{n^2-n}{n^2}\overline{\mathrm{Cov}} = \left(1-\frac{1}{n}\right)\overline{\mathrm{Cov}}$$

当 $n \to \infty$ 时，$\left(1-\frac{1}{n}\right) \to 1$。假设平均协方差不随 n 变化，那么，随着投资组合中的资产数目增加，协方差项并不趋于零，而是趋于其平均值。平均协方差代表了所有资产收益率的共同运动趋势，反映了系统风险。

对投资者来说，可以通过多元化投资和增加投资项目来分散风险，但只能分散非系统风险，不能消除系统风险。因此，希望通过多元化投资来消除所有风险是不可能的。另外，当投资组合中的资产数目比较少时，增加资产数目能显著提高风险分散的效果。当投资组合中的资产数目比较多时，继续增加资产数目，对提高风险分散效果的作用会逐渐减弱。一般来讲，当投资组合中的资产数目增加到 15～20 个时，绝大部分非系统风险都已被消除，继续增加资产数目对降低非系统风险已没有太大意义。

一个市场分散风险的能力取决于市场上所有证券的收益率之间的相关性。市场上不同证券收益率的相关性越大，则该市场的风险分散效应越差；市场上不同证券的收益率之间的相关性越小，则该市场的风险分散效果越好。

通过构建投资组合来分散风险的做法主要适用于证券投资。企业若希望通过投资多项无关的业务来分散风险，效果可能会适得其反。这是因为，证券投资组合具有以下两个特点：一是证券投资的交易费用很低。投资者可以用很低的交易成本购入多种证券，同时也可以用很低的交易成本更换投资组合中的证券。二是证券投资者本人不直接参与证券企业的生产经营活动。因此，尽管证券投资者可能同时持有十几个乃至几十个公司发行的证券，但不存在经营方向过多，人力、财力和物力不足的问题。然而，当企业经营者希望通过业务多元化来分散风险时，证券投资的上述两个特点都不复存在。首先，企业的每一项业务都需要较高的投入，当企业因为业务选择失误而变更业务时，通常要付出巨大的成本。其次，企业需要经营自己投资的每一项业务，由于企业所能利用的资源有限，当投资项目的

数量和行业过多（这是通过投资组合分散风险的必要条件）时，必然会导致人力、财力和物力的紧张与不足，甚至导致经营失败。

第五节　资本资产定价模型

资本资产定价模型是基于风险资产的期望收益均衡基础上的预测模型，由 Willian Sharpe 创立。

CAPM 模型对于证券资产的风险和期望收益之间的关系给出了精确的预测。该模型将资产（通常指证券投资）的期望收益划分为无风险收益和风险收益，并将资产的风险分为系统风险和非系统风险，提出投资的分散化只能消除非系统风险，而不能消除系统风险。因此，测度单项资产风险的正确方法是评价它对整个资产组合收益变动的影响，系数是测度这一风险的工具。当资本市场处于均衡状态时，资产的期望收益与风险也处于均衡状态，最终以精确的公式描述出了单项资产的期望收益与风险之间的关系。

一、资本资产定价模型

（一）资本资产定价模型的基本假设

CAPM 模型的基本假设如下：

①市场中存在大量投资者，每个投资者的财富相对于所有投资者的财富总和来说是微不足道的。投资者是价格的接受者，单个投资者的交易行为对证券价格不产生影响。

②所有投资者都在同一证券持有期计划自己的投资行为。这种行为是短视的，因为它忽略了在持有期结束的时间点上发生任何事件的影响，短视行为通常是非最优行为。

③投资者投资范围仅限于公开金融市场上交易的资产，譬如股票、债券、借入或贷出无风险资产等，并且投资者可以固定的利率借入或贷出任何额度的无风险资产。

④不存在证券交易费用（佣金和服务费用）及赋税。实际生活中，不同的税收级别直接影响到投资者对投资资产的选择。另外，实际中的交易会发生费用支出，交易费用依据交易额度的大小和投资者的信誉度而不同。

⑤所有投资者均是理性的，追求投资资产组合的方差最小化，这意味着他们都采用了 Markowitz 的资产组合选择模型。

⑥所有投资者对证券的评价以及对经济局势的看法均一致。因此，投资者对于有价证券回报率的概率分布预期是一致的。也就是说，无论证券价格如何，所有投资者的投资顺序均相同，这符合 Markowitz 模型。依据 Markowitz 模型，给定一系列证券的价格和无风险利率，所有投资者的期望收益与协方差相等，从而产生了风险资产组合的

有效边界，以及唯一的最优风险资产组合。这一假设也被称为同质预期（Homogeneous Expectations）假设。

显然，这些都是非常严格的假设条件，在真实的资本市场中并不能完全实现。然而，在后面的学习中可以知道，即使违背一个或多个（但不是所有的）假设条件，资本资产定价模型的基本预测仍然适用。

（二）β系数

1. 单个证券资产的β系数

我们已经知道，资产的全部风险可分为系统风险与非系统风险。非系统风险可以通过资产组合分散掉，系统风险则无法通过分散化消除。因此，对于一个投资组合来说，重要的是组合收益率的风险，而不是其中每一资产的个别风险。当投资者考虑是否要在已有的投资组合中加入新资产时，应该重点考虑新资产对投资组合系统风险的贡献。

每一资产的系统风险可以用其系数来衡量。系数定义为某个资产的收益率同市场组合收益率之间的相关性，它反映了个别资产收益的变化与市场上全部资产平均收益变化的关联程度，即相对于市场全部资产平均风险水平来说，一项资产所包含的系统风险的大小。即：

$$\beta = \frac{\text{个别资产对市场组合系统风险的贡献}}{\text{市场组合的系统风险水平}}$$

计算公式可以表述为：

$$\beta_i = \frac{\text{Cov}(R_i,\ R_M)}{\sigma_M^2}$$

式中：β_i为第i项资产的β系数；

　　　$\text{Cov}(R_i, R_M)$为第i项资产的收益率同市场资产组合收益率之间的协方差；

　　　σ_M^2为市场资产组合收益率的方差。

系数可以用来度量资产的收益率相对于市场组合收益率变化的敏感性。如果$\beta = 0.5$，那么该资产的系统风险只相当于市场组合风险的一半。换句话说，如果市场组合的风险报酬上升10%，该资产的风险报酬只上升5%；如果市场组合的风险报酬下降10%，该资产的风险报酬也只下降5%。如果$\beta = 2$，那么该资产的系统风险相当于市场组合风险的两倍。如果市场组合的风险报酬上升10%，该资产的风险报酬将上升20%；而如果整个市场资产组合的风险报酬下降10%，该资产的风险报酬也将下降20%。

利用系数计算公式，不难发现市场组合的系数等于1：

$$\beta_M = \frac{\text{Cov}(R_M,\ R_M)}{\sigma_M^2} = \frac{\sigma_M^2}{\sigma_M^2} = 1$$

估计 β 系数需要数据支持，一般来讲，只有交易活跃的证券类资产，如上市公司股票，才能直接估计其 β 系数。尽管如此，由于上市公司股票代表公司的投资价值，通过对股票 β 系数的估计，可以了解股票的风险大小，这对股票投资具有重要意义。同时，这些 β 系数还间接反映了公司所处行业的风险状况，对企业选择投资方向、判断风险大小有一定的指导意义。在国内外，有专业的咨询机构估计并公布上市公司股票的 β 系数。

2. 投资组合的 β 系数

投资组合的 β 系数等于组合中各单项资产的贝塔系数的加权平均，权重为单项资产在投资组合中的投资比例。

$$\beta_P = \sum_{i=1}^{n} W_i \beta_i$$

式中：β_P 为投资组合 P 的 β 系数；

W_i 为投资组合 P 中资产 i 的投资比例；

β_i 为资产 i 的 β 系数。

【例 4-9】某投资者持有一个由 4 项资产构成的资产组合，各单项资产占整个资产组合的权重分别为 10%、20%、30%、40%，β 系数依次为 0.8、0.9、1.1 和 1.2。请问：

（1）整个资产组合的系数是多少？

（2）若将组合中 $\beta = 1.2$ 的一项资产换为 $\beta = 0.7$ 的一项资产，各资产权重不变，则整个资产组合的 β 系数是多少？

解：（1）$\beta_P = 10\% \times 0.8 + 20\% \times 0.9 + 30\% \times 1.1 + 40\% \times 1.2 = 1.07$

（2）$\beta_P = 10\% \times 0.8 + 20\% \times 0.9 + 30\% \times 1.1 + 40\% \times 0.7 = 0.87$

（三）资本资产定价模型的推导

我们现在重新构建一个投资组合，它由一项权重为 W 的风险资产 i 和权重为（$1-W$）的市场组合构成，则该投资组合的期望收益率和标准差分别为

$$\sigma_P = \frac{E(R_P) = WE(R_i) + (1-W)E(R_M)}{\sqrt{W^2 \sigma_i^2 + (1-W)^2 \sigma_M^2 + 2W(1-W)\mathrm{Cov}(R_i, R_M)}}$$

针对上等式对 W 求偏导数：

$$\frac{\partial E(R_P)}{\partial W} = E(R_i) - E(R_M)$$

$$\frac{\partial E(R_P)}{\partial W} = \frac{2W\sigma_i^2 - 2\sigma_M^2 + 2W\sigma_M^2 + 2\mathrm{Cov}(R_i, R_M) - 4W\mathrm{Cov}(R_i, R_M)}{2\sqrt{W^2 \sigma_i^2 + (1-W)^2 \sigma_M^2 + 2W(1-W)\mathrm{Cov}(R_i, R_M)}}$$

在以上求导的两式中，当市场均衡时，$W \to 0$，则：

$$\left.\frac{\partial E(R_P)}{\partial W}\right|_{W=0} = E(R_i) - E(R_M)$$

$$\left.\frac{\partial_P}{\partial W}\right|_{W=0} = \frac{-2\sigma_M^2 + 2\text{Cov}(R_i, R_M)}{2\sqrt{\sigma_M^2}} = \frac{\text{Cov}(R_i, R_M) - \sigma_M^2}{\sigma_M}$$

均衡状态下切入点 M，如图 4-7 的斜率为：

$$\left.\frac{\partial E(R_P)/\partial W}{\partial_P/\partial W}\right|_{W=0} = \frac{E(R_i) - E(R_M)}{\left[\text{Cov}(R_i, R_M) - \sigma_M^2\right]/\sigma_M}$$

该切点的斜率应等于资本市场线的斜率，而资本市场线的斜率为 $\dfrac{E(R_M) - R_f}{\sigma_M}$，故：

$$\frac{E(R_i) - E(R_M)}{\left[\text{Cov}(R_i, R_M) - \sigma_M^2\right]/\sigma_M} = \frac{E(R_M) - R_f}{\sigma_M}$$

整理后得：

$$E(R_i) = R_f + \frac{\text{Cov}(R_i, R_M)}{\sigma_M^2}\left[E(R_M) - R_f\right]$$

因为 $\beta_i = \dfrac{\text{Cov}(R_i, R_M)}{\sigma_M^2}$，故：

$$E(R_i) = R_f + \beta_i\left[E(R_M) - R_f\right]$$

这一公式即为资本资产定价模型。式中的 $\left[E(R_M) - R_f\right]$ 被称为市场风险溢价，它表明投资者市场投资组合而不是无风险资产所要求的额外补偿。

将资本资产定价模型用图表示如图 4-8 所示。

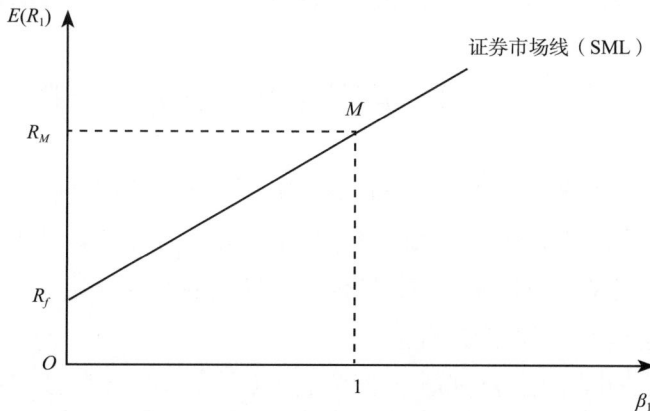

图4-8　资本资产定价模型

在图 4-8 中，期望收益率位于 Y 轴，系数（而不是标准差）位于 X 轴。资本资产定价模型所描绘的是从点 R_f 右侧开始并向右上延伸经过市场组合 M 的直线，该直线被称为证券市场线（Security Market Line，SML）。证券市场线的起点为无风险收益率 R_f，即 β 为 0 的期望收益率；从该点向右上角延伸，表示投资收益率随着风险程度的增加而增加，反映证券投资收益率和证券投资风险之间的"均衡"关系；市场投资组合的 β 等于 1，它表现为 M 点，相应的投资收益率为 $E(R_M)$。

【例 4-10】假设我国市场中的无风险利率是 2.00%，股票市场的风险溢价为 6.00%，深万科 A（000002）的 β 系数为 1.05，中国联通（600050）的 β 系数为 0.90，则投资者投资于深万科 A 和中国联通的期望收益率各是多少？

解析：根据资本资产定价模型，股票市场的风险溢价为 6.00%，即 $[E(R_M)-R_f]=6.00\%$，则：

深万科 A 的期望收益率为：

$$E(R_S)=R_f+\beta_S\left[E(R_M)-R_f\right]$$
$$=2.00\%+1.05\times6.00\%=8.30\%$$

中国联通的期望收益率为：

$$E(R_Z)=R_f+\beta_Z\left[E(R_M)-R_f\right]$$
$$=2.00\%+0.90\times6.00\%=7.40\%$$

从证券市场线可以看出，某个证券（或某个证券投资组合）的风险、期望收益率与市场组合的风险及其期望收益率的关系为：

①当 $\beta=1$ 时，该证券的风险与市场投资组合的风险相同，该证券的期望收益率与市场投资组合的收益率相一致。

②当 $\beta<1$ 时，该证券的风险小于市场投资组合的风险，该证券的期望收益率也小于市场收益率。

③当 $\beta>1$ 时，该证券的风险大于市场投资组合的风险，该证券的期望收益率也大于市场收益率。

证券市场线上各点所代表的证券投资收益率实际上是风险调整收益率，反映投资者承担风险的程度。证券市场线会随着无风险收益率水平和全部投资者对风险的态度的变动而变动。投资者不愿承担风险的程度越高，则证券市场线的坡度越陡，证券投资的风险收益越高，证券投资的期望收益率也就越高。

证券市场线和资本市场线虽然都通过市场组合点（0，R_f），但是其存在着明显的区别：

①资本市场给出的是市场组合与无风险证券构成的组合的有效集，任何资产（组合）的期望收益不可能高于资本市场。

②证券市场线给出的是单个证券或者组合的期望收益，它是一个有效市场给出的定价，但实际证券的收益可能偏离证券市场线。

二、套利定价理论

资本资产定价模型是一系列假设的衍生物，其贡献在于它揭示了资本资产风险与收益的均衡关系，然而由于其过于严格的假设，使得 CAPM 在实际运用中存在着一些局限性。在现实世界中，影响资产或者资产组合收益率的因素有很多，除了 CAPM 涉及的市场因素外，通货膨胀、国内生产总值、利率水平等都会对期望收益产生影响。因此，构建在单因素或称为单指数基础上的资本资产定价模型受到了挑战美国经济学家罗斯在 1976 年首先导出了套利定价理论（Arbitrage Pricing Theory，简称 ART）。

套利定价理论建立在比 CAPM 更少且更合理的假设之上，同样直观和简单，但却基于完全不同的思路。套利定价理论主张任何资产的收益率是由多个宏观经济因素影响的，包括一系列产业和市场方面的因素。

（一）套利定价模型

（1）套利定价模型表述

套利定价理论认为证券收益率的形成与一组基本因素有关，但套利定价理论没有说明对于决定证券收益率非常重要的因素的数量和类型。其中一个显然比较重要的因素是市场影响力，但是关于哪些因素还应该包括进来以补充综合的市场影响力，或者当模型中没有出现综合市场因素时将用哪些因素来替代，它还没有达成一致意见。

实践中一般用有关指数来代表形成证券收益率的一些基本因素，即建立多指数模型。多指数模型用能够解释超市场影响的附加指数来扩展单指数模型。

假设决定证券收益的系统因素有 M 个，记作 $F_j, j = 1, 2 \cdots m$。证券的收益率可以表示成：

$$R_i = R_f = \beta_{i1}\left(R_{F1} - R_f\right) + \beta_{i2}\left(R_{F2} - R_f\right) + \cdots + \beta_{im}\left(R_{Fm} - R_f\right) + \varepsilon_i$$

这就是套利定价模型。其中，R_f 为无风险利率，R_m 表示第 j 个因素的收益率，$\left(R_{Fj} - R_f\right)$ 表示其风险报酬。β_{ij} 称为因素贝塔系数，表示证券 i 的第 j 个因素系统风险的大小。ε_i 是噪声项，其期望值为 0。假设因素与噪声项满足下述条件：

①不同因素之间相互独立。

②每个因素和噪声项之间相互独立。

③不同证券的噪声项之间相互独立。

套利定价模型表明，证券的风险包括两部分：一部分是系统风险，源于多个因素的变化。因为这些因素影响所有证券的收益，因此它们的波动产生的风险为系统风险。另一部分是非系统风险，来源于噪声项的波动。在上述条件下，每一个噪声项只影响一种证券，与其他证券的收益率无关，因此，噪声项是非系统风险。

需要注意的是，APT 本身没有告诉我们存在哪些系统因素。学术界常常从宏观经济指标和行业指标中探寻系统因素。在多因素模型中，在 CAPM 中居核心地位的市场指数可能是其中一个系统因素，也可能不是。例如，Chen、Roll 和 Ross（1986）提出的五因素模型就不包括市场指数，这五个系统因素是：

①行业生产增长率。

②预期的通货膨胀率。

③未预期的通货膨胀率。

④未预期的、长期公司债券与长期国债的收益率之差的变化。

⑤未预期的、长期国债与短期国债的收益率之差的变化。

在 APT 框架下构建多因素模型来估计证券收益率的关键是找到一组合适的系统因素，这常常需要借助相对复杂的计量经济学方法。

套利定价模型是资本资产定价模型的扩展。如果假设市场组合是形成证券收益率的单一因素，且显示了风险——收益率的最终形式，那么这时套利定价理论和资本资产定价模型是相同的。正是由于单指数模型仅仅考虑了市场风险，而忽视了超市场风险，将超市场风险视为可分散风险，因此，单指数模型低估了投资组合总风险，自然也低估了投资组合中可分散风险或者说高估了分散化水平。

（2）套利定价理论的假设条件

套利定价模型有以下假设：

①投资者具有相同的预期。

②投资者回避风险，实现效用最大化。

③市场是完全的，因此，对交易成本等因素都不做考虑。

与资本资产定价模型不同的是，套利定价理论没有以下假设：

①单一投资期。

②不存在税收的问题。

③投资者能以无风险利率自由地借入和贷出资金。

④所有投资者均采用 Markowitz 的资产组合选择模型构建投资组合。

就现有研究成果来看，CAPM 与 AFT 各有千秋。在实务界，CAPM 更受青睐。

（二）FF 三因素模型

金融学家通过实证分析发现，小公司股票和价值型股票（账面价值与市场价值之比较高的股票）具有较高的收益率。在此基础上，Fama 和 French 提出了决定股票收益的 FF 三因素模型。他们用市场因素、公司规模因素以及股票账面价值与市场价值之比（简称账面——市值比）因素来解释股票收益。具体来说，FF 三因素模型是

$$R_i = R_f + \beta_{im}\left(R_M - R_f\right) + \beta_{iS} \cdot SMB + \cdots + \beta_{iH} \cdot HML + \varepsilon_i$$

式中：R_m 表示市场组合的收益率；

SMB 表示小公司股票的收益率减去大公司股票的收益率；

HML 表示"账面——市值比"较高的股票与"账面——市值比"较低的股票的收益率之差。

形式上，FF 三因素模型似乎属于 APT，然而，它一般被归入实证模型的范畴。现有实证结果说明 FF 三因素模型比 CAPM 能更好地解释股票收益率，因此获得了更广泛的应用。但是 FF 三因素模型存在固有的局限性，即它缺少一个坚实的理论基础。在 APT 模型中，解释股票收益的因素是系统因素。然而，在 FF 三因素模型中，除市场因素之外的两个因素：公司规模因素与"账面——市值比"因素是否属于系统因素，学术界尚无定论。迄今为止，没有一种令人信服的理论能够解释为什么这两个因素是驱动股票价格运动的基本力量。

本章小结

本章主要讨论投资风险与收益之间的关系。

对于独立的单项风险资产而言，标准差（或方差）被用来衡量单项资产的风险。

当两项资产的期望收益相同时，应该选择标准差较小的资产；当标准差相同时，应当选择期望收益较高的资产；当两项资产的期望收益和标准差均不同时，应采用变异系数来衡量，选择变异系数较小的资产。

相对于单项资产，投资者更倾向于持有投资组合。构建资产组合能够分散掉单项资产的全部或大部分非系统风险。对于两项风险资产构成的投资组合，相关系数和投资比例共同决定了组合的可行集与有效集。在资产比例一定的情况下，两种资产的相关系数越小，机会集曲线就越弯曲，风险分散化效应也就越强。由于能够通过构建多种风险资产的组合维持原有期望收益，同时降低风险，所以多种风险资产组合要优于两种风险资产组合。多种风险资产组合的可行集是一个平面，而其中有效集（Markowitz 有效边界）中的点的期望收益高于同等风险下的其他点，因此所有投资者只会选择 Markowitz 有效边界中的点所代表的投资组合。而具体选择有效边界中的哪一点，则取决于投资者的风险承受能力。Markowitz 有效边界反映的是风险资产组合策略。

在风险资产组合中加入无风险资产后所构成的新的投资组合中，其有效集即为资本市场线。资本市场线上的点比同等风险下 Markowitz 有效边界上的点具有更高的期望收益，因此资本市场线上的点才是最优投资组合。

在市场均衡条件下，资本资产定价模型对于证券资产的风险与期望收益之间的关系出了精确的预测，是现代资产定价理论的基石。

套利定价模型是对资本资产定价模型的拓展。FF 三因素模型在实务中得到更广泛的运用，但存在固有的局限性。

基本训练

1. 试述可分散风险的含义及其形成原因。

2. 简述不可分散风险的含义及其形成原因。

3. 简述经营风险与财务风险的含义及形成原因。

4. 某企业有甲、乙两个项目，计划投资额均为 1000 万元，其收益率的概率分布如表 4-10 所示。

表4-10　甲、乙项目收益率的概率分布

市场状况	概率	甲项目	乙项目
好	0.3	20%	30%
一般	0.5	10%	10%
差	0.2	5%	−5%

要求：

（1）分别计算甲乙两个项目收益率的期望值。

（2）分别计算甲乙两个项目收益率的标准差、标准离差率。

5. 某投资者手中拥有 100 万元的资金，用于投资购买债券；其中 40 万元购买了政府债券，预期收益率为 6%；余下的 60 万元购买了甲公司的债券，预期收益率为 13%，方差为 2.5。

要求：

（1）计算该投资者的投资组合的预期收益率。

（2）计算该投资组合的风险。

6. 有证券 1 和证券 2，已知它们的预期收益率分别为 0.10 和 0.12，标准差分别为 0.07 和 0.09。预期收益率之间的相关系数为 −1.0。找出风险为零的投资组合。

案例分析

诺基亚公司的风险与风险管理

1998 年，当时全球唯一供应芯片的菲利普的欧洲芯片厂因失火导致作为手机主板上必不可少的芯片的供货几乎中断。情况万分危急。作为主要手机生产商的诺基亚公司立即采取了行动：CEO 亲自飞抵该制造厂，将仅有的库存拿了下来，并且获得了其恢复生产后对诺基亚公司优先供货的保证；而同样对这件事情的不同处理，使当时手机行业最著名的爱立信公司永远退出了手机制造业……

现代公司无一不是把追求股东价值最大化作为自己的最高目标和企业生存的宗旨。但是大多数公司都在全力以赴地提高公司营业额和利润，却忽略了从努力降低企业风险也是扩大股东价值的重要一环。

商业决策和投资总是与冒险相伴而行，有些企业家因为敢于冒险、抓住机遇缔造了辉煌业绩；而企业管理则不然，它的假设前提是"两鸟在林不如一鸟在手"，保证稳健运营才是制胜的关键。

然而，商业经营永远处于种种威胁的群狼环伺之中：计算机故障、火灾、环境污染、财务欺诈、决策失误、产品被迫召回等，风险就像惊涛骇浪的经济海洋中扑朔迷离、变幻莫测的层层迷雾，它使航行于其中的我们时刻感到危机四伏、险象环生。对此，海尔总裁张瑞敏有一句话"永远战战兢兢，永远如履薄冰"是对现在市场竞争环境下企业要想生存不得不谨慎应对风险的心态的精辟总结。

1.解读风险管理

处理风险需要大智慧。怎样界定你的商业经营中哪些是最重要的危险；如何减少这些危险发生的几率；如果真的发生的话，又该如何把危险的影响控制在最低限度之内是非要有大智大勇不可的。

商业风险范围很广，这里只讨论纯粹风险。纯粹风险管理的本质是将未来不确定的损失以最经济的方式转变为现实的成本，我们今天探讨的诺基亚公司关于纯粹风险管理的案例将揭示这个如此简单的道理是如何通过最科学有效的管理手段来实施的。

"风险"这个词，在诺基亚被认为是那些会导致经营目标（包括短期和长期的经营目标）受损的相关风险。由于诺基亚公司控制企业经营的风险出发点非常明确——为股东创造最大价值，因此，根据股东价值模型：股东价值＝公司利润/公司风险，即利润越高，股东价值越大；风险越大，股东价值越小。如果企业管理者进行了很好的风险管理和控制，风险可以转化为成本，那么在这种情况下，股东价值＝公司利润。

基于此，诺基亚的风险管理目标就是：通过减少纯粹风险的成本而使股东的商业价值最大化；通过风险管理，确保企业在任何情况下都能将经营继续下去。为实现这个目标，诺基亚确立了清晰的风险管理理念："公司有责任采取有效的风险管理措施（作为核心管理能力之一）支持公司完成其价值目标。"

由于风险管理并不是一个独立的程序或者行动，而是融于日常商业交易和管理活动实践中的。因此，诺基亚公司在其《风险管理政策》中清楚地描述了风险与风险管理措施应用于实际工作的指导方针，具体原则如下：

①通过采用最基本的、系统的方法，管理来自商业交易活动支持平台和运作流程中的各种风险。

②风险管理是诺基亚公司的管理层和所有员工的基本责任，包括对自己职责和经营范围内可预见的风险，有责任（并且是作为风险管理的第一责任人）提醒他人和管理层注意。

③积极地预见和管理风险，在机会中获取直接的利益并管理潜在的危险。

2.驾驭风险管理

实际上，在具体讨论如何管理风险之前，有一件事情必须明确，那就是一个公司的风险偏好。如果不知道管理层可以容忍多大的风险存在，就无法行动。风险管理者就是要在管理层给出的风险偏好的基础上，在平衡风险管理成本和承担风险所受的损失中给出原则以及具体措施和行动方案。

诺基亚公司对于风险的偏好容忍度是：对于商业活动本身存在的内在风险，诺基亚是准备接受风险并获取最大的回报，理解并利用、管理和化解那些已经风险化的事件中不利的影响。而在下列方面，公司是厌恶风险的：影响人身安全的；危及公司的生存和关键资产的（比如商标）；会导致触犯法律法规的。在了解了公司风险偏好的基础上，诺基亚对风险实施了可能的应对措施。

技术上，诺基亚的风险管理平台由两部分组成——政策平台和系统平台。政策平台是关于组织与个人在处理风险中的原则、角色和责任的哲理体系；系统平台则是一系列在日常工作的流程与业务活动实践中贯彻风险政策的做法和工具。系统平台的内容包括程序、参与人以及改进与发展。

诺基亚风险管理的程序循环包括定义职责与实际操作、目标的审核、风险的识别、风险的分析、风险的管理、风险的监控六个步骤。以上六步循环过程定义了风险管理的任务和必须做的事情。在实践中，这个流程被用作完成风险管理任务的指导和参照的模型，它由业务与信息的流程、参与风险管理的员工角色定义、完成风险管理的方针以及好的实例或者说榜样等要素组成。

3.让风险管理落地

为了实现上述活动与目标，在诺基亚公司，除了最基础的管理工作保证了全员参与并实现其风险管理思想外，最有价值的一环就是将这些战略、要求和体系落地的工具。其风险管理方面的工具包括政策、理念、流程、工具以及参与的人构成了风险管理的系统性架构，诺基亚公司通过其创新的风险管理理念和完备的控制手段，真正为股东实现了价值。之所以能够做到这一点，绝对不是诺基亚领导人头脑中一时的灵光闪现，而是其多年来风险管理体系发挥的作用。此外，诺基亚风险管理中另一个值得我们借鉴的地方是其完善的风险管理和应急机制并没有耗费过多的成本，也没有庞大的风险管理部门来支撑这项业务。它的成功之处在于将其风险管理的意识和政策灌输落实到了每个管理者和员工的心里并融于日常工作中。这个做法与 ISO 9000 的全员质量管理思想是完全一致的。

（资料来源：摘自博文《诺基亚纯粹风险管理》，载于 2005 年第 8 期《首席财务官》。）

思考题：

何谓风险？诺基亚公司风险管理的"亮点"有哪些？

筹资篇

第五章　筹资概论

【学习目标】

1. 熟悉筹资的概念和种类。
2. 熟悉各种筹资渠道和方式。
3. 理解筹资渠道和筹资方式的关系。
4. 掌握资金需要量预测的基本方法。

第一节　企业筹资概述

一、企业筹资的含义与动机

（一）企业筹资的含义

企业筹资是指企业作为筹资主体，根据其生产经营、对外投资和调整资本结构等需要，通过筹资渠道和金融市场，运用筹资方式，经济有效地筹措和集中所需资金的活动。

（二）企业筹资的动机

企业筹资最基本的目的，是为了企业经营的维持和发展，为企业的经营活动提供资金保障，但每次具体的筹资行为，往往受特定动机的驱动。如为提高技术水平购置新设备而筹资；为对外投资活动而筹资；为产品研发而筹资；为解决资金周转临时需要而筹资等。归纳起来，主要有以下几类筹资动机：

1. 创立性筹资动机

创立性筹资动机，是指企业设立时，为取得资本金并形成开展经营活动的基本条件而产生的筹资动机。资金，是设立企业的第一道门槛。根据我国《公司法》《合伙企业法》《个人独资企业法》等相关法律的规定，任何一个企业或公司在设立时都要求有符合企业章程或公司章程规定的全体股东认缴的出资额。企业创建时，要按照企业经营规模预计长期资本需要量和流动资金需要量、购建厂房设备等，安排铺底流动资金，形成企业的经营能力。这样，就需要筹措注册资本和资本公积等股权资金，不足部分需要筹集银行借款等债务资金。

2. 支付性筹资动机

支付性筹资动机，是指为了满足经营业务活动的正常波动所形成的支付需要而产生的筹资动机。企业在开展经营活动过程中，经常会出现超出维持正常经营活动资金需求的季节性、临时性的交易支付需要，如原材料购买的大额支付、员工工资的集中发放、银行借款的偿还、股东股利的发放等。这些情况要求除了正常经营活动的资金投入以外，还需要通过经常的临时性筹资来满足经营活动的正常波动需求，维持企业的支付能力。

3. 扩张性筹资动机

扩张性筹资动机，是指企业因扩大经营规模或满足对外投资需要而产生的筹资动机。企业维持简单再生产所需要的资金是稳定的，通常不需要或很少追加筹资。一旦企业扩大再生产，经营规模扩张、开展对外投资，就需要大量追加筹资。具有良好发展前景、处于成长期的企业，往往会产生扩张性的筹资动机。扩张性的筹资活动，在筹资的时间和数量上都要服从于投资决策和投资计划的安排，避免资金的闲置和投资时机的贻误。扩张性筹资的直接结果，往往是企业资产总规模的增加和资本结构的明显变化。

4. 调整性筹资动机

调整性筹资动机，是指企业因调整资本结构而产生的筹资动机。资本结构调整的目的在于降低资本成本，控制财务风险，提升企业价值。企业产生调整性筹资动机的具体原因大致有二：一是优化资本结构，合理利用财务杠杆效应。企业现有资本结构不尽合理的原因有：债务资本比例过高，有较大的财务风险；股权资本比例较大，企业的资本成本负担较重。这样可以通过筹资增加股权或债务资金，达到调整、优化资本结构的目的。二是偿还到期债务，债务结构内部调整。如流动负债比例过大，使得企业近期偿还债务的压力较大，可以举借长期债务来偿还部分短期债务。又如一些债务即将到期，企业虽然有足够的偿债能力，但为了保持现有的资本结构，可以举借新债以偿还旧债。调整性筹资的目的是调整资本结构，而不是为企业经营活动追加资金，这类筹资通常不会增加企业的资本总额。

5. 混合性筹资动机

在实务中，企业筹资的目的可能不是单纯和唯一的，通过追加筹资，既满足了经营活动、投资活动的资金需要，又达到了调整资本结构的目的，可以称为混合性筹资动机。如企业对外产权投资需要大额资金，其资金来源通过增加长期贷款或发行公司债券解决，这种情况既扩张了企业规模，又使得企业的资本结构有较大的变化。混合性筹资动机一般是基于企业规模扩张和调整资本结构两种目的，兼具扩张性筹资动机和调整性筹资动机的特性，同时增加了企业的资产总额和资本总额，也导致企业的资产结构和资本结构同时变化。

二、筹资的分类

企业采用不同方式所筹集的资金，按照不同的分类标准可分为不同的筹资类别。

（一）股权筹资、债务筹资及衍生工具筹资

按企业所取得资金的权益特性不同，企业筹资分为股权筹资、债务筹资及衍生工具筹资三类。

股权资本，是股东投入的、企业依法长期拥有、能够自主调配运用的资本。股权资本在企业持续经营期间，投资者不得抽回，因而也称为企业的自有资本、主权资本或权益资本。股权资本是企业从事生产经营活动和偿还债务的基本保证，是代表企业基本资信状况的一个主要指标。企业的股权资本通过吸收直接投资、发行股票、内部积累等方式取得。股权资本一般不用偿还本金，形成了企业的永久性资本，因而财务风险小，但付出的资本成本相对较高。

股权资本，包括实收资本（股本）、资本公积、盈余公积和未分配利润。其中：实收资本（股本）和其溢价部分形成的资本公积，是外部投资者原始投入的；盈余公积、未分配利润和部分资本公积，是原始投入资本在企业持续经营中形成的经营积累。通常，盈余公积、未分配利润共称为留存收益。股权资本在经济意义上形成了企业的所有者权益。所有者权益是指投资者在企业资产中享有的经济利益，其金额等于企业资产总额减去负债后的余额。

债务资本，是企业按合同向债权人取得的，在规定期限内需要清偿的债务。企业通过债务筹资形成债务资金，债务资金通过向金融机构借款、发行债券、融资租赁等方式取得。由于债务资金到期要归还本金和支付利息，债权人对企业的经营状况不承担责任，因而债务资金具有较大的财务风险，但付出的资本成本相对较低。从经济意义上来说，债务资金是债权人对企业的一种投资，债权人依法享有企业使用债务资金所取得的经济利益，因而债务资金形成了企业的债权人权益。

永续债，是一种没有明确到期日或者期限非常长，投资者不能在一个确定的时间点得到本金，但是可以定期获取利息的债券。永续债与普通债券的主要区别在于：第一，不设定债券的到期日。第二，票面利率较高，据统计，永续债的利率主要分布在 5% ~ 9%，远远高于同期国债收益率。第三，大多数永续债的附加条款中包括赎回条款以及利率调整条款。永续债实质是一种介于债权和股权之间的融资工具。永续债是分类为权益工具还是金融负债，应把"是否能无条件避免交付现金或其他金融资产的合同义务"作为判断永续债分类的关键，结合永续债募集说明书条款，按照经济实质重于法律形式原则判断。目前，国内已发行的永续债债券类型主要有可续期企业债、可续期定向融资工具、可续期公司债、永续中票等。

衍生工具筹资，包括兼具股权与债务筹资性质的混合融资和其他衍生工具融资。我国

上市公司目前最常见的混合融资方式是可转换债券融资，最常见的其他衍生工具融资方式是认股权证融资。

（二）直接筹资与间接筹资

按是否借助于金融机构为媒介来获取社会资金，企业筹资分为直接筹资和间接筹资两种类型。

直接筹资是企业直接与资金供应者协商融通资金的筹资活动。直接筹资不需要通过金融机构来筹措资金，是企业直接从社会取得资金的方式。直接筹资方式主要有发行股票、发行债券、吸收直接投资等。直接筹资方式既可以筹集股权资金，也可以筹集债务资金。相对来说，直接筹资的筹资手续比较复杂，筹资费用较高；但筹资领域广阔，能够直接利用社会资金，有利于提高企业的知名度和资信度。

间接筹资是企业借助于银行和非银行金融机构而筹集资金。在间接筹资方式下，银行等金融机构发挥中介作用，预先集聚资金，然后提供给企业。间接筹资的基本方式是银行借款，此外还有融资租赁等方式。间接筹资形成的主要是债务资金，主要用于满足企业资金周转的需要。间接筹资手续相对比较简便，筹资效率高，筹资费用较低，但容易受金融政策的制约和影响。

（三）内部筹资与外部筹资

按资金的来源范围不同，企业筹资分为内部筹资和外部筹资两种类型。

内部筹资是指企业通过利润留存而形成的筹资来源。内部筹资数额大小主要取决于企业可分配利润的多少和利润分配政策，一般无须花费筹资费用。

外部筹资是指企业向外部筹措资金而形成的筹资来源。处于初创期的企业，内部筹资的可能性是有限的；处于成长期的企业，内部筹资往往难以满足需要，这就需要企业广泛地开展外部筹资，如发行股票、债券，取得商业信用、银行借款等。企业向外部筹资大多需要花费一定的筹资费用。

（四）长期筹资与短期筹资

按所筹集资金的使用期限不同，企业筹资分为长期筹资和短期筹资两种类型。

长期筹资是指企业筹集使用期限在1年以上的资金。长期筹资的目的主要在于形成和更新企业的生产和经营能力，或扩大企业生产经营规模，或为对外投资筹集资金。长期筹资通常采取吸收直接投资、发行股票、发行债券、长期借款、融资租赁等方式，所形成的长期资金主要用于购建固定资产、形成无形资产、进行对外长期投资、垫支铺底流动资金、产品和技术研发等。从资金权益性质来看，长期资金可以是股权资金，也可以是债务资金。

短期筹资是指企业筹集使用期限在1年以内的资金。短期资金主要用于企业的流动资产和资金日常周转，一般需要在短期内偿还。短期筹资经常利用商业信用、短期借款、保理业务等方式来筹集。

【应用案例5-1】

三川水表：银行贷款的"取舍术"

江西三川水表股份有限公司（以下简称"三川水表"）自2004年成立，在短短5年多时间内净资产增长6倍，截至2009年12月31日，合并报表净资产为18192.45万元。正是在这种高速发展过程中，三川水表逐渐找到了适合自己的融资模式——"舍长期借款而取流动负债"的融资方式。据了解，三川水表2007年年末、2008年年末、2009年年末的短期借款余额分别为3000万元、3000万元、2260万元，而同期的长期负债余额分别为0.300万元、804万元。三川水表不选择长期贷款而选择短期贷款等方式进行融资，原因在哪里呢？

三川水表财务总监童为民向《中国会计报》记者介绍说，三川水表不选择长期贷款而选择短期贷款等方式进行融资，一个重要原因就是后者"财务费用更为低廉"。从2007年开始进行银行短期借款融资以来，三川水表的财务费用一直不高：2007年年末财务费用为-5.37万元，2008年增至38.92万元，2009年变为79.08万元，而同期营业成本分别为19671.40万元、21059.36.万元、20829.86万元。

（资料来源：石海平.中国会计报，2010.5.21，A9.）

三、筹资管理的内容

筹资活动是企业资金流转运动的起点，筹资管理要求解决企业为什么要筹资、需要筹集多少资金、从什么渠道筹集、以什么方式筹集，以及如何协调财务风险和资本成本、合理安排资本结构等问题。

（一）科学预计资金需要量

资金是企业的血液，是企业设立、生存和发展的财务保障，是企业开展生产经营业务活动的基本前提。任何一个企业，为了形成生产经营能力、保证生产经营正常运行，必须持有一定数量的资金。在正常情况下，企业资金的需求来源于两个基本目的：满足经营运转的资金需要，满足投资发展的资金需要。企业创立时，要按照规划的生产经营规模，预计长期资本需要量和流动资金需要量；企业正常营运时，要根据年度经营计划和资金周转水平，预计维持营业活动的日常资金需求量；企业扩张发展时，要根据扩张规模或对外投资对大额资金的需求，安排专项的资金。

（二）合理安排筹资渠道、选择筹资方式

有了资金需求后，企业要解决的问题是资金从哪里来并以什么方式取得，这就是筹资渠道的安排和筹资方式的选择问题。

筹资渠道，是指企业筹集资金的来源方向与通道。一般来说，企业最基本的筹资渠道有两条：直接筹资和间接筹资。直接筹资，是企业通过与投资者签订协议或发行股票、债券等方式直接从社会取得资金；间接筹资，是企业通过银行等金融机构以信贷关系间接从社会取得资金。具体来说，企业的筹资渠道主要有：国家财政资本、银行信贷资本、非银行金融机构资本、其他法人资本、民间资本、企业内部资本、国外和我国港澳台地区资本、互联网金融等。

对于不同渠道的资金，企业可以通过不同的筹资方式来取得。筹资方式是企业筹集资金所采取的具体方式，企业筹资，总体来说是从企业外部和内部取得的，外部筹资是指从企业外部筹措资金，内部筹资主要依靠企业的利润留存积累。外部筹资主要有两种方式：股权筹资和债务筹资。股权筹资，是企业通过吸收直接投资、发行股票等方式从股东投资者取得资金；债务筹资，是企业通过向银行借款、发行债券、利用商业信用、融资租赁等方式从债权人取得资金。

安排筹资渠道和选择筹资方式是一项重要的财务工作，直接关系到企业所能筹措资金的数量、成本和风险，因此，需要深刻认识各种筹资渠道和筹资方式的特征、性质以及与企业融资要求的适应性。在权衡不同性质资金的数量、成本和风险的基础上，按照不同的筹资渠道合理选择筹资方式，有效筹集资金。

（三）降低资本成本、控制财务风险

资本成本是企业筹集和使用资金所付出的代价，包括筹资费用和占用费用。在资金筹集过程中，要发生股票发行费、借款手续费、证券印刷费、公证费、律师费等费用，这些属于筹资费用。在企业生产经营和对外投资活动中，要发生利息支出、股利支出、融资租赁的资金利息等费用，这些属于占用费用。

四、筹资管理的原则

企业筹资管理的基本要求，是要在严格遵守国家法律法规的基础上，分析影响筹资的各种因素，权衡资金的性质、数量、成本和风险，合理选择筹资方式，提高筹资效果。

（一）筹措合法

筹措合法原则是指企业筹资要遵循国家法律法规，合法筹措资金。不论是直接筹资还是间接筹资，企业最终都通过筹资行为向社会获取了资金。企业的筹资活动不仅为自身的生产经营提供了资金来源，也会影响投资者的经济利益，影响着社会经济秩序。企业必须遵循国家的相关法律法规，依法履行法律法规和投资合同约定的责任，合法合规筹资，依法披露信息，维护各方的合法权益。

（二）规模适当

规模适当原则是指要根据生产经营及其发展的需要，合理安排资金需求。企业筹集资金，要合理预计资金需要量。筹资规模与资金需要量应当匹配一致，既要避免因筹资不足，影响生产经营的正常进行；又要防止筹资过多，造成资金闲置。

（三）取得及时

取得及时原则是指要合理安排筹资时间，适时取得资金。企业筹集资金，需要合理预测确定资金需要的时间。要根据资金需求的具体情况，合理安排资金的筹集到位时间，使筹资与用资在时间上相衔接。既避免过早筹集资金形成的资金投放前的闲置，又防止取得资金的时间滞后，错过资金投放的最佳时间。

（四）来源经济

来源经济原则是指要充分利用各种筹资渠道，选择经济、可行的资金来源。企业所筹集的资金都要付出资本成本的代价，进而给企业的资金使用提出了最低收益要求。不同筹资渠道和方式所取得的资金，其资本成本各有差异。企业应当在考虑筹资难易程度的基础上，针对不同来源资金的成本，认真选择筹资渠道，并选择经济、可行的筹资方式，力求降低筹资成本。

（五）结构合理

结构合理原则是指筹资管理要综合考虑各种筹资方式，优化资本结构。企业筹资要综合考虑股权资本与债务资本的关系、长期资本与短期资本的关系、内部筹资与外部筹资的关系，合理安排资本结构，保持适当偿债能力，防范企业财务危机。

第二节　筹资渠道和筹资方式选择

一、筹资渠道

筹资渠道是指所筹措资本的来源与通道，反映资本的源泉和流量。筹资渠道属客观范畴，即筹资渠道的多与少，主要是由社会资本的提供者及数量分布所决定的。企业了解筹资渠道的种类及每种渠道的特点，有助于正确利用筹资渠道。企业现有的筹资渠道主要有8种。

（一）国家财政资本

国家财政资本是指国家以财政拨款、财政贷款、国有资产入股等形式向企业投入的资金。它是我国国有企业，包括国有独资公司的主要资金来源，今后也仍然是国有企业权益资本筹资的重要渠道。

（二）银行信贷资本

银行信贷资本是指银行对企业的各种贷款，是各类企业重要的资金来源。银行以储蓄存款作后盾，财力雄厚，可以为企业提供多种多样的贷款，满足各类企业的需要。

（三）非银行金融机构资本

非银行金融机构是指各种从事金融业务的非银行机构，主要有信托投资公司、租赁公司、保险公司、证券公司、财务公司等。它们可以为企业直接提供部分资金或为企业筹资提供服务。虽然非银行金融机构没有银行实力雄厚，但它们资金供应灵活，且可提供多种特定服务，具有广阔的发展前景。

（四）其他法人资本

其他法人资本是其他法人向企业投资或由于业务往来而暂时占用在企业的资本。法人之间以闲置资金相互投资或者提供短期商业信用也是企业的一种资金来源。

（五）民间资本

企业职工和城乡居民利用手头闲余资金向企业投资，它也是企业资本的一种来源。随着城乡经济的发展，个人投资意识的增强，这部分资金的利用空间会越来越大。

（六）企业内部资本

企业内部资本是指企业通过提取盈余公积和保留未分配利润而形成的资本。这是企业内部形成的筹资渠道，比较便捷，有盈利的企业通常都可以加以利用。

（七）国外和我国港澳台地区资本

外国投资者以及我国港澳台地区投资者的资金是外商投资企业的主要资本来源。随着我国资本市场向着国际化发展，国外和我国港澳台资本为越来越多的企业所利用。

（八）互联网金融

传统金融行业与互联网精神相结合产生的新兴领域称为互联网金融。互联网金融的发展模式包括众筹、P2P网贷、第三方支付、数字货币、大数据金融等。互联网金融的优点是成本低、效率高、覆盖广、发展快；缺点是管理弱、风险大。

【应用案例5-2】

联合光伏（00686-HK）借互联网金融筹资在深圳前海建光伏发电站

［案情简介］

2014年2月19日，太阳能光伏发电站投资与运营商联合光伏（00686-HK）在深圳召开"光伏互联金融战略"联合新闻发布会，携手国电光伏和网信金融（众筹网）等合作伙伴共同启动光伏互联金融战略合作，拟通过互联网众筹的崭新模式在深圳前海新区联合开发全球第一个兆瓦级的分散式太阳能电站专案。据了解，深圳前海太阳能电站项目初步计划通过众筹模式，借助内地最具影响力的互联网众筹平台——众筹网向有志于投资光伏电站的资金提供者发起募集。为确保专案的有效实施，联合光伏作为发起人，将携手国内合作伙伴，全程负责专案的EPC，确保施工品质。众筹网则负责通过互联网众筹资金，推广新的模式。联合光伏还计划在未来所有的光伏电站专案中应用移动互联网的手段，将新能源与大资料管理跨界整合应用。

（资料来源：财华社——深圳）

［案例点评］

光伏互联金融的新模式，不仅能有效推动光伏电站行业长期可持续的健康发展，同时也是新能源电力行业在互联网金融蓬勃发展背景下的创新思维，利用社会力量快速发展的新思维。

二、筹资方式

筹资方式，是指企业筹集资金所采取的具体形式，它受到法律环境、经济体制、融资市场等筹资环境的制约，特别是受国家对金融市场和融资行为方面的法律法规制约。

一般来说，企业最基本的筹资方式有两种：股权筹资和债务筹资。股权筹资形成企业的股权资金，通过吸收直接投资、公开发行股票等方式取得；债务筹资形成企业的债务资金，通过向金融机构借款、发行公司债券、利用商业信用等方式取得。至于发行可转换债券等筹集资金的方式，属于兼有股权筹资和债务筹资性质的混合筹资方式。

（一）吸收直接投资

吸收直接投资，是指企业以投资合同、协议等形式定向地吸收国家、法人单位、自然人等投资主体资金的筹资方式。这种筹资方式不以股票这种融资工具为载体，通过签订投资合同或投资协议规定双方的权利和义务，主要适用于非股份制公司筹集股权资本。吸收直接投资是一种股权筹资方式。

（二）发行股票

发行股票，是指企业以发售股票的方式取得资金的筹资方式，只有股份有限公司才能发行股票。股票是股份有限公司发行的，表明股东按其持有的股份享有权益和承担义务的可转让的书面投资凭证。股票的发售对象，可以是社会公众，也可以是定向的特定投资主体。这种筹资方式只适用于股份有限公司，而且必须以股票作为载体。发行股票是一种股权筹资方式。

（三）发行债券

发行债券，是指企业以发售公司债券的方式取得资金的筹资方式。按照中国证券监督管理委员会颁布的《公司债券发行与交易管理办法》，除了地方政府融资平台公司以外，所有公司制法人，均可以发行公司债券。公司债券是公司依照法定程序发行、约定还本付息期限、标明债权债务关系的有价证券。发行公司债券，适用于向法人单位和自然人两种渠道筹资。发行债券，是一种债务筹资方式。

（四）向金融机构借款

向金融机构借款，是指企业根据借款合同从银行或非银行金融机构取得资金的筹资方式。这种筹资方式广泛适用于各类企业，它既可以筹集长期资金，也可以用于短期融通资金，具有灵活、方便的特点。向金融机构借款是一种债务筹资方式。

（五）融资租赁

融资租赁，也称资本租赁或财务租赁，是指企业与租赁公司签订租赁合同，从租赁公司取得租赁物资产，通过对租赁物的占有、使用取得资金的筹资方式。融资租赁方式不直接取得货币性资金，通过租赁信用关系，直接取得实物资产，快速形成生产经营能力，然后通过向出租人分期交付租金方式偿还资产的价款。融资租赁，是一种债务筹资方式。

（六）商业信用

商业信用，是指企业之间在商品或劳务交易中，由于延期付款或延期交货所形成的借贷信用关系。商业信用是由于业务供销活动而形成的，它是企业短期资金的一种重要的和经常性的来源。商业信用，是一种债务筹资方式。

（七）留存收益

留存收益，是指企业从税后净利润中提取的盈余公积金以及从企业可供分配利润中留存的未分配利润。留存收益，是企业将当年利润转化为股东对企业追加投资的过程，是一种股权筹资方式。

【应用案例5-3】

登云股份首次公开发行股票招股说明书摘要（2014.2.10）（节选）

怀集登云汽配股份有限公司主要从事汽车发动机进排气门的研发、生产与销售。公司主要产品为各种规格的汽车发动机进排气门，主要分为汽油机气门和柴油机气门两大类。公司生产的气门产品覆盖重型车、轻卡、大型客车、微车、轿车、混合动力汽车等各种车辆，也有少量用于发电机组、船机、工程机械等，型号总计达1万多种。

本次发行概况：

股票种类：人民币普通股（A股）；

每股面值：人民币1.00元；

发行股数：本次发行新股2300万股；发行价格：10.16元每股；

发行市盈率：26.52倍（发行价格/每股收益，每股收益按照2012年经审计的扣除非经常性损益前后孰低的净利润除以本次发行后的总股本9200万股计算）；

发行前每股净资产：3.77元/股（按经审计的2012年12月31日净资产除以本次发行前的总股本6900万股计算）；

发行后每股净资产：5.02元/股（在经审计后的2012年12月31日净资产的基础上考虑本次发行募集资金净额的影响）；

发行市净率：2.02倍（按询价后确定的每股发行价格除以发行后每股净资产确定）；

发行方式：本次发行采用网下向配售对象询价配售和网上向社会公众投资者按市值申购定价发行相结合的方式；

发行对象：符合配售条件的网下投资者和符合认购资格的深圳证券交易所开户的境内自然人、法人等投资者（国家法律、法规禁止购买者除外）；

承销方式：主承销商余额包销；

预计募集资金总额：23368.00万元；

预计募集资金净额：20177.84万元；

发行费用概算：保荐及承销费用：2328万元，审计费用：312.23万元，律师费用：183.96万元，信息披露费用：334.30万元，其他与发行有关的费用：31.67万元。

三、筹资渠道与方式的关系

筹资渠道与方式是两个不同的概念。筹资渠道反映企业资金的来源与方向，即资金从何而来；筹资方式反映企业筹资的具体手段，即如何取得资金。但在实际的筹资工作过程中，筹资渠道与方式之间又有着密切的关系。一定的筹资方式可能适用于某一特定的筹资渠道，但某种筹资方式可能适用于多种不同的渠道，而某种渠道的资金也可以采取多种不同的方式取得。企业筹资时应根据不同的筹资渠道选择合适的筹资方式。各种筹资渠道与方式的对应关系见表5-1。

表5-1　筹资渠道与方式的对应关系

筹资渠道	筹资方式						
	吸收直接投资	发行股票	发行债券	向金融机构借款	融资租赁	商业信用	留存收益
国家财政资本	√	√					
银行信贷资本				√			
非银行金融机构资本	√	√	√	√	√		
其他法人资本	√	√	√		√	√	
民间资本	√	√	√				
企业内部资本	√						√
国外和我国港澳台资本	√	√	√	√	√		
互联网金融	√	√	√	√			

第三节　资金需要量的预测

企业在进行筹资活动前，必须首先确定筹资规模的大小。筹资规模是指一定时期内企业的筹资总额。确定筹资规模是制定筹资策略的主要内容，同时也是确定筹资方式的基本依据。在确定筹资规模时，应了解筹资规模确定的基本依据。

一、筹资规模确定的依据

一般认为，确定筹资规模的依据主要包括两项：法律依据和投资规模依据。

（一）法律依据

企业筹资规模在一定程度上受到法律的约束。如为了保护债权人的权益，法律会对企业的负债能力进行约束。如我国《证券法》规定，公司累计债券余额不得超过公司净资产额的 40%，最近三年平均可分配利润足以支付公司债券一年的利息等。

（二）投资规模依据

确定筹资规模并不单纯是筹资本身的工作，它要受到企业投资需求总量与结构、偿债能力等主导因素的制约。其中，投资规模是决定筹资规模的主要依据。投资规模是根据企业战略及中长期规划、经营目标、市场容量及份额、产业政策以及企业自身的其他素质等因素确定的，它是企业生产经营的客观需要，它包括固定资产投资和流动资产投资两方面。企业筹资不能盲目进行，必须以"投"定"筹"。

二、企业资金需要量预测方法

企业资金需要量预测方法有定性预测法和定量预测法两大类。

（一）定性预测法

定性预测法主要依靠预测人员的知识、经验和综合分析、判断对企业未来的财务状况和资金需要量进行预测的方法。常用的有集合意见法和德尔菲法。

①集合意见法。集合意见法又称调查研究法。该法先由熟悉企业财务和生产经营状况的专家根据过去积累的经验进行分析判断，提出初步意见，然后通过召开座谈会的形式，对上述预测的初步意见进行修正，经过几次修正补充后，得出预测的最终结果。

②德尔菲法。德尔菲法又称专家意见法、专家函询调查法。该方法通过拟定调查表，以函件的方式分别向专家组成员进行征询，而专家组成员又以匿名的方式提交意见；组织者将得到的初步结果进行综合整理，然后反馈给各位专家，请他们重新考虑后再次提出意见；经过几次反复征询和反馈，专家组成员的意见逐步趋于集中，最后得出预测结果。

（二）定量预测法

常用的定量预测法有因素分析法、销售百分比法和资金习性预测法。

1. 因素分析法

因素分析法又称分析调整法，是以有关项目基期年度的平均资金需要量为基础，根据预测年度的生产经营任务和资金周转加速的要求，进行分析调整，来预测资金需要量的一种方法。这种方法计算简便，容易掌握，但预测结果不太精确。它通常用于品种繁多、规格复杂、资金用量较小的项目。因素分析法的计算公式如下：

资金需要量=（基期资金平均占用额-不合理资金占用额）×（1＋预测期销售增长率）÷（1＋预测期资金周转速度增长率）

【例 5-1】某企业上年度资金平均占用额为 2200 万元，经分析，其中不合理部分 200 万元，预计本年度销售增长 5%，资金周转加速 2%。则：

预测本年度资金需要量 =（2200 - 200）×（1 + 5%）÷（1 + 2%）= 2058.82（万元）

2. 销售百分比法

（1）基本原理

销售百分比法，是假设某些资产和负债与销售额存在稳定的百分比关系，根据这个假设预计外部资金需要量的方法。企业的销售规模扩大时，要相应增加流动资产；如果销售规模增加很多，还必须增加长期资产。为取得扩大销售所需增加的资产，企业需要筹措资金。这些资金，一部分来自随销售收入同比例增加的流动负债，还有一部分来自预测期的收益留存，另一部分通过外部筹资取得。

销售百分比法，将反映生产经营规模的销售因素与反映资金占用的资产因素连接起来，根据销售与资产之间的数量比例关系来预计企业的外部筹资需要量。销售百分比法首先假设某些资产与销售额存在稳定的百分比关系，根据销售与资产的比例关系预计资产额，根据资产额预计相应的负债和所有者权益，进而确定筹资需求量。

（2）基本步骤

①确定随销售额变动而变动的资产和负债项目。随着销售额的变化，经营性资产项目将占用更多的资金。同时，随着经营性资产的增加，相应的经营性短期债务也会增加，如存货增加会导致应付账款增加，此类债务称为"自动性债务"，可以为企业提供暂时性资金。经营性资产与经营性负债的差额通常与销售额保持稳定的比例关系。这里，经营性资产项目包括库存现金、应收账款、存货等项目；而经营负债项目包括应付票据、应付账款等项目，不包括短期借款、短期融资券、长期负债等筹资性负债。

②确定有关项目与销售额的稳定比例关系。如果企业资金周转的营运效率保持不变，经营性资产项目与经营性负债项目将会随销售额的变动而呈正比例变动，保持稳定的百分比关系。企业应当根据历史资料和同业情况，剔除不合理的资金占用，寻找与销售额的稳定百分比关系。

③确定需要增加的筹资数量。预计由于销售增长而需要的资金需求增长额，扣除利润留存后，即为所需要的外部筹资额。即：

$$外部融资需求量 = \frac{A}{S_1} \times \Delta S - \frac{B}{S_1} - P \times E \times S_2$$

式中：A 表示随销售而变化的敏感性资产；

　　　B 表示随销售而变化的敏感性负债；

　　　S_1 表示基期销售额；

　　　S_2 表示预测期销售额；

ΔS 表示销售变动额；

P 表示销售净利率；

E 表示利润留存率；

$\dfrac{A}{S_1}$ 表示敏感性资产与销售额的关系百分比；

$\dfrac{B}{S_1}$ 表示敏感性负债与销售额的关系百分比。

需要说明的是，如果非敏感性资产增加，则外部筹资需要量也应相应增加。

在资产负债表中，有些项目与销售收入之间基本存在固定不变的比例关系，但有些项目与销售收入之间不存在非常直接的关系，我们将前者称为敏感项目，后者称为非敏感项目。对于不同的企业而言，敏感项目和非敏感项目不一定相同，具体要根据企业的实际情况进行分析。敏感项目又可分为敏感资产和敏感负债。常见的敏感资产有现金、应收账款、存货等。典型的敏感负债有应付账款、应付费用等。非敏感项目主要包括对外投资、短期借款、长期借款、实收资本等。

【例 5-2】某企业 2019 年 12 月 31 日的简要资产负债及相关信息如表 5-2 所示。假定该企业 2019 年销售额 10000 万元，销售净利率为 10%，利润留存率 40%。2020 年销售额预计增长 20%，公司有足够的生产能力，无须追加固定资产投资。

表5-2　资产负债及相关信息表（2019年12月31日）

资产	金额（万元）	与销售关系（%）	负债与权益	金额（万元）	与销售关系（%）
现金	500	5	短期借款	2500	N
应收账款	1500	15	应付账款	1000	10
存货	3000	30	预提费用	500	5
固定资产	3000	N	公司债券	1000	N
			实收资本	2000	N
			留存收益	1000	N
合计	8000	50	合计	8000	15

首先，确定有关项目及其与销售额的关系百分比。在表 5-2 中，N 表示不变动，是指该项目不随销售的变化而变化。

其次，确定需要增加的资金量。从表 5-2 中可以看出，销售收入每增加 100 元，必须增加 50 元的资金占用，但同时自动增加 15 元的资金来源，两者差额的 35% 产生了资金需求。因此，每增加 100 元的销售收入，公司必须取得 35 元的资金来源，销售额从 10000 万元增加到 12000 万元，增加了 2000 万元，按照 35% 的比率可预测将增加 700 万元的资金需求。

最后，确定外部融资需求的数量。2020 年的净利润为 1200 万元（12000×10%），利润留存率为 40%，则将有 480 万元利润被留存下来，还有 220 万元的资金必须从外部筹集。

根据该企业的资料，可求得对外融资的需求量为：

外部融资需求量 = 50%×2000−15%×2000 － 10%×40%×12000 = 220（万元）

销售百分比法的优点，是能为筹资管理提供短期预计的财务报表，以适应外部筹资的需要，且易于使用。但在有关因素发生变动的情况下，必须相应地调整原有的销售百分比。

3. 资金习性预测法

资金习性预测法，是指根据资金习性预测未来资金需要量的一种方法。所谓资金习性，是指资金的变动同产销量变动之间的依存关系。按照资金同产销量之间的依存关系，可以把资金区分为不变资金、变动资金和半变动资金。

不变资金是指在一定的产销量范围内，不受产销量变动的影响而保持固定不变的那部分资金。也就是说，产销量在一定范围内变动，这部分资金保持不变。这部分资金包括：为维持营业而占用的最低数额的现金，原材料的保险储备，必要的成品储备，厂房、机器设备等固定资产占用的资金。

变动资金是指随产销量的变动而同比例变动的那部分资金。它一般包括直接构成产品实体的原材料、外购件等占用的资金。另外，在最低储备以外的现金、存货、应收账款等也具有变动资金的性质。

半变动资金是指虽然受产销量变化的影响，但不呈同比例变动的资金，如一些辅助材料上占用的资金。半变动资金可采用一定的方法划分为不变资金和变动资金两部分。

（1）根据资金占用总额与产销量的关系预测

这种方式是根据历史上企业资金占用总额与产销量之间的关系，把资金分为不变资金和变动资金两部分，然后结合预计的销售量来预测资金需要量。

设产销量为自变量 X，资金占用为因变量 Y，它们之间的关系可用下式表示：

$$Y=a + bX$$

式中：a 表示不变资金；

　　　b 表示单位产销量所需变动资金。

可见，只要求出 a 和 b，并知道预测期的产销量，就可以用上述公式测算资金需求情况。a 和 b 可用回归直线方程组求出。

【例 5-3】某企业 2014 ～ 2019 年历年产销量和资金变化情况如表 5-3 所示，根据表 5-3 整理出表 5-4。2020 年预计销售量为 1500 万件，需要预测 2020 年的资金需要量。

表5-3 销量与资金变化情况表

年份	产销量 X（万件）	资金占用 Y（万元）
2014	1200	1000
2015	1100	950
2016	1000	900
2017	1200	1000
2018	1300	1050
2019	1400	1100

表5-4 资金需要量预测表（按总额预测）

年份	产销量 X（万件）	资金占用 Y（万元）	XY	X^2
2014	1200	1000	1200000	1440000
2015	1100	950	1045000	1210000
2016	1000	900	900000	1000000
2017	1200	1000	1200000	1440000
2018	1300	1050	1365000	1690000
2019	1400	1100	1540000	1960000
合计 $n=6$	$\sum X = 7200$	$\sum Y = 6000$	$\sum XY = 7250000$	$\sum X^2 = 8740000$

$$a=\frac{\sum X^2 \sum Y - \sum X \sum XY}{n\sum X^2 - (\sum X)^2}=400$$

$$b=\frac{n\sum XY - \sum X \sum XY}{n\sum X^2 - (\sum X)^2}=0.5$$

解得：$Y=400+0.5X$

将2020年预计销售量1500万件代入上式，得出2020年资金需要量为：

$400+0.5\times1500=1150$（万元）

运用线性回归法必须注意以下几个问题：

①资金需要量与营业业务量之间线性关系的假定应符合实际情况。

②确定 a、b 数值，应利用连续若干年的历史资料，一般要有3年以上的资料。

③应考虑价格等因素的变动情况。

（2）采用逐项分析法预测

这种方式是根据各资金占用项目（如现金、存货、应收账款、固定资产）和资金来源项目同产销量之间的关系，把各项目的资金都分成变动资金和不变资金两部分，然后汇总在一起，求出企业变动资金总额和不变资金总额，进而来预测资金需求量。

【例5-4】某企业历年现金占用与销售收入之间的关系如表5-5所示，需要根据两者的关系，来计算现金占用项目中不变资金和变动资金的数额。

表5-5　现金占用与销售变化情况表

年度	销售收入 X（元）	现金占用 Y（元）
2015	2 000 000	110 000
2016	2 400 000	130 000
2017	2 600 000	140 000
2018	2 800 000	150 000
2019	3 000 000	160 000

根据表5-5的资料，采用高低点法来计算现金占用项目中不变资金和变动资金的数额。

$$b = \frac{最高收入期的资金占用量-最低收入期的资金占用量}{最高销售收入-最低销售收入}$$

$$= \frac{160\,000-110\,000}{3\,000\,000-2\,000\,000} = 0.05$$

将 $b=0.05$ 的数据代入 2019 年 $Y=a+bX$，得：

$a = 160\,000-0.05 \times 3\,000\,000 = 10\,000$（元）

存货、应收账款、流动负债、固定资产等也可根据历史资料做这样的划分，然后汇总列于表5-6中。

表5-6　资金需要量预测表（分项预测）

项目	年度不变资金 a（元）	每元销售收入所需变动资金 b
流动资产：		
现金	10 000	0.05
应收账款	60 000	0.14
存货	100 000	0.22
小计	170 000	0.41
减：流动负债		
应付账款及应付费用	80 000	0.11
净资金占用	90 000	0.30
固定资产：		
厂房、设备	510 000	0
所需资金合计	600 000	0.30

根据表 5-6 的资料得出预测模型为：

$Y=600\,000+0.30X$

如果 2020 年的预计销售额为 3 500 000 元，则：

2020 年的资金需要量 $=600\,000+0.30\times3\,500\,000=1\,650\,000$（元）

进行资金习性分析，把资金划分为变动资金和不变资金两部分，从数量上掌握了资金同销售量之间的规律性，对准确地预测资金需要量有很大帮助。

本章小结

企业筹资是指企业作为筹资主体，根据其生产经营、对外投资和调整资本结构等需要，通过筹资渠道和金融市场，运用筹资方式，经济有效地筹措和集中所需资金的活动。

为了企业经营的维持和发展，企业的筹资动机主要分为五类：创立性筹资动机、支付性筹资动机、扩张性筹资动机、调整性筹资动机和混合性筹资动机。

企业采用不同方式所筹集的资金，按照不同的分类标准可分为不同的筹资类别。按企业所取得资金的权益特性不同，企业筹资分为股权筹资、债务筹资及衍生工具筹资三类。按是否借助于金融机构为媒介来获取社会资金，企业筹资分为直接筹资和间接筹资两种类型。按资金的来源范围不同，企业筹资分为内部筹资和外部筹资两种类型。按所筹集资金的使用期限不同，企业筹资分为长期筹资和短期筹资两种类型。

企业的筹资活动需要通过一定的渠道并采用一定的方式来完成。筹资渠道是指企业取得资金来源的方向和通道，筹资方式是指取得资金选用的具体形式和手段。在我国，企业的筹资渠道有国家财政资本、银行信贷资本、非银行金融机构资本、其他法人资本、民间资本、企业内部资本、国外和我国港澳台地区资本、互联网金融等。筹资方式有吸收直接投资、发行股票、发行债券、向金融机构借款、融资租赁、商业信用和留存收益等。

在实际的筹资工作过程中，筹资渠道与方式之间又有着密切的关系。一定的筹资方式可能适用于某一特定的筹资渠道，但某种筹资方式可能适用于多种不同的渠道，而某种渠道的资金也可以采取多种不同的方式取得。企业筹资时应根据不同的筹资渠道选择合适的筹资方式。

企业资金需要量预测方法有定性预测法和定量预测法两大类。定性预测法主要依靠预测人员的知识、经验和综合分析、判断对企业未来的财务状况和资金需要量进行预测的方法。常用的有集合意见法和德尔菲法。常用的定量预测法有因素分析法、销售百分比法和资金习性预测法。

基本训练

1. 企业筹资的动机有什么？

2. 什么是筹资渠道、筹资方式？企业的筹资渠道和筹资方式有哪些？

3. 简述销售百分比法的步骤。

4. 销售百分比法的优缺点是什么？

5. 已知：某公司 2020 年营业收入为 20000 万元，营业净利率为 12%，净利润的 60% 分配给投资者。2020 年 12 月 31 日的资产负债表（简表）如表 5-7 所示。

表5-7 资产负债表（简表）

2020 年 12 月 31 日   单位：万元

资产	期末余额	负债及所有者权益	期末余额
货币资金	1000	应付账款	3000
应收账款	3000	长期借款	9000
存货	6000	实收资本	4000
固定资产	7000	留存收益	2000
无形资产	1000		
资产总计	18000	负债及所有者权益总计	18000

该公司 2021 年计划营业收入比上年增长 30%，为实现这一目标，公司需新增设备一台，价值 148 万元。根据历年财务数据分析，公司流动资产与流动负债随营业收入同比例增减。假定该公司 2021 年的营业净利率和利润分配政策与上年保持一致。

要求：

（1）计算 2021 年公司需增加的营运资金。

（2）预测 2021 年需要对外筹集资金量。

6. 某企业 2016 ~ 2020 年度的营业收入与有关情况如表 5-8 所示。

表5-8 2016~2020年度的营业收入有关情况表

单位：万元

年度	营业收入	现金	应收账款	存货	固定资产	资产合计	流动负债	长期借款	所有者权益
2016	600	1400	2100	3500	6500	13500	1080	4000	8420
2017	500	1200	1900	3100	6500	12700	930	4500	7270
2018	650	1500	2460	4000	6500	14460	1200	4300	8960
2019	700	1600	2500	4100	6500	14700	1230	4200	9270
2020	690	1620	2510	4080	6500	14710	1210	4100	9400
合计	3140	7320	11470	18780	32500	70070	5650	21100	43320

假设企业的流动负债均为敏感负债。

要求：

（1）采用高低点法分项建立现金、应收账款、存货、固定资产及流动负债的资金预测模型，并建立总资金预测模型，预测当2021年营业收入为800万元时企业的总资金需要量。

（2）计算2021年比2020年增加的资金数量。

（3）若该企业2021年营业净利率为10%，利润留存率为50%，计算企业需从外部筹集的资金。

7. 甲公司2018年实现销售收入为100000万元，净利润为5000万元，利润留存率为20%。公司2018年12月31日的资产负债表（简表）如表5-9所示。

表5-9 资产负债表（简表）

2018年12月31日   单位：万元

资产	期末余额	负债与所有者权益	期末余额
货币资金	1500	应付账款	3000
应收账款	3500	长期借款	4000
存货	5000	实收资本	8000
固定资产	11000	留存收益	6000
资产合计	21000	负债与所有者权益合计	21000

公司预计2019年销售收入比上年增长20%，假定经营性流动资产和经营性负债与销售收入保持稳定的百分比关系，其他项目不随着销售收入的变化而变化，同时假设销售净利润率与利润留存率保持不变，公司采用销售百分比法预测资金需要量。

要求：

（1）计算2019年预计经营性流动资产增加额。

（2）计算2019年预计经营性负债增加额。

（3）计算2019年预计留存收益增加额。

（4）计算2019年预计外部融资需要量。

8.已知：甲、乙两个企业的相关资料如下。

资料一：甲企业历史上现金占用与营业收入之间的关系如表5-10所示。

表5-10 现金占用与营业收入变化情况表

单位：万元

年度	营业收入	现金占用
2015	10200	680
2016	10000	700
2017	10800	690
2018	11100	710
2019	11500	730
2020	12000	750

资料二：乙企业 2020 年 12 月 31 日资产负债表（简表）如表 5-11 所示。

表5-11 乙企业资产负债表（简表）

2020 年 12 月 31 日

单位：万元

资产	期末余额	负债和所有者权益	期末余额
现金	750	短期借款	2750
应收账款	2250	应付费用	1500
存货	4500	应付账款	750
固定资产净值	4500	应付债券	2500
		实收资本	3000
		留存收益	1500
资产合计	12000	负债和所有者权益合计	12000

该企业 2021 年的相关预测数据为：营业收入 20000 万元，新增留存收益 100 万元；不变现金总额 1000 万元，每元营业收入占用变动现金 0.05，其他项目与营业收入变化有关的资产负债表项目预测数据如表 5-12 所示。

表5-12 其他项目与营业收入变化情况表

项目	年度不变资金 a（万元）	每元营业收入所需变动资金 b
应收账款	570	0.14
存货	1500	0.25
固定资产净值	4500	0
应付费用	300	0.1
应付账款	390	0.03

要求：

（1）根据资料一，运用高低点法测算甲企业的下列指标：

①每元营业收入占用变动现金（保留3位小数）。

②营业收入占用不变现金总额。

（2）根据资料二为乙企业完成下列任务：

①按步骤建立总资金需求模型。

②测算2021年资金需求总量。

③测算2021年外部筹资量。

案例分析

华海药业筹资方案及实施策略

（一）华海药业简介

1. 企业基本情况

浙江华海药业股份有限公司始建于1989年，于2003年在上海证券交易所成功上市，是一家集原料药和医药制剂为一体的上市公司。企业主要从事多剂型的制剂、生物药、创新药及特色原料药的研发、生产和销售工作，是集医药研发、制造、销售于一体的大型高新技术医药企业。多年来，企业始终坚持华海特色，逐步加快产业升级转型的步伐，不断推进制剂出口全球化的战略，注重完善和优化原料药及制剂的产业链。同时不断加强国际与国内两大销售体系的建设，制定并推进国际化发展战略，力图全面融入国际制药产业链中去。并且时刻不忘提升企业研发创新能力，以加速生物药和新药领域的发展为己任。这些使得企业主要产品的市场占有率在行业内均处于领先地位。

华海药业能够做到始终秉持创新产品、提升品质的核心理念，把关爱患者生命和报效中华作为企业的信条。华海人通过不断的努力，致力于打造极具品牌知名度和行业竞争力的创新型生物制药企业。

2. 企业经营情况

2016年，作为"十三五"发展规划的开局年，华海药业在宏观经济形势下行，医药行业增速缓慢，医药行业两票制、医保目录调整及药品审批制度改革等国内医改政策密集出台影响着医药产业格局的形势下，公司坚持战略引领，坚定发展目标，不断推进产业转型升级及管理转型升级步伐，有效地推动了公司业绩的提升。截至2016年年末，华海药业取得40.93亿元的营业总收入，比2015年增长16.93%；取得5.01亿元的净利润，比2015年增长13.19%。

截止到 2016 年年底，华海药业未分配利润累计为 182130 万元。华海药业几乎每年都会从银行取得长期借款和短期借款。其资产负债率每年都维持在 30% 左右，低于行业均值。华海药业在 2015 年和 2016 年均发行了为期一年到期一次还本付息的短期融资券，并成功地进行债券筹资。

（二）华海药业筹资状况

1. 华海药业股权筹资结构

华海药业于 2003 年在上海证券交易所上市，并于 2 月 17 日首次以每股 15.55 元的价格公开发行普通股 3500 万股，在扣除发行费用的情况下，本次股权筹资实际募集资金为 52254 万元。华海药业在上市十年后，于 2013 年成功落实其再融资计划，在 2013 年 5 月 6 日公开发行了 6330 万股 A 股股票。发行方式为首先向原有股东优先配售，随后向机构投资者及社会公众投资者定价发行。此次发行价格为每股 12.25 元，募集资金总额为 775425 万元。而此次募集的资金主要用于新型抗高血压沙坦类原料药建设项目和出口固体制剂建设项目，这两个项目的预计总投资额为 15.2 亿元。因项目涉及的设备数量众多、产品工艺要求严格，华海药业会在资金方面给予大量的支持，以保证生产设备能符合药品工艺、药品质量及最新的法规要求。

2019 年华海药业完成了 2017 年度每 10 股转增 3 股的公积金转增股本计划，此计划完成后，公司有限售条件的流通股股数变更为 1220 万股，无限售条件的流通股股数变更为 101888 万股，公司股本总数变更为 103108 万股。华海药业又采取非公开发行的方式发行股票，本次发行的股票均为有限售条件流通股，共募集资金 20900 万元。发行完成后，华海药业股本总数变更为 104305 万股。

2. 华海药业债权筹资结构

近年来华海药业原料药、中间体及制剂的销售均保持增长趋势，公司 2014 年营业收入达到 18.28 亿元，2015 年公司规划销售额达到 20 亿元，为达到这一目标，企业需要适当补充营运资金。补充的营运资金一方面用于采购生产药物的原材料，另一方面用于企业的科研项目。所以华海药业于 2015 年 5 月 16 日发行期限为 1 年，固定利率为 5.48%，到期一次还本付息的一般短期融资券，以此来补充营运资金。公司将本期发行债券所募集资金的一半用于补充生产经营活动所需流动资金。华海药业 2016 年规划销售额达到 28 亿元，较 2015 年有进步的增长，此时也需要适当补充营运资金。随即华海药业于 2016 年 4 月 12 日发行 1 年期，固定利率为 4.89%，到期一次还本付息的短期融资券。并将本次发行债券所募集资金的 3 亿元用于补充生产经营活动所需流动资金。同时此次发行的短期债券将有利于企业拓宽筹资渠道，提高直接筹资比例。到 2019 年年末，华海药业银行短期借款较上年减少 37542.46 万元，借款余额为 46235.11 万元，这是由于华海药业利用债券融资所取得的资金偿还部分银行借款。从而提高企业直接筹资的比例，优化企业筹资结构。企业一年内到期的非流动负债较上期变化不大，余额 2726.13 万元。同时华海药业今年新增银行长期借款 53468.5 万元。

（三）华海药业2012～2016年相关数据

根据华海药业利润表中理念营业收入金额，计算出企业理念营业收入增长额，从而得出营业收入增长率，再依据主观赋值的方法确定权重，如表 5-13 所示。其中的主观赋权法是指标赋权法中的一种，其根据决策者的主观信息进行赋权。

表5-13　营业收入增长率计算表

指标	年度					
	2016	2015	2014	2013	2012	2011
营业总收入（万元）	409285	350036	258499	229641	201439	182761
营业收入增长额（万元）	59249	91537	28858	28202	18678	
营业收入增长率	16.93%	35.41%	12.57%	14.00%	10.22%	
权重（主观赋权法）	35%	25%	20%	15%	5%	

根据各年净利润与预测营业收入计算出销售净利率，再为每年的销售净利率赋予权重，如表 5-14 所示。

表5-14　销售净利率计算表

指标	年度				
	2016	2015	2014	2013	2012
净利润（万元）	45690	43672	25673	36342	33849
销售净利率	11.16%	12.48%	9.93%	15.83%	16.80%
权重（主观赋权法）	35%	25%	20%	15%	5%

从华海药业财务报告中可以获取企业各年度股利支付的具体金额，从而计算出相应的股利支付率，并对每年的股利支付率赋予权重，如表 5-15 所示。

表5-15　股利支付率计算表

指标	年度				
	2016	2015	2014	2013	2012
股利支付金额（万元）	18766	15862	11788	15706	10948
股利支付率	0.41	0.36	0.46	0.43	0.32
权重（主观赋权法）	35%	25%	20%	15%	5%

经过对华海药业资产负债表所有项目进行回归分析之后（过程略），找出相关系数0.8的项目，一共为11项，敏感性资产项目包括货币资金、应收账款、存货、可供出售金融资产、固定资产、无形资产、开发支出、商誉和递延所得税资产，敏感性负债包括应付账款、应付职工薪酬、其他应付款和长期递延收益。各项目的金额与相关系数如表5-16所示。

表5-16　敏感资产、负债项目相关系数表

项目	2016年各项目金额（万元）	系数 a	系数 b	系数 r^2
货币资金	79159	326.60	0.188	0.817
应收账款	128092	-24167.91	0.371	0.976
存货	133023	19570.85	0.264	0.907
可供出售金融资产	2131	-2314.52	0.010	0.877
固定资产	186523	-3210.58	0.466	0.996
无形资产	43064	3701.13	0.099	0.932
开发支出	5234	-4112.81	0.022	0.919
商誉	7090	-1736.62	0.023	0.888
递延所得税资产	7873	-6010.10	0.033	0.993
应付账款	36331	4177.54	0.081	0.81
应付职工薪酬	10768	-259.01	0.027	0.992
其他应付款	4478	-2523.62	0.019	0.801
长期递延收益	6597	-6159.20	0.032	0.858

资料来源：陈玉莹.华海药业筹资方案及实施策略研究[D].哈尔滨理工大学，2018.

思考题：

1.根据华海药业的实际情况分析华海药业可以选择什么样的筹资方式，并简述这些筹资方式的优缺点有什么？

2.试分析华海药业资金需求量的预测可以选择什么方法？

3.根据问题2中所分析的预测方法以及案例中提供的数据，预测华海药业2017年度的资金需求量？

第六章　筹资管理

【学习目标】

1. 熟悉吸收直接投资、利用留存收益等权益资本筹资方式。
2. 了解股票发行的条件、程序、方式与价格，掌握股票的种类与发行目的。
3. 了解长期债券筹资的分类、价格计算及优缺点。
4. 掌握融资租赁的含义、动因、特征及优缺点。
5. 熟悉企业混合资本筹资的三种方式。

按企业所取得资金的权益特性不同，企业筹资分为权益资本筹资、债务资本筹资及混合资本筹资。

第一节　权益资本筹资

权益资本筹资是企业通过扩大其所有者权益，如吸收直接投资，发行普通股股票，利用留存收益追加投资等来实现企业权益资本增加的过程。本章重点讨论吸收直接投资与发行普通股股票等筹资渠道。

一、吸收直接投资

（一）吸收直接投资的含义

吸收直接投资（Direct Investment）是指企业按照"共同投资、共同经营、共担风险、共享利润"的原则，以协议等方式吸收各类投资主体，如国家、法人、个人、外商投入资金的一种筹资方式。由于吸收直接投资不以证券市场为媒介，无需公开发行股票，因此是非股份制企业筹集权益资本的基本方式。吸收直接投资实际出资额中，注册资本部分形成实收资本；超过注册资本部分属于资本溢价，形成资本公积。

（二）吸收直接投资的种类

吸收直接投资的种类可以从出资者和出资形式两个维度进行分类。

1. 从出资者的类型来看，吸收直接投资可以分为以下四类

（1）吸收国家投资

国家投资是指有权代表国家投资的政府部门或机构，以国有资产投入公司，这种情况下形成的资本叫国有资本，主要为国家财政拨款，是国有企业和国有控股企业筹集自有资金的主要方式。吸收国家投资一般具有以下特点：产权归属于国家；资金的运用和处置受国家约束较大；在国有企业中采用比较广泛。

（2）吸收法人投资

吸收法人投资即法人单位以其依法可以支配的资产投入企业。这种情况下形成的资本叫法人资本。吸收法人投资一般具有以下特点：广泛适用于法人单位之间；以参与企业利润分配为目的；出资方式灵活多样，既可以采用货币形式出资，也可以采用如土地、设备等非货币资产出资。

（3）吸收外商直接投资

外商投资是指外国的自然人、企业或者其他组织（以下称外国投资者）直接或间接在中国境内进行的投资。我国企业采用最多的吸收投资方式是中外合资经营企业、中外合作经营企业、外商独资经营企业和合作开发。其他投资方式包括补偿贸易、加工装配等。

（4）吸收社会公众投资

社会公众投资是指社会个人或本公司职工以个人合法财产投入公司，这种情况下形成的资本称为个人资本。吸收社会公众投资一般具有以下特点：参加投资的人员较多；每人投资的数额相对较少；以参与公司利润分配为目的。

2. 从出资形式来看，吸收直接投资可以分为以下两类

（1）以现金形式出资

以现金形式出资是吸收直接投资中最重要的出资方式。企业有了现金，便可以用来换取其他物质资源，支付各种费用，满足企业创建开支和日常周转需要。

（2）以非现金形式出资

以非现金形式出资又分为两大主要类型：一是投资者以实物资产出资，如房屋、建筑物、设备等固定资产和产品等流动资产；二是以无形资产形式出资，如专利权、商标权等知识产权，以及土地使用权等无形资产。非现金形式的资产在投资时应当进行合理的评估作价，核实财产，不得高估或者低估作价。

（三）吸收直接投资的程序

1. 确定吸收直接投资的需要量

企业在新建或扩大规模时，首先应合理确定投入资金的需求量。国有独资企业的增资，需由国家授权投资的机构或部门决定；合营企业的增资，需由出资各方协商决定。资金的需要量应根据公司的生产经营规模和供销条件等来核定，从总量上协调筹资与需求的关系。

2. 选择吸收直接投资的具体方式

企业需要和投资者协商来决定以何种形式出资，具体考虑资产的周转能力和变现能力是否能满足公司生产经营的需求，以及各种出资方法下资产结构是否合理等因素。

3. 寻找投资单位

企业既要广泛了解有关投资者的信用、财力和投资意向，又要通过信息交流和宣传，使出资方了解企业的经营能力、财务状况以及未来预期，以便于从中寻找最合适的合作伙伴。

4. 协商签署投资合同或协议

在确定投资方后，企业应与投资方进行具体协商，确定出资数额、出资方式及出资时间。企业应尽可能吸收货币投资，对于实物投资、知识产权投资、土地使用权投资等非货币资产投资，双方应按公平合理的原则协商定价。当出资数额、资产作价确定后，双方签署投资的协议或合同，以明确双方的权利和责任。

5. 取得所筹集的资金

双方签署协议后，企业应按计划取得资金。吸收出资各方以实物资产或无形资产投资的，应结合具体情况，采用适当办法进行合理估价，必要时办理产权变更手续取得资产。

（四）吸收直接投资的特点

1. 能够尽快形成生产能力

吸收直接投资不仅可以取得一部分货币资金，而且能够直接获得所需的先进设备和技术，尽快形成生产经营能力。

2. 信息沟通方便

吸收直接投资的投资者比较单一，股权没有社会化、分散化，投资者可以直接担任公司管理层职务，公司与投资者易于沟通。

3. 财务风险较低

吸收直接投资所筹集的资金属于企业的永久性资本，不涉及偿还等后续事项，财务风险较低。

4. 筹资成本较高

相对于股票筹资方式来说，吸收直接投资的资本成本较高。因为向投资者支付的报酬是按其出资数额和企业实现利润的比率来计算，当企业经营较好、盈利较多时，投资者往往要求将大部分盈余作为红利分配。不过，吸收直接投资的手续相对比较简便，筹资费用较低。

5. 公司控制权集中，不利于公司治理

采用吸收直接投资方式筹资，投资者一般都要求获得与投资数额相适应的经营管理权。如果某个投资者的投资额比例较大，则该投资者对企业的经营管理就会有相当大的控制权，容易损害其他投资者的利益。

6. 不易进行产权交易

吸收投入资本由于没有证券为媒介，产权关系有时不够明晰，不便于进行产权转让。

二、股票

（一）股票的特点与分类

1. 股票的特点

（1）不可偿还性

股票是一种无偿还期限的有价证券，投资者认购了股票后，就不能再要求退股，只能到二级市场卖给第三者。股票的转让只意味着公司股东的改变，并不减少公司资本。从期限上看，只要公司存在，它所发行的股票就存在，股票的期限等于公司存续的期限。

（2）流通性

股票的流通性是指股票在不同投资者之间的可交易性。流通性通常以可流通的股票数量、股票成交量以及股价对交易量的敏感程度来衡量。可流通股数越多，成交量越大，价格对成交量越不敏感（价格不会随着成交量一同变化），股票的流通性就越好，反之就越差。

股票的流通，使投资者可以在市场上卖出所持有的股票，取得现金。通过股票的流通和股价的变动，可以看出人们对于相关行业和上市公司的发展前景和盈利潜力的判断。那些在流通市场上吸引大量投资者、股价不断上涨的行业和公司。可以通过增发股票，不断吸收大量资本进入生产经营活动，起到了优化资源配置的效果。

（3）风险性

作为交易对象，股票在交易市场上有自己的行情和价格。由于股票价格要受到诸如公

司经营状况、供求关系、银行利率、大众心理等多种因素的影响，其波动有很大的不确定性。正是这种不确定性，有可能使股票投资者遭受损失。价格波动的不确定性越大，投资风险也越大。因此，股票是一种高风险的金融产品。

（4）参与性

股东有权出席股东大会，选举公司董事会，参与公司重大决策。股票持有者的投资意志和享有的经济利益，通常是通过出席股东大会来行使股东权。股东参与公司决策的权利大小，取决于其所持有的股份的多少。从实践中看，只要股东持有的股票数量达到能够左右决策结果所需的数量，就能掌握公司的决策控制权。

2. 股票的分类

（1）按股东享有权利和承担义务的不同，可分为普通股和优先股

普通股是享有普通权利，承担普通义务的股份，是股份的最基本形式。依照规定，普通股股东享有决策参与权、利润分配权、优先认股权和剩余资产分配权。普通股的投资收益根据股票发行公司的经营业绩来确定，随着发行公司的业绩变动而变动。

优先股是享有优先权的股票。在公司进行清算时，优先股股东优先于普通股股东取得公司剩余财产，但优先股股东不参与公司决策，不参与公司红利分配，其投资收益通常在购买时实现约定，不根据公司经营情况而增减。在我国金融市场中，发行优先股的公司很少。

（2）按股票有无记名，可分为记名股票和不记名股票

记名股票是在股票票面上记载有股东姓名或将名称记入公司股东名册的股票，无记名股票不登记股东名称，公司只记载股票数量、编号及发行日期。我国《公司法》规定，公司向发起人、法人发行的股票，应当为记名股票，并应当记载该发起人、法人的名称或者姓名，不得另立户名或者以代表人姓名记名；向社会公众发行的股票，可以为记名股票，也可以为无记名股票。

（3）按投资主体划分，可分为国家股、法人股、个人股和外资股

国家股是指股份有限公司中由国家持有的股份，它是由国家直接投资所形成的股份。法人股是指股份有限公司中由法人投资者所持有的股份。个人股是指股份有限公司中个人投资者所持有的股份，个人投资者包括社会公众个人和公司内部职工。外资股是指股份有限公司中境外投资者所持有的股份。

（4）按发行对象和上市地区，可分为 A 股、B 股、H 股、N 股和 S 股

A 股即人民币普通股票，由我国境内公司发行，境内上市交易，它以人民币标明面值，以人民币认购和交易。B 股即人民币特种股票，由我国境内公司发行，境内上市交易，它以人民币标明面值，以外币认购和交易。H 股是注册地在内地、在香港上市的股票，依此类推，在纽约和新加坡上市的股票，就分别称为 N 股和 S 股。

（二）发行股票的目的

股票发行的目的多种多样，具体可归纳为三类：

1. 为成立新公司筹集资本

股份公司成立之初，常以发行新股的方式来筹集公司的权益资本，发行股票是筹集原始权益资本的主要途径。公司的权益资本是公司实力的重要标志，股份公司通过发行股票、吸收投资者购买股票，成为公司的股东，以获得长期稳定的经营资金，增加公司的权益资本，从而增强公司的实力，有利于公司业务的开展。

2. 公司为改善经营发行新股

股份公司成立以后，会因为扩大经营范围和规模，提高公司的竞争力而新建项目或购置先进设备需要筹集资金。发行股票是筹集资金最有力和最直接的手段。已成立的股份公司为筹措资金而发行新股称为增资扩股。

3. 为其他目的而发行新股

例如为了提高公司知名度而发行股票、为分散经营风险而增发新股、将公积金通过发行股票转化为资本金、为兼并公司而增发新股、由于股价上涨过快而拆股等目的。

（三）普通股股东的权利与义务

1. 利润分配权

公司利润分配权是普通股股东经济利益的直接体现。普通股股东在股东大会审批了董事会的利润分配方案之后，有权从公司经营的净利润中分取股息和红利。根据各国公司法的规定，公司经营净利润指的是公司利润总额在支付公司税款后、弥补上年亏损、偿还到期债务、扣除法定公积金，以及支付优先股股息后的剩余部分。

一般来说，股份有限公司的净利润并不全部分配给普通股股东，而是要保留一部分盈余用于增加公司资本的投入量，或用于维持未来收益分配的稳定性。

2. 剩余资产分配权

在股份有限公司破产或解散清算时，当公司资产满足了公司债权人的清偿权和优先股股东分配剩余资产的请求权后，普通股股东有权参与公司剩余资产的分配。普通股股东享有该权利的大小，依其所持股票份额的多少而定。普通股股东只负有限责任，即当股份有限公司因经营不善而破产时，股东的责任以其所持股票的股份金额为限。

3. 公司决策参与权

股东对公司经营决策的参与权主要通过参加股东大会来行使。普通股股东有权出席股东大会，听取公司董事会的业务报告和财务报告，在股东大会上行使表决权和选举权，从而对公司的经营管理发表意见，选举出公司的董事会成员或监事会成员，有疑问时有权查阅公司的有关账册，如果发现董事违法失职或违反公司的章程，损害公司的利益，则有权诉诸法律。

4. 认股优先权

股份有限公司在为增加公司资本而决定增加发行新的普通股股票时，现有的普通股股东有权优先认购，以保持其在公司中的股份权益比例。股份有限公司增发新的普通股股票，可以采用两种方式：一是有偿增发，即股东以低于市价的价格优先认购新发的普通股股票；二是无偿增发，即股东可优先无偿得到新发的普通股股票。

优先认购的股票份额都是按照普通股股东现在持有的股份占公司总股份的比例进行分配，如果以有偿增发的方式发行新的普通股股票，公司要向普通股股东发出认股权证，股东依据认股权证，可以在一定时期内以低于股票市价的价格认购新增发的普通股股票。

5. 股份转让权

股东有权依据有关法律的规定，自由转让其拥有的股份。

股东的上述权利，可以自己行使，也可以委托他人代理行使，还可以转让其权利。由上述权利派生，普通股股东还拥有其他一些相关权利，如查阅公司章程，查阅股东大会会议记录，查阅公司财务会计报告，对公司经营提出建议或者质询、诉讼，等等。同时与享受权利相对应的，股东还需履行一些基本义务，如遵守公司章程、缴纳股款、对公司债务负有限责任、不得抽回资本等。

（四）股票的发行与上市

1. 股份有限公司的设立

股份有限公司是以资本联合为基础而设立的企业组织的典型形式、主要形式，股份有限公司的规模较大，股东人数多，公开程度高，管理要求规范，在社会经济生活中产生的影响较为广泛，与社会公众利益联系密切。因此，对于设立股份有限公司在法律上规定了应具备的条件，并且这些条件在相关的法律条款中有进一步的规定。

设立股份有限公司应当具备的条件是：

①应有 2 人以上 200 人以下为发起人，其中须有半数以上发起人在中国境内有住所。

②以募集方式设立股份有股公司的，发起人认购股份不得少于公司股份总数的 35%。

③股份发行、筹办事项符合法律规定。

④发起人制订公司章程，并经创立大会通过。

⑤有公司名称，建立符合股份有限公司要求的组织机构。

⑥有固定的生产经营场所和必要的生产经营条件。

股份有限公司的发起人应当承担以下责任：

①公司不能成立时，对设立行为所产的债务和费用负连带责任。

②公司不能成立时，对认股人已缴纳的股款，对返还股款并加算银行前期存款利息负连带责任。

③在公司设立过程中，由于发起人的过失致使公司利益受到损害的，应当对公司承担赔偿责任。

2. 股票发行与销售的方式

公司发行股票筹资，应当选择适宜的股票发行方式和销售方式，并恰当地制定发行价格，以便及时募足资本。

（1）股票发行方式

股票发行方式，指的是公司通过何种途径发行股票。总的来讲，股票的发行方式可分为公开发行和私下发行两种，其中公开发行又分为普通现金发行和配股发行两种发行方式。

①公开间接发行（公募）和不公开直接发行（私募）。公开发行指通过中介机构公开向社会公众发行股票。我国股份有限公司采用募集设立方式，在向社会公开发行新股时须由证券经营机构承销的做法，就属于股票的公开间接发行。这种发行方式的发行范围广、发行对象多，易于足额募集资本；股票的变现性强，流通性好；股票的公开发行还有助于提高发行公司的知名度和扩大其影响力。但这种发行方式也有不足，主要是手续繁杂，发行成本高。私下发行指不公开对外发行股票，只向少数特定的对象直接发行，因而不需经中介机构承销。我国股份有限公司采用发起设立方式和以不向社会公开募集的方式发行新股的做法，即属于股票的不公开直接发行。这种发行方式弹性较大，发行成本低，但发行范围小，股票变现性差。

②普通现金发行和配股发行。普通股的再次发行包括现金发行和配股发行两种方式，其中向现有股东出售普通股股票就是配股发行，给予每位股东一种在确定时间按认购价格从公司买入确定数量新股的选择权。其特点有：第一，相比于 IPO，配股发行不存在折价现象，但由于认购价格低于股票市场价格，配股发行后股票新的市场价格会低于配股发行前股票的市场价格，认购价格越低，配股发行的价格下跌幅度就越大；第二，相比于 IPO，由于不存在差价、折价、绿鞋条款等相关成本，配股发行成本较低；第三，相比于现金发行方式，配股发行不会稀释现有股东的所有权比例，公司股东拥有优先认股权，每位股东的持股比例保持不变；第四，相比于现金发行方式，配股发行赋予股东较大的灵活性，股东既可以行使配股权以认购价格购买新股也可以出售配股权获取现金收入，无论是哪种选

择，配股发行都不会影响股东财富。

（2）股票销售方式

股票销售方式，指的是股份有限公司向社会公开发行股票时所采取的股票销售方法。股票销售方式有两类：自销和委托承销。

①自销方式。股票发行的自销方式，指发行公司自己直接将股票销售给认购者。这种销售方式可由发行公司直接控制发行过程，实现发行意图，并可以节省发行费用；但往往筹资时间长，发行公司要承担全部发行风险，并需要发行公司有较高的知名度、信誉和实力。

②委托承销方式。股票发行的委托承销方式，指发行公司将股票销售业务委托给证券经营机构代理。这种销售方式是发行股票所普遍采用的。我国《公司法》规定，股份有限公司向社会公开发行股票，必须与依法设立的证券经营机构签订承销协议，由证券经营机构承销。股票承销又分为包销和代销两种具体办法。所谓包销，是根据承销协议商定的价格，证券经营机构一次性全部购进发行公司公开募集的全部股份，然后以较高的价格出售给社会上的认购者。对于发行公司来说，采用包销的办法可及时筹足资本，免于承担发行风险（股款未募足的风险由承销商承担），但股票以较低的价格售给承销商会损失部分溢价。所谓代销，是证券经营机构仅替发行公司代售股票，并由此获取一定的佣金，但不承担股款未募足的风险。

3. 首次公开发行普通股

（1）首次公开发行新股的条件

①主体资格。

A. 发行人应当是依法设立且合法存续的股份有限公司。

B. 发行人自股份有限公司成立后，持续经营时间应当在3年以上，但经国务院批准的除外。

C. 发行人的注册资本已足额缴纳，发起人或者股东用作出资的资产的财产权转移手续已办理完毕，发行人的主要资产不存在重大权属纠纷。

D. 发行人的生产经营符合法律、行政法规和公司章程的规定，符合国家产业政策。

E. 发行人最近3年内主营业务和董事、高级管理人员没有发生重大变化，实际控制人没有发生变更。

F. 发行人的股权清晰，控股股东和受控股股东、实际控制人支配的股东持有的发行人股份不存在重大权属纠纷。

②独立性。

A. 发行人应当具有完整的业务体系和直接面向市场独立经营的能力。

B. 发行人的资产完整。

C. 发行人的人员独立。发行人的总经理、副总经理、财务负责人和董事会秘书等高级管理人员不得在控股股东、实际控制人及其控制的其他企业中担任除董事、监事以外的其他职务，不得在控股股东、实际控制人及其控制的其他企业领薪；发行人的财务人员不得在控股股东、实际控制人及其控制的其他企业中兼职。

D. 发行人的财务独立。发行人应当建立独立的财务核算体系，能够独立作出财务决策，具有规范的财务会计制度和对分公司、子公司的财务管理制度；发行人不得与控股股东、实际控制人及其控制的其他企业共用银行账户。

E. 发行人的机构独立。发行人应当建立健全内部经营管理机构，独立行使经营管理职权，与控股股东、实际控制人及其控制的其他企业间不得有机构混同的情形。

F. 发行人的业务独立。发行人的业务应当独立于控股股东、实际控制人及其控制的其他企业，与控股股东、实际控制人及其控制的其他企业间不得有同业竞争或者显失公平的关联交易。

③规范运行。

A. 发行人已经依法建立健全股东大会、董事会、监事会、独立董事、董事会秘书制度，相关机构和人员能够依法履行职责。

B. 发行人的董事、监事和高级管理人员符合法律、行政法规和规章规定的任职资格，且不得有下列情形：被中国证监会采取证券市场禁入措施尚在禁入期的；最近 36 个月内受到中国证监会行政处罚，或者最近 12 个月内受到证券交易所公开谴责；因涉嫌犯罪被司法机关立案侦查或者涉嫌违法违规被中国证监会立案调查，尚未有明确结论意见。

C. 发行人不得有下列情形：最近 36 个月内未经法定机关核准，擅自公开或者变相公开发行过证券；或者有关违法行为虽然发生在 36 个月前，但目前仍处于持续状态；最近 36 个月内违反工商、税收、土地、环保、海关以及其他法律、行政法规，受到行政处罚，且情节严重；最近 36 个月内曾向中国证监会提出发行申请，但报送的发行申请文件有虚假记载、误导性陈述或重大遗漏；或者不符合发行条件以欺骗手段骗取发行核准；或者以不正当手段干扰中国证监会及其发行审核委员会审核工作；或者伪造、变造发行人或其董事、监事、高级管理人员的签字、盖章；本次报送的发行申请文件有虚假记载、误导性陈述或者重大遗漏；涉嫌犯罪被司法机关立案侦查，尚未有明确结论意见；严重损害投资者合法权益和社会公共利益的其他情形。

D. 发行人的公司章程中已明确对外担保的审批权限和审议程序，不存在为控股股东、实际控制人及其控制的其他企业进行违规担保的情形。

E. 发行人有严格的资金管理制度，不得有资金被控股股东、实际控制人及其控制的其他企业以借款、代偿债务、代垫款项或者其他方式占用的情形。

④财务与会计。

A. 发行人资产质量良好，资产负债结构合理，盈利能力较强，现金流量正常。

B. 发行人的内部控制在所有重大方面是有效的，并由注册会计师出具了无保留结论的内部控制鉴证报告。

C. 发行人会计基础工作规范，财务报表的编制符合企业会计准则和相关会计制度的规定，在所有重大方面公允地反映了发行人的财务状况、经营成果和现金流量，并由注册会计师出具了无保留意见的审计报告。

D. 发行人编制财务报表应以实际发生的交易或者事项为依据；在进行会计确认、计量和报告时应当保持应有的谨慎；对相同或者相似的经济业务，应选用一致的会计政策，不得随意变更。

⑤发行人应完整披露关联方关系并按重要性原则恰当披露关联交易。

关联交易价格公允，不存在通过关联交易操纵利润的情形。

⑥发行人应当符合下列条件：最近3个会计年度净利润均为正数且累计超过人民币3000万元，净利润以扣除非经常性损益前后较低者为计算依据；最近3个会计年度经营活动产生的现金流量净额累计超过人民币5000万元；或者最近3个会计年度营业收入累计超过人民币3亿元；发行前股本总额不少于人民币3000万元；最近一期末无形资产（扣除土地使用权、水面养殖权和采矿权等后）占净资产的比例不高于20%；最近一期末不存在未弥补亏损。

⑦发行人依法纳税，各项税收优惠符合相关法律法规的规定。

发行人的经营成果对税收优惠不存在严重依赖。

⑧发行人不存在重大偿债风险、影响持续经营的担保、诉讼以及仲裁等重大或有事项。

⑨发行人申报文件中不得有下列情形：

A. 故意遗漏或虚构交易、事项或者其他重要信息。

B. 滥用会计政策或者会计估计。

C. 操纵、伪造或篡改编制财务报表所依据的会计记录或者相关凭证。

⑩发行人不得有下列影响持续盈利能力的情形：

A. 发行人的经营模式、产品或服务的品种结构已经或者将发生重大变化，并对发行人的持续盈利能力构成重大不利影响。

B. 发行人的行业地位或发行人所处行业的经营环境已经或者将发生重大变化，并对发行人的持续盈利能力构成重大不利影响。

C. 发行人最近1个会计年度的营业收入或净利润对关联方或者存在重大不确定性的客户存在重大依赖。

D. 发行人最近1个会计年度的净利润主要来自合并财务报表范围以外的投资收益。

E. 发行人在用的商标、专利、专有技术以及特许经营权等重要资产或技术的取得或者使用存在重大不利变化的风险。

F. 其他可能对发行人持续盈利能力构成重大不利影响的情形。

（2）首次公开发行新股的程序

①发起人认足股份、交付股资。发起设立方式的发起人认购公司全部股价；募集设立方式的公司发起人认购的股份不得少于公司股份总数的35%。发起人可用货币出资，也可

以非货币资产作价出资。发起设立方式下，发起人交付全部股资后，应选举董、监事会，由董事会办理公司设立的登记事项；募集设立方式下，发起人认足其应认购的股份并交付股资后，其余部分向社会公开募集或者向特定对象募集。

②提出公开募集股份的申请。募集方式设立的公司，发起人向社会公开募集股份时，必须向国务院证券监督管理部门递交募股申请，并报送批准设立公司的相关文件，包括公司章程、招股说明书等。

③公告招股说明书，签订承销协议。公开募集股份申请经国家批准后，应公告招股说明书。招股说明书应包括公司章程、发起人认购的股份数、本次每股票面价值和发行价格、募集资金的用途等。同时，与证券公司等证券承销机构签订承销协议。

④招认股份，缴纳股款。发行股票的公司或其承销机构一般用广告或书面通知办法招募股份。认股者一旦填写了认股书，就要承担认股书中约定缴纳股款的义务。如果认股者总股数超过发起人拟招募总股数，可以采取抽签的方式确定哪些认股者有权认股。认股者应在规定的期限内向代收股款的银行缴纳股款，同时交付认股书。股款收足后，发起人应委托法定机构验资，出具验资证明。

⑤召开创立大会，选举董事会、监事会。发行股份的股款募足后，发起人应在规定期限内（法定30天内）主持召开创立大会。创立大会由发起人、认股人提请，应有代表股份总数半数以上的认股人出席方可举行。创立大会通过公司章程，选举董事会和监事会成员，并有权对公司的设立费用进行审核，对发起人用于抵作股款的财产的作价进行审核。

⑥办理公司设立登记，交割股票。经创立大会选举的董事会，应在创立大会结束后30天内，办理申请公司设立的登记事项。登记成立后，即向股东正式交付股票。

（3）股票发行的核准

根据《证券法》的规定，具备股票发行资格和条件的股票发行者在提交一系列文件后，"由国务院证券监督管理机构依照法定条件负责核准股票发行申请"，未经核准的，不得公开发行股票，目前负责股票发行申请审核工作的机构是中国证监会。股票发行核准制的推行、实施，将从根本上变革我国股票发行市场体制，是我国证券市场的制度创新。

与行政审批制相比，核准制有以下一些特点：

①在选择和推荐企业方面，由主承销商培育、选择和推荐企业，增加了承销商的责任。

②企业根据资本运营的需要选择股票发行的规则，以适应企业持续成长的需要。

③在发行审核上，将逐步转向强制性信息披露和合规性审核，发挥股票发行审核委员会的独立审核功能。

④在股票发行定价上，由发行人与主承销商协商，并充分反映投资者的需求，使发行定价真正反映公司股票的内在价值和投资风险。

（4）股票的发行价格

股票发行价格是指股份有限公司出售新股票的价格。在确定股票发行价格时，可以按票面金额确定，也可以超过票面金额确定，但不得以低于票面金额的价格发行。当股票发行公司计划发行股票时，就需要根据不同情况，确定一个发行价格以推销股票。一般而言，股票发行价格有以下几种：面值发行、时价发行、中间价发行和折价发行等。

①面值发行。即按股票的票面金额为发行价格。采用股东分摊的发行方式时一般按平价发行，不受股票市场行情的左右。由于市价往往高于面额，因此以面额为发行价格能够使认购者得到因价格差异而带来的收益，使股东乐于认购，又保证了股票公司顺利地实现筹措股金的目的。

②时价发行。即不是以面额，而是以流通市场上的股票价格（即时价）为基础确定发行价格。这种价格一般都是时价高于票面额，二者的差价称溢价，溢价带来的收益归该股份公司所有。时价发行能使发行者以相对少的股份筹集到相对多的资本，从而减轻负担，同时还可以稳定流通市场的股票时价，促进资金的合理配置。

按时价发行，对投资者来说具备一定可行性。因为股票市场上行情变幻莫测，如果该公司将溢价收益用于改善经营，提高了公司和股东的收益，将使股票价格上涨；投资者若能掌握时机，适时按时价卖出股票，收回的现款会远高于购买金额，以股票流通市场上当时的价格为基准，但也不必完全一致。在具体决定价格时，还要考虑股票销售难易程度、对原有股票价格是否冲击、认购期间价格变动的可能性等因素。因此，一般将发行价格定在低于时价约 5% ～ 10% 的水平上是比较合理的。

③中间价发行。即股票的发行价格取票面额和市场价格的中间值。这种价格通常在时价高于面额，公司需要增资但又需要照顾原有股东的情况下采用。中间价格发行对象一般为原股东，在时价和面额之间采取一个折中的价格发行，实际上是将差价收益一部分归原股东所有，一部分归公司所有用于扩大经营。因此，在进行股东分摊时要按比例配股，不改变原来的股东构成。

4. 股票上市

股票上市是指已经发行的股票经证券交易所批准后，在交易所公开挂牌交易的法律行为，股票上市，是连接股票发行和股票交易的"桥梁"。在我国，股票公开发行后即获得上市资格。上市后，公司将能获得巨额资金投资，有利于公司的发展。新的股票上市规则主要对信息披露和停牌制度等进行了修改，增强了信息披露的透明性，有利于普通投资者化解部分信息不对称的影响。

（1）股票上市的目的

股份公司申请股票上市，一般出于这样的一些目的：

①资本大众化，分散风险。股票上市后，会有更多的投资者认购公司股份，公司则可将部分股份转售给这些投资者，再将得到的资金用于其他方面，这就分散了公司的风险。

②提高股票的变现力。股票上市后便于投资者购买，提高了股票的流动性和变现力。

③便于筹措新资金。股票上市必须经过有关机构的审查批准并接受相应的管理，执行各种信息披露和股票上市的规定，这就大大增强了社会公众对公司的信赖，使之乐于购买

公司的股票。同时，由于一般人认为上市公司实力雄厚，也便于公司采用其他方式（如负债）筹措资金。

④提高公司知名度，吸引更多顾客。股票上市公司为社会所知，并被认为经营优良，会带来良好声誉，吸引更多的顾客，从而扩大销售量。

⑤便于确定公司价值。股票上市后，公司股价有市价可循，便于确定公司的价值，有利于促进公司财富最大化。

（2）股票上市的条件

公司公开发行的股票进入证券交易所挂牌买卖（即股票上市），须受严格的条件限制。我国《公司法》规定，股份有限公司申请其股票上市，必须符合下列条件：

①股票经国务院证券管理部门批准已向社会公开发行。不允许公司在设立时直接申请股票上市。

②公司股本总额不少于人民币 5000 万元。

③开业时间在三年以上，最近三年连续盈利；属国有企业依法改建而设立股份有限公司的，或者在《公司法》实施后新组建成立，其主要发起人为国有大中型企业的股份有限公司，可连续计算。

④持有股票面值人民币 1 000 元以上的股东不少于 1 000 人，向社会公开发行的股份达公司股份总数的 25% 以上；公司股本总额超过人民币 4 亿元的，其向社会公开发行股份的比例为 15% 以上。

⑤公司在最近三年内无重大违法行为，财务会计报告无虚假记载。

⑥国务院规定的其他条件。

由于创业板设置的目的就是帮助满足中小企业进行融资的需求，创业板上市需要具备的相关条件如下：

①股票已公开发行。

②公司总股本不少于 3000 万元。

③公开发行的股份占公司股份总数的 25% 以上；公司总股本超过 4 亿，公开发行股份的比例超过 10%。

④公司股东人数不少于 200 人。

⑤公司近三年无重大违规事项，财务会计报告没有虚假记载。

⑥深交所要求的其他条件。

具备上述条件的股份有限公司经申请，由国务院或国务院授权的证券管理部门批准，其股票方可上市。股票上市公司必须公告其上市报告，并将其申请文件存放在指定的地点供公众查阅。股票上市公司还必须定期公布其财务状况和经营情况，每一会计年度内半年公布一次财务会计报告。

（3）股票上市的影响

①获取资金。上市最明显的优点就在于获取资金。非上市公司通常资金有限，也就意

味着他们为维持自身运营提供资金的资源有限，需要筹资的公司能够通过上市获得大量的资金。通过公开发售股票（股权），一家公司能募集到可用于多种目的的资金，包括增长和扩张、清偿债务、市场营销、研究和发展，以及公司并购。公司一旦上市，还可以通过发行债券、股权再融资或定向增发（PIPE）再次从公开市场募集到更多资金。

②便于确定公司价值。股票上市后，公司股价有市价可循，便于确定公司的价值。对于上市公司来说，即时的股票交易行情，就是对公司价值的市场评价。同时，市场行情也能够为公司收购兼并等资本运作提供询价基础。

③有助于改善财务状况。公司公开发行股票可以筹得自有资金，能迅速改善公司财务状况，并有条件获得利率更低的贷款。同时，公司一旦上市，就可以有更多的机会从证券市场上筹集资金。

④提高公司声望。公开上市可以帮助公司提高其在社会上的知名度。通过新闻发布会和其他公众渠道以及公司股票每日在股票市场上的表现，商业界、投资者、新闻界甚至一般大众都会注意到上市公司。如果一个上市公司经营良好，充满希望，那么这个公司就会有第一流的声誉，公司的商标和产品名声在外，不仅仅投资者注意到，消费者和其他企业也会乐意和这样的公司做生意，从而给公司带来各种各样难以估量的好处。

⑤利用股票可激励员工。公司常常会通过认股权或股本性质的得利来吸引高质量的员工。这些安排往往会使员工对企业有一种主人翁的责任感，因为他们能够从公司的发展中得利。上市公司股票对于员工有更大的吸引力，因为股票市场能够独立地确定股票价格从而保证了员工利益的兑现。

⑥上市成本较高，手续复杂严格。公司股票上市发行，需要聘请承销商、会计师、律师、评估师等一大批专业人士从事咨询、调查、评估、审核等工作，因此整个发行工作需要投入大量人力、物力和财力，上市过程要占用管理层的大量时间并可能会打断正常的业务进程。一般情况下，公司承担的发行费用估计占股票发行所得的 5% ~ 10%。

⑦公司将负担较高的信息披露成本。公司的上市过程包含了对公司和业务历史的大量的"尽职调查"。这需要对公司的所有商业交易进行彻底的分析，包括私人契约和承诺，以及诸如营业执照、许可和税务等的规章事务。上市公司还需要披露公司运营和政策中的各种专有信息。这些无疑会增加公司的信息披露成本。

⑧信息公开的要求可能会暴露公司商业机密。一个公司因公开上市而在产生的种种变动中失去"隐私权"是最令人烦恼的。美国证监会要求上市公司公开所有账目，包括最高层管理人员的薪酬、给中层管理人员的红利以及公司经营的计划和策略，这有可能暴露公司的商业机密，给竞争对手带来知己知彼的战略优势。

⑨股价有时会歪曲公司的实际情况，影响公司声誉。股票上市后，股价涨跌直接影响上市公司的"财务形象"。但是，股票价格的变化受多种因素的影响，既有公司经营好坏等经济因素，也有公司不能掌控的各种非经济因素的影响。有时候，在这些非经济因素的影响下，股价可能会歪曲公司的实际情况，丑化公司声誉。

⑩可能会分散公司的控制权，造成管理上的困难。上市公司都建立有现代企业制度，随着股票的发行上市与流通转让，上市公司的股权结构将会发生变化。上市公司的股东有权参与管理层的选举，在特定情况下甚至可以取代公司的管理者，从而使其面临失去公司控制权的风险。

5. 股权再融资

股权再融资（又称增资）是指上市公司通过配股、增发和发行可转换债券等方式在证券市场上进行的直接融资。配股是指向原普通股股东按其持股比例、以低于市价的某一特定价格配售一定数量新发行股票的融资行为。增发新股指上市公司为了筹集权益资本而再次发行股票的融资行为，包括面向不特定对象的公开增发和面向特定对象的非公开增发，也称定向增发。其中，配股和公开增发属于公开发行，非公开增发属于非公开发行。

（1）配股

按照惯例，公司配股时新股的认购权按照原有股权比例在原股东之间分配。配股赋予企业现有股东配股权，使得现有股东拥有合法的优先购买新发股票的权利。

在我国，配股权是指当股份公司需再筹集资金而向现有股东发行新股时，股东可以按原有的持股比例以较低的价格购买一定数量的新发行股票。配股权是普通股股东的优惠权，实际上是一种短期的看涨期权。配股权通常在某一股权登记日前颁发。在此之前购买的股东享有配股权，即此时股票的市场价格中含有配股权的价值。

配股一般采取网上定价发行的方式。配股价格由主承销商和发行人协商确定。

上市公司向原股东配股的，除了要符合公开发行股票的一般规定外，还应当符合下列规定：拟配售股份数量不超过本次配售股份前股本总额的30%；控股股东应当在股东大会召开前公开承诺认配股份的数量；采用证券法规定的代销方式发行。

（2）增发新股

公开增发与首次公开发行一样，没有特定的发行对象。股票市场上的投资者均可以认购。而非公开增发（也称定向增发）的对象主要针对机构投资者与大股东及关联方。机构投资者大体可以划分为财务投资者和战略投资者。其中财务投资者通常以获利为目的。通过短期持有上市公司股票适时套现，实现获利的法人，他们一般不参与公司重大的战略决策。

战略投资者通常是指与发行人具有合作关系或合作意向和潜力，并愿意按照发行人配售要求与发行人签署战略投资配售协议的法人，他们与发行公司业务联系紧密且欲长期持有发行公司股票。

上市公司通过非公开增发引入战略投资者不仅获得战略投资者的资金，还有助于引入其管理理念与经验，改善公司治理。大股东及关联方是指上市公司的控股股东或关联方。一般来说，采取非公开增发的形式向控股股东认购资产，有助于上市公司与控股股东进行股份与资产置换，进行股权和业务的整合，同时也进一步提高了控股股东对上市公司的所有权。

（3）股权再融资对企业的影响

①对企业资本结构的影响。一般来说，权益资本成本高于债务资本成本，采用股权再融资会降低资产负债率，并可能会使资本成本增大；但如果股权再融资有助于企业目标资本结构的实现，增强企业的财务稳健性，降低债务的违约风险，就会在一定程度上降低企业的加权平均资本成本，增加企业的整体价值。

②对企业财务状况的影响。在企业运营及盈利状况不变的情况下，采用股权再融资的形式筹集资金会降低企业的财务杠杆水平，并降低净资产收益率。但企业如果能将股权再融资筹集的资金投资于具有良好发展前景的项目，获得正的投资活动净现值，或者能够改善企业的资本结构，降低资本成本，就有利于增加企业的价值。

③对企业控制权的影响。就配股而言，由于全体股东具有相同的认购权利，控股股东只要不放弃认购的权利，就不会削弱控制权。公开增发会引入新的股东，股东的控制权受到增发认购数量的影响；非公开增发相对复杂，若对财务投资者和战略投资者增发，则会降低控股股东的控股比例，但财务投资者和战略投资者大多与控股股东有良好的合作关系，一般不会对控股股东的控制权形成威胁；若面向控股股东的增发是为了收购其优质资产或实现集团整体上市，则会提高控股股东的控股比例，增强控股股东对上市公司的控制权。

6. 股票上市的暂停、终止与特别处理

当上市公司出现经营情况恶化、存在重大违法违规行为或其他原因导致不符合上市条件时，就可能被暂停或终止上市。

上市公司出现财务状况或其他状况异常的，其股票交易将被交易所"特别处理"（Special Treatment，ST）。在上市公司的股票交易被实行特别处理期间，其股票交易遵循下列规则：

①股票报价日涨跌幅限制为5%。

②股票名称改为原股票名前加"ST"。

③上市公司的中期报告必须经过审计。

（五）引入战略投资者

在我国上市公司领域，战略投资者（Strategic Investor）是指具有同行业或相关行业较强的重要战略性资源，与上市公司谋求双方协调互补的长期共同战略利益，愿意长期持有上市公司较大比例股份，愿意并且有能力认真履行相应职责，委派董事实际参与公司治理，提升上市公司治理水平，帮助上市公司显著提高公司质量和内在价值，具有良好诚信记录，最近三年未受到证监会行政处罚或被追究刑事责任的投资者。

上市公司拟引入战略投资者的，应当按照《公司法》《证券法》《管理办法》《创业板管理办法》和公司章程的规定，履行相应的决策程序。

首先，上市公司应当与战略投资者签订具有法律约束力的战略合作协议，作出切实可行的战略合作安排。战略合作协议的主要内容应当包括：战略投资者具备的优势及其与上市公司的协同效应，双方的合作方式、合作领域、合作目标、合作期限、战略投资者拟认购股份的数量、定价依据、参与上市公司经营管理的安排、持股期限及未来退出安排、未履行相关义务的违约责任等。

其次，上市公司董事会应当将引入战略投资者的事项作为单独议案审议，并提交股东大会审议。独立董事、监事会应当对议案是否有利于保护上市公司和中小股东合法权益发表明确意见。

最后，上市公司股东大会对引入战略投资者议案作出决议，应当就每名战略投资者单独表决，且必须经出席会议的股东所持表决权三分之二以上通过，中小投资者的表决情况应当单独计票并披露。

（六）普通股筹资优缺点

1. 普通股筹资的优点

（1）没有固定的股息支付负担

普通股没有到期日，投资者一旦购买便不得退股，其筹集的资金成为公司长期稳定的资本供给，公司不必像债券筹资那样经常要考虑如何调集现金还本付息。股份公司支付股利的政策也有很大的灵活性，公司盈利较多时，可以向股东发放股利，公司没有盈利或盈利较少或因其他原因，可以不发放股利，不像公司债券有定期支付利息的义务。

（2）变现现有投资、分散经营风险

普通股借助成熟的二级市场，流通性较强。公司的原有投资者在考虑公司长远发展和扩大经营规模时，出于对经营风险的审慎，以及对其他项目发展的兴趣，可以变现现有部分投资。这样，发行普通股并通过二级市场，一方面，为权益转让和套现部分原有投资提供了方便；另一方面，通过减少持股比例，还可以分散或降低股东所承担的经营风险。

（3）利于收购融资

公司如有合适的对象进行收购或有重大资产如物业、大型设施需要购置，因所涉及金额巨大，公司一时无法调动现金，而又不愿意提高公司的负债比例，这时可以通过发行普通股，以此替代现金或负债来支付款项，达到一举两得的目的。

（4）提高公司的信誉

公司发行股票并成功上市，其在市场上的地位会因此而提高。发行较多的普通股，意味着有了更多的权益资金，为债权人提供了更大的保障，从而能提高公司的信用价值，有效地增强公司的举债能力。

2. 普通股筹资的缺点

（1）筹资成本高

一般来说，普通股筹资的成本要大于债务资本。首先，从投资者的角度来说，投资于普通股风险较高，相应地要求有较高的投资报酬率；其次，对于筹资公司来讲，债务资本的利息可以在税前扣除，而普通股的股利从净利润中支付，因而不具有抵税作用。此外，普通股的发行费用一般也高于其他证券。

（2）容易分散公司控制权

公司发行股票，意味着原投资者转让了部分公司权益，削弱了其对公司的绝对控制权，也减少了利益分享部分。而且由于社会公众股东的加入，会对公司派息造成压力。公司如不维持稳定及上升的股息率，会令市场对公司发展失去信心，从而危及公司的正常运作。

（3）信息沟通与披露成本较大

投资者或股东作为企业的所有者，有了解企业经营业务、财务状况、经营成果等的权利。企业需要通过各种渠道和方式加强与投资者的关系管理，保障投资者的权益。特别是上市公司，其股东众多而分散，只能通过公司的公开信息披露了解公司状况，这就需要公司花更多的精力，有些公司还需要设置专门的部门，进行公司的信息披露和维护投资者关系。

三、留存收益

留存收益筹资是指企业将留存收益转化为投资的过程，将企业生产经营所实现的净收益留在企业，而不作为股利分配给股东，其实质为原股东对企业追加投资。

（一）留存收益的性质

留存收益是指企业从历年实现的利润中提取或留存于企业的内部积累，它来源于企业的生产经营活动所实现的净利润。包括企业的盈余公积和未分配利润两个部分。

盈余公积是指企业按照规定从净利润中提取的积累资金，包括法定盈余公积、任意盈余公积等。法定盈余公积按照净利润的 10% 提取，法定公积金累计额已达注册资本的 50% 时可以不再提取。任意盈余公积主要是公司制企业按照股东会的决议提取，其他企业也可根据需要提取任意盈余公积。盈余公积用于弥补公司的亏损、扩大公司生产经营或者转为增加公司资本。但是，资本公积金不得用于弥补公司的亏损。法定盈余公积转为资本时，所留存的该项盈余公积不得少于转增前公司注册资本的 25%。

未分配利润是指企业实现的净利润经过弥补亏损、提取盈余公积和向投资者分配利润后留存在企业的、历年结存的利润。是企业所有者权益的组成部分。

（二）留存收益筹资的优缺点

1. 优点

（1）不发生实际的现金支出

不同于负债筹资，留存收益筹资不必支付定期的利息，也不同于股票筹资，留存收益筹资不必支付股利。同时还免去了与负债、权益筹资相关的手续费、发行费等开支。但是这种方式存在机会成本，即股东将资金投放于其他项目上的必要报酬率。

（2）保持企业举债能力

留存收益实质上属于股东权益的一部分，可以作为企业对外举债的基础。先利用这部分资金筹资，减少了企业对外部资金的需求，当企业遇到盈利率很高的项目时，再向外部筹资，而不会因企业的债务已达到较高的水平而难以筹到资金。

（3）企业的控制权不受影响

增加发行股票，原股东的控制权分散；发行债券或增加负债，债权人可能对企业施加限制性条件。而采用留存收益筹资则不会存在此类问题。

2. 缺点

（1）期间限制

企业必须经过一定时期的积累才可能拥有一定数量的留存收益，从而使企业难以在短期内获得扩大再生产所需资金。

（2）与股利政策的权衡

如果留存收益过高，现金股利过少，则可能影响企业的形象，并给今后进一步的筹资增加困难。利用留存收益筹资需要考虑公司的股利政策，不能随意变动。

第二节　债务资本筹资

债务资本筹资是指公司通过向金融机构借款、发行债券和融资租赁、利用商业信用以及杠杆收购等形式筹集所需资金。由于负债要归还本金和利息，因而称为企业的借入资金或债务资本筹资。

一、长期借款筹资

（一）长期借款的含义

长期借款是指企业从银行或其他金融机构借入的期限在一年以上（不含一年）的借款。我国股份制企业的长期借款主要是向金融机构借入的各项长期性借款，如从各专业银行、商业银行取得的贷款；除此之外，还包括向财务公司、投资公司等金融企业借入的款项。由于长期借款往往在一定时期内被企业作为一种永续性借款，因而可视为企业可长期占有的资金来源。

（二）长期借款的分类

1. 从提供贷款的机构来看，长期借款可以分为以下三类

（1）政策性银行贷款

政策性银行贷款一般指执行国家政策性贷款业务的银行向企业发放的贷款。如国家开发银行主要为满足企业承建国家重点建设项目的资金需要提供贷款；进出口信贷银行则为大型设备的进出口提供买方或卖方信贷。

（2）商业银行贷款

商业银行贷款指由各商业银行向工商企业提供的贷款。这类贷款主要为满足企业建设竞争性项目的资金需要，企业对贷款自主决策、自担风险、自负盈亏。

（3）其他金融机构贷款

其他金融机构（如保险公司）贷款一般较商业银行贷款的期限更长，要求的利率较高，对借款企业的信用要求和担保的选择也更加严格。

2. 从贷款用途来看，长期借款可以分为基本建设借款、技术改造借款和生产经营借款三类

①基本建设借款是企业打算用于较长期的固定资产投资的借款。

②技术改造借款是企业打算将借款用于企业固定资产的更新改造的长期借款。

③生产经营借款是企业主要用于科学研究、生产开发和新产品试制及其配套的长期借款。

3. 从机构对借款有无担保要求来看，可分为信用借款和担保贷款

（1）信用借款

信用借款是指以借款人的信誉或保证人的信用为依据而获得的借款。公司取得这种借款无须以财产作抵押。对于这种借款，由于风险较高，银行通常要收取较高的利息，往往

还附加一定的限制条件。

（2）担保贷款

担保贷款是指由借款人或第三方依法提供担保而获得的借款。担保包括保证责任、财务抵押、财产质押。担保贷款包括保证贷款、抵押贷款和质押贷款。其中，保证贷款，是指按法律规定的保证方式第三人承诺在借款人不能偿还借款时，按约定承担一般保证责任或者连带责任而发放的借款。抵押贷款，是指按法律规定的抵押方式以借款人或第三人的财产作为抵押物发放的借款。质押贷款，是指按法律规定的质押方式以借款人或第三人的动产或权利作为质物发放的借款。

（三）取得长期借款的条件

我国金融部门对企业发放贷款的原则是：按计划发放、择优扶植、有物资保证、按期归还。企业申请长期借款，一般应具备如下条件：

①借款企业实行独立核算，自负盈亏，具有法人资格，有健全的机构和相应的企业管理和技术人才。

②借款企业经营方向和业务范围符合国家政策，借款用途属于银行贷款办法规定的范围并提供有关借款项目的可行性报告。

③借款企业具有一定的物资和财产保证，担保单位具有相应的经济实力。

④借款企业具有偿还贷款本金的能力。

⑤借款企业财务管理和核算制度健全，资金使用效益及企业经济效益良好。

⑥借款企业在有关金融部门开立账户，办理结算。

同时，银行借款往往附加下列信用条件：

1. 信用额度

信用额度是借款企业与银行间正式或非正式协议规定的企业借款的最高限额。通常在信用额度内，企业可随时按需要向银行申请借款。例如，在正式协议下，约定某企业的信用额度为 500 万元，该企业已借用 300 万元且尚未偿还，则该企业仍可申请 200 万元，银行将予以保证。在非正式协议下，银行并不承担最高借款限额保证贷款的法律义务。

2. 周转信用协议

周转信用协议是一种经常为大公司使用的正式信用额度。与一般信用额度不同，银行对周转信用额度负有法律义务，并因此向企业收取一定的承诺费用，一般按企业使用的信用额度的一定比率（2% 左右）计算。

3. 补偿性余额

补偿性余额是银行要求借款企业将借款的 10% ～ 20% 的平均存款余额留存银行。银行通常都有这种要求，目的是降低银行贷款风险，提高贷款的有效利率，以便补偿银行的损失。

（四）取得长期借款的程序

企业取得长期借款的一般程序是：

1. 企业提出申请

企业向银行借入长期借款，首先应向银行提出申请。申请的内容一般包括以下几项：

①借款用途：企业向银行借入长期借款一般用于：购置零星固定资产；增加流动资金；归还已到期的债券或借款。

②借款期限：长期借款的期限在一年以上，但一般不超过 10 年。

③借款数额：长期借款的具体数额，应根据企业主观上的需要和客观上的可能来确定。

④还款方式：银行长期借款既可到期一次归还，也可以分期定额或不定额归还。

2. 银行审查与审批

银行接到企业的申请后，要按照有关政策和贷款条件，对企业进行审查，以决定是否对企业贷款。银行审查的内容主要有：

①企业的财务状况：银行主要通过企业的财务报表审查企业的负债水平、资本结构等内容。

②企业的信用情况：主要包括过去的偿债记录、信誉，以及主要经营者的品行等。

③企业盈利的稳定性：主要包括企业一段时期以来的获利能力及其发展趋势。

④企业的发展前景：主要包括企业的改革、经营管理水平、技术力量、主导产品的市场份额等。

⑤企业借款投资项目的可行性：主要审查投资项目建成后生产的产品是否具有竞争力。

3. 签订借款合同

银行经审查批准借款申请后，与借款企业可进一步协商借款的具体条件，签订正式的借款合同，明确规定贷款的数额、利率、期限和一些期限性条款。

4. 企业取得借款

借款合同生效后，银行可在核定的贷款指标范围内，根据企业的用款计划和实际需要，一次或分次将贷款转入企业的存款结算户，以便企业支用。

5. 企业归还借款

借款期满，企业应按合同规定还本付息。如果借款到期，企业不予偿还，银行可根据合同规定，从借款企业的存款户中扣还贷款本息及加收的利息。

借款企业如因暂时财务困难，需延期偿还借款时，应向银行提交延期还贷计划，经银行审查核定，续签合同。逾期贷款通常要加收利息。

（五）长期借款筹资的成本

长期借款筹资的成本可以用资本成本率这一指标来计算，资本成本就是企业在筹集和使用资金时所支付的代价，一般的计算公式为：

$$K = \frac{D}{P-F} \text{ 或 } K = \frac{D}{P(1-f)}$$

式中：K ——资本成本率；

　　　P ——筹集资金总额；

　　　D ——使用费用；

　　　F ——筹资费；

　　　f ——筹资费率。

企业向银行借款所支付的利息和费用一般可作为企业的财务费用在税前列支，相应减少企业应交的所得税。对于每年年末付息，期末一次还本的借款，其借款资本成本率为：

$$K_L = \frac{I(1-T)}{L-F} = \frac{i(1-T)}{1-f}$$

式中：K_L ——借款资本成本率；

　　　L ——借款总额；

　　　T ——所得税税率；

　　　I ——借款年利息；

　　　i ——借款年利率；

　　　F ——借款费用；

　　　f ——筹资费率。

【例6-1】某企业取得5年期长期借款200万元，年利率为11%，每年付息一次，到期一次还本，筹资费用率为0.5%，企业所得税率为25%。该项长期借款的资本成本为：

$$K_1 = \frac{I(1-T)}{L-F} = \frac{200 \times 11\% \times (1-25\%)}{200 \times (1-0.5\%)} = 8.29\%$$

或：

$$K_1 = \frac{i(1-T)}{1-f} = \frac{11\% \times (1-25\%)}{1-0.5\%} = 8.29\%$$

（六）长期借款筹资的偿还方式

长期借款筹资的偿还方式由借贷双方共同商定，一般有以下几种方式。

①定期支付利息、到期偿还本金。这是最普通、最具代表性的偿还方式。采用这种方式，对于借款企业来说，分期支付利息的压力较小，但借款到期后偿还本金的压力较大。

②定期等额偿还方式，即在债务期限内均匀偿还本利和。这种偿还方式减轻了一次性偿还本金的压力，但是可供借款企业使用的借款额会逐期减少，因此会提高企业使用借款的实际利率。

③到期一次还本付息。这种方式的优点是企业平时没有支付利息和本金的压力，有利于企业合理安排资金的使用，但到期还本付息的压力较大。

不同偿还方式使企业在借款期内偿还的本息总额是不同的，在整个偿还过程中现金流量分布也是不同的，企业应该根据自身的实际情况，合理选择偿还方式。

（七）长期借款的保护性条款

由于长期借款的期限长、风险大，按照国际惯例，银行通常对借款企业提出一些有助于保证贷款按时足额偿还的条件。这些条件写入贷款合同中，形成了合同的保护性条款。保护性条款大致有如下三类。

1. 一般性保护条款

一般性保护条款应用于大多数借款合同，但根据具体情况会有不同内容，主要包括：

①对借款企业流动资金保持量的规定，其目的在于保持借款企业资金的流动性和偿债能力。

②对支付现金股利和再购入股票的限制，其目的在于限制现金外流。

③对资本支出规模的限制，其目的在于减少企业日后不得不变卖固定资产以偿还贷款的可能性，仍着眼于保持借款企业资金的流动性。

④限制其他长期债务，其目的在于防止其他贷款人取得对企业资产的优先求偿权。

2. 例行性保护条款

例行性保护条款作为例行常规，在大多数借款合同中都会出现，主要包括：

①借款企业定期向银行提交财务报表，其目的在于及时掌握企业的财务情况。

②不准在正常情况下出售较多资产，以保持企业正常的生产经营能力。

③如期清偿缴纳的税金和其他到期债务，以防被罚款而造成现金流失。

④不准以任何资产作为其他承诺的担保或抵押，以避免企业过重的负担。

⑤不准贴现应收票据或出售应收账款，以避免或有负债。

⑥限制租赁固定资产的规模，其目的在于防止企业负担巨额租金以致削弱其偿债能力，还在于防止企业以租赁固定资产的办法摆脱对其资本支出和负债的约束。

3. 特殊性保护条款

特殊性保护条款是针对某些特殊情况而出现在部分借款合同中的，只在特殊情况下才生效。主要包括：

①贷款专款专用。

②不准企业投资于短期内不能收回资金的项目。

③限制企业高级职员的薪金和奖金总额。

④要求企业主要领导人在合同有效期间担任领导职务。

⑤要求企业主要领导人购买人身保险等。

（八）长期借款筹资的优缺点

1. 优点

（1）筹资速度快

通过发行各种证券来筹集长期资金，需要耗费证券发行前的准备时间和发行时间，而银行借款与发行证券相比，一般所需时间都较短，可以迅速地获取资金。

（2）资本成本较低

长期借款利息可在税前支付，且借款的手续费低于证券的发行费用。因而相对于其他长期筹资方式，长期借款的资本成本是最低的。

（3）筹资弹性较大

借款企业面对的是银行而不是广大的债券持有人，而且可以与银行直接接触，确定贷款的时间、数量和利息；另外在借款期间如果情况发生了变化，企业也可与银行再进行协商，修改借款数量及条件等，与其他筹资方式相比有较大的弹性。

（4）具有财务杠杆作用

因为银行借款利息属于固定性融资成本，在息税前利润增加时，会使税后利润以更大的幅度增加。

2. 缺点

（1）财务风险较大

因为财务杠杆的作用，在息税前利润减少时，会使税后利润以更大的幅度减少；另外借款会增加企业还本付息的压力。

（2）限制条款较多

银行长期借款都有很多的限制条款，这些条款可能会限制企业的经营活动，包括筹资活动和投资活动。

（3）筹资数量有限

利用长期借款融资通常无法像发行股票那样在大范围内筹集大额的资金；此外，当企业财务状况不好时，银行会相应提高其借款利率，甚至出于可能无法偿还的风险问题拒绝贷款。

二、发行债券筹资

债券（Bonds）是一种金融契约，是政府、金融机构、工商企业等直接向社会借债筹借资金时，向投资者发行，同时承诺按一定利率支付利息并按约定条件偿还本金的债权债务凭证。债券的本质是债的证明书，具有法律效力。债券购买者或投资者与发行者之间是一种债权债务关系，债券发行人即债务人，投资者（债券购买者）即债权人。

公司债券是公司依照法定程序发行、约定在一定期限还本付息的有价证券。债券是持券人拥有公司债权的书面证书，它代表债券持券人与发债公司之间的债权债务关系。公司发行债券通常是为其大型投资项目一次性筹集大笔资金。

（一）债券的种类

1. 从是否记名来看

①记名公司债券，即在券面上登记持有人姓名，支取本息要凭印鉴领取，转让时必须背书并到债券发行公司登记的公司债券。

②不记名公司债券，即券面上不需载明持有人姓名，还本付息及流通转让仅以债券为凭，不需登记。

2. 从持有人是否参与公司利润分配来看

①参加公司债券，指除了可按预先约定获得利息收入外，还可在一定程度上参加公司利润分配的公司债券。

②非参加公司债券，指持有人只能按照事先约定的利率获得利息的公司债券。

3. 从债券是否可提前赎回来看

①可提前赎回公司债券，即发行者可在债券到期前购回其发行的全部或部分债券。

②不可提前赎回公司债券，即只能一次到期还本付息的公司债券。

4. 从发行债券的目的来看

①普通公司债券，即以固定利率、固定期限为特征的公司债券。这是公司债券的主要

形式，目的在于为公司扩大生产规模提供资金来源。

②改组公司债券，是为清理公司债务而发行的债券，也称以新换旧债券。

③利息公司债券，也称调整公司债券，是指面临债务信用危机的公司经债权人同意而发行的较低利率的新债券，用以换回原来发行的较高利率债券。

④延期公司债券，指公司在已发行债券到期无力支付，又不能发新债还旧债的情况下，在征得债权人同意后可延长偿还期限的公司债券。

5. 从发行人是否给予持有人选择权来看

①附有选择权的公司债券，指在一些公司债券的发行中，发行人给予持有人一定的选择权，如可转换公司债券（附有可转换为普通股的选择权）、有认股权证的公司债券和可退还公司债券（附有持有人在债券到期前可将其回售给发行人的选择权）。

②未附选择权的公司债券，即债券发行人未给予持有人上述选择权的公司债券。

6. 从债券票面利率是否变动来看

①固定利率债券，指在偿还期内利率固定不变的债券。

②浮动利率债券，指票面利率随市场利率定期变动的债券。

③累进利率债券，指以利率逐年累进方法计息的债券，其利率随着时间的推移，后期利率将比前期利率更高，有一个递增率，呈累进状态。

7. 从发行方式来看

①公募债券，指按法定手续经证券主管部门批准公开向社会投资者发行的债券。

②私募债券，指以特定的少数投资者为对象发行的债券，发行手续简单，一般不能公开上市交易。

（二）公司债券的发行

根据我国《公司法》的规定，以下三种形式的公司主体有资格发行债券：股份有限公司；国有独资公司；两个以上的国有企业或者其他两个以上的国有投资主体投资设立的有限责任公司。

1. 发行公司债券的必要条件

①股份有限公司的净资产额不低于人民币3000万元，有限责任公司的净资产额不低于人民币6000万元。

②累计债券总额不超过公司净资产的40%。

③公司3年平均可分配利润足以支付公司债券1年的利息。

④筹资的资金投向符合国家的产业政策。

⑤债券利息率不得超过国务院限定的利率水平。

⑥国务院规定的其他条件。

2. 发行债券的程序

公司发行债券需要经过一定的程序、办理有关的手续。其发行的基本程序如下：

（1）作出发行债券的决议或决定

股份有限公司、有限责任公司发行公司债券，要由董事会制订发行公司债券的方案，提交股东会审议作出决议。国有独资公司发行公司债券，由国家授权投资的机构或者国家授权的部门作出决定。

（2）提出发行债券的申请

公司在作出发行公司债券的决议或者决定后，必须依照《公司法》规定的条件，向国务院授权的部门提交规定的申请文件，报请批准，所提交的申请文件，必须真实、准确、完整。向国务院授权的部门提交的申请文件包括公司登记证明、公司章程、公司债券募集办法、资产评估报告和验资报告。

（3）发行公司债券的批准

国务院证券管理部门对公司提交的发行公司债券的申请进行审查，对符合《公司法》规定的，予以批准；对不符合规定的不予批准。国务院证券管理部门应当自受理公司债券发行申请文件之日起三个月内作出决定；不予批准的，应当作出说明。

（4）公告公司债券募集方法

发行公司债券的申请批准后，应当公告公司债券募集办法。公司债券募集办法应当载明下列主要事项：A. 公司名称；B. 债券总额和债券的票面金额；C. 债券的利率；D. 还本付息的期限和方式；E. 债券发行的起止日期；F. 公司净资产额；G. 已发行的尚未到期的公司债券总额；H. 公司债券的承销机构。发行公告上还应载明公司债券的发行价格和发行地点。

（5）委托证券机构发售

公司债券的发行方式一般有私募发行和公募发行两种。私募发行是指发行公司直接将债券发售给投资者，这种发行方式因其局限性，在实务中很少采用。公募发行是指发行公司通过债券承销机构或承销团向社会发售债券。在这种发行方式下，发行公司要与承销机构或承销团签订承销协议，承销方式有代销和包销两种。

（6）交付债券，收缴债券款，登记债券存根簿

发行公司公开发行债券，由证券承销机构发售时，投资者直接向承销机构付款购买，承销机构代理收取债券款，交付债券；后发行公司向承销机构收缴债券款。公司发行的债券，还应在公司债券存根簿中登记。

3. 债券发行的价格

债券的发行价格，是指债券原始投资者购入债券时应支付的市场价格。它与债券的面值可能是一致的，也可能是不一致的。由于债券的市价受社会平均利率的影响，当债券利率低于发行当时的市场利率时，企业仍以面值发行则不能吸引投资者，故一般要折价发行；反之亦然。

决定债券发行价格的高低主要有如下四点因素。

（1）债券面值

债券面值即债券票面上标出的金额，债券发行价格的高低最主要取决于债券面值的大小。一般来说，债券的面额越大，其发行价格越高。

（2）票面利率

债券的票面利率即债券的名义利率。票面利率可分为固定利率和浮动利率两种，通常在发行债券前就已确定并在债券票面上注明。企业应根据自身资信情况、公司承受能力、利率变化趋势、债券期限的长短等决定选择何种利率形式与利率的高低。一般来说，债券的票面利率越高，其发行价格越高。

（3）市场利率

债券发行时的市场利率是衡量债券票面利率高低的参照系，也是决定债券价格按面值发行还是溢价或折价发行的决定因素。一般来说，债券的市场利率越高，其发行利率越低。

（4）债券期限

债券的期限越长，债权人的风险越大，其所要求的利息报酬相应越高，其发行价格就可能较低。

债券的发行价格一般由债券的面值和支付的年利息按发行时的市场利率折算成现值来确定，其基本原理是将债券未来的全部现金流按债券发行时的市场利率进行贴现并求和。债券的全部现金流包括债券持续期间内各期的利息现金流与债券到期支付的面值现金流。

$$债券发行价格 = \frac{债券面值}{（1+市场利率）^n} + \sum_{t=1}^{n} \frac{债券面值 \times 票面利率}{（1+市场利率）^n}$$

式中：n——债券期限；

t——付息期数。

因此，债券发行价格有以下三种形式：

①平价发行：即债券发行价格与票面名义价值相同，债券票面利率＝市场利率。

②溢价发行：即发行价格高于债券的票面名义价值，债券票面利率＞市场利率。

③折价发行：即发行价格低于债券的票面名义价值，债券票面利率＜市场利率。

【例6-2】某公司决定于2020年1月1日发行5年期债券，债券面值1 000元，票面年利率8%，每年年末付息。

情况①：市场利率不变，此时8%利率合理，可采用平价发行。

债券发行价格 $= 1\,000 \times PVIF_{8\%,\,5} + 1\,000 \times 8\% \times PVIFA_{8\%,\,5}$

$\qquad\qquad\qquad = 1\,000 \times 0.6806 + 1\,000 \times 8\% \times 3.9927 = 1\,000$（元）

情况②：市场利率上浮至10%，此时8%利率偏低，应采用折价发行。

债券发行价格 $= 1\,000 \times PVIF_{10\%,\,5} + 1\,000 \times 8\% \times PVIFA_{10\%,\,5}$

$\qquad\qquad\qquad = 1\,000 \times 0.6209 + 1\,000 \times 8\% \times 3.7908 = 924.16$（元）

情况③：市场利率下调至6%，此时8%利率偏高，应采用溢价发行。

债券发行价格 $= 1\,000 \times PVIF_{6\%,\,5} + 1\,000 \times 8\% \times PVIFA_{6\%,\,5}$

$\qquad\qquad\qquad = 1\,000 \times 0.7473 + 1\,000 \times 8\% \times 4.2124 = 1\,084.29$（元）

（$PVIF$ 对应数据来源：复利现值系数表，$PVIFA$ 对应数据来源：年金现值系数表）

（三）公司债券的偿还

债券偿还时间按其实际发生与规定的到期日之间的关系，分为提前偿还、到期偿还与延期偿还三类，其中到期偿还又包括分批偿还和一次偿还两种。

1. 提前偿还

提前偿还又称提前赎回，是指在债券尚未到期之前就予以偿还。只有在公司发行债券的契约中明确规定了有关允许提前偿还的条款，公司才可以进行此项操作。提前偿还所支付的价格通常要高于债券的面值，并随到期日的临近而逐渐下降。具有提前偿还条款的债券可使公司筹资有较大的弹性。当公司资金有结余时，可提前赎回债券；当预期利率下降时，也可提前赎回债券，而后以较低的利率来发行新债券。

2. 到期分批偿还

如果一个公司在发行同一种债券的当时就为不同编号或不同发行对象的债券规定了不同的到期日，这种债券就是分批偿还债券。因为各批债券的到期日不同，它们各自的发行价格和票面利率也可能不相同，从而导致发行费较高；但由于这种债券便于投资人挑选最合适的到期日，因而便于发行。

3. 到期一次偿还

多数情况下，发行债券的公司在债券到期日，一次性偿还债券本金，并结算债券利息。

4. 延期偿还

债券的延期偿还是在债券发行时就设置了延期偿还条款，赋予债券的投资者在债券到期后继续按原定利率持有债券直至一个指定日期或几个指定日期中一个日期的权利。这一条款对债券的发行人和购买者都有利，它在筹资人需要继续发债和投资人愿意继续购买债券时省去发行新债的麻烦，债券的持有人也可据此灵活地调整资产组合。

（四）债券评级

债券信用评级（Bond Credit Rating）是以企业或经济主体发行的有价债券为对象进行的信用评级。债券信用评级大多是企业债券信用评级，是对具有独立法人资格企业所发行某一特定债券，按期还本付息的可靠程度进行评估，并标示其信用程度的等级。

进行债券信用评级最主要原因是方便投资者进行债券投资决策。投资者购买债券是要承担一定风险的。如果发行者到期不能偿还本息，投资者就会蒙受损失，这种风险称为信用风险。国家财政发行的国库券和国家银行发行的金融债券，由于有政府的保证，因此不参加债券信用评级。地方政府或非国家银行金融机构，以及企业发行的某些有价证券，则有必要进行客观、公正和权威的评定，以方便投资者决策。

目前国际上公认的最具权威性的信用评级机构，主要有美国标准·普尔公司和穆迪投资服务公司。上述两家公司负责评级的债券很广泛，包括地方政府债券、公司债券、外国债券等，由于它们占有详尽的资料，采用先进科学的分析技术，又有丰富的实践经验和大量专门人才，因此它们所做出的信用评级具有很高的权威性。标准·普尔公司信用等级标准从高到低可划分为：AAA 级、AA 级、A 级、BBB 级、BB 级、B 级、CCC 级、CC 级 C 级和 D 级。穆迪投资服务公司信用等级标准从高到低可划分为：Aaa 级，Aa 级、A 级、Baa 级、Ba 级、B 级、Caa 级、Ca 级、C 级。两家机构信用等级划分大同小异。前四个级别债券信誉高，风险小，是"投资级债券"；第五级开始的债券信誉低，是"投机级债券"。

（五）债券筹资的优缺点

1. 优点

（1）资本成本较低

与股票的股利相比，债券的利息允许在所得税前支付，公司可享受税收上的利益，故公司实际负担的债券成本一般低于股票成本。

（2）可利用财务杠杆

无论发行公司的盈利多少，持券者一般只收取固定的利息，若公司用资后收益丰厚，增加的收益大于支付的债息额，则会增加股东财富和公司价值。

（3）保障公司控制权

持券者一般无权参与发行公司的管理决策，因此发行债券一般不会分散公司控制权。

（4）便于调整资本结构

在公司发行可转换债券以及可提前赎回债券的情况下，便于公司主动的合理调整资本结构。

2. 缺点

（1）财务风险较高

债券通常有固定的到期日，需要定期还本付息，财务上始终有压力。在公司不景气时，还本付息将成为公司严重的财务负担，有可能导致公司破产。

（2）限制条件多

发行债券的限制条件较长期借款、融资租赁的限制条件多且严格，从而限制了公司对债券融资的使用，甚至会影响公司以后的筹资能力。

（3）筹资规模受制约

公司利用债券筹资一般受一定额度的限制。我国《公司法》规定，发行公司流通在外的债券累计总额不得超过公司净产值的40%。

三、融资租赁

租赁是指在约定的期间内，资产的所有者（出租人）将资产使用权让与承租人，以获取租金的一种经济行为。在租赁的经济行为中，出租人将自己所拥有的某种物品交与承租人使用，承租人由此获得在一段时期内使用该物品的权利，但物品的所有权仍保留在出租人手中。承租人为其所获得的使用权需向出租人支付一定的费用（租金）。租赁是资金不足但又需要某项设备的公司筹集资金的一种特殊方式，可分为经营租赁和融资租赁两种类型。

经营租赁是一种短期租赁形式，指出租人向承租人短期出租设备，并提供设备保养服务，租赁合同可中途解约，出租人需向不同承租人反复出租才可收回对租赁设备的投资。

融资租赁是指实质上转移与资产所有权有关的全部或绝大部分风险和报酬的租赁。资产的所有权最终可以转移，也可以不转移。它的具体内容是指出租人根据承租人对租赁物件的特定要求和对供货人的选择，出资向供货人购买租赁物件，并租给承租人使用，承租人则分期向出租人支付租金。在租赁期内租赁物件的所有权属于出租人所有，承租人拥有租赁物件的使用权。租期届满。租金支付完毕并且承租人根据融资租赁合同的规定履行完全部义务后，租赁物件所有权即转归承租人所有。

尽管在融资租赁交易中，出租人也有设备购买人的身份，但购买设备的实质性内容如供货人的选择、对设备的特定要求、购买合同条件的谈判等都由承租人享有和行使，承租人是租赁物件实质上的购买人。

（一）融资租赁的特点

①租赁标的物由承租人决定，出租人出资购买并租赁给承租人使用，并且在租赁期间

内只能租给一个企业使用。

②承租人负责检查验收制造商所提供的设备，对该设备的质量与技术条件出租人不向承租人作出担保。

③出租人保留设备的所有权，承租人在租赁期间支付租金而享有使用权，并负责租赁期间设备的管理、维修和保养。

④租约一般不能取消。租赁合同一经签订，在租赁期间任何一方均无权单方面撤销合同。只有设备毁坏或被证明为已丧失使用价值的情况下方能中止执行合同，无故毁约则要支付相当重的罚金。

⑤租期较长。融资租赁的租期一般达到租赁资产的使用年限，我国规定融资租赁的租赁期不得低于经济使用寿命的 50%。

⑥租赁期满后，承租人一般对设备有留购、续租和退租三种选择，若要留购，购买价格可由租赁双方协商确定。

（二）融资租赁的形式

相比于经营租赁单一的业务模式，融资租赁根据租赁所涉及的关系可分为如下类型：

1. 直接融资租赁

直接融资租赁是指由承租人选择需要购买的租赁物件，出租人通过对租赁项目风险评估后出租租赁物件给承租人使用。在整个租赁期间承租人没有所有权但享有使用权，并负责维修和保养租赁物件。出租人对租赁物件的好坏不负任何责任，设备折旧在承租人一方。

2. 售后回租融资租赁

售后回租租赁是指设备的所有者先将设备按市场价格卖给出租人，然后又以租赁的方式租回原来设备的一种方式。回租租赁的优点在于：一是承租人既拥有原来设备的使用权，又能获得一笔资金；二是由于所有权不归承租人，租赁期满后根据需要决定续租还是停租，从而提高承租人对市场的应变能力；三是回租租赁后，使用权没有改变，承租人的设备操作人员、维修人员和技术管理人员对设备很熟悉，可以节省时间和培训费用。设备所有者可将出售设备的资金大部分用于其他投资，把资金用活，而少部分用于缴纳租金。回租租赁业务主要用于已使用过的设备。

3. 杠杆融资租赁

杠杆融资租赁又称第三者权益租赁，其做法类似银行贷款，是一种专门做大型租赁项目的有税收好处的融资租赁，主要是由一家租赁公司牵头作为主干公司，为一个超大型的租赁项目融资。由于某些租赁设备购置成本较大，出租人独自承担其构筑成本相对较为困难，因而可以采用由出租人（租赁公司或商业银行）本身拿出部分资金，加上贷款人提供的资金，以便购买承租人所欲使用的资产，并交由承租人使用。而承租人使用租赁资产后，应定期支付租赁费用。通常出租人仅提供其中 20% ～ 40% 的资金，贷款人则提供 60% ～ 80% 的资金。杠杆租赁是目前最为复杂的融资租赁方式。

由于可享受税收好处、操作规范、综合效益好、租金回收安全、费用低等优势，杠杆租赁一般用于飞机、轮船、通信设备和大型成套设备的融资租赁。

4. 项目融资租赁

承租人以项目自身的财产和效益为保证，与出租人签订项目融资租赁合同，出租人对承租人项目以外的财产和收益无追索权，租金的收取也只能以项目的现金流量和效益来确定。出卖人（即租赁物品生产商）通过自己控股的租赁公司采取这种方式推销产品，扩大市场份额。通信设备、大型医疗设备、运输设备甚至高速公路经营权都可以采用这种方法。

（三）影响融资租赁决策的因素

融资租赁决策是指选择购入还是租入的方式，融资租赁决策分析必须考虑的因素主要有：风险因素、不同方式的现金流量、税收因素等。

1. 风险因素

一般情况，资本密集化程度的提高会造成较高的固定成本。因而税前和支付利息前的收益就会随着产量的变化而有较大的变动。不断利用借债会导致较大的固定债务，会加大公司的财务风险。因此，融资租赁决策将直接影响公司的风险状况，进而影响再举债和筹集自有资金的能力。

2. 不同方式的现金流量

对于借款购入设备而言，借款要求还本付息构成公司现金流量支出，同时借款利息和设备折旧在税前扣除，减少了现金流出。如果设备有残值，其回收也构成现金流入。但是对于融资租入的设备而言，每期租金引起现金流出，而租金在税前列支，减税效应减少了现金流出，在实际决策中，需要针对这两组决策进行现金流量折现，比较其净现值。

3. 税收因素

国外租赁发展的历史证明，租赁业迅速发展的重要因素之一是国家的纳税优惠政策。由此可见，租赁的主要动机之一是为了取得纳税利益。承租公司的租赁成本可作为费用计入成本，从而抵减纳税额。

（四）融资租赁的程序

1. 选择租赁公司

企业决定采用租赁方式取得某项设备时，首先需要了解各家租赁公司的经营范围、业务能力、资信情况，以及与其他金融机构如银行的关系，取得租赁公司的融资条件和租赁费率等资料，加以分析比较，择优选择。

2. 办理租赁委托

企业选定租赁公司后，便可向其提出申请，办理委托。这时，承租人需填写"租赁申请书"，说明所需设备的具体要求，同时还要向租赁公司提供财务状况文件，包括资产负债表、利润表和现金流量表等资料。

3. 签订购货协议

由承租人与租赁公司的一方或双方合作组织选定设备供应厂商，并与其进行技术和商务谈判，在此基础上签订购货协议。

4. 签订租赁合同

租赁合同由承租企业与租赁公司签订。它是租赁业务的重要文件，具有法律效力。

5. 办理验货、付款与保险

承租人按购货协议收到租赁设备时，要进行验收，验收合格后签发交货及验收证书，并提交租赁公司，租赁公司据此向供应厂商支付设备价款。同时，承租人向保险公司办理投保事宜。

6. 支付租金

承租人在租期内按合同规定的租金数额、支付方式等，向租赁公司支付租金。

7. 合同期满处理设备

融资租赁合同期满时，承租人根据合同约定，对设备退租，续租或留购。租赁期满的设备通常都以低价卖给承租人或无偿赠送给承租人。

（五）融资租赁租金的计算

1. 租金的构成

融资租赁每期租金的多少，取决于以下几项因素。

①设备原价及预计残值，包括设备买价、运输费、安装调试费、保险费等，以及设备租赁期满后出售可得的收入。

②租赁公司为承租企业购置设备垫付资金所应支付的利息。

③租赁手续费和利润，其中，手续费是指租赁公司承办租赁设备所发生的业务费用，包括业务人员工资、办公费、差旅费等。

2. 租金的支付方式

租金的支付，主要有以下几种方式。

①按支付间隔期长短，分为年付、半年付、季付和月付等方式。

②按在期初或期末支付，分为先付和后付。

③按每次支付额，分为等额支持和不等额支付。实务中，承租企业与租赁公司商定的租金支付方式，大多为后付等额年金。

3. 租金的计算

我国融资租赁实务中，租金的计算大多采用等额年金法。等额年金法下，通常要根据利率和租赁手续费率确定一个租费率，作为折现率。

【例6-3】某企业于2020年1月1日从租赁公司租入一套设备，价值60万元，租期6年，租赁期满时预计残值为5万元，归租赁公司。年利率为8%，租赁手续费率每年为2%，租金每年年末支付一次，计算每次支付的租金额：

每期租金 = [600 000-50 000×（P/F，10%，6）]÷（P/A，10%，6）=131 283（元）

为了便于有计划地安排租金的支付，承租企业可编制租金摊销计划表如表6-1所示。

表6-1　某企业租金摊销计划表

年份	期初本金①	支付租金②	应计租费③=①×10%	本金偿还额④=②-③	本金余额⑤=①-④
2020	600 000	131 283	60 000	71 283	528 717
2021	528 717	131 283	52 872	78 411	450 306
2022	450 306	131 283	45 031	86 252	364 054
2023	364 054	131 283	36 405	94 878	269 176

续表

年份	期初本金①	支付租金②	应计租费 ③ = ① × 10%	本金偿还额 ④ = ② - ③	本金余额 ⑤ = ① - ④
2024	269 176	131 283	26 918	104 365	164 811
2025	164 811	131 283	16 481	114 802	50 009
合计		787 698	237 707	549 991	50 009

在进行融资租赁租金计算时需要注意，把租金平摊到各年的时候，必须考虑租金的"时间价值"，而不是简单地算术平均。

（六）融资租赁的优缺点

融资租赁是企业新的筹资方式，与其他融资方式相比，具有以下特点：

1. 优点

（1）筹资速度快

租赁往往比借款购置设备更迅速、更灵活。企业向银行借款购买设备，银行往往要求企业有一定比例的铺底资金。而租赁是筹资与设备购置同时进行，可以缩短设备的购进、安装时间，使企业尽快形成生产能力，有利于企业尽快占领市场，打开销路。

（2）简化企业管理，降低管理成本

融资租赁集融物与融资于一身，既是企业的筹资行为，又是企业的投资行为，具有简化管理的优点。

（3）限制条款少

企业运用股票，债券、长期借款等筹资方式，都受到相当多的资格条件及资金使用限制，虽然类似的限制在融资租赁过程中也存在，但比较而言要少得多。

（4）设备淘汰风险小

企业租赁设备只取得一段时间的使用权，其所有权仍属出租公司，承租企业便可能把设备陈旧老化的风险转嫁给出租公司，减少损失。企业若用自有资金或负债购置设备，由于所有权归企业，当该设备出现陈旧老化时，这种损失将由企业全部承担。有些特种设备，一方面价格高昂，另一方面陈旧老化的风险也相当大。当然，出租公司作为营利性企业，也不会自愿承担这种风险。最普遍的做法是计算租金时把设备陈旧老化的因素适当地考虑进去。

（5）财务风险小

以租赁代替购买，只需定期支付租金，而不需在期初支付大笔货币资金，对企业现金流动造成的压力将大大缩小。许多借款企业都在到期日一次偿还本金，这会给财务基础较弱的公司造成相当大的困难，有时会造成不能偿付的风险。而租赁则把这种风险在整个租期内分摊，可适当减少不能偿付的风险，保持企业较高的偿付能力，维护财务信誉。

2. 缺点

（1）资本成本负担较高

融资租赁的租金通常比银行借款或发行债券所支付的利息高得多，租金总额通常要比设备价值高出 30%。尽管融资租赁能够避免到期一次性集中偿还的债务压力，但高额的固定租金也给各期的经营带来了负担。

（2）筹资弹性较小

当租金支付期限和金额固定时，企业资金调度难度加大。

四、其他债务融资形式

（一）项目融资

项目融资是需要大规模资金的项目为融资所采取的金融活动，贷款人向特定的工程项目提供贷款协议融资，对于该项目所产生的现金流量享有偿债请求权，并以该项目资产作为附属担保的融资类型。它是一种以项目的未来收益和资产作为偿还贷款的资金来源和安全保障的融资方式。

（二）保理业务

保理业务是以债权人转让其应收账款为前提，集应收账款催收、管理、坏账担保和融资于一体的综合性金融服务。保理业务风险根植于供应链违约风险，主要指卖方供货不确定性和买方还款不确定的风险。债权人通过将其合法拥有的应收账款转让给银行，从而获得融资。保理业务包括保理融资、应收账款管理、应收账款的催收、信用风险控制与坏账担保等服务。由此可见，保理实际上是一种融结算、管理、担保、融资为一体的综合性服务业务，本质上是一种债权转让。

（三）价值链融资

价值链融资是近几年兴起的一种融资方式。价值链融资是基于价值链的融资模式，是通过审查价值链，在对价值链管理和核心公司实力掌握的基础上，对价值链核心公司及其上下游公司提供多品种的融资产品和金融服务的融资模式。银行从整个价值链的角度出发，开展综合授信，把价值链上的相关公司作为一个整体，根据交易中构成的链条关系和行业特点设定融资方案，将资金有效注入价值链上的相关公司，提供灵活多样的金融产品和服务。

价值链融资并非某个单一的业务或产品，它改变了过去银行等金融机构对单一公司主体的授信模式，在价值链中寻找出一个大的核心公司，以核心公司为出发点，为供应链提供金融支持，一方面将资金有效注入处于相对弱势的上下游配套中小公司，解决中小公司融资难和供应链失衡的问题。另一方面，将银行信用融入上下游公司的购销行为，增强其商业信用，促进中小公司与核心公司建立长期战略协同关系，实现整个价值链的不断增值。

（四）资产证券化

资产证券化是以特定资产组合或特定现金流为支持，发行可交易证券的一种融资形式。资产证券化仅指狭义的资产证券化。广义的资产证券化是指某一资产或者资产组合采取证券资产这一价值形态的资产运营方式，它包括实体资产证券化、信贷资产证券化、证券资产证券化、现金资产证券化。实体资产向证券资产的转换，是以实物资产和无形资产为基础发行证券并上市的过程。信贷资产证券化是把流动性不佳但有未来现金流的信贷资产（如银行的贷款、公司的应收账款等）经过重组形成资产池，并以此为基础发行证券。证券资产证券化是证券资产的再证券化过程，就是将证券或证券组合作为基础资产，再以其产生的现金流或与现金流相关的变量为基础发行证券。现金资产证券化是投资者将现金资产投资于证券，获得证券的未来现金流，实现预期的经济收益。

第三节　混合资本筹资

混合资本筹资指既带有权益融资特征又带有债务特征的特殊融资方式，其主要包括可转换公司债券、认股权证和优先股筹资。

一、可转换公司债券

可转换公司债券是一种可以在特定时间、按特定条件转换为普通股票的特殊企业债券。债券持有人可按照发行时约定的价格将债券转换成公司的普通股票的债券。如果债券持有人不想转换，则可以继续持有债券，直到偿还期满时收取本金和利息，或者在流通市场出售变现。如果持有人看好发债公司股票增值潜力，在宽限期之后可以行使转换权，按照预定转换价格将债券转换成为股票，发债公司不得拒绝。

（一）可转换公司债券的基本特征

1. 证券期权性

可转换性是可转换债券的重要标志，债券持有人可以按约定的条件将债券转换成股票。

可转换债券给予了债券持有者未来的选择权，在事先约定的期限内，投资者可以选择将债券转换为普通股票，也可以放弃转换权利，持有至债券到期还本付息。由于可转换债券持有人具有在未来按一定的价格购买股票的权利，因此可转换债券实质上是一种未来的买入期权。

2. 资本转换性

可转换债券在正常持有期，属于债权性质；转换成股票后，属于股权性质。如果在债券的转换期内，持有人没有将其转换为股票，发行企业到期必须无条件地支付本金和利息。转换成股票后，债券持有人成为企业的股权投资者，可参与企业的经营决策和红利分配。资本双重性的转换，取决于投资者是否行权。

3. 赎回与回售

可转换债券一般都会有赎回条款，发债公司在可转换债券转换前，可以按一定条件赎回债券。通常，公司股票价格在一段时期内连续高于转股价格达到某一幅度时，公司会按事先约定的价格买回未转股的可转换公司债券。同样，可转换债券一般也会有回售条款，公司股票价格在一段时期内连续低于转股价格达到某一幅度时，债券持有人可按事先约定的价格将所持债券回售给发行公司。

（二）可转换公司债券的设计

可转换公司债券的设计通常包括以下基本要素：

1. 转换比率和转换价格

转换比率（Conversion Ration）即可转债券的持有者认领的普通股份额。转换价格（Conversion Price）即可转换公司债券为每份股票所支付的价格。可转换公司债券的收益率是由利息收益率和资本收益率所决定的，在可转换公司债券转换比率既定的情况下，利息率与资本收益率成反比：

$$转换比率 = \frac{债券面值}{转换价格}$$

$$可转换公司债券的收益率 = 利息收益率 + 资本收益率$$

我们可以通过可转换公司债券的价值计算公式来确定可转换公司债券的转换比率和转换价格。可转换公司债券的价值计算方法和一般债券一样，即：

$$PV = \sum_{t=1}^{n} \frac{C}{(1+i)^t} + \frac{V}{(1+i)^n}$$

式中：PV——可转换公司债券面值；

i ——收益率；

C ——年利息额；

V ——转换后普通股市价。

在确定了可转换公司债券的收益率及其构成，以及债券的发行的面值后，可以通过公式求得可转换公司债券转换为普通股票后的普通股票的市价，并通过对转换期的每股普通股票市价的预计，用所求得的 V 的数值除以预计的每股普通股票的市价，就可以得到可转换股票的转换比率（每张债券可转换多少股普通股票）以及转换价格。

在绝大多数情况下，随着可转换公司债券利率的上升，可转换公司债券可转换的股票越少时，转换时需要付出的代价越大。

2. 票面利率

可转换债券的票面利率是指在可转换债券存续期间需要对其持有者定期支付的利率，主要由市场利率、公司信用等级及发行条件与其他因素结合决定，一般会低于普通债券的票面利率，有时甚至还低于同期银行存款利率。因为在可转换债券的投资收益中，除了债券的利息收益外，还附加了股票买入期权的收益部分。一个设计合理的可转换债券，在大多数情况下其股票买入期权的收益足以弥补债券利息收益的差额。

可转换债券在存续期内，一般实行单一利率，但是有时顾及公司的财务状况，为了吸引更多的投资者参与，采用增加式的组合利率，利率分期递增。票面利率的这种设计，一方面降低公司的财务负担，另一方面也使投资者的固定收益提高，降低他们的收益风险，扩大了投资者的范围。

3. 转换时间

转换时间指的是可转换债券持有人能够行使转换权的时点。可转换债券的转换时间可以与债券的期限相同，也可以短于债券的期限。转换期间的设定通常有四种情形：债券发行日至到期日；发行日至到期前；发行后某日至到期日；发行后某日至到期前。至于选择哪种，要看公司的资本使用状况、项目情况、投资者要求等。由于转换价格高于公司发债时股份，投资者一般不会在发行后立即行使转换权。《上市公司证券发行管理办法》规定，可转换债券自发行结束之日起 6 个月后方可转换为公司股票，转股期限自公司根据可转换债券的存续期限及公司财务状况确定。

4. 赎回条款

赎回条款是指发债公司按事先约定的价格买回未转股债券的条件规定，赎回一般发生在公司股票价格一段时期内连续高于转股价格达到某一幅度时。赎回条款通常包括：不可赎回期间与赎回期间；赎回价格（一般高于可转换债券的面值）；赎回条件（分为无条件赎回和有条件赎回）等。

发债公司在赎回债券之前，要向债券持有人发出赎回通知，要求他们在将债券转股与卖回给发债公司之间作出选择。一般情况下，投资者大多会将债券转换为普通股。可见，设置赎回条款最主要的功能是强制债券持有者积极行使转股权，因此又被称为加速条款。同时也能使发债公司避免在市场利率下降后，继续向债券持有人按照较高的票面利率支付利息所蒙受的损失。

5. 强制性转换条款

强制性转换条款是指在某些条件具备之后，债券持有人必须将可转换债券转换为股票，无权要求偿还债券本金的条件规定。公司可设置强制性转换条款保证可转换债券顺利地转换成股票，预防投资者到期集中挤兑引发公司破产的悲剧。

（三）可转换公司债券发行条件

可转换公司债券所要求的发行条件主要根据公司的净利润和收益率等因素来判定。根据《上市公司证券发行管理办法》规定，上市公司发行可转换债券，除了应当符合增发股票的一般条件之外，还应当符合以下条件：

①最近3个会计年度加权平均净资产收益率不低于6%。扣除非经常性损益后的净利润与扣除前的净利润相比，以低者作为加权平均净资产收益率的计算依据。

②本次发行后累计公司债券余额不超过最近一期期末净资产额的40%。

③最近3个会计年度实现的年均可分配利润不少于公司债券1年的利息。

（四）可转换公司债券的筹资特点

1. 筹资灵活性高

可转换债券是将传统的债务筹资功能和股票筹资功能结合起来，筹资性质和时间上具有灵活性。债券发行企业先以债务方式取得资金，到了债券转换期，如果股票市价较高，债券持有人将会按约定的价格转换为股票，避免了企业还本付息之负担。如果公司股票长期低迷，投资者不愿意将债券转换为股票，企业及时还本付息清偿债务，也能避免未来长期的股东资本成本负担。

2. 资本成本较低

可转换债券的利率低于同一条件下普通债券的利率，降低了公司的筹资成本；此外，在可转换债券转换为普通股时，公司无须另外支付筹资费用，又节约了股票的筹资成本。

3. 筹资效率高

可转换债券在发行时，规定的转换价格往往高于当时本公司的股票价格。如果这些债券将来都转换成了股权，相当于在债券发行之际，就以高于当时股票市价的价格新发行了股票，以较少的股份代价筹集了更多的股份资金。因此在公司发行新股时机不佳时，可以先发行可转换债券，以使其将来变相发行普通股。

4. 存在一定的财务压力

可转换债券存在不转换的财务压力。如果在转换期内公司股价处于恶化性低位，持券者到期不会转股，会造成公司因集中兑付债券本金而带来的财务压力。可转换债券还存在回售的财务压力。若可转换债券发行后，公司股价长期低迷，在设计有回售条款的情况下，投资者集中在一段时间内将债券回售给发行公司，加大了公司的财务支付压力。

二、认股权证

认股权证是由股份有限公司发行的可认购其股票的一种买入期权。它赋予持有者在一定期限内以事先约定的价格购买发行公司一定股份的权利。对于筹资公司而言，发行认股权证是一种特殊的筹资手段。认股权证本身含有期权条款，其持有者在认购股份之前，对发行公司既不拥有债权也不拥有股权，而只是拥有股票认购权。

（一）认股权证的基本性质

1. 认股权证的期权性

认股权证本质上是一种股票期权，属于衍生金融工具，具有实现融资和股票期权激励的双重功能。但认股权证本身是一种认购普通股的期权，它没有普通股的红利收入，也没有普通股相应的投票权。

2. 认股权证是一种投资工具

投资者可以通过购买认股权证获得市场价与认购价之间的股票差价收益，因此它是一种具有内在价值的投资工具。

（二）认股权证的基本要素

1. 到期日

到期日是权证持有人可行使认购（或出售）权利的最后日期。该期限过后，权证持有人便不能行使相关权利，权证的价值也变为零。

2. 认股价格

认股价格是发行人在发行权证时所规定的价格，持证人在行使权利时以此价格向发行人认购标的股票。持股人在新股认购时总是按认股价格而非市场价格来认购。

3. 权证价格

权证价格由内在价值和时间价值两部分组成。当正股股价（指标的证券市场价格）高于认股价时，内在价值为两者之差；而当正股股价低于认股价时，内在价值为零。但如果权证尚没有到期，正股股价还有机会高于认股价，因此权证仍具有市场价值，这种价值就是时间价值。

4. 认购比率

认购比率是每张权证可认购正股的股数，如认购比率为0.1，就表示每十张权证可认购一份股票。

例如，假设投资者持有1 000股A公司股票，按10：1.5送认股权证，认股价格为5.35元/股，即拥有150张认股权证。权证规定2020年5月25日即可行权，则行权时无论当时A公司的股价是多少，投资者只需按每股5.35元的价位，交足150股的金额，就可新拥有150股的股权，总计持有1 150股A公司股票。

（三）认股权证的特征

认股权证本身不是股票，而是优先购买普通股的权利证书。单一的认股权证的持有者不能视作股东，不能享受股东的权益，也无权影响公司的现行政策。认股权证主要特征如下：

1. 认股权证是一种金融衍生工具

因为认股权证的价值源于股票、指数、货币或其他资产等基础工具，所以应当属于金融衍生工具，与股票等其他基础工具一样，认股权证既可以成为融资者的融资工具，又可以成为投资者的投资工具。

2. 流通性

流通性，即在不同的投资者之间可以实现互相交易转让。流通性一方面可以使权证的持有者随时套现，另一方面又可以使其他市场投资者随时参与。

3. 收益性

因为认股权证具有选择行使买卖股份权利而产生经济效益的内在价值，具有选择权本身的期限限制的时间价值，同时还具有认股权证的流通性所产生的流通价值，所以认股权证具有财产价值，从而可以为权证的投资者带来收益。

4. 价值不稳定性

由于认股权证的有效期限一般较短，而且其内在价值随有效期限日的接近而减少，同时，各国认股权证的发展经验表明，认股权证的市场价格波动幅度通常比其他有价证券大，因此可以认为认股权证的价值是非常不稳定的。

5. 价值增加性

和一般的期权相比，认股权证募集的资金收益流入发行方，而不是最初的投资者；而一般的期权并不为发行方增加资金，而是为那些对特定股票有兴趣的投资者提供套期保值或投机的机会。

三、优先股

优先股是同普通股相对应的一种股权形式，持有这种股份的股东在盈余分配和剩余财产分配上优先于普通股的股东。从法律角度来看，优先股筹资仍属于权益资本筹资，但实质上优先股通常被普通股股东视为债券，而被债权人视为权益资本，即兼具权益筹资和债务筹资的特性，属于混合资本筹资。

（一）优先股的种类

根据不同的股息分配方式，优先股可以分为多个种类：

1. 固定股息率优先股和浮动股息率优先股

股息率优先股存续期内不作调整的，称为固定股息率优先股，而根据约定的计算方法进行调整的，称为浮动股息率优先股。

2. 强制分红优先股和非强制分红优先股

公司可以在章程中规定，在有可分配税后利润时必须向优先股股东分配利润的，是强制分红优先股，否则即为非强制分红优先股。

3. 可累积优先股和非累积优先股

根据公司因当年可分配利润不足而未向优先股股东足额派发股息，差额部分是否累计到下一会计年度，可分为累积优先股和非累积优先股。累积优先股是指公司在某一时期所获盈利不足，导致当年可分配利润不足以支付优先股股息时，则将应付股息累积到次年或以后某一年盈利时，在普通股的股息发放之前，连同本年优先股股息一并发放。非累积优先股则是指公司不足以支付优先股的全部股息时，对所欠股息部分，优先股股东不能要求公司在以后年度补发。

4. 参与优先股和非参与优先股

根据优先股股东按照确定的股息率分配股息后，是否有权同普通股股东一起参加剩余税后利润分配，可分为参与优先股和非参与优先股。持有人除可按规定的股息率优先获得股息外，还可与普通股股东分享公司的剩余收益的优先股，称为参与优先股。持有人只能获取一定股息但不能参加公司额外分红的优先股，称为非参与优先股。

5. 可转换优先股和不可转换优先股

根据优先股是否可以转换成普通股，可分为可转换优先股和不可转换优先股。可转换优先股是指在规定的时间内，优先股股东或发行人可以按照一定的转换比率把优先股换成该公司普通股。否则是不可转换优先股。

6. 可回购优先股和不可回购优先股

根据发行人或优先股股东是否享有要求公司回购优先股的权利，可分为可回购优先股和不可回购优先股。可回购优先股是指允许发行公司按发行价加上一定比例的补偿收益回购优先股。公司通常在认为可以用较低股息率发行新的优先股时，就可用此方法回购已发行的优先股股票。而不附有回购条款的优先股则被称为不可回购优先股。

（二）优先股的主要特征

优先股既像债券，又像股票，其"优先"主要体现在：一是通常具有固定的股息（类似债券），并须在派发普通股股息之前派发；二是在破产清算时，优先股股东对公司剩余资产的权利先于普通股股东，但在债权人之后。据此，优先股和普通股相比通常具有以下特征：

1. 优先股收益相对固定

普通股股东的股息收益并不固定，既取决于公司当年赢利状况，还要看当年具体的分配政策，很有可能公司决定当年不分配。而优先股的股息收益一般是事先固定的，尤其对于具有强制分红条款的优先股而言，只要公司有利润可以分配，就应当按照约定的数额向优先股股东支付。

2. 优先股可以先于普通股获得股息

也就是说，公司可分配的利润先分给优先股股东，剩余部分再分给普通股股东。

3. 优先股的清偿顺序先于普通股，而次于债权人

也就是说，一旦公司破产清算，剩余财产先分给债权人，再分给优先股股东，最后分给普通股股东。但与公司债权人不同，优先股股东不可以要求无法支付股息的公司进入破产程序，不能向人民法院提出企业重整、和解或者破产清算申请。

4. 优先股的权利范围小

普通股股东可以全面参与公司的经营管理，享有资产收益、参与重大决策和选择管理者等权利，而优先股股东一般不参与公司的日常经营管理，对公司日常经营管理的一般事项没有表决权。但在某些特殊情况下，例如，公司决定发行新的优先股，优先股股东才有投票权。同时，为了保护优先股股东利益，如果公司在约定的时间内未按规定支付股息，优先股股东按约定恢复表决权；如果公司支付了所欠股息，已恢复的优先股表决权终止。

5. 优先股股票可回售

普通股股东不能要求退股，只能在二级市场上变现退出；如有约定，优先股股东可依约将股票回售给公司。

（三）优先股筹资的优缺点

1. 优点

①与债券相比，不支付股利不会导致公司破产。
②与普通股相比，发行优先股一般不会稀释股东权益。
③无期限的优先股没有到期期限，不会减少公司现金流，不需要偿还本金。

2. 缺点

①优先股股利不可以税前扣除，其税后成本高于负债筹资。
②优先股的股利支付虽然没有法律约束，但是经济上的约束使公司倾向于按时支付其股利。因此，优先股的股利通常被视为固定成本，与负债筹资没有什么差别，会增加公司的财务风险并进而增加普通股的成本。

本章小结

筹资是指企业为满足生产经营资金的需要，向企业外部单位或个人以及从其企业内部筹措资金的一种财务活动，主要分为债务筹资、权益资本筹资及混合资本筹资。

股票是股份公司发给股东用来证明其在公司投资入股的权益凭证。股份公司发行股票的原因概括起来可以分为两类：一是为筹集资金；二是股份公司出于其他特殊目的而发行股票。发行普通股筹资没有固定的支付负担，但公司需承担相当高的筹资成本。

投入资本筹资是非股份制企业筹集股权资本的基本方式。投入资本筹资按出资方式可分为现金方式出资和非现金方式出资，筹集非现金投资要进行合理估值。

企业长期借款筹资是指企业向银行和其他金融机构借入的期限较长的资金来源。企业采用长期借款方式进行筹资，主要是为了扩大生产能力。

债券筹资是企业作为债务人为了筹集资金，向债权人承诺在未来一定时期还本付息而发行有价证券的筹资方式。通过债券筹资可以充分利用财务杠杆作用。

租赁是出租人以收取租金为条件，在契约或合同规定的期限内，将资产租给承租人使用的一种经济行为。融资租赁的优点是：筹资速度快，降低管理成本，设备淘汰风险小，财务风险小，限制性条件少。融资租赁的主要缺陷是融资成本高。

混合资本筹资指既带有权益融资特征又带有债务特征的特殊融资方式，其主要包括可转换公司债券和认股权证。可转换公司是一种可以在特定时间、按特定条件转换为普通股票的特殊企业债券。认股权证本质上是一种股票期权，属于衍生金融工具，具有实现融资和股票期权激励的双重功能。优先股是同普通股相对应的一种股权形式，持有这种股份的股东在盈余分配和剩余财产分配上优先于普通股的股东。

基本训练

1. 简述普通股的分类有哪些？
2. 普通股筹资有哪些优势与劣势？
3. 吸收直接投资的渠道主要有哪些？
4. 长期借款筹资的特征是什么？
5. 试分析债券发行价格的决定因素。
6. 简述融资租赁筹资方式的优缺点。
7. 可转换债券的基本要素有哪些？

案例分析

曙光公司筹资方案选择

上市公司曙光公司是一家股份有限企业，截止 2020 年年末，公司的总资产已达 68 412 万元，总股本为 4 659 万股，净利润为 1292 万元。2021 年年初，公司为进一步扩大经营规模，决定再上一条生产线，经测算该条生产线需投资 2 亿人民币。公司设计了三套筹资方案。

方案一：增资发行股票融资。曙光公司拟在 2021 年 10 月末增资发行股票，有关资料如下：

①该公司生产经营符合国家产业政策。

②其发行的普通股限于一种，同股同权。

③曙光公司拟认购的股本数额为公司拟发行的股本总额的 40%；此次拟认购额为人民币 8000 万元。

④其余部分全部向社会公众发行。

⑤发起人在近三年内没有重大违法行为。

⑥前一次公开发行股票所得资金使用与其招股说明书所述用途相符，并且资金使用效益良好。

⑦公司前一次公开发行股票的时间是 2019 年 6 月末。

⑧从前一次公开发行股票到本次申请期间没有重大违法行为。

⑨近三年连续盈利；现公司股票市场价格为 13.50 元 / 股。

方案二：向银行借贷融资。扩建生产线项目，投资建设期为一年半，即 2021 年 4 月 1 日 ~ 2022 年 10 月 1 日。市建行愿意为本公司建设项目提供二年期贷款 2 亿元，贷款年利率 8%，贷款到期后一次还本付息。扩建项目投产后，投资收益率为 12%。

方案三：发行长期债券。根据企业发行债券的有关规定，得知：

①企业规模达到国家规定的要求。

②企业财务会计制度符合国家规定。

③具有偿债能力。

④企业经济效益良好，发行企业债券前连续三年盈利。

⑤所筹资金用途符合国家产业政策。

⑥公司发行债券 2 亿元人民币，不超过该公司的自有资产净值（40%）。

⑦债券票面年利率为 6%。

公司其他有关资料如下：

曙光公司的股本结构如表 6-2 所示。

表6-2　曙光公司股本结构

类别	2020 年年末	2019 年年末	2018 年年末
曙光法人股（万股）	4444	3602	3602
募集法人股（万股）	200	200	200
内部职工股（万股）	15	700	700
总股本（万股）	4659	4502	4502

曙光公司近三年的财务状况如表 6-3 所示。

表6-3　曙光公司近三年财务状况

财务数据	2020 年年末	2019 年年末	2018 年年末
总资产（千元）	684121	552455	450430
流动资产（千元）	366220	285307	312489
长期投资（千元）	10175	10175	10075
固定资产（千元）	217365	203814	120056
无形资产（千元）	90461	53259	7810
流动负债（千元）	249244	153927	52354
长期负债（千元）	15515	1748	3547
所有者权益（除资本公积）（千元）	389354	396780	394539
资本公积（千元）	30008	0	0
主营业务收入（千元）	135402	165629	155951
主营业务利润（千元）	49114	59120	43583
利润总额（千元）	15783	52374	46494
净利润（千元）	12924	42947	38125
未分配利润（千元）	15882	21429	33581

思考题：

1. 简要说明曙光公司增资发行股票和发行长期债券是否符合发行条件。

2. 分析上述三种筹资方案的优缺点，并从中选出较佳的筹资方案。

第七章　资本成本与资本结构

【学习目标】

1.了解资本成本的含义，掌握资本成本估算的基本方法。

2.熟悉三个杠杆的含义和度量。

3.掌握资本结构的基本理论以及目标资本结构确定的基本思路和方法。

第一节　资本成本

一、资本成本的基本理论

（一）资本成本的概念

在市场经济条件下，没有免费使用的资金。企业的资金无论来源于哪种渠道，采用哪种形式，都要付出代价，这种代价就是资本成本。资本成本是指企业为筹集和使用资金而付出的各种费用。严格地讲，资本成本有广义和狭义之分。从广义的角度讲，资本成本是企业为筹集和使用全部资金（包括短期资金和长期资金）而付出的各种费用；从狭义的角度讲，资本成本是企业为筹集和使用长期资金（包括权益资金和长期债务资金）而付出的各种费用。本节所讨论的资本成本是狭义的资本成本。

资本成本包括资金筹集费和资金占用费两部分。资金筹集费是企业在筹集资金过程中支付的各种费用，主要包括银行借款手续费、股票和债券的发行费用等。资金占用费是企业在生产经营过程中因占用和使用资金而支付的各种费用，如股票融资付出的股利、借款和债券融资付出的利息等。相比之下，资金占用费经常发生，并需要定期支付；而资金筹集费通常在筹集资金过程中一次性支付，实际上是资金筹集总额的减少，因此，在计算资本成本时通常把资金筹集费作为筹集资金总额的一项扣除。

在实务中，为了便于计算和比较，资本成本通常用相对数表示，就是资金占用费与实际筹得资金数额的比率。用公式表示如下：

$$资本成本 = \frac{资金占用费}{筹资金额-资金筹集费} = \frac{资金占用费}{筹资金额（1-筹资费率）}$$

该公式是资本成本计算中确定的理论公式，不同融资方式的资本成本是在此理论公式的基础上，根据各自的特点加以调整而计算确定的。

（二）资本成本的作用

资本成本是企业财务管理中的重要概念，国际上将其视为一项"财务标准"。资本成本对于企业筹资管理、投资管理乃至整个财务管理和经营管理都具有十分重要的作用。

1. 从融资角度讲，资本成本是选择融资方式，进行资本结构决策的重要依据

企业融资方式多种多样，不同的融资方式，其资本成本也各不相同，企业一般通过计算和比较不同融资方式的资本成本，以选择资本成本最低的融资方式。资本结构是由债务资金和权益资金组合而成的，这种组合又有多个融资方案可供选择，企业一般通过计算不同融资方案的综合资本成本，选择综合资本成本最低的融资方案，以使资本结构最优。

2. 从投资角度讲，资本成本是评价投资项目，决定投资项目是否可行的重要标准

任何投资项目，只有在其投资预期报酬率超过其资本成本时，企业才有利可图，投资项目才可接受；否则企业将无利可图，投资也就失去了实际意义。可见，资本成本实际上是企业投资项目必须达到的最低报酬率，是企业投资决策的重要经济标准。国际上通常将资本成本视为是否采用投资项目的"取舍率"。

3. 从经营管理角度讲，资本成本是衡量企业经营业绩的重要标准

资本成本是企业运用资产经营必须取得的最低收益水平。企业可以将资产息税前利润率与综合资本成本相比，只有企业的资产息税前利润率超过其综合资本成本时，才可认为企业经营有利；反之，企业经营不利，业绩不佳，企业需要改善经营管理，提高资产息税前利润率。

（三）资本成本的种类

资本成本按用途可分为个别资本成本、加权平均资本成本和边际资本成本。

1. 个别资本成本

个别资本成本是单种筹资方式的资本成本，包括长期借款成本、长期债券成本、优先股成本、普通股成本和留存收益成本等。其中，前两种称为债务资本成本，后三种称为权益资本成本。个别资本成本一般用于比较和评价各种筹资方式。

2. 加权平均资本成本

加权平均资本成本是对各种个别资本成本进行加权平均而得到的结果，也称为综合资本成本，其权数可以在账面价值、市场价值和目标价值之中选择。加权平均资本成本一般用于资本结构决策。

3. 边际资本成本

边际资本成本是指新筹集资本的成本。边际资本成本一般用于追加筹资决策。

上述三种资本成本之间存在着密切的关系，个别资本成本是加权平均资本成本和边际资本成本的基础。加权平均资本成本和边际资本成本都是对个别资本成本的加权平均，三者都与资本结构紧密相关，但具体关系有所不同。个别资本成本高低与资本性质关系很大，债务资本成本一般低于自有资本成本，加权平均资本成本主要用于评价和选择资本结构，而边际资本成本主要用于在已经确定目标资本结构的情况下，考察资本成本随筹资规模变动而变动的情况。当然，三种资本成本在实务中往往同时运用，缺一不可。

二、资本成本的计量

资本成本是现代财务管理的重要概念，合理估算和衡量资本成本是企业财务管理的一项重要工作。为便于财务决策，资本成本的大小通常不用绝对额表示，而用相对数即资本成本率来表示。在实际工作中，一般将资本成本率简称为资本成本。

（一）个别资本成本

个别资本成本按照融资方式的不同分为债务资本成本和权益资本成本。债务资本成本包括长期借款成本和长期债券成本，权益资本成本包括优先股成本、普通股成本和留存收益成本等。长期债务成本与权益成本不同。按照国际惯例和各国税法的规定，长期债务成本的利息一般允许在企业所得税前支付，具有抵税作用。这样融资企业实际上可以少缴一部分所得税，从而降低其资本成本。此时，融资企业实际负担的债务利息为：利息×（1-所得税税率）。而权益成本不同，融资企业向股东支付的股利需要在所得税后支付，不可享受免税收益，支付多少就实际负担多少。因此，权益成本一般高于长期债务成本。

1. 长期借款成本

长期借款成本包括借款利息和筹资费用。分期付息，到期一次还本的长期借款成本，其计算公式为：

$$K_L=\frac{I_L\times(1-T)}{L\times(1-F_L)}$$

式中：K_L——长期借款成本；

$\quad\quad I_L$——长期借款年利息；

$\quad\quad T$——所得税税率；

$\quad\quad L$——长期借款金额，即借款本金；

$\quad\quad F_L$——长期借款筹资费率。

上述公式也可以写成下列形式：

$$K_L = \frac{R_L \times (1-T)}{1-F_L}$$

式中：R_L——长期借款年利率。

长期借款的筹资费用主要是手续费，一般数额很小，有时可以忽略不计，这时，长期借款成本可以按下列公式计算：

$$K_L = R_L \times （1-T）$$

【例 7-1】某公司向银行借入期限为 3 年的长期借款 500 万元，年利率为 10%，每年付息一次，到期一次还本，手续费率为 0.2%，企业所得税税率为 25%。该笔长期借款成本为：

$$K_L = \frac{500 \times 10\% \times (1-25\%)}{500 \times (1-0.2\%)} = 7.52\%$$

若上例中的手续费率忽略不计，则长期借款成本为：

$$K_L = 10\% \times （1-25\%）= 7.5\%$$

上述长期借款成本的计算方法比较简单，但这一方法有一个最大的缺陷，就是没有考虑资金的时间价值。在实务中，还可根据贴现现金流量法来考虑资金时间价值，并计算长期借款成本。这种方法的基本原理是：长期借款的税前成本（即税前长期借款成本）是使企业因借款而发生的未来现金流出的现值之和等于借款的现金流入的贴现率，即使借款融资的净现值等于零的贴现率。其计算公式为：

$$L \times （1-F_L）= \sum_{t=1}^{n} \frac{I_t}{(1+K)^t} + \frac{P}{(1+K)^n}$$

$$K_L = K(1-T)$$

式中：P——第 N 年末应偿还的本金；

$\quad\quad K$——税前长期借款成本；

$\quad\quad I_t$——长期借款第 t 年年利息；

$\quad\quad K_L$——税后长期借款成本。

由上式可以看出，运用贴现现金流量法计算长期借款成本可分为两步：第一步先用插值法计算税前长期借款成本 K；第二步将税前长期借款成本调整为税后长期借款成本 K_L。

【例7-2】沿用例7-1的资料，若考虑资金的时间价值，该项长期借款成本计算如下：

第一步，先计算税前长期借款成本：

当 $K=10\%$ 时，

借款的净现值 $= 500 \times 10\% \times PVIFA_{10\%,3} + 500 \times PVIF_{10\%,3} - 500 \times (1-0.2\%)$

$\qquad\qquad = 50 \times 2.487 + 500 \times 0.751 - 499$

$\qquad\qquad = 0.85（万元）> 0$

当 $K=12\%$ 时，

借款的净现值 $= 500 \times 10\% \times PVIFA_{12\%,3} + 500 \times PVIF_{12\%,3} - 500 \times (1-0.2\%)$

$\qquad\qquad = 50 \times 2.402 + 500 \times 0.712 - 499$

$\qquad\qquad = -22.9（万元）< 0$

然后用插值法计算的税前长期借款成本为：

$$K = 10\% + (12\%-10\%) \times \frac{0.85}{0.85+22.9} = 10.07\%$$

第二步，将税前长期借款成本调整为税后长期借款成本：

$$K_L = 10.07\% \times (1-25\%) = 7.55\%$$

2. 债券成本

债券成本包括债券利息和筹资费用。债券的筹资费用一般要比长期借款的筹资费用高，主要是发行费用高，包括申请发行债券的手续费、债券印刷费、推销费等，一般不可忽略不计。

从发行价格看，债券有平价、溢价和折价三种。这体现了债券的票面利率和市场利率之间的关系。为了更准确地计算债券成本，债券实际筹得资金数额应按发行价格计算。分期付息，到期一次还本的债券成本计算公式为：

$$K_b = \frac{I_b \times (1-T)}{B \times (1-F_b)}$$

式中：K_b——债券成本；

$\quad I_b$——债券年利息；

$\quad T$——所得税税率；

$\quad B$——债券实际筹得资金数额；

$\quad F_b$——债券筹资费率。

【例7-3】某公司发行面值200万元的5年期债券，其发行价格为300万元，票面利率为10%，每年付息一次，到期一次还本，发行费用占发行价格的4%，公司的所得税税率为

25%。该债券成本为：

$$K_b = \frac{200 \times 10\% \times (1-25\%)}{300 \times (1-4\%)} = 5.21\%$$

若上述债券的发行价格为 200 万元，则债券成本为：

$$K_b = \frac{200 \times 10\% \times (1-25\%)}{200 \times (1-4\%)} = 7.81\%$$

若上述债券的发行价格为 100 万元，则债券成本为：

$$K_b = \frac{200 \times 10\% \times (1-25\%)}{100 \times (1-4\%)} = 15.63\%$$

上述债券成本的计算，也没有考虑资金时间价值。在实务中，还可根据贴现现金流量法（即考虑资金时间价值）计算债券成本。其计算方法可分为两步：第一步先用插值法计算债券的税前成本，债券的税前成本应是使企业因发行债券而发生的未来现金流出（包括各期应付利息和到期归还本金）的现值之和等于发行债券的现金流入的贴现率，即使债券融资的净现值等于零的贴现率；第二步将债券的税前成本调整为税后成本。

3. 优先股成本

优先股成本包括优先股股利和筹资费用。优先股股利一般是固定的。优先股成本的计算公式为：

$$K_P = \frac{D_p}{P_P \times (1-F_P)}$$

式中：K_P——优先股成本；

D_P——优先股预定年股利；

P_P——优先股实际筹得资金数额；

F_P——优先股筹资费率。

【例 7-4】某公司发行面值为 200 万元的优先股股票，其实际发行价格为 250 万元，筹资费用为发行价格的 5%，预定年股利率为 14%。该优先股成本为：

$$K_P = \frac{200 \times 14\%}{250 \times (1-5\%)} = 11.79\%$$

4. 普通股成本

普通股成本的计算与优先股成本的计算基本相同。但与优先股相比，普通股股东的股利是不固定的，它随着企业经营状况和股利分配政策等因素的改变而改变。又由于公司终止清算时，普通股股东的求偿权位于优先股股东之后，承担的风险要高于债权人和优先股股东，所以要求较高的报酬率。因此，普通股成本的计算较为困难，需要进行一些必要的假设和简化来估算。目前，估算普通股成本的方法主要有以下三种。

（1）股利增长模型

股利增长模型是依照股票投资报酬率不断增长的思路来估算普通股成本。在正常的情况下，随着公司的不断发展，普通股股利应该是逐年增长的。假设普通股股利以固定的年增长率递增，根据股利增长模型中的固定成长股票估价模型，普通股成本的计算公式为：

$$K_c = \frac{D_1}{P_c \times (1 - F_c)} + G$$

式中：K_c——普通股成本；

　　　D_1——普通股预期第一年股利额；

　　　P_c——普通股实际筹得资金数额；

　　　F_c——普通股筹资费率；

　　　G——普通股股利年增长率。

【例7-5】某公司发行每股面值为1元的普通股1 000股，每股发行价格为5元，筹资费率为发行价格的4%，预计第一年的每股股利额为0.5元，以后每年递增5%。该普通股成本为：

$$K_c = \frac{1\,000 \times 1 \times 0.5}{1\,000 \times 5 \times (1 - 4\%)} + 5\% = 15.42\%$$

（2）资本资产定价模型

根据资本资产定价模型来估算普通股成本，即通过直接估算公司普通股的预期报酬率来估算普通股成本。其计算公式为：

$$K_c = R_F + \beta\,(R_M - R_F)$$

式中：R_F——无风险报酬率；

　　　β——股票的贝塔系数；

　　　R_M——整个股票市场平均报酬率。

【例7-6】假设无风险报酬率为5%，整个股票市场平均报酬率为10%，某公司普通股股票的β值为2，则普通股成本可计算如下：

$$K_c = 5\% + 2 \times (10\% - 5\%) = 15\%$$

（3）风险溢价法（债务成本加风险报酬法）

根据风险与报酬均衡，即"投资风险越大，要求的报酬率越高"的基本原理，由于普通股股东对企业的投资风险要大于债权人，因此，普通股股东会在债权人要求的报酬率的基础上附加一定的风险溢价。依照这一理论，普通股成本的计算公式为：

$$K_c = K_b + RP_c$$

式中：K_b——债务成本；

RP_c——股东比债权人承担更大风险所要求的风险溢价。

债务成本的计算比较容易，若公司发行债券，债务成本为债券成本；若公司不发行债券，则可用公司的平均负债成本。而风险溢价的确定比较困难，风险溢价没有直接的计算方法，可以凭借经验估计。根据西方国家的经验，公司普通股的风险溢价相对其发行的债券来说，绝大部分为3%～5%。当市场利率达到历史性高点时，风险溢价通常较低；当市场利率处于历史性低点时，风险溢价则会较高；而通常情况下，采用4%的平均风险溢价。这样，普通股成本的计算公式还可写为：

$$K_c = K_b + 4\%$$

【例7-7】某公司已发行的债券的成本为10%，现准备发行一批新股票，则该批股票的成本为：

$$K_c = 10\% + 4\% = 14\%$$

5. 留存收益成本

留存收益是企业税后利润扣除所分配的股利后形成的，包括盈余公积和未分配利润，其所有权属于普通股股东，是企业权益资金的一个重要来源。从表面上看，留存收益属于公司股东，公司使用这部分资金好像不需要付出任何代价，但事实上，股东将留存收益留在公司作为公司的权益资金来源，表现了一种委托－代理关系，即委托公司管理。只有当公司进行投资的预期报酬率超过股东对留存收益所要求的报酬率时，公司才应留存利润；否则，留存收益应以股利形式分派给股东，以使股东自己投资于更有利可图的机会。股东将留存收益留在公司用于投资，而不作为股利提出以投资别处，意味着股东期望获取更多的股利，所以留存收益也有成本，这种成本是股东放弃提出股利以投资别处应获取的潜在收益。也就是说，留存收益成本是一种机会成本。

留存收益成本的估算也是非常困难的，它的估算必须考虑诸如企业未来发展前景以及股东对预期的更大风险所要求的附加报酬率等因素。目前，留存收益成本的估算一般比照普通股成本的估算方法。但留存收益与普通股的不同之处是，其作为内部融资没有筹资费用，所以，在利用股利增长模型估算留存收益成本时，应在计算公式中扣除筹资费用这一因素，此时留存收益成本的计算公式为：

$$K_s = \frac{D_1}{P_s} + G$$

式中：K_s——留存收益成本；

　　　D_1——普通股预期第一年股利额；

　　　P_s——普通股市场价格；

　　　G——普通股股利年增长率。

【例7-8】某公司的普通股上年发放的每股股利为2元，预计公司的股利能以每年10%的增长率持续增长。如果该公司普通股股票市价为每股50元，留存收益成本可计算如下：

$$K_s = \frac{2 \times (1+10\%)}{50} + 10\% = 14.4\%$$

（二）加权平均资本成本（综合资本成本）

1. 加权平均资本成本（综合资本成本）的计算

加权平均资本成本又称综合资本成本，是指全部长期资金的总成本，通常以各种长期资金占全部资金的比重为权数，对其资本成本进行加权加以确定。由于受多种因素的影响，企业不可能只采用一种融资方式筹集资金（又称资本），以求资本成本最低，往往需要通过多种融资方式融通资金。企业在采用多种融资方式融资时，就需要计算综合资本成本。其计算公式为：

$$K_w = \sum_{j=1}^{n} W_j K_j$$

其中，$\sum_{j=1}^{n} W = 1$。

式中：K_w——综合资本成本；

　　　K_j——第 j 种融资方式的资本成本；

　　　W_j——第 j 种长期资金占全部资金的比重，即资金权数。

从上述公式中可以看出，综合资本成本的计算由各种融资方式的资本成本和该种资金的权数两大因素确定。在各种融资方式的资本成本已确定的情况下，取得企业各种长期资金占全部资金的比重，即可计算企业的综合资本成本。

【例7-9】某公司拟筹集长期资金2500万元，采用四种融资方式：

（1）举借长期借款500万元，年利率为8%，手续费忽略不计。

（2）按面值发行债券500万元，票面利率为10%，筹资费率为2%。

（3）按面值发行优先股500万元，年股利率为7%，筹资费率为3%。

（4）按面值发行普通股1000万元，预计第一年股利率为10%，以后每年增长4%，筹资费率为 4%。

该公司的所得税税率为 25%，其综合资本成本计算如下：

第一步，计算各种长期资金占全部资金的比重：

$$长期借款的比重 = \frac{500}{2500} = 20\%$$

$$债券的比重 = \frac{500}{2500} = 20\%$$

$$优先股的比重 = \frac{500}{2500} = 20\%$$

$$普通股的比重 = \frac{1000}{2500} = 40\%$$

第二步，计算各种长期资金的资本成本：

$$长期借款成本 = 8\% \times (1-25\%) = 6\%$$

$$债券成本 = \frac{10\% \times (1-25\%)}{1-2\%} = 7.65\%$$

$$优先股成本 = \frac{7\%}{1-3\%} = 7.22\%$$

$$普通股成本 = \frac{10\%}{1-4\%} + 4\% = 14.42\%$$

第三步，计算综合资本成本：

$$K_w = 20\% \times 6\% + 20\% \times 7.65\% + 20\% \times 7.22\% + 40\% \times 14.42\%$$

$$= 1.2\% + 1.53\% + 1.44\% + 5.77\%$$

$$= 9.94\%$$

2. 综合资本成本计算中资金权数的选择

在综合资本成本计算中，资金权数的选择主要有三种：账面价值权数、市场价值权数和目标价值权数。

账面价值权数是指以账面价值为依据确定各种长期资金的权数。按账面价值确定资金权数，其资料直接从资产负债表上取得，数据真实。但当债券、股票等的市场价格与账面价值差别较大时，仍用账面价值确定的资金权数可能造成综合资本成本的误估，进而影响企业做出正确的融资决策。为了克服账面价值权数的缺陷，企业也可以按市场价值或目标价值来确定资金权数。

市场价值权数是指债券、股票及留存收益以现行的市场价格确定资金权数，以计算综合资本成本。这样计算的综合资本成本能反映企业目前的实际情况，有利于做出融资决策。

但是，由于证券市场价格经常处于变动中，因而市场价值权数不易确定。

目标价值权数是指债券、股票等以未来预计的目标市场价格确定资金权数，以计算综合资本成本。这种权数能体现企业未来的目标资本结构，而不是像账面价值权数和市场价值权数那样只反映过去和现在的资本结构，所以按目标价值权数计算的综合资本成本更适用于企业未来融资决策的需要。但是，企业对于证券的目标价值更难客观合理地确定，所以仍有不少企业坚持用账面价值权数。

（三）边际资金成本

边际资金成本是指企业追加筹资的资金成本。一般来说，企业不可能以某一固定的资金成本来筹措无限的资金，筹集的资金超过一定限度时，资金成本将有所变化。因此，企业在未来追加筹资时，应当更多地关注新筹措资金的成本，即边际资金成本。

企业追加筹资有可能只采取一种筹资方式。在这种情况下，边际资金成本的确定与前述个别资金成本的确定方法相同。

在筹资数额较大或目标资本结构既定的情况下，追加筹资往往需要通过多种筹资方式的组合来实现，这时的边际资金成本是新筹措的各种资金的加权平均成本。

【例7-10】某公司各种资金的目标比例是：长期借款15%，长期债券25%，普通股60%。公司为扩大经营规模，拟筹措新资200万元，决定按目标比例筹集。经测算，在既定筹资范围内的个别资金成本分别为：长期借款5.5%，长期债券7%，普通股13%。公司此次追加筹资的边际资金成本的计算过程如表7-1所示。

表7-1　某公司追加筹资的边际资金成本

资金种类	个别资金成本（%）	资金比例（%）	边际资金成本（%）
长期借款	5.5	15	0.825
长期债券	7	25	1.75
普通股	13	60	7.8
合计	—	100	10.38

当企业追加筹资的金额未定时，需要测算不同筹资范围内的边际资金成本，我们称为边际资金成本规划。下面举例说明边际资金成本规划的具体步骤。

【例7-11】某公司为了适应追加投资的需要，准备筹措新资。追加筹资的边际资金成本规划可按如下步骤进行。

（1）确定各种资金的目标比例。公司经过分析认为各种资金的目标比例为：长期借款15%，长期债券25%，普通股60%。

（2）测算各种资金的个别资金成本。公司在对资金市场状况和自身筹资能力进行研究之后，测算出在不同筹资范围内各种资金的个别资金成本，如表7-2所示。

表7-2　某公司不同筹资范围内各种资金的个别资金成本

资金种类	追加筹资范围	个别资金成本（%）
长期借款	30万元及以内	5.5
	30万~90万元	6
	90万元以上	6.5
长期债券	100万元及以内	7
	100万~200万元	8
	200万元以上	9
普通股	300万元及以内	13
	300万~600万元	14
	600万元以上	15

（3）测算筹资总额分界点。筹资总额分界点是指各种资金的个别资金成本发生跳跃的分界点所对应的筹资总额的分界点。其测算公式为：

$$BP_{ji} = \frac{TF_{ji}}{W_j}$$

式中：BP_{ji} 为第 j 种资金的第 i 个分界点对应的筹资总额分界点；

　　　TF_{ji} 为第 j 种资金的第 i 个资金成本分界点；

　　　W_j 为第 j 种资金的目标比例。

此例中，各个筹资总额分界点计算如下：

①长期借款的个别资金成本分界点30万元和90万元对应的筹资总额分界点：

$$\frac{30}{15\%} = 200（万元）$$

$$\frac{90}{15\%} = 600（万元）$$

②长期债券的个别资金成本分界点100万元和200万元对应的筹资总额分界点：

$$\frac{100}{25\%} = 400（万元）$$

$$\frac{200}{25\%} = 800（万元）$$

③普通股的个别资金成本分界点300万元和600万元对应的筹资总额分界点：

$$\frac{300}{60\%} = 500（万元）$$

$$\frac{600}{60\%} = 1000（万元）$$

以上6个筹资总额分界点将追加筹资的范围分为7段：200万元及以内；200万～400万元；400万～500万元；500万～600万元；600万～800万元；800万～1000万元；1000万元以上。

（4）测算各个筹资范围内的边际资金成本。在各个筹资范围内，根据各种资金对应的个别资金成本和资金比例计算加权平均资金成本，即得到该范围内的边际资金成本。此例的测算过程如表7-3所示。

表7-3　某公司各个筹资范围内的边际资金成本

筹资总额范围	资金种类	资金比例	个别资金成本	边际资金成本
200万元及以内	长期借款 长期债券 普通股	15% 25% 60%	5.5% 7% 13%	5.5%×15%=0.825% 7%×25%=1.75% 13%×60%=7.8%
200万～400万元	长期借款 长期债券 普通股	15% 25% 60%	6% 7% 13%	6%×15%=0.9% 7%×25%=1.75% 13%×60%=7.8%
400万～500万元	长期借款 长期债券 普通股	15% 25% 60%	6% 8% 13%	6%×15%=0.9% 8%×25%=2% 13%×60%=7.8%
500万～600万元	长期借款 长期债券 普通股	15% 25% 60%	6% 8% 14%	6%×15%=0.9% 8%×25%=2% 14%×60%=8.4%
600万～800万元	长期借款 长期债券 普通股	15% 25% 60%	6.5% 8% 14%	6.5%×15%=0.975% 8%×25%=2% 14%×60%=8.4%
800万～1000万元	长期借款 长期债券 普通股	15% 25% 60%	6.5% 9% 14%	6.5%×15%=0.975% 9%×25%=2.25% 14%×60%=8.4%

续表

筹资总额范围	资金种类	资金比例	个别资金成本	边际资金成本
1000万元以上	长期借款 长期债券 普通股	15% 25% 60%	6.5% 9% 15%	6.5%×15%=0.975% 9%×25%=2.25% 15%×60%=9%

由表 7-3 可知，公司的边际资金成本随着追加筹资金额的增加会逐渐上升。一般而言，边际投资报酬率会随着投资规模的增加而逐渐下降。只有当边际资金成本低于边际投资报酬率时，筹资才是合理的，投资也才是有利的。因此，公司可以将不同筹资范围内的边际资金成本与不同投资规模内的边际投资报酬率相比较，以选择有利的投资机会和合理的筹资金额。

第二节　杠杆原理

杠杆本是物理学用语，是指在力的作用下能绕固定支点转动的杆。人们利用杠杆以较小的力量，移动较重物体的现象，就是自然界中的杠杆效应。经济学中也存在着类似的杠杆效应，只是这种杠杆是无形的，它反映的是不同经济变量之间的相互作用关系。财务管理中所说的杠杆是指由于特定费用（如固定性经营成本或固定的财务费用）的存在而导致的。当某一财务变量以较小幅度变动时，另一相关变量会产生较大幅度变动。财务管理中的这种杠杆效应是影响企业资本结构的基本因素。

这里的杠杆指的是一种加乘效应。即一个因素变动时，另一个因素会以更大的幅度变动。企业的固定经营成本、固定的债务利息和优先股股利就能起到这样一种加乘的作用。我们分别称为经营杠杆和财务杠杆。两者共同的作用称为综合杠杆。在筹资方式选择和资本结构调整方面，公司需要考虑是否和如何利用经营杠杆和财务杠杆的作用。公司经营杠杆是由于产品生产或提供劳务有关的固定经营成本所引起的，而财务杠杆则是由债务利息等固定融资成本所引起的。两种杠杆具有放大盈利波动性的作用，从而影响公司的风险和收益。杆杆是一把"双刃剑"，既可能带来加乘的利益，也可能带来加乘的风险。因此，对杠杆利益与风险的权衡是财务管理中风险与报酬原则的具体应用，也是企业筹资决策的重要内容。

一、与杠杆有关的几个财务概念

财务管理中的杠杆通常有三种形式，即经营杠杆、财务杠杆和综合杠杆。每一种杠杆效应都包含杠杆利益与杠杆风险两个方面。企业的资本结构决策很大程度上就是在杠杆利益和风险之间进行权衡。要说明这些杠杆的原理，有必要了解成本习性、边际贡献息税前利润和普通股每股收益等几个相关概念。

（一）成本习性模型

所谓成本习性，是指成本总额与业务量之间在数量上的依存关系。按成本习性，可把企业的全部成本划分为固定成本、变动成本和混合成本三类。

1. 固定成本

固定成本是指其总额在一定时期和一定业务量范围内不随业务量发生任何变动的那部分成本。属于固定成本的主要有管理人员工资、折旧费、办公费、利息费等，这些费用每年支出水平基本相同，即使业务量在一定范围内变动，它们也保持固定不变。正是由于这些成本是固定不变的，因而随着业务量的增加，意味着它们将被分配给更多数量的产品，即单位固定成本将随产量的增加而逐渐变小。应当指出的是，固定成本总额只是在一定时期和业务量的一定范围内保持不变。这里所说的一定范围，通常为相关范围，超过了相关范围，固定成本也会发生变动，因此固定成本必须和一定时期、一定业务量联系起来进行分析，没有绝对不变的固定成本。

固定成本从不同角度可做如下划分：

（1）按照固定成本的可控性分为约束性固定成本和酌量性固定成本

约束性固定成本是企业为维持一定的业务量所必须负担的最低成本，属于企业的"经营能力"成本。厂房和设备的折旧费、长期租赁费等都属于这类成本。企业的经营能力一旦形成，在短期内很难有重大改变，因而这部分成本具有很大的约束性。管理当局的决策行为不能轻易改变其数额。酌量性固定成本是根据企业经营方针，由管理当局确定的一定时期（通常为一年）的成本，属于企业的经营方针成本。广告费、研究与开发费、职工培训费等都属于这类成本。这些成本的支出是可以随企业经营方针的变化而变化的，需要管理当局在每一预算年度开始之前，综合考虑各方面因素斟酌决定。

（2）按照固定成本的性质分为经营性固定成本和财务性固定成本

经营性固定成本是企业在生产经营领域（采购、生产、销售过程中）发生的固定成本，如折旧费、办公费、管理人员工资、广告费等。由于这些成本发生在企业的生产经营方面，其支出大小主要影响企业经营利润。财务性固定成本是企业因筹资需要向资金提供者支付的固定报酬，如负债的利息、租赁费、优先股的股利等。由于这些成本发生在企业的融资领域，受融资财务决策的制约，与生产经营没有直接关系，其支出大小主要影响企业税后净利和普通股收益。

2. 变动成本

变动成本是指其总额随着业务量呈正比例变动的那部分成本。属于变动成本的主要有直接材料、直接人工等。但若就单位产品中的变动成本而言，则是不变的。必须指出，变动成本同业务量之间呈正比例变动的关系是有一定范围的，超过一定范围，变动成本同业务量之间的比例关系可能会改变。例如，当一种新产品还是小批量生产时，由于生产还处于不熟练的阶段，直接材料和直接人工的耗费可能会比较多。随着产量的增加，生产人员对生产过程的逐渐熟悉，可使单位产品的材料和人工费降低。在这一阶段，变动成本不一定与产量完全呈同比例变化，而是表现为小于产量增长幅度。在这以后，生产过程比较稳定，变动成本与产量呈同比例变动。这一阶段的产量便是变动成本的相关范围。然而，当产量达到一定程度以后，就有可能使变动成本的增长幅度大于产量的增长幅度。

3. 混合成本

混合成本是指其总额虽受业务量变动的影响，但其变动幅度并不同业务量的变动保持同比例关系的那部分成本。也就是说，混合成本兼有固定成本和变动成本两种特性，不能简单地归入固定成本或变动成本。

从理论上说，成本按习性可分为固定成本、变动成本和混合成本三类。但在管理实践中，可利用一定技术方法，将混合成本划分到固定成本和变动成本两部分之中，所以成本按习性分类，从根本上说应当只有固定成本和变动成本两部分。这样，总成本习性模型可用下式表示：

$$Y = a + bX$$

式中：Y——总成本；

$\quad\quad a$——经营性固定成本；

$\quad\quad b$——单位变动成本；

$\quad\quad X$——产销量。

（二）边际贡献

边际贡献是指销售收入减去变动成本之后的差额，其计算公式可表示如下。

$$\begin{aligned} M &= PX - bX \\ &= (p-b)X \\ &= mX \\ &= m'S \\ &= (1-b')S \\ &= S - V \end{aligned}$$

式中：M——边际贡献总额；

$\quad\quad P$——销售单价；

$\quad\quad X$——产销量；

$\quad\quad b$——单位变动成本；

S ——销售收入；

m ——单位边际贡献；

m' ——边际贡献率；

b' ——变动成本率；

V ——变动成本总额。

（三）息税前利润

息税前利润是指企业支付利息和缴纳所得税之前的利润。在成本习性模型的基础上，息税前利润可按下列公式计算：

$$EBIT = S-V-a$$
$$= pX-bX-a$$
$$= M-a$$
$$= mX-a$$
$$= m'S-a$$
$$= (1-b')S-a$$

式中：$EBIT$ ——息税前利润。

（四）普通股每股收益

普通股每股收益是指一定时期企业为普通股股东所创造的收益。在上述概念基础上，普通股每股收益的计算方式可表示为：

$$EPS = [(EBIT-I) \times (1-T)-D] \div N$$

式中：EPS ——普通股每股收益；

$EBIT$ ——息税前利润；

I ——负债利息；

T ——所得税税率；

D ——优先股股利；

N ——普通股股数。

二、经营杠杆

（一）经营杠杆的原理

1. 经营杠杆的概念

经营杠杆又叫营业杠杆或营运杠杆，是指由于固定经营成本的存在，息税前利润的变动幅度大于营业收入的变动幅度的现象。这里的经营成本包括营业成本、税金及附加、销售费用和管理费用。固定经营成本是指当经营规模在一定范围内时保持固定不变的经营成本，即不随着营业收入的变化而变化的经营成本。

2. 经营杠杆利益

由于固定经营成本不随营业收入的变化而变化，因此，当企业的营业收入增加时，单位营业收入所分摊的固定经营成本就会降低，使得企业的息税前利润以更大的比例增加。

【例7-12】某公司的营业收入1000万～1500万元时，固定经营成本为300万元，变动成本率为50%。公司20×7年至20×9年的营业收入分别为1000万元、1200万元和1400万元。公司3年来营业收入和息税前利润的变动情况如表7-4所示。

表7-4　某公司20×7至20×9年营业收入和息税前利润变动表（一）

单位：万元

年份	营业收入	营业收入增长率（%）	变动经营成本	固定经营成本	息税前利润	息税前利润增长率（%）
20×7	1000	—	500	300	200	—
20×8	1200	20	600	300	300	50
20×9	1400	16.67	700	300	400	33.33

由表7-4可知，20×8年某公司营业收入比20×7年增长了20%，由于固定经营成本保持不变，息税前利润的增长比率大大高于营业收入的增长比率，达到了50%。同样，20×9年某公司营业收入只比20×8年增长了16.67%，而息税前利润增长了33.33%。这就是固定经营成本带来的经营杠杆利益。

3. 经营杠杆风险

由于固定经营成本不随营业收入的变化而变化，因此，当企业的营业收入减少时，单位营业收入所分摊的固定经营成本就会上升，使得企业的息税前利润以更高的比例减少。

【例7-13】假设例7-12中，20×7年和20×9年的营业收入正好反过来，即分别为1400万元和1000万元，其他条件都不变。公司3年来营业收入和息税前利润的变动情况如表7-5所示。

表7-5 某公司20×7至20×9年营业收入和息税前利润变动表（二）

单位：万元

年份	营业收入	营业收入增长率（%）	变动经营成本	固定经营成本	息税前利润	息税前利润增长率（%）
20×7	1400	—	700	300	400	—
20×8	1200	-14.29	600	300	300	-25
20×9	1000	-16.67	500	300	200	-33.33

由表7-5可知，20×8年某公司营业收入比20×7年降低了14.29%。由于固定经营成本保持不变，息税前利润的降低比率大大高于营业收入的降低比率，达到了25%。同样，20×9年某公司营业收入只比20×8年下降了16.67%，而息税前利润下降了33.33%，这就是固定经营成本带来的经营杠杆风险。

（二）经营杠杆系数

经营杠杆系数是衡量经营杠杆作用程度的指标。它是企业息税前利润变动率相对于营业收入变动率的倍数。其基本计算公式为：

$$DOL = \frac{\Delta EBIT / EBIT}{\Delta S / S}$$

式中：$EBIT$——息税前利润；

$\Delta EBIT$——息税前利润变动额；

S——营业收入；

ΔS——营业收入变动额。

当企业只生产并销售一种产品，且前后两个期间的产品销售单价、单位产品的变动经营成本以及固定经营成本总额不变时，为了便于计算。可将上述基本公式变换为：

$$DOL = \frac{(p-b)X}{(p-b)X - a} = \frac{S-V}{S-V-a} = \frac{M}{EBIT}$$

式中：p——产品销售单价；

b——单位变动成本；

X——产品销售数量；

a——经营性固定成本；

S——营业收入；

V——变动经营成本总额；

M——边际贡献额；

$EBIT$——息税前利润。

【例7-14】某公司甲产品年销售量为 5 000 件，单位售价为 100 元，销售总额为 500000 元。产品单位变动成本为 60 元，变动成本率为 60%，变动成本总额为 300 000 元，边际贡献额为 200 000 元，经营性固定成本总额为 100 000 元，息税前利润总额为 100 000 元，可计算其经营杠杆系数如下：

$$DOL = 5\,000 \times (100-60) \div [5\,000 \times (100-60) - 100\,000] = 2$$

$$或\ DOL = (500\,000 - 300\,000) \div [(500\,000 - 300\,000) - 100\,000] = 2$$

$$DOL = 200\,000 \div 100\,000 = 2$$

本例中经营杠杆系数为 2 的意义在于：当企业销售增长 1 倍时，息税前利润将增长 2 倍；反之，当企业销售下降 1 倍时，息税前利润将下降 2 倍。前一种情形表现为经营杠杆利益，后一种情形表现为经营杠杆风险。一般而言，企业的经营杠杆系数越大，经营杠杆利益和经营杠杆风险就越高；企业的经营杠杆系数越小，经营杠杆利益和经营杠杆风险就越低。

（三）影响经营杠杆的因素

企业的经营杠杆系数越高，经营杠杆利益和经营杠杆风险就越大。企业应在利益和风险之间适当权衡，确定合理的经营杠杆系数。企业要调节经营杠杆，必须了解影响经营杠杆的因素。影响经营杠杆程度的基本因素有产品销售数量、产品销售单价、单位产品的变动经营成本和固定经营成本总额。

①产品销售数量变动。产品供求关系引起销售数量的变动，使得产品的售价和变动成本都可能发生变动，从而对经营杠杆系数产生影响。

②产品售价的变动。在其他因素不变的条件下，产品售价的变动，将会影响经营杠杆系数。

③单位产品变动经营成本的变动。在其他因素不变的条件下，单位产品变动经营成本额或变动成本率的变动也会影响经营杠杆系数。

④固定经营成本总额的变动。在一定的产销规模内，固定经营成本总额相对保持不变。如果产销规模超出了一定的限度，固定经营成本总额也会发生一定的变动。

上列因素发生变动的情况下，经营杠杆系数一般也会发生变动，从而产生不同程度的经营杠杆利益和经营杠杆风险。由于经营杠杆系数影响着企业的息税前利润，从而也就制约着企业的筹资能力和资本结构。因此，经营杠杆系数是资本结构决策的一个重要因素。

应当注意的是，以上各个因素并不是孤立的，而是相互关联的。比如，降低产品销售单价可能会提高产品销售数量。因此，企业应综合考虑各因素对经营杠杆的影响。另外，这些因素背后可能还有更深层的影响因素。例如，产品的市场供求关系会影响到产品的销售单价和销售数量，进而影响经营杠杆。因此，企业应更深入地研究影响经营杠杆的深层因素。

应当说明的是，在短期内，经营杠杆通常不易调节。因为产品销售、价格、单位变动成本、固定经营成本这些因素往往要受到市场状况、产品质量和声誉、生产技术和规模等因素的限制。而这些因素对企业来说要么不可控，要么很难在短时间内有立竿见影的变化。

三、财务杠杆

（一）财务杠杆的原理

1. 财务杠杆的概念

财务杠杆也称融资杠杆，是指由于企业财务性固定成本的存在，而对企业所有者权益带来的影响。财务杠杆现象形成于企业的融资活动。现代企业的全部资本是由股权资本和债权资本构成。在企业资本结构一定的条件下，企业从息税前利润中支付的债务利息等资本成本是相对固定的，当息税前利润增长时，每 1 元利润所负担的财务性固定成本就会减少，从而使普通股的每股收益以更快的速度增长。当息税前利润减少时，每 1 元利润所负担的财务性固定成本就会相应增加，从而导致普通股的每股收益以更快的速度下降。这种由于负债资本成本的固定化而引起的普通股每股收益的波动幅度大于息税前利润的波动幅度的现象，称为财务杠杆。同样，财务杠杆既有利益的一面，也有风险的一面。

只有在企业息税前利润率高于同期的债务利率时，才能通过负债经营的财务杠杆作用增加所有者收益，并且对所有者收益的影响程度取决于负债比率的高低。当负债比率高时，财务杠杆利益则增加；当负债比率低时，财务杠杆利益则减少；如无负债经营，则不会产生财务杠杆利益。如果企业息税前利润率低于同期的负债利率，负债经营的财务杠杆作用将增加企业的财务风险。由此看来，财务杠杆作用也是一把"双刃剑"。企业既可以利用财务杠杆获得财务杠杆利益，又要承担相应的财务风险。企业在利用财务杠杆时，需要在财务杠杆利益和财务风险之间做出合理权衡。

2. 财务杠杆利益

由于债务利息和优先股股利是固定的，不随息税前利润的增长而增长。因此，当息税前利润增加时，每 1 元息税前利润所负担的债务利息和优先股股利会降低，使得每股利润以更大的比例增长。从而为普通股股东带来加乘的收益。

【例7-15】某公司20×7至20×9年的息税前利润分别为200万元、300万元和400万元。公司的长期资金为5000万元。其中，10%为债务资金。债务资金的平均年利率为6%，公司所得税税率为25%，每年优先股股利为20万元。公司发行在外的普通股股数为100万股。公司3年来息税前利润和每股利润的变动情况如表7-6所示。

表7-6 某公司20×7至20×9年息税前利润和每股利润变动表

年份	息税前利润（万元）	息税前利润增长率（%）	债务利息（万元）	税前利润（万元）	所得税（万元）	优先股股利（万元）	每股利润（元）	每股利润增长率（%）
20×7	200	—	120	80	20	20	0.4	—
20×8	300	50	120	180	45	20	1.15	187.50
20×9	400	33.33	120	280	70	20	1.90	65.22

由表7-6可知，20×8年某公司息税前利润比20×7年增长了50%，由于债务利息和优先股股利保持不变，每股利润的增长率大大高于息税前利润的增长率，达到了187.50%。同样，20×9年某公司息税前利润只比20×8年增长了33.33%，而税后利润则增长了65.22%。这就是固定的债务利息和优先股股利带来的财务杠杆利益。

3. 财务杠杆风险

由于债务利息和优先股股利是固定的，不随着息税前利润的下降而减少。因此，当息税前利润下降时，每1元息税前利润负担的债务利息和优先股股利会上升，使得每股利润以更大的比例下降，从而给普通股股东带来加乘的损失。

【例7-16】假设【例7-15】中，20×7年和20×9年的息税前利润正好反过来，即分别为400万元和200万元，其他条件都不变。公司3年来息税前利润和每股利润的变动情况如表7-7所示。

表7-7 某公司20×7至20×9年息税前利润和每股利润变动表

年份	息税前利润（万元）	息税前利润增长率（%）	债务利息（万元）	税前利润（万元）	所得税（万元）	优先股股利（万元）	每股利润（元）	每股利润增长率（%）
20×7	400	—	120	280	70	20	1.90	—
20×8	300	-25	120	180	45	20	1.15	-39.47
20×9	200	-33.33	120	80	20	20	0.40	-65.22

由表7-7可知，20×8年某公司息税前利润比20×7年降低了25%。由于债务利息和优先股股利保持不变，每股利润的降低比率大大高于息税前利润的降低比率，达到了39.47%。同样，20×9年某公司息税前利润只比20×8年下降了33.33%，而每股利润下降了65.22%，这就是固定的债务利息和优先股股利带来的财务杠杆风险。

（二）财务杠杆系数

财务杠杆系数是衡量财务杠杆作用程度的指标，它是企业每股利润变动率相对于息税前利润变动率的倍数。其基本计算公式为：

$$DFL = \frac{\Delta EPS / EPS}{\Delta EBIT / EBIT}$$

式中：EPS——每股利润；

ΔEPS——每股利润变动额；

$EBIT$——息税前利润；

$\Delta EBIT$——息税前利润变动额。

为了便于计算，可将上述基本公式变换为：

$$DFL = \frac{EBIT}{EBIT - I - L - \dfrac{D}{1-T}}$$

式中：$EBIT$——息税前利润；

I——债务年利息；

L——租赁费；

D——优先股年股息；

T——所得税税率。

【例7-17】某公司全部资本长期资本为7500万元，债权资本比例为0.4。债务年利率为8%，公司所得税税率为33%。在息税前利润为800万元时，税后净利润为294.8万元。其财务杠杆系数测算如下：

$I = 7500 \times 0.4 \times 8\% = 240$（万元）

$DFL = 800 \div (800-240) = 1.43$

本例中财务杠杆系数为1.43的意义在于，当息税前利润增长1倍时，普通股每股收益将增长1.43倍；反之，当息税前利润下降1倍时，普通股每股收益将下降1.43倍。前一种情形表现为财务杠杆利益，后一种情形表现为财务杠杆风险。一般而言，企业的财务杠杆系数越大，财务杠杆利益和财务杠杆风险就越高；企业的财务杠杆系数越小，财务杠杆利益和财务杠杆风险就越低。

（三）影响财务杠杆的因素

企业的财务杠杆系数越高，财务杠杆利益和财务杠杆风险就越大。企业应在利益和风险之间适当权衡，确定合理的财务杠杆系数。企业要调节财务杠杆，必须了解影响财务杠杆的因素。由财务杠杆系数的变换公式可知，影响财务杠杆系数的基本因素包括息税前利润、债务利息、优先股股利和所得税税率，而影响债务利息的因素有长期资金规模、债务资金比例和债务利率。因此，影响财务杠杆的主要因素包括息税前利润、长期资金规模、债务资金比例、债务利率、优先股股利以及所得税税率。

①息税前利润变动。在其他因素不变的条件下，息税前利润的变动，将会影响财务杠杆系数。

②长期资金规模的变动。在其他因素不变的条件下，如果资本规模发生了变动，财务杠杆系数也会随之发生变动。

③债务资金比例的变动。一般而言，在其他因素不变的条件下，如果债务资金比例发生了变动，或者说资本结构发生变化，财务杠杆系数也会随之发生变动。该因素是影响企业财务杠杆最重要的因素。

④债务利率的变动。在债务利率发生变化的情况下，即使其他因素不变，财务杠杆系数也会发生变动。

⑤优先股股利的变动。在其他因素不变的条件下，如果优先股股利发生了变动，财务杠杆系数会随之发生变动。

⑥所得税税率的变动。在其他因素不变的条件下，如果优先股股利发生了变动，则财务杠杆系也将随之发生变动。

在上列因素发生变动的情况下，财务杠杆系数一般也会发生变动，从而产生不同程度的财务杠杆利益和财务风险。因此，财务杠杆系数是资本结构决策的一个重要因素。

相对于经营杠杆来说，企业对财务杠杆进行调节的主动性比较大。企业可以通过对各种长期资金的比例安排，尤其是债务资金的比例安排，来调节财务杠杆的作用程度。

四、综合杠杆

（一）综合杠杆的原理

1. 综合杠杆的概念

综合杠杆又叫联合杠杆、复合杠杆或总杠杆，是经营杠杆和财务杠杆的综合。经营杠杆反映的是由于固定经营成本的作用，息税前利润相对于营业收入的加乘效果。而财务杠杆反映的是由于固定债务利息和优先股股利的作用，每股利润相对于息税前利润的加乘效果。因此，综合杠杆反映的是由于固定经营成本、固定债务利息和优先股股利的存在，普通股每股利润的变动幅度大于营业收入变动幅度的现象。

2. 综合杠杆利益

当企业的营业收入增加时，固定经营成本、债务利息和优先股股利并不随之增长，使得每股利润以更高的比例增长。

【例7-18】资料如【例7-12】和【例7-15】，将3年来某公司的营业收入、息税前利润和每股利润的变动情况摘录到表7-8中。

表7-8　某公司20×7至20×9年营业收入、息税前利润和每股利润变动表

年份	营业收入（万元）	营业收入增长率（%）	息税前利润（万元）	息税前利润增长率（%）	每股利润（元）	每股利润增长率（%）
20×7	1000	—	200	—	0.4	—
20×8	1200	20	300	50	1.15	187.50
20×9	1400	16.67	400	33.33	1.90	65.22

由表7-8可知，20×8年某公司营业收入比20×7年增长了20%，由于固定经营成本、债务利息和优先股股利保持不变，每股利润的增长率大大高于营业收入的增长率，达到了187.50%。同样，20×9年某公司营业收入只比20×8年增长了16.67%，而每股利润则增长了65.22%。这就是固定经营成本、债务利息和优先股股利带来的综合杠杆利益。

3. 综合杠杆风险

当企业的营业收入减少时，固定经营成本、债务利息和优先股股利并不随之减少，使得普通股每股利润以更大的比例减少。

【例7-19】资料如【例7-13】和【例7-16】，将3年来某公司的营业收入、息税前利润和每股利润的变动情况摘录到表7-9中。

表7-9　某公司20×7至20×9年营业收入、息税前利润和每股利润变动表

年份	营业收入（万元）	营业收入增长率（%）	息税前利润（万元）	息税前利润增长率（%）	每股利润（元）	每股利润增长率（%）
20×7	1400	—	400	—	1.90	—
20×8	1200	-14.29	300	-25	1.15	-39.47
20×9	1000	-16.67	200	-33.33	0.40	-65.22

由表 7-9 可知，20×8 年某公司息税前利润比 20×7 年降低了 14.29%。由于固定经营成本与债务利息和优先股股利保持不变，每股利润的降低比率大大高于营业收入的降低比率，达到了 39.47%。同样，20×9 年某公司营业收入只比 20×8 年下降了 16.67%，而每股利润下降了 65.22%，这就是固定经营成本、债务利息和优先股股利带来的综合杠杆风险。

（二）综合杠杆系数

综合杠杆系数是衡量综合杠杆作用程度的指标，它是经营杠杆系数和财务杠杆系数的乘积，反映了企业的每股利润变动率相对于营业收入变动率的倍数。其基本计算公式如下：

$$DCL = DOL \times DFL$$

或：

$$DCL = \frac{\Delta EPS / EPS}{\Delta S / S}$$

式中：EPS——每股利润；

ΔEPS——每股利润变动额；

S——营业收入；

ΔS——营业收入变动额。

也可将上述基本公式变换为：

$$DCL = \frac{M}{EBIT - I - L - \dfrac{D}{1-T}}$$

【例 7-20】某公司资本总额为 200 万元，其中债权资本比例为 50%，年利息率为 10%，公司销售总额为 50 万元，变动成本率为 60%，经营性固定成本额为 5 万元，则该公司综合杠杆系数计算如下：

因为：

$M = 50 \times（1-60\%）= 20$（万元）

$EBIT = 50 \times（1-60\%）-5 = 15$（万元）

$I = 200 \times 50\% \times 10\% = 10$（万元）

所以：

$DCL = 20 \div（15-10）= 4$

或：

$DOL = 20 \div 15 = 1.3333$

$DFL = 15 \div（15-10）= 3$

故：

$$DCL = 1.3333 \times 3 = 4$$

显然，综合杠杆的作用大于经营杠杆和财务杠杆的单独作用，而两种杠杆又可以有多种组合。一般情况下，企业将综合杠杆系数及总风险控制在一定范围内，这样，经营杠杆系数较高（低）的企业只能在较低（高）的程度上使用财务杠杆，以达到控制总风险的作用。

（三）影响综合杠杆的因素

企业的综合杠杆系数越高，综合杠杆利益和综合杠杆风险就越大。企业应在利益和风险之间适当权衡，确定合理的综合杠杆系数，企业要调节综合杠杆，必须了解影响综合杠杆的因素。由于综合杠杆是经营杠杆和财务杠杆的综合，因此前述影响经营杠杆和财务杠杆的因素都会影响综合杠杆，此处不再赘述。

由上述分析可知，企业的经营杠杆、财务杠杆和综合杠杆虽然并不能衡量企业所有的经营风险、财务风险和综合风险，但它们的确在一定程度上反映了企业的风险程度。

上述三种杠杆中，虽然与企业筹资直接相关的只是衡量财务风险的财务杠杆，但是由于经营杠杆和财务杠杆共同构成了企业的综合杠杆，因此，企业在筹资决策中确定财务杠杆时，必须考虑其与经营杠杆的合理搭配，以实现最佳的综合杠杆效果。

第三节　资本结构

资本结构是企业融资的核心问题，资本结构理论及企业资本结构决策，对财务目标的实现起着至关重要的作用。

一、资本结构的含义和类型

（一）资本结构的含义

资本结构是指企业各种资金的构成及其比例关系，有广义和狭义之分，广义的资本结构是指企业全部资金的构成及其比例关系，既包括长期资金，也包括短期资金。狭义的资本结构仅指企业长期资金的构成及其比例关系，短期资金则列入营运资金中管理。因为短期资金的需求量和筹集量是经常变化的，且在整个资金总量中所占的比重不稳定，因此，一般不将其列为资本结构管理范围，而是作为营运资本管理。我们通常所关心的资本结构是狭义的资本结构。尤其是债权性资金与股权性资金的比例关系。

（二）资本结构的类型

资本结构的类型从以下不同角度可做如下划分。

1. 不同属性

企业全部资本就属性而言，通常分为两大类：一类是股权资本，它体现企业的所有权属性；另一类是债权资本，它体现企业的债务属性。这两类不同属性资本之间的构成与比例关系，就形成企业一般意义上的资本结构。在财务理论与管理实践中，这一资本结构有广义与和狭义之分。广义的资本结构，泛指企业全部债权资本与股权资本之间的构成及其比例关系，狭义的资本结构则特指企业长期债权资本，不包括流动负债与债权、股权资本之间的构成及其比例关系。

2. 不同期限

企业全部资本就期限而言，一般可分为两类：一类是短期资本，主要是流动负债；另一类是长期资本，包括长期负债和股东权益。企业短期资本与长期资本之间的构成及比例关系，就形成期限意义上的企业资本结构。

3. 不同价值基础

资本价值的计量基础有账面价值、现时市场价值和未来目标价值。一个企业的资本分别按这三种价值计量基础来计量和表达，资本结构就形成三种不同价值计量标准反映的资本结构。一是资本的账面价值结构，即按资本历史账面价值基础计量反映的资本结构；二是资本的市场价值结构，即按资本现时市场价值基础计量反映的资本结构；三是资本的目标价值结构，即按资本未来目标价值计量反映的资本结构。

4. 其他角度

企业的资本结构，除上述不同角度的类型划分，还可以有以下两种划分：其一，从不同属性资本的内部构成看，有债权资本内部结构、股权资本内部结构等；其二，从不同期限资本的内部构成看，有短期资本内部结构、长期资本内部结构等。

在企业各种资本结构中，最重要也最复杂的结构是长期债权资本与股权资本的比例。现代财务管理理论大多是以这一资本结构为研究对象。

二、资本结构理论

企业在确定资本结构时，利用债务融资，并确定其占全部资金的比例的重要原因就是债务融资可降低综合资本成本，并具有财务杠杆效应。资本结构理论就是通过研究财务杠杆、资本成本和企业价值（即公司价值）之间的关系，以阐述财务杠杆或债务融资对企业的综合资本成本和价值的影响。在财务管理理论中，关于企业能否通过资本结构的变化（或负债比率的变化）来影响企业的综合资本成本和价值存在许多争议，由此形成了若干资本结构理论。从资本结构理论的产生和发展来看，分为早期资本结构理论、MM 资本结构理论和发展的资本结构理论。

（一）早期资本结构理论

早期资本结构理论是指在 1958 年以前形成的传统资本结构理论，主要包括净营业收益理论、净收益理论和传统理论三种。

1. 净营业收益理论

净营业收益理论认为，不论财务杠杆如何变化，企业的综合资本成本都是固定的，因而对企业的价值没有影响。该理论假设当企业利用财务杠杆时，债务成本固定不变，随着负债比率的增加，权益资本风险加大，普通股股东要求的收益率提高，权益成本上升，而负债带来的权益成本上升正好抵消了负债带来的利益，故综合资本成本不变，企业价值保持不变。由此可以推论，企业有无负债以及负债多少都不会对加权平均资本成本和企业价值产生影响，最佳资本结构的选择毫无意义。这一理论的缺陷是它过分夸大了财务风险的作用，忽视了资本成本与资本结构的内在关系。用图形描述，如图 7-1 和图 7-2 所示。

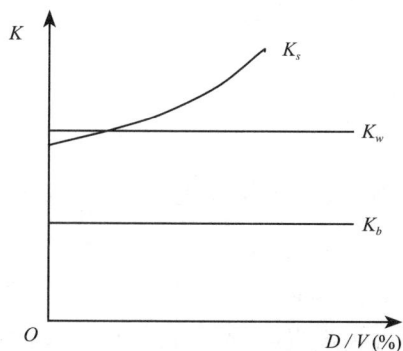

图7-1 净营业收益理论中的
企业的资本成本与财务杠杆

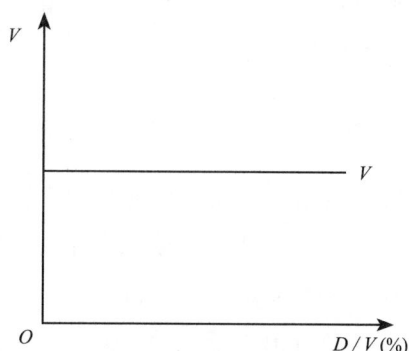

图7-2 净营业收益理论中的
企业价值与财务杠杆

其中，K_b 为债务成本；K_s 为权益成本；K_w 为综合资本成本；V 为企业价值；K 为负债比率。

2. 净收益理论

净收益理论同净营业收益理论相反，认为较高的财务杠杆或较高的负债比率可以降低企业的综合资本成本，从而对增加企业价值产生有利的影响。换句话说，债务融资可以降低企业的综合资本成本，负债比率越高，企业的综合资本成本越低，从而企业价值越大。该理论假设企业的债务成本和权益成本均固定不变。因此，由于债务成本低于权益成本，故负债越多，企业的综合资本成本就会越低，企业价值就越大。当负债比率为100%时，企业的综合资本成本最低，企业价值将达到最大值。用图形描述，如图7-3和图7-4所示。

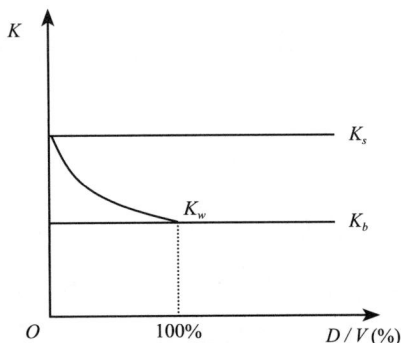

图7-3　净收益理论中的企业的
资本成本与财务杠杆

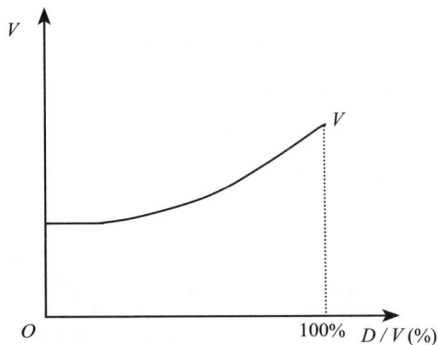

图7-4　净收益理论中的企业
价值与财务杠杆

这种理论认为企业的综合资本成本与价值都受到财务杠杆的影响，即资本结构的变化影响企业的综合资本成本和价值。但是该理论过分强调财务杠杆的作用，而忽视了财务风险。按照这种理论推论，企业最佳资本结构应是百分之百负债，此时企业的综合资本成本最低，企业价值最大。

3. 传统理论

传统理论是一种介于净营业收益理论和净收益理论两种极端情况之间的一种折中理论。该理论认为，当企业的负债比率在一定限度内被适度利用时，随着负债比率的增加不会导致债务成本和权益成本的显著上升，因此，企业的综合资本成本会随着负债率的增加而逐渐下降，企业价值逐渐上升。但是，当负债比率超过一定限度时，由于财务风险加大，债务成本和权益成本均会上升，致使综合资本成本加速上升，企业价值下降。综合资本成本从下降变为上升的转折点（图7-5中的A点）是综合资本成本的最低点，这时的负债比率就是企业的最佳资本结构。用图形来描述，如图7-5和图7-6所示。

这种理论认为存在一个最佳资本结构。最佳资本结构就是使企业的加权平均资本成本最低并因而使企业价值最大的资本结构。

上述三种理论，尽管其观点彼此相距甚远，有的还相对对立，但前提条件都是企业和个人所得税税率为零。它们虽然都考虑了资本结构对企业资本成本和企业价值的双重影响，可又缺乏周密的分析，因此人们习惯地将其称为早期资本结构理论。

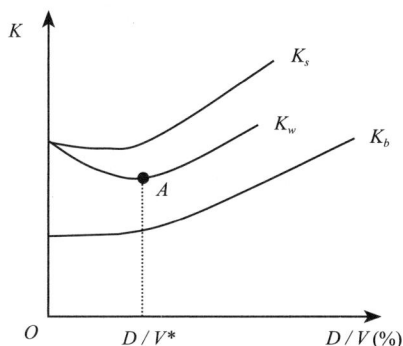

图7-5　传统理论中的企业的
资本成本与财务杠杆

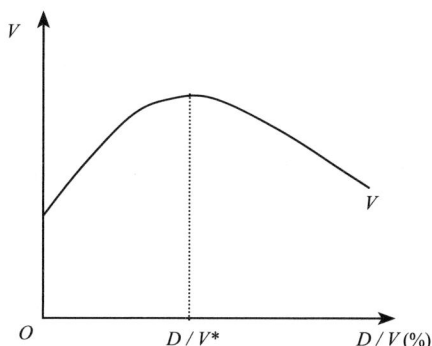

图7-6　传统理论中的企业
价值与财务杠杆

（二）MM资本结构理论

MM 理论是现代资本结构理论的起点，由美国学者莫迪利亚尼（Modigliani）和米勒（Miller）在一系列严格假设条件下，通过数学推导而创建。后来的资本结构的研究和深入大多是建立在 MM 理论的基础上。目前，该理论仍处于不断发展和完善之中。

MM 理论是建立在一系列基本假设的前提之上的。这些假设条件主要包括：完全资本市场，股票和债券的交易无交易成本，投资者和企业可以以同等利率借款；所有债务都无风险；投资者对企业的未来收益和收益风险的预期是相同的；企业的增长率为零，即息税前利润固定不变，财务杠杆收益全部支付给股东；企业的经营风险可用息税前利润的方差衡量，有相同经营风险的企业处于同一风险等级；所有现金流量都是固定年金，且持续到永远。这些假设条件在最初研究中提出，其中一些条件在后来的研究中又有所放宽。

最初的 MM 理论在对净营业收益理论研究的基础上，不考虑企业所得税因素的影响。而企业所得税是实际存在的，所以该理论在后来的研究中加入了所得税因素。莫迪利亚尼和米勒提出了无公司税时的 MM 理论和考虑公司税的 MM 理论。

1. 无公司税时的MM理论

MM 理论认为，在符合上述假设且没有公司所得税和个人所得税的前提下，企业的投资政策和融资政策是相互独立的。在没有政府税收的情况下，增加债务并不能提高公司的价值，因为负债带来的好处完全被其同时带来的风险增加所抵消。因此，公司资本结构与公司价值无关。

2. 有公司税时的MM理论

尽管 MM 资本结构无关论在逻辑推理上得到了肯定，但在实践中仍面临巨大的挑战。为了弥补这一理论与实际的差异。莫迪利亚尼和米勒于 1963 年合作发表了另一篇论文，意在取消无公司所得税的假设，将企业的所得税因素纳入资本结构的分析之中。按照修正的MM 资本结构理论，公司的资本结构与公司的价值不再是无关的，而是紧密相关，并且公司负债比率与公司价值为正相关关系。但是修正的 MM 理论所得出的结论，仍与现实不符，因为它虽然考虑了负债带来的节税利益，但忽视了负债导致的风险，如财务危机和额外费用等问题。如此得出结论：由于债务利息在税前支付，具有减税作用，所以资本结构中负债比率越大，企业价值越大，当企业负债比率达到 100% 时，企业价值最大。但这与现实不完全相符。实际上企业为了生存和发展，必须保持一定的财务实力。一般均按照一定的负债比率举债，MM 理论的假设在现实生活中不可能实现。因此，MM 理论应用于实践时必须进行修正。为此，MM 理论的创建者以及后来的研究者通过不断放宽 MM 理论的假设条件，使现代资本结构理论不断得到新发展，形成了许多新的资本结构理论。

（三）发展的资本结构理论

自从 MM 资本结构理论提出之后，一些学者就对其理论的纯粹性提出了质疑。认为在MM 理论中没有考虑以下因素：企业财务风险、代理成本、不对称信息、决策的信号含量等因素，而这些因素对企业如何做出资本结构决策是非常重要的。为了完善资本结构理论，也为了提高现代资本结构理论对实践的指导价值，在 MM 资本结构理论的基础上，学者们又陆续发展了如下一些重要的资本结构理论：权衡理论、不对称信息理论、代理成本理论、信号理论等。下面简单介绍一下权衡理论和不对称信息理论。

1.权衡理论

权衡理论的形成基于它考虑了破产成本和代理成本。

（1）破产成本

企业因过度负债而陷入财务拮据状态甚至破产的事件时常发生。企业的财务拮据状态一旦发生，无论破产与否，都会给企业带来额外的损失和费用，这些费用就是破产成本。破产成本包括企业破产清算时因所有者和债权人之间的意见不一致而延缓资产清偿造成的固定资产的破损、存货变质；破产清算还要支付律师费用、诉讼费用等。这些费用统称为直接破产成本。此外，企业的经理和职工因企业将要破产而不细心经营造成的机器带病运转、削价变卖重要资产等短期行为所带来的损失，以及原有客户和供应商因取消合同而造成的销售减少、成本增加等，均称为间接破产成本。

（2）代理成本

企业负债经营存在着两层代理关系：一是企业所有者与企业经营者之间的代理关系；二是债权人与企业经营者之间的代理关系。企业为了替所有者谋求利益，往往负债经营。当负债比率过高，使企业陷入财务拮据状态时，债权人为了维护自己的利益，往往在订立债务合同时规定许多保护性和限制性条款来约束企业的经营行为。而为了保证这些条款的执行，企业还需要支付监督费用。企业因执行保护性和限制性条款而造成的经营效率降低带来的损失和监督费用构成了代理成本。

破产成本和代理成本的存在，一方面降低了企业价值，另一方面增加了债务成本，为最佳资本结构理论提供了有利依据。考虑破产成本和代理成本因素后修正的 MM 理论被称为权衡理论。

权衡理论说明企业存在最佳资本结构，按照此资本结构筹资，企业价值最大，加权平均资本成本最低。实际上，很难用客观的方法精确测算出破产成本和代理成本的大小。与 MM 资本结构理论相比较，权衡理论的最大优势在于它提供了最优资本结构的基本思路和重要途径及最优资本结构的确定，应当在抵税收益与财务拮据成本之间进行审慎地权衡和斟酌。

2. 不对称信息理论

到权衡理论为止的现代资本结构理论，几乎放松了 MM 理论的全部假设。但对充分信息的假定一直未有触及。根据这一假设，公司和投资者对公司未来的 *EBIT* 都具有充分信息，并由此做出决策。完全资本市场也正是根据充分信息来评价公司的市场价值。但在实际经济生活中，当事人要同时获得充分信息几乎是不可能的，存在着广泛的信息不对称。在存在信息不对称现象时，经营者总是试图谋求现有股东的利益最大化，外部投资者与公司经理人员在信息方面的不对称，使得双方必然产生相应的行为进而产生成本。股票价格被低估的那些企业，有动机在财务信息上耗费额外的资源；股票价格被高估的企业，则通过不提供附加信息的方式含蓄地表明事实，因而使其股票价格下跌至高估企业价值的平均水平。一旦公司的股票受到低估，便会耗费资源来提供附加信息。

随着人们对资本结构理论研究的不断深入，产生了融资优序理论。融资优序理论认为，非对称信息的存在使得投资者从企业融资结构的选择来判断企业的市场价值。通常，经理在股票价格被低估时不愿意为投资项目筹措资本而发行股票，而仅在股票价格被高估时才发行股票。因而，股票融资会被投资者视为企业经营不良的信号，投资者不愿购买该企业的股票，从而低估企业的市场价值。为了避免股票定价过低的损失，企业的融资顺序应为：内部融资＞债务融资＞股票融资。

三、影响资本结构决策的因素

如前所述，资本成本、经营杠杆、财务杠杆等都会对企业资本结构决策产生重要影响。除此以外，还包括以下因素：

（一）企业获利水平

首先，只有当企业的获利水平高于债务利率时，财务杠杆才会发挥正面作用。此时，选择债权性资金对企业才可能是有益的。其次，企业的获利水平越高，一般来说举债能力也就越强。最后，获利水平相当高的企业，由于有充足的留存利润来满足资金需要，因此对债权性资金的需求相对较小。

（二）企业现金流量

由于债务利息和本金通常以现金支付，因此，企业的举债能力不仅会受到企业获利水平的影响，还与企业的现金流量状况相关。企业各期的现金净流量金额越大、越稳定，筹集债权性资金的能力就越强。

（三）企业增长率

高速增长的企业由于留存利润往往不能满足迅速发展的需要，因而会更多地倾向于债务筹资。而高增长的企业承受风险的能力往往也较强，因此更愿意采用债务筹资。

（四）企业所得税税率

由于债务利息可以起到抵税作用，因此，一般而言，企业所得税税率越高，利用负债融资的优势越明显，企业就越愿意采用债务筹资。

（五）企业资产结构

企业资本结构应与资产结构在风险和期限上相互配合。一般而言，长期资产的收益和风险都高于流动资产。因此，长期资产比重较大的企业往往更多地采用风险较低的永久性资金，如股权性资金，而流动资产比重较大的企业，则可能较多地采用风险较高、期限相对较短的债权性资金。

（六）企业经营风险

一般而言，企业需要将综合风险控制在一定范围之内。因此，企业经营风险越高，承受财务风险的能力就越低。此时就需要相应地降低债权性资金的比例。反之则可适当提高债权性资金的比例。

（七）企业所有者和管理者的态度

企业所有者如果不愿稀释对企业的控制权，则可能更愿意采用债权筹资。而企业管理者越愿意冒险，则可能越倾向于较多地采用债权筹资；相反，管理者越保守，则可能越倾向于较少采用债权筹资。

（八）贷款银行和评信机构的态度

企业在涉及较大规模的债权性筹资时，贷款人和评信机构的态度不容忽视。企业如果想安排大额借款，贷款银行的态度将会在很大程度上影响企业最终的借款金额、利率和条件。企业如果想发行大额债券，评信机构的态度将会对债券发行的额度、利率以及时间长短产生重大影响。

（九）其他因素

整个经济的发展状况、市场的竞争机制、资金的流向、投资者的偏好以及企业所处行业、地区等都可能影响到企业的筹资方式和资本结构。

四、资本结构决策方法

资本结构决策是指确定企业的最佳资本结构。最佳资本结构是指使综合资金成本最低、企业价值最大的资本结构。资本结构决策是筹资管理中至关重要的问题。各种长期资金尤其是债权性资金与股权性资金的比例安排恰当，有利于企业获得财务杠杆利益，降低综合资金成本并增加企业价值。常见的资本结构决策方法有资本成本比较法、每股收益分析法和企业价值比较法。

（一）资本成本比较法

是以综合资本成本的高低为标准来衡量资本结构是否合理的方法。企业在做出融资决策之前，先拟订若干备选融资方案，并计算各方案的综合资本成本，以其中综合资本成本最低的融资方案所确定的资本结构为最佳资本结构。在这种方法下，能使综合资本成本最低的资本结构就是合理的，反之就是不合理的。

【例7-21】某公司拟融资1000万元，采用发行普通股、优先股和长期借款方式筹集，现有三种方案可供选择。有关资料如表7-10所示。试确定该公司的最佳资本结构。

表7-10　可供选择的方案

项目	长期借款		普通股		优先股	
	所占比例	资本成本	所占比例	资本成本	所占比例	资本成本
甲方案	50%	10%	40%	14%	10%	11%
乙方案	40%	8%	40%	14%	10%	12%
丙方案	30%	7%	50%	15%	20%	11%

根据上述资料，三个方案的综合资本成本分别计算如下：

甲方案：$K_W = 50\% \times 10\% + 40\% \times 14\% + 10\% \times 11\% = 11.7\%$

乙方案：$K_W = 40\% \times 8\% + 40\% \times 14\% + 20\% \times 12\% = 11.2\%$

丙方案：$K_W = 30\% \times 7\% + 50\% \times 15\% + 20\% \times 11\% = 11.8\%$

通过比较计算结果，乙方案的综合资本成本最低，可认为乙方案为最佳融资方案，其所确定的资本结构为最佳资本结构。

（二）每股收益分析法

每股收益分析法也称每股收益无差别点分析法，是财务管理中常用的分析资本结构和进行融资决策的方法。它通过分析负债融资与每股收益之间的关系，为确定最佳资本结构提供依据。对股份有限公司来讲，财务管理的目的就是要不断提高普通股每股收益。因此，资本结构合理性的评价也离不开对每股收益的测定。从这一点来看，资本结构是否合理要通过每股收益的变化来分析，考虑的是股东的利益和需要。在这种方法下，只要能提高每股收益，这样的资本结构就是合理的，反之就是不合理的。

每股收益分析法的核心是确定每股收益无差别点。每股收益无差别点是指每股收益不受任何融资方式影响的息税前利润水平。每股收益是指普通股的每股收益，按照某一息税前利润水平计算的每股收益的公式为：

$$EPS = \frac{(EBIT - I)(1 - T) - PD}{N}$$

式中：I——每年支付的债务利息；

T——所得税税率；

PD——每年支付的优先股股利；

N——流通在外的普通股股数。

在每股收益无差别点上，无论是采用债务融资还是采用普通股融资，或无论是采用优先股融资还是采用普通股融资，每股收益都是相等的。若以 EPS_1 表示债务融资方案，EPS_2 表示优先股融资方案，EPS_3 表示普通股融资方案，则有：

$$EPS_1 = EPS_3$$

$$\frac{(EBIT - I_1)(1 - T) - PD_1}{N_1} = \frac{(EBIT - I_3)(1 - T) - PD_3}{N_3}$$

$$EPS_2 = EPS_3$$

$$\frac{(EBIT - I_2)(1 - T) - PD_2}{N_2} = \frac{(EBIT - I_3)(1 - T) - PD_3}{N_3}$$

【例 7-22】某公司原有资本 1000 万元，均为普通股资本，流通在外的普通股为 20 万股。为了扩大生产，需要追加融资 500 万元，有以下三种可能的融资方案：①全部发行普通股，售价每股 50 元，增发 10 万股；②全部举借长期债务，债务年利率为 10%；③全部发行优先股，年股利率为 12%。假设该公司所得税税率为 25%。

将上述数据代入公式，则普通股融资方案与债务融资方案的每股收益无差别点为：

$$\frac{(EBIT-0)(1-25\%)-0}{20+10}=\frac{(EBIT-50)(1-25\%)-0}{20}$$

$EBIT = 150$（万元）

普通股融资方案与优先股融资方案的每股收益无差别点为：

$$\frac{(EBIT-0)(1-25\%)-0}{20+10}=\frac{(EBIT-0)(1-25\%)-60}{20}$$

$EBIT = 240$（万元）

上述每股收益无差别点分析也可用图7-7来描述。

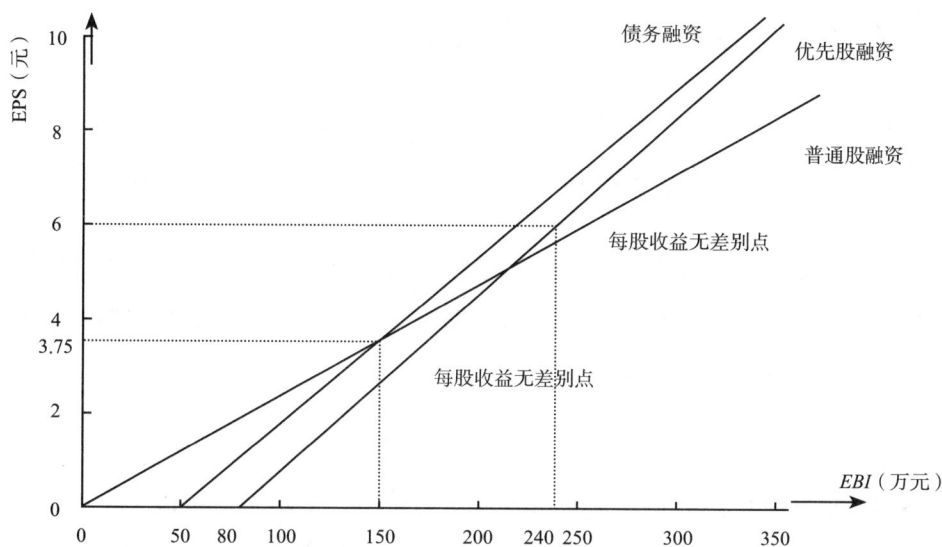

图7-7 每股收益无差别点分析图

从图7-7可以看出，债务融资方案与普通股融资方案之间的每股收益无差别点为150万元的息税前利润。如果预计息税前利润高于这一点，利用债务融资则可获得更高的每股收益；如果低于这一点，利用普通股融资则可获得更高的每股收益。优先股融资方案与普通股融资方案之间的每股收益无差别点为240万元的息税前利润。如果预计息税前利润高于这一点，利用优先股融资则可获得更高的每股收益；如果低于这一点，利用普通股融资则可获得更高的每股收益。而在债务融资方案与优先股融资方案之间并不存在无差别点，由于债务融资的固定利息具有抵减所得税的作用，所以在所有的息税前利润水平上，债务融资都比优先融资产生更高的每股收益。也就是说，财务杠杆要发挥作用，就需要有较多的息税前利润来补偿固定的融资成本，而一旦达到平衡，普通股每股收益将随着息税前利润的增长而增长。假设该公司目前息税前利润水平为250万元，扩大生产后将上升为每年400万元。则三种融资方案下的每股收益如表7-11所示。

財務管理

表7-11 三种融资方案下的每股收益

项目	普通股融资	债务融资	优先股融资
息税前利润（元）	4 000 000	4 000 000	4 000 000
利息（元）	—	500 000	—
税前利润（元）	4 000 000	3 500 000	4 000 000
所得税（元）	1 000 000	875 000	1 000 000
税后利润（元）	3 000 000	2625 000	3 000 000
优先股股利（元）	—	—	600 000
流通在外的普通股股数（股）	300 000	200 000	200 000
每股收益（元）	10	13.125	12

从表7-11可看出，由于该公司的息税前利润水平高于每股收益无差别点，因此债务融资方案下的每股收益是最高的，债务融资方案最优。债务融资方案比优先股融资方案高出1.125元的每股收益。

从上述分析可知，当预期息税前利润水平超过每股收益无差别点时，选择债务融资对企业是有利的，可增加每股收益。同时可对企业现有的资本结构做出相应调整，适当提高负债比率，使资本结构更趋于合理。

（三）比较公司价值法

比较公司价值法是以综合资本成本最低和公司价值（又称企业价值）最大为标准来衡量资本结构是否合理的方法，即综合资本成本最低，同时公司价值最大的资本结构为最佳资本结构。其基本思路为：

1. 确定公司价值

公司价值 V 等于普通股市场价值 S 和债务市场价值 B 之和。为了简化计算，假设债务市场价值等于它的面值，则公司价值的计算公式为：

$$V = S + B$$

假设公司无优先股，公司的息税前利润预期不会增长（公司处于零增长），而且税后利润都以股利的形式支付给股东（股利增长率为零）。由此，普通股的股利表现为永续年金形式。普通股市场价值的计算公式为：

$$S = \frac{(EBIT - I)(1 - T)}{K_s}$$

式中：$EBIT$——息税前利润；

I——每年支付的债务利息；

· 298 ·

T——所得税税率；

K_s——普通股资本成本或普通股所要求的报酬率。

采用资本资产定价模型确定，则：

$$K_S = R_S = R_F + \beta\left(R_M - R_F\right)$$

2. 确定公司的综合资本成本

综合资本成本的计算公式为：

$$K_W = \left(\frac{B}{V}\right)K_b(1-T) + \left(\frac{S}{V}\right)K_S$$

式中：K_b——长期负债年利率。

由综合资本成本的计算公式可知：

$$V = \frac{BK_b\left(1-T\right) + SK_S}{K_W}$$

将普通股市场价值的计算公式代入上式，可得：

$$V = \frac{EBIT\left(1-T\right)}{K_W}$$

上式反映了资本结构与资本成本和公司价值的关系，当公司的综合资本成本最低时，公司价值将达到最大。

3. 确定最佳资本结构

运用上述公司价值和综合资本成本的计算原理，并以公司价值最大和综合资本成本最低为标准，就可以比较并确定公司的最佳资本结构。下面举例说明比较公司价值法的运用。

【例7-23】某公司无负债，资本全部由普通股资本构成，其账面价值为5000万元。该公司年息税前利润为500万元，税后利润全部以股利的形式支付给股东，公司所得税税率为25%。无风险报酬率为6%，股票市场平均投资报酬率为14%。该公司认为目前的资本结构不合理，拟通过举借长期债务来增加公司价值。经测算，公司在不同债务水平下的债务利率和权益成本如表7-12所示。试测算公司的最佳资本结构。

表7-12 不同债务水平下的债务利率和权益成本

债务水平（万元）	债务利率（%）	股票β值	权益成本（%）
0	—	1.10	14.8
100	8	1.15	15.2
300	10	1.20	15.6

债务水平（万元）	债务利率（%）	股票β值	权益成本（%）
500	12	1.30	16.4
700	14	1.40	17.2
1000	16	1.60	18.8

根据表7-12中的数据资料，运用公司价值、普通股市场价值、综合资本成本的计算公式，即可计算出不同债务水平下的公司价值和综合资本成本，如表7-13所示。

表7-13 不同债务水平下的公司价值和综合资本成本

债务水平（万元）	股票价值（万元）	公司价值（万元）	债务利率（%）	权益成本（%）	综合资本成本（%）	负债比率（%）
0	2534	2534	—	14.8	14.80	0
100	2428	2528	8	15.2	14.84	3.96
300	2260	2560	10	15.6	14.65	11.72
500	2012	2512	12	16.4	14.93	19.90
700	1753	2453	14	17.2	15.29	28.54
1000	1356	2356	16	18.8	15.91	42.44

从表7-13中可以看出，在没有负债的情况下，公司价值就是原有股票的市场价值。而当公司举借债务时，随着债务水平的增加，公司价值上升，综合资本成本下降；当债务水平达到300万元时，公司价值最大，综合资本成本最低；当债务水平超过300万元后，随着债务水平的增加，公司价值下降，综合资本成本上升。因此当债务水平为300万元时，即负债比率为11.72%时的资本结构为该公司的最佳资本结构。

本章小结

资本成本有广义和狭义之分。本章节所讨论的资本成本是狭义的资本成本，它是企业为筹集和使用长期资金（包括权益资金和长期债务资金）而付出的各种费用。在实际工作中，人们一般将资本成本率简称为资本成本。

资本成本按用途可分为个别资本成本、加权平均资本成本和边际资本成本。各种筹资方式的个别资金成本的测算是筹资管理的基础。各种个别资金成本的测算公式既有共同点又有差别点，在深入理解的基础上进行对比和掌握，会有事半功倍的效果。企业所有长期资金的综合资金成本是筹资、投资等管理中经常用到的指标。综合资金成本即各种资金的加权平均成本，其中各种资金权数的确定有账面价值、市场价值和目标价值三种基准。边际资金成本则是拟新增的一种资金的成本或多种资金的加权平均成本，因此测算原理与个别资金成本或综合资金成本类似。当追加筹资的金额未定时，需要对不同筹资范围内的边际资金成本进行规划。

除资金成本外，筹资管理中需要关注的另一个重要问题——风险。对风险的考虑可以通过杠杆分析进行。杠杆作用就是一种加乘效应，或者说是放大效果。经营杠杆是息税前利润变动相对于营业收入变动的加乘；财务杠杆是普通股每股利润变动相对于息税前利润变动的加乘；综合杠杆则是前两者的综合，即每股利润变动相对于营业收入变动的加乘。杠杆作用的原理在于固定成本的存在，经营杠杆是由于固定经营成本的存在，财务杠杆则是由于固定利息费用和优先股股利的存在。对杠杆作用程度的衡量是通过杠杆系数来实现的。应当能够理解并熟练掌握三种杠杆系数的计算公式。每种杠杆系数的计算方法都不只一种，应根据特定的条件选择适合的方法。

资本结构始终是筹资管理中的一个核心问题。资本结构理论就是通过研究财务杠杆、资本成本和企业价值（即公司价值）之间的关系，以阐述财务杠杆或债务融资对企业的综合资本成本和价值的影响。本章以资本结构理论的产生和发展进行论述，分为早期资本结构理论、MM 资本结构理论和发展的资本结构理论。

实现并保持最佳的资本结构是企业筹资管理的一个重要目标。影响企业资本结构安排的因素很多，企业应综合权衡，做出适当的资本结构决策。有三种重要的资本结构决策方法，分别是资金成本比较法、每股利润分析法和企业价值比较法。资金成本比较法在适度风险的条件下，以综合资金成本作为判断不同资本结构优劣的标准。每股利润分析法以每股利润的高低作为权衡不同资本结构的依据，具体操作中可以利用每股利润无差别点来帮助判别。公司价值比较法以公司价值辅以综合资金成本作为选择不同资本结构的标准。

基本训练

1. 什么是资本成本？资本成本的作用是什么？

2. 不同形式的资本成本如何计算？

3. 什么是财务杠杆？什么是财务杠杆系数？如何衡量？

4. 什么是资本结构？资本结构理论具有代表性的观点有哪些？

5. 如何确定最佳资本结构？

6. A 公司拟发行 5 年期、利率 6%、面额 1 000 元的债券，预计发行价格为 550 元，发行费用率 2%，公司所得税税率 25%。

要求：试测算 A 公司该债券的资本成本率。

7. B 公司拟发行优先股 50 万股，发行总价 150 万元，预计年股利率 8%，发行费用 6 万元。

要求：试测算 B 公司该优先股的资本成本率。

8. C 公司普通股现行市价为每股 20 元，现准备增发 8 万股新股，预计发行费用率为 5%，第一年每股股利 1 元，以后每年股利增长率为 5%。

要求：试测算 C 公司本次增发普通股的资本成本率。

9. D 公司年度销售净额为 28000 万元，息税前利润为 8000 万元，固定成本为 3200 万元，变动成本率为 60%；资本总额为 20000 万元，其中债务资本比例占 40%，平均年利率 8%。

要求：试分别计算该公司的营业杠杆系数、财务杠杆系数和联合杠杆系数。

10. E 公司的全部长期资本为股票资本（S），账面价值为 1 亿元。公司认为目前的资本结构极不合理，打算发行长期债券并购回部分股票予以调整。公司预计年度息税前利润为 3000 万元，公司所得税税率假定为 25%。经初步测算，E 公司不同资本结构（或不同债务资本规模 B）下的贝塔系数（β）、长期债券的年利率（K_b）、股票的资本成本率（K_s）、无风险报酬率（R_F）和市场平均报酬率（R_M）如表 7-14 所示。

表7-14　E公司资本结构

B（万元）	K_b（%）	β	R_F（%）	R_M（%）	K_S（%）
0	—	1.15	10	14	14.60
1000	10	1.20	10	14	14.80
2000	12	1.25	10	14	15.00
3000	14	1.30	10	14	15.20
4000	16	1.35	10	14	15.40
5000	18	1.40	10	14	15.60

要求：试测算不同债务规模下的公司价值，并据以判断选择公司最佳资本结构。

案例分析

A餐饮公司资本结构分析案例

A 餐饮公司主营快餐和饮料，在全国拥有三个连锁店。该公司根据经营特点和实际情况，经过多年探索，创建了名为"净债率"的资本结构管理目标，并力图使净债率保持在 20% ～ 25%。

A 餐饮公司的净债率是以市场价值为基础计算的。其计算公式如下：

$$NDR = \frac{L + S - (C + M)}{N \times P + L + S - (C + M)}$$

式中：NDR 表示净债率；

$\quad$ L 表示长期负债的市场价值；

$\quad$ S 表示短期负债的市场价值；

$\quad$ C 表示现金和银行存款；

$\quad$ M 表示有价证券的价值；

$\quad$ N 表示普通股股份数；

$\quad$ P 表示普通股每股市价。

A 餐饮公司 20×8 年度财务报告提供的有关资料整理如表 7-15 所示。

表7-15　A公司财务数据

资本种类	账面价值	市场价值
长期负债资本（万元）	1200	4500
短期负债资本（万元）	800	900
现金和银行存款（万元）	500	500
有价证券价值（万元）	500	450
普通股股价数（万股）	2000	—
普通股每股市价（元）	—	5

A 餐饮公司及同行业主要可比公司 20×8 年度有关情况如表 7-16 所示。

表7-16　可比公司财务数据

单位：万元

可比公司	年息税前利润	全部负债年利息	长期负债市场价值	全部负债市场价值
A公司	2000	300	4500	5400
B公司	660	130	860	1490
C公司	4600	270	1140	1690
D公司	470	320	4130	4200
E公司	2500	340	4250	4830

A 餐饮公司的股权资本成本率为12%，未来净收益的折现率为8%，公司所得税税率假定为25%。

要求：

1. 请计算 A 餐饮公司 20×8 年年末的净债率。并说明其是否符合公司规定的净债率管理目标。

2. 请以市场价值为基础计算 A 餐饮公司 20×8 年年末的利息保障倍数和长期负债比率

（长期负债市场价值占全部负债市场价值的比例）。并与同行业主要可比公司进行比较评价。

3. 请运用公司价值比较法计算 A 餐饮公司未来净收益的折现价值。并与 20×8 年年末公司的市场价格进行比较评价。

4. 请运用公司价值比较法计算 A 餐饮公司股票的折现价值和公司总的折现价值（假设公司长期负债资本的折现价值等于其市场价值）。并与 20×8 年年末公司的市场价值进行比较评价。

5. 你认为 A 餐饮公司以净债率作为资本结构管理目标是否合理？如果不尽合理，请提出你的建议。

投资篇

第八章　项目投资

【学习目标】

1. 了解项目投资的特点和种类。
2. 掌握项目投资决策过程。
3. 了解项目现金流量的概念及其与会计利润的关系。
4. 掌握投资项目现金流量的组成与计算。
5. 掌握各项投资决策指标的计算方法、决策规则及具体应用。
6. 掌握投资风险分析中的风险调整方法。

第一节　项目投资管理概述

一、项目投资的含义与特点

（一）项目投资的含义

项目投资是一种以特定建设项目为对象，直接与新建项目或更新改造项目有关的长期投资行为。本章所介绍的工业企业投资项目主要包括新建项目（含单纯固定资产投资项目和完整工业投资项目）和更新改造项目两种类型。

（二）项目投资的特点

1. 影响时间长

项目投资决策一经做出，便会在较长时间内影响企业，一般的项目投资需要几年甚至十几年才能收回。因此，项目投资对企业今后长期的经济效益甚至对企业的命运都有着决定性的影响。这就要求企业进行项目投资时必须认真地进行可行性研究。

2. 投资数额大

项目投资初期需要的投资金额较大，一般用于购建建筑物或购置固定资产。因此，企业在进行项目投资之前，就需要做好项目融资工作。

3. 发生频率低

项目投资一般较少发生，特别是大规模的固定资产投资，一般要几年，甚至十几年才发生一次。虽然项目投资发生频率低，但每次资金的投资量比较大，对企业未来的财务状况有较大影响。

4. 变现能力差

项目投资对象主要是厂房和机器设备等固定资产，这些资产不易改变用途，出售困难，变现能力较差。因此项目投资一经完成，再想改变用途，不是无法实现就是代价太大。所以项目投资具有不可逆转性。

二、投资项目的分类

项目投资是一种以特定项目为对象，直接与新建项目或更新改造项目有关的长期投资行为。新建项目可以进一步细分为单纯固定资产投资项目和完整工业投资项目。单纯固定资产投资项目简称固定资产投资，其特点在于投资中只包括为取得固定资产而发生的资本投入；完整工业投资项目则包括用固定资产投资、无形资产投资以及流动资金投资。

公司长期投资根据不同标准可以分为不同的类型，明确企业长期投资的类型，更有利于做出正确的投资。对项目投资而言，主要是以下三类。

（一）确定型投资和风险型投资

按照项目投资的风险程度，可分为确定型投资和风险型投资。

1. 确定型投资

确定型投资是指未来情况可以较为准确地予以预测的投资。未来情况主要指的是项目寿命期内的现金流量等情况。这类投资的期限一般较短，投资的环境变化不大，未来现金流量易预测。由于项目未来现金流量较为确定，风险较小，因而公司在进行此类投资决策时，可以直接对现金流进行折现，不考虑风险问题。

2. 风险型投资

风险型投资是指未来情况不确定，难以准确预测的投资。这类投资决策涉及的时间一般较长，投资初始支出、每年的现金流量回收、寿命期限和折现率等都是预测和估算的，任何预测都有实现和不实现两种情况，即带有某种程度的不确定性和一定的风险性。如果决策面临的不确定性和风险较小，可以忽略它们的影响，该决策仍视为确定情况下的决策。

如果决策面临的不确定性和风险较大且足以影响方案的选择，则在决策过程中必须对它们充分考虑并进行计量，以保证决策的科学性和客观性。

（二）独立性投资和互斥性投资

按照项目投资间是否相关，投资可以分为独立性投资和互斥性投资。

1. 独立性投资

独立性投资是指在彼此相互独立的若干个投资方案或项目间进行选择的投资。在这种情况下，项目间不能相互替代，且某一项目投资的收益和成本不会因其他项目的采纳与否而受到影响。

2. 互斥性投资

互斥性投资是指不同方案之间相互影响，如果接受某方案的话，其他方案就要被拒绝。显然，对于互斥投资而言，即使每个项目本身从经济上评价都可行，也不能同时入选，而只能选取较优者。

（三）战略性投资和战术性投资

按照投资与企业发展的关系，分为战略性投资和战术性投资。

1. 战略性投资

战略性投资是指对企业全局产生重大影响的投资。其特点在于所需资金一般数量较大，回收时间长，风险较大。由于战略性投资对企业的生存和发展影响深远，所以这种投资必须按照严格的投资程序进行研究才能做出决策。

2. 战术性投资

战术性投资是指只关系到企业某一局部具体业务的投资。其特点是所需的资金数量较少，风险相对较小。战术性投资主要是为了维持原有产品的市场占有率，或者是利用闲置资金增加收益。

三、项目计算期的构成及资本投入的构成

（一）项目计算期的构成

项目计算期是指投资项目从投资建设开始到最终清理结束整个过程的全部时间，即项目的有效持续时间。完整的项目计算期包括投资期和生产经营期。其中投资期的第一年年

初称为建设起点，投资期的最后一年年末称为投产日；项目计算期的最后一年年末称为终
结点，从投产日到终结点之间的时间间隔称为生产经营期，如图 8-1 所示。

项目计算期公式：

项目计算期 = 建设期 + 生产经营期

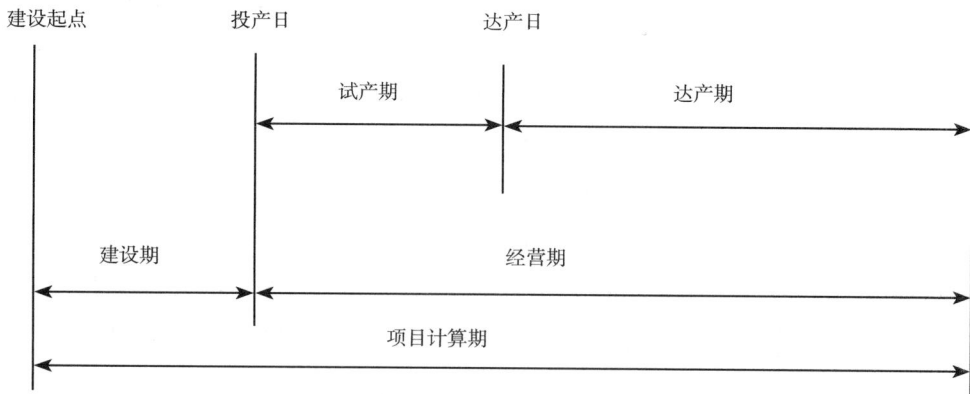

图8-1　项目计算期各个日期之间的关系

（二）资本投入的构成

从项目投资的角度看，原始总投资是企业为使项目完全达到设计生产能力、开展正常
生产经营而投入的全部资金，包括建设投资和流动资产投资。

建设投资是指在建设期内按一定的生产经营规模和建设内容进行的投资，包括固定资
产投资、无形资产投资。固定资产投资是项目用于购置或安装固定资产发生的投资。无形
资产投资是指项目用于取得无形资产而发生的投资。流动资产投资是指项目投产前后投放
于流动资产项目的投资增加额，又称垫支流动资金。

四、项目投资决策的程序

（一）项目投资的提出

企业在投资之前，必须认真进行市场调查和市场分析，寻找最佳的投资机会。这种投
资机会的发掘可以来自公司的各级部门。一般来说，公司的高层管理人员提出的投资多数
是大规模的战略性投资，如兴建一座厂房、新建一条产品生产线等；而中层或基层人员提
出的主要是战术性投资项目，如生产部门提出更新设备等。

企业在生产经营过程中，会不断产生新的投资需求，也会出现很多新的投资机会，企
业相关部门会提出新的投资项目。这些项目一般由项目的提出者以报告的形式上报管理当
局，以便管理层研究和选择。管理当局会从各种投资方案中进行初步筛选、排队，同时结

合企业的长期目标和具体情况，制订初步的投资计划。

（二）项目投资的可行性分析

制订了初步投资计划后，企业需要组织专门人员或委托专业机构对项目进行可行性分析。

可行性分析应该主要从 3 个方面进行：首先，技术上，要考虑项目的技术能否掌握、能否实施、是否先进，同时要考虑项目本身在设计、施工等方面的具体要求。其次，经济上，要考虑项目投产后产品销量如何，能增加多少销售收入，为此发生多少成本和费用，能产生多少利润，面临哪些主要风险等。最后，财务上，先预测资金的需要量，如果资金不足，考虑能否筹集到所需资金，同时这也是投资项目的前提。接着，财务人员要计算项目的现金流量和以现金流量为基础的各种评价指标，具体计算方法及指标运用将在本章后面几节内容中介绍。

除了以上 3 个方面的分析评价外，通常还要考虑投资项目是否符合产业政策，项目对环境的影响，原材料供应、基础设施、人力资源能否达到项目要求等多方面因素。

（三）项目投资的评价

投资项目的评价主要涉及几项工作：首先，对提出的投资项目进行适当分类，为分析评价做好准备。接着计算有关项目的建设周期，测算有关项目投产后的收入、费用和经济效益；预测有关项目的现金流入量和现金流出量。其次，运用各种投资评价指标，把各项投资按可行性程度进行排序。最后，写出详细的评价报告。

（四）项目投资的决策

投资项目评价后，应按分权管理的决策权限由企业高层管理人员或相关部门经理做最后决策。投资额较小的战术性投资项目，一般由部门经理做出决策；金额较大的投资项目，一般要由企业最高管理当局或企业高层管理人员做出决策；特别重大的投资项目，还需要报董事会或股东大会批准。不管由哪一层最终决策，其结论一般都可分成三种：第一种是接受这个投资项目，可以进行投资；第二种是拒绝这个投资项目，不能进行投资；第三种是发还给项目提出部门重新论证后，再进行决策。

（五）项目投资的执行

项目投资经决策并决定进行投资后，企业要积极筹措资金，实施项目投资。在投资项目的执行过程中，企业要对工程进度、工程质量、施工成本和工程预算进行监督、控制和审核，防止工程建设中的舞弊行为，以确保工程质量，保证如期完成。

（六）项目投资的再评价

在项目实施过程中，要定期对项目进行再评价。把实际的现金流量与收益和预期的现金流量和收益进行对比，找出差异，分析差异存在的原因，并根据不同情况做出不同处理，这实际上就是投资过程中的选择问题。

1. 延迟投资

若是因为投资时机不恰当，如由于出现了突发事件，使当前新出现的经济形势不适合投资此项目，但在可预见的将来该项目仍有投资价值，则可以考虑延迟投资。有时延迟投资是为了获取更多的信息，等待最佳投资时机。

2. 放弃投资

在项目的实施过程中，如果发现某项目的现金流动情况与预期的相差甚远，以致继续投资会产生负的净现值，给公司带来巨大的投资损失，或者此时放弃投资所获得的收益大于继续执行投资项目带来的收益，公司就应该及时放弃该投资项目。

3. 扩充投资与缩减投资

如果某投资项目的实际情况优于预期值，则可以考虑为该项目提供额外的发展资源。例如，某项目的实际收益高出预期值50%，那么公司应该设法提高该项目的生产能力并增加营运资金以适应其高增长率。

五、项目投资决策的基本原理

项目投资决策的基本原理是资本预算的重要内容。资本预算的基本原理是：投资项目的报酬超过资本成本时，企业的价值将增加；投资项目的回报小于资本成本时，企业的价值将减少。

例如，A公司的资本由债务和权益组成，假设该公司目前有200万元债务和300万元所有者权益，因此总资产是500万元。假设债权人要求的债权收益率为10%。股东投资A公司也是期望取得收益，股东的要求权是一种剩余要求权。股东要求的收益率可以通过股价来计算。假设他们要求赚取25%的收益。

A公司要给债权投资人支付利息，应有20万元（200万元×10%）的收益。由于公司可以在税前支付利息，有效的税后成本为15万元（假设所得税税率25%）。A公司要给股权投资人支付股利（或者将收益留在企业里再投资但它也是属于股东的），应有75万元（300万元×25%）的收益。因此，公司要赚取90万元息前税后收益，公司的资产收益率为18%（90/500），计算如下：

$$投资的必要报酬率 = \frac{债务 \times 利率 \times (1-所得税税率) + 所有者权益 \times 权益成本}{债务 + 所有权益}$$

$$= \frac{债务 \times 利率 \times (1-所得税税率)}{债务 + 所有者权益} + \frac{所有者权益 \times 权益成本}{债务 + 所有者权益}$$

$$= 债务比重 \times 利率 \times (1-所得税税率) + 所有者权益比重 \times 权益成本$$

$$= \frac{2}{5} \times 10\% \times (1-25\%) + \frac{3}{5} \times 25\% = 18\%$$

投资要求的报酬率是投资人的机会成本，即投资人将资金投资于其他同等风险资产可以赚取的收益。企业投资项目的报酬率必须达到投资人的要求。如果企业的资产获得的报酬超过资本成本，债权人仍按 10% 的合同条款取得利息，超额收益应全部属于股东。企业的收益大于股东的要求，必然会吸引新的投资者购买该公司股票，其结果是股价上升。如果相反，股东会对公司不满，有一部分人会出售该公司股票，导致股价下跌。因此，资本成本也可以说是企业在现有资产上必须赚取的、能使股价维持不变的收益。而股价代表了股东的财富，反映了资本市场对企业价值的估计。企业投资取得高于资本成本的报酬，就为股东创造了价值；企业投资取得低于资本成本的报酬，则摧毁了股东财富。

因此，投资者要求的报酬率即资本成本，是评价项目能否为股东创造价值的标准。资本预算反映了投资项目的报酬率、资本成本和企业价值三者之间的关系。

第二节　项目投资的现金流量分析

一、项目现金流量的概念

在项目投资决策中，现金流量是指该项目投资所引起的现金流入量和现金流出量的统称，它可以动态反映该投资项目投入和产出的相对关系。这时的"现金"是一个广义的现金概念，它不只是包括各种货币资金，还包括项目投资所需投入的、企业拥有的非货币资源的变现价值。

现金流量是计算项目投资决策评价指标的主要依据和重要信息，其本身也是一个评价项目投资是否可行的基础性指标。为了方便项目投资现金流量的确定，首先应做出以下假设：

①财务可行性分析假设。即假设项目投资决策从企业投资者的立场出发，只考虑该项目是否具有财务可行性，而不考虑该项目是否具有国民经济可行性和技术可行性。

②全投资假设。即假设在确定投资项目的现金流量时，只考虑全部投资的运动情况，而不具体考虑和区分哪些是自有资金，哪些是借入资金，即使是借入资金也将其视为自有资金处理。

③建设期间投入全部资金假设。即假设项目投资的资金都是在建设期投入的，在生产经营期没有投资。

④经营期和折旧年限一致假设。即假设项目的主要固定资产的折旧年限或使用年限与经营期相同。

⑤时点指标假设。为了便于利用资金时间价值的形式，将项目投资决策所涉及的价值指标都作为时点指标处理。其中，建设投资在建设期内有关年度的年初或年末发生；经营期内各年的收入、成本、摊销、利润、税金等项目的确认均在年末发生；新建项目最终报废或清理所发生的现金流量均发生在终结点。

二、现金流量分析的意义

（一）现金流量分析是进行投资决策分析的基础

投资项目的现金流量是指投资项目在整个期间（包括建设期和经营期）内所产生的现金流入量和现金流出的总称，是进行投资决策分析的基础。现金流量的估计涉及许多变量，需要若干个人和部门的参与。比如，销售量和销售价格、广告影响、竞争者的实力及其应对措施以及消费者偏好等。同样与新产品相关的初始资本支出也是工程技术部门和产品生产部门的有关人员共同制定的；其运营成本（付现成本）则是由会计人员、生产专家、人事部门以及采购部门参与制定。许多实例证明，如果一项投资的现金流量预测不够准确，那么任何一种投资决策分析方法无论多么精确，都将导致错误的决策。

（二）现金流量为投资决策提供重要的价值信息

财务会计按权责发生制计算企业的收入和成本，并以收入减去成本、税费之后的净利润作为收益，用来评价企业的经济效益。而在长期投资决策中则不能以按这种方法计算得到收入和支出作为评价项目经济效益高低的基础，而应以现金流入量作为项目的收入，以现金流出量作为项目的支出，以净现金流量作为项目的净收益，并在此基础上评价投资项目的经济效益。投资决策之所以要以按收付实现制计算的现金流量作为评价项目经济效益的基础。具体来说，主要有以下两方面原因。

1. 采用现金流量有利于科学地考虑资金的时间价值

科学的投资决策必须认真考虑资金的时间价值，这就要求在决策时一定要弄清楚每笔预期现金收支款项的具体时间，因为不同时间的资金具有不同的价值。因此，在衡量方案优劣时，应根据各投资项目计算期内各年的净现金流量，按照折现率（资本成本），结合资金的时间价值来确定。而利润的计算，并不考虑资金收付的时间，它是以权责发生制为基础的。利润与现金流量的差异主要表现在以下几个方面。

①购置固定资产付出大量现金时不计入成本费用。

②将固定资产的价值以折旧或折耗的形式逐期计入成本时，却又不需要付出现金，一

些非付现项目（如折旧费和摊销费）使净利润减少但不会影响现金流量。

③计算利润时不考虑垫支的流动资产的数量和回收时间。

④销售行为一经确定，就确认收入，尽管其中有一部分并未于当期收到现金。

⑤项目寿命终了时，以现金的形式回收的固定资产残值和垫支的流动资金在计算利润时得不到反映。

可见，要在投资决策中考虑时间价值的因素，就不能利用利润来衡量项目的优劣，而必须采用现金流量。

2. 采用现金流量使项目投资决策更加客观

在长期投资决策中，应用现金流量能科学、客观地评价投资方案的优劣，而利润则明显地存在不科学、不客观的成分。这是因为：

①利润的计算没有一个统一的标准，在一定程度上要受存货计价、费用分摊和不同折旧计提方法等会计政策和会计估价的影响，因而，净利润的计算比现金流量的计算有更大的主观随意性，作为决策的主要依据不太可靠。

②利润反映的是某一会计期间"应计"的现金流量，而不是实际的现金流量。如果以尚未实际收到现金的收入作为收益，具有较大风险，会高估投资项目的经济效益，存在不科学、不合理的成分。

三、现金流量的构成

项目投资中的现金流量一般由以下 3 个部分构成。

1. 初始现金流量

初始现金流量是指项目投资初期发生的现金流量。一般有以下几个部分。

①固定资产上的投资，包括固定资产的购入或建造成本、运输成本和安装成本等。

②流动资产上的投资，包括对材料、在产品、产成品和现金等流动资产的投资。

③其他投资费用，是指与项目投资有关职工培训费、谈判费、注册费用等。

④原有固定资产的变价收入，这主要是指固定资产更新时将原有固定资产出售所得的现金收入。

2. 营业现金流量

营业现金流量是指投资项目投入使用后，在其寿命周期内由于生产经营所带来的现金流入量和现金流出量。这种现金流量一般按年度进行计算。项目经营的现金流入量主要是指营业现金收入，即营业收入；现金流出量主要是指营业现金支出，即营业支出。

3. 终结现金流量

终结现金流量是指投资项目结束时所发生的现金流量，其主要包括：固定资产的残值收入或变价收入；项目期初垫支在流动资产上的资金的回收；停止使用的土地的变价收入等。

四、现金流量的测算方法

评价项目投资是否可行，首先必须正确估算项目投资的现金流量。项目投资现金流量是进行项目财务评价的基础性数据，其计算步骤是：首先测算每年的营业现金流量，再综合考虑期初和期末的现金流量情况。

（一）初始现金流量测算

初始现金流量通常指建设期的现金流量，假设原投资全部在建设期内投入，则建设期净现金流量的计算公式如下：

$$建设期某年净现金流量（NCF）= -该年发生的原始投资额$$

（二）营业现金流量测算

$$每年净现金流量（NCF）=每年营业收入-付现成本-所得税费用，$$

或：

$$每年净现金流量（NCF）=税后净利润+折旧及摊销费用$$

推导过程如下：

每年净现金流量（NCF）= 每年营业收入 − 付现成本 − 所得税费用

　　　　　　　　　　　= 每年营业收入 − 付现成本 −（每年营业收入 − 总成本）× 所得税税率

　　　　　　　　　　　= 每年营业收入 − 付现成本 −（每年营业收入 − 付现成本 − 非付现成本）× 所得税税率

　　　　　　　　　　　= 每年营业收入 − 付现成本 − 非付现成本 −（每年营业收入 − 付现成本 − 非付现现成本）× 所得税税率 + 非付现成本

　　　　　　　　　　　=（每年营业收入 − 付现成本 − 非付现成本）×（1 − 所得税税率）+ 非付现成本

　　　　　　　　　　　= 税后净利润 + 折旧及摊销费用

（三）终结现金流量测算

$$终结净现金流量（NCF）=经营期净现金流量+该年的流动资金的回收额+$$
$$该年固定资产的残值回收$$

【例8-1】A公司准备购入一台设备来扩充生产能力，现有甲、乙两个方案可供选择。

甲方案：需投资100万元，使用寿命是5年，采用直线法计提折旧，5年后设备无残值。5年中，每年的销售收入为60万元，每年的付现成本为20万元。

乙方案：需投资120万元。另外，在第一年年初垫支营运资金20万元，采用直线折旧法计提折旧，使用寿命也是5年，5年后有残值收入20万元。5年中，每年的销售收入为80万元，付现成本第一年为30万元，以后随着设备陈旧，将逐年增加修理费5万元。

假设所得税税率为25%，试计算两个方案的现金流量。

首先，计算两个方案每年的折旧额：

甲方案每年折旧额 = 100 / 5 = 20（万元）

乙方案每年折旧额 =（120-20）/ 5 = 20（万元）

两个方案的营业现金流量估算如表8-1所示。结合初始现金流量和终结现金流量的全部现金流量表见表8-2。

表8-1　投资项目的营业现金流量计算

单位：万元

甲方案	1	2	3	4	5
销售收入（1）	60	60	60	60	60
付现成本（2）	20	20	20	20	20
折旧（3）	20	20	20	20	20
税前利润（4）	20	20	20	20	20
所得税（5）=（4）×25%	5	5	5	5	5
税后净利润（6）	15	15	15	15	15
营业现金流量（7）=（1）-（2）-（5）=（6）+（3）	35	35	35	35	35
乙方案	1	2	3	4	5
销售收入（1）	80	80	80	80	80
付现成本（2）	30	35	40	45	50
折旧（3）	20	20	20	20	20
税前利润（4）	30	25	20	15	10
所得税（5）=（4）×25%	7.5	6.25	5	3.75	2.5
税后净利润（6）=（4）-（5）	22.5	18.75	15	11.25	7.5
营业现金流量（7）=（1）-（2）-（5）=（6）+（3）	42.5	38.75	35	31.25	27.5

表8-2　投资项目现金流量计算

单位：万元

甲方案	0	1	2	3	4	5
固定资产投资	-100					
营业现金流量		35	35	35	35	35
现金流量合计	-100	35	35	35	35	35
乙方案	0	1	2	3	4	5
固定资产投资	-120					
营运资金垫支	-20					
营业现金流量		42.5	38.75	35	31.25	27.5
固定资产残值						20
营运资金回收						20
现金流量合计	-140	42.5	38.75	35	31.25	67.5

在表8-1和表8-2中，$t=0$代表投资初期，第1年年初；$t=1$代表第1年年末；$t=2$代表第2年年末……在现金流量的计算中，为了简化计算，一般都假定各年投资在年初一次进行，各年现金流量看作各年年末一次发生，把终结现金流量看作最后一年年末发生。

在表8-2中，甲方案和乙方案的"营业现金流量"一栏的数据直接引自表8-1中甲方案和乙方案的最后一栏。

下面我们再举一例说明净现金流量的计算。

【例8-2】A公司准备购入一台设备来扩充生产能力，固定资产一次性投入1100万元，在第一年垫支营运资金100万元。该固定资产在此后可以使用10年，按直线法折旧，期满有净残值100万元，投入使用后，可使运营期第1～10年每年产品销售收入（不含增值税）增加800万元，每年的经营成本增加400万元，该公司所得税税率为25%，计算整个项目计算期的净现金流量。

年折旧额 =（1100 - 100）/ 10 = 100（万元）

净现金流量计算如表8-3所示。

表8-3　各年净现金流量分布表

单位：万元

项目	1	2	3	4	5	6	7	8	9	10
销售收入（1）	800	1600	2400	3200	4000	4800	5600	6400	7200	8000
付现成本（2）	400	800	1200	1600	2000	2400	2800	3200	3600	4000

项目	1	2	3	4	5	6	7	8	9	10
折旧（3）	100	100	100	100	100	100	100	100	100	100
税前利润（4）	300	700	1100	1500	1900	2300	2700	3100	3500	3900
所得税（5）= （4）×25%	75	175	275	375	475	575	675	775	875	975
税后净利润（6）= （4）-（5）	225	525	825	1125	1425	1725	2025	2325	2625	2925
营业现金流量（7）= （1）-（2）-（5）= （6）+（3）	325	625	925	1225	1525	1825	2125	2425	2725	3025

综上，$NCF_{1\sim9}$ 的计算结果如上表所示。

而 $NCF_0 = -1200$（万元）

$NCF_{10} = 3025 + 100 + 100 = 3225$（万元）

第三节 项目投资决策评价指标

投资项目的评价指标是项目投资决策所使用的参考标准。这些指标分为两类：一类是折现指标，即考虑了时间价值因素的指标，主要包括净现值、现值指数和内含报酬率；另一类是非折现指标，即不考虑时间价值因素的指标，主要有静态投资回收期和会计收益率。由于项目投资的期限较长，不同时间点的现金流量的时间价值差异大，因此对投资项目进行评价的主要指标是折现指标，辅助指标是非折现指标。

一、项目投资非折现的评价指标

（一）静态投资回收期

静态投资回收期（PP）是指不考虑货币时间价值时，投资项目的未来现金净流入与原始投资额相等所需要的时间。它代表收回原始投资所需要的年限，回收年限越短，方案越有利。静态投资回收期计算的基本原理如下式所示：

$$\sum_{t=0}^{PP} NCF_t = 0$$

式中：PP——投资回收期。

在原始投资为一次性支出，每年现金净流量相等时，回收期的计算公式为：

$$回收期 = \frac{原始总投资}{投产后每年相等的净现金流量}$$

上述公式的应用条件比较特殊，即项目投产后的若干年内每年净现金流量相等。在通常情况下，应该采用下列公式计算回收期：

$$回收期 = 累计净现金流量出现正数的年份 - 1 + \frac{上年年末尚未收回的投资}{当年的现金净流入量}$$

【例 8-3】A 公司 B 项目的现金净流量如表 8-4 所示，试计算该项目静态投资回收期。

表8-4　某投资项目的现金流量表

单位：万元

年度	0	1	2	3	4	5
NCF	−100	20	30	40	50	40

首先计算该项目的累计净现金流量，如表 8-5 所示。则 PP=4-1+10/50=3.2（年）。

表8-5　项目投资回收期计算表

单位：万元

年度	0	1	2	3	4	5
NCF	−100	20	30	40	50	40
$\sum NCF$	−100	−80	−50	−10	40	80

静态投资回收期计算简单，容易理解。它的缺点是没有考虑时间价值，而且没有考虑收回投资以后的现金流量。静态回收期法一般会优先考虑短期见效益的项目，可能导致放弃具有长期收益的方案。它是过去评价投资方案最常用的方法，目前作为辅助方法使用，主要用来测定方案的流动性而非营利性。

（二）会计收益率法

会计收益率（Accounting Rate of Return，ARR）是投资项目年平均净收益与原始投资额或平均投资额的比值。会计收益率法以会计收益率作为评估分析投资项目可行性的指标。

$$会计收益率 = \frac{年平均净收益}{原始投资额} \times 100\%$$

【例 8-4】假设 A 公司 B 项目的初始投资额为 20 000 元，项目期限为 3 年，三年的净收益分别为 1 800 元、3 240 元和 3 600 元，计算该项目的会计收益率。

$$会计收益率（A）= \frac{（1\,800 + 3\,240 + 3\,600）/3}{20\,000} \times 100\% = 14.4\%$$

计算"年平均净收益"时，如使用不包括"建设期"的"经营期"年数，其最终结果称为"经营期会计收益率"。有人主张，计算时公式的分母使用平均投资额，这样计算的结果可能不同，但不改变方案的优先次序。

这种方法计算简便，易于理解和掌握，应用范围很广。它在计算时使用会计报表上的数据，以及普通会计的收益和成本观念。但是，它没有考虑货币时间价值，而且以利润为基础不能正确反映投资项目的真实效益。

二、项目投资折现的评价指标

（一）净现值法

这种方法使用净现值作为评价方案优劣的指标。所谓净现值（Net Present Value，NPV）是指特定方案未来现金流入的现值与未来现金流出的现值之间的差额。

按照净现值法，所有未来现金流入和流出都要按预定折现率折算为它们的现值，然后再计算它们的差额。如净现值为正数，即折现后现金流入大于折现后现金流出，该投资项目的报酬率大于预定的折现率，如净现值为零即折现后现金流入等于折现后现金流出，该投资项目的报酬率相当于预定的折现率；如净现值为负数，即折现后现金流入小于折现后现金流出，该投资项目的报酬率小于预定的折现率。其计算公式如下：

$$NPV = \sum_{t=1}^{n} \frac{NCF_t}{(1+i)^t} - C_0 = \sum_{t=0}^{n} \frac{NCF_t}{(1+i)^t}$$

式中：n ——投资涉及的年限；

NCF_t——第 t 年的净现金流量；

C_0——初始投资额；

i ——预定的折现率。

或者：

$$NPV = \sum_{t=1}^{n} \frac{I_t}{(1+i)^t} - \sum_{t=0}^{n} \frac{O_t}{(1+i)^t}$$

式中：n ——投资涉及的年限；

I_t——第 t 年的现金流入量；

O_t——第 t 年的现金流出量；

i ——预定的折现率。

净现值指标的决策规则：

在只有一个备选方案的决策中，净现值为正，则采纳；净现值为负，则不采纳。在有多个备选方案的互斥选择决策中，应选用净现值是正值中的最大者。

【例8-5】设 A 公司的资本成本为 10%，有三个投资项目。有关数据见表8-6。

表8-6　投资项目现金流量估计

单位：万元

年份	A 项目现金流量	B 项目现金流量	C 项目现金流量
0	20000	9000	12000
1	11800	1200	4600
2	13240	6000	4600
3		6000	4600

以 10% 为折现率计算三个项目的净现值如下：

$NPV(A) = 11\,800 \times (P/F, 10\%, 1) + 13\,240 \times (P/F, 10\%, 2) - 20\,000$

$\qquad\qquad = 11\,800 \times 0.9091 + 13\,240 \times 0.8264 - 20\,000$

$\qquad\qquad = 21\,669 - 20\,000 = 1\,669（万元）$

$NPV(B) = 1\,200 \times (P/F, 10\%, 1) + 6\,000 \times (P/F, 10\%, 2) + 6\,000 \times (P/F, 10\%, 3) - 9\,000$

$\qquad\qquad = 1\,200 \times 0.9091 + 6\,000 \times 0.8264 + 6\,000 \times 0.7513 - 9\,000$

$\qquad\qquad = 10\,557 - 9\,000 = 1\,557（万元）$

$NPV(C) = 4\,600 \times (P/A, 10\%, 3) - 12\,000$

$\qquad\qquad = 4\,600 \times 2.4869 - 12\,000 = 11\,440 - 12\,000 = -560（万元）$

A、B 两个投资项目的净现值为正数，说明这两个项目的报酬率超过 10%。因为企业的资金成本率是 10%，这两个项目是可以接受的。C 项目净现值为负数，说明该项目的报酬率达不到 10%，因而应予放弃。A 项目和 B 项目相比，A 项目更好些。

净现值指标是一个非常关键的项目评价指标，其优点是考虑了货币的时间价值，能够反映各种投资方案的净收益，即衡量项目的投资效益。但缺点在于净现值指标是一个绝对数，故不能反映项目的投资效率；而且净现值的大小有赖于贴现率的选择，若贴现率选择不当，有可能导致投资决策失误。

（二）现值指数

这种方法使用现值指数作为评价方案的指标。所谓现值指数（Profitability Index，PI），是未来现金流入现值与现金流出现值的比率，亦称现值比率、获利指数、折现后收益-成本比率等，其计算公式如下：

$$现值指数\ PI = \sum_{t=1}^{n} \frac{NCF_t}{(1+i)^t} \div C_0$$

或：

$$PI = \sum_{t=1}^{n} \frac{I_t}{(1+i)^t} \div \sum_{t=0}^{n} \frac{O_t}{(1+i)^t}$$

现值指数可以看成是 1 元原始投资可望获得的现值毛收益，因此，可以作为评价方案的一个指标。它是一个相对数指标，反映投资的效率；而净现值指标是绝对数指标，反映投资的效益。

获利指数指标的决策原理是：如果 $PI=1$，即 $NPV=0$，表明项目的现金流量刚好可以弥补投入的资本；如果 $PI>1$，即 $NPV>0$，表明项目的现金流量超过了所要求的回报；如果 $PI<1$，即 $NPV<0$，表明项目的现金流量不能弥补初始投入的资金。显然，只有当 $PI>1$ 时，投资项目才是可行的。

根据表 8-6 的资料，A、B、C 三个项目的获利指数计算如下：

$PI（A）= 21669 \div 20000 = 1.08$

$PI（B）= 10557 \div 9000 = 1.17$

$PI（C）= 11440 \div 12000 = 0.95$

A、B 两个项目的获利指数大于 1，说明其投资报酬率超过预定的折现率。C 项目的获利指数小于 1，说明其报酬率没有达到预定的折现率。如果现值指数为 1，说明折现后现金流入等于现金流出，投资的报酬率与预定的折现率相等。

现值指数决策的主要优点是，可以进行独立投资机会获利能力的比较。在例 8-5 中，A 项目的净现值是 1 669 元，B 项目的净现值是 1 557 元。如果这两个方案之间是互斥的，当然 A 项目较好。如果两者是独立的，哪一个应优先给予考虑，可以根据现值指数来选择。B 项目现值指数为 1.17，大于 A 项目的 1.08，所以 B 项目优于 A 项目。

现值指数的优点是考虑了资金的时间价值，能够反映项目投资的效率。由于现值指数使用相对数来表示，所以有利于在初始投资额不同的投资方案之间进行对比。现值指数的缺点在于这个指标不便于理解。

（三）内含报酬率

内含报酬率（IRR）是指对投资方案未来的每年现金净流量进行贴现所得到的现值恰好与原始投资现值相等的贴现率，或者说是使投资项目净现值等于零的贴现率。内含报酬率本身不受资本成本率的影响，完全取决于项目自身的现金流量，反映了项目预计可以达到的收益率水平。其计算公式为：

$$NPV = \sum_{t=0}^{n} NCF(P/F, IRR, t) = 0$$

式中：贴现率*IRR*即为内含报酬率。

如果每年的*NCF*相等，则可用年金法计算项目内含报酬率，其计算步骤如下。

第一步，计算年金现值系数。

第二步，查年金现值系数表，相同的期间内，找出与上述年金现值系数相邻近的较大和较小的两个贴现率。

第三步，根据上述两个邻近的贴现率和已经求得的年金现值系数，采用插值法计算该投资方案的内含报酬率。

如果每年的*NCF*不相等，内含报酬率的计算可采用逐步测试法。其计算步骤如下。

第一步，先估计一个贴现率，用它来计算项目的净现值。如果计算出的净现值为正数，说明项目本身的报酬率超过估计的贴现率，应提高贴现率后进一步测试；如果净现值为负数，说明项目本身的报酬率低于估计的贴现率，应降低贴现率后进一步测试。经过多次测试之后，找到净现值由正到负并且比较接近于零的两个贴现率。

第二步，根据上述两个邻近的贴现率再使用插值法，计算出该投资方案的内含报酬率。

插值法的计算公式如下：

假设所求利率为*IRR*，*IRR*对应的现值（或者终值）系数为*B*，B_1、B_2为现值（或者终值）系数表中与*B*相邻的系数，IRR_1、IRR_2为B_1、B_2对应的利率。可以按照下面的方程计算：

$(IRR_2-IRR)/(IRR_2-IRR_1)=(B_2-B)/(B_2-B_1)$

解得：$IRR=IRR_2-[(B_2-B)/(B_2-B_1)]\times(IRR_2-IRR_1)$

也可以按照下面的方程计算：

$(IRR-IRR_1)/(IRR_2-IRR_1)=(B-B_1)/(B_2-B_1)$

解得：$IRR=IRR_1+[(B-B_1)/(B_2-B_1)]\times(IRR_2-IRR_1)$

列方程时应该把握一个原则：具有对应关系的数字在等式两边的位置相同（例如IRR_2在等式左边的位置与B_2在等式右边的位置相同）。按照这个原则还可以列出其他的等式，不同等式计算的结果是相同的。

【例8-6】承上例，根据表8-5的资料，计算A、B、C三个项目的内部收益率。

根据内含报酬率的定义，求A项目的内含报酬率即求下列方程中的未知数*IRR*。

由*NPV*=0可得出内含报酬率*IRR*：

$$NPV=\sum_{t=1}^{n}\frac{NCF_t}{(1+i)^t}-C_0=\sum_{t=0}^{n}\frac{NCF_t}{(1+i)^t}=0$$

得出：

$$NPV(A)=\frac{11\ 800}{(1+IRR)}+\frac{13\ 240}{(1+IRR)^2}-20\ 000=0$$

上述方程的近似值可以通过内插法求得。首先，进行逐次试值，当*IRR*=10%时，净现值为 1 669 元；再以 18% 为折现率进行测试，净现值为 -491 元。下一步降低到 16% 重新测试，净现值为 12 元。

其次，假设以上求得的三个点（16%，12），（IRR，0），（18%，-491）共线，则得到以下方程：

由插值法的公式：（IRR_2-IRR）/（IRR_2-IRR_1）=（B_2-B）/（B_2-B_1）

得出：

$$\frac{18\% - IRR}{18\% - 16\%} = \frac{-491 - 0}{-491 - 12}$$

即可求得：IRR（A）= 16.04%。

同理可得项目 B 和项目 C 的内部收益率：IRR（B）= 17.88%，IRR（C）= 7.32%。

计算出各项目的内部收益率以后，可以根据企业的资本成本或要求的最低投资报酬率对项目进行取舍。假设资本成本是 10%，那么，A、B 两个项目都可以接受，而 C 项目则应放弃。

内含报酬率指标考虑了资金的时间价值，反映了投资项目的真实报酬率，但这个指标的计算过程比较复杂。

内含报酬率法的主要优点在于：

第一，内含报酬率反映了投资项目可能达到的报酬率，易于被高层决策人员所理解。

第二，对于独立投资方案的比较决策，如果各方案原始投资额现值不同，可以通过计算各方案的内含报酬率，反映各独立投资方案的获利水平。

内含报酬率法的主要缺点在于：

第一，计算复杂，不易直接考虑投资风险大小。

第二，在互斥投资方案决策时，如果各方案的原始投资额现值不相等，有时无法做出正确的决策。某一方案原始投资额低，净现值小，但内含报酬率可能较高；而另一方案原始投资额高，净现值大，但内含报酬率可能较低。

三、各种分析方法的评价

静态投资回收期法、净现值、内含报酬率的计算都是基于现金流入和流出。只有会计收益率是根据权责发生制会计法下的收入和费用来计算的。静态投资回收期最容易计算，但它忽视了获利能力和货币时间价值。会计报酬率考虑了获利能力，但又忽视了货币时间价值。只有净现值、现值指数和内部报酬率考虑了货币的时间价值。

获利能力也是建立在折现现金流量模型中，因为它考虑了在项目寿命周期内全部的现金流入量和流出量。相比之下，回收期模型考虑的只是回收初始现金投入的必要现金流量。折现现金流量模型更优秀，因为它同时考虑了货币时间价值和获利能力，货币时间价值通过将未来的金额折现为现值来进行分析。

怎样比较净现值法、现值指数法和内含报酬率法呢？净现值法揭示了在一个特定的投资报酬率下，一个项目的净现金流入量的现值超过（或低于）其成本的金额。但是，净现值法没有揭示项目自身的单一报酬率。现值指数法揭示了投资项目的未来现金净流量现值与原始投资额现值的比值，也没有揭示项目自身的单一报酬率。内含报酬率揭示了项目的报酬率，但是没有揭示项目的现值与投资成本的差量。在许多例子里，这三种折现现金流方法产生的投资决策结果是相同的，净现值、现值指数、内含报酬率三者之间的联系与区别如表8-7所示。

表8-7　净现值、现值指数、内含报酬率三者之间的联系与区别

比较	内容			
相同点	第一，都考虑了资金的时间价值。 第二，都考虑了项目期限内全部的现金流量。 第三，都受建设期的长短、回收额的有无以及现金净流量的大小的影响。 第四，在评价单一方案可行与否的时候，结论一致。 当净现值＞0时，现值指数＞1，内含报酬率＞资本成本。 当净现值=0时，现值指数=1，内含报酬率＝资本成本。 当净现值＜0时，现值指数＜1，内含报酬率＜资本成本			
区别点	指标	净现值	现值指数	内含报酬率
	指标性质	绝对数指标	相对数指标	相对数指标
	指标反映的收益特性	衡量投资的效益	衡量投资的效率	衡量投资的效率
	是否受设定折现率的影响	是	是	否
	是否反映项目投资方案本身报酬率	否	否	是

第四节　项目投资决策评价指标的应用

一、独立投资项目的决策

独立投资项目，是指两个或两个以上项目互不依赖，可以同时并存，各项目的决策也是独立的。独立投资项目的决策属于筛分决策，即评价各项目本身是否可行，项目本身是否达到某种预期的可行性标准。

完全具备财务可行性。净现值（NPV）≥0；现值指数（PI）≥1；内含报酬率（IRR）≥设定的贴现率；PP≤标准回收期。如果某一投资项目的所有指标处于以上状态，则可以断定该项目无论从哪个方面看都完全具备财务可行性。

完全不具备财务可行性。$NPV < 0$；$PI < 1$；$IRR <$ 设定的贴现率；$PP >$ 标准回收期。如果某一投资项目的所有指标处于以上状态，则可以断定该项目无论从哪个方面看都完全不具备财务可行性。

贴现评价指标在评价财务可行性的过程中起主导作用。在对单一投资项目进行财务评价过程中，投资回收期的评价结论与净现值等主要指标的评价结论发生矛盾时，应当以贴现指标的结论为准。

利用贴现指标对同一个投资项目进行评价和决策，会得出完全相同的结论。在对单一投资项目进行财务评价时，净现值、现值指数和内含报酬率指标的评价结论是一致的。

独立投资方案之间进行比较，即确定各种可行方案的投资顺序时，应以各独立方案的获利程度作为评价标准，一般采用内含报酬率法进行比较决策。

【例 8-7】A 公司有充足的资金进行投资，现在有 3 个独立投资项目，项目的原始投资额、每年现金净流量、期限如表 8-8 所示。投资必要报酬率为 8%。结合各项投资评价指标，如何安排投资顺序？

表8-8　独立投资方案评价指标

单位：万元

项目	甲方案	乙方案	丙方案
原始投资额	150000	250000	250000
每年现金净流量	44000	70000	54000
期限	5	5	8
净现值（NPV）	25679	29490	31144
现值指数（PI）	1.171	1.11	1.125
内含报酬率（IRR）	14.29%	12.38%	11.55%

在独立投资方案进行排序决策时，内含报酬率指标综合反映了各方案的获利程度，本例中，投资顺序应该按照甲、乙、丙顺序进行。

二、互斥投资项目方案的决策

互斥项目方案是指接受一个项目方案就必须放弃另一个项目方案，两个之间互相排斥不能并存。因此决策的实质就是选择最优方案。面对互斥项目方案，如果它们都有正的净现值即项目方案都具有财务可行性时，我们需要知道哪一个更好些。如果一个项目方案的所有评估指标均比其他的项目方案好，我们在选择时不会有什么困难，但是如果评估指标出现矛盾，我们应该如何选择最优方案？

评估指标出现矛盾的原因有两种情况：一是投资额不同；二是项目计算期不同。下面分别说明这两种情况下互斥方案的优选问题。

（一）投资额不同、项目期相同的互斥方案的优选

如果只是项目方案的投资额不同，互斥项目方案应当以净现值法进行优选，即净现值高的方案为优。因为它可以给股东带来更多的财富增长，股东需要获利总额高，而不是一个很高的报酬比率。

通过下面这个例子说明在投资额不同的互斥方案优选时，净现值法为什么总是正确的。

【例8-8】A公司将两个预算方案的净现金流量、净现值、内含报酬率列示如表8-9所示。

表8-9　预算方案的财务指标

单位：万元

方案	NCF_0	NCF_1	NPV（i=25%）	IRR
A预算方案	−1000	4000	2200	300%
B预算方案	−2500	6500	2700	160%

从表8-9可以看出在折现率为25%的情况下，B预算方案在NPV指标上占优势，而A预算方案明显具有更高的IRR指标，究竟应该选择哪个方案呢？

这里我们可以借助一个指标——差额投资内含报酬率来解释这个问题。

差额投资内含报酬率是在差额净现金流量（ΔNCF）的基础上，计算出差额投资的内含报酬率ΔIRR。如果ΔIRR大于投资者要求的收益率，表明追加投资是合算的，应该选择投资额大的方案；相反则选择投资额小的方案。差额投资内含报酬率的计算与内含报酬率的计算方法完全一样，也需要采用逐步测试法，目的是找到使净现值等于零的贴现率。

对比B预算方案和A预算方案，我们可以得到：ΔNCF_0=−1500万元，ΔNCF_1=2500万元。这意味着B预算方案比A预算方案多投资1500万元，但是B预算方案可以多收回2500万元。如果我们把多投资的1500万元看成一个新方案，就可以利用计算内含报酬率的方法，令NPV=0，计算出它的收益率是66.67%[2500×（P/A，IRR，1）−1500=0]。投资者要求的收益率是25%，因此多投资的部分是符合投资者的收益率要求的，我们应该选择B预算方案，也就是说按照NPV指标选择的结果是正确的。

我们再来考虑另一种情况。如果投资者认为此项目是一项风险很大的投资，要求的收益率水平相应上升到100%，财务指标数据如表8-10所示，这时我们应该选择哪个方案？

表8-10　重新测算预算方案的财务指标

单位：万元

方案	NCF_0	NCF_1	NPV（$i=100\%$）	IRR
A预算方案	-1 000	4 000	1 000	300%
B预算方案	-2 500	6 500	750	160%

根据前述的决策原则，我们很容易判断，在投资的必要收益率上升到100%时，应该选择A预算方案，因为此时A预算方案的净现值高于B预算方案。如果以差额投资内含报酬率来解释，则是因为B预算方案多投资的1 500万元只能给投资者带来66.67%的内含报酬率，达不到100%的必要收益率水平，因此多投资的方案应予以放弃。

注意：对于投资额不同、项目期相同的互斥方案的优选，我们既可以直接采用净现值法，也可以采用差额投资内含报酬率法进行判断。

（二）项目期不同的互斥方案的优选

如果两个互斥项目方案不仅投资额不同，而且项目期也不同，则其净现值没有可比性。此时，进行互斥方案的优选可以采用最小公倍数法和等额年金法。

在上述案例中新旧设备使用年限相同。然而多数情况下，新设备的使用年限要长于旧设备。对于使用寿命不同的项目，不能对它们的净现值、内含报酬率和现值指数进行直接比较。为了使投资项目的各项指标具有可比性，要设法使其在相同的寿命期内进行比较。此时，可以采用的方式有最小公倍寿命法和年均净现值法。

【例8-9】A公司考虑用一台新的、效率更高的设备代替旧设备以减少成本、增加收益。假设新设备的使用寿命为8年，每年可获得销售收入45 000元，采用直线折旧法期末无残值。旧设备采用直线法折旧，假设旧设备4年后若更新为技术含量相同的设备，初始投资为20 000元。公司的所得税税率为25%，资金成本为10%，其他情况如表8-11所示。试做出A公司是继续使用旧设备还是对其进行更新的决策。

表8-11　设备更新的相关数据

单位：元

项目	旧设备	新设备
原价	50 000	70 000
可用年限	10	8

续表

项目	旧设备	新设备
已用年限	6	0
尚可使用年限	4	8
税法规定残值	0	0
目前的变现价值	20 000	70 000
每年可获得的收入	40 000	45 000
每年付现成本	20 000	18 000
每年折旧额（直线法）	5 000（第1～4年）	8 750（第1～8年）

（1）计算新旧设备的营业现金流量如表 8-12 所示。

表8-12　新旧设备的营业现金流量

单位：元

项目	旧设备（第1～4年）	新设备（第1～8年）
销售收入（1）	40 000	45 000
付现成本（2）	20 000	18 000
折旧额（3）	5 000	8 750
税前利润（4）=（1）−（2）−（3）	15 000	18 250
所得税（5）=（4）×25%	3 750	4 562.5
税后净利润（6）=（4）−（5）	11 250	13 687.5
营业净现金流量（7）=（6）+（3）=（1）−（2）−（5）	16 250	22 437.5

（2）计算新旧设备的现金流量如表 8-13 所示。

表8-13　新旧设备的现金流量

单位：元

项目	旧设备		新设备	
	第0年	第1～4年	第0年	第1～8年
初始投资	−20 000		−70 000	
营业现金流量		16 250		22 437.5
终结现金流量		0		0
现金流量合计	−20 000	16 250	−70 000	22 437.5

（3）计算新旧设备的净现值。

$NPV_{旧}= 16\,250 \times（P / A, 10\%, 4）-20\,000$

$\qquad = 16\,250 \times 3.1699-20\,000 = 31\,510.875（元）$

$NPV_{新}= 22\,437.5 \times（P / A, 10\%, 8）-70\,000$

$\qquad = 22\,437.5 \times 5.3349-70\,000 = 49\,701.8188（元）$

新旧设备的使用年限不同，因此不能直接比较新旧设备的净现值大小，轻易得出更新设备的结论。想要得出正确的结论，必须使用最小公倍数法或年均净现值法进行比较分析。

1. 最小公倍数法

最小公倍数法又称项目复制法，它将两个方案使用寿命的最小公倍数作为比较区间，并假设两个方案在这个比较区间内进行多次重复投资，将各自多次投资的净现值进行比较分析的方法。

在例 8-8 中新旧设备使用寿命的最小公倍数是 8 年，在这个共同期间继续使用旧设备的投资方案可以进行两次，使用新设备的投资方案可以进行一次。因为继续使用旧设备的投资方案可以进行两次，相当于 4 年后按照现在的变现价值重新购置一台相同的旧设备进行第二次投资，获得与当前继续使用旧设备相同的净现值。

因此，8 年内继续使用旧设备的净现值为：

$NPV_{旧}=31\,510.875 \times（P / F,\ 10\%,\ 4）+ 31\,510.875$

$\qquad =31\,510.875 \times 0.6830+31\,510.875 = 53\,032.8026（元）$

若使用新设备，净现值为：$NPV_{新}= 49\,701.8188（元）$

通过比较可得出结论：继续使用旧设备的净现值比使用新设备的净现值高出 3\,330.9839 元，所以目前不应该更新设备。

最小公倍数法易于理解，但有时计算起来比较麻烦。例如，一个投资项目的寿命是 7 年，另一个投资项目的寿命是 9 年，那么最小公倍数就是 63 年，需要将第一个项目假设重复投资 9 次，第二项目假设重复投资 7 次，计算非常复杂。此时，可以使用年均净现值法。

2. 年均净现值法

年均净现值法是把投资项目在寿命期内总的净现值转化为每年的平均净现值并进行比较分析的方法。

年均净现值的计算公式如下：

$$年均净现值= NPV/（P / A, i, n）$$

式中：NPV 为净现值；

（$P / A, i, n$）为建立在公司资金成本率和项目寿命期基础上的年金现值系数。

【例 8-10】承前例，根据此公式计算【例 8-9】中的两种方案的年均净现值。

旧设备的年均净现值 $= NPV_{旧} / (P/A, 10\%, 4) = 31\,510.875/3.1699 = 9\,940.6527$（元）

新设备的年均净现值 $= NPV_{新} / (P/A, 10\%, 8) = 49\,701.81875/5.3349 = 9316.3543$（元）

从上面的计算结果可以看出，继续使用旧设备的年均净现值比使用新设备的年均净现值高，所以应该继续使用旧设备。此结论与最小公倍数法得出的结论一致。

在考虑使用哪一种设备来进行生产的决策与一般的项目投资决策中，一般来说，选择何种设备并不改变企业的生产能力，不增加企业的现金流入，选择设备的现金流量主要是现金流出。即使有少量的残值变价收入，也属于支出抵减，而非实际上的现金流入增加。由于只有现金流出而没有现金流入，在进行这样的决策时，若备选设备方案的使用年限相同，就比较各个方案的现金流出现值之和的大小；若备选设备方案的使用年限不同，就使用年均成本法，比较方案的年均成本并选取年均成本最小的项目。年均成本是把项目的总现金流出转化为每年的平均现金流出值。

年均成本的计算公式如下：

$$年均成本 = C / (P/A, i, n)$$

式中：C 为项目总成本现值；

$(P/A, i, n)$ 为建立在公司的资金成本率或必要的投资报酬率和项目寿命期基础上的年金现值系数。

三、固定资产投资决策的应用

（一）固定资产更新决策

固定资产更新是对技术上或经济上不宜继续使用的旧资产，用新的资产更换，或用先进的技术对原有设备进行局部改造。由于旧设备总可以通过修理继续使用，所以更新决策是继续使用旧设备还是购置新设备的选择。

一般来说，设备更换并不改变企业的生产能力，不增加企业的现金流入。更新决策的现金流量主要是现金流出。即使有少量的残值变价收入，也属于支出抵减，而非实质上的流入增加。由于只有现金流出，而没有现金流入，给折现现金流量分析带来了困难。首先，由于没有适当的现金流入，无论哪个方案都不能计算其净现值和内含报酬率。其次，因为新旧设备可使用年限一般并不相同，无法使用总成本来进行比较。

在分析固定资产更新决策的现金流量时，无论是旧固定资产还是可能取代它的新固定资产，应把继续使用旧设备和购置新设备看成是两个互斥方案，着重考虑其现在和未来的有关数据。旧设备的变价收入应看作是继续使用旧设备的机会成本，可视为其初始现金流量，同时需要考虑所得税给现金流量带来的影响，如折旧对税收的影响，变现价值与账面净值差异的纳税影响额。税收影响之后的旧设备变现所产生的现金净流量为：

旧设备变现产生的现金净流量=设备售价－（设备售价-账面净值）×所得税税率

【例8-11】A公司考虑用一台新设备代替旧设备，以减少成本、增加收益。旧设备还可使用10年，期满后无残值。现在出售可得价款26万元，使用该设备每年可获收入50万元，每年的付现成本为30万元。新设备的购置成本为120万元，估计可使用10年，期满有残值20万元。使用新设备每年收入可达80万元，每年的付现成本为40万元，该公司的资本成本率为10%，假设不考虑所得税因素。

要求：A公司对设备更新与否进行决策。

解：（1）继续使用旧设备。每年经营现金净流量为20（50-30）万元，则：

净现值＝20×（P/A,10%,10）=122.9（万元）

（2）使用新设备。

建设期现金净流量现值＝－初始投资额＝－（120-26）=-94（万元）

经营期现金净流量现值＝（80-40）×（P/A,10%,10）=245.8（万元）

终结期现金净流量现值＝20×（P/F,10%,10）=7.71（万元）

净现值＝-94＋245.8＋7.71=159.51（万元）

通过以上计算可知，使用新设备的净现值大于使用旧设备的净现值，应该用新设备代替旧设备。

（二）固定资产租赁与购买决策

当企业需要某种固定资产而自有资金又无法解决时，企业可以有两种选择，一种是借款购买固定资产；另一种是租入固定资产。企业需要对这两种方案的现金流量进行比较，才能做出决策。

【例8-12】A公司需要一种设备，若自行购买其购价为100 000元，可用10年，预计残值率为3%；若A公司采用租赁的方式获得该设备，每年将支付20 000元的租赁费用，租期10年，假设贴现率为10%，所得税税率为25%。

要求：A公司对此项设备的两个方案进行决策。

解：方法一：购买设备。

设备残值价值=100 000×3%＝3000（元）

$$年折旧额＝\frac{100\,000-3\,000}{10}=9\,700（元）$$

因折旧税负减少现值＝9 700×25%×（P/A,10%,10）=14 900.66（元）

设备残值变现收入＝3 000×（P/F,10%,10）=1156.5（元）

设备支出现值合计 = 100 000-14 900.66-1156.5= 83942.84（元）

方法二：租赁设备。

租赁费支出 = 20 000×（P/A, 10%, 10）= 122892（元）

因租赁税负减少现值 = 20 000×25%×（P/A, 10%, 10）= 30 723（元）

租赁现值合计 = 122892-30 723 = 92169（元）

购买设备需要支出的现值为83942.84元，而租赁设备需要支出的现值为92169元，应选择现值支出较少的方案，即购买设备的方案。

四、资本限量投资组合决策

资本限量是指企业资金有一定限度，不能投资于所有可接受的项目。也就是说，有很多获利项目可供投资，但无法筹集到足够的资金，这种情况是在许多企业都存在的，特别是那些以内部融资为经营策略或外部融资受到限制的企业。

在资金有限量的情况下，什么样的项目将被采用呢？为了使企业获得最大的利益，应投资于一组使净现值最大的项目。这样的一组项目必须用适当的方法进行选择，当投资项目的组合关系较为复杂，或者涉及多期现金流量的综合平衡问题时，可以采用线性规划帮助进行资本限量决策。一般情况下可以采用现值指数法和净现值法两种方法加以分析。

（一）使用现值指数法的步骤

第一步：计算所有项目的获利指数，不能省略掉任何项目，并列出每一个项目的初始投资。

第二步：接受 $PI \geq 1$ 的项目，如果所有可接受的项目都有足够的资金，则说明资本没有限量，这一过程即可完成。

第三步：如果资金不能满足所有 $PI \geq 1$ 的项目，那么就要对第二步进行修正。这一修正的过程是：对所有项目在资本限量内进行各种可能的组合，然后计算出各种组合的加权平均获利指数。

第四步：接受加权平均利润指数最大的一组项目。

（二）使用净现值法的步骤

第一步：计算所有项目的净现值，并列出项目的初始投资。

第二步：接受 $NPV \geq 0$ 的项目，如果所有可接受的项目都有足够的资金，则说明资本没有限量，这一过程即可完成。

第三步：如果资金不能满足所有的 $NPV \geq 0$ 的投资项目，那么就要对第二步进行修正。这一修正的过程是：对所有的项目都在资本限量内进行各种可能的组合，然后，计算出各种组合的净现值总额。

第四步：接受净现值的合计数最大的组合。

【例 8-13】假设 A 公司有 5 个可供选择的项目 A_1、B_1、B_2、C_1、C_2，其中 B_1 和 B_2，C_1 和 C_2 是互斥项目，公司资本的最大限量是 400 000 元。详细情况见表 8-14。

表8-14 公司备选投资项目

单位：元

投资项目	初始投资	现值指数（PI）	净现值（NPV）
A_1	120 000	1.56	67 000
B_1	150 000	1.53	79 500
B_2	300 000	1.37	111 000
C_1	125 000	1.17	21 000
C_2	100 000	1.18	18 000

如果 A 公司选取现值指数最大的项目，那么它将选择 A_1 项目（现值指数为 1.56）、B_1 项目（现值指数为 1.53）、C_2 项目（现值指数为 1.18）；如果按照项目的净现值大小来选取，那么它将首选 B_2 项目，另外可选择的只有 C_2 项目。

然而，以上两种选择方式都是错误的，因为它们选择的都是不能使企业净现值最大的项目组合。

为了选择最佳的项目组合，必须列出在资本限量内的所有可能的项目组合。为此，我们通过表 8-15 来计算所有可能的项目组合的加权平均现值指数和净现值合计数。

表8-15 资本限量内的所有可能的项目组合

单位：元

项目组合	初始投资	加权平均现值指数	净现值合计
$A_1B_1C_1$	395 000	1.420	167 500
$A_1B_1C_2$	370 000	1.412	164 500
A_1B_1	270 000	1.367	146 500
A_1C_1	245 000	1.221	88 000
A_1C_2	220 000	1.213	85 000
B_1C_1	275 000	1.252	100 500
B_2C_2	400 000	1.322	129 000

在表 8-15 中，$A_1B_1C_1$ 的组合有 5 000 元资金没有用完，假设这 5 000 元可投资于有价证券，现值指数为 1（以下其他组合也如此），则 $A_1B_1C_1$ 组合的加权平均现值指数可按以下方法计算。

$$\frac{120\,000}{400\,000}\times1.56+\frac{150\,000}{400\,000}\times1.53+\frac{125\,000}{400\,000}\times1.17+\frac{5\,000}{400\,000}\times1.00=1.42$$

从表 8-13 中可以看出，公司应选用 A_1、B_1 和 C_1 三个项目组成的投资组合，其净现值为 167 500 元。

五、投资开发时机决策

某些自然资源的储量不多，由于不断开采，价格将随储量的下降而上升。在这种情况下，由于价格不断上升，早开发的收入少，而晚开发的收入多；另外，钱越早赚到手，其货币时间价值越高，因此，就必须研究开发时机问题。

在进行此类决策时，决策的基本原则也是寻求使净现值最大的方案，但由于两个方案的开发时间不一样，不能把净现值简单对比，而必须把晚开发所获得的净现值换算为早开发的第 1 年年初（$t=0$）时的现值，然后再进行对比。

【例 8-14】A 公司拥有一稀有矿藏，这种矿产品的价格在不断上升。根据预测，6 年后价格将一次性上升 30%，因此，A 公司要研究现在开发还是 6 年后开发的问题。无论现在开发还是 6 年后开发，初始投资均相同，建设期均为 1 年，从第 2 年开始投产，投产后 5 年就把矿藏全部开采完。有关资料详见表 8-16。

表8-16　稀有矿藏的投资开发情况

投资与回收		收入与成本	
固定资产投资	80万元	年产销量	2 000吨
营运资金垫支	10万元	现投资开发每吨售价	0.1万元
固定资产残值	0万元	6 年后投资开发每吨售价	0.13万元
资本成本	10%	付现成本	60万元
—	—	所得税税率	40%

首先，计算现在开发的净现值。

（1）通过表 8-17 计算现在开发的营业现金流量。

表8-17 现在开发的营业现金流量

单位：元

项目	第2～6年
销售收入（1）	200
付现成本（2）	60
折旧（3）	16
税前利润（4）=（1）-（2）-（3）	124
所得税（5）	49.6
税后利润（6）=（4）-（5）	74.4
营业现金流量（7）=（1）-（2）-（5）=（3）+（6）	90.4

（2）根据营业现金流量、初始投资和终结现金流量编制现金流量表如表8-18所示。

表8-18 项目的现金流量

单位：元

项目	第0年	第1年	第2～5年	第6年
固定资产投资	-80			
营业资金垫支	-10	0	90.4	
营业现金流量				90.4
营运资金收回				10
现金流量	-90	0	90.4	100.4

（3）计算现在开发的净现值。

$NPV = 90.4 \times (P/A, 10\%, 4) \times (P/F, 10\%, 1) + 100.4 \times (P/F, 10\%, 6) - 90$

$= 90.4 \times 3.170 \times 0.909 + 100.4 \times 0.564 - 90$

$= 227.12$（万元）

其次，计算6年后开发的净现值。

（1）通过表8-19，计算6年后开发的营业现金流量。

表8-19　6年后开发的营业现金流量

单位：元

项目	第2～6年
销售收入（1）	260
付现成本（2）	60
折旧（3）	16
税前利润（4）＝（1）－（2）－（3）	184
所得税（5）	73.6
税后利润（6）＝（4）－（5）	110.4
营业现金流量（7）＝（1）－（2）－（5）＝（3）＋（6）	126.4

（2）通过表8-20，计算6年后开发的现金流量。

表8-20　6年后开发的现金流量表

单位：元

项目	第0年	第1年	第2～5年	第6年
固定资产投资	-80			
营业资金垫支	-10			
营业现金流量		0	126.4	126.4
营运资金收回				10
现金流量	-90	0	126	136

（3）计算6年后开发的到开发年度初的净现值。

$NPV = 126.4 \times (P/A, 10\%, 4) \times (P/F, 10\%, 1) + 136.4 \times (P/F, 10\%, 6) - 90$

$\quad\quad = 126.4 \times 3.170 \times 0.909 + 136.4 \times 0.564 - 90$

$\quad\quad = 351.15（万元）$

（4）将6年后开发的净现值折算为立即开发的现值。

6年后开发的净现值的现值＝$351.15 \times (P/F, 10\%, 6) = 351.15 \times 0.564 = 198.05（万元）$

最后，得出结论。所得结论为：早开发的净现值227.12万元，大于6年后开发的净现值为198.05万元，因此，应立即开发。

六、投资期决策

从开始投资至投资结束投入生产所需要的时间，称为投资期。集中施工力量、交叉作业、加班加点可以缩短投资期，可使项目提前竣工，早投入生产，早产生现金流入量，但采用上述措施往往需要增加投资额。究竟是否应缩短投资期，这实质上是个互斥选择投资问题，需要进行认真分析，以判断得失。

在投资期决策中，最常用的分析方法是差量分析法，根据缩短投资期与正常投资期相比的差量现金流量来计算差量净现值。如果差量净现值为正，说明缩短投资期比较有利；如果差量净现值为负，则说明缩短投资期得不偿失。当然，也可以不采用差量分析法，分别计算正常投资期和缩短投资期的净现值，并加以比较，做出决策。

【例8-15】A公司进行一项投资，正常投资期为3年，每年投资200万元，3年共需投资600万元。第4-13年每年现金净流量为210万元。如果把投资期缩短为2年，每年需投资320万元，2年共投资640万元，竣工投产后的项目寿命和每年现金净流量不变。资本成本为20%，假设寿命终结时无残值，不用垫支营运资金。试分析判断是否缩短投资期。

1.用差量分析法进行分析

①通过表8-21计算缩短投资期与正常投资期相比的差量现金流量。

②计算差量净现值。

表8-21　两种投资期相比的差量现金流量

单位：元

项目	第0年	第1年	第2年	第3年	第4～12年	第13年
缩短投资期的现金流量	−320	−320	0	210	210	
正常投资期的现金流量	−200	−200	−200	0	210	210
差量现金流量	−120	−120	200	210	0	−210

$$差量净现值 = -120-120 \times (P/F, 20\%, 1) + 200 \times (P/F, 20\%, 2) + 210 \times (P/F, 20\%, 3) - 210 \times (P/F, 20\%, 13)$$

$$= -120-120 \times 0.833 + 200 \times 0.694 + 210 \times 0.579 - 210 \times 0.093$$

$$= 20.9（万元）$$

③得出结论。缩短投资期可增加净现值20.9万元，故应采纳缩短投资期的方案。

2.不用差量分析法进行分析

在不用差量分析法时，要分别计算两个方案的净现值的大小来确定是否缩短投资期。

①计算正常投资期的净现值。

正常投资期的净现值 $= -200-200 \times (P/A, 20\%, 2) + 210 \times (P/A, 20\%, 10) \times (P/F, 20\%, 3)$

$\qquad\qquad\qquad\qquad = -200-200 \times 1.528 + 210 \times 4.192 \times 0.579$

$\qquad\qquad\qquad\qquad = 4.1（万元）$

②计算缩短投资期的净现值。

缩短投资期的净现值 $= -320-320 \times (P/F, 20\%, 1) + 210 \times (P/A, 20\%, 10) \times (P/F, 20\%, 2)$

$\qquad\qquad\qquad\qquad = -320-320 \times 0.833 + 210 \times 4.192 \times 0.694$

$\qquad\qquad\qquad\qquad = 24.38（万元）$

③得出结论。缩短投资期能增加 20.28（24.38-4.1）万元的净现值，故应采用缩短投资期的方案。

第五节　项目投资的风险分析

项目投资涉及的时间比较长，因而，对未来收益和成本都很难进行准确的预测，或者说项目投资引起的现金流量有不同程度的不确定性或风险性。前面避开了风险问题，讨论了一些确定性决策问题，但是，项目投资历时长，风险是客观存在的。因此，本节中将专门讨论项目投资风险的决策问题。

一、项目风险分类

项目风险可以分为项目的特有风险、公司风险和市场风险。

（一）特有风险

项目的特有风险也称单个项目风险，就是单个投资项目本身所特有的风险。如果不考虑与公司其他投资项目的组合效应，该投资项目所具有的风险就是项目的特有风险。项目特有风险反映特定项目的未来收益的可能结果相对于预期值的离散程度，通常采用概率的方法，以项目收益的标准差来衡量。

通常情况下，项目特有风险不宜作为资本预算风险的度量。从投资组合的角度看，多个高风险项目经过组合，单个项目的风险大部分可以在企业内部分散掉，结果是企业的整体风险会低于单个投资项目的风险。

（二）公司风险

项目的公司风险是指项目给公司带来的风险。是指公司在投资多个项目时所具有的风险，反映了项目给公司带来的风险。它可以用项目对于公司未来现金流入不确定性的大小来衡量。投资项目所具有的风险，可以通过与公司内部其他项目和资产的组合分散掉一部分。新项目和公司原有项目经过组合可以分散一部分风险，因此，项目给公司增加的风险是分散后剩余部分风险。

（三）系统风险

项目的系统风险是指新项目给股东带来的风险。这里的股东是指投资于许多公司、投资风险已被完全分散化的股东。

从股东角度来看，项目特有风险被公司资产多样化分散后剩余的公司风险中，有一部分能被股东的资产多样化组合而分散掉，从而只剩下任何多样化组合都不能分散的系统风险，所以，唯一影响股东预期收益的是项目的系统风险。

二、项目投资风险处置的一般方法

（一）按风险调整贴现率法

风险调整贴现率法是将净现值法和资本资产定价模型结合起来，利用模型，依据项目的风险程度调整基准折现率的一种方法。

对于高风险的项目采用较高的贴现率去计算净现值，低风险的项目用较低的贴现率去计算净现值，然后根据净现值法的规则来选择方案。因此，这种方法的中心是根据风险的大小来调整贴现率，该方法的关键在于根据风险的大小确定风险调整贴现率（即必要回报率）。

按风险调整贴现率有如下几种方法。

1. 用资本资产定价模型调整贴现率

证券组合的风险可分为两部分：可分散风险和不可分散风险。不可分散风险是由 β 系数来测量的，而可分散风险属于公司的特有风险，可以通过合理的证券投资组合来消除。

在进行资本预算时，可以引入与证券总风险模型大致相同的模型——企业总资产风险模型，其计算公式如下。

$$总资产风险=不可分散风险+可分散风险$$

可分散风险可通过企业的多角化经营而消除。在进行投资时，值得注意的风险只是不可分散风险。

这时，特定投资项目按风险调整的贴现率可按下列公式来计算：

$$K_j=R_F+\beta_j\times（R_m-R_F）$$

式中：K_j——项目j按风险调整的贴现率或项目的必要报酬率；

　　　R_F——无风险贴现率；

　　　β_j——项目j的不可分散风险的β系数；

　　　R_m——所有项目平均的贴现率或必要报酬率。

2. 按投资项目的风险等级调整贴现率

这种方法是对影响投资项目风险的各因素进行评分，根据评分来确定风险等级，并根据风险等级来调整贴现率的一种方法。

3. 用风险报酬率模型调整贴现率

一项投资的总报酬可分为两部分：无风险报酬率和风险报酬率，其计算公式为：

$$K = R_F+b\times V$$

因此，特定项目按风险调整的贴现率可按下式计算：

$$K_i = R_F+b_i\times V_i$$

式中：K_i——项目i按风险调整的贴现率；

　　　R_F——无风险贴现率；

　　　b_i——项目i的风险报酬系数；

　　　V_i——项目i的预期标准离差率。

按风险调整贴现率以后，具体的评价方法与无风险时基本相同。这种方法，对风险大的项目采用较高的贴现率，对风险小的项目采用较低的贴现率，简单明了，便于理解，因此，这种方法被广泛采用。但它把时间价值和风险价值混在一起，人为地假定风险一年比一年大，这有时与实际情况不符。

【例 8-16】A 项目初始投资 5 万元，项目年限为 4 年，每年净现金流量的期望值为 2 万元。假定该项目无风险收益率为 6%，风险溢价为 10%，则该项目是否可行？

调整后的贴现率 = 无风险报酬率 + 风险报酬率 = 6%+10% = 16%

调整后的贴现率 16%，查找（P/A, 16%, 4）= 2.798，则：

该项目的净现值 = 每年净现金流量 × 年金现值系数 − 初始投资额

　　　　　　　 = 2×2.798−5 = 0.596（万元）

从以上可以看出，该项目用调整后的贴现率计算的净现值为 0.596 万元。因此，该项目从风险投资的角度来看是可行的。

（二）按风险调整现金流量法

风险的存在，使各年的现金流量变得不确定，为此，就需要按风险情况对各年的现金流量进行调整。这种先按风险调整现金流量，然后进行长期投资决策的评价方法，叫作按风险调整现金流量法。其具体调整办法有很多，这里介绍最常用的肯定当量法。

$$NPV = \sum_{t=0}^{n} \frac{a_t \times NCF_t}{(1+i)^i}$$

式中，a_t 为第 t 年现金流量的约当系数，它在 0 ~ 1 之间；i 为无风险的贴现率，一般使用国库券利率；NCF_t 为第 t 年净现金流量。

约当系数 a_t，是将有风险的、不肯定的现金流量期望值转化为使投资者满意的、肯定的金额系数，它可以把各年不肯定的现金流量换算成肯定的现金流量。其计算公式如下。

$$约当系数（a_t）= \frac{肯定的现金流量}{不肯定的现金流量期望值}$$

在进行评价时，可根据各年现金流量风险的大小，选取不同的约当系数。当现金流量为确定时，可取 $a_t=1$；当现金流量的风险很小时，可取 $0.8 < a_t < 1$；当风险一般时，可取 $0.4 < a_t < 0.8$；当现金流量的风险很大时，可取 $0 < a_t < 0.4$。

约当系数的选取，可能会因人而异，敢于冒险的分析者会选用较高的约当系数，而不愿冒险的投资者可能选用较低的约当系数。为了防止因决策者的偏好不同而造成决策失误，有些企业根据标准离差率来确定约当系数。因为标准离差率是衡量风险大小的一个很好的指标，因而，用它来确定约当系数是合理的。标准离差率与约当系数的经验关系详见表8-22。

表8-22 标准离差率与约当系数的经验关系

标准离差率	约当系数
0.01~0.07	1
0.08~0.15	0.9
0.16~0.23	0.8
0.24~0.32	0.7
0.33~0.42	0.6
0.43~0.54	0.5
0.55~0.70	0.4

【例 8-17】假设 A 公司准备进行一项投资，其各年的预计现金流量和分析人员确定的约当系数已列示在表8-23中，无风险贴现率为8%，试判断此项目是否可行。

表8-23　项目的现金流量和约当系数

单位：万元

项目	年度				
	0	1	2	3	4
NCF_t/万元	-100	35	30	30	25
a_t	1.0	0.95	0.9	0.8	0.7

根据以上资料，利用净现值进行评价。

$NPV = 0.95 \times 35 \times (P/F, 8\%, 1) + 0.9 \times 30 \times (P/F, 8\%, 2) + 0.8 \times 30 \times (P/F, 8\%, 3) + 0.7 \times 25 \times (P/F, 8\%, 4) - 100$

$= 0.95 \times 35 \times 0.926 + 0.9 \times 30 \times 0.857 + 0.8 \times 30 \times 0.794 + 0.7 \times 25 \times 0.735 - 100$

$= 85.847 - 100$

$= -14.153$

从以上分析可以看出，按风险程度对现金流量进行调整后，计算出的净现值为负数，所以不能进行投资。

采用肯定当量法来调整现金流量，进而做出投资决策，克服了调整贴现率法夸大远期风险的缺点，但如何准确、合理地确定约当系数却是一个非常困难的问题。

本章小结

项目投资是指企业进行的长期生产性资本投资。项目投资的内容非常广泛，包括固定资产的购置，厂房、设备的更新改造，新产品的研制等。项目投资具有投资额较大、周期较长、风险大、影响大的特点。项目投资一般要经过项目提出、评价、决策、执行和再评价等几个程序。

项目投资预算的基本原理是：投资项目的报酬超过资本成本时，企业的价值将增加；投资项目的报酬小于资本成本时，企业的价值将减少。

投资项目的现金流量由初始现金流量、营业现金流量和终结现金流量3个部分组成。由于现金流量有便于考虑时间价值因素，使投资决策更客观、更科学的特点，因此成为评价项目投资方案的基础性指标。

投资项目的评价指标是项目投资决策所使用的参考标准。这些指标分为两类：一类是折现指标，主要包括净现值、获利指数、内部收益率等；另一类是非折现指标，主要包括静态投资回收期、会计收益率等。净现值是投资决策中最常用的指标。在单个项目的决策中，净现值大于0，项目可以接受；在多个备选项目的决策中，选择净现值最大者最优。现值指数反映了项目的投资效率，在资本限量投资决策中，现值指数作用较大。内含报酬率是使得项目净现值为0时的贴现率。求解内含报酬率一般要使用试错法和插值法，计算起来比较麻烦。在多数情况下，净现值、内含报酬率和现值指数得到的结论是一致的。但是，在评价投资规模不同、现金流量发生的时间不同的互斥项目时，净现值、内含报酬率和现值指数得出的结论可能会不一致，此时净现值决策规则一般优于其他规则。

投资决策财务评价指标可广泛应用在固定资产更新、资本限量投资组合决策、投资开发时机、投资建设期等决策分析中。

项目投资风险分析。风险是投资项目中客观存在且不容回避的，项目投资风险分析的方法主要有按风险调整贴现率和按风险调整现金流量（肯定当量法）两种方法。

基本训练

1. A公司拟投资B项目，第二年投产，已知企业所得税税率为25%，经预测，营业现金净流量的有关资料如表8-24所示。

表8-24 A公司B项目营业现金净流量

单位：万元

项目	年度			
	2	3	4	5
销售收入	350	800	850	（6）
付现成本	（2）	350	500	550
折旧	（1）	200	150	100
税前利润	-50	250	200	（4）
所得税	0	80	70	（5）
税后净值	-50	170	130	（3）
营业现金净流量	200	370	280	280

要求：按序号计算表中未填数字，并列出计算过程。

2. A公司是一个钢铁企业，现找到一个投资机会，预计该项目需固定资产投资750万元，当年可以投产，预计可以持续5年，会计部门估计每年固定成本为（不含折旧）40万元，变动成本是每件180元，固定资产折旧采用直线法，估计净残值为50万元，营销部门估计各年销售量均为4万件，销售单价为250元/件，生产部门估计需要250万元的流动资金投资，预计项目终结点收回。假设投资人要求的最低报酬率为10%，企业所得税税率为25%。

要求：

（1）计算项目各年的净现金流量；

（2）计算项目的净现值；

（3）计算净现值为 0 时的经营现金净流量和年销售量。

3. A 公司欲投资一小型太阳能发电设备的生产，经过财务部门的相关调研和预测，该投资项目建设期 2 年，在建设期初投入设备资金 100 万元，在第二年初投入设备资金 50 万元，在建设期末投入流动资金周转 50 万。项目投产后经营期 8 年，每年可增加销售收入 384 万元，经营成本 192 万元。设备采用直线折旧法，期末有 8% 的净残值。企业所得税税率为 25%，资金成本率为 18%（计算结果保留两位小数）。

要求：

（1）计算该投资项目每年的固定资产折旧额。

（2）计算分析项目计算期内每年的净现金流量。

（3）计算项目的净现值并判断该投资项目是否可行。

（4）计算项目的年等额净回收额。

（5）假如 A 公司财务经理认为公司资金成本相对较高，欲尽量降低企业的资金成本。那么，对该项目的投资决策是否会产生影响，试分析阐述企业资金成本与投资项目净现值的关系。

4. A 公司拟用新设备取代已使用 2 年的旧设备。旧设备原价 10 000 元，税法规定该类设备应采用直线法折旧，折旧年限 5 年，残值为原价的 10%，当前估计尚可使用 4 年，每年操作成本 2 000 元，预计最终残值 1 500 元，目前变现价值为 7 000 元，购置新设备需花费 9 000 元，预计可使用 5 年，每年操作成本 600 元，预计最终残值 1 500 元。该公司资本成本为 10%，所得税税率为 25%。税法规定新设备应采用年数总和法计提折旧，折旧年限 5 年，残值为原价的 10%。

要求：进行 A 公司是否应该更换设备的分析决策，并列出计算分析过程。

5. M 公司无风险贴现率为 6%，现有 A、B 两个中等风险程度的投资方案，假设中等风险程度项目的综合变化系数为 0.5，通常要求的含风险报酬的最低报酬率为 12%，其他相关资料如表 8-25 所示，试用肯定当量法进行决策。

表8-25　A、B方案净现金流量概率分布表

单位：元

年份	A 方案		B 方案	
	净现金流量（元）	概率	净现金流量（元）	概率
0	-10 000	1	-4 000	1
1	6 000	0.25	—	—
	4 000	0.50	—	—
	2 000	0.25	—	—

续表

年份	A 方案		B 方案	
	净现金流量（元）	概率	净现金流量（元）	概率
2	8 000	0.20	—	—
	6 000	0.60	—	—
	4 000	0.20	—	—
3	5 000	0.30	5 000	0.20
	4 000	0.40	5 000	0.60
	3 000	0.30	10 000	0.20

案例分析

一、公司介绍

四川蓝光实业集团有限公司成立于1990年，员工总人数近4 000人，现有下属控股、关联企业三十余家，蓝光品牌也被权威部门评定价值6.63亿元。如今，蓝光集团已发展成为以房地产开发为核心，以住宅开发和服务为主导，商业地产开发为辅助，以药业科技、绿色饮品开发为重要组成部分，集科、工、贸、房地产、教育、文化、服务、运输等为一体的多元化产业集团。

四川蓝光美尚食品股份有限公司为四川蓝光集团下属全资子公司，公司成立于1996年，历经十余年发展，已成为一家集饮用矿泉水、植物蛋白、草本饮料等绿色饮品的研发、生产和销售为一体的专业饮品企业。四川蓝光美尚食品股份有限公司位于成都市郫都区西源大道4040号，拥有占地近600亩、投资近6亿元的绿色饮品基地，该基地是目前亚洲最具规模和实力的预包装饮料生产基地之一。四川蓝光美尚食品股份有限公司致力于绿色饮品的研发，坚持开发具有特色的健康饮品，先后推出饮用矿泉水、植物蛋白饮品等绿色饮品，目前拥有蓝光矿泉水系列产品、妙味100植物蛋白饮品等产品系列。

蓝光集团以尖端的生物技术为依托，吸收中医学精华，开发具有降低血脂、延缓衰老、抗肿瘤、润肠通便等功能的高品质系列保健品，并从国外引进先进的生产设备和工艺，建立了严格的品质管理体系，公司已通过了国际化标准的ISO 9002质量体系认证。为保证公司长远有序的发展，蓝光集团已在十几个国家办理了商标注册。

二、项目投资

认真调查市场目前和潜在的需求情况，准备投资开发新的项目，挖掘集团新的利润增长点。项目团队通过搜集的资料发现，据世界卫生组织统计，50 岁以上的人中，骨关节炎的发病率为 50%，55 岁以上的，发病率为 80%。据估计，我国约有一亿骨关节炎病人。蓝光集团是以生产壮骨粉起家的，在新产品的研发方面具有一定的技术优势。所以，项目团队认为应该抢抓机遇，进军骨关节炎市场。

三、固定资产投资方案

甲方案：

1. 原始投资共有 1000 万元（全部源于自有资金），其中包括固定资产投资 750 万元，流动资金投资 200 万元，无形资产投资 50 万元。

2. 该项目的建设期为 2 年，经营期为 10 年。固定资产和无形资产投资分两年平均投入，流动资金投资在项目完工时（第二年年末）投入。

3. 固定资产的寿命期限为 10 年（考虑预计的净残值），无形资产投资从投入年份起分 10 年摊销完毕，流动资产于终结点一次收回。

4. 预计项目投产后，每年发生的相关营业收入（不含增值税）和经营成本分别为 600 万元和 200 万元，所得税税率为 33%，该项目不享受减免所得税的待遇。

该行业的基准折现率为 14%。

乙方案：

比甲方案多加 80 万元的固定资产投资，建设期为 1 年，固定资产和无形资产在项目开始时一次投入，流动资金在建设期末投放，经营期不变，经营期各年的现金流量为 300 万元，其他条件不变。

目前，蓝光集团的固定资产已占总资产的 15% 左右，集团已经形成了企业自己的一套固定资产的管理方法：公司的固定资产折旧方法按平均年限法，净残值率按原值的 10% 确定，折旧年限分为：房屋建筑物为 20 年；机器设备、机械和其他生产设备为 10 年；电子设备、运输工具以及与生产经营有关的器具、工具、家具为 5 年。

问题：

假如蓝光集团有能力打入骨关节炎市场，请你对甲、乙两个固定资产投资方案进行财务可行性分析，计算 NPV、PI、IRR 等财务指标并对各个财务指标进行评价。根据计算所得，你会选择哪个方案进行投资？

第九章　证券投资

【学习目标】

1. 了解证券投资的含义、种类、目的等。

2. 掌握股票投资的基本内容，掌握股票的估值方法和股票收益率的计算，了解其优缺点。

3. 掌握债券投资的基本内容，掌握债券的估值方法和债券收益率的计算，了解其优缺点。

4. 掌握基金投资的基本概念、种类，以及基金估值的方法，了解其优缺点。

5. 了解证券投资组合的含义，作用，熟悉证券投资组合的基本策略和方法。

第一节　证券投资概述

投资是投资主体为获得未来收益而向一定对象投入一定量物力、财力的经济行为。根据投资与企业生产经营的关系，企业投资可以分为直接投资和间接投资。直接投资是指直接将资金直接投入生产的投资行为，例如购买设备、采购原材料、项目投资等投资行为；间接投资又称为证券投资，是指把资金投入股票、债券、基金、期货等证券金融资产，以获得利息、股利或者资本利得收入的投资行为。随着我国金融市场的完善，资本市场走上了高速发展的快车道，企业的证券投资行为越来越多。由于投资收益的不确定性，就很有必要对企业的证券投资的价值和收益进行评估和测算。

一、证券的含义和种类

（一）证券的含义

证券是指用来证明证券持有人享有某种权益的法律凭证，是多种经济权益凭证的统称。

广义的证券包括资本证券、货币证券、商品证券等。资本证券是指由金融投资或与金融投资有直接联系的活动而产生的证券，包括股票、债券、基金以及其衍生产品等，投资者对发行单位具有一定的收入请求权。资本证券是有价证券的主要形式，狭义的有价证券即指资本证券。货币证券是一种商品信用工具，指在单位之间进行商品交易、劳务报酬支付、债务清算过程中用来代替货币进行支付和流通的有价证券，如汇票、支票、本票等。商品证券是一种物权凭证，是指证券持有人具有商品所有权或使用权的凭证，取得这种证券就等于取得这种商品的所有权，如提货单、运货单等。狭义的证券是指证券市场中的证券产品，包括股票、债券、基金、期权、期货等。本章讲述的是狭义上的证券，即资本证券。

（二）证券的种类

证券按照不同的标准具有不同的分类，一般可划分为以下几种：

证券按其性质可以分为证据证券、凭证证券和有价证券。证据证券是指单纯证明一种事实的书面证明文件，如信用证、提单等；凭证证券是指认定证券持有人是某种私权的合法权利者和证明持有人所履行的义务有效的书面证明文件，如存款单、借据、定期存款存折等；有价证券是指有票面金额，证明持券人有权取得一定收入并可以自由转让的所有权或者债权凭证，如股票、债券等。

证券按照发行主体可以分为政府证券、金融证券和公司证券。政府证券是指中央政府或者地方政府为了筹措资金而发行的证券；金融证券是银行或者其他金融机构为了筹措资金而发行的证券；公司证券是指公司为了筹措资金而发行的证券。

证券按照权益关系可以分为债权证券和所有权证券。债权证券指证券的持有人是发行单位债权人的证券，持有人有权到期收取本金和利息，但是对发行单位没有权利进行管理和控制；所有权证券指证券的持有人是证券发行单位所有者的证券，持有人一般具有一定的管理权和控制权。

证券按照收益的决定因素可以分为原生证券和衍生证券。原生证券指收益取决于发行者财务状况的一种证券，如股票、债券等；衍生证券是指收益取决于原生证券价值的证券，如期货、期权等。

证券按照是否在证券交易所挂牌交易可以分为上市证券和非上市证券。上市证券可以在交易所公开挂牌交易，而非上市证券则不可以公开挂牌交易。

二、证券投资的含义和种类

证券投资是指通过购买股票、债券、基金等有价证券或其衍生品，以期获得一定收益的投资行为。证券投资者一般通过获得利息、股利和买卖价差等获得收益，证券投资是间接投资的重要形式。

证券投资一般包括股票投资、债券投资、基金投资、期货投资和期权投资。

股票投资是将资金投向其他企业发行的股票，通过获取股利以及买卖差价来获取收益的投资行为，企业可以将资金投向企业的优先股，也可以投向企业的普通股。

债券投资是将资金用于购买债券以获取利息和买卖价差的一种投资行为，相对于股票投资来说，债券投资的收益更加稳定，但是收益也比较低。

基金投资是将资金用于购买基金份额或者收益凭证来获取收益的投资行为。通过基金的专家服务、集中理财来分散一部分的投资风险，获得一定投资收益。

期货投资是指将资金用于买卖期货合约以赚取利润或者规避价格风险的一种投资行为。所谓期货合约是指交易双方签署的在未来某个时间按确定的价格买入或者卖出某项合约标的资产的合约。

期权投资是指将资金用于购买在某一特定日期或之前的任何时间以固定价格购买或者售出一种资产的权利的投资行为。期权根据买进卖出的性质可以分为看涨期权、看跌期权和双向期权。

三、证券投资的特点

证券投资一般具有以下特点：

（一）风险性

证券投资是一种风险投资，在二级市场上价格波动的速度较快，幅度较大。因为在二级市场上，证券的投资者和投机者同时存在，而且影响证券价值的因素很多，例如政治、经济、行业状况、发行者的财务状况、心理因素，甚至是自然因素等都可能导致证券的价格波动。

（二）收益性

在证券市场上，收益与风险是对称的，风险越大，往往收益越高。证券具有较高的收益性，同时收益具有较高的不确定性。

（三）流动性

与实物投资相比，证券投资具有较高的流动性，投资者可以通过证券二级市场进行转让或交易，在现金和证券之间进行快速转换。一般来说，证券市场越发达，证券的流动性就越强。

四、证券投资的目的

企业进行证券投资主要有以下目的：

（一）保持企业的流动性，并获取一定的收益

企业为了保证流动性会持有货币资金，但是持有货币资金是有成本的，持有的货币资

金越多，企业的资本成本越高，就越影响企业的盈利能力。在利润的驱动下，企业会将一定量的货币资金进行短期投资，以获取一定的收益。尤其是一些季节性比较强的企业，某些月份会有一定的现金盈余，而另几个月则会资金短缺，为了保证资金在短缺时不需另行融资，企业就可以在有现金盈余的月份将其进行证券投资。当资金短缺时，通过二级市场将证券出售换取现金，使企业保障流动性的情况下，可以获得一定的收益。

（二）与筹集长期资金相配合

企业为了购置长期资产或者对外扩张，经常需要筹资长期资金，长期资金筹资金额一般比较大，但是，投资需要一定的过程和时间，从企业筹集到资金到资金使用有一定的时间。企业就可以将筹集到的尚未使用的资金进行投资，在需要资金时出售证券，将闲置的资金进行充分利用，获得收益，增加企业的利润。

（三）把握机会，赚取投机收益

由于资本市场具有较大的风险性和较高的收益性，证券在二级市场中，价格经常波动比较大，在价格比较低的时候，企业就可以把握机会买入证券，在价格上升以后出售，赚取差价。

（四）获得相关企业的控制权

有些企业出于战略性考虑，也会从二级市场购入其他公司的股票，进而达到获取该公司控制权的目的。

第二节　债券投资

一、债券投资概述

（一）债券的相关概念

1. 债券的含义

债券是指发行者为了筹措资金向投资者发行的，承诺按一定利率支付利息并按约定条件偿还本金的有价证券。债券本质是一种债权债务的凭证，债券发行人为债务人，投资者即债券的购买者为债权人，该凭证具有法律效力。

债券可以按照不同的标准进行分类，按债券的发行主体可以分为政府债券、金融债券和公司债券；按照是否有担保可以分为信用债券和抵押债券；按照是否记载有持有人的姓名可以分为记名债券和无记名债券；按照利率是否固定可以分为固定利率债券和浮动利率债券等。不管哪种债券，债券都有债券面值、票面利率、到期日等几个要素。

2. 债券面值

债券面值是设定的债券的票面金额，是指债券发行人承诺未来某一特定日期偿付给债券持有人的金额，包括币种和票面金额。债券的币种可以是本国货币，也可以是外币。一般而言，在国内发行的债券，发行的对象是国内有关经济主体，则选择本国货币，若在国外发行，则选择发行地国家或地区的货币或国际通用货币（如美元）作为债券的币种。债券的票面金额是债券到期时偿还债务的金额，印在债券上，固定不变，到期必须足额偿还。不同的债券票面金额不同，但是现实生活中，出于交易的便利考虑，多趋向于发行小面额债券。

3. 债券的票面利率

债券的票面利率是指债券发行者承诺以后在一定时期支付给债券持有人的利息率，等于约定每期支付的利息与债券票面金额的比值。所以，债券的利息等于债券的票面利率乘以债券的票面金额。债券的利息可能约定一年支付一次、也可能半年一次或者到期一次还本付息等。债券的计息方式可能使用单利计息也可能使用复利计息。这就导致债券的实际利率与债券的票面利率不相等，从而使得债券的票面价值与内在价值出现差异。

4. 债券的到期日

债券的到期日是指债券发行者需要归还本金的时间。从债券发行至债券到期日称为债券的发行期间，债券的发行期限时间长短不一，有的只有几个月，有的长达数十年。

（二）债券的特点

债券作为一种有价证券，具有以下几个特点。

1. 债券作为一种有价证券，具有一定的收益性

由于债券的发行者需要定期地还本付息，债券的持有人可以从债券的发行者那里获得债券的利息，并到期收回本金，所以债券具有一定的收益性。由于债券具有一定的流动性，在二级市场可以转让，债券持有者还可能获得买卖之间的差价。

2. 债券作为一种债务关系凭证，具有一定的期限性

债券的实质是一种债权债务关系凭证，约定了一定的还本付息期限，当债券到期时，发行者就需要偿还本金，并按约定的时间支付利息，否则就构成了违约，要承担一定的违约责任。

3. 债券具有一定的流动性

债券的流动性是指债券可以通过转让、抵押等手段变现的能力。如果债券未到期，而债券持有人需要资金时，就可以将债券在证券市场上进行出售，或者将债券进行抵押借款来达到变现的目的。金融市场越发达，债券的流动性就越强。

4. 相对于股票投资，债券比较安全

相对于股票的没有到期日，不能随意要求公司回购股票，而只能在二级市场进行转让，而且股票的收益不稳定，企业有盈余可以分红，没有盈余不能分红，如果公司经营亏损，不仅收不到股利，本金也可能收不回来，而当公司破产或者清算时，要优先偿还债权人的债务然后才是股东的权益。而债券可以到期无条件地收回本金，并按照约定的时间收到利息。如果发行公司破产或者清算，债券作为一种债权还可以得到优先保障。再者，债券的发行都要经过严格审查，只有信誉较高的筹资人才能被批准发行债券，而且公司发行债券大多需要担保。所以，债券相对比较安全，适合风险厌恶者进行投资。由于债券的风险较小，基于证券市场上的风险与收益权衡原则，所以债券的收益也比较低。

（三）债券的价值形式

债券的价值形式一般有以下几种。

1. 票面价值

债券的票面价值即债券面值，是指债券发行人承诺未来某一特定日期偿付给债券持有人的金额。理论上，债券的面值就是债券的价格或者价值，但是，由于市场上受供求关系、利率变化等因素的影响，债券的价格或者价值常常会脱离债券的面值。但是，债券的面值决定了债券价值的基础和波动空间。

2. 发行价格

债券的发行价格是债券发行者在发行债券时的价格，即债券购买者在认购新发行债券时支付的价格。由于受债券面值、票面利率、市场利率、债券期限、利息支付方式等各种因素的影响，从而导致债券的发行价格有时会高于债券的面值，称为溢价发行；有时候会低于债券的面值，称为折价发行；有时候会等于债券的面值，称为平价发行。例如某公司现发行债券，面值 100 元 / 张，票面利率 8%，每年年末支付利息，到期偿还本金，如果最近市场上资金比较紧张，市场上的实际利率高于 8%，则该债券以每年 8% 的票面利率支付利息，在市场上就没有竞争力导致无人购买，该公司只能采取折价的方式发行。如果市场上的利率低于 8%，就会有很多资金购买，从而该公司就可以采取溢价的方式发行。由此可见，债券的票面利率和市场利率共同影响债券的发行价格，当票面利

率高于市场利率时，就应该采取溢价的方式发行，当票面利率低于市场利率就应该采取折价的方式发行。

3. 市场价格

债券的市场价格是指债券发行以后在二级市场上进行流通的价格。作为一种有价证券，债券的价格受宏观经济、市场利率、供求关系、发行者财务状况等因素的影响，围绕着债券的内在价值进行波动。

4. 内在价值

债券的内在价值又称为债券的投资价值或理论价格，是指投资者进行投资带来的利息收入和面值收入按照一定的折现率进行折现以后的现值，是投资者进行投资能够接受的最高价格，如果市场价格高于债券的价值，则不应该进行投资，若进行了投资，则其实际收益率将低于其折现率；如果市场价格低于债券的价值，则可以进行投资，实际的收益率将高于其折现率。

二、债券投资估值

企业进行债券投资之前，应该对债券的价值进行评估，并结合企业的资金情况，采取合理的投资策略。对债券估值其实是对债券的内在价值进行估值，以期找到市场价格低于债券内在价值的债券，以期达到公司盈利的目的。对债券投资估值一般采用现金流折现的方法，即对债券投资未来导致的现金流进行折现来计算债券投资价值的方法。

（一）债券估值的基本模型

债券投资带来的现金流一般包括债券的利息和票面金额。所以债券的价值就等于各年的利息现值和票面金额现值之和。

$$V_b = \sum_{t=1}^{n} \frac{I_t}{(1+k)^t} + \frac{M}{(1+k)^n}$$

式中：V_b 为债券的价值；

I_t 为第 t 年的债券利息；

M 为债券面值；

k 为债券估值时的贴现率，一般采用投资要求的必要报酬率；

n 为债券的还款期限。

由于债券利息都是定期支付的，则利息就形成了一种年金形式。

$$V_b = M \cdot i \cdot (P/A, k, n) + M \cdot (P/F, k, n)$$

其中，i 为债券的票面利率。

由于债券的利息支付方式不同，导致投资者收到现金的时点不同，从而导致债券的价值计算也不同。

（二）不同还本付息条件下的估值模型

根据债券利息的支付方式可以将债券分为：

①分期付息，到期还本的债券；

②到期一次还本付息的债券；

③零票面利率债券。

所以，债券的价值计算有以下几种。

1. 分期付息，到期还本债券

如果债券分期付息，到期还本，债券投资者可以在每年都收到利息，并在债券到期日收到债券面值。

$$V_b = \sum_{t=1}^{n} \frac{I_t}{(1+k)^t} + \frac{M}{(1+k)^n}$$

即：$V_b = M \cdot i \cdot (P/A, k, n) + M \cdot (P/F, k, n)$

【例 9-1】A 企业 2021 年 6 月 1 日欲购买一张面值 1 000 元的债券，其票面利率为 8%，每年 5 月 31 日计算并支付一次利息，该债券于 5 年后的 5 月 31 日到期。求该债券发行时的价值，当时的市场利率为 6%，若当时债券的发行价格为 1 050 元，该企业是否应购买该债券？

解：该债券价值为：

$V_b = M \cdot i \cdot (P/A, k, n) + M \cdot (P/F, k, n)$

$= 1\,000 \times 8\% \times (P/A, 6\%, 5) + 1\,000 \times (P/F, 6\%, 5)$

$= 80 \times 4.2124 + 1\,000 \times 0.7473$

$\approx 1\,084.29$（元）

即债券的价值 1 084.29 元/张。由于发行价格 1050 元低于价值 1084.29 元，所以应该购买。

2. 到期一次还本付息的债券

如果债券到期一次还本付息，债券投资者在债券到期日一次性收到债券的利息和债券的本金，只有一次现金流的流入。

$$V_b = \frac{M + n \cdot I_n}{(1+k)^n}$$

即：$V_b = (M \cdot i \cdot n + M) \cdot (P/F, k, n)$

【例 9-2】承上题，若该债券到期一次还本付息，该债券发行时的价值为多少？若当时债券的发行价格为 1 050 元，该企业是否应购买该债券？

解：该债券的价值为：

$V_b = (M \cdot i \cdot n + M) \cdot (P/F, k, n)$

$\quad = (1\,000 \times 8\% \times 5 + 1\,000) \times 0.7473$

$\quad = 1\,046.22$（元）

即该债券的价值为 1 046.22 元/张。发行价格 1 050 元高于债券的价值 1 046.22 元，所以不应该购买。

3. 零票面利率债券

有些债券约定债券到期只兑现面值，不另行支付利息，这种债券称为贴现债券或者零息债券。债券投资者只能到期收到债券的面值。由于债券只到期支付面值，所以该种债券只能以低于面值的方式发行，投资者通过价格差来获得一定的投资收益。

$$V_b = \frac{M}{(1+k)^n}$$

即：$V_b = M \cdot (P/F, k, n)$

【例 9-3】A 企业 2021 年 6 月 1 日购买了一张面值 1 000 元的债券，5 年后到期，期间不支付利息，到期按面值偿还。如果发行时的市场利率为 6%，求该债券发行时的价值？

解：该债券的价值为：

$V_b = M \cdot (P/F, k, n)$

$\quad = 1\,000 \times 0.7473$

$\quad = 747.3$（元）

即该债券的价值为 747.3 元/张。

以上介绍了三种不同还本付息下债券价值的估算方法，现实生活中债券的形式不只这三种，不同的还本付息方式，债券的估值计算不尽相同，但是其原理和基本方法是相通的，都是运用货币的时间价值，按照一定的折现率对债券带来的现金流进行折现来计算债券的价值。

三、债券投资的收益率

债券投资的收益是投资于债券所获得的全部投资收益，主要包括利息收益和资本利得收益。资本利得收益是指债券到期获得票面面值或者将尚未到期的债券中途转让获得的价款与买价之间的价差，也称价差收益。

债券投资的收益率可以考虑货币时间价值，也可以不考虑货币时间价值，通常有以下几种收益率形式。

（一）票面收益率

票面收益率即票面利息率，是债券票面上载明的债券发行人承诺给债券持有人的利息率。票面利息率一般在债券的票面上注明，是债券最直接的一种收益率形式。面值相等的情况下，票面利率越高，则持有人获得利息收入越多，收益率自然就高，否则，收益率就低。由于债券的价格与票面面值不一定相等，有时候差别还比较大，所以票面利率与投资者实际的投资收益率相差较大。

（二）直接收益率

直接收益率是指投资者的利息收入与支付的买价之间的比率。计算公式如下：

$$直接收益率 = \frac{I}{P_0} \times 100\% = \frac{M \times i}{P_0} \times 100\%$$

式中：I代表每年的利息收益；

　　　P_0代表债券的买入价格；

　　　M代表债券的面值；

　　　i代表债券的票面利率。

【例9-4】A企业2021年6月1日以1 050元/张的价格购入M公司发行的债券，该债券面值1 000元，票面利率8%，期限5年，每年5月31日支付利息，到期偿还本金。请计算该债券的直接收益率。

解：直接收益率 $= \frac{M \times i}{P_0} \times 100\% = \frac{1000 \times 8\%}{1050} \times 100\% \approx 7.62\%$。

该指标直接反映了投资者每投入1元带来的利息收入，比票面收益率更能反映投资者投入和收益的实际情况。该指标计算简单，数据容易获得，方便理解，但是，该指标只是反映了利息收益，而忽视了投资者的资本利得收益。而且，由于该指标采用的是每年的利息收入除以实际购买的价格，对于没有利息收入的贴现债券则不适用。

（三）持有期收益率

持有期收益率是指在从购入债券至债券卖出或债券到期的持有期间，投资者获得的收益率。

如果不考虑货币的时间价值，可以直接用每年的利息收益和平均每年的资本利得收益除以债券买入价格来计算，计算公式如下：

$$持有期收益率 = \frac{I + (P_n - P_0)/n}{P_0} \times 100\%$$

式中：I 代表每年的利息收益；

P_0 代表债券的买入价格；

P_n 代表债券卖出的价格或者债券到期收到的价款；

n 为持有债券的年限。

该指标克服了直接收益率的缺点，不仅考虑了持有期间的利息收益，还考虑了持有期间的资本利得收益。更加全面的计算出了投资者的收益率，而且对于贴现债券也适用，只是贴现债券的每年利息为零。但是该指标没有考虑货币的时间价值。

如果投资者持有的时间较长，也可以考虑货币的时间价值进行计算。

$$P_0 = \sum_{t=1}^{n} \frac{I_t}{(1+k)^t} + \frac{P_n}{(1+k)^n}$$

在债券估值基本模型中，如果用债券的购买价格 P_0 代替内在价值 V_b，而将折现率作为未知数计算出来的内部收益率，即投资者的持有期收益率。

债券考虑货币时间价值和不考虑货币时间价值的收益率会略有不同，由于证券的估值以及收益率的测算本身就具有一定的估计因素，所以一般不影响投资者进行决策即可。

【例 9-5】A 公司 2018 年 1 月 1 日以 1 100 元 / 张的价格购入 M 公司发行的面值为 1 000 元的债券，该债券票面利率 8%，5 年期，每年年末支付利息，到期偿还本金。A 公司于 2021 年 1 月 1 日以 1 040 元 / 张的价格将其出售，请问该公司债券的持有期收益率。

解：如果不考虑货币的时间价值：

$$\begin{aligned} 持有期收益率 &= \frac{I + (P_n - P_0)/n}{P_0} \times 100\% \\ &= \frac{1000 \times 8\% + (1040 - 1100)/3}{1100} \times 100\% \\ &\approx 5.4545\% \end{aligned}$$

如果考虑货币的时间价值：

$$P_0 = \sum_{t=1}^{n} \frac{I_t}{(1+k)^t} + \frac{P_n}{(1+k)^n}$$

$$1100 = \sum_{t=1}^{3} \frac{1000 \times 8\%}{(1+k)^t} + \frac{1040}{(1+k)^3}$$

即：$1\,100 = 80 \times (P/A,\ k,\ 3) + 1\,040 \times (P/F,\ k,\ 3)$

求解该方程需要用逐次测试法。

当 $k = 5\%$ 时

$80 \times (P/A, 5\%, 3) + 1\,040 \times (P/F, 5\%, 3)$

$= 80 \times 2.7232 + 1\,040 \times 0.8638$

$= 1\,116.208$

当 $k = 6\%$ 时

$80 \times (P/A, 6\%, 3) + 1\,040 \times (P/F, 6\%, 3)$

$= 80 \times 2.6730 + 1040 \times 0.8396$

$= 1\,087.024$

用插值法可以近似计算得：

$$\left. \begin{cases} 5\% & 1\,116.208 \\ k & 1\,100 \\ 6\% & 1\,087.024 \end{cases} \right\}$$

$$\frac{5\% - k}{5\% - 6\%} = \frac{1116.208 - 1110}{1116.208 - 1087.024}$$

得：$k = 5.2127\%$

即如果不考虑货币的时间价值，该债券的持有期收益率为 5.4545%。如果考虑货币的时间价值，该债券的持有期收益率为 5.2127%。

该指标考虑了投资者的利息收益，也考虑了资本利得收益，同时也可以兼顾货币的时间价值，尽管计算上稍显复杂，但是计算结果比较精确，可以在很大程度上反映投资者持有债券的收益率。

（四）到期收益率

对于每一种债券，投资者众多，每一个投资者持有的期限都不同，要求的必要报酬率也不同，对债券收益水平进行客观评价的收益通常可以用到期收益率来衡量。债券的到期收益率是指如果投资者将债券持有至到期，投资者将获得的收益率。即将债券持有至到期的未来现金流量现值等于债券购入价格的折现率，公式计算如下：

$$P_0 = \sum_{t=1}^{n} \frac{I_t}{(1+k)^t} + \frac{M}{(1+k)^n}$$

如果某投资者欲将债券持有至到期，则其到期收益率也就是其持有期收益率，计算过程与持有期收益率相同。

四、债券投资风险

债券投资风险是指投资者在债券投资过程中债券预期收益变动的可能性和变动幅度。债券的风险一般包括以下几种。

（一）违约风险

违约风险是指债券持有人不能按期收到约定利息或到期不能收到票面金额的风险。此类风险对于国债来说，由于有整个国家财力作为保障，违约风险较小。对于金融债券和公司债券，存在各种影响其不能完全履行责任的风险，例如在债券持有期间被投资公司破产或者清算。

（二）利率风险

债券的利率风险是指由于市场利率的波动导致债券价格和收益变动的风险。由于债券的价值是未来利息收入和面值的折现，而折现的折现率通常使用的是市场利率。如果市场利率上升，则意味着折现率上升，债券的价值将下跌，如果投资者不打算持有至到期，则收益必定会受到影响。

（三）购买力风险

购买力风险是指由于通货膨胀而使货币购买力下降，从而使投资者蒙受经济损失的风险。由于债券的票面金额、票面利率和支付方式在债券发行时已经固定，在债券持有期间投资者的收入是固定的，在发生通货膨胀时，投资者的购买力必定会下降，从而造成损失。

（四）流动性风险

流动性风险又称为变现风险，是指投资者在持有债券期间需要现金时，不能及时将债券变成现金的风险。如果债券发行人的资质比较差或者债券发行以后公司发生了严重的财务危机，市场上对该公司的债券不看好，就会导致投资者很难将债券投资变现，或者债券的二级流通市场不完善，也会造成投资者难以将投资变现，导致变现风险。

五、债券投资的优缺点

（一）债券投资的优点

1. 债券投资的风险较小

与股票投资相比，债券投资一般可以按约定期限收取利息和本金，收益比较稳定，风险较小。尤其对于国家发行的债券由国家财力作为坚强的后盾，违约风险极其小，安全性较高。金融债券和公司债券尽管相对比国债安全性稍差，但是其支付顺序位于股票之前，风险较小。

2. 收入可预期

由于债券的利息和本金的收回期限在票面上都有记载，利息一般都是每期期末支付，面值到期收回，投资者收入可以预计，方便投资者对自己的资金使用进行总体安排和规划。

3. 市场流动性较好

随着金融市场的完善，很多证券都可以在二级市场上出售和流通，方便投资者随时变现或者抵押，不需要投资者必须持有到期，市场流动性较好。

（二）债券投资的缺点

1. 与股票相比，收益较低，而且没有管理权

债券的低风险决定了债券的收益较低。不能像股票一样，当公司盈利较多时可以分得较多的剩余利润，也不能够参与公司的经营管理。

2. 购买力风险较大

由于债券的收益是在债券发行时就已经确定的，如果在持有期间市场上通货膨胀比较高，则债券的购买力就会受到影响。如果市场上通货膨胀率高，导致大家要求的必要报酬率上涨，就会导致债券的市场价格下跌。

第三节 股票投资

一、股票投资概述

（一）股票投资的相关概念

股票是股份公司为筹措股权资本而发行的有价证券，是持股人拥有公司所有权的凭证。股票包括普通股和优先股，普通股是公司发行的代表着股东享有平等的权利和义务的股票。优先股是公司发行的优先分取股利和公司剩余财产的股票。由于优先股先于普通股发放股利，股利一般波动不大，导致二级市场的价格波动也不大。相对于优先股来说，普通股股利波动比较大，剩余财产的索取权靠后，所以普通股的投资风险要高于优先股。但是普通股可以全面参与公司的管理和控制，除了特殊事务，优先股一般不参与公司运营管理以及投票。不管是普通股还是优先股，都需要对其投资价值进行评估。

（二）股票投资的特点

1. 股票投资是一种权益性投资

股票是一种代表所有权的凭证，投资者购买了公司的股票就代表成为了公司的股东，是公司资产所有者之一，具有参与公司经营管理的权利。

2. 投资风险比较大

投资者一旦买入公司股票，就不能要求公司赎回其投资额，如果投资者想变现，只能通过二级市场出售股票进行变现。但是，二级交易市场是一个变数很大的市场，受各种宏观因素和微观因素的影响，价格波动比较大。公司一旦破产，其求偿权位于最后，投资者的本金很可能无法全额收回。

3. 收益不稳定

由于股票分红受很多条件的限制，导致股票投资者收益很不稳定。例如，相关的法律法规规定，企业盈利要先弥补以前亏损，然后提取公积金，剩余的金额可以进行分配。但是企业是否会分红，分配股利是现金股利还是股票股利，还需要详细考虑公司的战略发展、投资机会、现金流情况、资本结构等因素。这些因素都会影响投资者的收益，导致投资者收益不稳定。

（三）股票的价值形式

股票的价值形式一般有以下几种：

1. 票面价值

票面价值又称面值，是指公司发行股票的票面上载明的每股的金额，表示每股股票的原始投资额度。我国上海证券交易所和深圳证券交易所流通的股票的面值一般均为每股1元。表示股东每持有一股股票就对公司拥有一份的管理权或投票权。

2. 账面价值

股票的账面价值又称为普通股每股权益或每股净资产，指按账面上计算每一股普通股股份实际拥有的公司账面净资产的权益。具体计算如下：

$$普通股每股账面价值 = \frac{公司净资产-优先股股本}{流通在外的普通股股数}$$

$$= \frac{普通股股本 + 资本公积 + 盈余公积 + 未分配利润}{流通在外的普通股股数}$$

股票的账面价值代表每股股票拥有的净资产，尽管账面价值不等于市场价格或股票的价值，甚至有时相差比较大，它依旧为股票价值提供最基本的物质基础。

3. 发行价格

股票的发行价格是指股份有限公司为了筹集股本发行股票或者增发股票时出售给投资者的价格。该价格取决于股票的内在价值，但是由于发行价格受市场供求关系及其他各种因素的影响，又不完全等于股票的内在价值。发行价格高于票面价格，称为溢价发行；发行价格等于票面价格，称为平价发行；发行价格低于票面价格，称为折价发行。我国股份有限公司发行股票可以溢价发行或者平价发行，不允许折价发行。

4. 市场价格

股票的市场价格是指股票上市以后在二级市场买卖时的交易价格。市场上的交易价格可以分为开盘价、收盘价、最高价、最低价，在进行股票评价时主要采用收盘价。该市场价格受当前经济形势、政治制度、市场供求、行业周期、企业财务状况、投资者心理甚至各种自然因素的影响，变动比较大，受股票价值的影响，但是又会偏离价值，有时偏离得还会比较远。

5. 内在价值

股票的内在价值是指股票未来现金流入的现值，又称为理论价格或者股票价值，是股票的真实价值。股票投资的未来现金流入包括两部分，一部分是每年的现金分红，另一部分是企业在出售股票时的价款收入。在进行投资之前，应该对其进行评估，用于判断进行投资是否合理。

二、股票投资估值

（一）股票估值的基本模型

股票的价值形式很多种，所谓的股票估值指的是对股票内在价值或者投资价值的评估和测算，即股票未来现金净流量的现值之和。企业进行股票投资，能带来的现金流一般为股利收入和未来出售股票的价款收入，所以，股票投资的内在价值是股利收入和未来售价的现金流折现之和。具体计算如下：

$$V_S = \frac{D_1}{1+k} + \frac{D_2}{(1+k)^2} + \frac{D_3}{(1+k)^3} + \cdots \frac{D_n}{(1+k)^n} + \frac{P_n}{(1+k)^n}$$

其中，V_S 为股票的价值；D_n 为第 n 年的股利收入；k 为股票估值时的贴现率，一般采用投资者要求的必要报酬率；P_n 为第 n 年出售股票时的价款收入。

由于股票没有到期日，第 n 年出售股票的价格应该等于其当时的内部价值，即等于 n 年以后未来现金流的折现，即：

$$V_n = \frac{D_{n+1}}{(1+k)} + \frac{D_{n+2}}{(1+k)^2} + \frac{D_{n+3}}{(1+k)^3} + \cdots$$

$$= \sum_{t=n}^{\infty} \frac{D_{t+1}}{1+k}$$

所以，公司股票的内在价值也可以表示为：

$$V_S = \frac{D_1}{1+k} + \frac{D_2}{(1+k)^2} + \cdots \cdots \frac{D_n}{(1+k)^n} + \frac{D_{n+1}}{(1+k)^{n+1}} + \frac{D_{n+2}}{(1+k)^{n+2}} + \cdots \cdots$$

$$= \sum_{t=1}^{\infty} \frac{D_t}{(1+k)^t}$$

即股票的内在价值等于未来股利收入的折现。

（二）不同股利形式下的股票估值模型

由于进行股票投资的目的不同，导致持有股票投资的期限不同，企业需要现金或者需要出售股票时，并不能要求被投资企业收回股票，而只能通过二级市场转让给其他投资者。

再加上不同的企业股利分配政策不同，就有了以下几种股票估值模型。

1. 长期持有、未来准备出售的股票投资的估值

当企业长期持有股票投资，未来准备出售时，企业能够收到的现金流包括持有期间的股利收入和未来出售时的价款收入。所以，股票的价值为未来股利收入和出售价款收入的现金流折现之和，计算公式如下：

$$V_S = \frac{D_1}{1+k} + \frac{D_2}{(1+k)^2} + \frac{D_3}{(1+k)^3} + \cdots\cdots \frac{V_n}{(1+k)^n}$$

$$= \sum_{t=1}^{n} \frac{D_t}{(1+k)^t} + \frac{P_n}{(1+k)^n}$$

【例9-6】假定 A 公司持有 B 公司的股票，要求的必要报酬率为 12%。预计未来三年每年的股利分别为 1 元 / 股、1.2 元 / 股和 1.1 元 / 股，预计三年以后出售时股票的价格为 21 元 / 股，请问 B 公司股票当前的内在价值为多少？

解：未来三年的股利以及未来售价的现值贴现表见表9-1：

表9-1　未来三年股利及未来售价的现值贴现表

单位：元

t	第 t 年的预计股利和售价	复利现值系数	现值
1	1	0.8929	0.8929
2	1.2	0.7972	0.9566
3	21+1.1=22.1	0.7118	15.7308
合计	24.3	—	17.5803

所以，该股票当前的内在价值约为 17.58 元 / 股。

2. 长期持有、股利稳定不变的股票投资的估值

如果企业持有股票准备长期持有，未来不准备出售，则公司每年可以收到被投资单位的股利。股票的价值就取决于未来股利的收入，如果被投资单位采用稳定的股利政策，每年发放的股利相同，则股票的价值计算过程如下：

$$V_S = \frac{D_0}{1+k} + \frac{D_0}{(1+k)^2} + \frac{D_0}{(1+k)^3} + \cdots\cdots \frac{D_0}{(1+k)^n}$$

$$= \sum_{t=1}^{\infty} \frac{D_0}{(1+k)^t}$$

$$= \frac{D_0}{k}$$

【例 9-7】若 A 公司使用固定股利政策，当前股利为 0.8 元 / 股，投资者要求的必要报酬率为 10%。求该股票的价值。

解：该股票的价值为 $V_S = \dfrac{D_0}{k} = \dfrac{0.8}{10\%} = 8$（元）。

则该公司股票的价值为 8 元 / 股。

3. 长期持有、股利固定增长的股票投资的估值

如果企业欲长期持有股票，未来不准备出售，被投资单位采用稳定增长的股利政策，每年发放的股利按照一定的增长率 g 进行增长，则投资单位收到的就是一个永续递增的股利，则股票的价值计算过程如下：

$$V_S = \frac{D_1}{1+k} + \frac{D_2}{(1+k)^2} + \frac{D_3}{(1+k)^3} + \cdots\cdots \frac{D_n}{(1+k)^n}$$

$$= \frac{D_0(1+g)}{1+k} + \frac{D_0(1+g)^2}{(1+k)^2} + \frac{D_0(1+g)^3}{(1+k)^3} + \cdots\cdots \frac{D_0(1+g)^n}{(1+k)^n}$$

$$= \sum_{t=1}^{\infty} \frac{D_0(1+g)^t}{(1+k)^t}$$

$$= \frac{D_0(1+g)}{k-g}$$

【例 9-8】某企业股票目前的股利为 0.35 元 / 股，预计年增长率为 5%，投资者期望的最低报酬率为 10%，计算股票的内在价值，并评价其是否可以投资。

解：$V_S = \dfrac{D_1}{1+k} + \dfrac{D_2}{(1+k)^2} + \dfrac{D_3}{(1+k)^3} + \cdots\cdots \dfrac{D_n}{(1+k)^n}$

$$= \frac{D_0(1+g)}{k-g} = \frac{0.35 \times (1+5\%)}{10\% - 5\%} = 7.35（元）$$

该股票的内在价值为 7.35 元 / 股。如果当前市场价格高于 7.35 元 / 股，不应该投资；若低于 7.35 元 / 股，则可以投资。

4. 长期持有、阶段性增长的股票投资的估值

在现实生活中，有些公司在某一阶段会有超常的增长，经过一段时间的超速发展以后就变成正常增长和发展，所以企业的股利也可能在某一阶段超常增长以后，进入下一个股利稳定增长或者股利稳定不变的阶段，并持续下去。如果这样的话，我们就需要分段计算来确定股票的价值。

【例9-9】A企业持有B公司的股票，要求的必要报酬率为12%。预计B公司在未来4年会经历高速增长，增长率为25%，从第5年转为正常增长，增长率为6%。B公司最近一次支付的股利为1元/股。假设B公司股利增长与公司增长同步。请问B公司每1股股票的价值为多少？

解：第一阶段：高速增长阶段的股利现值计算见表9-2。

表9-2　高速增长阶段股利现值表

单位：元

年份	股利	现值系数	现值
1	1.25	0.8929	1.1161
2	1.56	0.7972	1.2436
3	1.95	0.7118	1.3880
4	2.44	0.6355	1.5506
合计	7.2	—	5.2983

即高速增长阶段的股票价值 $V_{第一阶段} = 5.2983$

第二阶段：正常增长阶段。

从第4年年末来看，从第5年公司进入股利稳定增长阶段，则第4年年末公司股票的价值为：

$$V_4 = \frac{D_5}{1+k} + \frac{D_6}{(1+k)^2} + \frac{D_7}{(1+k)^3} + \cdots\cdots$$

$$= \sum_{t=1}^{\infty} \frac{D_4(1+g)^t}{(1+k)^t}$$

$$= \frac{D_4(1+g)}{k-g}$$

$$= \frac{2.44(1+6\%)}{12\%-6\%}$$

$$= 43.11（元/股）$$

则正常增长阶段的价值为：

$$V_{第二阶段} = \frac{V_4}{(1+k)^4} = \frac{43.11}{(1+12\%)^4} = 43.11 \times (P/F, 12\%, 4) = 27.3964 （元）$$

该股票的价值为：

$$V_S = V_{第一阶段} + V_{第二阶段} = 5.2983 + 27.3964 \approx 32.69 （元/股）$$

即该公司的价值为 32.69 元/股。

第二阶段的股票也可以直接贴现到当前价值进行计算，即

$$
\begin{aligned}
V_{第二阶段} &= \frac{D_5}{(1+k)^5} + \frac{D_6}{(1+k)^6} + \frac{D_7}{(1+k)^7} + \cdots\cdots \\
&= \sum_{t=1}^{\infty} \frac{D_4(1+g)^t}{(1+k)^{t+4}} \\
&= \frac{D_0(1+25\%)^5}{(k-g)\times(1+k)^4} \\
&= \frac{1\times(1+25\%)^4(1+6\%)}{(12\%-6\%)\times(1+12\%)^4} \\
&= 27.4109 （元/股）
\end{aligned}
$$

该股票的价值 $V_S = V_{第一阶段} + V_{第二阶段} = 5.2983 + 27.4109 \approx 32.71 （元）$

两种计算结果略有不同，是由于四舍五入尾差导致。

如果股利不规则增长，则股票价值需要根据每一年的股利进行折现求和。

三、股票投资的收益率

投资者进行股票投资的最终目的是获得投资收益。股票投资的收益由股利收益、资本利得构成。股票收益率的高低是进行投资决策的关键，也是评价股票投资是否成功的重要指标，所以，正确地计算投资收益率的高低是财务管理中很重要的一部分。

如果企业持有的股票为短期投资，一般不需要考虑货币的时间价值。如果企业长期持有某公司股票，则其投资收益率包括考虑货币时间价值的投资收益率和不考虑货币时间价值的投资收益率。

（一）短期股票投资的收益率

短期股票投资一般持有期限短于一年，因而收益率的计算不需要考虑货币的时间价值。

$$短期股票投资的收益率 = \frac{售出价-买入价+现金股利}{买入价} \times 100\%$$

即利用所有的投资收益除以投资的本金，就可以得出投资的收益率。如果在持有股票

的期间收到了股票股利，则该售出价是原股份和股票股利一起出售收到的金额。

【例9-10】A公司于2021年1月购入S公司的股票1万股，每股价格8元。3月，收到现金股利5000元。同年10月以8.8元/股的价格全部对外出售。请计算该股票投资的收益率。

解：

$$短期股票投资的收益率 = \frac{售出价 - 买入价 + 现金股利}{买入价} \times 100\%$$

$$= \frac{8.8 \times 10\,000 - 8 \times 10\,000 + 5000}{8 \times 10\,000} \times 100\%$$

$$= 16.25\%$$

【例9-11】A公司于2021年1月购入S公司的股票1万股，每股价格8元。3月，S公司宣布发放现金股利0.2元/股，同时发放股票股利，每10股送1股。同年10月以8.8元/股的价格全部对外出售。请计算该股票投资的收益率。

解：该公司对外出售时持有的股份数 = 10 000 + 1 000 = 11 000（股）

$$短期股票投资的收益率 = \frac{售出价 - 买入价 + 现金股利}{买入价} \times 100\%$$

$$= \frac{8.8 \times 11\,000 - 8 \times 10\,000 + 0.2 \times 10\,000}{8 \times 10\,000} \times 100\%$$

$$= 23.5\%$$

（二）长期股票投资的收益率

企业在进行长期股票投资时，可以分为不考虑货币的时间价值的投资收益率和考虑货币时间价值的投资收益率。

1. 不考虑货币时间价值的投资收益率

如果不考虑货币的时间价值，企业投资的收益率指每一年企业的收益额与企业的初始投资额（买入价）之比，该收益率又称为持有期收益率。

$$持有期收益率 = \frac{年现金股利 + （售出价 - 买入价）\div 持有年限}{买入价} \times 100\%$$

如果被投资企业采用的不是固定股利支付政策，年现金股利可以采用持有期间收到的年平均现金股利进行计算。

【例 9-12】A 公司于 2018 年 1 月以 6 元 / 股的价格购进 10 000 股 S 公司的股票，A 公司分别于 2018 年、2019 年、2020 年收到 0.23 元 / 股、0.33 元 / 股和 0.34 元 / 股的现金股利。A 公司于 2021 年 1 月以 7.2 元 / 股的价格将股票全部售出。请计算其持有期收益率。

解：

$$持有期收益率 = \frac{年现金股利 + （售出价-买入价）÷ 持有年限}{买入价} \times 100\%$$

$$= \frac{（0.23 + 0.33 + 0.34）÷ 3 + （7.2-6）÷ 3}{6} \times 100\%$$

$$= 11.67\%$$

2. 考虑货币时间价值的投资收益率

一般情况，投资者持有股票超过 1 年需要考虑货币的时间价值。其持有期收益率计算公式如下：

$$P_0 = \sum_{t=1}^{n} \frac{D_t}{(1+i)^t} + \frac{P_n}{(1+i)^n}$$

其中，P_0 为股票的购买价格；D_t 为第 t 年的现金股利；P_t 为出售股票时的价格；i 即为投资的报酬率，也就是其进行股票投资的内含报酬率。

当 i 大于或等于投资要求的必要报酬率时，投资者应该对其投资，否则，不应该对其进行投资。

四、股票投资风险

股票投资风险是指股票实际的投资收益低于预期收益的可能性。造成实际投资收益小于预期收益的原因有很多，也导致股票投资的风险有很多种，正确认识股票投资风险，有助于投资者做出正确的投资决策。一般情况下，股票投资的风险有以下几种。

（一）价格风险

在股票市场上，价格总在不停地变动，行情瞬息万变，这是股票市场的基本特性，也是股票市场魅力所在。其价格波动方向、波动幅度、延续的时长一般都无法准确预料，这就是股票的价格风险。

（二）利率风险

股票和债券都会受利率的影响，但是其影响的机制不同。对于债券来说，市场上利率提高，由于债券的利率和面值不变，但是投资者要求的必要报酬率会提高，从而导致债券的内在价值降低。而对于股票来说，当银行利率上升时，企业借款利率会上升，资本成本的提高会降低企业的利润，股票价格就会下降；反之则股票价格上涨。

（三）购买力风险

股票投资的购买力风险与债券投资的购买力风险是相同的，都是因通货膨胀而导致的投资者实际购买力下降的风险。

（四）公司风险

股票价格与被投资单位的收益能力密切相关。如果被投资单位经营不善导致亏损，甚至经营状况恶化或面临破产、倒闭等，将会导致投资者蒙受损失。实践证明，很多经营亏损的上市公司，一旦公布业绩，股价价格就很大程度上会下跌。

五、股票投资的优缺点

（一）股票投资的优点

1. 投资收益高

由于股票价格波动比较大且波动频繁，如果投资选择正确、时机掌握适当，将会给企业带来优厚的投资回报。

2. 购买力风险低

如果市场上通货膨胀普遍比较高时，由于各种物价普遍上涨，会在一定程度上降低投资者的购买力。但与债券投资相比，购买力风险较低。

3. 拥有公司经营管理权

由于股票是一种所有权凭证，持有一家公司的股票就是该公司的股东，在进行经营管理投票时，就可以参与对经营管理的投票。如果持有一家公司的股票达到一定比例时，甚至可能获得该公司的控制权。

（二）股票投资的缺点

1. 股票价格波动大、投资风险高

由于股票价格受经济、政治、文化、行业周期、投资人心理、企业财务状况、自然天气等因素的影响，股票的价格经常处于变动之中，有些甚至处于剧变之中，从而导致股票

的价格波动比较大，投资风险比较高。

2. 收益不稳定

相对于债券投资，股票投资的股利收入受被投资企业盈利情况、法律法规、企业未来投资机会等的影响。由于《公司法》规定，企业没有盈利，不能进行股利分配。当企业没有盈利或者盈利很少的时候，企业只能不分配或者少分配股利。当企业未来的投资机会越多，企业就越倾向于少分配或者不分配股利，而将利润留在企业用于发展。所以，股票投资的收益经常是不稳定的。

3. 求偿权位于最后

在企业进行利润分配时，要优先进行优先股股利分配，然后才是普通股股东。在企业进行清算破产时，要先保障债权人的利益，然后是优先股股东，最后才是普通股股东，所以，求偿权位于最后，导致普通股股东的保障程度就比较低。

第四节　基金投资

一、基金概述

（一）基金的含义

基金是一种利益共享、风险共担的集合投资方式，由基金发起人以发行基金份额或受益凭证等有价证券的方式将市场上的闲散资金集中起来，汇集成一定数额的具有共同目的的资金，交由专业投资机构经营运作，将投资收益和风险按出资人的出资比例分享和共担的投资方式。与股票和债券不同的是，股票和债券属于直接投资工具，是将资金直接投入被投资单位，而基金是间接投资工具，先将资金购买基金，然后由基金进行投资股票或者债券。

（二）基金的特点

1. 集合投资

基金就是将投资者零散的资金通过基金份额的方式汇集起来，形成一定的基金规模，然后交由专业的投资机构进行运作，实现资产的增值。基金投资对投资额的要求不高，甚至有些基金对投资额没有最低要求，完全按照出资比例进行收益的分配。从而实现最大限度地吸收闲散资金，积少成多，形成一定规模的资金池，然后通过集合投资和运作，发挥资金的规模效应。

2. 分散风险

在证券市场上或者现实生活中，风险和收益总是并存的，要想获得比较高的收益，就要承担比较高的风险。而实现资金投资的多样化，"不将鸡蛋放在一个篮子里"是分散风险行之有效的方法。但是当投资者只有一个"鸡蛋"时，是完全没有办法"将其放在不同的篮子里"的，要想实现分散风险的目的，就必须有一定的资金实力。而基金就可以凭借其雄厚的资金实力，进行有效的资产配置和投资组合，分散投资，实现将"鸡蛋装在不同的篮子里"的目的。

3. 专业理财

基金托管人将资金委托给专门的投资机构专家进行管理。相对比零散资金的投资者，在繁忙工作之余偶尔关注一些投资信息、理论基础不过硬、投资经验较少、操作技术不成熟、市场信息滞后，这些专家在理论基础、投资经验、操作技术、市场信息等方面都拥有绝对的优势。

（三）基金的种类

基金按照不同的划分标准可以进行不同的分类。

1. 根据募集方式不同可以分为公募投资基金和私募投资基金

公募投资基金是指以公开发行的方式向社会公众募集资金的基金形式。公募投资基金可以公开募集和宣传，一般投资起点比较低，要求比较规范；而私募投资基金是指以非公开方式向特定投资者募集资金的基金形式，不得公开宣传和募集资金，一般投资起点较高，由于参与人数比较少，所以要求没有公募基金规范。

2. 根据运作方式不同可以分为封闭式投资基金和开放式投资基金

封闭式投资基金是指基金发行总额和发行期在基金设立时已经确定，发行完毕后的规定期限内固定不变的基金形式。投资者在基金存续期间不得向发行机构赎回，且其资金份额必须通过证券交易所进行上市交易。投资者欲变现或者投资该基金，可以通过二级市场进行转让和交易。封闭式投资基金的这种形式与股票类似，公司发行股票后公司的资本额固定，投资者在公司存续期间不得要求公司回购股票，但是可以通过二级市场进行交易或出售。

开放式投资基金是指基金在设立时，基金单位或者总规模不固定，投资者可以在首次发行结束一段时间后，随时进行购买或者要求赎回其基金份额的基金形式。开放式投资基金基金规模不固定，基金单位可以随时向投资者出售，也可以随时赎回投资者的基金份额。该基金一般不上市交易，而是通过银行进行申购和赎回。

封闭式投资基金和开放式投资基金的区别：

（1）基金规模的可变性不同

封闭式投资基金在基金设立时已经确定，在基金存续期间不得变化，投资者一经认购不得要求基金赎回其份额。除非基金再发行新一轮的基金，否则基金的规模不会发生变化。开放式投资基金的规模随时都可以发生变化，有投资者购买或者要求赎回基金份额时，该基金的总规模就会发生变化。

（2）变现方式不同

封闭式投资基金的投资者欲将基金投资变现，可以通过二级市场进行转让、抵押或者出售，但是不能要求基金赎回其份额。开放式投资基金的投资者欲变现，可以要求基金赎回其投资份额，一般通过银行申购和赎回。

（3）买卖价格不同

封闭式投资基金在证券二级市场上市交易，所以其价格受市场上供求关系影响。开放式投资基金的价格是以基金单位净值为基础计算出来的，基本不受市场供求关系影响。

（4）投资的策略不同

由于封闭式投资基金规模固定，所以该基金的资金可以进行长期投资。而开放式投资基金可以随时赎回，该基金必须保证一定的流动性，而不能将其全部资金进行长期投资。

3. 根据组织形式不同可以分为公司型投资基金和契约型投资基金

公司型投资基金是指按照《公司法》规定，依据基金公司章程设立，以发行股份的方式募集资金，成立具有法人资格的公司，按照持股比例分享投资的基金形式。与一般股份有限公司类似，也有董事会这种行使股东权力的机构，虽然公司型基金在形式上类似于一般股份公司，但不同于一般股份公司的是，它委托基金管理公司作为专业的投资顾问来经营与管理基金资产。

契约型投资基金是依据基金管理人、基金托管人之间签署的基金合同设立，合同规定了参与基金运作各方的权利与义务的基金形式。基金投资者通过购买基金份额成为基金合同当事人，享受合同规定的权利，也需承担相应的义务。我国的基金均为契约型基金。

公司型投资基金和契约型投资基金的区别：

（1）资金的性质不同

公司型投资基金的资金为公司法人的资本，契约型投资基金的资金是信托资产。

（2）投资者的地位不同

公司型投资基金的投资者是出资人，同时也是公司的股东，通过股东大会和董事会行使股东的权利；契约型投资基金的投资者是基金契约的当事人之一，即受益人，没有管理基金资产的权利。

（3）资金的运营依据不同

公司型投资基金依据基金公司的章程运营基金，契约型投资基金依据基金契约运营基金。

4. 按投资标的的不同可以分为股票基金、债券基金、货币基金、混合基金等

根据中国证监会对基金类别的分类标准，股票基金为基金资产 80% 以上投资于股票的基金；债券基金为基金资产 80% 以上投资于债券的基金；仅投资于货币市场工具的为货币市场基金；混合基金是指投资于股票、债券和货币的市场工具，但股票投资和债券投资的比例不符合股票基金、债券基金规定的基金。

二、投资基金的收益和费用

与股票和债券相同，基金的收益和费用决定着基金的权益和净资产价值，所以，进行基金的估值，需要先了解投资基金的收益和费用有哪些。

（一）投资基金的收益

投资基金的收益是基金在运作过程中产生的能够增加基金净权益的部分，其主要来源有利息收入、股利收入、资本利得收益。

1. 利息收入

投资基金经常会投资于政府债券、金融债券或者企业债券、商业票据等，就会收到发行者的利息。另外，基金暂时闲置没有进行投资的资金也会带来一部分的利息收入。尤其是开放式基金，由于为了要留存一部分资金以备投资者随时赎回的要求，这一部分资金就会产生一定的利息收入。

2. 股利收入

投资基金除了将资金投入到债券和货币市场以外，很大一部分都投资于股票，则股利收益就成了其收益的重要来源。

3. 资本利得收益

资本利得收益是指投资基金将持有的金融资产对外出售的价格高于买价的差价利润。如果出售价格高于买价，则形成资本利得收益，反之则形成资本损失。资本利得是基金投资过程中，尤其是股票型基金投资过程中，很重要的一部分。因为股票市场中股票价值的波动会比现金股利高出好多倍。

（二）投资基金的费用

基金在设计开办、发行时和运作过程中，都会产生一定的费用。清楚地了解基金的各种费用是计算成本和收益的重要环节。

1. 首次认购费

由于基金在设立时需要进行设计、筹集和发行，在这个过程中发生的费用统称为开办费用。在基金募足资金之前，该费用由基金发起人承担。若基金发行失败，开办费用由发起人承担，属于其损失。若基金发行成功，投资者在进行首次认购时就需要按照一定的比例交纳首次认购费，该金额超过开办费用的部分归属于发起人，属于发起人的收入。我国基金的首次认购费一般是基金份额面值或者发行价格的2%～3%。对于开放型基金，在成立并运行后进行认购，首次认购费一般按基金单位净值的一定比例交纳。

2. 运营费用

运营费用是指基金发行成功后，在日常运作过程中产生的费用，一般包括基金管理费、基金托管费以及其他费用。运营费用直接从资金资产中扣除。基金管理费是指支付给基金管理人的费用，例如，支付给基金经理的薪金，通常按照基金净资产值的一定比例提取，逐日计算，定期支付；基金托管费是指基金托管人为了保管和处置基金资产而向基金收取的费用，例如银行为了保管基金信托财产而收取的费用。该费用按照基金资产净值的一定比例提取，逐日累计计提，到期支付。其他费用指基金在运作过程中需要支付的其他费用，例如报表审计费、法律顾问费、办公费用、信息披露费用等。这些费用都是直接从基金资产中支付，不再另行向投资者收取。

3. 清理费用

清理费用是指投资者退出基金的费用或者基金期满资产清算的费用，包括赎回费和清算费。赎回费是基金公司为了保持基金资产稳定，防止投资者频繁地赎回资金而收取的费用。一般持有期间越长赎回费率越低。由于封闭式基金中途不允许退出，所以赎回费主要是开放型基金使用。对于有首次认购费的资金，一般不再设置赎回费。清算费是指基金期满，将所有的基金资产返还给投资者过程中需要支付的费用，包括支付给清算委员会的费用以及其他费用。

三、投资基金的估值

投资者在进行股票投资和债券投资时需要对投资进行估值，对基金进行投资同样需要进行估值，对基金正确的估值是进行投资决策的重要环节。对基金估值的信息来源主要是公开的基金财务报告。

进行基金的估值一般涉及三个概念：基金价值、基金单位净值和基金报价。

（一）基金价值

基金与债券、股票都属于有价证券，其价值在于能够给投资者带来现金流量。债券的价值在于能够给投资者带来未来的利息收入和收回的本金，股票的价值在于能够给投资者带来持续的股利收入或者转让价款，这些都是未来收取的，所以它们价值的计算都可以采用未来现金流量折现的方法进行计算。由于基金的投资标的是证券市场的产品，投资标的一般比较多，价格变化比较快，而且基金会不断的变化组合，再加上基金的主要收益不是利息或者股利，而是资本利得，导致未来收益难以预测。所以，基金的价值取决于目前能够给投资者带来现金流量，这种现金流量可以用基金净资产价值来表示。

基金净资产价值=基金总资产市场价值-基金负债总额

基金总资产的市场价值是指基金投资标的资产的市场价值总和。基金负债是指以基金的名义进行负债筹资的额度，如应支付给投资者的分红、基金管理费、基金托管费以及其他应付款项。

（二）基金单位净值

基金单位净值是基金净资产价值与基金单位总份额的比率。表示基金持有人持有一个基金单位所代表的净资产值。

基金单位净值=基金净资产价值总额÷基金单位总份额

该指标是评价基金价值最直观的指标，为基金的价格提供了重要的依据，也是衡量一个基金经营业绩好坏的最基本的指标。

（三）基金报价

基金报价是指基金的交易价格。在理论上，基金的价值决定了基金的价格，即基金的单位净值决定了基金的价格。实际上，基金的价格与基金价值趋于一致，但是又不完全相等，而是基金的价格围绕基金单位净值上下波动。由于封闭式基金中途不允许赎回，只能在二级市场上进行交易，所以其交易价格受基金净值的影响外，还受供求关系和基金业绩的影响。开放式基金是柜台交易，其基金份额的价格完全以基金单位净值为基础，通常采用两种报价形式：认购价和赎回价。

基金认购价 = 基金单位净值 + 认购费

基金赎回价 = 基金单位净值 - 赎回费

【例9-13】某开放型基金目前基金资产的账面价值50000万元，市场价值为60000万元。负债账面价值为8000万元，基金份额为40 000份。假设公司收取首次认购费，认购费率为基金资产净值的3%，不再收取赎回费。

要求：

（1）计算该基金公司基金净资产价值总额。

（2）计算基金单位净值。

（3）计算基金认购价和赎回价。

解：

（1）基金净资产价值＝基金资产市场价值－基金负债总值＝60000-8000＝52000（万元）

（2）基金单位净值＝基金净资产价值÷基金单位份额＝52 000÷40 000＝1.3（元/份）

（3）基金认购价＝基金单位净值＋首次认购费＝1.3＋1.3×3%≈1.34（元/份）

（4）基金赎回价＝基金单位净值－基金赎回费＝1.3-0＝1.3（元/份）

四、基金投资的收益和风险

（一）基金投资的收益

基金投资的收益是基金管理人将基金资产进行投资获得的收益。由于基金主要投资于股票、债券等金融工具，所以其收益来源主要有三部分：一是股利、利息收入等；二是资本利得收益；三是闲置资金的利息收入。该收益扣除相关费用以后的净收益的绝大部分会分配给基金投资者。我国相关法律规定，基金投资收益分配比例不得低于净收益的90%，而且要用现金形式进行分配。投资者获得的此部分现金收益就是基金投资者的现金分红。另外，基金由于不断变换投资组合，期末的基金单位净值很可能与期初的基金单位净值不同，从而导致基金的价格不同。投资者就可以以价差中获得资本利得收益。基金投资者的收益包括基金的现金分红和基金的资本利得收益。

（二）基金投资的风险

一般来讲，基金投资面临的风险主要有以下三个方面。

1. 系统风险

与股票和债券一样，基金投资也会面临系统风险。尽管基金投资可以通过投资组合来分散风险，但是只能分散非系统风险，对于市场中存在的系统风险，例如国家紧缩的货币政策、不断下行的经济周期等，除非基金减少仓位，否则不能通过分散投资来进行规避。

2. 基金管理人风险

由于基金资金需要基金管理人来进行管理和经营，基金的收益和投资者的权益与基金管理人有直接的关系。管理人的管理水平、道德水准、风险偏好都会影响基金的收益和净资产，基金管理人的不规范经营、不严格的审批程序，低下的道德水平，都将给基金投资人带来不小的损失。

3. 流动性风险

对于开放式基金，一般情况在首次发行一段时间以后可以进行认购和赎回，但是也可能会遇到暂停赎回的情况，此时，投资者就无法变现。对于封闭式基金，尽管可以通过二级市场进行交易，但是也很可能在心理价位上无法及时变现，而只能靠降低价格，出让一部分利润来换取流动性。

五、基金投资的优缺点

（一）基金投资的优点

1. 基金投资具有资金规模效应

基金相对于单个的投资者，具有绝对的规模效应，在证券市场上，资金的规模效应可以使得基金具有价格影响上的优势，可以充分的分散投资中的风险。

2. 基金具有专家理财的优势

由于基金的管理人都是专业机构的专家，他们在工作时间、专业知识、操作技术上等具有绝对的优势，能够为基金持有人带来较为稳定的收益。

（二）基金投资的缺点

1. 无法获得很高的投资收益

由于基金在投资组合过程中，在降低风险的同时，会丧失获得巨大收益的机会。另外，基金在运作过程中，也会产生一定的费用，这些费用在分配收益之前是要扣除的。

2. 无法规避市场风险

尽管基金可以通过投资组合分散风险，但是也只能分散一部分非系统风险，而无法分散系统性风险。基金主要投资于证券市场，当证券市场存在系统性风险，或者大盘整体下跌的情况时，基金投资也会损失较多。投资人同样需要承担此类风险。

第五节　证券投资组合

一、证券投资组合的含义

人们进行证券投资的最直接的动机就是获得收益，使投资收益最大化。但是投资收益总是会受到许多不确定因素的影响。由于不确定因素的存在可能使投资收益偏离原来的预期，甚至出现亏损，即证券投资的风险。理性投资者在进行投资时，总是希望尽可能少承担风险，并增加收益，其中最行之有效的方式就是对投资对象进行投资组合，从而做到在既定风险下收益最大化，或者收益既定下的风险最小化。

证券投资组合是指在进行证券投资时，不是将所有的资金都投向单一的某种证券，而是将两种或两种以上的证券按照不同的比例构成进行投资，即证券投资的箴言"不要把全部鸡蛋放在同一个篮子里"。有效的投资组合可以降低投资风险，并提高投资收益，

二、证券投资组合的风险

证券投资风险就其性质而言，可分为系统风险和非系统风险。

（一）系统风险

系统风险又称市场风险或不可分散风险，是指由于各种原因导致的整个金融市场不确定性的变化，对市场上所有的证券都产生影响的共性风险。又如，当前物价普遍上涨，通货膨胀比较严重，同样金额的资金买不到过去同样数量或者同样质量的产品，货币的购买力下降，无论对于哪一种投资产品，投资者都会承担一定的损失。此类风险，对每一种证券产品都有影响，所以通过多样化投资并不能进行有效的规避和分散。常见的系统风险有政策风险、购买力风险、利率风险等。

1. 政策风险

政策风险是指国家有关政策出台或者发生重大变化引起证券价格波动给投资者带来的风险。例如，国家执行紧缩的货币政策，导致证券市场上货币紧缺，所有的证券产品都会受到紧缩货币政策的影响。

2. 购买力风险

购买力风险是指由于通货膨胀而使货币购买力下降，从而使投资者蒙受经济损失的风

险。由于物价普遍上涨，导致货币的实际购买力下降，也就导致了证券的实际收益在下降，从而给投资者造成损失的可能性。由于通货膨胀影响市场上所有证券产品的实际收益率，所以不论基金投资哪一种证券，均会受到影响，所以该种风险不能通过投资组合分散或规避。

3. 利率风险

证券市场上的产品价格通常受市场利率的影响。由于股票的价值和债券的价值是根据未来现金流折算进行计算的，而折现的利率通常使用的是市场利率，所以，当市场利率提高时，未来现金流的现值会变小，从而导致股票的价值或者债券的价值会降低，投资组合价值下降。

诸如此类的系统风险，在客观上是无法消除的，而且通过投资组合无法分散或者规避。这种风险通常用 β 系数来衡量。某种股票的 β 系数的计算公式如下：

$$\beta\text{系数} = \frac{\text{某种股票的风险程度}}{\text{市场上全部股票的平均风险程度}}$$

β 系数表示的是某种股票的相对于整个股票市场的波动程度，其衡量的是该股票的系统性风险。β 系数越大，表示其风险越大，β 系数越小，表示其风险越小。整体证券市场的 β 系数为 1，如果某种股票的风险程度与证券市场的风险程度相似，则这种股票的 β 系数约等于 1；如果其风险大于整个市场的风险，则 β 系数大于 1；如果风险小于整个市场的风险，则 β 系数小于 1。β 系数是根据历史数据计算出来的，一般有专门的机构进行计算并定期公布。

投资组合的 β 系数，一般用 β_P 来表示，其等于各种证券 β 系数的加权平均数，计算公式如下：

$$\beta_P = \sum_{i=1}^{n} X_i \beta_i$$

其中，β_P 表示证券组合的 β 系数；X_i 表示证券组合中第 i 种股票所占的比重；β_i 表示第 i 种股票的 β 系数；n 表示投资组合中证券的数量。

（二）非系统风险

非系统风险又叫可分散风险或公司特有风险，相对比系统性风险会导致整个市场都会受到系统因素的影响，非系统风险是指由特殊因素引起的，会导致某一企业或者行业投资收益波动变动的不确定性，例如，某一上市企业因产品质量问题被起诉可能面临高额罚款，该因素只是影响某一个公司，而不会对整个证券市场造成影响。例如某公司高额债务不能及时偿还被债权人申请破产、某企业研发失败、某企业失去重要客户等。由于这些因素只是影响某一个企业和行业，只要进行了有效的证券投资组合，就可以在一定程度上减轻其对整个投资组合的影响。因而可以通过证券投资多样化方式来规避非系统性风险，所以又称为可分散风险。

非系统风险一般包括以下三种。

1. 信用风险

信用风险又称为违约风险，是指证券发行者因各种原因导致无法按期支付约定款项的风险。主要受证券发行者的盈利水平、管理人员的风险偏好、经营管理水平的影响。

2. 经营风险

经营风险指由于企业在经营过程中，由于决策人员在经营管理过程中出现失误，导致投资者遭受损失的可能性。

3. 财务风险

财务风险是指企业因资产结构不合理导致的风险，包括资产负债比率、长期负债与短期负债的比率、债务期限结构等导致的风险。

三、证券投资组合的风险收益

（一）证券投资组合风险收益的计算

投资者进行证券投资，最终的目的是获得收益。承担的风险越大，就会要求越高的收益来进行补偿。但是，由于非系统性风险可通过投资组合来规避，投资者要求的风险补偿主要是系统风险的补偿。因此证券投资组合的风险收益是投资者因承担系统性风险而要求的补偿，是指超过资金时间价值的那部分额外收益。其计算公式如下：

$$R_P = \beta_P \times (R_m - R_f)$$

其中，R_P 为证券组合的风险收益率；β_P 为证券组合的风险系数；R_m 为市场平均收益率；R_f 为无风险收益率或货币的时间价值，一般用国债的利率来计算。

【例 9-14】A 公司持有 M、N、P 三个公司的股票，它们在投资组合中的比重分别为 40%，45% 和 15%，这三只股票的 β 系数分别是 1.8、1.2 和 0.7，股票市场的平均收益率为 12%，无风险收益率为 5%，确定该种证券组合的风险收益率。

解：

证券组合的 β 系数：

$$\beta_p = \sum_{t=1}^{n} X_i \beta_i = 40\% \times 1.8 + 45\% \times 1.2 + 15\% \times 0.7 = 1.365$$

则该证券组合的风险收益率：

$$R_p = \beta_p \times \left(R_m - R_f \right) = 1.365 \times (12\% - 5\%) = 9.56\%$$

经计算可知其风险收益为 9.56%。即由于该投资组合承担了比市场更高的风险，要求的风险收益率为 9.56%。

（二）资本资产定价模型

资本资产定价模型是由美国财务学家夏普（W.F.Sharpe）于 1964 年提出的风险资产价格决定理论。该理论认为由于非系统性风险可以被有效的分散或完全消除，证券组合关心的只是系统风险。若证券市场是完美的资本市场，该市场将达到均衡，投资者承担多大的风险就有多高的收益率对其进行补偿。该理论描述了证券风险与期望报酬率的关系，为证券市场上产品价值的计算提供了计算前提，所以说该理论是一种风险资产价格决定理论。

资本资产定价模型认为证券投资的必要收益率等于无风险收益率加上风险收益率，基本计算公式如下：

$$R_i = R_f + \beta_i \times (R_m - R_f)$$

其中，R_i 表示第 i 种股票或者证券组合的必要收益率；R_f 表示无风险收益率；β_i 表示第 i 种股票或者是证券组合的 β 系数；R_m 表示证券市场的平均收益率。

【例 9-15】A 公司持有 B 公司的股票，该公司股票的投资组合的 β 系数为 1.6，无风险利率为 6%，市场上所有股票的平均收益率为 12%，求该投资的必要报酬率。

解：$R_i = R_f + \beta_p \times \left(R_m - R_f \right) = 6\% + 1.6 \times (12\% - 6\%) = 15.6\%$

该公司股票收益率达到或超过 15.6% 时，投资方肯定进行投资，若低于 15.6%，则投资方不会购买该公司的股票。

【例 9-16】承【例 9-14】，请计算该投资组合的风险收益，以及该投资组合的风险收益率和总收益率。

解：风险收益率 $R_p = \beta_p \times \left(R_m - R_f \right) = 1.365 \times (12\% - 5\%) = 9.56\%$

总收益率 $R_i = R_f + \beta_i \times \left(R_m - R_f \right) = 5\% + 1.365 \times (12\% - 5\%) = 14.56\%$

四、证券投资组合的策略和方法

（一）证券投资组合的策略

在证券组合理论发展过程中，形成了不同的投资策略。常见的策略有：冒险型策略、保守型策略和适中型策略。

1. 冒险型策略

冒险型策略的投资者认为与市场一样的组合尽管可以分散所有的非系统风险，但是收益也比较低。该理论认为只要投资组合做得好，就可以获得高于市场收益率的收益。持有该策略的投资者主要选择投资高风险高收益的成长性股票，以期获取高于平均收益水平的收益，冒险型策略投资者更希望得到高期望的收入，主要表现为偏爱高风险，获取高收益。

2. 保守型策略

保守型策略的投资者认为，市场上任何人都没有办法获得超额收益，进行投资只要获得市场平均收益即可，该策略的支持者不追求收益最大化，更愿意保证资本的绝对安全，只能接受微弱的市场变化。这些投资者会多样化地投资证券，尽量与市场上证券种类保持一致，以期获得市场平均收益。

3. 适中型策略

适中型策略介于保守型策略与冒险型策略之间，该策略的支持者认为证券的价格最终围绕着证券的价值波动，但是证券价值取决于企业经营业绩的好坏。企业经营得好，未来盈利能力比较高，则企业就会进行投资。该策略的支持者不追求最高的收益，也不会承担太大的风险，故称为适中型策略。

（二）证券投资组合的方法

投资者在进行证券投资组合的过程中，有一些常见的分散风险方法可以参考，具体如下：

1. 选择足够数量的证券进行组合

由于非系统风险是可以通过证券组合进行消除的，所以，为了分散风险应当将尽可能多的证券进行组合。当证券数量增加时，可分散风险会逐步减少，当证券数量足够多时，大部分可分散风险都能被分散掉，为了有效分散风险，一般投资的数量达到10种，就可以达到分散风险的目的。

2. 将不同风险程度的证券组合在一起

在进行组合的过程中，可以将不同风险程度的证券进行组合。例如将高风险的股票与低风险的股票组合在一起，将股票投资与债券投资组合在一起，将处于成长期的股票与成熟期的股票组合在一起，将不同行业的投资组合在一起，将不同地区的投资组合在一起等。这种将不同风险程度的证券组合在一起的方法，不会获得太高的收益，但也不会承担太大的风险。

3. 把投资收益呈负相关的证券放在一起组合

负相关证券是指一种证券的收益上升而另一种证券的收益下降的两种证券，把收益呈负相关的证券组合在一起，能有效分散风险。例如投资组合中一部分投资于传统能源行业，一部分投资于新能源行业，可以有效避免某一个能源行业价格下跌导致的损失。

本章小结

本章主要介绍了证券概念、种类、特点以及证券投资的目的等内容。证券是指用来证明证券持有人享有某种权益的法律凭证，根据不同的标准可以进行不同的分类。证券投资一般包括股票投资、债券投资、基金投资、期货投资、期权投资等。且证券投资具有风险性、收益性、流动性等特点。

股票是证券投资中特别重要的一种投资种类。本章介绍了有关股票的相关概念、股票投资的特点，还介绍了股票的价值形式包括票面价值、账面价值、发行价格、市场价格和内在价值。企业在进行投资时应该对其内在价值进行详细的评估和测算，以期获得最大收益。股票估值一般采用未来现金流折现的方法，其基本模型为：

$$V_S = \frac{D_1}{1+R_S} + \frac{D_2}{(1+R_S)^2} + \frac{D_3}{(1+R_S)^3} + \cdots \frac{D_n}{(1+R_S)^n} + \frac{V_n}{(1+R_S)^n}$$

由于股利的支付形式有很多种，该模型也会有各种形式的变化。一般包括短期持有、未来准备出售的股票的估值、长期持有且股利稳定不变的股票投资的估值、长期持有且股利固定增长的股票投资的估值和长期持有且阶段性增长的股票投资的估值四种。股票收益率的计算方法包括短期股票投资的收益率和长期股票投资的收益率。本章还简单介绍了股票投资的风险和优缺点。

债券是指发行者为了筹措资金向投资者发行的，承诺按一定利率支付利息并按约定条件偿还本金的有价证券。本章介绍了债券的相关概念及特点。债券的价值形式有票面价值、发行价格、市场价格和内在价值。所谓债券的估值是对其内在价值进行估值，一般采用的方法是未来现金流折现的方法，基本模型为：

$$V_b = \sum_{t=1}^{n} \frac{I_t}{(1+R_b)^t} + \frac{M}{(1+R_b)^n}$$

由于债券利息支付的形式有很多种，所以该模型也会有各种形式的变化。债券的利息支付形式一般有三种形式：年末付息、到期还本；到期还本付息；零利息债券。债券的收益率包括票面收益率、直接收益率、持有期收益率和到期收益率四种。本章还介绍了债券投资的风险和债券投资的优缺点。

基金是一种利益共享、风险共担的集合投资方式。具有集合投资、分散风险、专业理财的特点，根据不同的标准可以划分为不同的种类。基金的收益包括利息收入、股利收入和资本利得收益，费用包括首次认购费、运营费用和清算费用。基金的估值包括基金价值、基金单位净值和基金报价。本章还介绍了基金投资的风险和优缺点。

进行有效的投资组合可以分散非系统风险并提高收益。投资者对于市场上的系统风险可以获得必要的风险报酬，风险报酬率 $R_P = \beta_P \times (R_m - R_f)$。根据资本资产定价模型，可以得到资产必要的投资报酬率 $R_i = R_f + \beta_i \times (R_m - R_f)$。投资组合一般有三种策略：冒险型策略；保守型策略；适中型策略。在实际工作中，还可以采用不同的具体方法来分散非系统风险。

基本训练

1. A 公司欲对 M 公司进行投资，要求的必要报酬率为 11%。经了解发现，M 公司采取稳定增长的股利分配政策，年增长率为 3%。最近一年分配的股利为 0.5 元 / 股。

要求：

（1）请计算 M 公司股票的价值，如果当前二级市场中,M 公司的股票价格为 6.2 元 / 股，A 公司是否应该购买进行投资？

（2）若 A 公司以当前的价格购入了 M 公司，M 公司在未来三年中按照约定支付了现金股利，A 公司预计三年以后该公司股票的价格很可能上涨到 7.7 元 / 股。则 A 公司的投资收益率为多少？ A 公司是否应该进行投资？

2. A 企业于 2021 年 1 月 1 日发行的债券，该债券面值 1 000 元，其票面利率为 10%,6 年期，市场上的相似风险的债券收益率为 8%。

要求：

（1）如果年末支付利息、到期还本，则该债券的发行价格应该为多少？

（2）如果到期一次还本付息，则该债券的发行价格应该为多少？

（3）如果该债券不另行支付利息，到期归还面值，则该债券的发行价格应该为多少？

案例分析

A 公司有一笔闲置的资金，欲寻求一家有长期投资价值的公司。经详细了解发现，M

公司是一家热水壶生产厂商，该厂商最近研发了一种新产品——一次性热水壶准备上市，专门销往大中型酒店。A公司经过调研发现，大部分入住酒店的人对于热水有很强烈的需要，但是出于卫生方面的顾虑，很多人最终选择喝瓶装矿泉水。A公司预计，如果酒店使用该种一次性热水壶，客户使用一次的价格为1元左右，将会有很多客户会使用该产品。所以，估计M公司的一次性热水壶将会取得不错的销售业绩。预计在该新产品的带动下M公司企业未来3年将进入一个高速增长期，预计增长率为20%，再接下来的3年预计增长率会降为12%左右，随后将转为正常增长，预计增长率为6%。当前M公司的股价为15元/股，M公司最近支付的股利为0.4元/股。请问A公司应该投资M公司吗？假设A公司要求的必要报酬率为10%。

第十章　营运资金管理

【学习目标】

1.了解营运资金的概念、特点、营运资金管理的原则，熟悉营运资金的持有政策和筹资政策。

2.掌握存货的功能、成本构成，掌握存货决策的方法和日常管理方法。

3.掌握现金的持有动机、持有成本和最佳现金持有量决策的基本方法，熟悉现金的日常管理。

4.掌握应收账款的功能、成本、信用政策和管理方法。

营运资金是企业流动资产减去流动负债的余额。营运资金是从事生产经营活动的基础，企业必须持有一定量的营运资金，因为企业需要先支付货款购买原材料，然后再生产产品进行销售收款，支付货款在先，而销售商品收到货款在后，企业的现金流出和现金流入很难同步，所以，储备一定的营运资金对生产经营和偿付债务具有重要的意义。而且营运资金的多少直接关系到企业的营运能力、偿债能力、盈利能力，是企业日常财务管理的核心。流动资产具有资金形态变化快、占用时间短、波动性大等特点，在保障企业进行正常的生产方面，具有极其重要的作用和影响。企业持有较多的流动资产可以适当的降低业务风险和财务风险，但是会影响企业的盈利能力；企业持有较少的流动资产，盈利性会提高，但是风险则会有所增加。所以，如何权衡企业的风险和收益，保持适当的流动资产就成为了营运资金管理的重要内容。流动负债作为企业重要的资金来源渠道对企业来说也很重要。本教材中，请参考其他章节，本章将不再介绍。

第一节　营运资金管理概述

一、营运资金的概念和特点

（一）营运资金的概念

营运资金（Working Capital）又称营运资本，有广义和狭义之分。广义的营运资金又称为总营运资金（Gross Working Capital），是指生产经营活动中的短期资产；狭义的营运资金又称为净营运资金（Net Working Capital），是指流动资产减去流动负债的差额。通常所说的营运资金多指后者。

净营运资金=流动资产－流动负债

1. 流动资产

流动资产是指企业可以在1年或者超过1年的一个营业周期内变现或者耗用的资产，是企业资产中必不可少的组成部分。主要包括现金、短期有价证券、应收票据、应收账款和存货等。流动资产具有占用时间短、周转快、波动性大等特点，在一定程度上决定财务风险的高低。流动资产按不同的标准，可以进行不同的分类，常见的分类方式如下：

①按照占用形态不同，流动资产可分为现金、交易性金融资产、应收账款、预付账款、存货等。

②按照在生产经营过程中所处的环节不同，流动资产可分为生产领域的流动资产、流通领域的流动资产以及其他领域的流动资产。

③按照在生产经营中所起的作用，流动资产可分为货币资产、结算资产、储备资产、生产资产、产品资产。货币资产是指企业的库存现金和银行存款；结算资产指企业为了结算需要所占用的资源，如应收账款、应收票据、发出商品等；储备资产是企业从购买到投入生产为止，处于生产准备阶段的流动资产，如原材料、在途物资、计划成本下的计划成本差异、燃料、周转材料、低值易耗品、包装物等；生产资产指从投入生产到产成品入库为止，处于生产过程中的流动资产，如在产品、自制半成品等；产品资产指从产品入库到产品销售出库为止，处于产品待销售过程中的资产，如库存商品、准备销售的自制半成品等。

流动资产的特点有以下四点：

第一，流动资产周期短。企业占用在流动资产上的资金，通常会在1年或者超过1年的营业周期内变现或者耗费，占用时间较短，周转速度较快。根据这一特点，流动资产占用的资金一般可以用商业信用、银行短期借款等短期筹资方式来加以解决。

第二，流动资产形态变动快。如图10-1所示，企业流动资产的实物形态是经常变化的。筹资到资金、需要采购原材料、投入生产、加工成产成品对外出售、收到现金或者变成了企业的应收款项然后收回现金，然后进入下一个资金循环过程。这个过程中，货币资金则变成了储备资金、生产资金，经加工变成产品资金，最后又变成货币资金，在整个过程中资金形态不断发生变化。这些资产形态上不断变化的同时，在同一时间上所有的资金形态又是同时存在的。而且，企业追逐利润的本性，决定了企业经过采购、生产、销售一个过程，最终要实现资金的增长。即在整个过程中，营运资金在时间上不断继起、空间上同时并存，并要实现价值的增长。所以在对流动资产管理时，必须在各项流动资产上合理配置资金数额，做到结构合理，才能促进资金周转顺利进行。

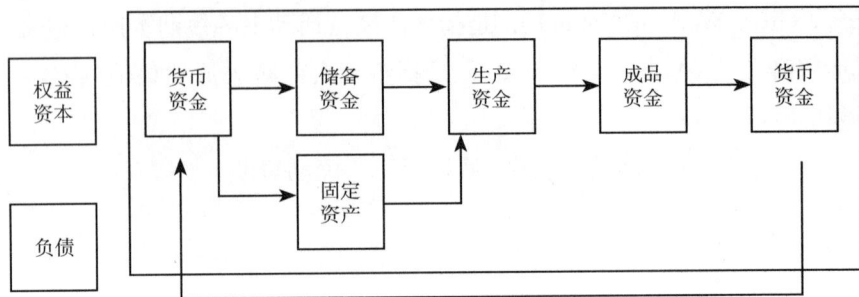

图10-1 流动资产形态变化图

第三，流动资产波动性大。由于流动资产经常处于采购、耗用、销售等一系列过程中，数量经常会发生比较大的变化，尤其是一些季节性比较强的企业。而随着流动资产的变动，流动负债的数量也会相应发生变动。由于流动资产和流动负债波动比较大，就给企业带来了更大的财务风险，企业在对营运资金进行安排时，一定要保障流动资产和流动负债的配合，以避免出现流动负债不能及时偿还的风险。

第四，流动资产的循环与生产经营周期一致。生产经营中，流动资产分别经过现金、原材料、在产品、产成品、应收款项，最终又变成现金，整个生产经营的过程，也是营运资金的循环过程。所以，流动资金的管理过程贯穿了生产经营的整个周期，一旦流动资金管理出现问题，就很容易影响生产过程的正常运营。

企业出于正常经营的需要，持有一定量的流动资产十分重要。流动资产流动性虽强，但是收益性较低。如果企业持有较多的流动资产，资产流动性更强，财务风险更小，但是收益率却因此而降低；如果企业持有的流动资产不足，企业收益增加，但是风险会增大。所以，企业应控制流动资产的持有量，既需要防止流动资产不足带来的损失，也要避免流动资产过多导致的收益率降低。

2. 流动负债

流动负债是指在1年内或者超过1年的一个营业周期内必须清偿的债务，包括短期借款、应付账款、应付票据、预收账款、应付利息、应交税费、应付职工薪酬等。另外，将于一年内到期的非流动负债也列示为流动负债。流动负债具有成本低、偿还期限短等特点。流动负债按照不同的标准可以进行不同的分类，常见的分类方式如下：

（1）按照负债的金额是否确定，流动负债可以分为确定金额的流动负债和不确定金额的流动负债

其中，确定金额的流动负债，如应付账款、应付票据、应付职工薪酬、预收账款等，金额在发生时是固定的，后期的支付也不会发生变化。不确定金额的流动负债，如应交所得税等需要视企业的经营情况而定；因售后的质量担保而确认的或有负债应付金额需要合理估计；因未决诉讼而估计的或有负债有待最终金额的确认。另外，应付票据贴现和信用担保等

负债最终是否存在、需要支付的金额为多少、偿付日期为何时都具有很大的不确定性。

（2）按照负债的来源和性质，流动负债可以分为融资形成的流动负债、营业形成的流动负债和利润分配形成的流动负债

融资形成的流动负债是企业在筹集资金过程中形成的负债，如短期借款、应付利息等；营业形成的流动负债是企业在日常生产经营活动过程中形成的流动负债，如：应付账款、应付票据、预收账款、应付职工薪酬、应交税费、其他应付账款等；利润分配形成的流动负债是企业在利润分配过程中形成的流动负债，如应付股利等。

（3）按照是否需要支付利息，流动负债可以分为有息负债和无息负债

有息负债是指在负债期间需要支付利息，是一种有偿的债务，如短期借款、供应商提供了现金折扣的应付账款等；无息负债是在负债期间不需要支付利息，是企业的一种没有资本使用成本的资金来源，如应交税费、应付职工薪酬、预收账款等。有息债务是否及时偿还需要权衡收益和成本进行决策，无息负债一般在不影响企业产生其他负面影响的情况下尽可能地延迟还款，以充分利用资金。

（4）按照负债的形成原因，流动负债可以分为自然性负债和人为性负债

自然性负债是指企业在运营过程中自然形成的负债，不需要企业主动申请或借款，这类负债大部分不需要支付额外的利息，如应付账款和应付票据是供应商为了促进销售为客户提供的商业信用；应付职工薪酬是企业享受了员工提供的服务，由于结算具有一定的滞后性导致的负债。另外，还有预收账款、应交税费等都属于自发性负债；人为性负债是指企业为了满足资金需求，主动筹措资金而导致的负债，如短期借款、应付利息等，这类负债通常需要支付利息。

流动负债的特点：

（1）筹措速度快

与长期负债相比，流动负债筹资速度比较快，筹资手续简单，方便获得，甚至有些流动负债不需要任何手续就可以自发获得，这就给企业带来了很大的方便。当企业需要资金时，可以先寻求流动负债进行融资。

（2）资金成本低

由于短期债务期限短，债权人的风险较小，所以短期借款的债务利息比长期借款的利息低，甚至有些短期债务没有利息费用。

（3）财务风险大

由于流动负债是在1年之内或者大于1年的一个生产周期需要偿还的负债，期限比较短，一旦到期不能还本付息，则会造成比较大的还款压力。应交给国家的税费一旦不能偿还就会被罚款或者收取滞纳金，支付给职工的薪酬一旦不能及时偿还，有时候还会造成难以收拾的后果。

（4）筹资弹性大

跟长期债务相比，短期借款没有那么多的限制，给了短期债务人更大的灵活性。可以

在需要资金时借入，不需要资金时还款。

由于流动负债自身的特点，企业应当充分利用流动负债的优点，加快企业融资速度，降低融资成本。

二、营运资金管理的原则

一般情况下，企业的营运资金在全部资金中占有相当大的比重，而且周转期短、波动大、流动性强，一旦出现营运资金短缺，对企业的生产经营、销售声誉、偿债能力造成的影响比较大，所以，对营运资金进行管理是企业财务管理工作的一项重要内容。企业在进行营运资金管理时，必须遵循一定的原则。

（1）认真分析企业生产经营状况，合理确定营运资金的需要数量

营运资金的需要量与企业生产经营活动有着直接关系。企业应根据所在的行业、经营规模、市场情况以及营运资金的周转速度，合理确定营运资金的持有量。

（2）在保证生产需要的前提下，节约流动资金

由于持有的流动资产越多，企业收益越低，所以企业应尽量在保障生产需要的前提下，控制营运资金的持有量，节约流动资金，以保障公司的收益。

（3）加速营运资金周转，提高资金利用效率

流动资产的周转速度越快，资金占用量就越低。适当的加快营运资金的周转速度，适当的减少营运资金的需要量，可以有效的降低融资利息，提高资金的使用效率。

（4）合理安排流动资产与流动负债的比例，保证企业有足够的短期偿债能力

由于企业的流动负债一般由流动资产来保障偿付。所以，流动资产和流动负债二者之间合理的比例能够较好地保障企业的短期偿债能力。

三、营运资金的管理政策

企业需要对营运资金中的风险和收益进行权衡，加强营运资金管理。企业必须从两个方面进行管理，制定相关的管理政策：一是拥有多少营运资金；二是这些运营资金从哪里来？所以，营运资金的管理政策包括营运资金持有政策和营运资金筹资政策两个方面。这二者之间同时进行，又相互影响。

（一）营运资金持有政策

企业营运资金的持有政策一般有以下三种。

1.紧缩的持有政策

在紧缩的持有政策下，企业一般维持比较低的流动资产，对现金一般保持在较低的持

有水平上；对存货一般采用低库存甚至零库存的管理方法，例如 JIT 管理方式；对应收账款一般采用较为严格的信用标准和信用政策，使得流动资产处于较低的持有量，比较少的占用企业的资金，降低资金成本，从而提高收益率。

但是，紧缩的持有政策一般伴随着更高的风险，这些风险可能来源于较低的流动资产持有量，也可能来源于流动负债不能够及时得到偿还。例如，较低的现金持有量导致生产过程中的资金链断裂，较低的存货导致生产停工待料，或者是较严的信用标准导致的销售收入的减少。该持有政策收益较高，风险也比较大。

2. 宽松的持有政策

在宽松的持有政策下，企业通常会维持比较高水平的流动资产，也就是说企业保持较高水平的现金和有价证券，执行比较宽松的信用标准和信用政策，维持比较高水平的存货量。这种情况下企业可以按时支付到期债务、及时供应生产用材料和准时向客户提供产品，保证经营活动平稳地进行，经营风险较小。但是，流动资产的收益性一般低于固定资产，所以较高的流动资产比重会降低企业的收益。在这种策略下，由于较高的流动性和较低的经营风险通常会使得企业持有流动资产的成本较高，从而影响企业的收益水平。故该持有政策收益较低，风险也比较小。

3. 适中的持有政策

在这种持有政策下，企业持有适中的流动资产，持有成本适中，风险也比较适中。但是由于销售水平、采购时间、收款期限、顾客信誉等都存在不确定性，使得企业流动资产账户通常随着经营的变化而波动，销售的季节性、回款的稳定性和可预测性都影响了流动资产的风险程度。销售越稳定、回款期限越可预测、生产越均衡，企业的经营越稳定，流动资产才能越稳定。所以，想维持适中的持有政策，还需要企业经营活动比较稳定。

通过以上分析可以看出，营运资金持有量的确定，就是在风险和收益之间进行权衡。宽松的持有政策收益、风险均较低，紧缩的持有政策收益、风险均较高。但是，我们很难量化地描述适中政策的营运资金持有量，这是因为这一营运资金水平是多种因素共同作用的结果，包括销售水平、存货和应收账款的周转速度等。所以，各企业应当根据自身的具体情况和环境条件，按照适中营运资金持有政策的原则来确定适当的营运资金持有量。

（二）营运资金的筹资政策

营运资金的筹资政策主要研究如何筹集营运资金，研究流动资产和流动负债以及这两者之间如何匹配的问题。

对于流动资产，可以分为永久性流动资产和临时性流动资产。永久性流动资产是指无论企业处于旺季还是淡季，无论处于低谷还是波峰都需要占用的、用于满足企业长期稳定需要的流动资产，如企业保留的必要的现金及等价物、必要的原材料和产成品、长期占有的应收款项。这些永久性流动资产尽管同样具有流动性，但是永久占用一定量的资金。临时性流动资产指那些受季节性、周期性影响的流动资产，如零售业在春节期间的应收账款、生产旺季存货所占用的资金等。这些临时性流动资产在淡季则不再占用企业的资金。

对于流动负债，可以分为自发性流动负债和临时性流动负债。自发性流动负债是在企业持续经营过程中直接形成的负债，如日常运营中形成的应付职工薪酬、应交税费、应付利息等。自发性流动负债尽管也是短期负债，但是筹资数额一般比较稳定，会形成企业一项很稳定的筹资来源。临时性流动负债是指为了满足临时性流动资产的需要所筹集的资金，如零售业为了满足在春节前的销售或者季节性的旺季，需要筹备大量的原材料而发生的借款。

企业在经营过程中，需要安排临时性流动资产和永久性流动资产的资金来源，根据临时性流动资产和临时性流动负债的关系，营运资金的筹资政策可以分为以下三种政策：配合型筹资政策、激进型筹资政策和稳健型筹资政策。

1. 配合型筹资政策

配合型筹资政策指临时性流动资产由临时性流动负债筹集的资金来保障。永久性流动资产和长期资产由自发性流动负债、长期负债和权益资本进行保障。从而形成流动性上的配合，如图 10-2 所示。

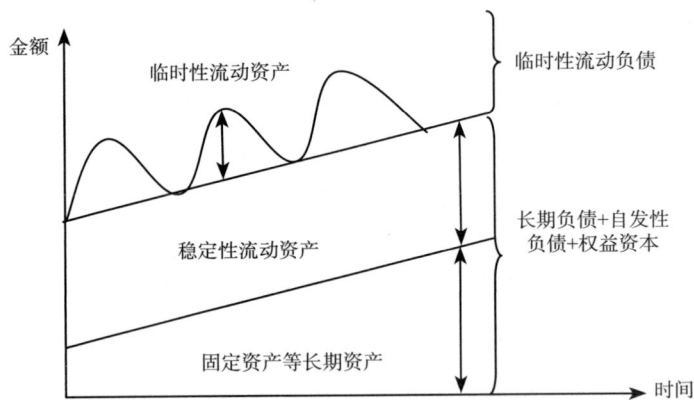

图10-2 配合型筹资政策

该筹资政策要求企业在销售和生产淡季没有临时性负债，在销售和生产旺季，用临时性负债来筹集旺季所增加的临时性流动资产的增加，将资产与负债的期间相配合，从而做到降低资金的资本成本和筹资风险。但是由于销售、账款回收等生产经营的不确定性，往往很难做到理想中的配合状态。

2. 激进型筹资政策

激进型筹资政策指临时性流动负债不但要解决临时性流动资产的要求，还需要解决部分永久性流动资产或者长期资产的资金需要，如图 10-3 所示。

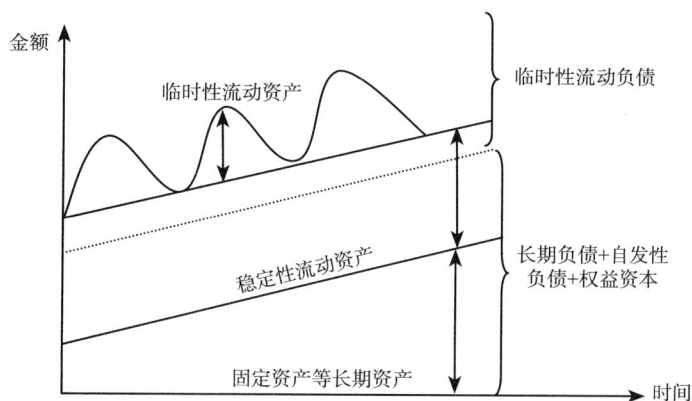

图10-3　激进型筹资政策

在该筹资政策下，临时性负债在全部资金来源中所占的比重有所加大，部分永久性资产的资金需求也靠临时性负债来满足，具有较大的风险。由于临时性负债的成本一般低于长期负债和权益资本成本，所以，该种筹资政策的成本比较低，但是，一旦资金链断裂，将给企业带来很大的损失。所以，激进型筹资政策是一种收益性和风险性均比较高的资金筹资政策。

3.稳健型筹资政策

稳健型筹资政策指临时性流动负债只解决一部分临时性流动资产的资金需求，不足的部分则由长期资本来源保障，如图 10-4 所示。

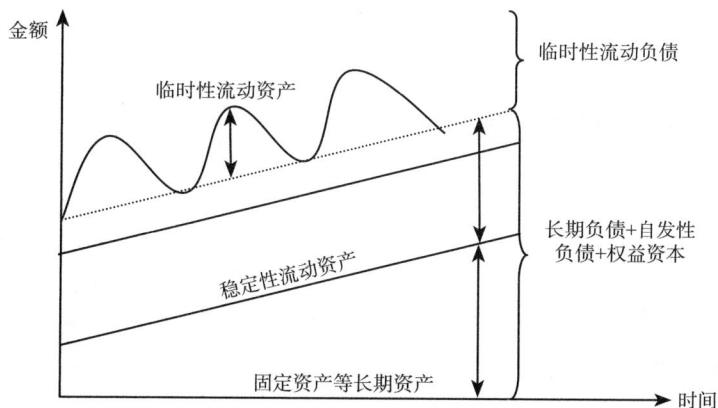

图10-4　稳健型筹资政策

在该筹资政策下，企业大部分的资金都是通过长期负债、自发性负债和权益资本来保障，有利于保障企业流动资产的资金来源，降低了企业财务风险。但是，由于长期资本的资本成本比临时性流动负债的成本要高，所以需要支付更多的融资成本，降低了企业的收益。所以，稳健型筹资政策是一种风险和收益都比较低的资金筹资政策。

第二节　现金管理

现金是企业最重要的资产，在很大程度上决定了企业的生存和发展，被称为企业的"血液"。只有血液正常流动，才能给其他各个组织和部门带来营养成分和活力，才能保障整个企业的生存、发展，进而盈利。

一、现金管理的概念和内容

现金有狭义和广义之分。狭义的现金是指库存现金；广义的现金是指企业在生产经营过程中以货币形态存在的资金。本章所研究的现金是指广义的概念，包括库存现金、银行存款、其他货币资金。其他货币资金包括外埠存款、银行本票存款、银行汇票存款、信用卡存款、存出投资款。

企业必须持有合理的现金水平来维持企业生产经营的支付能力，保障企业的应变能力，但是，现金又是收益性最差的一项资产，即使是银行存款，利息收益也非常低，持有的现金越多，盈利性就越差，所以，企业要对现金进行严格的管理。既要努力做到保证企业生产经营活动的正常运行和债务的及时偿还，又要不出现过多的现金闲置，提高企业的收益。在实际工作中，企业通常要编制现金预算，合理估计和预测现金的盈余，还要根据行业特点、现金的成本、管理者的风险偏好来确定现金的持有量，并做好现金的日常管理工作。

二、现金的持有动机和管理成本

（一）现金的持有动机

企业出于经营管理的需要，必须持有一定的现金，主要因为有以下几种动机：交易性动机、预防性动机和投机性动机。

1. 交易性动机

企业在日常经营过程中，需要购买原材料、支付员工工资、缴纳税费、购买设备、支付利息、及时偿还债务、支付各种费用等，这些基本的经营活动都需要企业储备有一定量的现金。尽管企业销售商品和提供劳务会有现金流入，但是由于现金流入和现金流出在时间上不可能保持完全一致，为了保证资金不短缺，企业平时需要持有一定量的现金。

2. 预防性动机

企业除了应付日常经营业务，也需要为了预防意外情况和突发事件储备一定的现金，例如经济环境发生突然变化、社会出现疫情导致销售出现断崖式下跌、重大客户发生较大金额的违约、天灾、人祸、生产事故等，这些突发事件会使企业陷入财务危机，为了保障企业的生存，企业必须维持一定量的预防性资金。但是预防性资金的需要量难以计算和量化，需要根据管理者的风险偏好程度和企业临时融资的能力来权衡。

3. 投机性动机

企业为了把握各种有利的市场机会获得较高的收益，也需要储备一定量的现金。例如，市场上原材料的价格下降、有价证券的价格下跌，持有一定量的现金就能够把握住机会取得一定的收益或者节约一定的成本。

（二）现金的管理成本

企业持有现金需要进行良好的管理，在管理过程中，需要花费的成本主要有：持有成本、转换成本和短缺成本。

1. 持有成本

现金持有成本是指企业为了保留一定现金余额而增加的成本和代价，以及丧失投资机会而损失的收益，主要包括机会成本和管理成本。

现金的机会成本是指企业因保留现金余额而丧失投资机会所损失的收益。此类成本持有的现金越多，则损失的收益越多，现金的机会成本与现金持有量成正比，在进行最佳现金持有量决策时，是与决策相关的一种成本。

现金的管理成本是指企业持有现金会发生一定的管理费用，如为了保障现金的安全而支付的必要的防范措施费用、管理人员的薪酬费用等。此类管理费用一般在一定的范围内与现金的持有量关系不大，属于一种固定成本。在进行最佳现金持有量决策时，是与决策不相关的一种成本。

2. 转换成本

转换成本是指企业将现金和有价证券进行转换的成本，一般指买卖有价证券付出的交易费用，如委托买卖佣金、证券过户费、印花税等。

这些费用中，如印花税，与委托交易金额有关，在现金需求总量一定的情况下，一年的费用总额是一定的，这些费用属于固定成本，在进行现金持有量决策时属于决策无关成本；还有一些固定性的交易费用与证券变现次数密切相关，如按次数计算的委托交易佣金，在现金需求总量一定的情况下现金持有量越少，需要变现的次数就越多，转换成本就越大，在进行现金持有量决策时属于决策相关成本。

$$转换成本 = 固定转换成本 + 变动转换成本$$
$$= 固定转换成本 + 证券变现次数 \times 每次的变动转换成本$$

3. 短缺成本

短缺成本是指企业因现金持有量不足，未能及时支付而使企业遭受的损失或者支付的代价。包括由于缺少现金招聘不到工人而导致的停工损失、不能及时支付而导致的信誉丧失等。企业持有现金越多，短缺的成本就越低，即短缺成本与现金持有量呈反方向变化。

$$现金管理的总成本 = 持有成本 + 转换成本 + 短缺成本$$

三、现金持有量决策

现金作为企业最主要的支付手段，是流动性最好的资产，同时又是盈利能力最差的资产，企业需要在流动性和盈利性之间进行权衡做出抉择，因此，确定最佳现金持有量就具有非常重要的意义。确定最佳现金持有量的方法主要有存货模型、米勒—奥尔模型、成本分析模型、现金周转期模型等。

（一）存货模型

存货模型由美国学者鲍莫尔（W.J.Baumol）于1952年提出的，所以又称为鲍莫尔模型。该模型认为持有现金是有成本的，最优的现金持有量是使得现金持有成本最小化的持有量。鲍莫尔认为现金最佳持有量与存货最佳经济批量的确定有很多相似之处，并以存货最佳经济批量为基础，建立了现金管理的存货模型。

该模型认为与持有现金量决策相关的成本有机会成本和转换成本。当企业现金库存用尽时，需要将有价证券转换成现金，其中会产生转换成本。如果每次转换的金额越多，需要转换的次数越少，总的转换成本越低；反之，转换成本越高。但是，如果每次转换金额越多，企业平均持有的现金就越多，机会成本就越高。所以，需要将现金的持有成本与有价证券的转换成本结合起来进行权衡，以求得两者总成本最低时的现金余额，从而得出最佳现金持有量。

1. 前提条件

运用该模型确定最佳现金持有量，有以下前提条件：

①预测期内的现金需要量是可准确预测的，并且，现金流入和现金流出是均匀发生的；

②企业可以将多余的现金全部投资于短期有价证券，短期有价证券也可以随时转换为现金，直至现金耗尽时再次出售有价证券，并且转换成本是确定的；

③假设不存在现金短缺的情况。

2. 原理

在该模型中，假设短期有价证券每隔一段时间转换一次现金，并且现金的支出是均匀的，则现金持有量变化如图 10-5 所示。

如果企业每次转换的现金为 N，企业持有的现金从 N 逐渐使用至 0，然后再进行转换，则平均现金持有量为 $\dfrac{N}{2}$，一年内平均转换的次数为 $\dfrac{T}{N}$。

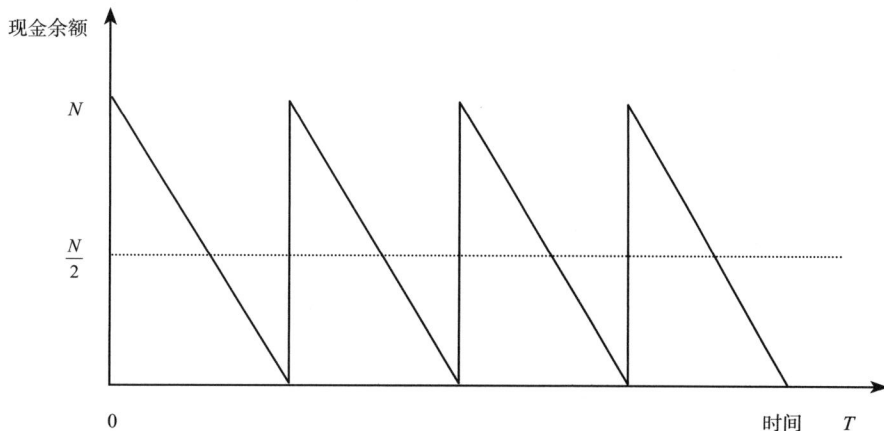

图10-5　现金持有量变化图

现金管理的机会成本 = 年平均现金持有量 × 有价证券利息率 = $\dfrac{N}{2}i$

现金管理的转换成本 = 年转换次数 × 每次转换成本 = $\dfrac{T}{N}b$

现金管理总成本为机会成本 $\dfrac{N}{2}i$ 与转换成本 $\dfrac{T}{N}b$ 之和。

即：$TC(N) = \dfrac{N}{2}i + \dfrac{T}{N}b$

由公式可以看出，现金的机会成本与现金的持有量成正比，持有量越大，现金的机会成本越高。在全年现金需要量一定的情况下，现金的转换成本与持有量成反比，现金持有量越大，与有价证券的转换次数就越少，其转换成本就越低。即现金的持有成本与持有量成正比，转换成本与持有量成反比，能够使二者成本之和最低的现金持有量就是企业最佳的现金持有量。

使其一阶导数等于零，可得：

最佳现金持有量 $N^{*} = \sqrt{\dfrac{2Tb}{i}}$

此时，现金管理总成本最低为：

$$TC(N^*) = \sqrt{2Tbi}$$

式中：TC——现金管理总成本；

　　　T——预测期内现金总需求量；

　　　N——现金余额；

　　　i——短期有价证券收益率；

　　　b——每次短期有价证券转换为现金的转换成本。

最佳现金持有量与成本关系示意图，见图 10-6 所示。

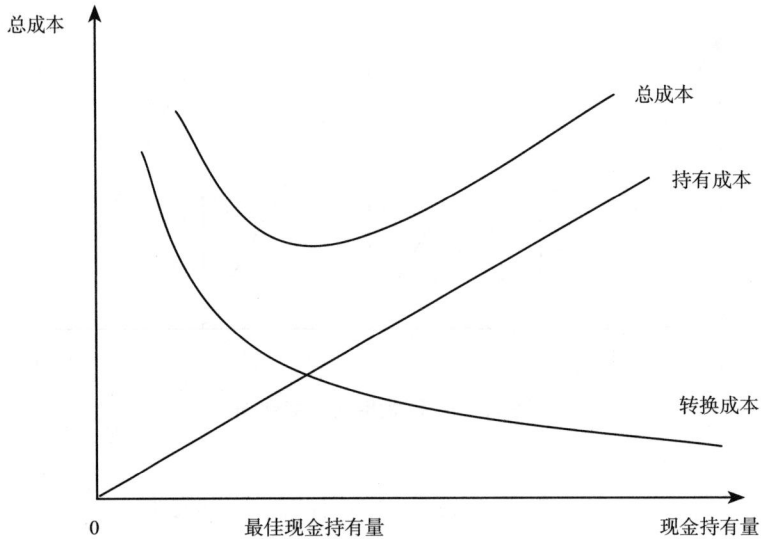

图10-6　最佳现金持有量和成本关系图

【例 10-1】A 企业预计全年需要现金 18 000 000 元，每次将有价证券转换成现金的成本为 300 元，有价证券的年收益率为 3%。假设该企业现金流入和流出比较均衡，市场上有价证券随时可以转换成现金。请运用现金存货模型计算该企业的最佳现金持有量、机会成本、转换成本和总成本。

解析：（1）最佳现金持有量 $N^* = \sqrt{\dfrac{2Tb}{i}} = \sqrt{\dfrac{2 \times 18000000 \times 300}{3\%}} = 600\,000$（元）

（2）机会成本 $\dfrac{N}{2}i = \dfrac{600000}{2} \times 3\% = 9\,000$（元）

（3）转换成本 $= \dfrac{T}{N}b = \dfrac{18000000}{600000} \times 300 = 9\,000$（元）

（4）总成本 $TC\left(N^{*}\right)=\sqrt{2Tbi}=\sqrt{2\times18000000\times300\times3\%}=18\,000$（元）

或 $TC=\dfrac{N}{2}i+\dfrac{T}{N}b=9\,000+9\,000=18\,000$（元）

3. 缺点

该模型计算简单，方便理解，但是也有其自身的缺陷，其缺陷主要有：

（1）企业现金的收入和支出均衡，在现实生活中很难实现

企业的销售很难做到均匀销售，再加上收款也存在很大的不确定性，就会导致现金的收入不可能均匀流入。现金的支出由于采购原材料、支付工人工资、支付各种费用都是时点性，不可能做到均匀支付。更何况很多企业的销售还具有一定的季节性和周期性，企业还有很多突发情况和偶然情况发生，这些都会打破该模型的基本假设，使其在现实生活中的应用受到限制。

（2）固定成本与变动成本现实情况较复杂

有价证券的交易成本有固定成本和变动成本，尽管在理论上可以进行区分，但是现实生活中，有价证券的变动成本与转换次数并不完全是呈线性关系的。固定成本也只是在一定的范围内不变，很多时候固定成本是呈阶梯形变化的。

（3）现金难以耗用完毕再进行转换

现实生活中，很少有企业真正会将现金完全耗用完毕再转换现金。如果这样的话，企业在发生突发状况时将会产生短缺成本。

综上所述，企业在运用存货模型确定最佳现金持有量的时候受制于很多假设因素，在实际工作中，还需要综合考虑储备资金的持有量、日常资金的波动等因素。

（二）米勒—奥尔模型

米勒—奥尔模型是由默顿·米勒（Merton Miller）和丹尼尔·奥尔（Daniel Orr）创建，是一种基于不确定性的现金管理模型，该模型认为企业的现金流出和现金流入是不确定的，企业无法确切地预知每天的现金实际收支状况，企业现金的持有量是随机的，所以该模型又被称为随机模型。该模型认为，尽管每天现金的收支状况是随机的、无法预知的，但是每日的现金净流量基本服从正态分布，并且现金与有价证券之间可以自由转换。企业的现金余额应在最高控制线（H）和最低控制线（L）之间随机波动。当企业的现金余额达到最高控制线时，企业会将多余的现金进行投资购买短期有价证券，使企业现金流回归至目标水平；反之，当企业的现金余额达到最低控制线时，企业应出售有价证券补充现金流，使现金回归到目标水平；当现金在最高控制线和最低控制线之间时则不进行交易。企业现金余额的随机波动情况如图 10-7 所示。

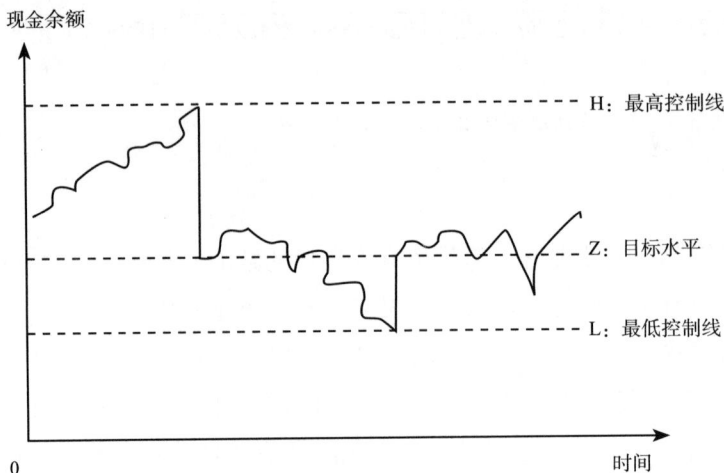

图10-7 随机模式下的现金持有量示意图

如图 10-7 所示，目标水平又称为均衡点，即为最佳现金余额。根据该模型，最佳现金余额的计算公式为：

$$Z^* = L + \sqrt[3]{\frac{3b\sigma^2}{4r}}$$

$$H = L + 3 \times \sqrt[3]{\frac{3b\sigma^2}{4r}} = 3Z^* - 2L$$

式中：L——现金余额下限，即最低控制线；

H——现金余额上限，即最高控制线；

b——证券交易成本；

r——有价证券的日收益率；

σ——每日现金余额的标准差。

最低控制线 L 的确定要考虑到行业特点、管理人员的风险偏好、企业每日最低现金需要量等因素的限制。

【例 10-2】A 企业采用随机模型对现金进行管理，有价证券的年利率为 3.6%（假设一年 360 天），有价证券与现金进行转换的成本为每次 120 元，该企业根据自身的特殊情况设定现金余额不得低于 60 000 元。根据历史数据测定现金余额的标准差为 8 000 元，请据此计算该企业的目标现金余额以及现金余额上限。

$$Z^* = L + \sqrt[3]{\frac{3b\sigma^2}{4r}} = 60000 + \sqrt[3]{\frac{3 \times 120 \times 8\,000 \times 8\,000}{4 \times 3.6\% \div 360}} = 98\,649.58（元）$$

$$H = L + 3 \times \sqrt[3]{\frac{3b\sigma^2}{4r}} = 60000 + 3 \times \sqrt[3]{\frac{3 \times 120 \times 8\,000 \times 8\,000}{4 \times 3.6\% \div 360}} = 121\,858.73（元）$$

即该企业的目标现金余额为 98 649.58 元，每当公司的现金流达到 121 858.73 元时，应该将 23 209.15 元（121 858.73-98 649.58）的现金用于投资有价证券，使现金余额回落到 98 649.58 元的目标余额；当现金少于 60 000 元时，将 38 649.58 元（98 649.58-60 000）的有价证券转换成现金，使现金金额回归到目标余额。

（三）成本分析模型

成本分析模型是根据现金有关成本，分析预测其总成本最低时现金持有量的一种方法。该模型认为与现金有关的成本为机会成本、管理成本和短缺成本，经过对其备选方案分析，选择总成本最低的现金持有量的一种方法。该种方法假设不存在现金和有价证券的转换成本。

现金管理总成本 = 机会成本 + 管理成本 + 短缺成本

由于管理成本在一定程度上不随着现金持有量的变动而变动，属于固定成本，无论管理成本多大，与现金持有量无关，所以，现金管理的总成本只与机会成本和短缺成本相关。只要方案中机会成本和短缺成本之和最小，则总成本就最小。具体如图 10-8 所示。

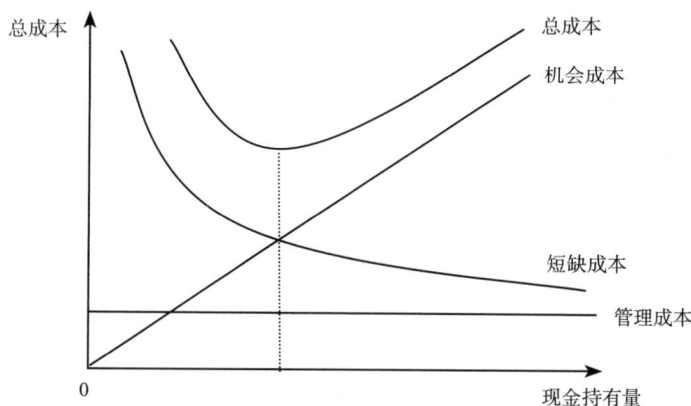

图10-8 成本分析模型现金持有量成本图

【例 10-3】A 公司现有三种现金持有量方案，有关成本资料如表 10-1 所示。请利用成本法分析模型对该公司的现金持有量进行决策。

表10-1 A公司现金持有备选方案表

单位：元

项目	甲方案	乙方案	丙方案
现金持有量	500 000	800 000	1 100 000
机会成本率	10%	10%	10%
短缺成本	60 000	40 000	30 000

根据上表计算的最佳现金持有量测算表如表10-2所示。

表10-2　A公司现金持有备选方案表

单位：元

项目	甲方案	乙方案	丙方案
机会成本	50 000	80 000	110 000
短缺成本	60 000	40 000	30 000
总成本	110 000	120 000	140 000

根据测算，甲方案的总成本最低，该企业应该选择甲方案。即该企业应选择持有500 000元现金。

（四）现金周转期模型

现金周转期模型是根据企业的现金周转期来确定最佳现金持有量的一种方法。现金周转期是指企业从购买原材料而支付现金时起，至产成品销售而收回现金的这段时间，如图10-9所示。

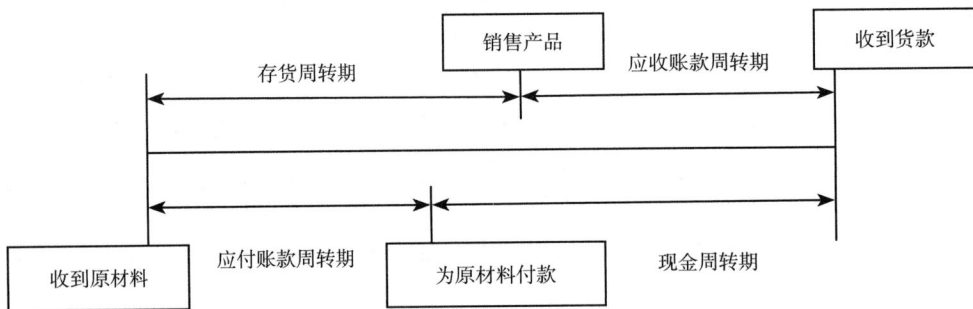

图10-9　生产期间周转图

由图10-9可知：

现金周转期 = 应收账款周转期 + 存货周转期 - 应付账款周转期

应收账款周转期指从应收账款形成到收回现金所需要的时间；存货周转期指从购入材料开始至销售产品为止所需要的时间；应付账款周转期指购买材料形成应付账款开始至以现金偿还应付账款所需要的时间。

使用该模型需要以下前提条件：

①企业的生产经营要持续稳定，现金收支稳定且均匀。

②现金总需求量能够准确地预计。

③企业流动资产的运营效率可以预计，并且与往年的历史数据一致。

利用这一模型确定最佳现金持有量，一般需要三个步骤：

①确定现金周转期。

②计算现金周转率。现金周转率指一年中现金周转的次数。

$$现金周转率 = \frac{360}{现金周围期}$$

③计算最佳现金持有量。

$$最佳现金持有量 = 年现金需求额 \div 现金周转率$$
$$= 年现金需求额 \div 360 \times 现金周转期$$

（五）现金决策方法的比较

存货模型考虑了持有现金的机会成本、管理成本和转换成本，但是假设不存在短缺的情况，不考虑短缺成本。其中，管理成本作为一种固定成本，是与决策无关的成本，所以该模型下，与现金持有量决策相关的成本为机会成本和转换成本。

随机模型也考虑了交易成本和机会成本，且有价证券与现金每次转换的成本假设是固定的，但是随机模型每期的交易次数是随机的，是根据每期现金流量的不同而发生变化的。

成本分析模型考虑了持有现金的机会成本、管理成本和短缺成本，管理成本同样作为一种固定成本与决策无关。但是该模型不考虑转换成本；所以，该模型下与现金持有量决策相关的成本为机会成本和短缺成本。

现金周转模型没有从成本和收益方面进行预计，而是从流动资产周转来进行预计，简单明了，易于操作，但是要求比较严苛，在现实运用时，需要进行适当的调整和变通。

在实际工作中，由于现金持有量、机会成本、短缺成本、转换成本都是呈非线性的，是以一种梯形状态呈现的。所以，应当采用逐步逼近的测试方式找到较为适宜的现金持有量。

四、资金集中管理模式

资金集中管理模式是指集团企业借助商业银行网上银行功能及其他信息技术手段，将分散在集团各所属企业的资金集中到总部，所有预算内的资金支出经批准后由集团公司统一支付，从而实现所有资金由总部统一调度、管理和运用。将子公司所有的闲置资金统一到总部，由总部统计调度，可以互补余缺，盘活资金存量，实现资金的规模效应，从而降低企业的融资成本。目前，几种资金管理模式逐渐被我国企业集团采用，一般的管理模式有以下几种。

（一）统收统支模式

统收统支模式是企业的所有现金收入集中在集团总部的财务部门，各分支机构或子公司不单独设立账号，一切现金支出都通过集团总部支出。该模式有利于减少资金沉淀，有利于监控现金收支，降低资金成本，但是总部财务部门的工作量比较大，这种模式通常适用于规模比较小的集团公司。

（二）拨付备用金模式

拨付备用金模式是指集团给予所属子企业一定数额的备用金，子公司发生现金支出后，持有关凭证到集团财务部门报销，并将备用金补充到足额。该模式给予了子公司一定的财务权利，具有一定的灵活性，这种模式也通常适用于那些经营规模比较小的集团公司。

（三）结算中心模式

结算中心模式通常是在集团财务部门设立一个独立运行的结算中心，用于办理各子公司之间的现金收付和往来结算，以实现提高资金使用效率，降低融资成本。该模式下，子公司收到现金后直接转入结算中心，需要资金时，再进行统一拨付。

（四）内部银行模式

内部银行模式是指在企业集团内设立内部银行，企业的自有资金和商业银行的信贷资金由内部银行统一调剂和运作，将子公司的闲散资金统一调配，调剂余缺，盘活存量资金，加速资金周转速度，提高资金使用效率。内部银行通常有三大职能：结算、融资和监督。内部银行通常用于责任中心较多的企事业单位。

（五）财务公司模式

财务公司是经中国人民银行审批批准后设立的，经营部分银行业务的非银行金融机构。通过开展集团内部资金结算，并为成员企业提供包括存贷款、融资租赁、担保、信用鉴证、债券承销、财务顾问等在内的全方位金融服务。是通过把市场化的企业关系和银企关系引入到集团管理中的模式，这样使各子公司具有独立的财权，有利于提高子公司的积极性。

五、现金的日常控制

加强现金日常管理的主要目的在于提高现金的使用效率，降低现金管理成本，加强现金的安全性。为达到这一目的，要注意对现金收入和现金支出的日常管理。现金日常管理主要包括以下四个方面。

（一）现金的收款管理

现金的收款管理主要目的是加速现金的回笼，提高现金的使用效率，进而降低融资成本。企业可以通过各种途径加速收款，如银行业务集中法、邮政信箱法等。

1. 银行业务集中法

银行业务集中法是通过总部指定集中银行，并设立多个收款中心加速资金流转的方法。企业不在公司总部设立收款中心，而是指定一个银行作为集中银行，在各个收款额比较集中的地区建立多个收款中心，客户收到账单后汇款到当地的收款中心，收款中心收到汇款单后存入当地银行，在进行票据交换后转入企业总部。因为该方法缩短了客户支付的时间和票据托收时间，加速了资金的回收。但是，需要设立多个收款中心，也加大了公司的成本，所以，企业也需要权衡其收益和成本做出是否使用该方法的决策。

2. 邮政信箱法

邮政信箱法又称锁箱法，是指企业在收款比较集中的城市租用专门的邮政信箱，并委托当地银行每日开启信箱，并见到票据后予以结算的方法。该方法不需要设立收款中心，成本较低，缩短了票据邮寄时间，但是需要支付一定的劳务费，也会导致现金管理成本的增加，当前是西方企业采用的一种常见的方法。

除上述方法外，还可以采取预先授权支付系统、电汇、大额款项专人处理、企业内部往来多边结算、减少不必要的银行账户等方法加快现金回收。

（二）现金的付款管理

现金的付款管理主要目的是在不影响企业信用的情况下延缓现金的支付，通过延缓现金的支付使企业尽可能多的获得投资收益。主要方法有合理利用"浮游量"、推迟支付应付款、采用汇票付款等。

1. 使用现金"浮游量"

现金浮游量是指由于企业账户上的现金余额与银行账户上的现金余额之间的差额。这是由于票据的送达需要时间造成的。如：从企业开出支票到收款人将支票送存银行并将款项转出需要一定的时间，在此期间，账户上的资金仍然属于付款单位，企业就可以利用该期间账户上的资金。如果能够正确预测资金预计转出的时间，企业可以节约一定量的现金。但是，一定要控制好使用时间，否则，比较容易造成存款透支。

2. 推迟支付应付款

在不影响自己信誉的前提下，充分运用信用期的长度，尽可能地使用供货方所提供的信用优惠，推迟应付款的支付期。如企业采购原材料，如果供货商开出的付款条件是"2/20，1/40，N/90"，企业应通过详细计算应付账款放弃现金折扣的机会成本，并与企业的资本成本进行对比，做出付款期间的决策，并在优惠期限或者信用期限的最后一天付款，以达到最大限度地利用现金的时间价值。

3. 争取现金流出和现金流入同步

企业有了收入一般会将其进行短期投资，购入有价证券，但是如果能够实现现金流入和现金流出同步，企业就可以减少购入和出售的机会，从而减少现金和有价证券的转换次数和转换成本，提高收益。

4. 改进员工工资支付模式

企业可以为支付工资专门设立一个工资账户，通过银行向职工支付工资。为了最大限度地减少工资账户的存款余额，企业要合理预测开出支付工资的支票到职工去银行兑现的具体时间。

其他还有采用汇票代替支票、零账户余额、控制支付账户等方法来推迟现金支出。

（三）现金综合控制

1. 内部控制制度要健全

建立健全货币资金的内部控制制度，在现金的日常管理中，必须做到钱账管理互相牵制制度，做到责任清楚，交接手续齐全，明确现金的批准权限，保证所有的现金收支必须经过审核、复核，堵塞管理漏洞，以保证现金的日常安全。

2. 对闲置现金进行投资管理

充分利用手头的闲置资金，积极发挥闲置现金的作用，并对其进行投资，获取短期收益，使其达到增值的目的。为了保障资金的安全和流动性，通常采用的投资方式是债权投资和股票投资两大投资方式。

（四）严格遵守国家规定的现金使用

严格遵守国家有关规定，按照国家的法律法规，做到依法办事。

1. 现金的使用范围和库存现金限额：

（1）企业的现金收支应当依照下列规定办理
①现金收入应于当日送存银行，如当日送存银行确有困难，由银行确定送存时间。
②企业可以在现金使用范围内支付现金或从银行提取现金。

③企业从银行提取现金时，应当注明具体用途，并有财会部门负责签字盖章后，交开户银行审核后方可支取。

④企业不得坐支现金。坐支现金是指企业直接从自己的现金收入中支付现金。

⑤因采购地不同、交通不便、生产或市场急需、抢险救灾以及其他特殊情况急需使用现金的，企业应当向开户银行提出申请，由本单位财会部门负责人签字盖章，经开户银行审核批准后可予以支付。

⑥不准用不符合财务规定的凭证顶替库存现金，即不得"白条抵库"；不准谎报用途套取现金；不准用银行账户代其他单位和个人存取现金；不准单位收入的现金以个人名义存储，即不得"公款私用"；不准保留账外公款，即不得设置"小金库"等。

⑦不准单位之间相互借用现金。

⑧其他规定，如实现"钱账分管"等。

银行对于违反以上规定的单位，将按照违规金额的一定比例予以处罚。

（2）企业之间的经济往来，必须通过银行进行转账结算，根据国家有关规定，企业只可在下列范围内使用现金

①职工工资、各种工资性津贴。

②个人劳务报酬，包括稿费和讲课费及其他专门工作报酬。

③支付给个人的各种奖金，包括根据国家规定颁发给个人的各种科学技术、文化艺术、体育等各种奖金。

④各种劳保、福利费用以及国家规定的对个人的其他现金支出。

⑤收购单位向个人收购农副产品和其他物资支付的价款。

⑥出差人员必须随身携带的差旅费。

⑦结算起点（1 000元）以下的零星支出。

⑧确实需要现金支付的其他支出。

除第⑤、⑥项外，开户单位支付给个人的款项中，支付现金每人一次不得超过1 000元，超过限额部分，根据提款人的要求在指定的银行转为储蓄存款或以支票、银行本票支付。确需全额支付现金的，应经开户银行审查后予以支付。

（3）企业的库存现金限额

库存现金限额应由开户单位提出计划，报开户银行审批。经核定的库存现金限额，开户单位必须严格遵守。各开户单位的库存现金限额，由于生产或业务变化，需要增加或减少时，应向开户银行提出申请，经批准后再行调整。

开户银行根据实际需要，原则上以开户单位3天至5天的零星开支所需核定库存现金限额；对偏远地区和交通不发达的开户单位的库存现金限额可以适当放宽，但最多不得超过15天的日常零星开支。

第三节　应收账款管理

一、应收账款的含义和功能

（一）应收账款的含义

应收账款是指企业因对外销售产品、材料、提供劳务及其他原因，应向购货单位或接受劳务的单位及其他单位收取的款项。在当下经济形势中，商业信用的使用日益增多，应收账款也随之增加，进而成为流动资产中很重要的一项。

（二）应收账款的功能

应收账款在企业中不仅是结算的重要手段，对于促进销售、减少存货也具有重要的作用，其具体功能如下：

1. 结算的需要

企业销售商品有现销和赊销两种方式。哪怕是现销，由于货款结算需要时间，也会导致发货时间和收到货款时间有所不同。结算手段越落后，需要的时间越长，企业只能承担在结算期间的资金垫支，进而形成企业的应收账款。更何况很多企业为了促进销售，往往会直接提供赊销的方式，因而产生了应收账款。

2. 市场竞争的要求

市场竞争越激烈，企业越会利用各种手段扩大销售，招揽顾客，除了依靠提高商品质量、加大宣传力度、降低销售价格以外，还会通过给予客户一定期间的商业信用来扩大自己的市场份额，从而使企业的应收账款应运而生。如果市场没有竞争，企业也无需垫支自己的资金为对方提供商业信用。所以说，市场竞争的要求是发生应收账的主要原因。

3. 促进销售、减少库存、加速资金周转的需要

现销方式可以尽快收到款项，提高本企业的流动性，同时可以避免坏账，但是可能将支付能力欠佳的客户拒之门外，所以，很多企业为了促进销售提供了赊销的方式。赊销向客户提供产品的同时，也提供了商业信用，即向客户提供了一笔在一定期间内可以使用的资金。这对于支付能力欠佳的客户无疑是一项很大的优惠政策，有利于企业促进销售，降低库存，减少存货的各种储存成本，促进资金的周转和流动。

二、应收账款的成本和管理目标

（一）应收账款的成本

企业进行赊销，促进了销售，增加了企业的收益，但是也会为此付出一定的成本和代价。如因不能收回款项而产生的机会成本、管理成本、坏账成本等。应收账款的成本包括以下三个方面。

1. 应收账款的机会成本

应收账款的机会成本是指因应收账款上占用资金，导致不能用于其他投资或者存入银行而损失的收益。该机会成本的高低与应收账款上占用的资金额度、企业进行其他投资的报酬率以及应收账款的收款期有关，具体计算过程如下：

$$应收账款机会成本 = 维持赊销业务所需资金 × 投资收益率$$

$$维持赊销业务所需资金 = 应收账款平均余额 × 变动成本率$$

$$应收账款平均余额 = 平均每日赊销额 × 平均收款期$$

$$平均每日赊销额 = 年赊销收入净额 ÷ 360$$

应收账款机会成本为应收账款上占用的资金额（赊销业务所需资金）和企业要求的最低收益率或者企业的资本成本率相乘；应收账款上占用的资金额等于应收账款平均余额乘以变动成本率，是由于应收账款里面包含了企业的利润、企业的固定成本和变动成本，企业的利润并没有占用本期的资金，固定成本不管是否有该笔应收账款都需要耗用的，属于决策无关成本，只有产品的变动成本才真正让企业支付了现金，占用了企业的资金额度。具体见【例 10-4】。

【例 10-4】A 企业年赊销额为 7200 万元，变动成本率 75%，应收账款周转天数为 60 天，企业闲散资金投资报酬率为 3%。请计算该企业应收账款的机会成本？

解析：平均每日赊销额 = 年赊销收入净额 ÷ 360 = 7 200 ÷ 360 = 20（万元）

应收账款平均余额 = 平均每日赊销额 × 平均收款期 = 20 × 60 = 1 200（万元）

维持赊销业务所需资金 = 应收账款平均余额 × 变动成本率 = 1 200 × 75% = 900（万元）

应收账款机会成本 = 维持赊销业务所需资金 × 投资收益率 = 900 × 3% = 27（万元）

经计算可知，该企业应收账款每年的机会成本为 27 万元。

2. 应收账款的管理成本

应收账款的管理成本是指企业为了对应收账款进行管理而发生的成本，如组织收款或者催款的费用、企业专门负责应收账款的人员的薪酬、账簿资料费用、信用调查等费用。

3. 坏账成本

坏账成本是指因款项不能收回而造成的损失。如客户财务状况恶化、恶意拖欠、甚至破产等原因导致债务人不能偿还的款项。

（二）应收账款的管理目标

通过对企业持有应收账款的原因及有关成本的分析，我们可以看出，企业提供商业信用，一方面可以扩大销售、增加利润，另一方面会造成有关成本费用的发生。因此，进行应收账款管理的目标，就是要在充分发挥应收账款扩大销售、减少存货这些积极作用的前提下，尽可能地降低应收账款的成本，企业需要在收益和成本之间进行权衡，制定合理的应收账款信用政策。

三、应收账款信用政策

应收账款信用政策是指企业对应收账款投资进行规划与控制而确立的基本原则和行为规范，包括信用标准、信用条件和收账政策三部分内容。

（一）信用标准

信用标准是指客户获得企业的信用交易应具备的条件，通常使用客户的信用分数或者预计坏账损失率来表示。企业只对满足自己信用标准的企业提供商业信用。不满足自己信用标准的客户，不能享受商业信用。如"本企业只对坏账损失率 5% 以下的客户进行赊销"或者"本企业只对信用评分 85 以上的客户提供商业信用"。如果客户不能满足上述条件，则不对其提供商业信用。

为了预防和控制信用风险，企业必须对每一个提出赊购的客户进行信用评估，对客户进行信用评估。首先要对客户进行信用调查，可以通过当面采访、实地调查、观察、询问等方式进行，也可以通过研究企业的财务报告、查询银行或者其他信用评估机构的信用记录等间接方式进行。

在对客户调查以后，企业需要对客户进行评估，评估的方法一般有 5C 评估法和信用评分法。

1. 5C评估法

该方法中的"5C"是指品德（Character）、能力（Capacity）、资本（Capital）、抵押（Collateral）和条件（Conditions）

品德是指客户履行偿还债务义务的态度，这是评价客户信用品质的首要因素。

能力（Capacity）是指客户偿还债务的财务能力。

资本（Capital）是指客户的资本金，表明客户可以偿还债务的背景和财务实力。

抵押（Collateral）是指客户提供作为信用安全保证的资产。

条件（Conditions）是指可能影响客户付款能力的经济环境。

5C 评估法需要根据上述五个方面，分别对客户进行评分，然后汇总出总分数，并按照一定的标准，对客户进行分类，得出其所处的信用等级，进而确定对客户是否提供商业信用，或者提供信用的金额和期间。

5C 评估法基本可以判断出客户的信用状况，只是在对五类标准分别评分的时候，需要凭经验进行判断，这就使得该种方法具有一定的主观随意性。

2. 信用评分法

为了克服 5C 评估法的缺点，信用评分法主要采用量化分析对客户进行评价。该方法先对一系列财务比率和信用情况指标进行评分，然后按照一定的权重进行加权平均得出客户综合的信用分数，并以此进行评估的一种方式。该量化分析主要用来解决两个问题：一是确定客户拒付账款的风险，即坏账损失率；二是具体确定客户的信用等级，作为是否为其提供商业信用的依据。

信用评价的基本公式为：

$$Y = a_1 x_1 + a_2 x_2 + a_3 x_3 \& \ a_n x_n = \sum_{i=1}^{n} a_i x_i$$

其中：$\sum a_i = 100\%$

式中：Y 表示A企业的信用评分；

a_i 表示第 i 种财务比率和信用品质的权数；

x_i 表示财务比率和信用品质的评分。

【例 10-5】A 企业利用财务比率、信用品质及评分情况如表 10-3 所示。

表10-3　A企业信用评分表

项目	财务比率和信用品质	分数	预计权数	加权平均数
流动比率	2.1	90	20%	18
资产负债率	70%	85	15%	12.75
净资产收益率	11%	90	15%	13.5
流动资产周转率	5次	75	10%	7.5
坏账损失率	3.50%	90	15%	13.5
银行授予信用等级	AA	80	5%	4
企业未来发展状况	良好	85	10%	8.5

续表

项目	财务比率和信用品质	分数	预计权数	加权平均数
经营现金流状况	好	90	10%	9
合计	—	—	100%	86.75

通常认为分数在 80 分以上者，其信用状况良好；分数在 60 ～ 80 者，其信用状况一般；分数在 60 分以下者，其信用状况较差。该企业总得分 86.75，可认为该企业信用状况良好。

企业可以根据客户不同坏账损失率和不同评分决定是否向其提供商业信用。如果企业的信用标准太严，只对坏账损失率低和评分比较高的客户提供商业信用，企业会减少坏账损失，但无疑也会影响企业的销售，进而影响企业的利润；如果制定的信用标准过于宽松，则有利于企业扩大市场份额，促进销售，提高企业的利润，但也会导致企业应收账款金额的增加，进而使得应收账款的机会成本、管理成本和坏账成本增加。如何进行权衡，就需要企业根据具体情况权衡优缺，制定信用标准，只有销售增加带来的边际贡献大于其增加的应收账款成本时，才能采用该政策。

（二）信用条件

信用条件是指企业接受客户信用订单时所提出的付款要求。主要包括信用期限、折扣期限及现金折扣等。信用期限是企业为客户规定的最长付款时间；折扣期限是为客户规定的可享受现金折扣的付款时间；现金折扣是在鼓励客户提前付款时给予的优惠。信用条件通常的表达方式是"2/10, 1/30, N/60"，即若客户在 10 天之内付款，则可以享受 2% 的现金折扣，在第 11 ～ 30 天之内付款，则可以享受 1% 的现金折扣，最长付款期为 60 天。其中 2% 和 1% 则为现金折扣，10 天和 30 天为折扣期限，60 天为信用期限。企业提供比较优惠的信用条件能增加销售量，同时也会增加相关的成本，如现金折扣成本、机会成本、坏账成本。所以，企业要权衡其收益和成本，制定比较合理的信用条件。

1. 信用期限决策

由于信用期限是企业为客户规定的最长付款期限。延长信用期限会给其他企业财务工作带来以下三个影响：一是企业给予客户的信用期限越长，越能够刺激销售，增加企业的毛利润；二是延长信用期限会使得企业应收账款的平均回收期变长，周转率变低，应收账款的平均余额增加，从而使维持该赊销业务占用的资金增加，资金成本增加；三是可能会引起坏账损失和收账费用的增加。所以，是否给客户延长信用期限，应权衡其带来的边际贡献是否大于边际成本，如果大于，则应该延长，否则不能延长。具体见【例 10-6】。

【例 10-6】A 企业在当前的信用政策下年赊销收入净额为 7200 万元，现在的信用期限为 30 天，变动成本率为 70%，当前坏账损失率（坏账损失占赊销额的比例）为 3%，收账费用为 15 万元。企业现在想放宽信用条件，现有两个方案：甲方案为将信用期限放宽到 36 天，预计赊销额将增长 2400 万元，收账费用 45 万，坏账损失率将提高到 5%；乙方案将信用期限放宽到 45 天，预计赊销额将增长 4800 万元，收账费用 80 万，坏账损失率将提高到 8%。假设企业的变动成本率不变，有价证券的收益率为 10%。请问该企业是否应该改变信用政策，如果需要改变，应该选择哪个方案？

为了使方案更加直观，现有方案、甲方案和乙方案下，预计的赊销金额、应收账款周转天数、坏账损失率和收账费用如表 10-4 所示。

表10-4 三种信用条件下的明细表

单位：万元

项目	现行方案	甲方案	乙方案
赊销额	7200	7200+2400=9600	7200+4800=12000
应收账款周转天数	30	36	45
坏账损失率	3%	5%	8%
收账费用	15	45	80

解析：该公司的各种方案下的对企业收益综合影响表如表 10-5 所示。

表10-5 三种信用条件下的综合影响计算表

单位：万元

	项目	现行方案	甲方案	乙方案
收益	年赊销额①	7200	9600	12000
	变动成本②＝①×70%	5040	6720	8400
	边际贡献③＝①-②	2160	2880	3600
成本	应收账款周转天数④	30	36	45
	应收账款周转率⑤＝360÷④	12	10	8
	应收账款平均余额⑥＝①÷⑤	600	960	1500
	维持赊销业务所需资金⑦＝⑥×70%	420	672	1050
	机会成本⑧＝⑦×10%	42	67.2	105
	坏账损失⑨＝①×坏账损失率	216	480	960
	收账费用⑩	15	45	80
净收益⑪＝③-⑧-⑨-⑩		1887	2287.8	2455

从表 10-5 计算的综合影响结果来看，现行方案下净收益为 1887 万元，甲方案下的净收益为 2287.8 万元，乙方案为 2455 万元，则应该选择乙方案，即该公司应该放宽信用条件，将信用期限放宽到 45 天。

该案例中，也可以使用差量法进行计算，具体如表 10-6 所示。

表10-6　三种信用条件下的综合影响差量法计算表

单位：万元

项目		甲方案	乙方案
收益增加额	年赊销额①	2400	4800
	变动成本②＝①×70%	1680	3360
	边际贡献③＝①-②	720	1440
成本增加额	维持赊销业务所需资金④	（9600/360×36-7200/360×30）×70%=252	（12000/360×45-7200/360×30）×70%=630
	机会成本⑤＝④×10%	25.2	63
	坏账损失⑥	9600×5%-7200×3%=264	12000×8%-7200×3%=744
	收账费用⑦	30	65
净收益增加额⑧＝③-⑤-⑥-⑦		400.8	568

从表 10-6 计算的综合影响差量法计算表结果来看，甲方案比现行方案净收益增加 400.8 万元，乙方案比现行方案净收益增加 568 万元，则应该选择乙方案，即该公司应该放宽信用条件，将信用期限放宽到 45 天。

2. 现金折扣决策

许多企业为了加速资金回收，减少坏账损失和收账费用，往往在延长信用期限的同时，会给予一定的现金折扣。对于企业来说，客户享受了现金折扣，企业则会少收到一笔款项，所以，现金折扣属于应收账款一项重要的成本。是否应该采取现金折扣的方式刺激销售以及加速回款，也需要企业在成本和收益之间进行权衡。如果给予了现金折扣，加速回款带来的机会成本和坏账损失的减少额能够补偿现金折扣的成本，则企业应该采取现金折扣；如果给予的现金折扣带来的机会成本和坏账损失的减少额不能补偿现金折扣的成本，则该现金折扣不应该被采用，具体见【例 10-7】。

【例 10-7】承【例 10-6】如果该企业为了加速回款，选择了乙方案的信用期限的基础上给予一定的现金折扣。有两个现金折扣方案可以选择，M 方案的现金折扣条件为（1/20，

N/45），在该方案下，预计会有40%的客户选择20天之内付款，坏账损失率将降为6%，应收账款周转天数为35天，收账费用为40万元。N方案的现金折扣条件为（2/10，1/30，N/45），预计在该方案下，预计会有30%的客户选择10天之内付款，30%的客户在第30天付款，坏账损失率将降为5%，应收账款周转天数为30天，收账费用为25万元。则该企业应不应该选择现金折扣，如果选择的话，应该选择哪一种？

解析：计算过程如表10-7所示：

表10-7 净收益计算过程计算表

单位：万元

	项目	没有现金折扣	M方案	N方案
收益	年赊销额①	12000	12000	12000
	变动成本②=①×70%	8400	8400	8400
	边际贡献③=①−②	3600	3600	3600
成本	应收账款周转天数④	5	35	30
	应收账款周转率⑤=360÷④	8	10.29	12
	应收账款平均余额⑥=①÷⑤	1500	1166.67	1000
	维持赊销业务所需资金⑦=⑥×70%	1050	816.67	700
	1. 机会成本⑧=⑦×10%	105	81.67	70
	2. 坏账损失⑨=①×坏账损失率	960	720	600
	3. 收账费用⑩	80	40	25
	4. 现金折扣⑪	0	12000×40%×1%=48	12000×30%×2%+12000×30%×1%=108
	净收益⑫=③−⑧−⑨−⑩−⑪	2455	2710.33	2797

根据上述计算可知，如果没有现金折扣则净收益为2455万元，如果选择M方案，净收益为2710.33万元，如果选择N方案，净收益为2797万元。则应该选择N方案。

3. 综合决策

企业在考虑应收账款成本时，应该对各种因素进行综合考虑，不仅要考虑其取得的边际贡献，还要综合考虑其现金折扣、坏账损失、收账费用和机会成本，具体思路见【例10-8】。

【例10-8】A企业有甲、乙两种不同的信用条件，两种不同的信用条件下预计企业的有关资料如表10-8所示。

表10-8　预计企业的有关资料明细表

单位：元

项目	甲方案	乙方案	丙方案
信用条件	N/45	（1/30，N/50）	（2/10，1/30，N/60）
销售收入	1 200 000	1 500 000	2 000 000
应收账款收现期	60	45	36
现金折扣享用情况	无	40%的客户享用现金折扣	30%的客户10天之内付款，30%的客户30天之内付款
坏账损失率	4%	3%	2%
管理成本	50 000	45 000	40 000

该企业的变动成本为80%，且保持不变。有价证券的收益率10%。该企业的各种方案下对企业收益的综合影响如表10-9所示。

表10-9　各种方案下的对企业收益综合影响表

单位：元

	项目	甲方案	乙方案	丙方案
收益	年赊销额①	1 200 000	1 500 000	2 000 000
	变动成本②=①×80%	960 000	1 200 000	1 600 000
	边际贡献③=①-②	240 000	300 000	400 000
成本	应收账款周转天数④	60	45	36
	应收账款周转率⑤=360/④	6	8	10
	应收账款平均余额⑥=①÷⑤	200 000	187 500	200 000
	维持赊销业务所需资金⑦=⑥×80%	160 000	150 000	160 000
	机会成本⑧=⑦×10%	16 000	15 000	16 000
	坏账损失⑨=①×坏账损失率	48 000	45 000	40 000
	管理成本⑩	50 000	45 000	40 000
	折扣成本⑪	0	1500 000×40%×1%=6 000	2 000 000×30%×2%+2 000 000×30%×1%=18 000
	净收益⑫=③-⑧-⑨-⑩-⑪	126 000	189 000	286 000

从表10-9计算的综合影响结果来看，甲方案下净收益为126 000元，乙方案下的净收益为189 000元，丙方案为286 000元，则应该选择丙方案。

（三）收账政策

收账政策是指当客户违反信用条件，拖欠甚至拒付款项时企业所采取的收账策略和措施。企业对拖欠的应收账款，无论采用什么方式进行催收，都会产生一定的代价。例如，收款所支付的通信费、差旅费甚至诉讼费等。一般来说，企业采用积极的收账政策，会导致收账成本的增加，可能会减少应收账款的损失；采用消极的收账政策，收账成本减少，但是应收账款的坏账损失会增加。一般来说，企业的收账费用支出越多，坏账的损失就会越小，这两者之间负相关，但是并不是线性的，如图10-10所示。通常情况是刚开始进行催收时，一般采用电话等形式进行，成本较低，收款效果较好；越到后面，越难以进行催收，催收手段越来越严厉，花费则越来越多，效果越来越差。当收账费用达到一定的程度，边际成本将等于边际收益，收账的总收益就不再明显上升，此时会达到一种临界状态，这个限度称为饱和点。

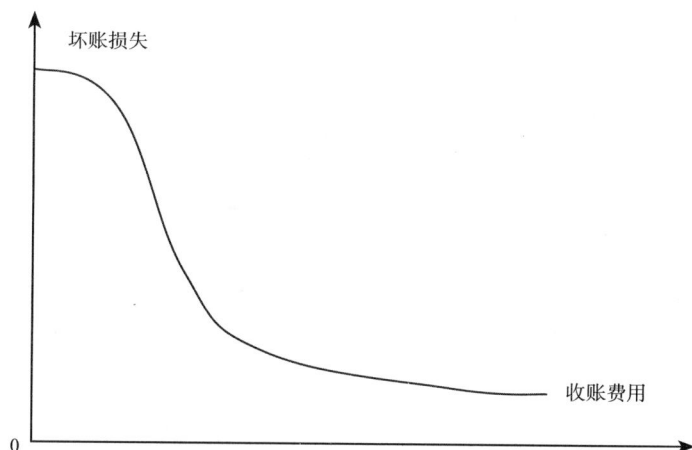

图10-10　收账费用与坏账损失关系图

【例10-9】A企业年赊销为8000万元，现有两种收账政策，如表10-10所示。假设该企业的资本成本率为10%。

表10-10　收账政策备选方案

单位：万元

项目	甲方案	乙方案
应收账款周转天数	60	40
坏账损失率	2%	1.5%
年收账费用	45	80

请计算不同的收账政策下的应收账款的总成本。

不同收账政策下总成本的具体计算过程如表10-11所示。

表10-11　不同收账政策成本计算表

单位：万元

项目	甲方案	乙方案
年赊销额①	8 000	8 000
应收账款周转天数②	60	40
应收账款周转率③＝360÷②	6	9
应收账款平均占用额④＝①÷③	1333.33	888.89
应收账款机会成本⑤＝④×资本成本率10%	133.33	88.89
坏账损失率⑥	2%	1.5%
坏账损失⑦＝①×⑥	160	120
年收账费用⑧	45	80
成本合计⑨＝⑤＋⑦＋⑧	338.33	288.89

通过计算可知，甲方案的应收账款管理成本为338.33万元，乙方案的应收账款管理成本为288.89万元，乙方案比甲方案预计节约49.44万元（338.33-288.89），因此，企业应采用乙方案。

四、应收账款的日常管理

应收账款对企业来说，一般总金额比较大，涉及的客户比较广，对企业的流动性具有重大的影响，一旦发生较大的坏账将会给企业带来巨大的风险。因此，要对应收账款加强管理，除了上述制定较为合理的信用政策外，还需要加强对应收账款的日常管理，以求及时发现问题，并将风险扼杀在萌芽中。常用的方法有以下三种。

（一）事前预防

1. 建立客户信用档案

积极开展信用调查和信用评估工作，建立详细的客户信用档案，了解客户的信用状况，对于不同的客户给予不同的商业信用，例如对于信用等级低的客户，企业应该不允许其进行赊购。对于信用等级高的客户，可以对其使用宽松的信用标准，延长其还款期，以达到促进销售的目的。

2. 建立销售责任制和赊销审批制

企业应当明确建立赊销审批制度，对于不同的赊销权限给予不同级别的人员进行审批。另外，企业应当建立销售责任制，与销售人员的销售考核与货款回笼挂钩，对于销售回款明确规定谁经办、谁负责，对于应收账款的催收建立奖惩制度。

3. 利用信用额度控制

企业可以根据不同的客户制定不同的信用额度。如果给予客户的信用额度比较大，会促进销售的增长。如果给予客户的信用额度太低，无疑不利于销售的增长。但是信用额度太高，则会占用太多的资金，增加公司的成本。所以，企业应当制定详细的信用额度控制计划，当客户所欠账款余额达到或者接近其信用额度时，企业应当拒绝为其提供商业信用。另外，客户的信用额度应当根据客户的实际情况，定期修改，以方便及时适应客户信用发生的变化。

（二）事中管理

应收账款一旦发生，企业就必须考虑如何按期足额回收。企业应严密监督应收账款的情况，一般可以通过账龄分析进行。

应收账款的账龄分析是指企业在某一时点，将各笔应收账款按照开票日期进行归类（即确定账龄），并计算出各账龄应收账款的余额占总余额的比重，列出账龄分析表，如表10-12所示。

表10-12　应收账款账龄分析表

应收账款账龄	账户数量	金额（万元）	比重（%）
信用期内	200	3 400	71.23%
超过信用期3个月以内	50	680	14.25%
超过信用期3至6个月	45	420	8.80%
超过信用期6个月至1年	30	200	4.19%
超过信用期1年至3年	15	50	1.05%
超过信用期3年以上	9	23	0.48%
合计	349	4 773	100%

通过对应收账款的账龄分析，企业可以掌握以下信息：尚有多少客户在折扣期限内未付款；有多少客户在信用期限过后才付款；有多少应收账款拖欠太久，可能会成为坏账。

一般来说，应收账款的拖欠时间越短，回收的难度越小，收账费用越小。拖欠的时候越长，回收的难度越大。企业对逾期账款应予以足够重视，查明原因。对不同拖欠时间的账款及不同信用品质的客户，应采取不同的收账方式，制定出经济可行的收账政策和催讨方案。

如果账龄分析显示企业的应收账款的账龄开始延长或者过期账户所占比例逐渐增加，那么就必须及时采取措施，调整企业信用政策，努力提高应收账款的收现效率。

（三）事后监督

1. 应收账款的追踪分析

一般来说，客户能否按期偿还货款，主要取决于三个因素：一是客户的信用品质；二是客户的财务状况；三是客户是否可以实现该产品的价值转换或增值。其中，前两项是企业在销售之前就需要关注的因素。第三个因素对客户能否及时支付应收账款也具有重大的影响。如果客户可以实现该产品的价值转换或增值，那么客户一般会愿意及时付款，为以后继续交易打下基础。所以，应收账款的追踪分析应时刻关注客户的变化，以便及时做出政策的调整。

当然，如果企业对于每一个客户都进行追踪分析，成本会很大，出于成本和收益权衡的考虑，企业应该重点关注交易金额大、交易次数频繁或信用品质有疑问的客户。

2. 坏账管理

企业对确实无法收回的款项，应该将其视为坏账，并进行坏账处理。为了使各会计年度合理负担坏账损失，减少企业的财务风险，企业应当建立坏账准备。在正常年份，企业也应当根据应收账款的情况提取坏账准备，当企业确实发生坏账时，冲销已经计提的坏账准备。

第四节　存货管理

一、存货的概念和功能

（一）存货的概念

存货是指企业在生产经营过程中为销售或者耗用而储备的物资，包括原材料、在产品、半成品、产成品、燃料、低值易耗品、包装物、周转材料、委托加工物资等。在很多企业，尤其是制造业中，存货在流动资产中占据很大的比重，同时，存货又是一种变现能力较差的流动资产项目，所以加强对存货的管理就显得尤为重要。

（二）存货的功能

存货在企业的生产经营过程中具有重要的作用，具体的功能如下。

1. 储备必要的原材料和在产品，维持正常生产运营

一定量的原材料和在产品是正常生产的物质保证。为保障生产的正常进行，必须储备一定量的原材料，否则就可能会造成生产中断、停工待料的现象。

2. 储备必要的产成品，有利于销售

只有企业储备足够的库存产品，才能有效地供应市场，满足顾客的需要。相反，若某种畅销产品库存不足，将会错失目前的或未来的销售良机，并有可能因此失去顾客。

3. 便于组织均衡生产，降低产品成本

储备有一定量的原材料方便企业合理均衡的组织生产，尤其对于那些季节性明显的企业，合理均衡地组织生产，可以避免企业超负荷运转和闲时生产能力得不到充分利用的情形。如果企业闲时生产能力不足，则固定成本不能得到很好的分摊，职工的工作效率低下。一旦到了季节性生产时，则需要超负荷运转，企业就不可避免需要较高价格采购原材料，支付工人的加班工资，甚至临时招聘职工。这些都会导致费用的增加，从而增加产品的成本。

4. 降低进货成本，防止意外损失

企业储备有一定的存货，可以防止意外的发生，也方便企业进行批量采购，从而得到供应商较为优厚的折扣优惠。此外，通过适当增加单次购货数量，减少购货次数，可以适当降低采购费用支出。

企业要进行有序的生产，就需要有必要的材料储备，若存货储备量小，就容易导致停工损失、销售停滞、影响企业声誉等；储备太大，存货的增加势必导致占用更多的资金，从而支付更多的资金成本，同时还需要更多的仓储费用，也会带来比较大的储存风险。所以，储备一定量的存货，在保障企业正常运营的同时，降低成本、增加收益就成为了存货管理的基本目标。所以，存货管理的目标就是要制定相关的存货管理政策，在存货的成本与收益之间权衡利弊，进行科学的控制与管理，将存货维持在最佳的水平上，以最低的成本为企业提供经营所需的存货，实现最大的效益。

二、存货的成本

企业要维持一定量的存货必然需要一定的成本，与存货相关的成本有以下几方面内容。

（一）取得成本

取得成本是指为取得某种存货而支出的成本，包括购置成本和订货成本。

购置成本是指存货本身的价值，通常由采购数量与采购单价来确定。通常企业在一定的时间内存货的采购量是确定的，如果价格保持不变且没有数量折扣，则购置成本是一定的，与每次采购量无关，属于与最佳经济批量决策无关的成本。如果供应商针对不同的采购量有不同的价格折扣或者数量折扣，则购置成本与每次的采购量相关，就变成了与最佳经济批量决策相关的成本。

订货成本是指为订购材料、商品等发生的成本，如办公费、差旅费、运费、电报员、电话费等支出。在这些成本中，有些成本是固定的，如采购部门的办公费用、采购人员的薪酬费用，这些费用与每次采购量大小无关，称为固定订货成本，属于与最佳经济批量决策不相关的成本；有些成本是变动的，如运费、电话费、差旅费、电报费等，每进行一次采购，费用就发生一次，与采购次数呈正比例变动，与采购量的大小相关，称为变动订货成本。每次采购的数量越多，需要采购的次数就越少，总的费用就越低；每次采购的数量越少，采购的次数越多，总的费用就越多。

$$取得成本 = 购置成本 + 订货成本$$
$$= 购置成本 + 固定订货成本 + 变动订货成本$$

（二）储存成本

储存成本是指为了储存存货而发生的费用，包括存货占用资金的机会成本、仓储费用、搬运费用、保险费用、存货破损变质损失等。存货的储存成本也可以分为固定成本和变动成本两部分。仓库折旧、仓管人员的薪资等与存货的数量无关，属于固定储存成本，在进行最佳经济批量决策时，属于不相关成本；存货占用资金的机会成本、仓库的水电费用、存货的保险费用、存货的破损变质损失等与存货量的大小有关，属于变动储存成本，在进行最佳经济批量决策时，属于相关成本。

$$储存成本 = 固定储存成本 + 变动储存成本$$

（三）缺货成本

缺货成本是指企业由于存货不足给企业造成的损失。例如，原材料不足导致的停工待料损失、因产成品缺货而延期发货进行的赔偿、造成的企业信誉下降的损失、由于生产急需而采取紧急采购增加的额外采购成本等。

与存货管理有关的成本包括取得成本、储存成本和缺货成本之和，如下面的公式：

存货成本＝取得成本＋储存成本＋缺货成本

＝购置成本＋固定订货成本＋变动订货成本＋固定储存成本＋变动储存成本＋缺货成本

其中，固定订货成本、固定储存成本与最佳经济批量无关，属于与决策无关的成本，在进行经济决策时，可以不予考虑；变动订货成本和变动储存成本与最佳经济批量有关，属于与最佳经济批量决策有关的成本，在进行决策时，要予以考虑；另外，如果供应商没有折扣，则购置成本一般属于固定成本，与最佳经济批量决策无关，如果供应商有折扣，购置成本则属于决策相关成本；如果企业不允许缺货或者假设企业不会缺货，那么就不存在缺货成本，如果需要考虑缺货情况，则缺货成本也属于决策相关成本。

三、存货的管理方法

（一）存货的经济批量模型

存货的经济批量模型有很严格的假设条件，主要有以下几点：

①市场供应充足，企业需要订货时可立即取得存货，且一次全部入库。

②不允许出现缺货。

③需求量稳定，并且能预测，每日需求量不变，交货时间也固定不变。

④价格稳定，不存在数量折扣。

⑤耗用或者销售比较均衡。

⑥仓储条件或者所需现金不受控制。

基于上述假设（1）和（5），每次取得存货一次性入库，并且均衡耗用，则仓库平均存货量为 $\frac{Q}{2}$，如图 10-11 所示。

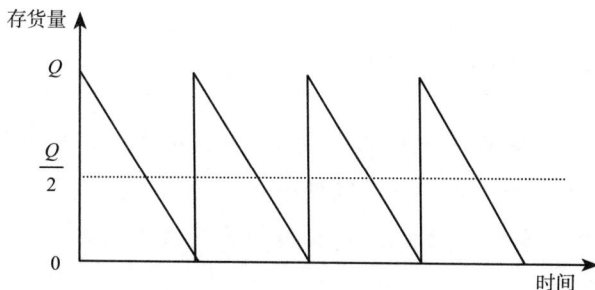

图10-11 原材料存量图

基于以上假设，存货成本中的购置成本、固定订货成本、固定储存成本和缺货成本都属于与决策不相关的成本，在进行决策时，可以不予考虑；与决策相关的总成本是变动订货成本和变动储存成本。存货的订货量和成本关系如图 10-12 所示。

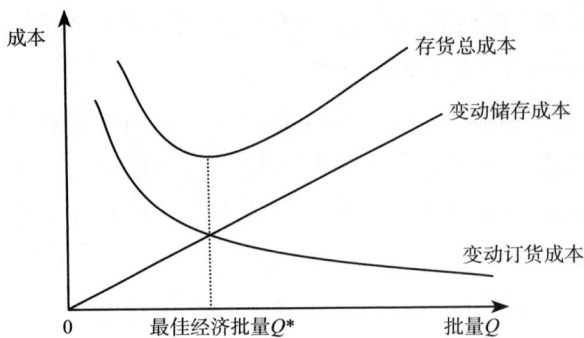

图10-12　订货成本与订货量关系图

与进货批量有关的总成本 $TC(Q)$ 为变动储存成本 $\left(\dfrac{Q}{2}\times C\right)$ 和变动订货成本 $\left(\dfrac{A}{Q}\times B\right)$ 之和。

$$TC(Q)=\frac{Q}{2}\times C+\frac{A}{Q}\times B$$

式中：Q——每次进货数量；

$\quad\ A$——某种存货年进货量；

$\quad\ B$——平均每次订货成本；

$\quad\ C$——单位存货年度储存成本。

对上述公式求一阶导数等于零，可得：

最佳经济进货批量 $Q^*=\sqrt{\dfrac{2AB}{C}}$

即当每次进货为 $\sqrt{\dfrac{2AB}{C}}$ 时，存货总成本最低为：

$$TC(Q^*)=TC\left(Q^*\right)=\sqrt{2ABC}$$

此时，变动储存成本＝变动订货成本，即 $\dfrac{Q}{2}\times C=\dfrac{A}{Q}\times B$

【例10-10】A企业对某零件一年的需要量16 200件，需求是均匀的。一次订货成本为25元，单位储存成本为1元/年。假设一年为360天。则该企业的最佳经济批量为多少？此时的变动订货成本、变动储存成本和相关总成本为多少？该企业应该多久订一次货？

解析：最佳经济进货批量 $Q^*=\sqrt{\dfrac{2AB}{C}}=\sqrt{\dfrac{2\times16200\times25}{1}}=900$（件）

此时：订货成本 $=\dfrac{A}{Q}\times B=\dfrac{16200}{900}\times25=450$（元）

$$储存成本 = \frac{Q}{2} \times C = \frac{900}{2} \times 1 = 450 （元）$$

$$总成本 \, TC（Q^*） = 订货成本 + 储存成本 = 450 + 450 = 900 （元）$$

$$或：TC(Q^*) = \sqrt{2ABC} = \sqrt{2 \times 16200 \times 25 \times 1} = 900 （元）$$

$$订货次数 = \frac{16200}{900} = 18 （次）$$

$$订货间隔期 = \frac{360}{18} = 20 （天）$$

（二）基本经济批量模型的扩展

由于现实情况比较复杂，并不能完全符合经济批量模型严格的假设条件。为了使模型更接近于真实情况，具有更高的使用价值，就需要取消某些假设条件，扩展基本模型。例如材料并不能一次到货，现实情况是很多企业的材料属于陆续到货；很多时候供应商为了促进销售，给了客户一定的数量折扣，即超过一定采购量时给予的价格折扣；企业会出现缺货的情况，会产生缺货成本等。

1. 存货陆续到货和使用情况下的经济批量模型

在现实中，原材料可能陆续到达，但是企业不能停工待料，而是一边补充材料一边正常耗用。在这种情况下，企业存货量如图 10-13 所示。

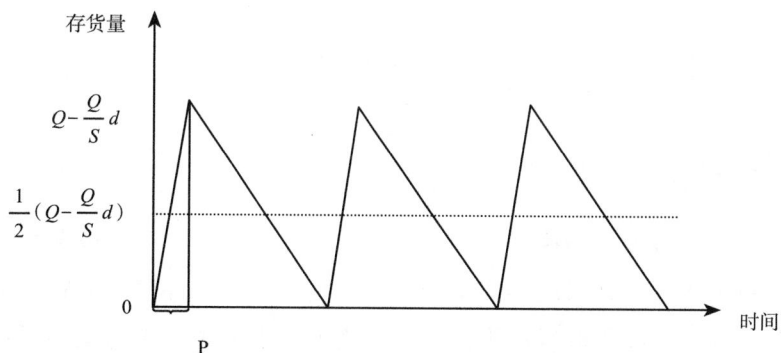

图10-13　陆续耗用情况下材料存量图

点 OP 之间为送货期，S 为每天的到货量，d 为每天的耗用量，Q 为每次订货量，在送货期间，耗用量为 $\frac{Q}{S}d$，在送货期最后一天，企业的库存量达到最大为 $Q - \frac{Q}{S}d$，则平均

库存量为 $\frac{1}{2}\left(Q-\frac{Q}{S}d\right)$。

与经济批量有关的订货成本为 $\frac{A}{Q} \times B$

与经济批量有关的储存成本为 $\frac{1}{2}\left(Q-\frac{Q}{S}d\right) \times C$

则存货总成本 $TC(Q) = \frac{A}{Q} \times B + \frac{1}{2}\left(Q-\frac{Q}{S}d\right) \times C$

对上述公式求一阶导数等于零，可得：

最佳经济进货批量 $Q^* = \sqrt{\dfrac{2AB}{C} \times \dfrac{S}{S-d}}$

即当每次进货为 $Q^* = \sqrt{\dfrac{2AB}{C} \times \dfrac{S}{S-d}}$ 时，存货总成本最低为：

经济进货批量下的存货总成本 $TC(Q^*) = \sqrt{2ABC \times \left(1-\dfrac{d}{S}\right)}$

【例 10-11】承【例 10-10】，如果采购的零部件是陆续到货的，每天送货量为 225 件，则该企业的最佳经济批量为多少，此时的总成本为多少？

每日耗用量 d=16200÷360=45（件）

最佳经济进货批量 $Q^* = \sqrt{\dfrac{2AB}{C} \times \dfrac{S}{S-d}} = \sqrt{\dfrac{2 \times 16200 \times 25}{1} \times \dfrac{225}{225-45}} \approx 1006$（件）

此时：$TC(Q^*) = \sqrt{2ABC \times \left(1-\dfrac{d}{S}\right)} = \sqrt{2 \times 16200 \times 25 \times 1 \times \left(1-\dfrac{45}{225}\right)} \approx 805$（元）

2. 有折扣情况下的经济批量模型

最佳经济批量模型假设价格稳定，不存在数量折扣。可是，现实情况是供应商为了促进销售，经常会对采购量比较大的客户给予一定的优惠折扣。此时，购置成本则变成了与决策相关的成本，与决策相关的成本则由三部分组成，即购置成本、变动订货成本、变动储存成本。

与进货批量有关的总成本 = 购置成本 + 变动订货成本 + 变动储存成本

$$TC(Q) = P \times A + \frac{Q}{2} \times C + \frac{A}{Q} \times B$$

式中：P——材料的采购单价。

此时，需要分别算出不同折扣情况下与批量有关的存货总成本，并对计算结果进行比较，然后做出是否应该享受折扣的决策。

【例10-12】A企业对某材料一年的需要量9 000吨，单价为60元/吨。需求均匀。一次订货成本为450元，单位储存成本为10元。该零部件的销售方提出，若每次采购量大于或等于1000吨，则享受0.5%的价格优惠。请判断该企业应该如何决策。

此时，购置价格就是决策相关成本

（1）如果不享受价格优惠，应当按最佳经济批量模型计算：

$$Q^* = \sqrt{\frac{2AB}{C}} = \sqrt{\frac{2 \times 9000 \times 450}{10}} = 900（吨）$$

$$订货成本 = \frac{A}{Q} \times B = \frac{9000}{900} \times 450 = 4500（元）$$

$$储存成本 = \frac{Q}{2} \times C = \frac{900}{2} \times 10 = 4500（元）$$

$$\begin{aligned} 总成本 &= 购置成本 + 订货成本 + 储存成本 \\ &= 9\,000 \times 60 + 4\,500 + 4\,500 \\ &= 549\,000（元） \end{aligned}$$

（2）如果享受价格优惠，订货量为1 000吨：

$$订货成本 = \frac{A}{Q} \times B = \frac{9000}{1000} \times 450 = 4050（元）$$

$$储存成本 = \frac{Q}{2} \times C = \frac{1000}{2} \times 10 = 5000（元）$$

$$\begin{aligned} 此时总成本 &= 购置成本 + 订货成本 + 储存成本 \\ &= 9\,000 \times 60 \times（1-0.5\%）+ 4050 + 5000 \\ &= 546\,350（元） \end{aligned}$$

若不接受价格优惠，相关总成本为549000元，若接受价格优惠，相关总成本为546350元，该企业应当每次采购1000吨，接受供应商的价格优惠。

3. 允许缺货的经济批量模型

最佳经济批量模型假设企业不存在缺货的情况。可是，现实情况是企业会出现缺货的情况。如果企业出现缺货时就会产生缺货成本，此时与进货批量决策有关的成本就包括变动订货成本、变动储存成本和缺货成本。

与进货批量有关的总成本 = 变动订货成本 + 变动储存成本 + 缺货成本

此时的最佳经济批量 $Q^* = \sqrt{\dfrac{2AB}{C} \times \dfrac{C + C_S}{C_S}}$

式中，C_S——单位缺货成本，即每缺一个单位的原材料企业需要承担的成本。

【例 10-13】A 企业对某材料一年的需要量 9000 吨，需求均匀。一次订货成本为 450 元，单位储存成本为 10 元，单位缺货成本为 8 元。则允许缺货时的经济进货批量为多少？

$$允许缺货情况下经济进货批量 Q^* = \sqrt{\frac{2AB}{C} \times \frac{C + C_S}{C_S}} = \sqrt{\frac{2 \times 9000 \times 450}{10} \times \frac{10 + 8}{8}}$$

$$= 1\,350（吨）$$

（三）再订货点

一般情况下，企业的存货并不能做到随用随到，而是需要在没有用完时提前订货，尽量在存货刚好用完时新的存货送到，做到尽可能少地占用资金。企业在提前订货时，其实与每次订货批量并没有关系，而只是订货时间提前。在提前订货的情况下，企业尚有一定库存量的时候就需要发出订单，该库存量称为再订货点，用 R 来表示。再订货点的数量等于每日耗用量 d 与订货提前期 t 的乘积。订货提前期即从发出订单到货物验收入库的时间。

$$再订货点 R = 订货提前期 t \times 每日耗用量 d$$

【例 10-14】如果企业从发出订单至到货时间为 5 天，每天该种存货的耗用量为 15 吨，则当库存为多少时应该订货？

再订货点 $R =$ 每日耗用量 $d \times$ 订货提前期 $t = 15 \times 5 = 75$（吨）

即当企业该种材料库存为 75 吨时，应该发出订单进行订货，以保证材料在刚好消耗完的时候，采购的存货可以入库使用。再订货点对经济批量、订货次数、存货成本没有任何影响，只是在材料耗尽的前 5 天，即库存只剩 75 吨时，采购部门需要下达订单而已。

（四）保险储备

存货最佳经济批量基本模型中，假设材料市场供应充足、材料的耗用比较均衡、每日需要量不变等。可是，现实情况经常是市场上不能随时买到材料、材料的耗用或多或少会不同，从发出订单到交货时间也不能那么准时。企业为了避免缺货损失就需要储备一定的存货以备不时之需，该批存货被称为保险储备。此时：

企业的再订货点R = 订货提前期t × 每日耗用量d + 保险储备量

建立了保险储备，可以使企业避免因缺货造成的损失，同时也增加了一定的成本，如占用资金的机会成本、仓储费用等变动储存成本。企业就需要综合考虑成本和收益，并做出正确的决策。

四、存货管理的其他方法

（一）存货的分级归口管理

存货的分级归口管理是指在财务部门对存货资金实行统一管理的情况下，由资金的使用部门将存货资金计划分解到单位或个人，层层落实，实行分级管理。

在存货控制的归口负责制下，各职能部门在存货管理和控制方面分别承担一定的责任，各司其职。实行存货归口分级管理有利于调动各职能部门管好、用好存货的积极性和主动性，把存货管理同生产经营管理结合起来；有利于财务部门综合掌握存货信息、面向生产，把存货的集中统一管理和分管紧密结合起来，使企业整个流动资金管理水平不断提高。

1. 存货的统一管理

存货的分级归口管理需要在总经理和总会计师的领导下，以财务部门为核心，按照各职能部门所涉及的业务归口，将存货的计划指标或定额进行对口分解，分级落实到车间、班组以及个人等。财务部门作为存货管理的综合部门，要对存货进行统一的管理，统一对存货编制计划和定额，并按照计划将其分级落实，并制定一定的考核指标，对各单位的资金运用情况进行定期检查和分析，统计考核单位的资金使用情况，并将其计入企业考核体系，努力提高各职能部门的主动性和责任心。如果没有统一的管理，存货管理最终只能是一盘散沙。

2. 存货的归口管理

存货的归口管理是指根据使用资金和管理资金相结合，物资管理和资金管理相结合的原则，谁使用，谁管理，即每项存货归哪个部门使用就归哪个部门管理，将使用权和管理权相结合的一种方法。

一般的归口分工为：

①原材料、燃料、包装物等存货归供应部门管理；

②在产品和自制半成品归生产部门管理；

③产成品归销售部门管理；

④工具、用具归工具部门管理；

⑤修理用备件归维修部门管理等。

3. 存货的分级管理

实行存货的分级管理是由各归口管理部门根据具体情况将存货资金计划指标进行分解，分配给所属单位或个人，层层落实。

具体的分解过程一般为：原材料等存货已经归供应部门管理，供应部门可以往下分配给供应计划、材料采购、仓库保管、整理准备各业务组进行管理；而供应计划可以继续往下分配，将其分配给采购计划班组、采购制定、采购执行等班组；而班组则可以将其责任归到某个负责人。如某电子配件的采购管理，归供应部门管理，供应部门的采购计划归采购计划班组，材料采购归采购班组，材料入库归仓库保管；而计划采购组可以将其进行进一步分配，将该电子配件的采购计划交由张某某或者李某某负责，以方便后期的考核。

（二）存货的ABC管理法

ABC分类管理是意大利经济学者帕累托于19世纪创立的，后经不断完善和发展，现已广泛用于存货管理、成本管理和生产管理。该方法就是按照金额标准和数量标准，将企业的存货划分为A、B、C三类，最重要的存货为A类，一般存货为B类，不重要的存货为C类。分类的标准主要有两个：一是金额标准，二是品种数量标准。其中金额标准是基本标准，品种数量标准是参考标准。

A类存货一般金额巨大，但品种数量较少，一般情况下，金额占所有存货的70%，数量一般为全部存货数量的10%；B类存货金额一般，品种数量相对较多，一般金额为所有存货的20%，数量为所有存货数量的20%；C类存货品种数量虽繁多，但价值金额却很小，一般金额为所有存货金额的10%，但是品种数量占所有存货数量的70%。即按照存货金额标准比重大概为A类：B类：C类=7：2：1，按照品种数量标准比重大概为：A类：B类：C类=1：2：7。例如一个生产衣服的厂家，存货一般为布料、皮毛料、皮革料、纱线、贴花、铆钉、扣子等，其中，布料、皮毛料、皮革料是主要存货，种类尽管少，但是所占的金额比较大；各种纱线等所占的金额和品种数量一般；贴花、铆钉、扣子等一般种类繁多，但是金额占用比较少，则可以将布料、皮毛料、皮革料归为A类，进行重点管理，对于此类原材料的订货量、订货时间、再订货点进行重点规划控制管理，对于划为A类产成品则可以指派专人走访用户，采用直接销售的方式进行；对于B类存货进行一般重点管理；对于C类存货则按照一般管理，对于其批量、采购次数和时间等则粗略管理，可以汇总计算和汇总采购，也可以通过中间商的渠道采购。

具体操作步骤如下：首先，收集各种存货的采购量、单价、年销售量等。其次，对原始数据进行整理，并计算各产品的采购额、采购单价、销售额、累计采购量或者销售额、百分比等。再次，做出ABC分类表。将所有产品名目列表，按照销售额的大小，从高到低进行排序，并计算累计名目数、累计百分比、累计销售额等，将销售额前70%左右的列为A类；累计销售额70%～90%的列为B类，剩下名目繁多，但是金额只占10%左右的列为 C 类，具体如表 10-13 所示。

表10-13　ABC法材料存货分类表

序号	材料名目	累计数量比重	金额	金额比重	累计金额比重	类别
1	存货1	3.33%	1 800 000	30.00%	30.00%	A类
2	存货2	6.67%	1 500 000	25.00%	55.00%	
3	存货3	10.00%	900 000	15.00%	70.00%	
4	存货4	13.33%	400 000	6.67%	76.67%	B类
5	存货5	16.67%	300 000	5.00%	81.67%	
6	存货6	20.00%	200 000	3.33%	85.00%	
7	存货7	23.33%	150 000	2.50%	87.50%	
8	存货8	26.67%	72 000	1.20%	88.70%	
9	存货9	30.00%	62 000	1.03%	89.73%	
10	存货10	33.33%	52 000	0.87%	90.60%	C类
11	存货11	36.67%	49 680	0.83%	91.43%	
12	存货12	40.00%	46 870	0.78%	92.21%	
13	存货13	43.33%	44 560	0.74%	92.95%	
14	存货14	46.67%	43 300	0.72%	93.67%	
15	存货15	50.00%	42 750	0.71%	94.39%	
16	存货16	53.33%	35 600	0.59%	94.98%	
17	存货17	56.67%	32 400	0.54%	95.52%	
18	存货18	60.00%	31 000	0.52%	96.04%	
19	存货19	63.33%	28 950	0.48%	96.52%	
20	存货20	66.67%	27 360	0.46%	96.97%	
21	存货21	70.00%	26 870	0.45%	97.42%	
22	存货22	73.33%	26 500	0.44%	97.86%	C类
23	存货23	76.67%	24 860	0.41%	98.28%	
24	存货24	80.00%	20 680	0.34%	98.62%	
25	存货25	83.33%	18 750	0.31%	98.94%	
26	存货26	86.67%	17 680	0.29%	99.23%	
27	存货27	90.00%	16 850	0.28%	99.51%	
28	存货28	93.33%	15 800	0.26%	99.77%	
29	存货29	96.67%	9 800	0.16%	99.94%	
30	存货30	100.00%	3 740	0.06%	100.00%	
合计	—	—	6 000 000	100%	—	—

该企业通过搜集存货的各种信息，并将企业存货按照金额顺序从高到低进行排列，并计算各名目累计数量比重、金额比重和累计金额比重等。将占种类 10%，累计金额占比 70% 的列为 A 类存货，进行重点管理；种类占比 20%，累计金额比重占比 70% ～ 90% 的存货列为 B 存货，进行一般重点管理；剩下的 10% 列为 C 类，进行一般管理。

（三）JIT 控制系统

实时管理系统（Just In Time，JIT）于 20 世纪 60 年代起源于日本丰田汽车公司，是指在存货管理过程中，在最准确的时点，按照最标准的质量和最准确的数量，满足各个环节对存货的需求。JIT 以准时生产为出发点，首先对生产过程和其他方面的浪费进行调整，从而简化计划、降低成本。JIT 的目的是均衡化生产，使物流在各作业之间、生产线之间、工序之间、工厂之间均衡地流动，使之有秩序地流动，不产生物品积压和浪费，也不短缺和待工。最大限度地减少了半成品和产成品的库存，实现了所谓"零库存管理"，从而实现流动资产投资的最小化，最大限度地节约资金的占用，最大程度地节约资本成本。

（四）MRP Ⅱ 管理

MRP Ⅱ 管理又称为制造资源计划，MRP Ⅱ（Manufacturing Resource Planning）是以生产计划为中心，把与物料管理有关的产、供、销各个环节的活动有机联系起来，形成一个整体，进行协调，使它们在生产经营管理中发挥最大的作用，以期使生产保持连续均衡，最大限度地降低库存与资金的消耗，减少浪费，提高经济效益。MRP Ⅱ 优化了企业的资源配置，进行了有效的成本控制，在不影响企业正常运营的条件下达到了最优存货，发挥了存货的最大效率，减少了存货占用资金，降低了企业的资本成本。

本章小结

本章主要介绍了营运资金的概念、特点、管理原则以及营运资金的管理策略等内容。营运资金是指流动资产减去流动负债的差额。营运资金管理其实是对流动资产和流动负债的管理，流动资产具有周期短、形态变动大、波动大和与生产周期一致的特点，流动负债见第六章详细讲解。营运资金的持有政策有紧缩的持有政策、宽松的持有政策和适中的持有政策，营运资金的筹资政策有配合型筹集政策、激进型筹资政策和稳健型筹资政策。本章对营运资金的管理主要包括现金管理、应收账款管理和存货管理。

企业维持正常运营，需要持有一定量的现金，企业持有现金的动机有交易性需要、预防性需要和投机性需要。持有现金的成本包括持有成本、转换成本、短缺成本。企业为了更好的盈利，对现金进行管理，常见的管理方法有存货模型、米勒－奥尔模型（随机模型）、成本分析模型和生产周期模型。对现金的日常管理分为收款管理、付款管理和现金限额管理等内容。

应收账款对企业的流动性具有重要的影响，是流动资产中重要的一部分，企业应对应收账款进行重点管理。应收账款的成本主要有机会成本、管理费用、坏账损失。对应收账款进行管理主要是对收益和成本进行权衡。应收账款的信用政策包括信用标准、信用条件和收账政策三部分内容。对应收账款的日常管理分为事前监控、事中管理和事后监督。

企业在对存货进行管理时，主要为了控制存货的成本。存货的成本主要有订货成本、储存成本和缺货成本，主要的决策方法有最佳经济批量模型。经推导可知，当企业订货批量为 $Q^* = \sqrt{\dfrac{2AB}{C}}$ 时，与存货有关的成本最低 $TC(Q^*) = \sqrt{2ABC}$ 。由于最佳经济批量模型中，有严格假设前提，但实际中供应商经常会给予客户一定的优惠，此时相关总成本＝订货成本＋储存成本＋购置成本；如果企业不能保证一次性到货，而是陆续到货时，基本模型又得以扩展。另外，对存货日常管理的方法主要有归口分级控制、ABC 分类管理法、JIT 控制系统和 MRP Ⅱ 管理等。

基本训练

1. A 企业每年需要现金 800 万元，消耗均匀，有价证券与现金的转换成本 1 800 元 / 次，有价证券年利率为 8%，请计算该企业每次应该转换多少现金？多久转换一次？每年的总成本是多少？

2. A 公司是一个罐头生产商，在生产过程中需要购进某种水果。该公司为了降低与存货有关的总成本，请你帮助他确定最佳的采购批量。有关资料如下：该水果的单位进货单价为 1 200 元 / 吨，全年需求预计为 8 000 吨该种水果，每次订货发出与处理订单的成本为 40 元，每次订货需要支付运费 850 元，每次收到水果后需要验货，验货需要 6 小时，每小时需另支付工资 10 元，为存储该水果需要租用冷库，冷库租金每年 8 000 元，另外按平均存量加收每吨 12 元 / 年。由于水果易损坏变质导致单位存货成本为 13 元，从订货至水果到货，需要 6 个工作日，企业需要常备 50 吨的该水果以防意外。在进行有关计算时，每年按 360 天计算，该公司有价证券的收益为 8%。

要求：

（1）计算每次订货的变动成本；

（2）计算变动储存成本；

（3）计算经济订货量；

（4）计算与经济订货量有关的存货总成本；

（5）计算再订货点。

3. A 公司针对当前情况准备实施新的信用政策，当前的信用政策和新的信用政策相关数据如表 10-14 所示：

表10-14　新旧信用政策数据表

项目	当前的信用政策	新的信用政策
年销售额（万元）	7 200	8 100
坏账损失率（%）	3%	5%
平均收款期（天）	45	30
收账费用	50	80

企业的变动成本率为70%，资本成本率为10%。

要求：请问该公司是否应该改变当前的信用政策。

案例分析

A 企业是一家中型家具生产厂商，主要生产中档家具，以国内市场为主，公司在各地有自己的经销商渠道，在公司本地也建有自己的两个直销门店。公司于 2010 年成立，随着房地产市场的发展，在最近十年，公司凭借过硬的质量、周到的服务、环保的理念在市场中占据了一定的地位。随着竞争的不断加剧，公司的销售额开始呈现下滑的趋势。销售人员叫苦连天，抱怨现在市场竞争激烈，公司给予经销商的折扣条件太少，导致他们转向其他供应商进货，抱怨对经销商追款太紧，导致经销商和企业合作不愉快。鉴于此，公司管理层专门召集财务部门、销售部门、仓管部门等针对公司的销售问题以及信用政策问题进行讨论。公司当前的信用政策为 45 天之内付款，不提供现金折扣。在当前的信用政策下，每年的赊销额为 1200 万元，变动成本率为 70%，平均收款期为 45 天，坏账损失率为赊销额的 1%，收账费用为 30 万元。但是，因销售人员普遍反映和调查发现，同行业的竞争对手信用期间延长到了 70 天甚至有些延长到了 90 天，还给予了一定的现金折扣。公司为了稳定以及扩大市场份额，现出台以下两种方案进行应对：

A 方案：将信用政策调整为（2/30，N/90）。调整后，赊销额预计增长 5%，坏账损失率预计为 0.8%，收账费用预计为 20 万元，预计有 60% 的人会在 30 天之内付款，该方案下的平均收款期为 54 天。

B 方案：将信用政策调整为（2/10，1/30，N/60）。调整后，赊销额预计增长 10%，坏账损失预计为赊销额的 0.6%，收账费用为 12 万元。预计有 30% 的客户在 10 天内付款，有 40% 的客户在 30 天之内付款，新政策下的平均收款期为 36 天。

假设企业的资本成本为 10%，请根据上述情况帮该公司进行决策，企业是否应该调整自己的信用政策？

分配篇

第十一章　利润分配管理

【学习目标】

1. 了解利润的概念、构成、分配原则以及分配流程。

2. 掌握股利的概念和种类，理解股利分配的基本理论，包括股利无关理论和股利相关理论。

3. 了解股利政策的内容，掌握股利分配政策，熟悉影响股利分配政策的影响因素。

4. 了解股利支付程序和股利分配方案的制定步骤。

5. 理解股票股利、股票分割和股票回购的基本内容及它们的区别。

第一节　利润分配概述

利润分配的基础是利润的形成，企业必须有利润才能够进行分配。利润是企业生产经营的主要目的，是衡量企业经营成果最基本的指标，是评价企业盈利性的基础指标，通常也是评价企业管理当局业绩的一项重要指标，是投资者、潜在投资者、债权人等做出投资决策、信贷决策等的重要参考指标。

一、利润的概念及其构成

利润是企业一定期间内的经营成果，其金额等于收入减去费用后的余额。利润包括营业利润、利润总额和净利润。

收入是指企业在日常活动中形成的，会导致所有者权益增加的，与所有者投入资本无关的经济利益的总流入。指销售商品、提供劳务、让渡资产使用权形成的收入，包括主营业务收入、其他业务收入、投资收益等。

费用是指企业在日常活动中形成的，会导致所有者权益减少的，与向所有者分配利润无关的经济利益的总流出。包括主营业务成本、其他业务成本、管理费用、销售费用、财务费用、资产减值损失、所得税费用等。

利润计算过程也就是损益表的形成过程，具体如表 11-1 所示。

表11-1　损益表

编制单位：×× 公司　　　　　　　　20×1 年　　　　　　　　单位：元

项目	金额
一、营业收入	
减：营业成本	
营业税金及附加	
销售费用	
管理费用	
财务费用	
资产减值损失	
加：公允价值变动收益（损失以"-"号填列）	
投资收益（损失以"-"号填列）	
二、营业利润（亏损以"-"填列）	
加：营业外收入	
减：营业外支出	
其中：非流动资产处置损失	
三、利润总额（亏损以"-"填列）	
减：所得税费用	
四、净利润（亏损以"-"填列）	
五、每股收益：	
（一）基本每股收益	
（二）稀释每股收益	

由上表可知：

营业利润=营业收入-营业成本-营业税金及附加-销售费用-管理费用-财务费用-资产减值损失+公允价值变动收益（损失）+投资收益（损失）

利润总额=营业利润+营业外收入-营业外支出

净利润=利润总额-所得税费用

二、利润分配的原则

利润分配是财务管理的重要内容，有广义和狭义之分。广义的利润分配是指对企业的收入和利润进行分配的过程。狭义的利润分配是将企业实现的利润，按照《公司法》《企业会计准则》等国家财务制度规定的分配形式和分配顺序，在国家、企业和投资者之间进行分配的过程。由于企业依法缴纳所得税是必须履行的义务，具有法定性和强制性，缴纳所得税以后的利润即净利润，所以，狭义的利润分配其实质是净利润在企业和投资者之间的分配。本章讲述的内容指的是后者。

公司在利润分配的过程中，必须遵守以下原则。

（一）依法分配原则

为了规范企业的利润分配行为，维护各方利益相关者的合法权益，国家颁布了《公司法》《企业会计准则》等法律法规。公司进行利润分配必须严格遵守相关的法律法规，认真执行，坚决不得违法做事。

（二）资本保全原则

资本保全是指企业对其投入资本保持完整，以及在利润分配过程中对留存收益保持完整。也就意味着排除所有者出资和减少注册资本后，利润分配要保证期末的净资产大于期初的净资产，以保证对股东分配的股利是经营过程中资本增值的部分，而不是资本金的返还。

（三）兼顾分配与积累的原则

利润的分配其实质是资本退出和积累的问题。企业通过经营活动获取收入既要保障企业的生产能够持续进行，又要考虑股东投资的目的和需求。恰当处理分配和积累的关系，保证企业在提高企业抵御风险能力的同时，满足股东对于短期投资者的消费意愿。

（四）兼顾多方利益原则

企业在进行利润分配时，要充分考虑投资者、债权人、职工等多方的利益。例如，应该充分考虑企业的风险和合同契约，保证企业在利润分配之后，还能保持一定的流动性和偿债能力，以避免出现利润分配以后没有足额的现金流偿还到期债务；应该考虑投资者的税收和利润分配意愿、考虑职工的薪资水平等问题。正确处理他们之间的关系，协调其矛盾，维护各方相关者的利益。

（五）兼顾长短期利益原则

企业是否分配利润，其实质是部分利润要不要退出生产的决策，如果分配了过多的利润，则企业势必没有足够的积累，从而影响未来的发展。所以，企业在进行利润分配时，需要考虑短期投资者的消费意愿，也需要综合考虑企业长期发展的问题。

三、股利的概念和种类

股利是指股份有限公司在进行利润分配时，分配给股东的利润。按照国家财务制度的相关规定，企业向股东分派股利，将利润在企业和投资者之间进行分配就是所谓的股利分配。股利分配具体包括股利支付程序中各日期的确定、股利支付比率的确定、股利支付形式的确定、支付现金股利所需资金的筹集方式的确定等内容。股利分配关系到所有者的合法权益是否能得到保护，企业能否长期稳定发展。因此，企业应加强股利分配的管理和核算。

（一）股利的种类

股份公司从公司利润中可以以现金、股票的形式或者其他形式支付给持股人。按其支付方式的不同可分为现金股利、股票股利、财产股利和负债股利等形式。

1. 现金股利

现金股利（Cash Dividend）是指以现金的形式支付给股东的投资报酬。它是公司支付股利最常见的方式，现金股利发放的金额主要取决于公司的股利政策和经营业绩，且能够被大多数投资者所接受，满足大多数投资者希望得到一定数额的现金这种实在收益的要求。现金股利适用于企业现金较充足，分配股利后企业的资产流动性能达到一定标准并且有广泛的筹资渠道的情况。公司选择发放现金股利除了要有足够的利润外，还要有足够的现金，而现金充足与否往往会成为公司能否发放股利的主要制约因素，因为公司在支付现金股利前需要筹集充足的现金。大部分股东希望公司发放较多的现金股利，尤其是那些依靠公司发放现金股利为生的股东，而有的股东出于避税心理则不愿意公司发放过多的现金股利。

2. 股票股利

股票股利（Stock Dividend）是公司以增发股票的方式给股东支付股利的形式，我国实务中通常也称其为"红股"。这种方式无须动用现金，而是根据股东所持有股票的数量比例来分配股利。其具体做法可以是在公司注册资本尚未足额时，以其认购的股票作为股利支付，也可以是发行新股支付股利。实际操作中，有的公司增资发行新股时，预先扣除当年应分配股利，减价配售给老股东；也有的发行新股时，进行无偿增资配股，即股东无需缴纳任何现金和实物，即可取得公司发行的股票。

发放股票股利对于股东来说，会导致股东的持股数量增加，但是各股东在公司的产权比并无变化，每个股东都没有得到现实的股利收入；发放股票股利对公司来说，并没有现金流出企业，也不会导致公司财产减少，只是将公司的未分配利润转化为股本和资本公积。

但是发放股票股利会增加流通在外普通股的股票数量，从而降低股票的每股价值。它是所有者权益内部结构的变动，不会改变所有者权益的总额。

3. 财产股利

财产股利（Property Dividend）是以现金以外的其他资产支付的股利形式。具体有两种形式：实物股利和证券股利。

实物股利是指以公司的实物财产充抵股利派发给股东。一般用公司自己的产品作为实物股利或者与有往来的公司互换产品作为实物股利，多用于额外股利的支付。这种支付方式不会导致现金流出企业，因此它主要用在企业现金支付能力较低的时期。由于操作比较麻烦，现实生活中比较少见。

证券股利是指以其他公司的有价证券作为股利进行支付的形式，如债券、股票等作为股利支付给股东。由于证券的流动性或安全性较好，因此股东也乐于接受；同时，对企业来说，将证券作为股利发放给股东，既发放了股利，又实际保留了对公司的控制权。

4. 负债股利

负债股利（Liability Dividend）是公司以负债方式支付的股利，其实质是企业以负债形式所界定的一种延期支付股利的方式。通常以公司的应付票据支付给股东，有时也以发放公司债券的方式支付股利。通常情况下，票据和债券都是带息的，因此对公司来说，利息支付压力大。而股东因手中持有带息的票据，补偿了股利没有即期支付的货币时间价值。所以，它只是公司已宣布并无需立即发放股利而现金暂时不足时采取的权宜之策。负债股利实际上是现金股利的替代，但这种股利支付方式在我国实务中很少使用。

第二节　股利分配理论

股利分配与投资、筹资并称为企业的三大财务活动，对企业的各个方面都具有重大的影响，是企业财务管理的重点，在企业对其进行管理时，要充分考虑其对公司价值的影响。股利政策理论主要讨论以下主要内容：其一，股利支付与股票价格及公司价值之间是否存在某种相关性；其二，公司如何在发放股利和未来增长之间达到某种平衡，确定最优的股利支付比例，以实现股票价格及公司价值的最大化；其三，如何解释现实中的股利分派行为及股利政策等。

无论公司的财务目标是股东财富最大化还是企业价值最大化，公司的股利分配必须要服从于这个基本目标。但是在股利分配对公司价值影响的问题上，存在不同的观点。有人认为股利分配政策不会影响公司的价值，公司的价值是由公司经营的基本收益决定的，取决于公司的盈利能力和财务风险；有人认为投资者由于各种偏好，或者出于其他方面的考虑，就会偏好于某一种股利政策，进而影响公司的价值；还有人认为股利分配政策还可能与国家税收有关等。

当前，股利分配理论主要有以下三种。

一、股利无关论

1. 基本内容

股利无关论是美国财务学家默顿·米勒（Merton Miller）和经济学家弗兰科·莫迪利安尼（Franco Modigliani）于 1961 年在他们的著名论文《股利政策、增长和股票价值》中首先提出的，因此，这一理论也被称为 MM 理论。该理论认为，在一定的限制条件下，如果公司的资本结构和盈利水平不变，股利分配政策不会对企业价值产生影响。即公司价值取决于企业的盈利能力和风险水平，与股利政策无关，所以被称为股利无关论。该理论认为，在公司盈利能力良好时，公司有好的投资项目和投资机会，如果股利分配比较少，公司则可以留有更多的留存收益进行投资；如果企业股利分配较多，收到报酬的投资者依旧会在市场上寻找投资机会进行投资。所以，投资者不会关心企业是否分配股利以及分配多少的问题。

2. 假设条件

股利无关论是建立在一定的限制条件下的，假定条件包括。

①假设存在完全资本市场。该假设是股利无关论的基本前提，在该市场中，所有的资本供应者和使用者都可以无障碍的进入市场，交易没有政府或者其他限制；

②市场有足够的参与者，参与者都是理性的。所以，市场有完全的竞争，每个参与者都没有能力影响证券的价格；

③没有交易成本、破产成本、信息成本。市场的参与者都可以公平的、没有成本的获得市场上的所有信息，所以市场上的信息是完全对称的；

④股票的现金股利和资本利得所得税上无差异。

在这样一个完美的市场中，所有的理性投资者在没有交易成本和信息成本的情况下，自由充分的获取影响股票价格的任何信息。

3. 基本结论

在这样一个完美的市场中，股利无关论认为：

（1）股东不关心公司是否分配股利

如果企业没有分配股利，则公司留有足够的留存收益去寻找投资机会，公司的股价将会随之上涨；投资者如果想获得现金，可以通过出售股票的方式获取现金。如果企业分配了股利，股东则可以自己无信息成本的寻找投资机会获取收益；公司需要资金，就会通过完全的资金市场无交易成本的进行筹资。所以，股东并不关心公司是否分配股利。公司不管是否分配股利，只要公司在一定的经营风险下有足够的投资机会和盈利水平时，不管是利用留存收益还是对外筹资，公司都会无交易成本和信息成本的筹集到资金。

另外，由于该资本市场是完全的资本市场，在这个市场上的出资人都是理性的，而且信息是完备的，企业的投资者就会根据企业的盈利能力和风险水平要求必要的投资报酬率。企业盈利能力越高，就需要承担更大的风险，就会导致企业的未来收益越多，投资者的必要报酬率越高。而公司价值根据如下公式计算：

$$V_0 = \sum_{t=1}^{n} \frac{X_t - I_t}{(1+i)^n} + \frac{V_{n+1}}{(1+i)^{n+1}}$$

V_0 表示公司目前的价值；X_t 表示第 t 年实现的净收益；I_t 表示第 t 年需要的总投资额；i 表示投资者要求的必要报酬率；V_{n+1} 表示第 $n+1$ 年的公司价值。则企业的盈利能力最终会体现在未来的估计和第 $n+1$ 年的价值上，必要报酬率体现在折现率 i 上。所以，企业的价值是由企业的盈利能力和经营风险决定的，不受是否分配股利的影响。

（2）股东不关心公司的股利支付形式

不论企业发放的是股票股利还是现金股利，都不影响企业的价值。公司如果分配股票股利，每个股东对公司的股权比例不变，投资者同样可以通过出售股票的方式获取现金，企业可以将留存收益进行投资，获取收益；如果分配现金股利，股东可以将收到的报酬无交易成本和信息成本的找到投资机会，获取收益，而公司则可以通过完美无缺的资本市场，无交易成本的融资，所以，企业的价值也不受股利支付形式的影响。

（3）股东不关心股利支付率

既然投资者不关心股份是否支付，也不关心股份支付的形式，股东自然也就不关心股利支付的比例。企业不管支付率是多少，只要有盈利能力，可以通过完全的资本市场筹集到投资项目需要的资金，企业的价值都不受影响，所以企业的价值也不受支付率的影响。

在这些假设基础上，MM 理论认为，投资者不会关心公司股利的分配情况，公司的股利政策不会对公司价值产生影响。公司的股票价格完全是由公司获利能力和经营风险所决定的，而不受公司的股利政策影响。

该理论认为股利分配的情况不会影响企业的价值。同时，他们也认识到公司股票价格会随着股利的增减而变动这一重要现象，但他们认为，股利增减所引起的股票价格的变动并不能归因为股利增减本身，而应归因于股利所包含的有关企业未来盈利的信息内容。

二、股利相关论

与股利无关理论的观点相反，股利相关论认为公司的股利分配对公司市场价值有影响。由于股利无关论具有严苛的假设前提条件，在现实生活中，并不存在股利无关论提出的假定前提，股利支付不是可有可无的，而是非常必要的，并且具有策略性的。现实社会是有交易成本的，经纪人要收取佣金、国家要收取一定的税收、市场参与者的信息获得能力不同、信息获得成本不同、信息并不对称、出资人考虑税收的不同、现金股利和资本利得的税负不同等往往导致投资人有所偏好。因此，是否支付股利、以什么方式支付股利、股利支付的比率对股票市价、公司的资本结构与公司价值以及股东财富的实现等都有重要影响，即股利政策与公司价值是密切相关的。而公司的股利分配是在种种制约因素下进行的，公司不可能摆脱这些因素的影响。正是由于这些影响股利分配的限制，股利政策与公司价值就不是无关的，公司的价值或者说股票价格不会仅仅由其投资的获利能力和经营风险决定。其主要观点有以下四种。

（一）"一鸟在手"理论

"一鸟在手"理论源于谚语"双鸟在林不如一鸟在手"，是股利分配理论界流行最广泛和最持久的理论，初期为股利重要论，后经过发展成为"一鸟在手"理论，代表人物有戈登、林特纳等。该理论认为，投资者都是厌恶风险的，投资者对风险会天然地进行抵触，并进行规避。而企业在将来的生产经营活动中存在着很多不确定性的因素，投资者认为现在获得的股利收入风险比将来得到资本利得收益的风险低，股利收入要比由留存收益带来的资本收益更为可靠，因此，厌恶风险的投资者会比较偏好确定的股利收益，不愿将利润留存在公司内部去承担未来的投资风险。当公司支付较高的股利时，公司股票的价格也会随之上升，公司的价值也会提高。投资者更倾向于选择股利支付率较高的股票，偏好现金股利而非资本利得。所以公司的股利支付政策会影响公司的股票价格和公司价值。

但是，该理论也在一定程度上被质疑。因为当企业拥有良好的投资机会，采用了较低的股利支付率时，由于厌恶风险的投资者不愿将利润留在公司，从而影响股票价格，但是从长期来看，企业正是因为拥有良好的盈利机会才需要资金的支持，一旦企业盈利，势头呈现，股票的价值还是会回归到原来的水平。

（二）税收差别理论

由于股利无关论有一个重要的假设就是现金股利和资本利得的所得税税率是相同的，因为它们中间没有差异，所以企业不管是将利润留存还是进行分配，企业的价值都不会发生变化。但是，现实情况是，很多国家的现金股利收入和资本利得收入的所得税税率是不同的。即使它们的税率相同，征税的时间也是不一样的，基于此，利森伯格（Litzenberger）和塞尔文（Ramaswamy）在1967年提出了税收差别理论。

该理论认为，由于普遍存在的税收差异及纳税时间的差异，使得股东更偏好于低股利政策。大部分国家股利收入的所得税税率都高于资本利得的所得税税率，出于避税方面的考量，投资者更倾向于将资金留在企业，在进行投资决策时更偏爱于低股利支付率政策的公司，从而影响公司的价值。公司实行较低的股利支付率政策可以为股东带来税收上的收益，增加股东的财富，促进价格上涨。同时，由于股利收入的征税时间比资本利得的征税时间早，低股利支付政策也有利于投资者延迟纳税，进而获得资本的时间价值。

但是，该理论对于那些希望保持资本流动性和交易成本较高的股东而言，由于资本市场上转让股票的交易成本会大于税收收益，从而使得这类股东依旧倾向于高股利支付率政策的公司，进而影响公司价值。

（三）信号传递理论

股利无关理论假设市场上的参与者都可以免费、自由地获得充分的信息，但是现实生活中，这个前提条件是不可能达到的，企业管理者掌握着最新最完整的信息，而投资者想要获得这些信息，必然是需要成本的，而且很可能是不充分、不完整的，甚至是不真实的。所以，投资者就需要根据企业的股利分配政策传递出来的信息进行猜测或者推断，来判断企业的真实情况，进而来评价企业的价值。在此基础上，1979年巴恰塔亚构建了一个股利信号模型，后经其他研究者的进一步研究，演变成了信号传递理论。

该理论认为，企业管理者对企业未来的投资收益和经营风险具有信息优势，而投资者没有这些内部信息或者知道的很少，投资者只能通过企业传递出来的信息来评价企业价值。公司可以通过股利政策向市场传递有关公司未来盈利能力的信息，股利政策所产生的信息效应会影响股票的价格。这是因为从长远来看，发放股利是公司实际盈利能力的最终体现，而且这一目的无法通过对会计报表的粉饰来达到，因此，股利的发放最能增强股东对公司的信心，提高公司的财务形象，从而推动股价的上升，所以，股利支付政策会影响公司的价值。

但是，信号传递理论也有其自身的缺点。首先，鉴于投资者对股利信号信息的理解不同，所做出的对企业价值的判断也不同。如果公司采用的是高股利支付率政策，有些人会解读为企业未来的业绩将大幅增长的好信号，有些人也可能解读为企业没有前景好的投资项目的信号。如果公司采用的是低股利支付率政策，可能在传递企业有前景好的投资项目的信号，也可能在传递企业未来发展动力不足的信号。如果处于成熟期的企业，其盈利能力相对稳定，此时宣布发放高额股利，可能会传递出企业成长性趋缓甚至下降的信号。其次，公司管理者预期投资者会利用股利政策判断公司的情况，导致管理者并不总是积极的发出真实的信号，而是通过粉饰的方式采用能够引导市场发出自己业绩和未来盈利能力很好的股利支付政策。

（四）代理理论

股利无关论假设管理者是股东的完美代言人，股东不需要对管理者进行监督和约束，他们之间就不需要发生代理成本。但是，现代企业中，到处充斥着委托代理关系，而这些委托代理关系则在一定程度上会影响企业的财务活动。与股利支付政策相关的有股东与管理者之间的代理关系、企业与债权人之间的代理关系、大股东与小股东之间的代理关系等。于是，简森（Jensen）和梅克林（Meckling）于1976年提出了代理理论。

该理论认为，现代企业是由一系列契约关系组成的，包括股东与经营者、债权人与经营者、企业和客户、企业与供应商、企业与员工等。而股利政策有助于减缓这些代理冲突，降低代理成本，提高公司价值。

（1）减缓管理者与股东之间的代理冲突

现代企业中，公司股东经常不是企业的经营者，而是将资金委托给了职业经理人。但是，股东和经理人的目标不一致，例如，股东希望经理人能够以股东的利益最大化为目标，但是经理人在经营决策时总是希望追求更奢侈的在职消费，希望更小的压力，更好的在职表现，而不是考虑长远利益，更不会完全以股东利益最大化为目标。所以，经理人就希望能够将更多的现金流留存在公司，而不愿将其以股利的形式进行发放，或者经理人将资金用于效率低下的一些项目从中获得个人利益。而高股利支付率将减少企业的自由现金流，股东可以利用这些现金收入寻找新的投资机会来增加财富，同时也减少了经理人利用公司资源谋求其个人利益的机会。

（2）减缓股东与债权人之间的代理成本

债权人将资金借给企业，希望企业能够到期还本付息，但是股东利用自己的管理优势则会做出一些侵害债权人利益的行为，例如，进行高额股利分配减少公司现金持有，就是增加债务风险的一种行为，为此，债权人就会规定一系列的限制性条款，包括在合同中制定一个双方都能接受的股利支付水平，从而缓解他们之间的矛盾。

（3）缓解大股东与小股东之间的代理冲突

大股东经常会通过控制公司管理的便利，侵占公司财产，为自己寻求利益，而高股利支付政策可以通过提高现金股利减少大股东可支配的资本，减少大股东对公司侵占的机会，从而保护中小股东。

综上所述，代理成本理论总体上主张高股利支付政策。高股利支付政策能够在一定的基础上缓解各种代理冲突，降低代理成本，提高公司价值。

股利相关论这一理论尚存在的不足之处在于：股利相关论的几种观点都只是从某一角度来解释股利政策和企业价值的相关性，没有同时考虑多种因素的影响。在不完全市场上，公司股利政策效应要受许多因素的影响，如所得税负担、筹资成本、市场效率、公司本身因素等，所以单从某一个角度来解释股利政策和股票价格的相关性是不够的。

第三节　股利政策

一、股利政策的内容

股利政策是指关于公司是否发放股利、发放多少股利以及何时发放股利等方面的方针和策略。它有狭义和广义之分，从狭义方面来说，股利政策就是指探讨保留盈余和普通股股利支付的比例关系问题，即股利发放比率的确定。而广义的股利政策则包括：股利宣告日的确定、股利发放比例的确定、股利发放的形式、股利发放时的资金筹集等问题。

公司在实际制定股利政策时，要以遵守国家有关的法律法规为前提，制定出符合企业财务管理目标和发展目标的股利政策。公司采用不同的股利政策，将会对企业当期现金流量和内部筹资的水平带来一定的影响，也会影响到筹资方式的选择。因此，股利政策也构成了企业筹资政策的一个重要组成部分。在进行股利分配的实务中，公司经常采用的股利政策有固定股利政策、固定股利支付率政策、稳定增长政策、剩余股利政策及低正常股利加额外股利政策。

经常用于评价公司股利政策的指标有两个：股利支付率和股利收益率。

（一）股利支付率

股利支付率是指公司现金股利金额与净利润总额的比，其计算公式如下：

$$股利支付率 = \frac{现金股利金额}{净利润}$$

股利支付率用来计算公司实现的净利润中有多大比例的利润被使用于向股东分配现金股利，反映了公司采用的股利政策是高股利政策还是低股利政策。

（二）股票收益率

股票收益率是指公司每股股利与每股价格的比例，其计算公式如下：

$$股利收益率 = \frac{每股股利}{每股价格}$$

股利收益率反映了投资者进行股票投资所取得的股利收入，该指标是投资者衡量投资收益的重要标准。

二、股利政策的种类

（一）固定股利政策

固定股利政策是指公司每年派发固定金额的股利，且在较长时间内保持不变的一种股利政策。该股利政策要求在公司盈利发生一般变化时，并不影响股利的支付，而是使其保持稳定的水平；只有管理层预计企业未来的盈余会显著并持续性的上涨或下跌时，才可以调整企业的股利发放额。在此政策下，由于公司每年都支付相等金额的股利，容易向外界传递公司稳定发展的信息，有利于公司股价的稳定。实行这种股利政策者支持股利相关论，他们认为公司的股利政策会对公司股票价格产生影响，股利的发放是向投资者传递公司经营状况的某种信息。

【例 11-1】假定 A 股份有限公司 2018 年、2019 年、2020 年连续的净利润分别为 400 万元、500 万元、640 万元，发行在外的普通股 200 万股，无优先股，以前年度没有需要弥补的亏损。该公司采用固定股利政策，每股固定发放股利 1 元。则该公司每年的股利为：

2018 年支付的股利 = 1 × 200 = 200（万元）

2019 年支付的股利 = 1 × 200 = 200（万元）

2020 年支付的股利 = 1 × 200 = 200（万元）

1. 固定股利政策的优点

①固定股利政策需要企业每年都支付相同金额的股利，有利于财务对资金做出安排和计划，避免出现股利支付的大幅度波动。

②固定股利政策可以向投资者传递公司经营状况稳定的信息，有利于树立公司的良好形象，增强投资者对公司的信心，在一定程度上可以降低投资者对公司风险的担心，从而使股票价格上升；由于公司支付稳定的股利，投资者承担的风险较小，所以，要求的必要报酬率也会降低，有利于股价的上升。

③固定的股利使投资者对未来的收益有一个稳定合理的预期，有利于投资者安排股利收入。尤其是对于那些希望有固定股利收入的投资者来说，他们则更倾向于选择这种股利政策，而忽高忽低的股利政策可能会降低他们对这种股票的需求，这样也会使得股票价格下跌。

2. 固定股利政策的缺点

①由于每年都需要支付相等金额的股利，可能会给企业造成较大的财务压力。

②固定股利政策可能会使得股利的支付与企业的盈利脱节，给企业带来较大的支付风险。尤其是企业净利润处于持续下降的情况下，仍需要支付固定的股利，很可能需要对外筹资来发放股利，就会增加公司的融资成本，无法像剩余股利政策那样使企业保持较低的资本成本。

基于这种股利政策的特点，固定股利政策主要适用于经营比较稳定、处于成长期或者成熟期的企业。

（二）固定股利支付率政策

固定股利支付率政策是指公司确定一个股利支付率，然后长期都按此比率向股东发放股利的股利政策。每年发放的股利额等于净利润乘以固定的股利支付率。在这一股利政策下，公司在盈余多的年份将会发放较多的股利，在盈余少的年份发放比较少的股利，充分体现了"多盈多分，少盈少分、无盈不分"的原则。也就是说，采用这一政策发放股利时，公司每年发放的股利额是波动的，股利额的多少主要与公司每年的净利润及股利支付率的高低有关。

【例11-2】承接【例11-1】，假定该公司实行固定股利支付率政策，固定股利支付率为40%，请计算该公司连续三年的股利发放额。

2018年支付的股利 = 400 × 40% = 160（万元）

每股股利 = 160 ÷ 200 = 0.8（元）

2019年支付的股利 = 500 × 40% = 200（万元）

每股股利 = 200 ÷ 200 = 1（元）

2020年支付的股利 = 640 × 40% = 256（万元）

每股股利 = 256 ÷ 200 = 1.28（元）

1. 固定股利支付率政策的优点

采用固定股利支付率政策，公司每年按固定的比例从税后利润中支付现金股利，从企业支付能力的角度看，与公司的支付能力配比，不容易造成财务风险。

2. 固定股利支付率政策的缺点

①如果企业经营波动大，则会导致每股股利随着盈利情况大幅波动，股利的波动很容易给投资者带来经营状况不稳定、投资风险较大的不良印象，进而导致投资者要求更高的必要报酬率，成为公司的不利因素。

②合适的固定股利支付率确定难度大。如果固定股利支付率确定的较低，不能满足投资者对投资收益的要求；而固定股利支付率确定的较高，没有足够的现金派发股利时，会给公司带来巨大的财务压力。如果公司实现的盈利多，又确定了较高的股利支付率，就可能给企业带来支付压力，因为盈利多，并不代表公司有充足的现金派发股利，只能表明公司盈利状况较好而已。

一般来说，固定股利支付率政策适用于稳定发展的公司和公司财务状况较稳定的阶段，在这种政策下各年的股利变动不大，不会给企业造成公司不稳定的印象。

（三）稳定增长股利政策

稳定增长股利政策是指在一定的时期内，保持企业的每股股利额按照一定的增长率逐年增长的股利政策。这种股利分配政策是把股利分配额作为优先考虑的目标，首先确定一个稳定的股利增长率，保证股利不断增长，而不是随着企业利润和资金需求的波动而变化。

【例 11-3】承接【例 11-1】，假定该公司实行稳定增长股利政策，2018 年每股股利为 1 元，每年的增长率为 6%，请计算该公司三年的股利发放额？

2018 年支付的股利 = 1 × 200 = 200（万元）

2019 年每股股利 = 1 ×（1+6%）= 1.06（元）

支付的股利 = 1.06 × 200 = 212（万元）

2020 年每股股利 = 1.06 ×（1+6%）= 1.12（元）

支付的股利 = 1.12 × 200 = 224（万元）

1. 稳定增长股利政策的优点

该股利政策向投资者传递经营稳定的重要信息。如果公司支付的股利逐年增加，就表明该公司的经营业绩比较稳定，可以降低投资者对公司风险的担心，经营风险较小，这样可使投资者要求的股票必要报酬率降低，有利于股票价格上升。

2. 稳定增长股利政策的缺点

①公司股利支付与公司盈余相脱节，公司不管是否有充足的现金流和投资机会，均要支付固定增长的股利，这极有可能会导致公司融资成本增加。

②由于股利稳定增长，在复利的作用下，后期的增长将会越来越快，势必会给企业带来很大的财务负担，从而使得这种股利支付方式难以长期维持。

③企业为了维持稳定增长的股利水平，有时可能会使某些投资方案延期，或者使公司资本结构暂时偏离目标资本结构，或者通过其他手段来筹集资金，从而使得投资收益受损或者资本成本上升。

显然，股利支付率稳定增长不仅需要公司盈利稳定且持续正常经营，而且也要求公司拥有良好的外部筹资环境。稳定增长股利政策一般适用于经营比较稳定且持续增长、受经济周期影响小的企业。

（四）低正常股利加额外股利政策

低正常股利加额外股利政策是公司事先设定一个固定的、数额较低的经常性股利额，在盈利比较多的年份，根据实际情况发放额外股利的一种股利政策。在该政策下，公司每年都按固定金额支付较低的正常股利，只有在企业盈利较多的年份，向股东发放额外股利。该额外股利并不固定化，不意味着公司永久地提高了规定的股利率。采用此政策，股东所分得的是"低固定＋额外"的股利，体现了"稳健＋灵活"的原则。

【例 11-4】承接【例 11-1】，企业采用低正常股利加额外股利政策，每股正常股利为 0.6 元。若税后净利润超过 450 万元，那么额外股利为超过部分的 40%。则：

2018 年的正常股利 = 200 × 0.6 = 120（万元）

额外股利总额 = 0（万元）

每股股利 = 120 ÷ 200 = 0.6（元）

2019 年的正常股利 = 200 × 0.6 = 120（万元）

额外股利总额 =（500-450）× 40% = 20（万元）

每股股利 =（120+20）÷ 200 = 0.7（元）

2020 年的正常股利 = 200 × 0.6 = 120（万元）

额外股利总额 =（640-450）× 40% = 76（万元）

每股股利 =（120+76）÷ 200 = 0.98（元）

1. 低正常股利加额外股利政策的优点

①低正常股利加额外股利政策给予了公司一定的灵活性。除了固定的股利外，可以根据企业的投资机会、现金流情况、资本结构等因素，灵活选择要发放的额外股利，使公司在股利发放上留有余地和具有较大的财务弹性。

②该股利政策有助于稳定股价，增强投资者信心。由于公司每年固定派发的股利维持在一个较低的水平上，在公司盈利较少或需用较多的留存收益进行投资时，公司仍然能够按照既定承诺的股利水平派发股利，使投资者保持一个固有的收益保障，这有助于维持公司股票的现有价格。而当公司盈利状况较好且有剩余现金时，额外股利信息的传递则有助于公司股票的股价上涨。

2. 低正常股利加额外股利政策的缺点

①由于额外股利金额每年不同，或时有时无，容易给投资者造成公司收益不稳定的感觉。

②如果公司在较长时期持续发放额外股利后，可能会被股东误认为是"正常股利"，而一旦取消了这部分额外股利，传递出去的信号可能会使股东认为这是公司财务状况恶化的表现，进而可能会引起公司股价下跌。

低正常股利加额外股利政策主要适用于经营状况和利润不太稳定的企业和盈利水平随着经济周期有所波动的公司或行业。

（五）剩余股利政策

剩余股利政策是企业为了维持一定的目标资本结构（最佳资本结构），将税后利润先用于满足企业权益资本要求，若有剩余再对外分配的股利政策。剩余股利政策是保持企业的目标资本结构优先，在公司有良好的投资机会时，先用留存收益保证投资项目的资金需求，如有剩余才用于分配。该股利政策完全从自身的需求出发，而不关心市场对于公司的反馈，其理论依据是股利无关论。

采用剩余股利政策时，一般应遵循 4 个步骤：首先，确定最佳投资方案，预算出该方案需要的投资额；其次，确定目标资本结构；再次，计算目标资本结构下所需的股东权益数额，使用留存收益来满足投资所需的权益资本数额；最后，投资方案所需权益资本已经满足后若有剩余盈余，再将其作为股利发放给股东，具体见【例 11-5 】。

【例 11-5 】A 公司处于快速成长期，2020 年该公司的净利润为 5 500 万元。经测算公司的最佳资本结构为负债资本占 35%，权益资本占 65%，企业欲长期维持该资本结构，现有普通股股数 200 万股。公司现有一个很好的投资项目，总投资额为 6 000 万元，公司采用剩余股利政策分配股利，留存收益不能满足的由外部筹资来解决。请问该公司该如何分配股利？

解析：需要留存的利润为 6 000 × 65% = 3 900（万元）

企业可以分配的现金股利 = 5 500-3 900 = 1 600（万元）

企业尚需要对外负债筹资金额 = 6 000-3 900 = 2 100（万元）

所以，企业欲维持现有资本结构的权益比例为 65%，总投资额为 6 000 万元，企业需要留存的收益为 3 900 万元，可以对外分配的现金股利为 1 600 万元，企业尚需要对外负债筹资为 2 100 万元。

1. 剩余股利政策的优点

保持了企业的目标资本结构，使得企业总资本成本最低，有利于实现企业价值最大化。

2. 剩余股利政策的缺点

①如果完全遵照执行剩余股利政策，股利发放额就会每年随投资机会和盈利水平的波动而波动，不利于投资者财务的安排、信心的建立和公司股价的稳定。

②企业分配股利的多少与企业投资机会相悖。由于在该股利政策下，企业的投资机会越多，未来盈利能力才可能越好，但是企业分配的股利就越少；相反，企业的投资机会越少，企业反倒分配的股利越多，不利于市场参与者对公司价值的判断。

剩余股利政策一般适用于企业的初创阶段或快速成长期。

以上各种股利政策各有所长，公司在分配股利时应借鉴其基本决策思想，制定适合自己具体实际情况的股利政策。

三、股利分配政策的影响因素

股利分配政策的关键问题是确定分配和留存的比例。但是，在实务中，公司的股利政策在制定过程中会受到各方面因素的制约和影响，为减少公司利润分配过程中相关各方的利益冲突，促进企业和谐、持续地发展，公司必须认真考虑这些影响因素，并结合自身实际情况权衡得失，制定出符合公司财务目标和发展目标的股利政策。影响企业股利政策的因素主要包括法律因素、契约因素、公司自身因素及股东因素等。

（一）法律因素

国家为了保护债权人和股东的利益，制定了《公司法》《证券法》等对股利的支付加以限制。影响企业股利分配政策的法律因素主要有以下四点。

1. 资本保全

法律规定，企业不得使用原始投资发放股利，而只能使用企业的利润或者留存收益，以保证企业的原始投资金额是足额的，以免将投资额进行了分配，导致企业的债务不能够偿还，进而侵犯了债权人的利益。如果没有这一约束，当一个企业出现重大财务危机或者濒临破产时，股东就有足够的动机将原始投资额作为股利进行分配，一旦企业破产，导致债权人的权益没有资产可以保障。

2. 资本积累

相关法律法规规定公司必须从企业的税后利润中按照一定的比例提取法定公积金，并且鼓励提取任意公积金，只有当累计的公积金数额达到注册资本的 50% 时，才可以不再提取。国家对此做出规定是为了保障企业在持续的经营过程中能够做到不断的积累，从而达到整个社会生产能力的积累和不断增加。

3. 超额累积利润约束

由于股利收入的所得税税率一般高于资本利得所得税，所以，股东出于避税考虑，就希望企业尽量少的分配现金股利，而更愿意将利润留存在企业，从而使得股价上涨，当股东需要资金时，出售部分股票，缴纳较低的资本利得所得税。国家为了保障税收收入，就对企业的累计利润做了规定，如果企业的累计利润超过法律规定的水平时，将被加征税款，从而保证国家税基不被侵蚀。目前，我国尚没有超额累计利润的法律规定。

4. 偿债能力约束

偿债能力是指企业按时、足额偿付各种到期债务的能力。企业的现金流是一定的，如果发放了过多的现金股利，就可能没有足够的流动性去应付企业的债务。所以，在发放股利时，就要求公司考虑股利分配对偿债能力的影响。确定在分配后仍能够保持较强的偿债能力，以维持公司的正常运营。

（二）契约因素

契约因素主要指债务契约，包括贷款契约和债券发行契约，是债权人为了防止企业过多发放股利影响其偿债能力，增加债务风险，而以契约的形式限制企业现金股利的分配。债权人为了维护自己的利益，防止股东通过支付较高的股利导致企业留存收益太少造成企业的偿债风险，从而损害自己的利益，所以，债权人通常都会在债务契约、租赁合同中加入关于借款企业股利政策的限制条款。例如，规定每股股利的最高限额，或者规定分配利润以后的流动比率或者利息保障倍数，或者规定未来股息不能动用签订协议之前的留存利润，而只能用协议后产生的利润等。

（三）股东因素

股东作为最终股利分配方案的决议者，他们在决策时，经常会从自身需要出发，在决策过程中往往会考虑如下因素的影响。

1. 控制权的问题

对于大股东或者控股股东来说，为了防止决策权或者控制权被稀释，往往希望限制股利的分配，而更愿意将利润保留在企业。如果股利支付率高，公司保留的盈余就会变少，股价就会更低，企业如果有新的投资机会需要资金的可能性就更大，企业发行新股筹资的机会就更大，从而导致控制权或者决策权被稀释。所以，在制定股利分配政策时，大股东或者控股股东必然会从自身需要考虑，从而影响股利分配政策。

2. 稳定收入和避税

如果股东依赖现金股利维持生活，他们往往要求公司能够支付稳定的股利，而反对留存过多的利润。还有一些股东认为通过增加留存收益引起股价上涨而获得的资本利得是有风险的，而目前的股利是确定的，即便是现在较少的股利，也强于未来的资本利得。因此，他们往往也要求较多的股利支付。而一些股东出于避税的考虑，往往反对公司发放较多的股利，倾向于较低的股利支付水平。

3. 规避风险

有些股东认为，企业将利润留在企业不如将现金分入手中，出于规避风险的考虑，他们认为即使现在较少的股利，也好于未来较多的资本利得，此类股东则会更加偏好高股利政策。

（四）公司自身因素

企业确定股利分配政策时，应从其自身的长期发展和短期经营需要的角度出发，往往会考虑以下因素。

1. 现金流量

支付现金股利一定会导致现金的流出，企业进行股利分配时，必须充分考虑企业的现金流量，以保证利润分配后尚有资金维持正常的运转，使得企业能够有序地进行生产经营活动。

2. 资产的流动性

如果企业的资产变现能力较弱，也没有较多的渠道获取现金，则其股利支付能力也将会减弱。

3. 盈余的稳定性

企业的利润分配政策在很大程度上会受盈余稳定性的影响。一般来讲，盈余相对稳定的企业，有可能支付比较高的股利。而盈余不稳定的企业为了降低风险一般采取低股利政策，从而减少因盈余下降导致的股利无法支付的风险。

4. 投资机会

如果公司的投资机会多，对资金的需求量就越大，那么它就很可能会选择采用低股利支付水平的分配政策；相反地，如果公司缺乏良好投资机会时，对资金的需求量就越小，那么它就很可能倾向于采用较高的股利支付水平的分配政策。除此之外，如果公司将留存收益用于再投资所得收益比股东个人单独将股利收益投资于其他投资机会所得的收益低时，公司就不应多留留存收益，而应该多发股利，这样有利于股东价值最大化。

5. 筹资能力

筹资能力指公司随时筹集到所需资金的能力，是影响股利分配政策的一个重要因素。如果公司规模大、效益好、信用等级高，可随时通过向银行借款或发行股票、债券等方式筹集到资金，具有较强的筹资能力，那么也会具有较强的股利支付能力，在股利分配政策上就有较大的选择余地，既可采用高股利政策，也可采用低股利政策。而规模小、风险大、信用等级低的公司，很难从外部筹集到资金，只能选择低股利政策或者不发放股利。

6. 其他因素

除了上述因素外，企业还需要考虑其他能够影响股利分配的因素，如企业是否有大额到期的债务需要偿还，企业是否有大额的经营租赁等表外业务、企业筹资的资本成本等因素。

第四节　股利分配程序与方案

一、股利分配程序

股利分配是指公司向股东（投资者）分配股利。利润分配关系着国家、企业及所有者等各方面的利益，必须严格按照国家的法律和制度执行。根据我国《公司法》及相关法律制度的规定，在利润分配之前，首先要将企业的本年税后净利润与企业年初未分配利润（亏损）相合并，即得出本年可供分配的利润数额。若该数额为负数，则不能进行后续利润的分配；若该数额为正数，则应按照下列顺序进行。

（一）弥补以前年度亏损

企业在提取法定公积金之前，应先用当年利润弥补以前年度亏损。企业年度亏损，可以用下一年度的税前利润弥补，下一年度不足弥补的，可以在五年之内用税前利润弥补，连续五年未弥补的亏损则用税后利润弥补。其中，税后利润弥补亏损可以用当年实现的净利润，也可以用盈余公积转入。需要注意的是用税前利润弥补以前年度亏损的连续期限最长不得超过 5 年。这样做一方面有利于企业的发展，并促使企业尽快扭亏，另一方面能防止国家税基被过多地侵蚀。

（二）提取法定公积金

根据公司法的规定，法定盈余公积金的提取比例为当年税后利润（弥补亏损后）的10%。法定公积金已达到注册资本的 50% 时可不再提取。提取法定公积金的主要目的是增加企业内部积累，以利于企业扩大再生产。提取的法定公积金根据企业的需要可以用于弥补亏损或转增资本，但企业用法定公积金转增资本后，法定公积金的余额不得低于公司注册资本的 25%。若弥补以前亏损，按抵减年初累计亏损后的本年净利润计提法定公积金。提取公积金的基数，不一定是可供分配的利润，也不一定是本年的税后利润。只有不存在年初累计亏损时，才能按本年税后利润计算应提取数。这种"补亏"的关键在于不能用资本发放股利，也不能在没有累计盈余的情况下进行分红。

（三）提取任意公积金

对于任意公积金的提取，企业有较大自主权。根据《公司法》的规定，公司从税后利润中提取法定公积金后，经股东会或股东大会决议，还可以从税后利润中提取任意公积金。这是为了满足企业经营管理的需要、控制向投资者分配利润的水平以及调整各年度利润分配的波动。

（四）向股东分配股利

根据《公司法》的规定，公司弥补亏损和提取公积金后所余税后利润，可以向股东（投资者）分配股利（利润），其中有限责任公司股东按照实缴的出资比例分取红利，全体股东约定不按照出资比例分取红利的除外；股份有限公司按照股东持有的股份比例分配，但股份有限公司章程规定不按持股比例分配的除外。向股东分配股利虽然是股利分配程序的最后一道程序，但是也发挥着重要的作用。此外，公司以前一年度未分配的利润，可以并入本年度分配。

根据公司法的规定，股东会、股东大会或者董事会违反相关规定，在公司弥补亏损和提取法定公积金之前向股东分配利润的，股东必须将违反规定分配的利润退还给公司。另外，公司持有的本公司股份不得分配利润。

二、股利支付程序

尽管分配的股利和留存收益的比率是其股利分配的核心问题，除此之外，股利支付的程序和日期、支付现金股利所需资金筹资方式的确定等问题，在现实生活中，都需要企业进行决定。

公司股利的发放必须遵守相关的要求，按照有关程序来进行。一般情况下，先由董事会提出分配预案，然后提交股东大会决议，股东大会决议通过才能进行分配。股东大会决议通过分配预案后，要向股东宣布发放股利的方案，并确定预案公布日、股利宣告日、股权登记日、除息日和股利发放日。

（一）预案公布日

上市公司分配股利首先要由董事会制定分配预案，内容包括本次分红的数量、股利支付的方式、股东大会召开的时间、地点、表决方式等内容，并由董事会向社会公开发布，该日期就是预案公布的日期。

（二）股利宣告日

股利宣告日即股东大会决议通过并由董事会将股利支付情况予以公告的日期。公告中将宣布每股支付的股利、股权登记日、除息日及股利支付日。通常，股份制企业都应当定期宣布发放股利。我国股份制企业一般是一年发放一次或两次股利，但是大部分的企业都是一年发放一次股利。

（三）股权登记日

股权登记日即有权领取本期股利的股东资格登记截止日期。在此日期以及之前取得股票的股东有资格领取股利，在股权登记日之后取得股票的股东没有资格领取股利。即确定了股东能够领取股利的日期界限。

（四）除息日

除息日是指领取股利的权利与股票分离的日期，是股权登记的下一个交易日。在除息日之前购买的股票才能领取本次股利，而在除息日当天或是以后购买股票的股东，则不能领取本次股利。除息日对股票价格有明显的影响，在除息日之后，由于失去了"收息"的权利，除息日的股票价格会下降。

（五）股利发放日

股利发放日也称付息日，是指向股东发放股利的日期。

【例11-6】假定 A 公司 2020 年 4 月 15 日发布公告："本公司于 2020 年 4 月 15 日召开股东大会，通过了 2020 年 4 月 8 日董事会关于每股分配 0.2 元现金的股利分配方案。本公司将于 2020 年 5 月 25 日将上述股利支付给已在 2020 年 4 月 25 日登记为本公司股东的投资者，除息日为 2020 年 4 月 26 日。"

则 A 公司的股利支付程序如图所示，股利宣告日为 2020 年 4 月 15 日，股权登记日为 2020 年 4 月 25 日，除息日为 2020 年 4 月 26 日，股利支付日为 2020 年 5 月 25 日。具体如图 11-1 所示。

图11-1　股利支付程序图

三、股利分配方案的制定

公司在进行股利分配前，需要制定股利分配方案，制定股利分派方案应遵循一定的程序，一般需要遵循的基本程序如下。

（一）预测公司未来盈利能力和现金流情况

公司为了保持股利政策的稳定性，一般根据公司的实际情况预测未来的盈利能力和现金流量，预测期限一般至少为 5 年。企业需要考虑的实际因素包括宏观的经济形势、未来市场的变化、未来投资机会、企业的流动性、偿债压力、筹资渠道等影响企业盈利能力和现金流的因素。从理论上讲，公司应当在确保经营活动、投资机会、财务预算弹性空间的情况下，充分利用现金，提高资金的使用效率。

（二）确定股利形式和目标股利支付率

在制定公司股利分配方案时，公司应该根据公司的发展阶段、公司的财务状况、资本结构等因素，并参考同行业可比公司的支付率，确定公司是发放股票股利还是现金股利，并确定股利支付率。如果公司执行的是剩余股利政策，则公司一般应保证目标资本结构，剩余的股利进行分配；如果企业执行的是低正常加额外股利政策，则应该考虑额外股利的形式和金额等。同时，参考同行业可比公司的股利支付范围，以保证企业会向外界传递出利好公司的信息。

（三）确定股利额

理论上，如果公司采用的剩余股利政策，则应将保持目标资本结构剩余的现金流量全部进行分配。但是，在实践中，由于环境的不确定性、股东的风险偏好、预算的不确定性、筹资的约束条件等，出于谨慎性考虑，公司都会适当地多留存一些利润，以防范风险的发生。另外，公司为了稳定股价也会参考历年的股利支付情况。所以，实际的股利支付额通常都会在理论分配金额的基础上进行适当调整，调整完以后的金额才是能够发放的股利额。

（四）确定股利分派日期

由于现金股利的发放需要大量的现金流出，会对公司产生较大的影响。我国公司一般每半年或者每一年发放一次股利。所以，公司在确定了股利额以后，选择何时分派现金，也需要公司根据项目投资进度、详细的现金预算、营运资金情况等进行详细考量，安排具体的股利分派日期。

第五节　股票股利、股票分割与股票回购

一、股票股利

股票股利是公司以增发股票的方式给股东支付股利的形式。这种方式不需要企业支付现金，而是根据股东所持有股票的数量比例来分配股利。股票股利并不直接增加股东的财富，不会导致公司资产的流出或负债的增加，因而不是公司资金的使用，也并不因此而增加公司的财产，但会引起所有者权益各项目的结构发生变化。

股票股利虽然不直接增加股东的财富，也不增加公司的价值，但对公司和股东都有特殊意义。

（一）对公司来讲，股票股利的优点

1. 企业保存有现金流，有利于把握投资机会

发放股票股利不需要向股东支付现金，而是将现金流留存在企业。如果投资机会较多，公司就可以为投资提供成本较低的资金，使股东获得较多的投资收益，从而有利于公司的发展。

2. 有利于降低股票市场价格，促进股票的交易

发放股票股利，由于公司净资产没有变化，但是股份数量成比例增加，所以每股股份的净资产就会成比例下降，从而可以降低公司股票的市场价格。有利于促进股票的交易和流通，又有利于吸引更多的投资者成为公司股东，进而使股权更为分散，有效地防止公司被恶意收购。

3. 有利于传递公司未来发展良好的信息

股票股利的发放一般可以传递公司未来发展良好的信息，从而增强投资者的信心，在一定程度上可以稳定股价。

（二）对股东来讲，股票股利的优点

1.释放利好信息，有利于股价上升

理论上来讲，派发股票股利后股票价格会成比例下降，但实务中这并非必然结果。因

为市场和投资者普遍认为，发放股票股利往往预示着公司会有较大的发展空间，利润也将大幅度地增长，这样的信息传递会提高投资者对公司的信心，可以在一定程度上有利于股价的回升。所以，股东便可以获得股票价格相对上升的好处。

2.股东可以获得税收优惠

由于股利收入和资本利得税率的差异，如果股东需要现金时，把部分股票股利出售，还会给他带来纳税上的好处。

【例11-7】A公司在2020年发放股票股利前股东权益情况如表11-2所示。假设该公司宣布分配股票股利，每10股送1股，该股票当时市价12元。请分析该公司发放股票股利前后对公司股东权益总额、股价以及股东的影响。

表11-2　发放股票股利前公司股东权益表

普通股股本（面值1元，发行在外3 000万股）	3 000
资本公积	4 000
盈余公积	2 500
未分配利润	12 500
股东权益合计	22 000

对公司股东权益总额的影响：公司普通股股数将增加 $3\,000 \div 10 \times 1 = 300$ 万股。企业为了发放股票股利，需要从"未分配利润"项目划转出的资金为：$300 \times 12 = 3\,600$ 万元。增加股票面值为 $300 \times 1 = 300$ 万元。其余的 3 300 万元（3 600-300）应作为股票溢价转至"资本公积"项目。则公司的股东权益总额并未发生改变，仍是 22 000 万元。

股票股利发放后，资产负债表上的股东权益部分如表11-3所示。

表11-3　发放股票股利后公司股东权益表

普通股股本（面值1元，发行在外3 300万股）	3 300
资本公积	7 300
盈余公积	2 500
未分配利润	8 900
股东权益合计	22 000

对股价的影响：由于企业净资产没有发生任何变化，但是发行在外的普通股增长了10%，理论上来说，企业的股价也应该成比例下降为 $12 \div (1+10\%) = 10.91$ 元。

对股东的影响：假设某股东派发股票股利之前持有公司的普通股30万股，在发放股票股利前，其拥有公司1%（30÷3 000 = 1%）的股份，对公司净资产的所有权为22 000×1% = 220万元；发放股利以后，按照每10股送1股的配送比例，他拥有了33万（30+30÷10×1 = 33）股，其持股比例依旧是1%（33÷3 300 = 1%），对公司净资产的所有权依旧是22 000×1% = 220万元。

从股价上来看，在分配股利之前，股东拥有30万股，每股股价12元，则总市值为360万元。在分配股利之后，股东拥有33万股，每股股价为10.91元，总市值约为360万元。对股东来说，手中的股份有所增加，但是股价会成比例下降，从而导致股东手中股票的市值不会发生变化。但是，由于股票股利一般可以传递出企业利好的消息，发放股利以后，如果股价跌幅不大（股价跌幅不超过10.91元），或者股价后期回调，则股东可以享受到由于股价上涨带来的收益。当股东需要现金时，可以通过出售手中的股票获取。

可见，发放股票股利不会对公司股东权益总额产生影响，但会引起在各股东权益项目间的变动。而股票股利派发前后，每一位股东的持股比例都不会发生变化。

二、股票分割

（一）股票分割的概念

股票分割又称为股票细分或者拆股，指将单股面额较高的股票拆成多股面额较低的股票的行为。例如，将原来的一股股票拆成两股股票或者三股股票，股票分割一般只会增加发行在外的股票总数，但不会对公司的权益结构产生任何影响。股票分割之后，股东权益总额及其内部结构都不会发生任何变化，变化的只是股票面值。股票分割与股票股利产生的影响非常相似，但是股票分割并不属于股利分配。

【例11-8】A公司在2020年进行股票分割，股票分割前的股东权益情况如表11-4所示。公司股价为12元/股，现该公司将其股票按照1股拆分成2股的比例进行股票分割，请分析其对公司股东权益总额、股价和股东的影响。

表11-4　股票分割前股东权益表

普通股股本（面值1元，发行在外3 000万股）	3 000
资本公积	4 000
盈余公积	2 500
未分配利润	12 500
股东权益合计	22 000

对公司股东权益总额的影响：由于公司将股票1股拆分成2股，公司普通股股数将变为6 000万股，股票面值变为0.5元/股，普通股面值依旧为3 000万元。资本公积、盈余公积和未分配利润不发生变化，所以，股东权益也不发生变化，仍为22 000万元。股票分割后，股东权益表如表11-5所示。

表11-5　股票分割后公司股东权益表

普通股股本（面值0.5元，发行在外6 000万股）	3 000
资本公积	4 000
盈余公积	2 500
未分配利润	12 500
股东权益合计	22 000

对股价的影响：由于企业净资产没有发生任何变化，但是发行在外的普通股增长了1倍，理论上来说，企业的股价也应该成比例下降为12÷2=6元。

对股东的影响：假设某股东股票分割之前持有公司的普通股30万股，在发放股票股利前，其拥有公司1%（30÷3 000=1%）的股份，对公司净资产的所有权为22 000×1%=220万元；发生股票分割后拥有60万股，其持股比例依旧是1%（60÷6 000=1%），对公司的净资产的所有权依旧是22 000×1%=220万元。

从股价上来看，在分股票分割之前，股东拥有30万股，每股股价12元，则总市值为360万元。在分配股利之后，股东拥有60万股，每股股价为6元，总市值依旧为360万元。对股东来说，手中的股票数量成倍的增加，但是股价会成比例下降，从而导致股东手中股票的市值不会发生变化。但是，由于股票分割与股票股利一样，一般都是成长期的公司采用的行为，可以传递出企业利好的消息，拆分以后，如果股价跌幅不大（股价跌幅不超过6元），则股东依旧可以享受到由于股价上涨带来的收益。

可见，股票分割不会对公司的现金流、股东权益总额和股东权益内部之间的结构产生影响，也不会对股东的持股比例产生影响。

（二）股票分割的作用

尽管股票分割不会对公司股东权益总额、股东权益内部结构和股东的持股比例产生影响，但是其依旧拥有其不可替代的作用，具体作用如下。

1. 降低股价

一些中小投资者由于资金量的不足，很可能不愿意去购买价格较高的公司股票，这影响了高价股的流通性。而实施股票分割后，降低了投资的门槛，有利于吸引更多的投资者，进一步促进股票的流通和交易。此外，降低股票价格还可以为公司发行新股做准备，因为股价太高会使许多潜在投资者不敢轻易对公司股票进行投资。

2. 降低恶意收购的风险

股票分割后股票股数成比例大幅增加，通过二级市场上的交易，就会有更多的股东数量，一定程度上加大了收购的难度，降低了公司被恶意收购的风险。

3. 向市场传递利好信息

股票分割往往是处在成长阶段中公司的行为，可以向市场和投资者传递公司发展前景良好的信号，有助于提高投资者对公司股票的信心。

三、股票回购

（一）股票回购的概念

股票回购是指公司出资购回在市场上流通的股票的行为。公司可以将所回购的股票注销，也可以将回购的股票作为库存股保留。大多数情况下，公司会将其作为库存股保留，不再属于发行在外的股票，且不参与每股收益的计算和分配。

（二）股票回购的目的

股票回购的目的通常有以下几种。

1. 可以作为一种现金股利的替代，同时可以为股东带来税收效益

企业为了市场形象，股利政策一经确定，就具有一定的稳定性和连续性。尤其对于固定股利政策的公司，股利往往是刚性的，企业一旦宣布每年支付的股利金额，则意味着企业在未来一段时间内都需要支付，会给企业带来很大的现金压力。而股票回购不同于现金股利政策，它不会对公司产生未来的派现压力，当公司有多余现金，却没有较好投资机会时，就可以采用股票回购的方式将现金变相地分配给股东。企业既没有未来财务压力，又能使得股东有一定的现金收入。而股东拿到回购款以后，可以根据自己的需要选择买入该公司的股票或持有现金。

另外，股票回购作为一种股利支付手段，还会给股东带来减少所得税的效果。因为资本利得所得税税率比现金股利所得税税率低，甚至一些国家不存在资本利得所得税。股票回购给股东带来的现金收入就可以比现金股利缴纳更低的所得税，具体见【例11-9】。

【例11-9】A公司2020年实现净利润6 000万元，现公司股东权益表如表11-6所示。

表11-6 A公司股东权益表

普通股股本（面值1元，发行在外3 000万股）	3 000
资本公积	4 000
盈余公积	2 500
未分配利润	12 500
股东权益合计	22 000

公司当前股价为12元，公司为减少注册资本，准备3 000万元回购本公司的股票，请分析其对公司股东权益总额、股价和股东的影响。

对公司股东权益总额的影响：由于公司用3 000万元回购本公司的股票，按照市价12元，可以回购250万股（3 000÷12=250），回购以后，普通股股份减少为2 750万股（3 000-250=2 750）。普通股股本减少为2 750万元（3 000-250=2 750），同时，"资本公积"作为股票溢价应该转出2 750万元（250×12-250×1），减少为1 250万元（4 000-2 750=1 250），未分配利润不变，股票回购以后的股东权益表如表11-7所示。

表11-7 股票回购后股东权益表

普通股股本（面值1元，发行在外2 750万股）	2 750
资本公积	1 250
盈余公积	2 500
未分配利润	12 500
股东权益合计	19 000

对股价的影响：由于股票回购后每股收益由原来的2元（6 000÷3 000＝2）上升为2.1818元（6 000÷2 750＝2.1818），在市盈率不变的情况下，股价可上升至13.09元。

对股东的影响：由于股东得到了3 000万元的现金，同时手中的股数减少了1/10。假设某股东回购之前持有公司的普通股30万股，占公司1%的股份。如果对于股东等比例回购，该股东被公司回购了2.5万股，则得到了30万元（2.5×12＝30）的现金。同时，还拥有27.5万股的股票，依旧持有公司1%的股份。如果企业不是回购股票，而是发放3 000万元的现金股利，该股东依旧可以分得30万元（3 000×1%＝30）的现金股利，依旧持有该公司1%的股份。因此不管是股票回购还是现金股利，对于股东来说，得到的现金都是30万元，依旧持有公司1%的股份，可见股票回购对现金股利的替代作用十分明显。对于股东来说，如果企业发放现金股利，股东只能接受现金；如果企业进行股票回购，股东还获得了选择是否被公司回购的决策权。

同时，由于资本利得税率比现金股利所得税税率要低，股票回购所得款项所得税会低于现金股利的所得税，所以，股票回购可以作为一种现金股利的替代，同时可以为股东带来税收效益。

2. 可以稳定或者提高公司股价

由于股票回购通常运用于高速成长的公司，如果公司当前市场价格低迷，公司可以利用信息不对称，采用回购政策来支撑市场对于该公司股票的信心，使得股票价格回归。一般情况下，投资者会认为股票回购是公司认为其股票价值被低估而采取的应对措施，从而恢复投资者对公司的信心。

3. 发挥财务杠杆作用

股票回购可以减少公司的权益资本，变相提高公司的债权比例，从而改变公司的资本结构，提高财务杠杆水平，降低公司平均资本成本。

4. 保持对公司的控制权

公司可以通过股票回购减少发行在外的流通股，保证其对公司的控制权不被改变或稀释。企业往往采取直接或间接的回购股票来巩固既有的控制权，有效地防止恶意收购。

（三）股票回购的分类

①按照股票回购的地点，可分为场内公开收购和场外协议收购两种。场内公开收购是指公司委托证券机构按照股票当前市场价格进行回购的一种方式；场外协议回购是指公司直接与股东商讨回购事宜，通过店头市场协商回购的一种方式。

②按照筹资方式，可分为现金回购、举债回购和混合回购。现金回购是指企业利用现金进行回购股票的行为，一般适用于企业现金流比较多的情况；举债回购是指企业通过银行或者其他金融机构筹资进行回购的行为，一般适用于企业没有足够现金流的情况；混合回购是现金回购和举债回购相结合的方式进行的回购，即一部分通过现金，另一部分通过向金融机构筹资来回购本公司股票的行为。

③按照回购价格的确定方式，可分为固定价格要约回购和荷兰式拍卖回购，其中荷兰式拍卖回购在回购价格确定方面给予公司更大的灵活性。

（四）股票回购的方式

1. 公开市场回购

公开市场回购指公司在公开的证券市场按照公开的市场价格购回自身发行的股票。由于公司在回购时，需要对外披露收购的意图、数量等信息，市场由于需求突然增加，就容易推高股价，从而使得公司不得不以更高的价格回购公司的股票，从而增加公司的回购成本，公司为了稳定股价，通常不得不放慢回购的脚步，导致无法在短期内完成回购任务。这种方式的优点是通常对于支撑公司的股价具有一定的积极作用。公司减少注册资本时通常采用这种方式。

2. 要约回购

要约回购是指公司以既定价格向持股股东发出要约，平等地向全体股东提供出售股票的机会。要约回购可分为固定价格要约回购和荷兰式拍卖回购。

固定价格要约回购指公司在特定时间发出的以某一高出股票当前市场价格的价格，回购既定数量股票的要约。股东可以自行决定是否出售股票。如果回购的股票数量不足，企业可以取消回购计划或者延长要约期限；如果股东欲出售的股票数量大于要约数量，对超额部分，企业可以自行决定是否购买。由于固定价格要约回购通常高于市场价格，往往会刺激市场上股价的上涨，某些情况下，回购行动过后股票价格会出现回归性下跌。

荷兰式拍卖得名于荷兰花卉拍卖所使用的方法，一般操作为：公司提出欲回购股票的数量和愿意支付的价格范围，股东在该价格范围内提出愿出售的股票数量和能接受的最低价格进行投标。公司接到股东的报价后，按照价格从低到高进行排序，然后决定能够实现设定的全部回购数量的最低价格。用该竞价的方式决定的最低价格回购报价低于或者等于该价格的股票。如果股东提供的股票数量多于回购的数量，则按比例进行购买；如果少于回购的数量，则企业取消本次回购或者以设定的最高价格购买股东欲出售的全部股票。

3. 协议回购

协议回购是指公司与某些特定股东达成回购协议，以协议价格回购股票。协议价格可能高于当时的市场价格，也可能低于当时的市场价格。

在大股东做出企业合并或者分离协议时，有些股东对该协议持有异议，可以要求公司收购其持有的股份，此时，企业往往采用低于市场价格的方式进行；当企业发现某非控股股东对企业控制权有潜在威胁，向该股东回购股票时，通常会以超常溢价进行回购，这种过高的回购价格会损害现有股东的利益。

（五）股票回购的影响

股票回购通常对企业和股东会产生重要影响。

1. 对上市公司的影响

（1）降低企业流动性

股票回购时，往往需要支付大量的现金，容易造成资金紧张，降低公司流动性，影响公司的后续发展。

（2）易损害债权人利益

公司进行股票回购，会减少股东权益，变相导致企业的负债率增加，削弱了对债权人利益的保障。

（3）容易导致公司操纵股价

公司回购自己的股票时，大股东存在足够的动机利用内部信息进行炒作，或操纵财务信息损害其他投资者的利益。

2. 对股东的影响

股票回购在一定程度上可以是现金股利的替代品，会给股东带来纳税上的好处。而且，企业发放现金股利股东没有选择权，公司进行股票回购，股东还可以选择出售或者继续持有股票。

（六）股票回购的条件

公司不得随意收购本公司的股份，只有满足相关法律规定的情形才允许股票回购。公司有下列情形之一的，可以收购本公司股票：

①减少公司注册资本；

②与持有本公司股份的其他公司合并；

③将股份奖励给本公司职工；

④股东因对股东大会作出的公司合并、分立决议持异议，要求公司收购其股份。

属于减少公司注册资本收购本公司股份的，应当自收购之日起10日内注销；属于与持有本公司股份的其他公司合并和股东因对股东大会做出的公司合并、分立决议持异议，要求公司收购其股份的，应当在6个月内转让或者注销；属于奖励给本公司职工的，不得超过本公司已发行股份总额的5%，并应当在1年内转让。

四、三者之间的异同

（一）股票股利与股票分割的异同

股票股利和股票分割有以下三点不同：第一，两者的实质不同：股票股利的实质是股份公司以股份方式向股东支付的股利。通常由公司将股东应得的股利金额转入资本金，发行与此相等金额的新股票，按股东的持股比例进行分配。而股票分割的实质是指将高面额的股份按现有比例拆成多份低面额的股份。第二，两者的面值不同：发行股票股利后，股票面值不变，而股票分割后的股票面值变小。第三，两者的股东权益结构变动不同：发行股票股利后，股东权益结构改变，公司的股本和资本公积将增加，而股票分割后的股东权益结构不会改变。

股票股利和股票分割相同点为：发行股票股利和股票分割之后，普通股股数增加，每股收益和每股市价下降，股东持股比例不变，资产总额、负债总额、股东权益总额不变。股票股利与股票分割的比较如表11-8所示。

表11-8　股票股利与股票分割的比较表

内容	股票股利	股票分割
不同点	（1）面值不变； （2）股东权益结构变化（股本增加、未分配利润减少）； （3）属于股利支付方式	（1）面值变小； （2）股东权益结构不变； （3）不属于股利支付方式
相同点	（1）普通股股数增加； （2）每股收益和每股市价下降； （3）资产总额、负债总额、股东权益总额不变； （4）向市场和投资者传递"公司发展前景良好"的信号	—

（二）股票分割与股票回购的异同

股票分割是指将面额较高的股票转换成面额较低的股票的行为。但它不属于股利支付方式。它产生的影响：发行在外的股数增加，使得每股面额降低，每股盈余下降；但公司价值不变，股东权益总额、股东权益各项目金额及其相互间的比例也不会改变。

股票回购是在公司向股东回购自己的股票。当公司以多余现金购回股东所持股份时，使流通在外的股份减少，每股盈余增加，从而会使股价上升，股东能因此获得资本利得，这相当于公司支付给股东股利。股票回购与股票分割及股票股利的比较如表11-9所示。

表11-9　股票回购与股票分割及股票股利比较表

内容	股票回购	股票分割及股票股利
股票数量	减少	增加
每股市价	提高	降低
每股收益	提高	降低
资本结构	改变、提高财务杠杆水平	不影响
控制权	巩固既定控制权或转移公司控制权	不影响

本章小结

股利分配与投资、筹资称为企业的三大财务活动，对企业具有重要的影响。股利分配是指企业向股东分派股利，是企业利润分配的一部分，股利政策又是公司的核心财务问题之一。它一方面关系到公司的未来发展，另一方面关系到公司股东的回报。其基本理论主要有两种：股利相关论和股利无关论，其中股利相关论主要包括"一鸟在手"理论、信号传递理论、税收差异理论、代理理论等。

股利政策主要有剩余股利政策、固定股利政策、稳定增长的股利政策、固定股利支付率政策、低正常股利加额外股利政策五种类型。一般情况下，企业需要综合考虑法律因素、债务契约因素、公司自身因素和股东因素等几个方面，结合实际情况选择合适的股利政策。

企业在发放股利时，可采取现金股利或财产股利、股票股利、负债股利等方式，大部分公司采用的都是现金股利和股票股利的形式。在现金股利的支付过程中，有股利宣告日、股权登记日、除息日和股利支付日等几个重要日期。

除了发放现金股利以外，公司还可以采用其他形式，如股票分割、股票回购等，它们之间有相同点也有不同点，各有优缺，企业需要结合实际情况，灵活运用。

基本训练

1. A 公司的股利政策稳定，最近几年没有发生变化。2019 年的净利润为 2 000 万元，分配的现金股利为 600 万元。2020 年的净利润为 1 800 万元，预计 2020 年项目投资需要资金 1 200 万元。该公司目标资本结构为股权资本 35%，债权资本为 65%。

要求：

（1）如果采用固定股利政策，计算该公司 2020 年应分配的现金股利额。

（2）如果采用固定股利支付率政策，计算该公司 2020 年应分配的现金股利额。

（3）如果采用剩余股利政策，计算该公司 2020 年应分配的现金股利额。

2. A 公司 2020 年年末的股东权益情况如下：股本 800 万元（面值 1 元），资本公积 2 000 万元，盈余公积 350 万元，未分配利润 1 350 万元，所有者权益合计为 4 500 万元，当前公司股价为 12 元。

要求：

（1）假设 2020 年净利润为 700 万元，期初未分配利润 650 万元，按规定每年应提取 10% 的法定公积金，公司不再提取任意公积金，请计算该公司最多可供分配利润和每股股利。

（2）承接（1），如果该公司 2021 年有一个投资项目，预计需要资金 1 000 万元，该公司的目标资本结构为债务资本占 60%，权益资本占 40%，公司采用剩余股利政策，则该公司的每股股利为多少？

（3）若按照 1 股拆成 2 股的比例进行股票分割，请计算分割以后股东权益各项目的金额？

（4）若企业决定发行股票股利，每 10 股送 1 股，请计算分配股票股利以后股东权益各项目的金额？

案例分析

A 公司是一家玻璃生产厂家，专门为汽车生产厂商提供挡风玻璃。目前，企业拥有总资产 15 000 万元，其中，负债 6 000 万元，所有者权益 9 000 万，股本 3 000 万股，面值 1 元/股。经测算，负债的资本成本为 10%，股本的资本成本为 15%，目前的资本结构是企业价值最高的资本结构。目前，企业执行的是固定股利支付率政策，股利支付率为 60%，考虑到企业的实际情况，公司欲调整股利分配政策，现有几种方案可以备选：

（1）甲方案：企业可以保持现有的股利分配政策不变；

（2）乙方案：采用固定股利政策，每股股利 0.4 元；

（3）丙方案：采用剩余股利政策，公司保持现有的目标资本结构；

（4）丁方案：采用低正常股利加额外股利政策，每年支付 0.4 元/股的固定股利，如果企业利润超过 1 500 万，超过部分的 40% 进行发放现金股利。

经预算，公司未来 6 年的数据预测情况如表 11-10 所示。

表11-10　公司未来数据预测表

单位：万元

项目	第 1 年	第 2 年	第 3 年	第 4 年	第 5 年	第 6 年
销售额	16 000	22 000	21 000	20 000	21 000	24 000
项目支出	1 400	1 500	1 800	1 500	1 300	1 500

假设企业销售净利率 10%，企业没有需要弥补的前期亏损。

要求：

（1）请计算各种方案下，企业未来每年需要支付的股利和每年的外部筹资额。

（2）请根据上述比较，帮助公司做出股利分配政策决策，并计算该股利分配政策下的综合资本成本？

第十二章 财务分析

【学习目标】

1. 了解财务分析的含义、作用、目的，掌握财务分析的程序及财务分析的局限性。
2. 掌握财务分析方法的种类、含义、原理及应注意的问题。
3. 掌握分析偿债能力、营运能力、获利能力和发展能力的指标与方法。
4. 了解综合财务分析的方法，掌握杜邦财务分析体系的原理及其应用。

第一节 财务分析概述

一、财务分析含义及其作用

财务分析是以企业财务报告及其他相关资料为主要依据，采用一系列专门的技术和方法，分析和评价企业的财务状况、经营成果和现金流量状况，以帮助财务报表使用者了解企业的过去、评价现在的状况和预测未来的发展，并做出相关决策的方法。财务分析既可以对以往的经营活动进行评价和总结，也可以对未来的经营活动进行计划和预测，具有承前启后的作用，是企业财务管理的重要组成部分。

财务分析主要有以下三个方面的作用。

（一）有助于投资者和债权人了解相关投资决策信息

企业的投资者和债权人是财务报表的重要使用者，他们直接影响着企业的规模大小和资金来源。投资者和债权人在决定是否对公司进行投资和借款前，需要进行一系列的分析和评价。比如事先在宏观层面上了解企业所处的行业状况、竞争地位和经营战略等非财务信息，并在微观层面上了解企业的盈利能力、发展能力和偿债能力等财务信息。在此基础上，进一步分析投资后的收益水平和风险程度，评价企业的信用等级，预测企业价值，最后做出科学的投资和贷款决策。因此财务分析有助于投资者和债权人获取决策信息。

（二）有助于企业经营者找到企业经营活动中存在的矛盾和问题，为改善管理提供方向和线索

作为企业的经营者和管理者，不仅需要掌握企业的财务状况、盈利状况、发展状况等，还需要了解公司存在的问题以及潜力，知道在行业中所处的位置以及自身的优缺点。而财务分析可以通过与其他企业进行对比，找出企业存在的问题，挖掘企业的内在潜力，明确企业未来的发展方向。

（三）有助于国家机关和市场监管机构对市场经济进行把控

企业作为经济市场的重要组成部分，应有社会责任感，积极承担社会义务，履行社会责任。国家机关和市场监督部门等需要通过财务分析了解企业状况，评价企业资源利用状况、经营状况、纳税义务履行情况以及对社会的贡献度，并在宏观上判断行业的未来发展趋势，以便在宏观上进行调控。

二、财务分析的主体和目的

财务分析的主体即财务分析的使用人。财务分析的主体一般可以分为两类：内部使用者和外部使用者。内部使用者包括企业的管理者和员工，而外部使用者包括投资者、债权人、顾客、政府等其他利益相关者等。

（一）企业管理者

企业管理者是指被企业所有者聘用、负责企业日常经营管理的人员。企业的管理者必须全面掌控企业经营管理的各个方面，包括营运能力、偿债能力、盈利能力等，以便及时发现问题、解决问题，保障经营绩效的稳定增长，完成受托责任的履行。

（二）企业投资者

企业投资者以及潜在投资者需要通过财务分析，分析企业的发展潜力、盈利能力、风险等，以便于投资者能够对企业收益和风险进行权衡，进而做出是否投资的决策。在此过程中，不同的投资者关注的重点还各有侧重，非控股投资者比较关心企业是否发放股利以及股利支付率；控股股东更多考虑的是如何增强竞争实力，扩大市场占有率，降低财务风险，追求长期利益的持续稳定增长。

（三）企业债权人

企业债权人将资金借给企业从而获得一定的利息。为了保证资金能够顺利收回，债权人高度关心企业是否有足够的偿债能力。比如，短期借款的债权人比较关心企业资产的流

动性和现金充足程度；长期债权人考虑更多的是企业整体的负债水平、盈利能力以及企业的发展前景。

（四）政府部门

政府作为市场的参与者，是国有企业的所有者，对其负有管理指导责任。同时又是市场的宏观管理者，肩负着整个宏观经济调控的责任。政府通过财务分析，监察企业运行是否存在违法乱纪、逃税避税、浪费国家资源等问题，有效组织力量进行管理；需要通过财务分析，获得企业的运作情况，了解企业的运行效率，预测国家税收财政的收入增长情况；需要通过财务分析，了解企业间的资源盈缺，有效组织和调整社会资源的配置等；政府需要通过财务分析，了解整个社会经济的基本情况，以制定相应的财政政策或者货币政策保障整个社会经济的健康可持续发展。

由于，财务报表分析的主体身份不同，就决定了使用财务报表的目的不同，关注的角度不同，需要的信息不同，因此，进行财务分析的程序也会有所差异，但是大体上基本程序如下所述。

三、财务分析的程序

（一）确定分析目标

分析目标是整个财务分析过程的起点和出发点，不同的财务分析主体往往有不同的财务分析目的。债权人关注自己的债权到期是否能够及时收回本息，财务分析的目标就是企业的流动性和偿债能力；投资者关注企业是否能够持续盈利以及持续发展的能力，分析的目标就是企业的盈利能力和发展能力；管理者更关心的是企业是否有经营上的问题，是否有进一步挖掘的潜力，分析的目标就是企业的营运能力等；供应商关心企业的持续采购和支付能力；职工关心企业的发展前景和薪酬支付水平；政府则关心企业是否偷税漏税和对社会的贡献等。分析目标一旦确立，就奠定了整个分析过程的总基调，就决定了分析范围的大小、收集资料的详尽程度、分析的标准、分析方法的选择等整个分析过程。

（二）明确分析范围

财务分析目标决定了财务分析的范围。一旦明确了财务分析目标，就要围绕财务分析的目标选择需要分析的具体范围，该范围可以是企业的经营活动中的某一方面，或者某一阶段，也可以是企业经营活动的全过程。而且，同时也决定了财务分析者需要收集资料的数量、方法等。例如，企业管理者设定了财务目标是分析应收账款的回收速度，则分析范围就局限于经营活动中的收款活动，需要搜集的资料一般包括赊购信息、客户信息、应收账款信息、坏账信息等；如果设定了财务目标是企业资产的营运效率，则需要针对企业的所有资产进行分析，分析范围就扩大了很多，搜集的资料包括流动资产、固定资产以及收入和成本信息等。

（三）搜集分析资料

搜集各项分析资料是进行财务分析的基础。分析目标和分析范围一旦明确，就需要搜集足够的分析资料，以期从中得到更贴近事实的结果，做出更正确的决策。这些资料包括财务报告、内部资料、审计报告、业务统计数据、行业比较数据，甚至国家经济数据等。

（四）确定分析标准

在对企业的经营状况进行分析时，需要确定一个可比较的分析标准。将计算得出的各项财务指标与分析标准进行对比、判断，帮助分析者进行横向或者纵向比较，以便更清楚地了解企业当前在行业的位置或者当前阶段的实际情况。一般分析标准有目标指标、行业指标、历史指标等。

（五）选择正确的分析方法

在拥有充分的财务资料之后，需要运用专门或者是特定的分析方法来进行比较分析。但是不同的分析方法都有一定的适用范围和局限性，财务分析需要根据自己的分析目标，选择适合自己目标的分析方法，并尽量地采用一定的手段，弥补该种方法的局限，以求用尽可能科学的方法达到预期的目的。

（六）得出分析结论

财务分析的最终目的是得出分析结论，做出财务决策。通过以上步骤，财务分析就可以得出分析的结论，在此基础上，可以提出各种方案，通过权衡比较，从中选择出最佳方案。

四、财务分析的局限性

财务分析对于了解企业的财务状况和经营业绩，评价企业的偿债能力和经营能力，帮助有关报表使用者制定经济决策，有着显著重要的作用。但是由于各种因素的影响，财务分析也有一定的局限性。财务分析的局限性主要包括资料来源的局限性、财务分析方法的局限性以及财务人员能力的局限性。

（一）资料来源的局限性

财务报表是进行财务分析的主要数据来源。但是，财务报表在一定的程度上存在很多问题，就导致了财务分析存在很大的局限性。具体包括如下四点。

第一，会计核算以历史成本为基础，由于社会中存在通货膨胀、货币贬值的情况，就导致报表中的历史数据在一定程度上脱离实际状况，尤其是一些历史悠久的、重资产的行业，报表中的一些数据就不能很好的反映现实的资产情况。

第二，会计估计数据不合理。会计核算中需要适当的人为估计，但是由于会计人员素质不高或者某些原因，往往导致偏差较大，如未决诉讼导致的或有负债、售后质量担保、票据贴现等。

第三，报表数据缺乏可比性。由于《企业会计准则》允许财务人员在规定的范围内进行会计政策的选择，同一交易或事项存在不同的会计处理方法，就导致公司之间缺乏横向可比性。例如，企业存货的盘存制度，有些企业选择先进先出，有些企业选择全月一次平均法，就会导致存货金额的偏差，例如固定资产折旧方法的选择等。

第四，人为操纵报表。除了上述会计核算中的历史成本、会计估计和会计核算方法导致的问题外，企业管理者或者是股东有时候还有很大可能操纵报表，导致会计信息极度失真。财务分析是以财务数据为基础，如果财务数据不真实、不准确、不可靠，在此基础上的所有分析都如没有牢固地基的大厦。

（二）财务分析方法的局限性

第一，财务指标体系的联系并不紧密。在指标体系中，某一个指标只能反映企业财务状况或经营状况的某一方面，各项指标都过于片面，有时各指标之间会得出相反的结论，导致整个财务指标体系过于分散，欠缺整体有效性。

第二，财务指标的评价标准并不统一。出于市场竞争的需求，企业都采取了多样化、差异化的经营战略，企业之间的产品差异就导致了企业的市场定位不同，管理人员的风险接受能力不同就导致了企业的资本结构不同，最终就导致企业之间绩效差异较大，在就数据进行行业比较时就不具有很好的指导意义。

第三，忽视非财务因素的影响。目前财务报表分析体系中的主要分析指标是针对报表中的数据分析企业经营状况，有时候一些非财务的因素对企业的经营能力也会产生很重要的影响。例如，分析企业的偿债能力时，如果得出流动比率等于1.2，单纯从财务数据上来看，企业的流动性并不太好，但是如果企业有良好的低成本融资渠道，在银行的信用评级很高，即使流动比率不太好，也不代表企业就将面对着流动性风险。甚至，正是由于企业有这样的低成本融资渠道，才使得企业有底气保持自己的低流动性和高收益性。

（三）分析人员能力的局限性

分析人员的素质水平和专业技能是影响财务分析结果的重要因素。然而部分企业缺乏对财务分析人员培养的重视，没有及时更新相关知识，导致部分财务人员专业技能低下，在进行财务分析工作时，依然采用传统的分析方式，凭借自身经验进行财务分析工作，无法与时俱进，导致工作效率低下，分析成本增高，且极其容易出现遗漏情况，使分析的结果不理想。

第二节　财务分析方法

财务分析是以企业财务报告及其他相关资料为主要依据进行的财务活动。但是，财务报告为了满足各种信息使用者的需要，提供了大量的数据信息，以便其进行提取使用。但是，报表使用者一般只需要与自己目的有关的信息，这就需要根据自己的目的对数据进行选取。由于财务报告中信息繁杂，报表使用者很难直接地获取有用信息，容易被数据的表面假象所蒙蔽，有时还会被过多的会计数据引向错误的方向。为了使财务报表使用者能够正确了解和分析各项会计数据之间的关联，全面正确地揭示公司的财务状况和经营状况，财务报表使用者需要运用科学合理的分析方法对报表进行分析，比如比较分析法、比率分析法、因素分析法等财务分析方法。

一、比较分析法

比较分析法是指对两个有关项目或者指标数值进行对比，揭示差异和矛盾的一种分析方法。

（一）根据分析标准的不同，可以分为横向比较和纵向比较

横向比较是将本企业的项目或者指标数值与其他企业或者本行业的项目或指标数值进行比较的一种方法，一般分析标准是其他企业指标或者行业指标；纵向比较是通过两期或多期财务报告中的相同指标进行对比的一种方法。通过对比计算得出变化的趋势、幅度、数量等，由此说明企业的财务状况或经营成果变动趋势，找到指标变化的性质、变动的原因，预测企业未来的发展趋势或者对公司管理进行改善。一般分析标准有企业的历史数据、目标数据或者预算值等。

（二）根据对比数据的不同，可以分为绝对数比较和相对数比较

绝对数比较是将取得的报表数据与基数直接进行比较，常见的是比较财务报表；相对数比较是将有相关关系数据的相对数进行比较的方法。常见的有比较会计报表、比较财务指标、比较财务报表构成等。

1. 比较会计报表

比较会计报表是指将不同时期的会计报表数据并列起来，比较各指标不同期间的增减变动金额和幅度，据以判断企业财务状况和经营成果发展变化的一种方法。按会计报表的构成可分为比较资产负债表、比较损益表和比较现金流量表等。

2. 比较财务指标

比较财务指标是指将报表中有相关关系的指标进行对比，计算出相对数，然后进行比较的方法。财务指标体系下节将做详细讲解。

3. 比较财务报表构成

比较财务报表构成是指以企业财务报表中的某个总体指标作为100%，再计算出该总体的各个组成部分所占的百分比，从而比较各个组成部分百分比的增减变动情况，找出有关财务活动的变化趋势。

采用比较分析法时，应当注意以下三个问题：第一，为保证各项数据的可比性，企业在进行各时期不同指标的对比时，计算口径需要保持一致；第二，在进行比较分析时需要剔除偶发性项目的影响，保证财务分析所利用的数据贴近企业的正常情况；第三，对于某项有显著变动的指标，财务分析者需要对其作重点分析，研究其产生的原因，以便采取对策。

（三）根据对不同时期财务指标的比较，可以分为定基比较和环比比较

定基比较是以某一时期的数值为固定的基数而进行比较的方法；环比比较是以分析期的前一期指标数值为基数进行比较的方法。

$$定基比较 = \frac{分析期指标数值}{固定基期的指标数值}$$

$$环比比较 = \frac{分析期指标数值}{分析期前一期的指标数值}$$

二、比率分析法

比率分析法是指将同一时期财务报表上的有关数据进行对比，计算出各项比率指标，由此分析企业财务活动的方法。比率指标一般有构成比率、效率比率和相关比率三种类型。

（一）构成比率

构成比率又称结构比率，即部分与总体的比率。在财务分析中是指企业某项财务指标的各组成部分数值占总体数值的百分比。其计算公式为：

$$构成比率 = \frac{某个组成部分数值}{总体数值} \times 100\%$$

财务分析者可以利用构成比率考察总体中某个部分的占比是否合理，以便分析其过高或过低的成因，并对其进行调整和协调各项财务活动。比如，企业资产中流动资产、固定资产等占资产总额的百分比，负债中流动负债或长期负债占负债总额的百分比等。

（二）效率比率

效率比率即投入与产出的比率，是指企业在某项财务活动中投入与获得的比率。财务分析者可以利用效率比率指标进行投资效率比较，考察企业的经营成果，评价企业经济效益和获利能力，如成本利润率、销售利润率、权益净利率等。

（三）相关比率

相关比率是指以企业某个项目和与其有关但又不同的项目加以对比所得的比率，反映有关经济活动的相互关系。如将存货除以销售成本计算出的存货周转率，可以判断企业的存货周转速度；将负债总额除以资产总额计算出资产负债率，可以判断企业的长期偿债能力等。

采用比率分析法时，应当注意对比项目的相关性、对比口径的一致性、衡量标准的科学性等。

三、因素分析法

因素分析法是指利用统计指数体系分析现象总变动中各个因素影响程度的一种统计方法。因素分析法包括连环替代法和差额分析法。

（一）连环替代法

连环替代法是指将财务分析指标分解为各个可以计量的因素，并根据各个因素之间的依存关系，顺次用各因素的比较值替代基准值，据以计算出各因素对分析指标的影响，具体见【例12-1】。

【例12-1】A公司2021年8月某种原材料计划耗用54 000元，实际耗用了57 456元，实际耗费比计划增加了3 456元。该种原材料的计划数和实际数如表12-1所示。

表12-1 材料费用耗用表

项目	单位	计划数	实际数
产品产量	件	150	160
单位产品材料消耗量	千克	30	28.5
材料单价	元	12	12.6
材料费用总额	元	54 000	57 456

根据表12-1中的资料可知，材料费用实际数较计划数增加3 456元。运用连环替代法，可以计算各因素变动对材料费用总额的影响。

计划数：$150 \times 30 \times 12 = 54\ 000$（元）　　　　　①

第一次替代：$160 \times 30 \times 12 = 57\ 600$（元）　　　②

第二次替代：$160 \times 28.5 \times 12 = 54\ 720$（元）　　③

第三次替代：$160 \times 28.5 \times 12.6 = 57\ 456$（元）　④

差额计算：

②－① $= 57\ 600 - 54\ 000 = 3\ 600$（元）　　产品产量增加导致的材料耗用量增加

③－② $= 54\ 720 - 57\ 600 = -2\ 880$（元）　单位产品耗用量减少导致的材料耗用量节约

④－③ $= 57\ 456 - 54\ 720 = 2\ 736$（元）　材料价格提高导致的材料耗用量增加

$3\ 600 + (-2\ 880) + 2\ 736 = 3\ 456$（元）　全部因素的影响

由上述计算可知，由于产量增加导致材料耗用增加了 3 600 元，由于单位产品耗用量减少导致原材料节约 2 880 元，由于单价提高导致材料耗用增加了 2 736 元，全部因素联合影响使得原材料的成本增加了 3 456 元。

（二）差额分析法

差额分析法是指利用各个因素的比较值与基准值之间的差额来计算各因素对分析指标的影响。差额分析法是连环替代法的一种简化形式。

【例 12-2】承接【例 12-1】，请采用差额分析法计算确定各因素变动对材料费用的影响。

由于产量增加对材料费用的影响为：$(160-150) \times 30 \times 12 = 3\ 600$（元）

由于材料节约对材料费用的影响为：$160 \times (28.5-30) \times 12 = -2\ 880$（元）

由于价格提高对材料费用的影响为：$160 \times 28.5 \times (12.6-12) = 2\ 736$（元）

全部因素的影响为：$3\ 600 + (-2\ 880) + 2\ 736 = 3\ 456$（元）

（三）采用因素分析法的注意事项

1. 因素分解的关联性

采用因素分析法对影响因素进行分解时，必须保证它们在客观上存在因果关系，影响因素是导致经济指标变动的内在原因，它们要具有经济上的内在逻辑关系和严谨的关联，否则就失去了实际意义。

2. 因素替代的顺序性

在对分解出来的因素进行替代时，一定要严格按照其内在的逻辑顺序依次进行，一般的顺序是先数量指标，后质量指标。对于杜邦分析法来说，先替代销售净利率，其次是资产周转率，最后是权益乘数。它们的顺序一旦错误，计算出来的结果也就不同。

3. 替代顺序的连环性

对因素进行替代时，为了分析每一个指标导致的差异，要保证每次只替代一个因素指标。也就是在保证其他指标都不变的情况下，只替代其中的一个，而且是在前一次计算的基础上进行的下一个因素的替代。保证它们不重不漏，每一个都按照顺序被替代过一次。

4. 计算结果的假定性

由于分析一个因素导致指标变动的时候，是在假定其他因素不变的前提下进行的。但是将其他因素假定在基期还是报告期会因替代顺序不同而有差别，从而分析出来的结果也会有差别，所以该方法计算出来的结果具有一定的假定性。

第三节　财务指标分析

财务指标分析是以企业的财务数据为基础，通过计算得到的相对数总结和评价企业的财务状况和经营成果进行分析的方法。其数据来源比较容易，方法简便易操作，可以进行横向和纵向的比较，在企业财务分析中占据着很重要的地位。

财务分析的内容包含偿债能力分析、盈利能力分析、获利能力分析、发展能力分析四个方面。

一、偿债能力分析

偿债能力是指企业偿还到期债务本息的能力。偿债能力分析包括短期偿债能力分析和长期偿债能力分析。

（一）短期偿债能力分析

短期偿债能力是指企业偿还流动负债的能力。由于流动负债是一年内或者超过一年的营业周期内需要偿还的债务，如果不能及时偿还，企业将很快面临巨大的风险。而流动资产一般在一年内或超过一年的营业周期变现或者耗费，出于时间上的匹配，企业可以用流动资产来保障流动负债的偿还。所以，流动资产对流动负债的保障程度是衡量企业短期偿债能力的重要标志。

企业短期偿债能力的分析评价指标主要有营运资本、流动比率、速动比率、现金比率和现金流量比率。

1. 营运资本

营运资本是指其流动资产超过流动负债的部分。计算公式如下：

营运资本 = 流动资产-流动负债

通常而言，由于流动负债具体到期的时间不能准确判断，而流动资产的变现时间和金额也不能准确判定。即使它们的到期时间和变现时间可以准确预测，流动资产带来的现金流入也很难与流动负债的现金流出在时间上完美匹配，为了防止某个时间点上可变现的流动资产无法足额偿还的流动负债，企业必须持有一定量的营运资金，而且营运资金越多，对流动负债的保障程度越强。

营运资本是一个绝对数，不利于规模不同的公司之间的对比。例如500万元的营运资金对于一个小型企业来说，已经足以保障其债务的偿还，但是对于大型公司来说，则远远不够，所以，用绝对数来表示企业的偿债能力，不利于不同规模公司之间的对比。

2. 流动比率

流动比率即营运资本比率，是指企业流动资产除以流动负债的比值，它反映企业每一元流动负债有多少流动资产作为偿债的保障，反映企业在短期内能转变为现金的流动资产偿还到期流动负债的能力。计算公式如下：

$$流动比率 = \frac{流动资产}{流动负债}$$

一般来说流动比率越高，反映企业短期偿债能力越强；反之流动比率过低，表明企业可能难以按期偿还短期负债。但对于企业来说，并不意味着流动比率越高越好，因为流动比率越高，表明企业流动资产占用资金较多，会影响企业资金的使用效率和企业的资本成本，进而影响获利能力。一般而言，企业的流动比率在2左右是一个比较适当的数值。

相比于营运资本，作为相对数的流动比率，排除了企业规模不同的影响，更适合同行业比较以及企业不同历史时期的比较。但是，流动比率也存在自己的问题，在使用该指标时需注意以下几个问题：

①尽管流动比率越高，企业以流动资产偿还流动负债的保障程度越高，短期偿债能力越好。但过高的流动比率通常意味着企业闲置资金的持有量过多，必然造成企业机会成本的增加和资金成本的上升。因此企业应尽可能将流动比率维持在合理的水平上。但是，由于行业间差距比较大，流动比率具体维持在什么水平，还需要企业根据自己的实际情况决定。

②对流动比率的评价，不同的企业、同一企业不同的发展时期，评价标准都是不同的，因此，不能用统一的标准来评价各企业的流动比率是否合适。

③流动比率越高，企业偿还短期债务的流动资产保障程度越强，企业的短期债务就有足够的现金或存款来偿还。由于流动资产中包括现金、银行存款、存货、应收账款等，它们都会影响企业的流动比率。如果公司流动比率高是存货积压、应收账款增多且收账期延

长等原因造成的，企业可以动用的现金和银行存款严重缺乏，企业并不能保障债务的到期偿还。因此，影响流动比率可信度的重要因素是存货和应收账款的变现能力。

3. 速动比率

营运资本和流动比率的一项限制是它们没有考虑流动资产的类别以及存货的变现能力，正因为如此，两家拥有相同营运资本和流动比率的公司，偿还短期债务的能力可能有着巨大的差异，所以，在对企业进行分析时，可以将存货从流动资产中剔除出去。

速动比率是企业的速动资产与流动负债的比率，其中速动资产是指流动资产减去变现能力较差的存货后的余额。计算公式如下：

$$速动比率 = \frac{速动资产}{流动负债} = \frac{流动资产-存货}{流动负债}$$

速动资产=货币资金+交易性金融资产+应收票据+应收账款

由于剔除了变现能力较差的存货等流动资产，所以相较于流动比率，速动比率能够更加准确、可靠地评价企业流动性及其偿还短期负债的能力。一般情况下，速动比率越高，说明企业偿还流动负债的能力越强。从债权人角度看，速动比率越高越好；但从企业经营的角度看，速动比率不宜过大，否则会影响企业资产的盈利能力。一般来说，企业的速动比率等于1比较合理。

尽管速动比率比流动比率更能反映流动负债偿还的安全性和稳定性，但并不能认为速动比率较低的企业对流动负债的偿还能力就差。如果企业存货流转顺畅，变现能力较强，即使速动比率较低，只要流动比率高，企业仍可以偿还到期债务。再者，虽然速动比率越高，企业偿还短期债务的速动资产保障程度越强，但并不是说企业已有足够的现金或存款偿债，因为大部分的企业都会有应收账款，应收账款能否及时收回才是决定债务能否按时偿还的关键。所以，应收账款的变现能力是影响速动比率可信性的重要因素。

4. 现金比率

现金比率是指一定时期内企业的现金以及现金等价物与流动负债的比率。现金指企业的货币资金，现金等价物一般为交易性金融资产。它代表了企业随时可以偿债的能力或对流动负债的随时支付程度。计算公式如下：

$$现金比率 = \frac{现金及现金等价物}{流动负债}$$

现金及现金等价物=货币资金+交易性金融资产

5. 现金流量比率

现金流量比率也称现金流动负债比率，是企业一定时期的经营现金净流量与流动负债的比率，它从现金流量角度来反映其当前偿付短期负债的能力。计算公式如下：

$$现金流量比率 = \frac{年经营现金净流量}{流动负债}$$

其中，年经营现金净流量是指一年内企业经营活动产生的现金及其等价物的流入量与流出量的差额。

现金流量比率是利用收付实现制为基础的现金流量比率，更能充分反映企业经营活动所产生的现金净流量可以在多大程度上保证当期流动负债的偿还。现金流量比率越大，表明企业经营活动产生的现金净流量越多，越能保障企业按期偿还到期债务。但是该指标也不是越大越好，指标过大，表明企业流动资金利用不充分，获利能力不强。

（二）长期偿债能力分析

长期偿债能力是指企业偿还长期债务的能力。企业的长期负债主要有长期借款、应付债券、长期应付款等。企业长期偿债能力的分析评价指标主要有资产负债率、产权比率、权益乘数、利息保障倍数和带息负债比率等指标。

1. 资产负债率

资产负债率又称负债比率，是企业负债总额与资产总额的比值。它反映了企业资产总额中债权人提供资金所占的比重以及企业资产对债权人权益的保障程度。计算公式如下：

$$资产负债率 = \frac{负债总额}{资产总额} \times 100\%$$

资产负债率可以衡量企业在清算时保护债权人利益的程度。资产负债率越低，债权人的权益越有保障。资产负债率还代表企业的举债能力，一个企业的资产负债率越低，再次举债就越容易。如果资产负债率高到一定程度，就没有机构愿意提供贷款，则表明企业的举债能力已经用尽。

对于资产负债率的高低，债权人、股东和企业经营者往往从不同的角度来进行评价。从债权人的角度来看，他们最关心的是其贷款及利息是否能及时、足额收回。如果资产负债率过高，说明在企业的全部资产中，股东提供的资本所占比重太低，这样，企业的财务风险就主要由债权人承担，其贷款的安全也缺乏可靠的保障。所以，债权人总是希望企业的负债率越低越好；从股东的角度来看，不管是股东投入的资金还是债权人的资金，在投资和生产经营中都可以发挥同样的作用。只要项目投资收益率高于利息成本，股东就可以从负债中获得收益；从经营者的角度来看，如果负债率过高，企业承担着很大的财务风险。如果不进行债务筹资，企业则不能获得杠杆利益，不利于对经营者的业绩考核，也不利于企业的长期发展，所以经营者出于风险和收益的权衡，总是希望将负债率控制在一个适当的范围。

资产负债率的评价没有一个绝对合理的标准。不同的行业、不同时期的企业有较大差异。一般而言，处于高速成长时期的企业，其资产负债率可能会高一些。企业的财务管理者在确定企业的负债率时，一定要充分考虑企业内外部的各种因素，在收益与风险之间权衡利弊得失，做出正确的财务决策。

2. 产权比率

产权比率是企业债务总额与权益总额的比值，反映所有者权益对债权人权益的保障程度。计算公式如下：

$$产权比率 = \frac{负债总额}{所有者权益总额}$$

一般情况下，产权比率越高，说明企业的长期偿债能力越弱；否则，反映偿债能力越强。产权比率与资产负债率都可以反映企业的长期偿债能力，主要区别是：资产负债率侧重于分析偿还债务的物质保障程度；产权比率侧重于揭示自有资金对偿债风险的承担能力。

3. 权益乘数

权益乘数是资产总额与权益总额的比值，在一定程度上可以反映企业的长期偿债能力。计算公式如下：

$$权益乘数 = \frac{资产总额}{所有者权益总额} = 1 + 产权比率 = \frac{1}{1-资产负债率}$$

权益乘数表明 1 元股东权益控制的总资产额，它是常用的财务杠杆计量工具，可以反映企业的长期偿债能力的大小。

4. 利息保障倍数

利息保障倍数又称为已获利息倍数，是息税前利润与利息费用的比值，主要用于衡量企业偿还借款利息的能力。计算公式如下：

$$利息保障倍数 = \frac{息税前利润}{利息支出}$$

息税前利润是指扣除利息和所得税支出之前的利润，可以用税前总利润加利息费用求得。由于企业的长期负债在接下来的一年里一般不需要偿还本金，企业只要能够及时足额偿还长期借款的利息，基本就不会出现因长期借款而引起的风险。所以，该指标将息税前利润和利息支出联系起来，计算企业经营的利润可以偿还几倍的利息支出，以此来说明企业的长期偿债能力。利息保障倍数不仅是企业的经营收益对到期债务利息的保证程度，也反映了企业获利能力的大小。要维持正常偿债能力，利息保障倍数至少应大于 1，且比值越高企业长期偿债能力越强。如果利息保障倍数过低，企业将面临亏损、偿债的安全性与稳定性下降的风险。

5. 带息负债比率

带息负债比率是指企业某一时点的带息负债总额与负债总额的比率，反映负债中带息负债的比重，在一定程度上体现了企业未来的偿债压力。计算公式如下：

$$带息负债比率 = \frac{带息负债总额}{负债总额}$$

带息负债总额 = 短期借款 + 一年内到期的长期负债 + 长期借款 + 应付债券 + 应付利息

一般情况下，该比率越低，企业的偿债压力越小；该比率越高，企业承担的偿债压力越大。

（三）影响偿债能力的其他因素

由于指标分析利用报表中的数据进行计算，虽然客观、简洁、容易操作，但是由于会计核算的范围有限，偿债能力除了受报表因素影响以外，还受很多表外因素的影响。

1. 授信额度

授信额度是指企业与银行之间达成协议，规定银行保证企业借款的一定额度，企业在需要资金时可以随时从银行获得贷款的权利。该权利尽管没有进入报表进行核算，但是当企业需要偿还债务时，可以随时从银行获得流动性。

2. 准备变现的非流动资产

由于某种原因，企业有可能会将长期资产进行出售，将极大地增加企业流动性。

3. 商业信用和偿债声誉

如果企业具有良好的商业信用评级和偿债声誉，企业将可以很快从市场上以较低的成本进行融资，尽管此类事项没有出现在报表中，但是却可以解决企业的短期资金短缺，提高企业的短期偿债能力。

4. 或有负债和担保责任

或有事项中符合会计确认条件的在报表中已经记录，还有一些或有事项因为不满足会计确认条件而没有进入报表，但是确实会形成企业的负担。例如，未决诉讼可能涉及的赔偿、出售商品质量不合格可能导致的补偿、安全事故的潜在危险等，这些一旦形成事实，就会大幅加大企业的负担。另外，企业给其他人提供的担保，尽管暂时没有形成企业的负债，但是在一定的条件下，很可能会增加企业的负担。

5. 经营租赁

租赁分为两种：经营租赁和融资租赁。融资租赁作为一种典型的融资方式，资产和负债已经体现在企业的报表中。而经营租赁因为不符合确认资产和负债的条件，没有得到会计确认。但是需要企业定期支付租金，也构成一项长期负债，会给企业的偿债能力产生一定的影响。

另外，影响偿债能力的还可能会有建造合同、各种分期付款合同等，很多都没有进入报表，但是都是需要企业提供现金流进行支付的，都会影响企业的偿债能力。在进行报表分析时，要充分考虑这些因素。

二、盈利能力分析

盈利是企业最重要的经营目的。无论是投资人、债务人还是企业经营者都非常重视和关心企业的盈利能力。通过盈利能力分析，一方面可以反映和衡量企业经营业绩，另一方面可以发现经营管理中存在的问题，为经营管理者提供改善经营状况的有效途径。所以，对盈利能力分析是财务分析中重要的组成部分。

盈利能力反映了企业资金增值的能力，通常表现为企业收益数额的大小与水平的高低，盈利能力指标主要包括销售净利率、总资产报酬率、净资产收益率和资本收益率等。实务中，上市公司经常还采用每股收益、每股股利、市盈率、每股净资产等指标。

（一）销售毛利率

销售毛利率是销售毛利（营业收入扣除营业成本的差额）与营业收入的比率。计算公式如下：

$$销售毛利率 = \frac{营业收入 - 营业成本}{营业收入} \times 100\%$$

该比例越大，说明企业获利空间越大，市场竞争中占据的地位越优越，盈利潜力越大，企业盈利能力保障程度越强。

（二）销售净利率

销售净利率是净利润占营业收入的百分比，即每一元的收入有多少是企业的净利润。计算公式如下：

$$销售净利率 = \frac{净利润}{营业收入} \times 100\%$$

销售净利率越高越好，销售净利率越高，企业从每一元收入中能得到的盈利就越高。然而，从另一个角度看，有时候企业要获得高销售净利率，可能要以牺牲收入额为代价，因为在成本一定的情况下，高销售净利率经常意味着高价出售，而高价很可能导致销售额的下降。只要销售净利率是正的，有时候适当降低价格，往往能导致销售额的上升。尽管销售净利率可能下降，但总体盈利会上升。

（三）资产报酬率

资产报酬率用来度量企业对资产的使用情况，即企业通过运营其全部资产盈利的能力。在资产报酬率的计算中，只考虑对企业总资产的利用情况，而不管其资产的来源渠道。计算公式如下：

$$资产报酬率 = \frac{息税前利润}{平均总资产} \times 100\% = \frac{税前利润 + 利息支出}{平均总资产} \times 100\%$$

由于该公式分母中，总资产是股权和债权之和，为了保证分子和分母的配比，分子也应该是股权收益和债权收益之和。因为在计算税前利润的时候已经将利息支出扣除，所以，在此应该将利息支出加回来。

因为企业资产属于时点指标，企业在一定期间内会不断变化，一般采用平均值的计算方法，即计算期期初和期末的平均值。

$$平均总资产 = \frac{期初总资产 + 期末总资产}{2}$$

资产报酬率要度量的是企业运营总资产的盈利能力，该指标越高，证明企业对资产的利用效率越高，管理水平越高；反之，说明企业对资金的利用水平比较低，管理水平也有待提高。

（四）净资产报酬率

净资产报酬率又称为权益净利率，是指企业的净利润与平均净资产的比率。衡量了股东自有资金的收益率，是反映企业盈利能力的核心指标。因为经营企业的根本目标就是所有者权益或股东价值最大化，净资产收益率既可以直接反映资本的增值能力，又影响着企业股东价值的大小。该指标越高，证明企业自有资金的盈利能力越强。计算公式如下：

$$净资产收益率 = \frac{净利润}{平均净资产} \times 100\%$$

$$平均净资产 = \frac{期初所有者权益 + 期末所有者权益}{2}$$

（五）每股收益

每股收益又称为每股盈余或每股利润，衡量了每股普通股能分享的利润或者应该承担的亏损。计算公式如下：

$$每股收益 = \frac{归属于普通股股东的净利润}{发行在外的普通股股数加权平均数}$$

如果同时有普通股和优先股在外流通，在计算普通股股东享有的净利润时应当扣除优先股股利。如果企业发行了新股或者进行了股票回购，发行在外的普通股股数加权平均数计算公式如下：

$$发行在外的普通股股数的加权平均数 = 期初发行在外的普通股股数 + 当期发行的普通股股数 \times \frac{已发行时间}{报告期时间} - 当期回购普通股股数 \times \frac{已回购时间}{报告期时间}$$

每股收益越高，说明企业的盈利能力越强。需要注意的是每股收益多，不一定意味着企业会多分红，企业是否分红或者分多少，还要看公司股利分配政策。

（六）每股股利

每股股利是公司发放的普通股现金股利总额与年末普通股股数的比值，计算公式如下：

$$每股股利 = \frac{普通股东的现金股利}{年末普通股股数}$$

每股股利经常与每股收益一起披露，通过比较这两项可以看出企业的股利支付率。

（七）市盈率

市盈率是指普通股每股市价与每股收益的比值。它反映普通股股东愿意为每1元净利润支付的价格。计算公式如下：

$$市盈率 = \frac{普通股每股市价}{普通股每股收益}$$

该指标反映了企业投资人对每1元净利润所愿意支付的价格，也可以理解为股东以当前市价购买的股票多少年才能够赚回本金。所以，其可以用来估计股票的风险。该指标是企业经营能力和市场对公司的期望共同形成的指标。在每股收益一定的情况下，市盈率越高，证明市场愿意支付越高的价格，证明市场越看好企业的未来发展，但是风险越大；在市价确定的情况下，每股收益越高，市盈率越低，投资风险越小。仅从市盈率高低的横向比较来看，在一定的范围内，高市盈率说明公司能够获得社会信赖，具有良好的发展前景。

（八）每股净资产

每股净资产是指年末净资产与年末普通股总股数的比值，也称为每股权益。计算公式如下：

$$每股净资产 = \frac{年末普通股股东权益}{年末普通股股份总数}$$

每股净资产是每一股股份可以分享的企业净资产，在理论上提供了公司普通股每股的最低价格。

三、营运能力分析

营运能力是指企业资产的利用效率，即资产周转速度的快慢及有效性。该指标反映了企业的资金周转状况和企业营运能力的大小，对企业盈利能力的持续增长和偿债能力具有决定性的影响。一般来说，资金周转速度越快，利用效率越高，盈利能力和偿债能力越强；反之，则营运能力越差，盈利能力和偿债能力就越弱。

资产的营运能力通常用周转率和周转天数来表示。周转率是企业在一定时期内资产的周转额与平均余额的比率，反映资产在一定时期的周转次数。周转次数越多，表明周转速度越快，资产营运能力越强。周转天数是计算期天数与周转次数的比值，反映资产周转一次所需要的天数，周转期越短，表明资产营运能力越强。评价营运能力的指标主要有应收账款周转率、存货周转率、流动资产周转率、固定资产周转率和总资产周转率等。

（一）应收账款周转率

应收账款周转率指在一定的时期内应收账款周转的次数，反映了企业应收账款周转的快慢。计算公式如下：

$$应收账款周转率 = \frac{营业收入}{应收账款平均余额}$$

$$应收账款周转天数 = \frac{360}{应收账款周转率}$$

$$平均应收账款 = （期初应收账款 + 期末应收账款） \div 2$$

应收账款周转率和应收账款周转天数指标从不同角度反映了应收账款的周转速度。一般而言，在一定的范围内，应收账款周转率越高，证明应收账款周转的越快，平均收款期越短，企业的资金占用越少，说明企业对应收账款的管理质量越高。否则，企业的资金被应收账款过多地占用，容易导致流动资产变现变慢，影响企业的偿债能力。

在对应收账款周转率进行分析时应注意的问题。

1. 应收账款周转率过高

一般情况下，应收账款周转率会保持在一定的范围，如果应收账款周转率过高，可能是营业收入过高导致的，也可能是应收账款过少导致的，如果是应收账款平均额过低，这很可能是企业的销售政策过严导致的，将不利于企业销售的增加和市场的扩展。此时，企业应该根据企业战略、行业竞争情况等适当调整应收账款政策，以使得收益最大化。

2. 销售收入的赊销比例

理论上来说，企业的应收账款是赊销引起的，应收账款周转率分子应该使用赊销额，但是，外部分析人员一般无法取得赊销金额，为了方便起见，只能使用营业收入代替。由于分子范围被扩大，所以，计算出的应收账款周转率比实际的金额要大。

3. 应收票据

由于应收账款和应收票据都是企业的销售引起的应收款项，应收账款是一种信用销售，而应收票据是经过承兑的商业汇票，企业的保障程度更高一些，这二者在本质上都是企业先行交付货物，后续收到货款的事项，所以，应将应收票据纳入应收账款周转率的计算中，称为"应收账款和应收票据周转率"或者"应收款项周转率"。

4. 期末应收账款额度波动

由于应收账款是时点型指标，而且有些企业容易受季节性、偶然性，甚至是人为性的影响，导致报表报告时点应收账款可能出现比较大的波动，从而导致计算出的周转率失真，所以在分析时，可以多选择几个时点的应收账款计算平均应收账款。

5. 坏账准备

由于财务报表中列示的应收账款是减去坏账准备以后的金额，提取的坏账准备越多，应收账款净额就越少，计算出来的应收账款周转率就越高。这种虚高，并不是企业收账款管理水平高导致的，而相反说明企业的管理欠佳。所以在计算应收账款周转率时，如果发现企业的坏账准备金额比较大，应将报表附注中的坏账准备加回来，将应收账款恢复到计提坏账准备之前的原值。

（二）存货周转率

存货周转率是衡量企业购入、领用、生产、销售等各存货管理环节运行效率的指标。计算公式如下：

$$存货周转率 = \frac{营业成本}{平均存货余额}$$

$$存货周转天数 = \frac{360}{存货周转率}$$

$$平均存货 = （期初存货+期末存货） \div 2$$

一般来讲，在一定的范围内，存货周转速度越快，企业的存货储备量越低，占用资金就越少，机会成本越低，流动性越强；存货转换为现金或应收账款的速度越快，企业的流动性和短期偿债能力也会随之提高。

在对存货周转率进行分析时应注意的问题：

1. 存货周转率过高

尽管存货周转率越高，机会成本越低，流动性越好。但是如果存货周转率过高也存在问题。首先，存货周转率过高也可能是由于存货过少导致的。企业过多的存货会占用大量的资金，机会成本会增加；但是存货量过少，可能是由于单次订货量低导致的，这样就会导致企业变动订货成本增加，没有达到最佳经济批量，从而使得存货总体成本不是最低成本。其次，有些企业存在季节性问题，在报表截止日如果刚好是企业的生产淡季，就会导致企业的存货量过少，计算出来的周转率虚高或失真。最后，企业存货量过少，还可能是偶然因素或者人为因素导致的，例如，市场上原材料供应紧张，导致企业存货较少，或者报表被人为粉饰操纵。

2. 存货的内部比例

报表中列示的存货包括原材料、在产品、产成品、低值易耗品、周转材料等。在对存货进行分析时，还应该关注其内部比例问题，如果产成品比例增加，则需要关注企业是否销售不畅，市场份额被侵占，生产是否应该放慢节奏；如果在产品比例增加，则需要关注企业生产环节，是否存在压货生产，或者生产过程不流畅；如果原材料比例增加，则需要关注企业是否按照最佳经济批量进行采购，并正常生产领用等。

3. 存货价值计价方法对存货周转率的影响

由于《企业会计准则》允许企业在先进先出法、一次加权平均法、移动加权平均法等方法中选择存货的价值流转方法。而这几种方法对于存货期末价值的计量，存在不小的差别，在对不同时期和不同企业进行比较时，要保障其计算口径一致。

（三）流动资产周转率

流动资产周转率是指营业收入与全部流动资产平均余额的比值。计算公式如下：

$$流动资产周转率 = \frac{营业收入}{流动资产平均余额}$$

$$流动资产周转天数 = \frac{360}{流动资产周转率}$$

$$流动资产平均余额 = （期初流动资产余额 + 期末流动资产余额） \div 2$$

流动资产周转率反映了在一定的会计期间流动资产周转次数，反映了企业流动资产的周转速度。周转速度越快，会相对节约流动资产，节约资本成本，相对于扩大了资产投入，增强了企业盈利能力；反之，则形成资金浪费，降低盈利能力。

（四）固定资产周转率

固定资产周转率是指营业收入与平均固定资产净值之间的比率。计算公式如下：

$$固定资产周转率 = \frac{营业收入}{固定资产平均净值}$$

$$固定资产平均净值 = （期初固定资产净值 + 期末固定资产净值） \div 2$$

固定资产周转率反映了企业固定资产周转的情况。较高的固定资产周转率，表明企业固定资产投资得当，固定资产结构合理，固定资产利用效果好。

在对固定资产周转率进行分析时应注意的问题如下。

1. 累计折旧

由于在计算固定资产周转率时，固定资产净值是已经扣除了累计折旧的金额，这就导致下面两种情况：首先，企业没有新增的固定资产，由于折旧的存在会使得企业的固定资产净额越来越少，相同的固定资产和相同的运作效率，固定资产的周转率也会越来越高，但是此种情况下的固定资产周转率的提高，对企业来说并不是好事。其次，由于折旧方法和折旧年限的不同，会影响企业之间对比的口径不一致。

2. 固定资产减值

由于固定资产在满足一定条件的情况下，需要计提减值准备，这就会造成计算固定资产周转率变高，但是，这并不说明企业运作效率更高，而是企业的管理不善导致的。

3. 新增固定资产

由于企业购置或者更新固定资产一般金额都比较大，就会导致企业的固定资产净值突增，从而导致固定资产周转率骤减。尽管周转率变低，但是，可能说明企业有了新的投资项目和投资机会。

综上所述，企业在对固定资产进行分析时，应考虑这些因素的影响，以期得到更加贴近事实的结果。

（五）总资产周转率

总资产周转率是指一定时期营业收入与平均资产余额的比率。反映了企业全部资产在一定时期内的周转次数。计算公式如下：

$$总资产周转率 = \frac{营业收入}{总资产平均余额}$$

$$总资产平均余额 = （期初总资产金额 + 期末总资产金额） \div 2$$

总资产周转率是从周转率的角度评价企业全部资产的使用效率。在实务中，总资产周转次数越高，说明周转速度越快，企业的营运能力越强；反之，说明企业周转速度越慢，企业利用其资产进行经营的效率越差。

四、发展能力分析

企业发展能力是指企业未来生产经营活动的发展趋势和发展潜能。从结果来看，表现为企业价值的增长；从形成来看，表现为销售收入、资金投入和利润创造的不断增长。

衡量企业发展能力的核心是企业价值增长，而影响企业价值增长的因素，既有企业外部的（如市场竞争能力），也有来自企业内部的（如销售收入、资产规模、净资产规模、资产使用效率、净收益和股利分配等）。企业发展能力应当是企业竞争能力、经营发展能力、财务发展能力的综合表现。企业发展能力分析的目的在于衡量和评价企业的发展潜力，为企业调整战略目标提供信息以及为投资人和债权人决策提供信息。衡量发展能力的指标有：销售增长率、利润增长率、资产增长率、股权资本增长率等。

（一）销售增长率

销售增长率是企业本期营业收入增长额与上期营业收入总额的比率。计算公式如下：

$$销售增长率 = \frac{本期营业收入增长额}{上期营业收入总额} \times 100\%$$

其中：本期营业收入增长额＝本期营业收入－上期营业收入。

销售增长率反映了企业营业收入的变化情况，是评价企业成长性和市场竞争能力的重要指标。该比率大于零，表示企业本年营业收入增加；反之，表示营业收入减少。该比率越高，说明企业营业收入的成长性越好，企业的发展能力越强。由于企业会有一些特殊情况，所以，只是一年的增长率不容易看出企业发展的整体趋势和发展能力的持续性，所以，可以通过计算若干年的平均增长率进行判断，一般情况下，计算连续三年的平均增长情况即可。

$$平均销售增长率 = \left(\sqrt[n]{\frac{本年的营业收入额}{n年前的营业收入额}} - 1 \right) \times 100\%$$

（二）营业利润增长率

营业利润增长率是指企业本期营业利润总额增长额与上期营业利润总额的比率。计算公式如下：

$$营业利润增长率 = \frac{本期营业利润增长额}{上期营业利润总额} \times 100\%$$

其中：本期营业利润增长额＝本期营业利润－上期营业利润。

营业利润增长率反映了企业盈利能力的变化，该比率越高，说明企业的成长性越好，发展能力越强。原理同上，我们依旧可以通过计算若干年的平均营业利润增长率来判断企业的整体发展趋势和发展能力的持续性。

$$平均营业利润率 = \left(\sqrt[n]{\frac{本年的营业利润额}{n年前的营业利润额}} - 1 \right) \times 100\%$$

（三）总资产增长率

总资产增长率是企业本期总资产增长额与期初资产总额的比率，反映企业全部资源的增长率。计算公式如下：

$$资产增长率 = \frac{本期总资产增长额}{期初资产总额} \times 100\%$$

其中：本期总资产增长额＝本期期末资产总额－本期期初资产总额。

资产增长率从企业资产规模扩张方面来衡量企业的发展能力。企业资产总量对企业的发展具有重要的影响，一般来说，资产增长率越高，说明企业资产规模增长的速度越快，企业的竞争力会越强。但是，在分析企业资产数量增长的同时，也要注意分析企业是否存在盲目扩张。

原理同上，我们依旧可以通过计算若干年的平均资产增长率来判断企业的整体发展趋势和发展能力的持续性。

$$平均资产 = \left(\sqrt[n]{\frac{本期期末资产总额}{期前期末的资产总额}} - 1 \right) \times 100\%$$

（四）股权资本增长率

股权资本增长率也称净资产增长率或资本积累率，是指企业本期股东权益增长额与期初股东权益总额的比率。计算公式如下：

$$股本资本增长率 = \frac{本期股东权益增长额}{期初股东权益总额} \times 100\%$$

其中：本期股东权益增长额＝期末股东权益额－期初股东权益额。

股权资本增长率反映了企业当年股东权益的变化水平，该比率越高，说明企业的股东权益增加的越快，企业的资本积累的越快，资本积累能力越强，企业的发展能力也越好。

如果企业不对外进行筹资，只依靠自身的盈利来进行资本积累，股东权益增长额仅源于留存收益，这种情况下的资本积累率被称为可持续增长率。即企业只是依靠自身的内生力量进行成长的速度。计算公式如下：

$$可持续增长率 = \frac{本期股东权益增长额}{期初股东权益总额} \times 100\% = \frac{净利润 \times 收益留存率}{年初股东权益总额} \times 100\%$$

$$= 股东权益报酬率 \times 收益留存率 = 股东权益报酬率 \times (1 - 股利支付率)$$

注意：公式中的股东权益报酬率不是用全年平均股东权益总额，而是用期初股东权益总额计算的。

第四节　综合指标分析

一、综合指标分析的含义和特点

（一）综合指标分析含义

如前节所述，我们主要用各种指标对企业的偿债能力、盈利能力、资产营运能力和发展能力进行了评价，针对每一项的分析都有很多不同的指标，但是这些指标都相对比较孤立、没有主次，都是从各自的角度进行评价，比较片面，不能够全面揭示企业存在的问题，甚至有时候不同指标得出的结论还会出现矛盾。如此孤立、片面、矛盾的指标，彼此毫无联系的进行观察，显然是不够的。所以，我们需要将这些指标联系起来，将它们进行有机的结合，使之更全面、更宏观地对企业的经营状况做出系统的、深入的、综合的评价，这种方法我们称为综合指标分析。

财务分析的目的在于全方位地了解企业的经营状况，并对企业经营绩效的优劣作出系统、客观的评价。采用适当的标准进行综合性的分析并评价，有助于解决财务比率分析或单项财务指标分析的缺陷。所以，综合指标分析要满足三个基本要求：第一，指标要素要适当齐全；第二，主辅指标功能要匹配；第三，要满足多方信息需要。

（二）综合指标分析的特点

与基本财务比率分析或单项财务指标分析相比，财务指标分析具有以下特点。

1. 分析方法不同

财务比率分析一般把企业财务活动的总体分解为每个具体内容，逐一进行分析；而综合指标分析则是从财务活动的总体上着手进行总结评价。

2. 财务分析性质不同

财务比率分析具有实务性和实证性；而综合指标分析则具有一定的抽象性和概括性，着重从整体上概括财务状况的本质特征。

3. 财务分析的重点和比较基准不同

单项财务指标分析的重点和比较基准是目标标准或行业标准，而综合指标分析的基准是企业整体发展趋势。

4. 财务指标在分析中的地位不同

单项指标分析把每个分析的指标视为同等重要地位来处理，不分主次，而且不考虑指标之间的相互联系；财务指标分析则强调各种指标的主次，并且关注主辅指标之间的联系和层次关系。

常用的综合指标分析方法有：杜邦分析法和沃尔评分法。

二、综合指标分析的方法

（一）杜邦分析法

1. 杜邦分析法原理

杜邦财务分析体系（The DuPont System）又称为杜邦分析法，是由美国杜邦公司于1919 年设计并成功运用的，故称为杜邦系统。该体系是以净资产收益率为核心比率而设计的一套完整的财务指标分析体系，通过逐层分解，将净资产收益率分解为销售净利率、总资产周转率和权益乘数的乘积。其中，销售净利率用来反映企业的盈利能力，总资产周转率用来反映企业的营运能力，权益乘数用来反映企业的偿债能力和资本结构。最终可知，净资产收益率是由企业的盈利能力、营运能力和偿债能力或资本结构共同影响的。

具体分解如下图 12-1 所示。

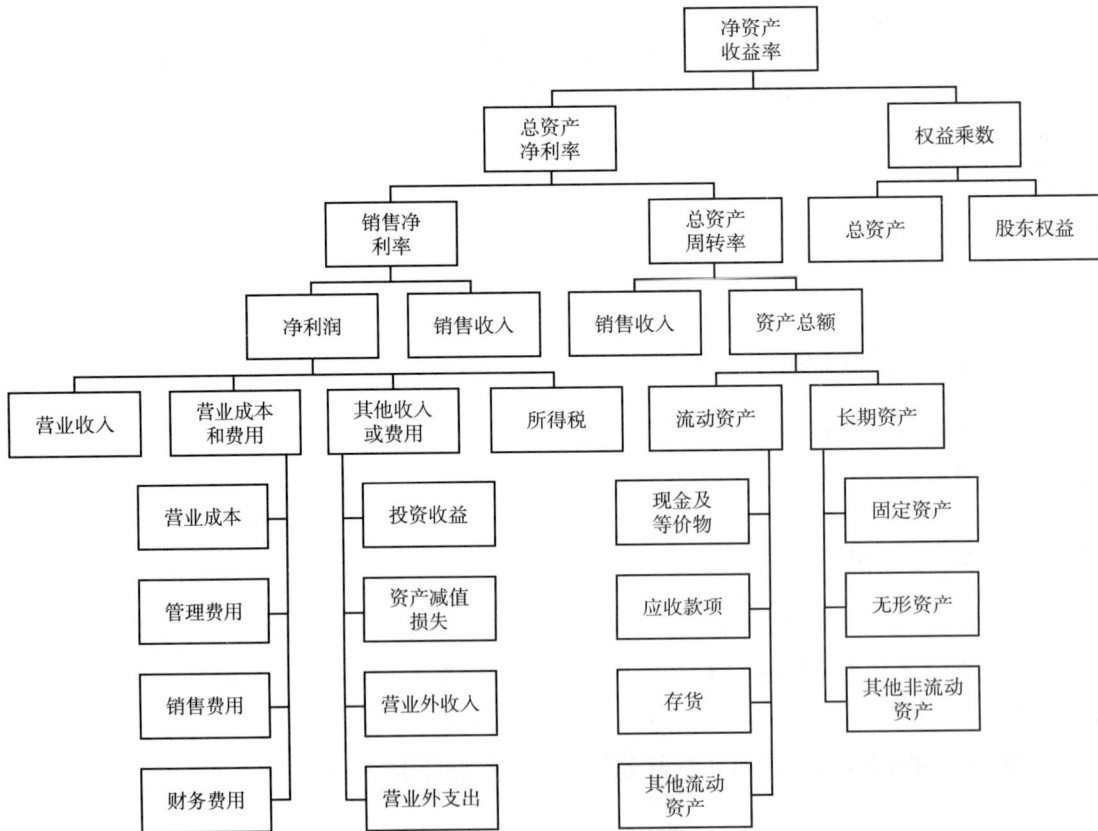

图12-1　杜邦分析法分解图

杜邦分析法的公式分解过程如下：

$$净资产收益率 = \frac{净利润}{平均净资产}$$

$$= \frac{净利润}{平均总资产} \times \frac{平均总资产}{平均净资产}$$

$$= \frac{净利润}{销售收入} \times \frac{销售收入}{平均总资产} \times \frac{平均总资产}{平均净资产}$$

即： 净资产收益率 = 总资产净利率 × 权益乘数

= 销售净利率 × 总资产周转率 × 权益乘数

①净资产收益率是所有比率中综合性最强、最具有代表性的指标，是杜邦分析系统的核心。

②资产净利率是反映企业总资产盈利能力的重要财务比率，具有较强的综合性。该指标同时又可以分解为销售净利率与总资产周转率的乘积，而销售净利率是从企业的盈利能力状况进行分析，总资产周转率是从企业的资产管理能力的方面进行分析。即企业的盈利能力和资产运作能力都会影响资产净利率。企业的营业收入、成本费用、资本结构、资产管理效率等各种因素都会通过销售净利率或者总资产周转率影响该指标的高低。

③权益乘数主要反映所有者权益与总资产的关系，其主要用来衡量企业的长期偿债能力。权益乘数越大，说明企业有较高的负债，给企业带来较大杠杆利益的同时也会带来较大的风险。因此，企业应适当进行负债筹资，合理使用杠杆效应，努力实现财务管理目标。所以，企业的资本结构通过权益乘数影响净资产收益率。

④销售净利率反映了企业净利润与销售收入的关系。提高销售净利率是提高企业盈利能力的关键，所以，企业必须一方面开拓市场，增加营业收入，另一方面必须加强成本费用控制，降低各种耗费，增加利润。管理者可以根据企业的一系列内部资料对营业收入和成本费用进行更详细的分析，找到企业利润的增长点，实现销售净利率的增长。

⑤总资产周转率揭示企业运用总资产实现营业收入的综合能力。企业应该认真分析影响总资产周转率的各项因素和各种资产的使用状况。可以对资产的各构成部分占用是否合理进行分析，还可以通过对应收账款周转率、存货周转率、固定资产周转率等有关资产组成部分使用效率的分析，发现企业资产管理方面存在的主要问题，以加强管理，提高资产的利用效率，进而提高净资产收益率。

2. 杜邦分析法的运用

在实际工作中，采用杜邦分析法进行分析时，可以采用因素分析法。首先，确定对比的基准期间；其次，分别确定基准期的销售净利率、总资产周转率和权益乘数；最后，按照一定的顺序依次将报告期的指标数值进行替换，并与前面的数值进行相减，就可以得出各项指标的变动对净资产收益率的影响方向和影响程度。通过因素分析，可以进一步分解并分析，找到影响净资产收益率的最终原因。

【例 12-3】根据表 12-2 的资料，请分析 2020 年各项财务指标对净资产收益率的影响情况。

表12-2 A公司2019～2020年财务指标表

项目	2019 年	2020 年
销售净利率	15.23%	14.21%
总资产周转率	1.1315	1.0854
权益乘数	1.4326	1.5286
净资产收益率	24.69%	23.58%

运用连环替代法对 2019 年的净资产收益率变动情况进行分析：

（1）确定分析对象：

净资产收益率变动 = 23.58%-24.69% = -1.11%

（2）连环替代：

2019 年的指标：15.23%×1.1315×1.4326 = 24.69%

替代销售净利率：14.21%×1.1315×1.4326 = 23.03%

替代总资产周转率：14.21%×1.0854×1.4326 = 22.10%

替代权益乘数：14.21%×1.0854×1.5286 = 23.58%

（3）确定各指标对净资产收益率的影响：

销售净利率对净资产收益率的影响：23.03%-24.69% = -1.66%

总资产周转率对净资产收益率的影响：22.10%-23.03% = -0.93%

权益乘数对净资产收益率的影响：23.58%-22.10% = 1.48%

（4）验算并分析评价：

（-1.66%）+（-0.93%）+1.48 = -1.11

经上述计算可知，由于销售净利率的不同导致净资产收益率降低了 1.66%，从 24.69% 变成 23.03%；由于总资产周转率的不同，导致净资产收益率降低了 0.93%，从 23.03% 降为 22.10%；由于权益乘数的不同，导致净资产收益率增长了 1.48%，从 22.10% 增长到 23.58%。可知，企业净资产收益率下降主要是由于销售净利率下降和总资产周转率下降导致的，企业的权益乘数，即企业的财务杠杆加大对其产生了正面影响。接下来，企业一方面需要进一步分析企业的销售净利率下降的原因，是由于市场价格降低导致的还是由于企业的成本费用增加导致的；另一方面需要进一步分析总资产周转速度下降的原因，可以分析总资产的构成变动，也可以逐一分析各项资产项目周转率，找到导致总资产周转率下降的项目并进行重点管理。

3. 杜邦分析法的优缺点

（1）优点

杜邦分析法将若干用于评价企业偿债能力、营运能力和盈利能力的指标有机的结合起来，形成了一套完整的指标分析体系。有助于企业清晰地追踪到净资产收益率变化的主要原因和次要原因，采用这一方法比单纯的指标分析条理清楚、主次分明，为管理层提供了一个清晰的思考路线。有利于报表使用者综合的评价企业状况，有利于企业管理者对导致收益率变动原因追踪调查，进一步挖掘企业发展潜力。

杜邦分析法在一定程度上克服了单纯的指标分析的一些缺点，但是，在使用过程中仍有其自身的缺点和局限性。

（2）缺点

①只依赖财务报表数据，而忽略了非财务报表数据。由于杜邦分析法在进行分析时，只是通过财务数据的计算进行分析，对于影响企业经营的非报表数据没有涉及，就会造成分析不全面。例如，客户、供应商、技术创新、人力资源等因素都会对企业的利润率产生影响，但是杜邦分析法对此无法反映。

②只能反映过去的企业情况，并未涉及企业未来发展情况。净资产收益率可以分解为销售净利率、总资产周转率和权益乘数，它们分别反映企业的盈利能力、营运能力和偿债能力，但是对于企业未来发展潜力的指标没有涉及，这就会导致企业通过杜邦分析法进行研究的时候，会追求短期财务表现，而忽视企业的长期发展潜力。

③只关注权责发生制原则下的资产、负债和收益等，而没有关注现金流的情况。由于杜邦分析法中涉及的指标只有资产负债表和利润表，而没有关注企业现金流的情况，权责发生制下的资产、负债和利润在一定的程度上可以通过会计核算进行人为影响，其比现金流更加容易被人为操控，就导致当管理层或者控股股东有一定的需求时，会误导会计报表使用者。另外，一味地追求净资产收益率的增加，忽视现金流情况，很容易导致企业资金链出现问题。

（二）沃尔评分法

1. 沃尔评分法的原理

财务状况综合评价的先驱者之一亚历山大·沃尔在 20 世纪初出版的《信用晴雨表研究》和《财务报表比率分析》中提出把若干个财务指标用线性关系结合起来，对企业进行综合评分来评价企业的信用水平，因此这种方法又被称为沃尔评分法。首先，他选择了 7 种财务指标，即流动比率、产权比率、总资产 / 固定资产、存货周转率、应收账款周转率、固定资产周转率、净资产周转率，按照重要程度确定各项指标的权重，权重之和为 100。其次，确定各个指标标准比率，一般选择企业在现实条件下的最优值为标准；再次，计算企业各项指标的实际比率，并将实际比率与标准比率进行比较，将其比值乘以权数，评出每项指标的得分；最后求出总评分，得出对企业财务状况的综合评价。如果最终综合得分超过 100 分，则说明企业的综合评分还不错；如果低于 100 分，则说明企业的财务状况有待进一步完善。具体见【例 12-4】。

【例 12-4】A 企业是一家中型化工企业，2020 年的财务状况评分的结果如表 12-3 所示。

表12-3　沃尔评分法

财务比率	比重①	标准比率②	实际比率③	相对比率 ④＝③÷②	综合得分 ⑤＝①×④
流动比率	25	2	1.72	0.86	21.50
产权比率	25	1.5	1.65	1.10	27.50
总资产/固定资产	15	2.5	2.75	1.10	16.50
存货周转率	10	8	7.86	0.98	9.83
应收账款周转率	10	6	6.82	1.14	11.37
固定资产周转率	10	4	4.10	1.03	10.25
自有资金周转率	5	3	3.67	1.22	6.12
合计	100	—	—	—	103.07

从表 12-3 可知，该企业的综合指教为 103.07，总体财务状况是不错的，综合评分达到标准的要求。这种方法通过在盈利能力指标、偿债能力指标和发展能力指标中分别选取指标，并赋予一定的权重，将其进行结合起来，可以对企业综合状况进行评价，操作起来简便明了。但是，在理论上无法证明为什么要选择的指标是 7 个，而不是其他数量，也无法证明其所赋权重的合理性。而且，当有一个指标严重异常时，最终的综合评分就会受到很大的影响。例如，如果企业流动比率加快了一倍，流动比率为 3.44（1.72×2=3.44），则流动比率的得分就 3.44÷2×25=43，最终的综合指数为 124.57，增加了 21.5。如果企业流动比率减慢了一倍。变为 0.86（1.72÷2=0.86），则流动比率的指数得分为 10.75，最终的综合指数为 92.32，减少了 10.75。即当流动比率加快一倍时，指数增加了 21.5，当流动比率减慢一倍时，指数减少了 10.75，只是 21.5 的 50%。这是由于综合指数计算时，是相"乘"得来导致的。

后人在此基础上不断改进，将企业的最优值改成为行业平均值；并设定评分的上下限，上限为正常值的 1.5 倍，下限为正常值的 0.5 倍等。现在，一般遵循的程序为：

（1）选定评价财务状况的合适的财务指标

在选择财务指标时，要选择具有全面性、代表性、一致性的指标，所谓全面性是指选取的指标要包括盈利能力、偿债能力、营运能力等；所谓代表性是选择的指标是能够说明问题的重要比例；所谓一致性是选择的指标比率越大时，表示企业财务状况越好，财务比率越小，财务状况越坏。

（2）根据财务指标的重要程度，确定其标准评分值

财务权重即评分值，是沃尔评分法的一个重要问题，直接影响财务状况的评分，一般需要根据企业的经营活动性质、市场规模、行业形象、分析目的来确定。

（3）设定各财务指标评分值的上限和下限，即最高评分值和最低评分值

为了避免由于指标异常给最终评分造成不合理的影响，需要设定财务比率的上下限，上限为评分值的 1.5 倍，下限为评分值的 0.5 倍。

（4）确定各财务指标的标准值

经过改进，财务指标的标准值不再使用原来企业现实条件下的最理想的数值，而是在同行业的平均水平基础上经调整确定的。

（5）计算企业各项财务指标的实际值，并计算实际值和标准值之间的比率，即关系比率

（6）计算各财务指标的实际得分，并计算综合得分

如果企业的综合得分大于或等于 100 分，则说明企业的财务状况良好；如果小于 100 分，则说明企业的财务状况有待改善。

综合得分计算公式如下：

$$综合得分=评分值+调整分$$

$$调整分=（实际比率-标准比率）/每分比率$$

$$每分比率=（行业最高比率-标准比率）/（最高评分-评分值）$$

具体计算过程见表 12-4 和表 12-5。

表12-4　沃尔评分表

指标	评分值	标准值（%）	行业最高比率（%）	最高评分	最低评分	每分比率（%）
盈利能力：						
总资产收益率	20	6.2	21.5	30	10	1.53
营业净利率	20	22	52	30	10	3.00
净资产收益率	10	5.2	25.3	15	5	4.02
偿债能力：						
自有资本比率	8	30	62.2	12	4	8.05

续表

指标	评分值	标准值（%）	行业最高比率（%）	最高评分	最低评分	每分比率（%）
流动比率	8	120	321	12	4	50.25
应收账款周转率	8	320	820	12	4	125.00
存货周转率	8	720	2360	12	4	410.00
成长能力：						
销售增长率	6	6	32.5	9	3	8.83
净利增长率	6	14	44.5	9	3	10.17
总资产增长率	6	8.6	35.6	9	3	9.00
合计	100	—	—	150	50	—

表12-5　财务情况评分

指标	实际比率①	标准比率②	差异③＝①－②	每分比率④	调整⑤＝③÷④	标准评分值⑥	得分⑦＝⑤＋⑥
盈利能力：							
总资产收益率	9.8	6.2	3.6	1.53	2.35	20	22.35
营业净利率	30.28	22	8.28	3.00	2.76	20	22.76
净资产收益率	12.36	5.2	7.16	4.02	1.78	10	11.78
偿债能力：							
自有资本比率	48	30	18	8.05	2.24	8	10.24
流动比率	172	120	52	50.25	1.03	8	9.03
应收账款周转率	430	320	110	125.00	0.88	8	8.88
存货周转率	650	720	−70	410.00	−0.17	8	7.83
成长能力：							
销售增长率	21.1	6	15.1	8.83	1.71	6	7.71
净利增长率	2.2	14	−11.8	10.17	−1.16	6	4.84
总资产增长率	18	8.6	9.4	9.00	1.04	6	7.04
合计	—	—	—	—	—	100	112.46

根据这种方法，对该企业的财务状况进行综合评价，得分 112.46，说明该企业的财务状况良好。尽管沃尔评分法在理论上还有待证明，在技术上也不完善，但它还是在实践中被广泛地加以应用。

2. 沃尔评分法的优缺点

（1）优点

沃尔评分法是一种综合性和数据性都很强的企业状况评价方法，这种方法反映很全面，数据来源都是实际数据，能够通过数学计算进行较为准确的评价，实用性很强。

（2）缺点

①该方法运用了行业的数值，其数据来源不可避免的会出现各种差错，导致评分标准不太可靠。

②权重的赋予理论上还有待证明。

③数据再统计具有很大的繁琐性，工作量比较大。

本章小结

本章讲解了财务报表分析的对象、主要依据、财务分析的主体及财务分析的方法。财务报表分析的对象是企业财务活动所体现的企业财务状况、经营成果和发展潜力等方面。财务报表分析的主要依据是企业财务报告及其他相关资料，包括财务报表、相关的报表附注、审计报表等。不同的财务报表分析主体出于不同的利益考虑，会对财务报表分析提出不同的要求。财务报表分析的主体主要包括企业所有者、企业债权人、企业经营者、政府机构等。财务报表分析的基本方法包括比较分析法、比率分析法、因素分析法和趋势分析法等。

财务指标分析的基本内容包括偿债能力分析、营运能力分析、盈利能力分析、发展能力分析等方面。其中，偿债能力分析包括短期偿债能力分析和长期偿债能力分析。短期偿债能力的分析评价指标主要有营运资本、流动比率、速动比率和现金流量比率等；长期偿债能力的分析评价指标主要有资产负债率、所有者权益比率、权益乘数、产权比率、带息负债比率、已获利息倍数、市盈率等指标；反映企业营运能力的评价指标主要有应收账款周转率、存货周转率、流动资产周转率、固定资产周转率和总资产周转率等；反映企业盈利能力的评价指标主要包括营业利润率、销售毛利率、销售净利率、总资产报酬率、净资产收益率等。

财务综合分析是将营运能力、偿债能力、获利能力和发展能力等诸方面的指标纳入一个有机的整体之中，全面地对企业经营状况、财务状况进行解剖与分析，从而对企业经济效益的优劣做出准确的评价与判断。应用比较广泛的财务综合分析方法有杜邦财务分析体系、沃尔评分法和经济增加值法。

基本训练

1. A企业的最近3年的基本财务指标如表12-6所示。

表12-6　A企业基本财务指标

指标	2019 年	2020 年
销售净利率	10.70%	7.93%
总资产周转率	1.04次	1.17次
权益乘数	1.48	1.41

请利用杜邦分析法对其进行分析，并找到影响公司净资产收益率变动的原因。

2. A企业2020年年末的资产负债等资料如下表12-7所示。

表12-7　资产负债表

单位：万元

资产	年初	年末	负债及所有者权益	年初	年末
货币资金	120	140	短期借款	150	162
应收账款净额	560	740	应付账款	350	320
存货	450	430	流动负债合计	500	482
流动资产合计	1 130	1 310	长期负债合计	430	460
固定资产净值	753	820	负债合计	930	942
			所有者权益合计	953	1 188
合计	1 883	2 130	合计	1 883	2 130

另外，已知2020年营业收入为2 350万元，销售毛利率为35%，销售净利率为25%，股利支付率为60%。

要求：

（1）请计算2020年年末的流动比率、速动比率、资产负债率、权益乘数等偿债能力指标。

（2）请计算2020年的总资产周转率、流动资产周转率、应收账款周转率、应收账款周转天数、存货周转率和存货周转天数等营运能力指标。

（3）请计算净资产收益率、资本积累率、总资产增长率等发展能力指标。

![案例分析]

A公司是一家电子元件生产厂商，公司最近三年的资产负债表和损益表资料如表12-8和表12-9所示。

表12-8 A公司最近4年的资产负债表

单位：万元

项目	2020 年	2019 年	2018 年	2017 年
流动资产：				
货币资金	307	289	164	150
应收账款	622	619	778	725
应收款项融资	128	118	165	0
预付账款	301	240	230	101
其他应收款	16	19	18	15
存货	1 132	1 026	807	795.6
其他流动资产	20	15	5	2
流动资产合计	2 526	2 326	2 167	1 788.6
非流动资产：				
在建工程	40	60	121	88
固定资产	460	448	388	388
无形资产	68	71	63	73
长期待摊费用	23	11	3	2
递延所得税资产	5	4	4	3
非流动资产合计	596	594	579	554
资产合计	3 122	2 920	2 746	2 342.6
流动负债：				
短期借款	284	372	477	355
应付账款	524	473	591	487
应付票据	223	199	193	122
应付职工薪酬	28	29	26	19

续表

项目	2020 年	2019 年	2018 年	2017 年
应交税费	14	8	9	10
其他应付款	55	63	40	33
应付股利	2	2	1	0
其他应付款	53	57	40	33
其他流动负债	459	300	30	0
流动负债合计	1 642	1 503	1 407	1 059
非流动负债：				
长期借款	219	180	149	130
长期应付款	10	16	15	25
非流动负债合计	229	196	164	155
负债合计	1 871	1 699	1 571	1 214
所有者权益：				
实收资本	272	272	272	272
资本公积	477	477	477	477
盈余公积	14	13	12	11.6
未分配利润	488	459	414	368
所有者权益合计	1 251	1 221	1 175	1 128.6
负债和所有者权益合计	3 122	2 920	2 746	2 342.6

表12-9 A公司最近四年的损益表

单位：万元

项目	2020 年	2019 年	2018 年	2017 年
一、营业收入	1 400	1 371	1 353	1 305
减：营业成本	1 134	1 107	1 114	1 076
营业税金及附加	4	5	4.5	4.8
销售费用	24	27	22	23
管理费用	98	93	88	117
财务费用	19	22	20	16
二、营业利润	121	117	104.5	68.2

续表

项目	2020 年	2019 年	2018 年	2017 年
加：营业外收入	1.2	1.6	0.8	1.2
减：营业外支出	0.4	0.7	0.1	0.3
三、利润总额	121.8	117.9	105.2	69.1
减：所得税	11	8	37	10.6
四、净利润	110.8	109.9	68.2	58.5

要求：

假设你是该公司的财务人员，请运用指标分析法对其进行分析，以便找出公司在这方面取得的成绩和存在的问题，并针对问题提出改进措施。

参考文献

［1］傅元略.财务管理学习指导与练习 [M].3 版.厦门：厦门大学出版社，2015.

［2］涂必胜.财务管理（通用版）[M].杭州：浙江工商大学出版社，2016.

［3］丁溪.财务管理（第 1 版）[M].北京：中国商务出版社，2012.

［4］王金台，李晓妮.财务管理 [M].北京：中国经济出版社，2012.

［5］杨忠智.财务管理 [M].厦门：厦门大学出版社，2015.

［6］迟艳琴.财务管理 [M].上海：上海财经大学出版社，2015.

［7］康乐，彭红丽.财务管理 [M].杭州：浙江工商大学出版社，2016.

［8］陈华庚，张健美，王超.财务管理 [M].上海：上海交通大学出版社，2015.

［9］潘兆国.财务管理 [M].厦门：厦门大学出版社，2012.

［10］汪波.财务管理案例与实训教程 [M].武汉：武汉大学出版社，2016.

［11］徐哲，李贺，路萍.财务管理基础 [M].上海：上海财经大学出版社，2016.

［12］马莉萍，金雪松.财务管理实务 [M].北京：北京理工大学出版社，2014.

［13］桂玉娟，刘玉凤.财务管理实训教程 [M].上海：上海财经大学出版社，2016.

［14］刘锦辉，任海峥.财务管理学 [M].上海：上海财经大学出版社，2015.

［15］郑小平，许凤群.财务管理学 [M].北京：北京理工大学出版社，2013.

［16］黄情，张春萍.企业财务管理 [M].2 版.北京：北京理工大学出版社，2014.

［17］李燕，张永刚.企业财务管理 [M].南京：东南大学出版社，2017.

［18］王培培，肖晓慧，郝祥坤.财务管理 [M].大连：东北财经大学出版社，2019.

［19］戴明德，王全兴，等.财务管理学 [M].长沙：湖南大学出版社，2011.

［20］王培，高祥，郑楠.财务管理 [M].北京：北京理工大学出版社，2018.

［21］赵立韦.财务管理理论与实务 [M].成都：西南交通大学出版社，2018.

［22］威廉·L·麦金森.公司财务理论 [M].沈阳：东北财经大学出版社，2019.

［23］高山，高凯丽，周莎，等.财务管理 [M].北京：北京理工大学出版社，2019.

［24］黄娟.财务管理 [M].重庆：重庆大学出版社，2018.

［25］佟爱琴，孙建良，杨柳，等.中级财务管理 [M].北京：清华大学出版社，2016.

［26］王霞，王金平.公司财务 [M].上海：上海财经大学出版社，2020.

［27］全国会计专业技术资格考试大纲配套教材编写组.财务管理 [M].上海：立信会计
出版社，2018.

［28］闫永海.财务管理 [M].成都：西南交通大学出版社，2017.

[29] 李艳，张霞，李春蕊 . 财务管理 [M]. 延吉：延边大学出版社，2018.

[30] 中国注册会计师协会 . 财务成本管理 [M]. 北京：中国财政经济出版社，2021.

[31] 财政部会计资格评价中心 . 财务管理 [M]. 北京：中国财政经济科学出版社，2021.

[32] 张思强，卞继红，陈素琴 . 财务管理理论与实务 [M]. 北京：北京大学出版社，2018.

[33] 李淑平，蒋葵 . 中级财务管理 [M]. 武汉：武汉理工大学出版社，2016.

[34] 王化成，刘俊彦 . 财务管理学 [M]. 北京：中国人民大学出版社，2021.

[35] 姚江红，张荣斌 . 财务管理 [M]. 南京：南京大学出版社，2019.

[36] 王培，高祥，郑楠 . 财务管理 [M]. 北京：北京理工大学出版社，2019.

[37] 王培，郑楠，黄卓 . 财务管理 [M]. 西安：西安电子科技大学出版社，2019.

[38] 陈玉菁 . 财务管理——实务与案例 [M]. 北京：中国人民大学出版社，2019.

[39] 袁建国，周丽媛 . 财务管理 [M]. 大连：东北财经大学出版社，2021.

[40] 马瑞清 . 企业融资与投资 [M]. 北京：中国金融出版社，2017.

[41] 王小霞 . 企业融资理论与实务 [M]. 西安：西北大学出版社，2017.

[42] 王培，郑楠，黄卓，等 . 财务管理 [M]. 西安：西安电子科技大学出版社，2019.

[43] 王斌 . 财务管理 [M]. 北京：清华大学出版社，2019.

[44] 亓春红，张蕾，孙丽昀，等 . 财务管理 [M]. 北京：北京理工大学出版社，2019.

[45] 蔡维灿 . 财务管理 [M]. 北京：北京理工大学出版社，2020.

[46] 孙宏斌 . 财务管理 [M]. 北京：中国财政经济出版社，2020.

[47] 简建辉 . 公司财务管理 [M]. 北京：清华大学出版社，2021.

[48] 财政部会计资格评价中心 .2021 年度全国会计专业技术资格考试辅导教材 中级会计资格 财务管理 [M]. 北京：经济科学出版社，2021.

[49] 张卫东 . 财务管理实务 [M]. 上海：立信会计出版社，2021.

[50] 马英华，王秋霞，王晓莹 . 财务管理 [M]. 北京：人民邮电出版社，2016.

[51] 陈四清，包晓岚 . 财务管理学 [M]. 南京：南京大学出版社，2016.

[52] 王玉春 . 财务管理 [M]. 南京：南京大学出版社，2018.

[53] 财政部会计从业资格评价中心 . 财务管理 [M]. 北京：中国财政经济出版社，2015.

[54] 王积田，温薇 . 财务成本管理 [M]. 北京：人民邮电出版社，2012.

[55] 李航星，姚顺先，冯世全 . 财务成本管理 [M]. 成都：四川大学出版社，2012.

[56] 姚江红，张荣斌 . 财务成本管理 [M]. 南京：南京大学出版社，2019.

[57] 胡世强，财务管理学 [M].2 版 . 成都：西南财经大学出版社，2007.

[58] 戴书松 . 财务管理基础 [M]. 北京：中国金融出版社，2011.

[59] 刘锦辉，任海峙 . 财务管理学 [M]. 上海：上海财经大学出版社，2010.

[60] 中国注册会计师协会 . 财务成本管理 [M]. 北京：中国财政经济出版社，2015.

[61] 杨桂洁 . 财务管理实务 [M]. 北京：人民邮电出版社，2019.

［62］荆新，王化成，刘俊彦.财务管理学 [M].8 版.北京：中国人民大学出版社，2018.

［63］孙琳.财务管理 [M].3 版.上海：复旦大学出版社，2014.

［64］印永龙，顾娟.财务管理 [M].南京：南京大学出版社，2018.

［65］李志斌，魏前梅，蒋小康，等.财务管理：原理、方法与案例 [M].北京：人民邮电出版社，2014.

［66］祝英兰.财务管理理论与实务 [M].北京：人民邮电出版社，2016.

［67］王一平.财务管理 [M].杭州：浙江大学出版社，2011.

［68］杨桂洁.财务管理实务 [M].北京：人民邮电出版社，2019.

［69］陈小林.财务管理 [M].大连：东北财经大学出版社，2018.

［70］财政部会计资格评价中心.财务管理 [M].北京：中国财政经济出版社，2019.

［71］王明虎.财务管理原理 [M].北京：机械工业出版社，2017.

［72］李忠宝.财务管理概论 [M].大连：东北财经大学出版社，2018.

［73］孙茂竹，支晓强，戴璐.管理会计学 [M].北京：中国人民大学出版社，2018.

附录一

复利终值系数表

i/n	1	2	3	4	5	6	7	8	9	10	11	12	13	14	15	16	17	18	19	20	25	30
1%	1.0100	1.0201	1.0303	1.0406	1.0510	1.0615	1.0721	1.0829	1.0937	1.1046	1.1157	1.1268	1.1381	1.1495	1.1610	1.1726	1.1843	1.1961	1.2081	1.2202	1.2824	1.3478
2%	1.0200	1.0404	1.0612	1.0824	1.1041	1.1262	1.1487	1.1717	1.1951	1.2190	1.2434	1.2682	1.2936	1.3195	1.3459	1.3728	1.4002	1.4282	1.4568	1.4859	1.6406	1.8114
3%	1.0300	1.0609	1.0927	1.1255	1.1593	1.1941	1.2299	1.2668	1.3048	1.3439	1.3842	1.4258	1.4685	1.5126	1.5580	1.6047	1.6528	1.7024	1.7535	1.8061	2.0938	2.4273
4%	1.0400	1.0816	1.1249	1.1699	1.2167	1.2653	1.3159	1.3686	1.4233	1.4802	1.5395	1.6010	1.6651	1.7317	1.8009	1.8730	1.9479	2.0258	2.1068	2.1911	2.6658	3.2434
5%	1.0500	1.1025	1.1576	1.2155	1.2763	1.3401	1.4071	1.4775	1.5513	1.6289	1.7103	1.7959	1.8856	1.9799	2.0789	2.1829	2.2920	2.4066	2.5270	2.6533	3.3864	4.3219
6%	1.0600	1.1236	1.1910	1.2625	1.3382	1.4185	1.5036	1.5938	1.6895	1.7908	1.8983	2.0122	2.1329	2.2609	2.3966	2.5404	2.6928	2.8543	3.0256	3.2071	4.2919	5.7435
7%	1.0700	1.1449	1.2250	1.3108	1.4026	1.5007	1.6058	1.7182	1.8385	1.9672	2.1049	2.2522	2.4098	2.5785	2.7590	2.9522	3.1588	3.3799	3.6165	3.8697	5.4274	7.6123
8%	1.0800	1.1664	1.2597	1.3605	1.4693	1.5869	1.7138	1.8509	1.9990	2.1589	2.3316	2.5182	2.7196	2.9372	3.1722	3.4259	3.7000	3.9960	4.3157	4.6610	6.8485	10.063
9%	1.0900	1.1881	1.2950	1.4116	1.5386	1.6771	1.8280	1.9926	2.1719	2.3674	2.5804	2.8127	3.0658	3.3417	3.6425	3.9703	4.3276	4.7171	5.1417	5.6044	8.6231	13.268
10%	1.1000	1.2100	1.3310	1.4641	1.6105	1.7716	1.9487	2.1436	2.3579	2.5937	2.8531	3.1384	3.4523	3.7975	4.1772	4.5950	5.0545	5.5599	6.1159	6.7275	10.835	17.449
11%	1.1100	1.2321	1.3676	1.5181	1.6851	1.8704	2.0762	2.3045	2.5580	2.8394	3.1518	3.4985	3.8833	4.3104	4.7846	5.3109	5.8951	6.5436	7.2633	8.0623	13.586	22.892

复利终值系数表

i/n	1	2	3	4	5	6	7	8	9	10	11	12	13	14	15	16	17	18	19	20	25	30
12%	1.1200	1.2544	1.4049	1.5735	1.7623	1.9738	2.2107	2.4760	2.7731	3.1058	3.4785	3.8960	4.3635	4.8871	5.4736	6.1304	6.8660	7.6900	8.6128	9.6463	17.000	29.960
13%	1.1300	1.2769	1.4429	1.6305	1.8424	2.0820	2.3526	2.6584	3.0040	3.3946	3.8359	4.3345	4.8980	5.5348	6.2543	7.0673	7.9861	9.0243	10.197	11.523	21.231	39.116
14%	1.1400	1.2996	1.4815	1.6890	1.9254	2.1950	2.5023	2.8526	3.2519	3.7072	4.2262	4.8179	5.4924	6.2613	7.1379	8.1372	9.2765	10.575	12.056	13.744	26.462	50.950
15%	1.1500	1.3225	1.5209	1.7490	2.0114	2.3131	2.6600	3.0590	3.5179	4.0456	4.6524	5.3503	6.1528	7.0757	8.1371	9.3576	10.761	12.376	14.232	16.367	32.919	66.212
16%	1.1600	1.3456	1.5609	1.8106	2.1003	2.4364	2.8262	3.2784	3.8030	4.4114	5.1173	5.9360	6.8858	7.9875	9.2655	10.748	12.468	14.463	16.777	19.461	40.874	85.850
17%	1.1700	1.3689	1.6016	1.8739	2.1924	2.5652	3.0012	3.5115	4.1084	4.8068	5.6240	6.5801	7.6987	9.0075	10.539	12.330	14.427	16.879	19.748	23.106	50.658	111.06
18%	1.1800	1.3924	1.6430	1.9388	2.2878	2.6996	3.1855	3.7589	4.4355	5.2338	6.1759	7.2876	8.5994	10.147	11.940	14.129	16.672	19.673	23.214	27.393	62.669	143.37
19%	1.1900	1.4161	1.6852	2.0053	2.3864	2.8398	3.3793	4.0214	4.7854	5.6947	6.7767	8.0642	9.5964	11.420	13.590	16.172	19.244	22.901	27.252	32.429	77.388	184.68
20%	1.2000	1.4400	1.7280	2.0736	2.4883	2.9860	3.5832	4.2998	5.1598	6.1917	7.4301	8.9161	10.699	12.839	15.407	18.488	22.186	26.623	31.948	38.338	95.396	237.38
25%	1.2500	1.5625	1.9531	2.4414	3.0518	3.8147	4.7684	5.9605	7.4506	9.3132	11.642	14.552	18.190	22.737	28.422	35.527	44.409	55.511	69.389	86.736	264.70	807.79
30%	1.3000	1.6900	2.1970	2.8561	3.7129	4.8268	6.2749	8.1573	10.605	13.786	17.922	23.298	30.288	39.374	51.186	66.542	86.504	112.46	146.19	190.05	705.64	2620.0

附录二

复利现值系数表

i/n	1	2	3	4	5	6	7	8	9	10	11	12	13	14	15	16	17	18	19	20	25	30
1%	0.9901	0.9803	0.9706	0.9610	0.9515	0.9420	0.9327	0.9235	0.9143	0.9053	0.8963	0.8874	0.8787	0.8700	0.8613	0.8528	0.8444	0.8360	0.8277	0.8195	0.7798	0.7419
2%	0.9804	0.9612	0.9423	0.9238	0.9057	0.8880	0.8706	0.8535	0.8368	0.8203	0.8043	0.7885	0.7730	0.7579	0.7430	0.7284	0.7142	0.7002	0.6864	0.6730	0.6095	0.5521
3%	0.9709	0.9426	0.9151	0.8885	0.8626	0.8375	0.8131	0.7894	0.7664	0.7441	0.7224	0.7014	0.6810	0.6611	0.6419	0.6232	0.6050	0.5874	0.5703	0.5537	0.4776	0.4120
4%	0.9615	0.9246	0.8890	0.8548	0.8219	0.7903	0.7599	0.7307	0.7026	0.6756	0.6496	0.6246	0.6006	0.5775	0.5553	0.5339	0.5134	0.4936	0.4746	0.4564	0.3751	0.3083
5%	0.9524	0.9070	0.8638	0.8227	0.7835	0.7462	0.7107	0.6768	0.6446	0.6139	0.5847	0.5568	0.5303	0.5051	0.4810	0.4581	0.4363	0.4155	0.3957	0.3769	0.2953	0.2314
6%	0.9434	0.8900	0.8396	0.7921	0.7473	0.7050	0.6651	0.6274	0.5919	0.5584	0.5268	0.4970	0.4688	0.4423	0.4173	0.3936	0.3714	0.3503	0.3305	0.3118	0.2330	0.1741
7%	0.9346	0.8734	0.8163	0.7629	0.7130	0.6663	0.6227	0.5820	0.5439	0.5083	0.4751	0.4440	0.4150	0.3878	0.3624	0.3387	0.3166	0.2959	0.2765	0.2584	0.1842	0.1314
8%	0.9259	0.8573	0.7938	0.7350	0.6806	0.6302	0.5835	0.5403	0.5002	0.4632	0.4289	0.3971	0.3677	0.3405	0.3152	0.2919	0.2703	0.2502	0.2317	0.2145	0.1460	0.0994
9%	0.9174	0.8417	0.7722	0.7084	0.6499	0.5963	0.5470	0.5019	0.4604	0.4224	0.3875	0.3555	0.3262	0.2992	0.2745	0.2519	0.2311	0.2120	0.1945	0.1784	0.1160	0.0754
10%	0.9091	0.8264	0.7513	0.6830	0.6209	0.5645	0.5132	0.4665	0.4241	0.3855	0.3505	0.3186	0.2897	0.2633	0.2394	0.2176	0.1978	0.1799	0.1635	0.1486	0.0923	0.0573
11%	0.9009	0.8116	0.7312	0.6587	0.5935	0.5346	0.4817	0.4339	0.3909	0.3522	0.3173	0.2858	0.2575	0.2320	0.2090	0.1883	0.1696	0.1528	0.1377	0.1240	0.0736	0.0437

续表

复利现值系数表

i\n	1	2	3	4	5	6	7	8	9	10	11	12	13	14	15	16	17	18	19	20	25	30
12%	0.8929	0.7972	0.7118	0.6355	0.5674	0.5066	0.4523	0.4039	0.3606	0.3220	0.2875	0.2567	0.2292	0.2046	0.1827	0.1631	0.1456	0.1300	0.1161	0.1037	0.0588	0.0334
13%	0.8850	0.7831	0.6931	0.6133	0.5428	0.4803	0.4251	0.3762	0.3329	0.2946	0.2607	0.2307	0.2042	0.1807	0.1599	0.1415	0.1252	0.1108	0.0981	0.0868	0.0471	0.0256
14%	0.8772	0.7695	0.6750	0.5921	0.5194	0.4556	0.3996	0.3506	0.3075	0.2697	0.2366	0.2076	0.1821	0.1597	0.1401	0.1229	0.1078	0.0946	0.0829	0.0728	0.0378	0.0196
15%	0.8696	0.7561	0.6575	0.5718	0.4972	0.4323	0.3759	0.3269	0.2843	0.2472	0.2149	0.1869	0.1625	0.1413	0.1229	0.1069	0.0929	0.0808	0.0703	0.0611	0.0304	0.0151
16%	0.8621	0.7432	0.6407	0.5523	0.4761	0.4104	0.3538	0.3050	0.2630	0.2267	0.1954	0.1685	0.1452	0.1252	0.1079	0.0930	0.0802	0.0691	0.0596	0.0514	0.0245	0.0116
17%	0.8547	0.7305	0.6244	0.5337	0.4561	0.3898	0.3332	0.2848	0.2434	0.2080	0.1778	0.1520	0.1299	0.1110	0.0949	0.0811	0.0693	0.0592	0.0506	0.0433	0.0197	0.0090
18%	0.8475	0.7182	0.6086	0.5158	0.4371	0.3704	0.3139	0.2660	0.2255	0.1911	0.1619	0.1372	0.1163	0.0985	0.0835	0.0708	0.0600	0.0508	0.0431	0.0365	0.0160	0.0070
19%	0.8403	0.7062	0.5934	0.4987	0.4190	0.3521	0.2959	0.2487	0.2090	0.1756	0.1476	0.1240	0.1042	0.0876	0.0736	0.0618	0.0520	0.0437	0.0367	0.0308	0.0129	0.0054
20%	0.8333	0.6944	0.5787	0.4823	0.4019	0.3349	0.2791	0.2326	0.1938	0.1615	0.1346	0.1122	0.0935	0.0779	0.0649	0.0541	0.0451	0.0376	0.0313	0.0261	0.0105	0.0042
25%	0.8000	0.6400	0.5120	0.4096	0.3277	0.2621	0.2097	0.1678	0.1342	0.1074	0.0859	0.0687	0.0550	0.0440	0.0352	0.0281	0.0225	0.0180	0.0144	0.0115	0.0038	0.0012
30%	0.7692	0.5917	0.4552	0.3501	0.2693	0.2072	0.1594	0.1226	0.0943	0.0725	0.0558	0.0429	0.0330	0.0254	0.0195	0.0150	0.0116	0.0089	0.0068	0.0053	0.0014	0.0004

附录三

年金终值系数表

i/n	1	2	3	4	5	6	7	8	9	10	11	12	13	14	15	16	17	18	19	20	25	30
1%	1.0000	2.0100	3.0301	4.0604	5.1010	6.1520	7.2135	8.2857	9.3685	10.462	11.567	12.683	13.809	14.947	16.097	17.258	18.430	19.615	20.811	22.019	28.243	34.785
2%	1.0000	2.0200	3.0604	4.1216	5.2040	6.3081	7.4343	8.5830	9.7546	10.950	12.169	13.412	14.680	15.974	17.293	18.639	20.012	21.412	22.841	24.297	32.030	40.568
3%	1.0000	2.0300	3.0909	4.1836	5.3091	6.4684	7.6625	8.8923	10.159	11.464	12.808	14.192	15.618	17.086	18.599	20.157	21.762	23.414	25.117	26.870	36.459	47.575
4%	1.0000	2.0400	3.1216	4.2465	5.4163	6.6330	7.8983	9.2142	10.583	12.006	13.486	15.026	16.627	18.292	20.024	21.825	23.698	25.645	27.671	29.778	41.646	56.085
5%	1.0000	2.0500	3.1525	4.3101	5.5256	6.8019	8.1420	9.5491	11.027	12.578	14.207	15.917	17.713	19.599	21.579	23.658	25.840	28.132	30.539	33.066	47.727	66.439
6%	1.0000	2.0600	3.1836	4.3746	5.6371	6.9753	8.3938	9.8975	11.491	13.181	14.972	16.870	18.882	21.015	23.276	25.673	28.213	30.906	33.760	36.786	54.865	79.058
7%	1.0000	2.0700	3.2149	4.4399	5.7507	7.1533	8.6540	10.260	11.978	13.816	15.784	17.889	20.141	22.551	25.129	27.888	30.840	33.999	37.379	40.996	63.249	94.461
8%	1.0000	2.0800	3.2464	4.5061	5.8666	7.3359	8.9228	10.637	12.488	14.487	16.646	18.977	21.495	24.215	27.152	30.324	33.750	37.450	41.446	45.762	73.106	113.28
9%	1.0000	2.0900	3.2781	4.5731	5.9847	7.5233	9.2004	11.029	13.021	15.193	17.560	20.141	22.953	26.019	29.361	33.003	36.974	41.301	46.019	51.160	84.701	136.31
10%	1.0000	2.1000	3.3100	4.6410	6.1051	7.7156	9.4872	11.436	13.580	15.937	18.531	21.384	24.523	27.975	31.773	35.950	40.545	45.599	51.159	57.275	98.347	164.49
11%	1.0000	2.1100	3.3421	4.7097	6.2278	7.9129	9.7833	11.859	14.164	16.722	19.561	22.713	26.212	30.095	34.405	39.190	44.501	50.396	56.940	64.203	114.41	199.02

续表

年金终值系数表

i/n	1	2	3	4	5	6	7	8	9	10	11	12	13	14	15	16	17	18	19	20	25	30
12%	1.0000	2.1200	3.3744	4.7793	6.3528	8.1152	10.089	12.300	14.776	17.549	20.655	24.133	28.029	32.393	37.280	42.753	48.884	55.750	63.440	72.052	133.33	241.33
13%	1.0000	2.1300	3.4069	4.8498	6.4803	8.3227	10.405	12.757	15.416	18.420	21.814	25.650	29.985	34.883	40.418	46.672	53.739	61.725	70.750	80.947	155.62	293.20
14%	1.0000	2.1400	3.4396	4.9211	6.6101	8.5355	10.731	13.233	16.085	19.337	23.045	27.271	32.089	37.581	43.842	50.980	59.118	68.394	78.969	91.025	181.87	356.79
15%	1.0000	2.1500	3.4725	4.9934	6.7424	8.7537	11.067	13.727	16.786	20.304	24.349	29.002	34.352	40.505	47.580	55.718	65.075	75.836	88.212	102.44	212.79	434.75
16%	1.0000	2.1600	3.5056	5.0665	6.8771	8.9775	11.414	14.240	17.519	21.321	25.733	30.850	36.786	43.672	51.660	60.925	71.673	84.141	98.603	115.38	249.21	530.31
17%	1.0000	2.1700	3.5389	5.1405	7.0144	9.2068	11.772	14.773	18.285	22.393	27.200	32.824	39.404	47.103	56.110	66.649	78.979	93.406	110.28	130.03	292.10	647.44
18%	1.0000	2.1800	3.5724	5.2154	7.1542	9.4420	12.142	15.327	19.086	23.521	28.755	34.931	42.218	50.818	60.965	72.939	87.068	103.74	123.41	146.63	342.60	790.95
19%	1.0000	2.1900	3.6061	5.2913	7.2966	9.6830	12.523	15.902	19.923	24.709	30.404	37.180	45.245	54.841	66.261	79.850	96.022	115.27	138.17	165.42	402.04	966.71
20%	1.0000	2.2000	3.6400	5.3680	7.4416	9.9299	12.916	16.499	20.799	25.959	32.150	39.581	48.497	59.196	72.035	87.442	105.93	128.12	154.74	186.69	471.98	1181.9
25%	1.0000	2.2500	3.8125	5.7656	8.2070	11.259	15.074	19.842	25.802	33.253	42.566	54.208	68.760	86.950	109.69	138.11	173.64	218.04	273.56	342.94	1054.8	3227.2
30%	1.0000	2.3000	3.9900	6.1870	9.0431	12.756	17.583	23.858	32.015	42.620	56.405	74.327	97.625	127.91	167.28	218.47	285.01	371.52	483.97	630.17	2348.8	8730.0

附录四

年金现值系数表

i/n	1	2	3	4	5	6	7	8	9	10	11	12	13	14	15	16	17	18	19	20	25	30
1%	0.9901	1.9704	2.9410	3.9020	4.8534	5.7955	6.7282	7.6517	8.5660	9.4713	10.368	11.255	12.134	13.004	13.865	14.718	15.562	16.398	17.226	18.046	22.023	25.808
2%	0.9804	1.9416	2.8839	3.8077	4.7135	5.6014	6.4720	7.3255	8.1622	8.9826	9.7868	10.575	11.348	12.106	12.849	13.578	14.292	14.992	15.679	16.351	19.524	22.397
3%	0.9709	1.9135	2.8286	3.7171	4.5797	5.4172	6.2303	7.0197	7.7861	8.5302	9.2526	9.9540	10.635	11.296	11.938	12.561	13.166	13.754	14.324	14.878	17.413	19.600
4%	0.9615	1.8861	2.7751	3.6299	4.4518	5.2421	6.0021	6.7327	7.4353	8.1109	8.7605	9.3851	9.9856	10.563	11.118	11.652	12.166	12.659	13.134	13.590	15.622	17.292
5%	0.9524	1.8594	2.7232	3.5460	4.3295	5.0757	5.7864	6.4632	7.1078	7.7217	8.3064	8.8633	9.3936	9.8986	10.380	10.838	11.274	11.690	12.085	12.462	14.094	15.373
6%	0.9434	1.8334	2.6730	3.4651	4.2124	4.9173	5.5824	6.2098	6.8017	7.3601	7.8869	8.3838	8.8527	9.2950	9.7122	10.106	10.477	10.828	11.158	11.470	12.783	13.765
7%	0.9346	1.8080	2.6243	3.3872	4.1002	4.7665	5.3893	5.9713	6.5152	7.0236	7.4987	7.9427	8.3577	8.7455	9.1079	9.4466	9.7632	10.059	10.336	10.594	11.654	12.409
8%	0.9259	1.7833	2.5771	3.3121	3.9927	4.6229	5.2064	5.7466	6.2469	6.7101	7.1390	7.5361	7.9038	8.2442	8.5595	8.8514	9.1216	9.3719	9.6036	9.8181	10.675	11.258
9%	0.9174	1.7591	2.5313	3.2397	3.8897	4.4859	5.0330	5.5348	5.9952	6.4177	6.8052	7.1607	7.4869	7.7862	8.0607	8.3126	8.5436	8.7556	8.9501	9.1285	9.8226	10.274
10%	0.9091	1.7355	2.4869	3.1699	3.7908	4.3553	4.8684	5.3349	5.7590	6.1446	6.4951	6.8137	7.1034	7.3667	7.6061	7.8237	8.0216	8.2014	8.3649	8.5136	9.0770	9.4269
11%	0.9009	1.7125	2.4437	3.1024	3.6959	4.2305	4.7122	5.1461	5.5370	5.8892	6.2065	6.4924	6.7499	6.9819	7.1909	7.3792	7.5488	7.7016	7.8393	7.9633	8.4217	8.6938

续表

年金现值系数表

i/n	1	2	3	4	5	6	7	8	9	10	11	12	13	14	15	16	17	18	19	20	25	30
12%	0.8929	1.6901	2.4018	3.0373	3.6048	4.1114	4.5638	4.9676	5.3282	5.6502	5.9377	6.1944	6.4235	6.6282	6.8109	6.9740	7.1196	7.2497	7.3658	7.4694	7.8431	8.0552
13%	0.8850	1.6681	2.3612	2.9745	3.5172	3.9975	4.4226	4.7988	5.1317	5.4262	5.6869	5.9176	6.1218	6.3025	6.4624	6.6039	6.7291	6.8399	6.9380	7.0248	7.3300	7.4957
14%	0.8772	1.6467	2.3216	2.9137	3.4331	3.8887	4.2883	4.6389	4.9464	5.2161	5.4527	5.6603	5.8424	6.0021	6.1422	6.2651	6.3729	6.4674	6.5504	6.6231	6.8729	7.0027
15%	0.8696	1.6257	2.2832	2.8550	3.3522	3.7845	4.1604	4.4873	4.7716	5.0188	5.2337	5.4206	5.5831	5.7245	5.8474	5.9542	6.0472	6.1280	6.1982	6.2593	6.4641	6.5660
16%	0.8621	1.6052	2.2459	2.7982	3.2743	3.6847	4.0386	4.3436	4.6065	4.8332	5.0286	5.1971	5.3423	5.4675	5.5755	5.6685	5.7487	5.8178	5.8775	5.9288	6.0971	6.1772
17%	0.8547	1.5852	2.2096	2.7432	3.1993	3.5892	3.9224	4.2072	4.4506	4.6586	4.8364	4.9884	5.1183	5.2293	5.3242	5.4053	5.4746	5.5339	5.5845	5.6278	5.7662	5.8294
18%	0.8475	1.5656	2.1743	2.6901	3.1272	3.4976	3.8115	4.0776	4.3030	4.4941	4.6560	4.7932	4.9095	5.0081	5.0916	5.1624	5.2223	5.2732	5.3162	5.3527	5.4669	5.5168
19%	0.8403	1.5465	2.1399	2.6386	3.0576	3.4098	3.7057	3.9544	4.1633	4.3389	4.4865	4.6105	4.7147	4.8023	4.8759	4.9377	4.9897	5.0333	5.0700	5.1009	5.1951	5.2347
20%	0.8333	1.5278	2.1065	2.5887	2.9906	3.3255	3.6046	3.8372	4.0310	4.1925	4.3271	4.4392	4.5327	4.6106	4.6755	4.7296	4.7746	4.8122	4.8435	4.8696	4.9476	4.9789
25%	0.8000	1.4400	1.9520	2.3616	2.6893	2.9514	3.1611	3.3289	3.4631	3.5705	3.6564	3.7251	3.7801	3.8241	3.8593	3.8874	3.9099	3.9279	3.9424	3.9539	3.9849	3.9950
30%	0.7692	1.3609	1.8161	2.1662	2.4356	2.6427	2.8021	2.9247	3.0190	3.0915	3.1473	3.1903	3.2233	3.2487	3.2682	3.2832	3.2948	3.3037	3.3105	3.3158	3.3286	3.3321